메타휴리스틱스
METAHEURISTICS

메타휴리스틱스

METAHEURISTICS

김 여 근 저

전남대학교출판부

머리말

저자는 1992년 연암재단의 지원으로 노스캐롤라이나 주립대학에 방문교수로 있으면서 자연현상을 모방한 새로운 개념의 최적화기법들을 접하게 되었다. 당시에 자연의 진화과정을 모방한 유전알고리즘, 인간의 기억과정과 고체물리학의 어닐링과정을 각각 모방한 타부서치와 시뮬레이티드 어닐링 기법이 개발되어 이에 관한 연구와 적용이 활발히 이루어지고 있었다. 경영과학을 전공하고, 산업현실에서 일어나는 제약이 많고 복잡도가 높은 문제의 해결을 위한 방법론을 찾고 있던 저자에게 이들 기법은 대단히 매력적이었다.

노스캐롤라이나 주립대학에서 1년간의 연구년을 마치고, 전남대학교로 돌아와 대학원생들과 함께 이들 기법에 대한 연구를 시작하였다. 이들 이론의 확장과 함께 조립라인의 계획과 운영, 생산일정계획, 통신시스템의 설계와 운영에의 적용에 중점을 두었다. 이에 관한 여러 연구결과들을 국내외 학술지에 발표하였다. 이들 중에서 혼합모델 조립라인의 투입순서 결정에 유전알고리즘을 적용한 논문으로 1994년 대한산업공학회에서 백암논문상을 받았다. 그리고 1997년 홍익대학교 윤복식 교수, 서경대학교 이상복 교수와 함께 유전알고리즘, 시뮬레이티드 어닐링, 타부서치를 다룬 『메타휴리스틱』(영지문화사)을 출간하였다. 이 책에서 저자는 이때까지 우리 실험실에서 연구한 결과를 토대로 유전알고리즘 편을 집필하였다. 그 후 우리 실험실에서 유전알고리즘의 이론과 적용을 확장해 가면서 연구를 계속하여 그 결과를 국내외 전문학술지에 발표하였다. 이들 결과를 정리하여 2011년 『진화알고리즘』(전남대학교출판부)을 출판하였다. 이 책은 2012년도 대한민국학술원 우수학술도서로 선정되었다.

1990년대 이후 학계에서는 메타휴리스틱에 대한 연구와 적용이 활발히 이루어졌다. 『메타휴리스틱』(영지문화사, 1997)에서 다룬 고전적 메타휴리스틱 이외에 여러 기법들이 새로이 개발되고 확장되었다. 그럼에도 2010년까지 메타휴리스틱스를 보다 폭 넓게 다룬 서적이 국내에서 출판되지 않고 있었다. 이에 저자는 『진화알고리즘』(전남대학교출판부, 2011) 출간 후, 널리 적용되고 있는 개미군체최적화와 입자군집최적화에 대해 먼저 정리를 시작하였다. 그 이후 이들 내용을 보완하고 다른 여러 메타휴리스틱 기법들을 추가하다 보니 준비를 시작한 지 5년이 지나서야 본서 『메타휴리스틱스』(metaheuristics)를 출간하게 되었다.

Metaheuristic에서 접두어 'meta'는 그리어로 'higher level' 또는 'beyond'라는 의미이고, 'heuristic'은 'to find', 'to know', 또는' 'to discover'라는 의미이다. 메타휴리스틱은 '상위 수준의 휴리스틱'으로 '특정 휴리스틱 구축을 위한 일반적인 구조와 전략을 안내하는 범용 알고리즘 틀(framework)'로 정의할 수 있다. 부연하면 메타휴리스틱은 범용 알고리즘의 틀로써 탐색 과정에서 발견한 좋은 해 주위의 탐색을 강화할 수 있고 지역최적에서 벗어나 해 공간을 강건하게 탐색할 수 있는 일반적인 구조와 전략을 가지고 있는 기법이다.

메타휴리스틱은 일종의 근사해법으로 전역최적해나 어떤 수준 이상의 근사 최적해를 보장하지 못한다. 그러나 지난 사반세기 동안 메타휴리스틱 기법은 복잡도가 높은 여러 유형의 어려운 최적화문제에서 만족할 만한 성과를 보여 주었다. 그 적용 범위는 조합최적화, 연속최적화, 신경망 학습, 인공지능, 패턴인식, 데이터 마이닝, 화상처리, 공학 구조 최적화 등의 공학 분야뿐 아니라, 시스템의 최적화, 학습, 적응과 관련된 자연과학과 사회과학 분야를 포함한다.

본서에서는 메타휴리스틱스(metaheuristics)의 주요 기법들을 소개한다. 이들 기법의 개념과 이론, 특징을 쉽게 이해할 수 있도록 설명하고, 그 적용을 다룬다. 특히 각 메타휴리스틱에서 적용을 위하여 알고리즘을 설계하고 구현할 때 고려하는 요소들에 관심을 갖는다. 본서에서는 메타휴리스틱스를 하나의 해가 운용되는 기법과 해의 집단이 운용되는 기법으로 나누어 구성한다. 단일해 기반의 메타휴리스틱스로는 시뮬레이티드 어닐링(simulated annealing), 타부서치(tabu search), 반복지역탐색(iterated local search), 가변이웃탐색(variable neighborhood search), 유도지역탐색(guided local search)을 다루며, 집단 기반의 메타휴리스틱스로는 진화알고리즘(evolutionary algorithms), 입자군집최적화(particle swarm optimization), 개미군체최적화(ant colony optimization), 차분진화(differential evolution), 벌군체최적화(bee colony optimization), 화음탐색(harmony search)을 다루고 있다.

본서는 6부 24장으로 구성되어 있다. 1부는 '메타휴리스틱스의 서론'으로, 하나의 장에서 메타휴리스틱스와 최적화 개요를 설명하고 있다. 2부는 '단일해 기반 메타휴리스틱스'로, 2장에서 4장까지 고전적 기법인 시뮬레이티드 어닐링과 타부서치를, 5장에서는 반복지역탐색, 가변이웃탐색, 유도지역탐색 기법을 소개한다. 3부는 '진화알고리즘'으로 6장에서 12장까지이다. 여기서는 여러 진화알고리즘의 이론과 그 적용을 다룬다. 특히 이웃 유전알고리즘, 진화전략, 진화프로그래밍, 유전프로그래밍, 공진화알고리즘, 다목적 진화알고리즘을 포함하고 있다. 4부는 '입자군집최적화'로 13장에서 16장까지이고, 5부는 '개미군체최적화'로 17장에서 21장까지이다. 이들 두 기법에 대해서는 비교적 자세히 다루고 있다. 마지막 6부는 '그 외의 집단 기반 메타휴리스틱스'로 22장에서 24장까지 각 장에서 차분진화, 벌군체최적화, 화음탐색을 다루고 있다.

본서가 산업공학, 컴퓨터공학, 전기/전자공학, 토목공학 등의 공학 분야의 최적화 또는 인공지능 전공자와 자연과학과 사회과학 분야에서 시스템의 최적화와 적응에 관심이 있는 연구자에게 도움이 되기를 기대한다.

지금까지 많은 메타휴리스틱 기법들이 제안되었고, 이를 변형한 알고리즘 또한 아주 많다. 좀 더 많은 기법들을 소개하지 못한 아쉬움이 남는다. 그리고 집필과정에서 어려움 중의 하나는 전문용어의 번역이었다. 전문용어는 그 의미가 가능한 쉽고 명확히 독자에게 전달될 수 있도록 표현되어야 한다. 용어 사용에 나름 신중을 기하였으나 적절하지 못함도 있을 것이다. 이점 독자 여러분께 양해를 구한다.

본서가 나오기 까지 많은 분의 도움이 있었다. 본서에 인용된 여러 연구를 함께 하면서 힘든 시간을 보낸 자랑스러운 우리 '시스템 최적화와 통합' 실험실 출신, 김용주, 이수연, 현철주, 고재상, 신경석, 김준혁, 이태옥, 김재윤, 송원섭, 김선진 박사와 석사 출신 박기태, 서광언, 김인수, 이효영, 이현수, 이원균, 김형수, 조준영, 이상선 군에게 고마움을 전한다. 특히 전남대학교 경영학부 김재윤 교수는 시뮬레이티드 어닐링과 타부서치에 대한 저술에 많은 도움을 주었다. 자료 수집과 출판 교정에 수고하여 준 학부생 신현주 양과 윤혜주 양에게 고맙게 생각한다. 출판을 맡아준 전남대학교출판부와 편집과 교정에 정성을 다해준 출판부 윤화정님과 배광현님께 깊이 감사를 드린다. 책 표지와 간지 디자인은 며느리 우지영이 하였다. 잘 해 주어 참으로 고맙다. 그리고 이 책의 출판을 도와 준 전남대학교 로봇연구소와 박종오 소장님께 진심으로 감사를 드린다.

오늘이 있기까지 따뜻한 마음으로 격려해주고 도와준 동료 교수님, 벗님, 선배님, 후배님께 깊은 감사를 드린다.

저자는 올 8월 정년을 맞는다. 이에 가족에게 고마운 마음을 전하고, 본서가 출판되는 기쁨을 함께하고 싶다. 지금까지 묵묵히 제 자리를 지켜준 내자에게 고마움을 전한다. 아들과 딸에게 마음을 많이 써 주지 못했음에도 잘 성장하여 화목한 가정을 이루고 사회에서 제 몫을 다 하는 데 대해 자랑스럽고 고맙다. 밝게 살아가는 그리고 책 표지 디자인을 예쁘게 해준 며느리와 착하고 성실하며 항상 배려하는 사위에게 고마운 마음을 표하고 싶다. 손녀 예담과 지아가 밝고 지혜롭고 건강하게 자라기를 기원한다. 그리고 항상 한없는 사랑으로 돌보아 준 누나와 자형께 진심으로 감사를 드린다.

끝으로 본서가 후학들의 학문진전에 조금이나마 도움이 되기를 다시 한 번 간절히 소망한다. 이 긴 시간의 모음이 어느 오솔길의 작은 돌이 되길 바라면서.

2017년 1월

저자 씀

차례

제1부 메타휴리스틱스 서론

제1장 메타휴리스틱스와 최적화 19

1.1 서론 19
1.2 메타휴리스틱스의 분류 22
1.3 메타휴리스틱스의 공통 요소 27
1.4 제약 다루기 32

제2부 단일해 기반 메타휴리스틱스

제2장 시뮬레이티드 어닐링 39

2.1 서론 39
2.2 SA의 기본 구조 41
2.3 이웃 구조 43
2.4 수락기준 43
2.5 냉각스케줄 44
2.5.1 초기 온도 44
2.5.2 온도 강하 45
2.5.3 내부루프 반복수 46
2.6 종료조건 47
2.7 SA의 변형 48
2.8 SA의 적용 56

제3장 타부서치의 개요 57

3.1 서론 57
3.2 타부서치의 구조와 요소 60
3.3 타부서치의 절차와 예제 68

제4장 타부서치의 주요 주제 77

4.1 이웃과 후보목록 77
4.1.1 열망 플러스 전략 78
4.1.2 엘리트 후보목록 전략 79
4.1.3 연속 펼침 후보목록 전략 79
4.1.4 연속 여과 전략 80
4.2 타부목록 크기 81
4.2.1 고정된 타부목록 크기 81
4.2.2 동적인 타부목록 크기 82
4.3 강화와 다양화 83
4.3.1 중기기억을 이용한 탐색 강화 83
4.3.2 장기기억을 이용한 탐색 다양화 84
4.3.3 비가능 영역으로 이동 허용 86
4.3.4 경로 재연결 87
4.4 확률적 타부서치 88
4.4.1 확률적 이동 88
4.4.2 확률적 파라미터 89
4.5 다목적 타부서치 90
4.6 병렬 타부서치 92
4.7 적용 93

제5장 반복지역탐색, 가변이웃탐색, 유도지역탐색 95

5.1 반복지역탐색 95
5.1.1 근접 변환 98
5.1.2 수락 기준 99
5.2 가변이웃탐색 100
5.2.1 가변이웃경사법 101
5.2.2 일반 가변이웃탐색 103
5.3 유도지역탐색 105
5.3.1 특성과 비용 107
5.3.2 파라미터 108
5.3.3 요약 109

제3부 진화알고리즘

제6장 유전알고리즘의 개요 113

6.1 서론 113
6.2 유전알고리즘의 구조와 요소 115
6.3 스키마 정리와 빌딩블록 가설 123
6.3.1 스키마 정리 123
6.3.2 빌딩블록 가설 127
6.4 유전알고리즘과 진화알고리즘 128

제7장 유전표현, 유전연산자, 선택전략 131

7.1 유전표현과 유전연산자 131
7.1.1 이진수표현과 유전연산자 132
7.1.2 실수표현과 유전연산자 133
7.1.3 순열표현과 유전연산자 137
7.1.4 그룹번호표현과 유전연산자 146
7.1.5 그룹인자표현과 유전연산자 149
7.1.6 랜덤 키 표현 151
7.1.7 죄수의 딜레마 게임 표현 152
7.2 선택 방법 154
7.3 적응도의 스케일링 156

제8장 유전알고리즘의 변형과 확장 161

8.1 수정 유전알고리즘 161
8.2 안정상태 유전알고리즘 163
8.3 이웃 유전알고리즘 165
8.4 병렬 유전알고리즘 167
8.4.1 섬 모델 168
8.4.2 이웃모델 174

제9장 진화전략, 진화프로그래밍, 유전프로그래밍 179

9.1 진화전략 180
9.1.1 (1+1)-ES 180
9.1.2 (μ+1)-ES 182
9.1.3 (μ+λ)-ES와 (μ,λ)-ES 182
9.1.4 진화전략과 유전알고리즘의 비교 184
9.2 진화프로그래밍 185

9.3 유전프로그래밍 188
9.3.1 LISP 188
9.3.2 유전프로그래밍 요소 189

제10장 공진화알고리즘 197

10.1 협조 공진화알고리즘 198
10.1.1 서론 198
10.1.2 이웃공생 진화알고리즘 200
10.2 내공생 진화알고리즘 203
10.2.1 내공생 진화 203
10.2.2 내공생 진화알고리즘의 개념과 특징 205
10.3 협조 공진화알고리즘의 적용 209
10.3.1 NK 모델과 NKC 모델 209
10.3.2 이진수 스트링 커버링 문제 212
10.3.3 혼합모델 조립라인의 작업할당과 투입순서 213
10.4 경쟁 공진화알고리즘 215
10.4.1 서론 215
10.4.2 적용문제 217
10.4.3 경쟁 공진화알고리즘의 절차 219
10.4.4 경쟁전략 220
10.4.5 경쟁전략의 비교 분석 223
10.4.6 진화의 균형과 무기경쟁 226

제11장 다목적 진화알고리즘 231

11.1 서론 231
11.2 초기 다목적 진화알고리즘 236
11.2.1 벡터평가 유전알고리즘 236
11.2.2 파레토 유전알고리즘 236
11.2.3 적소파레토 유전알고리즘 238
11.2.4 비지배분류 유전알고리즘 240
11.2.5 적소-순위 유전알고리즘 242
11.3 NSGA-II와 SPEA2 243
11.3.1 NSGA-II 244
11.3.2 SPEA2 248
11.4 다목적 공생 진화알고리즘 253
11.4.1 개념과 특징 253
11.4.2 TMSEA의 절차 254
11.4.3 실험과 분석 257

제12장 진화알고리즘의 적용 **259**

12.1 적용을 위한 진화알고리즘의 틀 259
12.2 제약이 있는 비선형계획 261
12.2.1 수리최적화와 유전연산자 261
12.2.2 제약을 다루는 방법 262
12.2.3 벌금 부과 263
12.2.4 Deb의 방법 265
12.3 순서문제 267
12.4 그룹핑문제 268
12.4.1 그룹 수가 고정된 그룹핑문제 270
12.4.2 그룹 수의 최소화 그룹핑문제 271

제4부 입자군집최적화

제13장 입자군집최적화의 개요 **275**

13.1 서론 276
13.2 기본 PSO 알고리즘 277
13.2.1 입자 이동 277
13.2.2 전역최선 PSO 알고리즘 281
13.2.3 지역최선 PSO 알고리즘 282
13.3 입자 궤적 284
13.4 기본 PSO 알고리즘의 요소 287
13.4.1 군집의 초기화 287
13.4.2 가속계수 289
13.4.3 종료조건 290

제14장 기본 PSO의 변형과 입자 궤적 **291**

14.1 속도 제한 291
14.2 관성가중치: 표준 PSO 모형 292
14.3 수축계수 294
14.4 개인과 전역 최선위치의 갱신 시점 295
14.5 평형점과 수렴조건 296
14.6 입자 궤적 299
14.7 진화알고리즘과 비교 306

제15장 제약 다루기, 군집 다양화, 이산 PSO 309

15.1 제약을 다루는 방법 309
15.2 군집의 다양화 314
15.3 목적함수 펼치기 기법 315
15.4 이산 PSO 317
15.4.1 이진수 PSO 317
15.4.2 일반 이산 PSO 319

제16장 Multimodal PSO와 다목적 PSO 323

16.1 Multimodal PSO 323
16.1.1 순차적 방법 323
16.1.2 병렬 방법 328
16.2 다목적 PSO 331
16.3 PSO의 적용 335

제5부 개미군체최적화

제17장 개미군체최적화의 개요 339

17.1 서론 340
17.2 인공개미와 최단경로문제 342
17.3 단순 ACO 알고리즘 343
17.4 ACO 알고리즘의 기본 구조와 요소 348

제18장 기본 ACO 알고리즘 353

18.1 개미시스템 353
18.2 개미시스템의 변형 357
18.2.1 엘리티스트 AS 357
18.2.2 순위 기반 AS 358
18.2.3 최대-최소 AS 358
18.3 개미군체시스템 362
18.4 탐색의 강화와 다양화 366
18.5 파라미터 설정 368
18.5.1 후보목록 크기 368

제19장 ACO 알고리즘의 수렴 371

19.1 서론 371
19.2 수렴성 372

제20장 여러 형태의 ACO 알고리즘 381

20.1 초입방체 구조 381
20.2 ANTS 384
20.3 집단 기반 ACO 387
20.4 이진수 ACO 알고리즘 388
20.4.1 해 구축 388
20.4.2 페로몬 갱신 389
20.4.3 적용 391
20.5 연속 ACO 알고리즘 392
20.6 복수 개미군체 알고리즘 396
20.7 다목적 ACO 399
20.8 잡종 ACO 401

제21장 ACO의 적용 403

21.1 외판원 문제 404
21.2 차량경로문제 405
21.3 단일 기계 Job 일정계획 406
21.4 이차할당문제 407
21.5 다차원배낭문제 408
21.6 조립라인밸런싱 409
21.7 상자 채우기 문제 411

제6부 그 외의 집단 기반 메타휴리스틱스

제22장 차분진화 415

22.1 서론 415
22.2 차분진화의 개요 416
22.3 탐색 전략 422
22.4 제어 파라미터 429
22.5 적용 431

제23장 벌군체최적화 433
23.1 벌 군체 433
23.2 꿀벌의 의사소통 434
23.3 벌군체최적화 알고리즘 436
23.3.1 BCO 알고리즘의 절차 436
23.3.2 BCO 알고리즘의 특성 439
23.4 인공벌군체 알고리즘 440
23.4.1 ABC 알고리즘의 구조 440
23.4.2 함수 최적화에 적용 442

제24장 화음탐색 445
24.1 기본 화음탐색 알고리즘 445
24.1.1 초기화 446
24.1.2 새로운 화음 생성 447
24.1.3 화음기억 갱신 448
24.2 화음탐색의 변형 449
24.3 화음탐색에서 다양화와 강화 450
24.4 화음탐색의 적용 451

참고문헌 _452
찾아보기 _470

제1부

메타휴리스틱스 서론

제1장 메타휴리스틱스와 최적화

제1장

메타휴리스틱스와 최적화

이 장에서는 메타휴리스틱스의 개요를 설명한다. 이를 위해 먼저 메타휴리스틱을 정의하고, 메타휴리스틱이 최적화기법에서 차지하는 위치에 대해 알아본다. 또한 메타휴리스틱의 기본적인 성질과 특성을 소개한다. 메타휴리스틱에 대한 이해를 돕기 위하여 여러 관점에서 분류하고 이를 설명한다. 그리고 메타휴리스틱스에서 공통으로 고려되는 기본 요소와 제약을 다루는 일반적인 방법을 소개한다.

1.1 서론

최적화문제는 크게 연속(continuous)변수와 이산(discrete)변수를 갖는 문제로 분류할 수 있다. 이산변수를 갖는 문제를 조합(combinatorial)문제라 부른다. 연속문제에서는 일반적으로 실수의 집합을 찾고, 조합문제에서는 유한의 집합, 예로 정수, 순열, 그래프 등을 찾는다. 또한 연속변수와 이산변수를 동시에 갖는 혼합문제도 있다. 연속문제를 해결하는 최적화기법은 크게 선형과 비선형으로 나눌 수 있고, 조합문제의 최적화기법은 전역최적(global optimum)을 구할 수 있는 정확한(exact) 해법과 최적에 가까운 좋은 해를 구하는 근사(approximate) 해법으로 분류할 수 있다. 최적화기법은 [그림 1-1]과 같이 분류할 수 있다(Feoktistov, 2006). 이 책에서 사용되는 용어로 방법, 기법, 해법, 그리고 이들이 체계적인 반복 절차를 갖는 경우에 알고리즘이라는 용어는 크게 차이를 두지 않고 사용한다.

선형문제의 해결을 위한 선형계획법이나 이산문제를 위한 분지한계법(branch-and-bound method)과 동적계획법과 같은 정확한 해법은 여러 적용 문제에서 효율적이다. 그러나 이들 해법은 변수가 많고 높은 비선형성을 갖는 연속문제에서는 최적해를 찾기는 매우 어렵다. 또한 문제의 크기에 따라 계산량이 지수적으로 증가하는 대형 조합문제를 정확한 해법으로 해결하는 것은 현실적으로 불가능하다.

최적화는 과학, 공학, 경제학, 경영학 분야에서 일어나는 현실 문제에 많이 적용된다. 이들 적용 문제는 주로 규모가 큰 조합이거나 높은 비선형의 최적화문제가 된다. 이러한 최적화문제는 앞에서 언급했듯이 합리적인 시간 내에 전역최적을 찾는 것은 거의 불가능하다. 이 경우 대안으로 허용하는 시간 내에 전역최적은 아니지만 수락할 수 있는 정도의 좋은 해를 구하는 알고리즘을 사용하는 것이다. 근사해법에 속하는 휴리스틱(heuristic)은 이를 위한 하나의 대안이다. 휴리스틱은 합리적인 계산시간 내에 최적해를 보장하지 못하지만 좋은 해를 찾을 가능성이 높은 방법이다. 적용하는 문제에 따라 그 방법이 달라진다. 일반적으로 휴리스틱이란 특정한 형태의 문제 해결에 적합하도록 설계된 '특정 휴리스틱'을 말한다.

메타휴리스틱스(metaheuristics)는 전역최적화를 위한 근사해법으로 1960년대 중반부터 여러 기법이 개발되었다(<표 1-1> 참조). Metaheuristic이란 용어는 Glover(1986)에 의해 처음 사용되었다. 접두어 'meta'는 그리어로 'higher level' 또는 'beyond'라는 의미이고, 'heuristic'은 'to find', 'to know', 또는' 'to discover'라는 의미이다(Beheshti & Shamsuddin, 2013). 메타휴리스틱은 '상위 수준의 휴리스틱'이란 뜻이다. 메타휴리스틱은 '특정 휴리스틱 구축을 위한 일반적인 구조와 전략을 안내하는 범용 알고리즘 틀(framework)'을 말한다. 따라서 메타휴리스틱은 특정 휴리스틱을 개발할 때 알고리즘의 기본 틀로 사용할 수 있는 상위 휴리스틱이다.

메타휴리스틱스는 근사해법으로 전역최적해나 어떤 수준 이상의 근사 최적해의 탐색을 보장하지 못한다. 그러나 메타휴리스틱이 여러 분야에서 복잡하고 어려운 문제를 해결하는 데 성공적인 결과를 보여 줌으로써 지난 사반세기 동안 큰 관심을 가지게 되었다. 적용 분야에는 조합최적화, 연속최적화, 신경망 학습, 패턴인식, 데이터 마이닝, 인공지능, 화상처리, 공학 구조 최적화 등의 공학 분야뿐 아니라, 자연과학과 사회과학 등이 포함되었다. 많은 연구자들은 이들 분야에서 메타휴리스틱스의 적용성과 효율성을 보여 주었다.

메타휴리스틱스의 특징에 대해 좀 더 알아보자.

첫째, 메타휴리스틱스는 좋은 해를 탐색함과 동시에 지역최적에서 벗어나 해공간을 강건하게 탐색할 수 있는 프로세스와 전략을 갖는 해법이다. 메타휴리스틱스는 탐색 과정에서 발견한 좋은 해 주위의 탐색을 강화하는 전략과 함께, 지역최적에서 벗어나 탐색하지 않은 해 공간으로 탐색 영역을 다양화하는 전략을 갖는다. 탐색을 강화하면 탐색의 다양화가 약화된다. 그 역도 성립한다. 따라서 메타휴리스틱 설계 시에 상충되는 이들 두 전략의 조화로운 상호작용에 관심을 가져야 한다.

둘째, 여러 메타휴리스틱스는 '자연 현상'을 모방하고 있으며, 과거 탐색에서 얻은 경험이나 정보를 '기억'하거나 '전달'하여 다음 탐색에 이용하고 있다.

셋째, 메타휴리스틱스에서는 해 탐색 과정을 '반복'하는 데, 매 반복에서 기존의 지역탐색처럼 '단일해를 기반(single-solution based)'으로 하는 경우도 있으나, 여러 메타휴리스틱스는 '해 집단을 기반(population-based)'으로 하고 있다. 해 집단을 운용함으로써 해 공간의 여러 지역을 동시에 탐색할 수 있다. 단일해를 운용하는 메타휴리스틱스는 이웃(neighborhood) 탐색기법을 주로 사용하고 있다.

이들 특징을 요약하면, 대부분의 메타휴리스틱스는 자연 현상에서 영감을 얻어 개발되었고, 예외도 있지만 대부분 과거 탐색(경험)에서 얻은 정보를 다음 탐색에 이용한다. 또한 효율적이고 효과적인 탐색을 위하여, 지역최적을 벗어나 지금까지 탐색하지 않았거나 탐색이 적게 이루어진 영역을 탐색할 수 있는 전략과 더불어, 탐색에서 발견한 좋은 해 주위를 집중적으로 탐색할 수 있는 기법을 가지고 있어야 한다.

어떤 방법이 범용 알고리즘의 틀(메타휴리스틱)로 사용되기 위해서는 다음 조건들을 만족해야 한다(Hansen *et al.*, 2010). 먼저, 단순성, 명확성, 범용성이다. 원리는 가능한 단순 명료해야 하며, 절차는 명확해야 하고, 적용분야는 넓고 다양해야 한다. 다음은 효율성과 효과성으로, 다양한 유형의 문제에 대해 적절한 계산시간 내에(효율성) 최적해나 근사 최적해를 제공(효과성)할 수 있어야 한다. 또한 해의 품질을 높이기 위하여 사용자가 문제에 관한 지식을 알고리즘에 반영(상호작용성) 할 수 있어야 한다.

이들 메타휴리스틱스가 갖추어야 할 조건은 바로 메타휴리스틱스의 장점으로 볼 수 있다. 이외에도 메타휴리스틱스는 목적함수의 변경과 제약식의 추가가 용이하여 적용의 유연성이 높다는 강한 장점을 가지고 있다. 이는 위에서 언급한 범용성에 해당한다. 고전적 최적화기법에서는 목적함수와 제약식에 따라 문제 해결을 위한 기법이 달라진다. 이에 반해 메타휴리스틱은 목적함수와 제약식에 대한 특정 요건을 요구하지 않는다. 또한 메타휴리스틱 알고리즘 중에는 연속최적화보다는 조합최적화에 더 적합하거나 또는 그 반대인 경우도 있으나, 여러 메타휴리스틱스(예로 진화알고리즘)는 두 유형의 문제에 모두 적용 가능하다. 그리고 메타휴리스틱은 다봉(multimodal) 최적화와 다목적(multiobjective) 최적화에서 각각 여러 지역최적해와 다양한 비지배된(nondominated) 해를 구하는 데 효과적이다.

메타휴리스틱스는 이러한 강점과 함께 약점을 가지고 있다. 효율적인 메타휴리스틱의 설계를 위해서는 여러 전략을 필요로 한다. 이들 전략을 구축하기 위해서는 사용하는 메타휴리스틱의 구조와 적용 문제의 해공간과 해의 특징을 잘 이해해야 한다. 또한 각 메타휴리스틱에는 제어 파라미터가 존재한다. 메타휴리스틱스의 성능은 대부분 이들 파라미터에 민감하므로, 구현할 때 이를 조

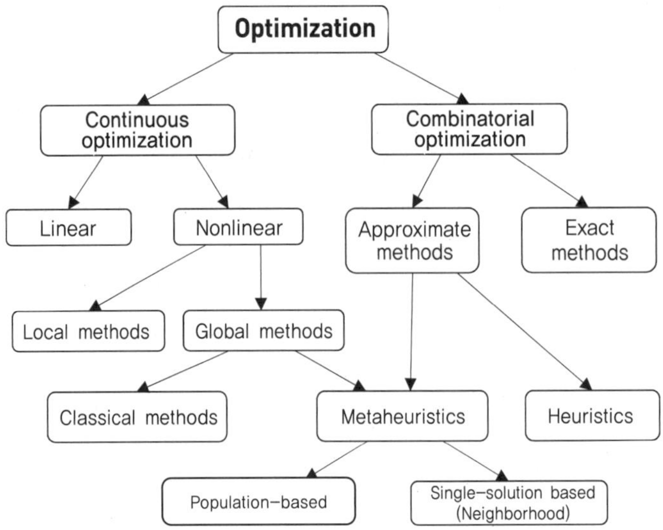

그림 1-1 최적화기법의 분류

심스럽게 조정해야 한다. 그리고 메타휴리스틱스는 전역최적해로의 강한 수렴을 보장하지 못한다는 점이다. 지역최적에 빠지면 수렴 속도가 느려지고 긴 계산시간이 소요되기도 한다. 이 또한 메타휴리스틱스의 단점이다. 특정 메타휴리스틱은 최적해로의 수렴이 이론적으로 입증되었으나 이는 무수한 반복(계산소요시간이 무한대)이라는 조건에서 가능하다. 현실 적용에서 이러한 수렴성은 그 의미가 크지 않다.

1.2 메타휴리스틱스의 분류

지역탐색(local search: LS)법은 가장 오래되고 단순한 최적화기법이다. 지역탐색은 가능해 영역에서 하나의 임의 초기해로 시작한다. 이 초기해를 현재해(current solution)로 둔다. 현재해의 이웃(neighborhood)에서 목적함수를 개선하는 해를 찾는다. 목적함수를 개선하는 이웃해를 찾으면 이를 현재해로 둔다. 이러한 반복은 이웃에서 더 좋은 해를 찾을 수 없을 때 끝낸다.

여러 지역최적이 있는 문제에 지역탐색법을 적용하면, 하나의 지역최적(local optimum)에 도달하면 끝난다. 도달하는 지역최적은 초기해에 의해 결정된다. 전역최적(global optimum)에 도달할 수 있는 초기해의 영역은 한정되어 있다.

지역탐색법의 단점은 지역최적에 도달하면 이 지역최적을 벗어나지 못하고 절차를 끝내는 것이다. 이를 극복하는 방법으로, 초기해를 '임의로' 달리하면서 지역탐색을 여러 번 반복 수행하는 방법을 고려해 볼 수 있다. 초기해를 달리하면 다른 지역최적에 도달할 수 있다. 이 방법은 지역탐색보다 더 좋은 해를 찾을 수 있고, 목적함수 형태가 비교적 단순하면 전역최적도 찾을 수 있다. 그러나 이러한 방법은 복잡도가 높고 지역최적이 많은 최적화문제에서는 비효율적이고 우연에 기대는 것이 된다. 중복 탐색을 가능한 회피하고 전역최적을 찾을 가능성이 더 높은 체계적인 방법이 필요하다.

지역탐색법은 현재해의 이웃을 집중 탐색하여 지역최적을 찾을 수 있다는 강점이 있으나, 지역최적을 벗어나지 못하여 해공간의 '탐사(exploration)' 능력이 매우 약하다는 치명적인 약점을 갖고 있다. 넓은 해공간에서 좋은 해 또는 전역최적을 찾기 위해서는 탐색에서 찾은 좋은 해를 '이용(exploitation)'하여 지역 탐색을 '강화(intensification)'하는 한편, 새로운 해 영역 또는 지역 탐색이 상대적으로 적게 이루어진 영역을 '탐사'하여 탐색 영역을 '다양화(diversification)'해야 한다. 탐색의 '강화'와 탐색 공간의 '다양화'는 상충된다. 지역탐색은 탐색의 '강화'만을 강조하고, 임의 탐색(random search)은 탐색의 '다양화'만을 강조한다. 메타휴리스틱스에서 탐색의 '강화'와 '다양화'의 균형은 매우 중요하다. 이는 해 공간의 '탐사'와 좋은 해의 '이용'의 조화를 의미하기도 한다.

복잡도가 높은 대형의 최적화문제를 해결하는 데 합리적 시간 내에 사용자가 수락할 수 있는 해(최적해 또는 근사 최적해)를 구하는 것은 매우 의미가 있다. 이러한 문제는 공학, 자연과학, 사회과학 등 여러 분야에서 쉽게 찾아 볼 수 있다.

1960년대 중반부터 현재까지 메타휴리스틱의 여러 알고리즘이 꾸준히 제안되어 오고 있고(Beheshti *et al.*, 2013), 그 적용 또한 확대되고 있다. <표 1-1>은 주요 메타휴리스틱 기법들을 보여주고 있다. 이들 메타휴리스틱이 모방한 현상에 따라 분류하면 (1) 자연의 진화과정을 모방한 진화알고리즘(evolutionary algorithm: EA), (2) 군집(swarm 또는 colony) 생활하는 생물들의 행위를 모방한 알고리즘, 이들 외에 (3) 자연 및 사회 현상을 모방한 알고리즘, 그리고 (4) 체계적인 반복으로 이웃을 탐색하는 알고리즘으로 나누어 볼 수 있다.

첫째, 자연의 진화 과정을 모방한 알고리즘에는 진화전략(evolution strategy: ES), 진화프로그래밍(evolutionary programming: EP), 유전알고리즘(genetic algorithm: GA), 유전프로그래밍(genetic programming: GP), 차분진화(differential evolution: DE) 등이 있다. 이들 알고리즘을 진화알고리즘이라 부른다.

둘째, 개미, 벌, 물고기, 새 등 군집(swarm 또는 colony) 생활하는 생물들의 행동을 모방한 알고리즘으로 개미군체최적화(ant colony optimization: ACO), 입자군집최적화(particle swarm optimization: PSO), 벌군체최적화(Bee Colony Optimization: BCO), 인공벌군체(artificial bee colony: ABC) 등이 있다. 이들 외의 자연 및 사회 현상을 모방한 알고리즘으로

표 1-1 주요 메타휴리스틱스

메타휴리스틱스	개발자와 개발 연도
진화전략(Evolution Strategy: ES)	Schwefel(1965), Rechenberg(1965)
진화프로그래밍(Evolutionary Programming: EP)	Fogel, Owens, and Walsh(1966)
유전알고리즘(Genetic Algorithm: GA)	Holland(1975)
반복지역탐색(Iterated Local Search: ILS)	Baxter(1981)
시뮬레이티드 어닐링(Simulated Annealing: SA)	Kirkpatrick(1983)
타부서치(Tabu Search: TS)	Glover(1986)
인공면역시스템(Artificial Immune System: AIS)	Farmer *et al.*(1986)
벡터평가유전알고리즘(Vector Evaluated GA: VEGA)	Schaffer *et al.*(1988)
유전프로그래밍(Genetic Programming: GP)	Koza(1992)
개미군체최적화(Ant Colony Optimization: ACO)	Dorigo(1992)
입자군집최적화(Particle Swarm Optimization: PSO)	Kennedy & Eberhart(1995)
가변이웃탐색(Variable Neighborhood Search: VNS)	Mladenovic & Hansen(1997)
차분진화(Differential Evolution: DE)	Storn & Price(1997)
유도지역탐색(Guided Local Search: GLS)	Voudouris(1998)
화음탐색(Harmony Search: HS)	Geem *et al.*(2001)
벌군체최적화(Bee Colony Optimization: BCO)	Lučić & Teodorović(2001, 2002)
인공벌군체(Artificial Bee Colony: ABC)	Karaboga(2005)
제국주의자 경쟁 알고리즘(Imperialist competitive algorithm: ICA)	Atashpaz-Gargari & Lucas(2007)
반딧불이 알고리즘(Firefly algorithm: FA)	Yang(2008)
중력탐색알고리즘(Gravitational Search Algorithm: GSA)	Rashedi *et al.*(2009)
뻐꾸기 탐색(cuckoo search; CS)	Yang & Deb(2009)

셋째, 열역학의 어닐링과정을 모방한 시뮬레이티드 어닐링(simulated annealing: SA), 기억 과정을 모방한 타부서치(tabu search: TS), 면역시스템을 모방한 인공면역시스템(artificial immune system: AIS), 음악의 화음 조율과정을 모방한 화음탐색(harmony search: HS) 알고리즘이 있다.

넷째, 체계적인 반복으로 이웃을 탐색하는 알고리즘에는 반복지역탐색(iterated local search: ILS), 가변이웃탐색(variable neighborhood search: VNS), 유도지역탐색(guided local search: GLS) 등이 있다.

또한 메타휴리스틱스를 이와는 달리 아래와 같이 분류하여 볼 수 있다(Birattari *et al.*, 2001; Beheshti & Shamsuddin, 2013). 이러한 다른 분류는 메타휴리스틱스의 여러 성질과 특징을 이해하는 데 도움이 될 것이다.

(1) **'자연'에서 영감을 얻은 메타휴리스틱스:** 많은 메타휴리스틱은 자연현상을 모방하고 있다. 진화알고리즘(진화전략, 진화프로그래밍, 유전알고리즘, 유전프로그래밍, 차분 진화)과 인공 면역시스템은 생물학에서, ACO, PSO, ABC는 군집 지능에서, SA는 고체물리학에서 영감을 얻었다.

자연 현상을 모방한 알고리즘의 주요 특징은 개체(해)가 하나가 아닌 집단을 이룬다는 것이고, 자연 현상은 필연(규칙)뿐 아니라 우연(임의 또는 확률)에도 기인하고 있다는 것이다. 집단에서 나타나는 창발성과 자기조직화의 현상이 복잡한 문제 해결에 적용된다. 여기서 창발성은 낮은 수준에 있는 개체들의 국부적인 상호작용에 의해 나타나는 전체적인 패턴을 의미하며, 자기조직화는 시스템 안에 있는 수많은 요소들이 상호관계를 통해서 끊임없이 재구성하며 환경에 적응해 나가는 것을 말한다. 또한 자연에서는 필연과 우연이 혼재하면서 질서가 파괴되고, 이로부터 새로운 질서가 창조되는 과정을 반복한다는 것이다. 자연에서 나타나는 이러한 현상을 메타휴리스틱스는 모방하고 있다.

(2) **집단 기반과 단일해 기반 메타휴리스틱스:** 매 반복에서 운용하는 후보해(candidate solutions)의 수에 따라 집단 기반 메타휴리스틱스(population-based metaheuristics: P-MHs)와 단일해 기반 메타휴리스틱스(single-solution based metaheuristics: S-MHs)로 분류할 수 있다. 매 반복(세대)에서 복수의 후보해로 구성된 집단을 운용하는 집단 기반 메타휴리스틱스에는 진화알고리즘(EA), ACO, PSO, HS, ABS, AIS 등 많은 알고리즘이 있다.

메타휴리스틱스의 가장 큰 특징 중 하나는 많은 알고리즘들이 집단 기반을 사용하고 있다는 것이다. 여러 개체(후보해)로 구성된 집단을 운용함으로써 자연스럽게 여러 해공간을 동시에 '탐사'할 수 있는 강점을 갖는다. 또한 이들 집단 기반 메타휴리스틱에는 여러 개체가 탐색에서 얻은 정보를 다음 세대의 탐색에 이용하여 더 좋은 해나 전역최적으로 향하도록 하는 메커니즘이 내재되어 있다.

매 반복에서 단일해를 운용하는 메타휴리스틱은 현재해의 이웃에서 해를 탐색하여 해를 이동시키는 기법으로, 지역탐색에 기반을 둔 알고리즘이다. 이를 이웃 메타휴리스틱이라 부르기도 한다([그림 1-1] 참조). SA, TS, ILS, VNS, GLS가 이에 속한다. 이들 기법의 핵심은 지역최적을 벗어나 효과적인 '탐사'를 할 수 있는 전략이다. 이들 알고리즘에는 지역탐색의 강점인 지역탐색을 '강화'하는 전략과, 지역 최적을 벗어날 수 있는 탐색의 '다양화' 전략('탐사' 전략)이 결합되어 있다. 그리고 흔히 지역최적을 탐색하는 데 많은 계산시간이 소요되기 때문에 이를 줄이는 전략이 고려된다.

대부분의 S-MHs에서는 먼저 지역탐색을 하여 지역최적을 찾고, 다음에 해공간의 탐색을 '다양화'하는 과정을 반복한다. 반면에 P-MHs는 해 집단을 이용하여 탐색을 동시에 행하기 때문에 해공간의 탐색 '다양화'가 좋은 해의 '이용'(탐색의 '강화')보다 우선시 된다고 볼 수 있다. S-MHs은 탐색의 '강화'에, P-MHs는 탐색의 '다양화'에 좀 더 무게를 두고 있다. 따라서 각 기법이 갖는 강점을 이용하여 다른 메타휴리스틱 또는 수리계획법, 기계학습기법, 데이터마이닝기법 등과 결합한 다양한 형태의 잡종(hybrid) 메타휴리스틱이 제안되고 있다.

(3) **과거의 탐색 '기억'을 이용하는 메타휴리스틱스:** 대부분의 메타휴리스틱에서는 과거의 탐색 경험을 저장 또는 기억하여 미래의 탐색에 이용한다. 이는 해공간의 효율적 탐색을 위한 것으로 메타휴리스틱의 중요한 성질 중 하나이다. 타부서치는 기억을 명시적으로 사용(단기기억, 중기기억, 장기 기억)하여 탐색한다. ACO에서는 과거 탐색 정보를 축척하여 이용하고, PSO에서는 자신과 군집의 가장 좋은 경험을 기억하여 이용한다. 또한 진화알고리즘에서는 염색체에 과거 탐색정보(조상의 유전자)가 자손에게 상속되면서 그 기억이 부분적으로 이용된다고 볼 수 있다. 반복지역탐색(ILS)에도 기억을 이용할 수 있으며, 유도지역탐색(GLS)에도 과거의 지역탐색 결과를 이용하고 있다. 기억을 이용하지 않는 알고리즘에는 SA와 지역탐색(local search)이 있다. 이들 두 탐색에서 다음 탐색은 단지 현 탐색에 의해서만 영향을 받는다.

메타휴리스틱스에서 과거 탐색 정보(기억)가 미래 탐색에 어떻게 영향을 미치는 지에 대한 이해가 중요하다. 즉 이들 정보가 탐색의 '다양화'와 '강화'(또는 해 공간의 '탐사'와 좋은 해의 '이용')에 작용하는 메커니즘에 대한 이해가 중요하다.

(4) **확률적 또는 확정적 메타휴리스틱스:** 초기해가 같으면 항상 같은 결과가 산출되는 알고리즘은 확정적이고, 초기해가 같아도 매번 다른 결과가 나올 수 있으면 확률적이다. 대부분의 메타휴리스틱은 확률적(stochastic)이다. 단지 타부서치(TS)는 파라미터가 변하지 않는다면 확정적 알고리즘이 된다.

확률적 메타휴리스틱의 매 반복에서 새로운 후보해(들)를 생성할 때, 즉 해가 이동할 때 좋은 해로의 '지역'적 이동과 새로운 해 영역으로의 '전역'적 이동이 확률적으로 고려된다. 메타휴리스틱은 '우연'의 성질을 갖는 확률적 탐색으로 다양한 해 공간의 '탐사' 능력을 높인다. 이 '탐사'는 발견한 좋은 해의 '이용'과 적절한 균형을 이루어야 한다. 해 공간의 확률적 탐색은 메타휴리스틱의 주요 특징 중 하나이다.

(5) **복수의 이웃 구조와 단일 이웃 구조:** S-MHs에서 현재해는 이웃에서 해(이웃해)를 발생하여 탐색을 계속한다. 따라서 이들 알고리즘에서 탐색은 이웃 구조에 의해 결정된다. ILS와 GLS은 하나의 이웃을 사용하나, 가변이웃탐색(VNS)은 다양한 형태의 여러 이웃을 사용한다. 여러 이웃 구조의 사용은 지역탐색의 '강화'가 주 목적이다. 또한 초기해를 다른 형태의 이웃에서 임의로 발생하

면 탐사 영역이 '다양화'될 수 있다.

(6) **동적 또는 정적 목적함수**: 대부분의 메타휴리스틱스에서는 탐색 중에 목적함수 형태가 변하지 않는다. 그러나 유도지역탐색(GLS)에서는 탐색에서 지역최적을 찾으면 그 주위는 증대된 목적함수로 변환한다. 또한 입자군집최적화(PSO)에서도 이미 찾은 지역최적해 주위의 목적함수 값을 증대시켜 이 지역이 재 탐색되는 것을 막는 방법이 제안되었다. 이는 지역최적에서 벗어나 다른 영역의 탐사를 유도하기 위함이다.

이 책에서는 단일해 기반과 집단 기반의 분류에 따라 S-MHs를 먼저 다루고, 다음 P-MHs 를 다룬다. 지금까지 많은 메타휴리스틱 기법이 제안되었으나 이 책에서는 많은 연구자들이 관심을 갖고 발전시키고 적용하고 있는 대표적인 기법만을 다룬다. 이 책의 제2부(제2장~제5장)에서는 단일해 기반 메타휴리스틱스로 시뮬레이티드 어닐링, 타부서치, 반복지역탐색, 가변이웃탐색, 유도지역탐색을 차례로 소개한다. 제3부(제6장~제12장)에서는 진화알고리즘을, 제4부(제13장~제16장)에서는 입자군집최적화를, 제5부(제17장~제21장)에서는 개미군체최적화를, 제6부(제22장~제24장)에서는 그 외의 집단 기반 메타휴리스틱스로 차분진화, 벌군체최적화, 화음탐색을 다룬다.

1.3 메타휴리스틱스의 공통 요소

앞에서 언급했듯이 메타휴리스틱은 범용 알고리즘의 틀이다. 따라서 이를 기반으로 하여 특정 문제의 해결을 위한 알고리즘을 설계할 때, 모든 메타휴리스틱에서 공통으로 고려되는 기본 요소에 대해 알아보자. 이들 요소에는 해의 표현, 목적함수, 초기해, 파라미터 조정, 종료조건 등이 있다. 이에 대해 설명한다. 그리고 S-MHs의 기본요소인 이웃에 대해 설명한다.

1) 표현

특정 문제의 해결을 위해 사용할 메타휴리스틱이 결정되면, 문제에 적합한 알고리즘을 설계하게 된다. 이때 제일 먼저 고려해야 할 요소는 해의 표현(representation 또는 encoding)이다. 표현방법에는 이진수, 실수 벡터, 이산 값 벡터, 순열, 그룹, 행렬, 랜덤 키(random key), 그래프 등 다양한 표현이 가능하다. 이들 표현은 각 메타휴리스틱을 다루면서 좀 더 구체적으로 설명한다. 특히 각 표현방법에 대해서는 3.2절과 7.1절을 참조할 수 있다.

표현은 알고리즘의 성능에 크게 영향을 미친다. 따라서 해의 표현을 선택할 때는 사용하는 메타휴리스틱의 특성, 관련 연산자와 그 운영 방법, 그리고 적용 문제가 갖는 성질 등을 고려하여 결정해야 한다. 사용하려는 메타휴리스틱에서 어떤 정보가 어떤 메카니즘으로 이용되면서 해 공간을 탐색하여 가는 지를 이해하여, 그 특성을 잘 반영할 수 있는 표현을 선택해야 한다. 또한 표현은 해를 자연스럽게 그리고 비중복적으로 나타내는 것이 바람직하다. 자연스런 표현은 해석이 용이하고 해의 특성을 쉽게 파악할 수 있으며, 이것은 과거 탐색 정보의 효과적 이용을 가능하게 한다. 표현 방법은 앞으로 각 메타휴리스틱을 다루면서 좀 더 설명하기로 한다.

2) 목적 함수

메타휴리스틱에서 후보해들을 평가하는 함수가 필요하다. 이 평가는 흔히 목적함수에 의해 이루어진다. 목적함수 값에 의해 해의 품질 또는 적합도(fitness)가 결정된다. 진화알고리즘에서는 'fitness'를 생물학의 용어인 '적응도'로 번역한다. 목적함수는 좋은 해가 있는 탐색 영역으로 탐색을 유도하는 역할을 한다.

대부분의 최적화문제에서 해는 절대적이고 고정된 값을 갖는 목적함수에 의해 평가된다. 이 경우 좋은 해로의 탐색을 촉진하기 위하여 목적함수를 변형한 '평가함수'를 사용하기도 한다. 그러나 게임문제나 협조 또는 경쟁 공진화알고리즘에서 해의 평가는 다른 해와 상대적이거나 경쟁적으로 평가된다. 이 경우에는 효과적이고 효율적으로 해를 평가할 수 있는 평가전략과 평가함수를 고려해야 한다. 이에 대해서는 제10장 공진화알고리즘에서 다룬다.

3) 초기해

모든 메타휴리스틱에서 알고리즘을 시작하기 위해서는 초기해가 필요하다. S-MHs에서는 하나의 초기해를, P-MHs에서는 집단의 초기해를 필요로 한다.

S-MHs에서 탐색을 시작하기 위해서는 초기해를 설정해야 한다. 생성 방법은 임의(random) 생성과 휴리스틱(또는 greedy) 생성으로 나눌 수 있다. 임의 방법은 빠른 시간에 초기해를 구하지만 수렴하는 데 많은 시간이 소요될 수 있다. 탐색 속도를 높이기 위하여, 휴리스틱 방법을 사용할 수 있다. 이 방법은 대부분의 경우 지역최적에 빨리 도달한다. 그러나 좋은 초기해가 항상 더 좋은 지역최적해를 찾지는 않는다. 두 방법에는 해의 품질과 계산소요시간의 절충(trade-off)관계가 있다. 초기해를 찾는 휴리스틱이 단순하거나 효과적이지 않는 경우에는 임의 방법이 좋다. 제약이 강하면 임의 방법으로 가능해를 찾기가 어려울 수 있다. 이 경우에는 가능해를 생성할 수 있는 휴리스틱을 사용할 수 있다.

P-MHs에서는 해집단을 운용함으로써 해 공간에 있는 여러 지역을 동시에 탐사할 수 있다. 이들 알고리즘에서 '집단의 다양성(population diversity)' 유지는 해의 개선에 결정적 역할을 한다. 해집단이 정체되면, 즉 다양성을 잃게 되면 탐사능력이 약화되어 좋은 해를 탐색하지 못하게 된다. 따

라서 P-MHs에서 초기 해집단을 생성할 때, 좋은 해들의 집단보다는 집단의 다양성에 중점을 두어야 한다. 집단의 다양성은 해들이 얼마나 서로 다른지에 따라 평가된다.

P-MHs에서 초기해집단은 집단의 다양성을 위해 흔히 임의로 생성한다. 이 방법은 연속문제인 경우 각 변수(해의 원소) 값의 범위에서 임의의 값을 생성하여 해를 구성하는 것이다. 이산문제의 경우에도 해의 각 원소가 가질 수 있는 유한개의 이산 값 중에서 임의로 값을 추출하여 해를 구성하는 방법이다. 이 과정을 집단의 크기만큼 반복하여 해 집단을 구성한다. 이와 같은 임의 방법 이외에 집단의 다양성을 높이는 여러 방법이 있을 수 있다. 연속문제의 경우, 해 공간을 집단의 크기만큼 균등하게 블록으로 나누어, 각 블록에서 하나의 해를 임의로 생성하는 방법을 사용할 수 있다. 집단의 다양성을 최적화하는 것 자체가 하나의 최적화문제가 된다. 초기집단의 다양화를 위해 계산시간이 너무 많이 소요되는 것은 피해야 한다.

4) 파라미터 조정

일반적으로 메타휴리스틱에는 파라미터가 존재한다. 이들 파라미터는 대부분 탐색의 이용과 탐사와 관련된다. 메타휴리스틱에서 파라미터는 알고리즘의 주 요소이고, 흔히 해공간의 탐색 특성을 특징짓는다. 이 파라미터는 알고리즘의 유연성과 강건성을 제고시키는 역할을 하는 반면에, 적절하지 않는 파라미터 값은 알고리즘의 성능을 크게 약화시킨다. 일반적인 최적의 파라미터 값은 존재하지 않는다. 이는 적용 문제에 종속된다. 따라서 메타휴리스틱을 특정 문제에 적용할 때 마다 파리미터의 값을 조심스럽게 조정(tuning)을 해야 한다. 앞에서 언급했듯이 이는 메타휴리스틱의 가장 큰 단점 중 하나이다.

파라미터를 조정하는 방법에는 두 가지가 있다. 하나는 (1) 메타휴리스틱을 실행하기 전에 실험을 통해 파라미터 값을 고정시키는 방법이고, 다른 하나는 (2) 메타휴리스틱 실행 중에 파라미터 값을 동적으로 또는 탐색에 적응하며 갱신하는 방법이다.

전자의 방법을 보자. 특정 메타휴리스틱에서 사용되는 파라미터의 적절한 값에 대한 실험 결과들이 보고되고 있다. 적용에서 이들 값을 먼저 참고한다. 그리고 파라미터 값은 적용 문제에 종속되므로 예비실험을 통해 조기 수렴되지 않고 알고리즘의 개선이 이루어 질 수 있도록 미세 조정한다. 그러나 이 방법은 많은 노력이 요구 되고 탐색과정에서 적정 파라미터 값이 변할 수 있다. 그래서 후자의 방법이 사용되기도 한다. 이 방법은 동적 갱신(dynamic update)과 적응 갱신(adaptive update)으로 다시 분류될 수 있다. 동적 갱신은 탐색의 진척을 고려하지 않고 탐색 과정에서 파라미터를 임의로 또는 확정적으로 변화시키는(갱신하는) 방법이다. 이에 반해 적응 갱신은 탐색의 성능 및 진척에 따라 그 값을 변화시킨다. 이때 탐색의 상황은 주로 탐색 기억을 이용하여 파악한다.

이 책에서는 여러 메타휴리스틱을 다루면서 각 기법에서 사용되는 파라미터의 의미와 그 영향에 대해 깊이 있게 다룰 것이다.

5) 종료조건

메타휴리스틱 알고리즘에서 알고리즘이 무한 반복을 하지 않고 합리적인 반복 횟수를 수행한 후 끝낼 수 있도록 종료조건을 명시해야 한다. 아래와 같은 종료기준이 흔히 사용된다.

(1) 최대 반복 수(S-MHs에서) 또는 최대 세대 수(P-MHs에서).

(2) 목적함수 평가의 최대 횟수: S-MHs에서는 이웃해 평가의 최대 횟수, P-MHs에서는 개체 평가의 최대 횟수.

(3) 최대 계산소요시간.

(4) 해의 개선이 없는 반복 횟수(S-MHs에서) 또는 세대 수(P-MHs에서): 주어진 반복(또는 세대) 횟수 동안 해의 개선이 없으면 종료.

(5) 사전에 최적해를 알거나 그 한계를 아는 경우, 수용 가능한 해에 도달: 주어진 만족할 만한 해에 도달하면 종료.

특정 메타휴리스틱에서는 그 알고리즘이 가지고 있는 특성에 따라 특정 기준이 사용되기도 한다. 예로, SA에서는 파라미터인 온도 T를 어느 수준까지 낮추는 기준이 주로 사용된다.

6) 이웃 구조

(1) 단일해 기반 메타휴리스틱스

단일해 기반 메타휴리스틱스(S-MHs)에서는 단일 현재해의 이웃에서 어떤 기준에 의해 하나의 해(이웃해)를 선택하고, 그 해로 이동하면서 해 공간을 탐색해 나간다. 그러므로 S-MHs를 설계할 때는 이웃을 반드시 정의해야 한다. 즉 이웃 구조를 결정해야 한다. 이웃 구조는 성능에 크게 영향을 준다. S-MHs가 성공적으로 문제를 해결하기 위해서는 다루는 문제에 이웃 구조가 적절해야 한다. 이웃 구조는 사용하는 S-MH 보다는 다루는 문제에 종속된다.

해 x의 이웃을 $N(x)$로 나타내고, 해 x의 이웃에 속한 해 x', 즉 $x' \in N(x)$를 해 x의 이웃해(neighbor)라 부른다. 이웃해 x'는 해 x를 조금 변경하는, 즉 근접 변환(perturbation)하는 '이동(move)' 연산을 적용하여 생성된다. 이웃의 성질을 '지역성(locality)'으로 나타낼 수 있다. 해의 표현이 조금 변경될 때, 해도 조금 변화되어야 한다. 이러한 경우 이웃은 '강한 지역성'을 가지고 있다고 하고, S-MHs도 이러한 문제에서 의미 있는 탐색을 하게 된다. 이와는 달리 조그만 표현의 변화에도 해가 큰 영향을 받으면, 이는 '약한 지역성'이라 하고, 이 경우 S-MHs는 잘 작동하지 않는다. 지역성이 아주 약하면 임의 탐색과 유사하게 된다.

이웃의 정의는 주로 해의 표현(encoding)에 종속된다. 연속최적화문제에서 실수로 해를 표현하면 해 x의 이웃 $N(x)$는 중심이 x이고 반경이 $\varepsilon(>0)$인 구(球)로 정의할 수 있다. 이렇게 정의하면 해 x에서 거리가 ε 이내인 모든 점이 해 x의 이웃이 된다. 또한 이산최적화문제에서 이진수로 해를 표현하면 이웃을 해밍(hamming)거리로 정의할 수 있다. 이진수 표현에서 해밍(hamming)거리 1을 이웃으로 정의하면, (0000)의 이웃은 (1000), (0100), (0010), (0001)이다.

앞에서 언급했듯이 표현은 다루는 문제의 특성을 잘 나타낼 수 있어야 한다. 문제의 특성을 잘 반영한 표현은 해를 변환할 때, 즉 해를 이동할 때 좋은 해를 유도할 수 있는 이웃 구조를 사용할 수 있기 때문이다. 외판원문제(traveling salesman problem: TSP), 흐름생산계획 등 순서문제에서는 순열표현이 흔히 사용된다. 예로 항상 본사 0에서 출발하여 7개의 도시를 거쳐 본사 0으로 돌아오는 외판원 문제를 보자. 본사 0에서 도시 3-5-7-1-6-4-2의 순서로 방문하여 본사 0으로 돌아온다면 이를 (3,5,7,1,6,4,2)과 같은 순열로 표현할 수 있다.

이와 같은 순열표현에서는 두 인자 위치를 교환하는 교환(swap) 변환, 한 인자를 다른 위치로이동하는 삽입(insertion) 변환, 인접하는 두 인자의 위치를 바꾸는 인접 교환(adjacent swap) 변환, 특정 부분경로의 순서를 거꾸로 하는 역순(inversion) 변환, k-opt 변환 등에 의해 생성되는 해들을 각 형태의 이웃으로 정의할 수 있다. 여기서 k-opt 변환은 Hamiltonian 순환로 상에서 k 개의 호를 제거하고(k=2,3,⋯,n), 순환로 상에 없는 k개의 호를 대체하여 새로운 Hamiltonian 순환로를 만드는 변환이다. 또한 그래프로 표현된 경우, 호의 추가와 삭제(k개 호 추가와 k개 호 삭제, k=1,2,⋯), 마디의 삭제와 추가, 이 외에 여러 형태의 호와 마디 변경을 이웃으로 정의할 수 있다.

문제의 크기가 커지면 이웃의 크기가 커진다. 이웃의 크기가 커지면 이웃 탐색에 계산량이 많아지게 된다. 탐색 횟수나 계산소요시간이 한정된 경우에 이웃해를 모두 탐색하는 것은 지역 탐색에 치중하는 결과를 가져올 수 있다. 즉, 다른 영역의 탐사와 불균형을 이룰 수 있다. 이를 위하여 이웃을 축소하는 여러 전략들이 제안되었다. 이에 대해서는 4.1절을 참조할 수 있다.

(2) 집단 기반 메타휴리스틱스

집단을 운영하는 메타휴리스틱스(P-MHs)에서 이웃 구조는, 반드시 필요한 것은 아니지만, 알고리즘의 성능 향상을 위하여 자주 사용된다. 하나의 집단을 운영하면서 발생하는 탐색의 조기 수렴 또는 조기 정체를 피하고, 탐사력을 높이는 방법으로 사용된다.

P-MHs에서 이웃은 두 방법으로 사용된다. 그 하나는 집단이 특정한 이웃 구조를 갖고, 예로 링 구조, 격자 구조 등, 각 개체는 이 구조에서 전체 집단이 아닌 이웃에 있는 개체들과 정보 교환 또는 짝짓기 등을 행하며 행동하거나 진화하는 방법이다. 다른 한 방법은 집단을 여러 부분집단으로 나누고 이들 부분집단 간의 연결을 이웃 구조로 나타내고, 각 부분집단은 부분집단 내에서 협

력하여 행동하거나 진화하면서 이웃에 있는 부분집단과 정보 교환 및 개체 교환을 하는 것이다. 또한 P-MHs에서 이웃 구조는 병렬 계산의 구조와도 관계된다. 이들 이웃 구조에 관해서는 추후 좀 더 자세히 다룰 것이다.

1.4 제약 다루기

메타휴리스틱스에서 제약을 다루는 문제는 중요한 과제이다. 현실 세계에서 일어나는 대부분의 문제는 여러 제약이 있는 최적화문제이다. 따라서 메타휴리스틱을 구축할 때 효과적이고 효율적으로 제약을 다루는 방법에 직면하게 된다. 이에 관한 많은 연구가 이루어 졌다. 이에 대해 알아보자.

(1) **비가능해 버리기 전략**(reject strategy)

탐색 과정에서 비가능해가 발생하면 버리고 가능해만을 수용한다. 이는 가장 단순한 전략이지만 가능해 공간이 좁은 경우에는 사용하기가 어렵다. 또한 가능해를 연결하는 영역에 비가능해가 존재할 수 있고, 비가능해 영역 가까이 최적해가 존재할 수 있다. 따라서 이 전략은 비가능해를 이용할 수 없다는 강한 약점을 갖는다. 가장 단순한 전략이지만 제약이 강한 문제에서는 비효율적이다.

(2) **벌금전략**(penalizing strategy)

비가능해이면 평가값에 벌금을 주는 벌금 전략은 메타휴리스틱에서 가장 널리 사용되는 전략이다. 이 전략은 비가능 영역으로의 이동을 허용하고 비가능해를 후보해로 받아들이는 탐색전략이다. 이러한 탐색 전략은 제약이 강한 문제에서 효과적일 수 있고, 단일해 기반 보다는 집단 기반 메타휴리스틱스에서 더욱 효과적으로 구현할 수 있다.

흔히 벌금은 제약조건을 어기는 정도에 따라 부과한다. 이때 비가능해의 평가값은 가능해 보다는 더 좋지 않도록 부과한다. 벌금을 부과하는 구체적 방법은 12.2절과 15.1절을 참고할 수 있다. 이 전략은 제약최적화문제에서 비교적 쉽게 사용할 수 있는 효과적인 방법이다.

(3) **보수전략**(repairing strategy)

보수전략은 메타휴리스틱의 탐색 연산에서 비가능해가 생산되면, 이 비가능해를 가능해로 보수하는 전략이다. 비가능해를 보수할 때 이 비가능해가 가지고 있는 특성을 반영하는 전략이 탐색에 효율적일 수 있다.

예로 [그림 1-2]와 같은 작업 선행공정도를 갖는 작업들의 할당순서를 구하는 문제를 보자. 이 그림에서 마디는 작업을, 마디 위의 값은 작업소요시간을, 화살표는 작업선행관계를 나타낸다. 컨

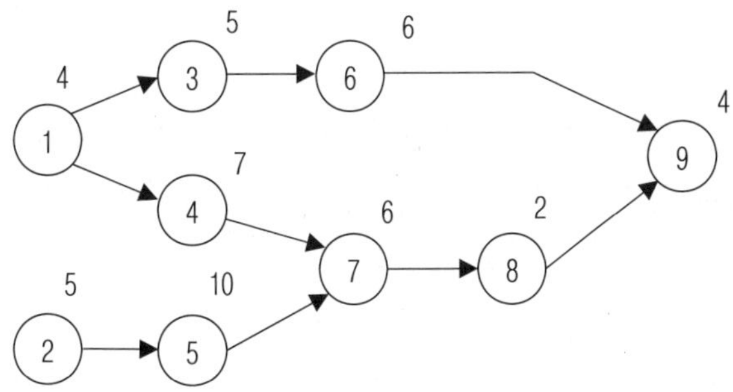

그림 1-2 작업 선행공정도

베이어가 흐르는 작업장에 작업을 할당할 때 제약으로 할당하는 작업 순서가 아래 선행공정도에 나타난 선행 관계가 만족되어야 한다. 작업 할당은 작업 3과 4는 작업 1이 완료된 후, 작업 5는 작업 2가 완료된 후, 작업 6은 작업 3이 끝난 후에 가능하다. 예로 할당 순서가 (1, 2, 3, 4, 5, 6, 7, 8, 9)이면 가능 할당이다.

어떤 탐색 연산에서 (2, 1, 5, 4, 7, 6, 9, 3, 8)가 유도되었다 하자. 이는 비가능 할당이다. 이를 가능 할당으로 변환하는 다음 절차를 사용할 수 있다. 선행관계를 어기는 할당 이후의 모든 작업을 재할당한다. 이때 재할당 순서는 할당 가능 작업(직선행 작업이 모두 할당된 작업) 중에서 작업 시간이 가장 큰 작업을 할당한다. 그러면 비가능해 (2, 1, 5, 4, 7, 6, 9, 3, 8)는 보수 작업을 통해 (2, 1, 5, 4, 7, 3, 6, 8, 9)의 가능 할당으로 변환된다. 가능해로 변환시키는 또 다른 절차로 선행관계를 어기는 부분의 할당 순서는 현재 할당 가능 작업 집합에서 표현된 해에서 먼저 나타난 작업을 할당한다. 이 과정을 가능해가 만들어 질 때까지 반복한다. 이 예에서 작업 2, 1, 5, 4, 7의 할당 순서는 가능 할당이고, 이후 할당가능작업집합은 작업 {3, 8}이고, 비가능해에서 작업 3이 작업 8보다 앞에 있으므로 작업 3을 할당한다. 다음 할당가능작업집합은 작업 {6, 8}이고 비가능해 표현에서 작업 6이 8보다 앞에 나타나 작업 6을 할당하고 다음은 작업 8이, 그리고 작업 9가 할당되어 가능해 (2, 1, 5, 4, 7, 3, 6, 8, 9)로 변환된다.

(4) 해독전략(decoding strategy)

각 표현을 해독하여 가능해로 변환시키는 전략이다. 이 전략은 표현(encoding)이 간접적일 때 사용된다. 이 전략이 효과적이기 위해서는 간접적인 표현이 적용 문제의 특성을 반영할 수 있어야 하고, 이 표현에 사용되는 연산자도 연산 후 표현의 해독 결과가 과거의 주요 탐색 정보가 다음 세대의 자손(해)에게 상속될 수 있는 의미 있는 연산을 수행할 수 있어야 한다.

예를 위해 다시 [그림 1-2]를 보자. 작업 1부터 9까지 나열된 순열 표현에서 나타난 작업의 순서는 절대적 작업 할당 순서가 아니라 상대적인 순서를 나타낸다고 하자. 이러한 순열 표현이 (2, 7, 1, 4, 5, 6, 3, 8, 9)로 두자. 이 표현을 다음과 같이 해독하여 가능해를 유도할 수 있다. 초기에 할당된 작업집합은 공집합이다. 이때 선행관계에 의해 할당가능작업집합은 {1, 2}이다. 표현에서 작업 2가 작업 1보다 앞에 있으므로 작업 (2)를 할당한다. 작업 2가 할당된 후 선행관계에 의해 다음 할당가능작업은 {1, 5}이고 표현에서 작업 1이 작업 5 앞에 있으므로 작업 1을 할당하여 (2, 1)이 된다. 같은 방법으로 다음 할당가능작업집합은 {3, 4, 5}이고 이들 작업 중에서 표현에서 작업 4가 가장 앞에 나타나므로 작업 4를 할당하여 (2, 1, 4)가 된다. 같은 방법으로 반복하면 가능해 (2, 1, 4, 5, 7, 3, 6, 8, 9)를 얻는다.

또한 상대적 할당 순서를 범위 (0,1)의 난수로 나타내고, 큰 값이 할당 순위가 높다는 것을 의미한다 하자. 이러한 표현을 해독하여 가능해를 생성할 수 있다. 예로 표현 (0.46, 0.86, 0.12, 0,29, 0.88, 0.36, 0.23, 0.91, 0.42)를 보자. 앞의 설명에서와 유사하게, 처음 할당가능작업집합은 {1, 2}이고, 첫째와 둘째 위치에 있는 난수가 0.46과 0.86이다. 이 중 큰 값(0.86)을 갖는 난수의 위치가 두 번째이므로 작업 2를 할당한다. 다음 할당가능집합은 {1, 5}이고 첫째와 다섯째 위치에 있는 난수는 각각 0.46, 0.88 이므로 더 큰 값을 갖는 위치의 작업 5을 할당한다. 그러면 할당작업과 순서는 (2, 5)이 된다. 같은 방법으로 다음 할당가능작업집합은 {1}로 유일하여 이를 할당하면 (2, 5, 1)이 된다. 같은 방법으로 반복하면 선행제약을 만족하는 작업할당순서 (2, 5, 1, 4, 7, 8, 3, 6, 9)을 얻는다.

(5) 가능해 보존전략(preserving strategy)

제약이 있는 최적화문제에서, 특정 표현과 연산자를 사용하여 제약을 만족하는 가능해 만을 생산하는 전략이다. 이는 초기에 가능해(또는 가능해 집단)로 시작해야 한다. 특정 문제, 예로 색칠하기 문제에서는 초기 가능해를 찾기가 쉽지 않다. 또한 제약이 강한 문제에서 항상 가능해를 생산하는 연산자를 개발하기도 쉽지 않다. 설사 이런 연산자가 개발되어도 알고리즘의 성능이 우수하다는 보장이 없다.

이 전략의 예를 보이기 위해 앞에서 사용한 작업할당문제를 다시 보자. [그림 1-2]를 사용하여 설명한다. 이 그림의 작업선행관계에 따라 두 개의 가능한 두 작업할당 순서

P1 = (1, 2, 3, 4, 5, 6, 7, 8, 9)와 P2 = (2, 1, 5, 4, 7, 8, 3, 6, 9)

를 보자. 이들 두 가능해를 선행관계의 특성을 이용하여 다음과 같이 연산하면 가능해를 얻을 수 있다. 해 표현(개체)에서 임의로 두 절단점을 잡는다. 두 절단점에 의해 앞부분, 중간부분, 뒷부분으로 나눌 수 있다. 한 개체(P1)의 앞부분과 뒷부분에 있는 작업(인자)을 새로운 해(자손)에게 상속한다. 그리고 다른 개체(P2)에서 부모 P1으로부터 상속된 인자를 모두 지우고, 남은 작업(인자)들

을 부모 P2에 나타난 순서대로 새로운 해(자손)의 중간부분에 차례로 상속한다. 이러한 연산은 부모가 가능해 이면 항상 가능해를 유지한다.

두 절단점이 두 번째와 세 번째 인자 사이, 그리고 여섯 번째와 일곱 번째 사이라 하자. 그러면 P1의 앞, 중간, 뒷부분은 각각 (1,2), (3, 4, 5, 6), (7, 8, 9)가 된다. 따라서 하나의 자손 개체는 (1, 2, *, *, *, *, 7, 8, 9)가 되고 중간부분은 P2에서 작업 1, 2, 7, 8, 9를 삭제하고 남은 작업이 나타난 순서는 5, 4, 3, 6이다. 이를 자손 개체 중간부분에 삽입하면 (1, 2, 5, 4, 3, 6, 7, 8, 9) 이 된다. 또 다른 자손을 생산하려면 두 부모의 역할을 바꾸어 생산한다. 그러면 다른 새로운 개체는 앞부분과 뒷부분은 (2, 1, *, *,*,*, 3, 6, 9)가 되고, 중간부분은 P1에서 남은 작업이 나타난 순서 4, 5, 7, 8을 삽입하면 (2, 1, 4, 5, 7, 8, 3, 6, 9)가 된다. 이들 두 해는 모두 가능해이다. 이는 표현의 특징과 작업 선행관계를 이용한 연산방법에 기인한다.

제2부

단일해 기반 메타휴리스틱스

제2장 시뮬레이티드 어닐링

제3장 타부서치의 개요

제4장 타부서치의 주요 주제

제5장 반복지역탐색, 가변이웃탐색, 유도지역탐색

제2장

시뮬레이티드 어닐링

시뮬레이티드 어닐링(simulated annealing: SA)은 하나의 해가 이웃을 확률적(stochastic)으로 탐색해가는 최적화기법이다(Kirkpatrick *et al.*, 1983). 1980년대부터 SA는 원리가 단순하고 적용이 용이하여 조합최적화문제를 위한 하나의 범용 해법으로 사용되고 있다. SA는 전역최적해(global optimum)로의 수렴이 이론적으로 증명되었다(Gidas, 1985; Mitra *et al.*, 1986). SA는 적용성은 우수하나, 높은 품질의 해를 얻는 데 계산시간이 많이 소요된다는 단점을 가지고 있다. 이 장에서는 SA의 원리, 절차, 주요 요소, 그리고 그 변형과 적용에 대해 다룬다.

2.1 서론

고체물리학에서 어닐링(annealing)은 고체를 열탕에 넣어 액체 상태가 될 때까지 가열한 후 온도를 서서히 낮추어 가장 안정된 결정상태의 고체를 얻는 과정을 말한다. 고체가 녹아 액체 상태가 되면 입자들이 자유롭게 움직이다가, 온도를 서서히 내리면 기저상태(ground state)에 도달하게 된다. 기저상태에서는 입자들이 매우 구조화된 격자 형태로 배열되고, 시스템의 에너지는 최소로 된다. 고체의 기저상태는 온도를 충분히 올린 후 냉각(cooling)이 아주 서서히 이루어질 때 가능하다. 온도를 급격히 내리면 고체가 기저상태가 아니라 준안정(meta-stable) 상태로 얼게 된다.

시뮬레이티드 어닐링(SA)은 이러한 어닐링 과정을 모방한 메타휴리스틱으로 Kirkpatrick *et al.*(1983)에 의해 제안되었다. <표 2-1>은 물리적 시스템과 SA의 유사점을 보여 준다. 최적화문제에서 해와 목적함수는 물리적 시스템에서 상태와 에너지와 각각 유사하다. 가장 낮은 에너지 상태인 기저 상태는 전역 최적해에, 급냉각에서 오는 준안정 상태는 지역 최적해에 비유될 수 있다. 그리고 급냉각 과정은 지역탐색법에, 서서히 냉각시키는 과정은 SA에 대응시킬 수 있다.

표 2-1 물리적 시스템과 최적화문제의 유사점

물리적 시스템	최적화문제
시스템 상태	해
에너지	목적함수
기저 상태(ground state)	전역 최적해
준안정(meta-stable) 상태	지역 최적해
온도	제어 파라미터 T
급냉각	지역탐색법
어닐링	시뮬레이티드 어닐링

고체물리학에서 어닐링 과정은 SA 알고리즘이 개발되기 전에 컴퓨터 시뮬레이션으로 이미 모형화되었다. 1953년 Metropolis 등은 열탕에서 고체가 열평형(thermal equilibrium)에 도달하는 과정을 모사한 알고리즘을 제안하였다. 고체의 현 상태를 에너지가 E_i 인 상태 i 라 하자. 현 상태 i 를 근접 변환(perturbation)하여 다음 상태 j 가 생성되었다. 다음 상태 j 의 에너지는 E_j 이다. 이때 에너지의 차 $\Delta = E_j - E_i$ 가 0 이하이면, 상태 j 를 현 상태로 받아들인다. 그리고 이 에너지 차가 0보다 클 때도 상태 j 를 식 (2.1)의 확률로 현 상태로 수락한다. 즉 상태 j 로의 이동을 수락한다.

$$\exp\left(-\frac{\Delta}{k_B T}\right) \tag{2.1}$$

여기서 k_B 는 볼츠만 상수이고, T 는 열탕의 온도이다. 이와 같은 상태의 수락 규칙(acceptance rule)을 '메트로폴리스 기준(Metropolis criterion)'이라 하고, 이러한 기준을 사용하는 알고리즘을 '메트로폴리스 알고리즘'이라 부른다.

온도를 아주 느리게 낮추면, 고체는 각 온도에서 열평형 상태에 도달할 수 있다. 메트로폴리스 알고리즘에서는 고정된 온도에서 아주 많은 전이(transitions)를 행함으로써 이러한 과정을 얻는다. 온도 T 에서 상태의 전이를 충분히 반복하면 고체의 상태분포가 결국 아래 식과 같은 볼쯔만 분포(Boltzmann distribution)를 따르는 열평형에 도달한다(Toda *et al.*, 1983).

$$\Pr(S = i) = \frac{1}{Z(T)} \exp\left(-\frac{E_i}{k_B T}\right)$$

여기서 S는 상태를 나타내는 확률변수이고, $Z(T)$ 는 모든 가능한 상태에 대한 확률의 합으로 분할함수(partition function)라 부른다.

$$Z(T) = \sum_j \exp\left(-\frac{E_j}{k_B T}\right)$$

SA는 메트로폴리스 알고리즘을 기본으로 하여 어닐링에서의 온도를 낮추는 과정을 덧붙여서 얻은 방법으로 볼 수 있다. 이때 온도 T 는 알고리즘의 제어 파라미터 역할을 한다. 앞으로 물리적 시스템에서 상태 i 와 상태 j 는 최적화문제에서 각각 해 x 와 x' 로, 에너지 E_i 와 E_j 는 목적함수 $f(x)$ 와 $f(x')$ 로 대응시킨다.

2.2 SA의 기본 구조

현재 일반적으로 이용되고 있는 SA의 기본 절차는 [그림 2-1]과 같다. 초기화 단계에서 초기온도(T), 초기해(x_0), 초기 반복수(L) 을 설정해 주는데, 이때 L 은 메트로폴리스 알고리즘에서의 고정된 온도 T 에서 평형상태에 도달할 때까지 필요한 근접 변환(perturbation)의 반복수를 나타내는 파라미터이다. 여기서 근접 변환은 이웃해의 탐색(이웃해로의 이동)을 나타내며, 이는 앞에서 언급한 상태의 전이(transition)와 같은 개념이다. 최적화문제는 최소화문제로 둔다.

SA는 두 개의 반복루프, 즉 외부루프와 내부루프로 구성되어 있다. 초기값이 결정되면 온도 T 상태에서 적절한 방법으로 현재해(x) 의 이웃해(x') 를 생성하여 이웃해의 목적함수 값, $f(x')$ 이 현재해의 목적함수 값 $f(x)$ 보다 작으면(최소화 문제) 이웃해를 현재해로 받아들이고, 그렇지 않을

SA의 기본 절차

단계 1. (초기화)

단계 1.1: 초기온도 T 와 내부루프 반복수 L 을 설정한다.
단계 1.2: 초기 가능해(x_0) 를 구하고 현재해 ($x = x_0$) 로 둔다.
단계 1.3: 냉각스케줄과 종료조건을 설정한다.

단계 2. (내부루프)

단계 2.1: 현재해(x) 를 근접 변환시켜 이웃해(x') 를 생성한다.
단계 2.2: 현재해와 이웃해의 목적함수 값 차이 $\Delta = f(x') - f(x)$ 를 계산한다.
단계 2.3: $\Delta \le 0$ 이면, 이웃해를 현재해로 두고, 단계 2.5로 간다. 그렇지 않으면, 단계 2.4로 간다.
단계 2.4: $\exp(-\Delta / T) \ge \text{random}(0,1)$ 이면 이웃해를 현재해로 둔다. (그렇지 않으면, 현재해는 그대로 유지한다.)
단계 2.5: 내부루프 반복수가 L 보다 크면 단계 3으로 가고, 그렇지 않으면 단계 2.1로 간다.

단계 3. (외부루프 종료조건 검사 및 냉각스케줄 반영)

외부루프 종료조건을 만족하면 끝내고, 그렇지 않으면 T 와 L 을 갱신하고, 단계 2.1로 간다.

그림 2-1 SA의 기본 절차

경우에도 무조건 기각하지 않고 확률 $\exp(-(f(x')-f(x))/T)$ 로 개선되지 않은 해를 현재해로 받아들인다. 이러한 내부루프를 L 회 반복한다. 그 후 외부루프로 나와 온도 T 를 약간 낮추고, 필요하면 반복수 L 을 수정하여 다시 내부루프를 반복한다. 이와 같은 과정을 종료조건이 만족할 때까지 반복한다. SA에서는 내부루프에서 현재해보다 더 좋지 않은 해를 받아들일 가능성을 열어둠으로써 지역 최적에서 벗어나 전역 최적을 찾아갈 가능성을 갖게 된다.

SA는 아래와 같이 확률 1로 최적해에 점근 수렴(asymptotic convergence)한다(Aarts & Korst, 1989, p.33-55; Geman & Geman, 1984).

$$M \to \infty \text{ 이면 } \Pr(x_M \in X^{opt}) \to 1$$

여기서 X^{opt} 는 전역 최적해 집합이고, x_M 은 반복, 즉 전이(transition) M 에서 해이며, 이때 냉각계획은

$$T_k = \frac{c}{\log(k+1)}$$

이다. 여기서 k 는 냉각 횟수, c 는 양의 정수이다. 반복수가 무한에서 수렴하기 때문에 이러한 최적해 수렴성은 실제 적용에서는 의미가 크지 않다. 대부분의 현실 문제는 해를 유한 시간에 평가해야 하기 때문이다.

앞에서 언급했듯이, 단일해 기반 메타휴리스틱스에서 공통 요소로 해의 표현, 목적함수, 이웃, 초기해 생성, 종료조건이 있다. SA의 적용을 위해서는 이들 이외에 수락확률(acceptance probility)과 냉각스케줄(cooling schedule)이 고려되어야 한다. 수락확률은 개선되지 않은 이웃해로의 이동을 가능하게 하는 SA의 핵심 요소이고, 냉각스케줄은 알고리즘의 매 반복에서 온도를 정의하는 데, 이는 알고리즘의 효율성에 결정적인 영향을 미친다. 이에 대해서는 다음 절에서 구체적으로 다룬다.

1) 표현과 초기해

알고리즘을 설계할 때 가장 먼저 해의 표현(encoding) 방법을 정해야 한다. 제1장에서 언급했듯이 표현은 알고리즘의 성능에 영향을 미치는 주요 요소로, 적용 문제의 특성과 SA의 구조와 전략을 고려하여 선택해야 한다.

초기화에는 초기해, 초기온도, 반복수가 요구된다. 제1장에서 언급했듯이 초기해 생성은 임의(random) 방법과 휴리스틱(또는 greedy) 방법으로 나눌 수 있다. 휴리스틱에 의한 초기해 사용은 초기부터 좋은 해 이용을 강화한다는 장점이 있으나, 최적해로의 수렴시간 단축을 보장하지는 못한다. 간단하면서도 적용 문제에 적합한 휴리스틱 방법을 찾기 어려우면 임의의 초기해를 사용하여도 될 것이다. 그리고 초기온도, 반복수에 대해서는 2.5절의 냉각스케줄에서 다룬다.

2.3 이웃 구조

SA는 일종의 이웃탐색기법이다. 매 반복에서 현재해의 이웃에 있는 이웃해를 탐색한다. 이를 위해서는 먼저 현재해의 이웃에 대해 정의해야 한다. 그리고 이웃해 생성 규칙을 정해야 한다. 이웃 구조는 적용 문제의 특성과 표현을 고려하여 정의하고, 이웃해 생성은 정의된 이웃 구조에 의해 현재해를 근접 변환(perturbation)시키는 방식을 따른다.

SA에서 해의 이동 과정은 새로운 이웃해의 생성(근접 변환), 목적함수 값의 차이 계산, 수락 및 기각의 과정으로 구성된다. 내부루프에서 이 과정을 반복적으로 수행하므로, 해의 이동을 빠르게 하면 알고리즘의 수행 속도를 향상시킬 수 있다. 이를 위해서는 이웃해 생성 방법이 매우 중요하다. 이웃해 생성 방법에 따라 지역 최적을 찾지 못하고 계속 진동하거나, 지역최적에 도달하는 데 너무 많은 반복이 수행될 수 있다. 따라서 SA에서는 적용 문제에 적합하면서도 단순한 이웃해 생성방법 또는 이웃 구조를 사용해야 한다(Tian *et al*., 1999).

2.4 수락기준

SA에서는 이웃해(근접 변환된 해)가 현재해보다 더 좋으면 이웃해로 이동한다. 그렇지 않는 경우, 즉 이웃해가 더 나쁜 경우에도 이웃해로의 이동을 확률적으로 수락한다. 수락기준(acceptance criterion)은 앞에서 설명한 메트로폴리스 기준을 사용한다. 현재해 x와 이웃해 x'로, 그리고 목적함수 값을 $f(x)$와 $f(x')$로 두자. 최적화문제는 최소화문제임을 상기하자.

현재해 x에서 이웃해 x'로의 이동을

(1) $f(x') \le f(x)$ 이거나, 그렇지 않으면

(2) $\exp\left(-\dfrac{f(x')-f(x)}{T}\right) \ge \text{random}(0,1)$

이면 수락한다. 여기서 random (0,1)은 구간 (0,1)의 난수이다. 이를 수락기준이라 한다.

이웃해 x'가 현재해 x보다 좋지 않는 경우($f(x') > f(x)$인 경우)의 수락확률, $\exp(-\Delta/T)$을 보자. 여기서 $\Delta = f(x') - f(x)$이고, T는 제어 파라미터이다. 이 수락확률은 $\Delta \ge 0$인 경우에 사용된다. $\exp(-\Delta/T)$는 온도 T에 대해 증가함수이다. 온도 T가 높아지면 이 확률은 증가 하고, $T \to \infty$이면 수락 확률이 1이 되어 모든 이동을 채택하게 된다. 이는 임의 탐색과 같게 된다. 반대로 온도 T가 낮아지면 수락확률도 낮아지고, $T \to 0$이면 수락 확률이 0이 되어 개선되지 않은 이동은 허

용하지 않는다. 이 경우는 지역탐색(예로 언덕 오르기 법)과 같게 된다. 한편, 온도 T가 일정할 때, Δ가 클수록 수락확률은 낮아진다. 이는 상대적으로 더 나쁜 해로의 이동에 대한 수락확률을 낮게 한다는 의미이다. 현재해와 비교하여 이웃해가 나쁠수록 채택될 확률은 0으로 지수적으로 감소한다.

2.5 냉각스케줄

냉각스케줄(cooling scheduling)은 해의 성능에 큰 영향을 미친다. 냉각스케줄이 적절하지 않으면 제한된 시간 내에 좋은 해를 구하기가 어렵다. 연구자들에 따라 온도를 낮추는 계획만을 냉각스케줄이라고 정의하기도 하고, 온도 낮추기 계획과 함께 초기 온도, 내부루프의 길이, 온도와 관련된 파라미터의 결정을 포함하여 냉각스케줄이라고 정의하기도 한다. 우리는 후자로 보고 설명한다.

2.5.1 초기 온도

SA에서 초기에는 수락확률을 높게 설정하여 대부분의 근접 변환을 받아들인다. 수락확률 $\exp(-\Delta/T)$은 온도 T가 높으면 높아진다. 따라서 초기 온도는 높게 설정해 준다.

초기 온도를 높게 설정한다는 원칙 하에, 적정 초기 온도를 구하는 여러 방법이 제안되었다. 가장 간단한 방법으로 충분히 높은 임의 값을 사용할 수 있는 데 이는 많은 계산시간이 요구된다. 다른 방법으로 예비실험을 통해 좋은 탐색 성능을 보인 값을 사용할 수 있다. 그러나 예비실험을 위한 계산시간이 부담될 수 있다. 이들 방법 이외에 다음의 몇 가지 방법들이 제안되었다.

첫째, 초기 실험을 통해 목적함수 값의 표준편차(σ)를 이용하여 초기 온도를 구하는 방법이다. 이는 물리적인 어닐링 과정에서 물체가 충분히 가열되었는지를 판단하는 방법과 유사하다. 즉, 초기 온도는 $T_0 = k \times \sigma$로 구하는데, 여기에서 k는 목적함수 값의 분포를 정규분포(normal distribution)로 가정하고 3σ 밖의 목적함수 값을 확률 p로 받아들일 수 있는 값으로 정의하고, 일반적으로 $k = -3/\ln p$가 제안되었다(Huang *et al.*, 1986).

둘째, 해의 이동을 받아들이는 비율에 근거하여 초기 온도를 구하는 방법이다. 즉, 초기 실험을 수행하여 '총 이동 수에서 수락된 이동의 비율'을 구하고 사전에 설정한 비율(A_0) 이상이 되는 최소의 온도를 초기 온도로 정하는 방법이다(Johnson *et al.*, 1989). 이때, 초기 온도는 거의 모든 해의 이동을 받아들일 수 있어야 하므로, A_0을 1에 가까운 값으로 정한다. Aarts & Van Laarhoven(1987)

은 이 값에 의해 구한 초기 온도 T_0를 아래와 같이 제안하였다. 여기서 m_1과 m_2는 예비실험에서 목적함수 값이 개선된 해의 수와 비개선된 해의 수를 각각 나타내며, $\overline{\Delta f^{(-)}}$는 목적함수의 변화가 음수인 것들의 변화량의 평균이다.

$$T_0 = \overline{\Delta f^{(-)}} \left\{ \ln\left[\frac{m_2}{m_2 A_0 - (1-A_0) m_1} \right] \right\}^{-1}$$

2.5.2 온도 강하

SA에서는 알고리즘이 진행되면서 온도를 점차로 낮춘다. 그리하여 시간이 흐르면 결국 온도 0에 수렴하게 한다. 따라서 온도를 낮추는 계획, 즉 냉각스케줄이 필요하다. 이때 냉각의 속도와 해의 품질 사이에 절충이 필요하다. 온도를 서서히 낮추면 더 좋은 해를 얻지만 계산시간이 더 소요된다. 여러 냉각스케줄에 대해 알아보자. 아래에서 T_0와 T_k는 각각 초기 온도와 k번째 강하된 온도를 나타낸다.

(1) 선형(Linear schedule)스케줄: 선형스케줄은 가장 단순한 방법으로,

$$T_k = T_0 - k\beta$$

로 표현된다. 여기서 β는 양의 상수이다.

(2) 기하(geometric)스케줄: 기하스케줄에서는 온도가

$$T_k = \alpha T_{k-1}, \qquad k=1,2,\ldots, \quad 0 < \alpha < 1$$

로 낮아진다. 기하스케줄은 온도를 내릴 때 온도의 강하율(α)을 사용하는데, α는 일반적으로 0.5에서 0.99 값이 사용된다. 이 스케줄이 가장 많이 사용된다.

(3) 로그(logarithmic)스케줄: 로그스케줄로

$$T_k = \frac{c}{\log(k+1)}$$

이 있다. 여기서 c는 양의 상수이다. 또한 다른 로그스케줄로

$$T_k = \frac{T_0 \log(k_0)}{\log(k+k_0)}, \quad k_0>1$$

가 사용되기도 한다. 로그스케줄을 사용하면 전역최적해로 수렴되나 수렴 속도가 너무 느려 실제 적용은 어렵다는 단점이 있다.

(4) 매우 느린 냉각스케줄: 냉각스케줄에서 몇몇 고정된 각 온도에서 많은 횟수를 반복하는 전략과 여러 고정된 각 온도에서 적은 횟수를 반복하는 전략이 있다. 매우 느린 냉각스케줄로는

$$T_k = \frac{T_{k-1}}{(1+\beta T_{k-1})}\ ,\quad \beta>0$$

이 있다(Lundy & Mees, 1986). 이 식에서 $\beta = (T_0 - T_F)/\{(L-1)T_0T_F\}$ 로 계산되며, L 은 내부루프의 반복수, T_0 는 초기 온도, T_F 는 최종온도를 나타낸다. 이는 기하스케줄보다 냉각 속도가 더 느리다. 따라서 이 스케줄에서는 흔히 각 온도에서 단지 1회의 반복이 사용된다.

이들 냉각스케줄 이외에도 여러 스케줄이 제안되었다. 로그스케줄의 경우, 여러 형태가 제안되었지만 수렴속도가 너무 느려 실제로는 기하스케줄이 많이 사용되고 있다.

2.5.3 내부루프 반복수

내부루프의 반복수(길이)는 주어진 온도에서 평형(안정)상태에 이를 때까지의 반복 횟수를 뜻하며, 온도 강하 전략과 밀접하게 관련되어 있다. 즉, 온도의 하락 폭이 크면, 각각의 온도에서 평형상태의 목적함수 값의 차이가 커지기 때문에 각 온도에서 평형상태를 이루는데 반복수가 많아진다(시간이 많이 걸린다). 반면에 온도의 하락 폭이 작으면 적은 반복에도(적은 시간에도) 쉽게 평형상태를 이룰 수 있다. 보통 SA에서는 계산시간이 길어지면 해의 질이 향상되는데, 계산시간을 늘려서 해의 향상을 얻으려고 할 때, 내부루프의 반복수를 증가시키는 것보다 온도의 하락 폭을 줄이는 것이 해의 성능 측면에서 유리한 것으로 알려져 있다(Johnson *et al.,* 1989).

각 온도에서 평형상태에 도달하는 데 요구되는 반복의 수는 이론적으로 문제의 크기에 따라 지수적으로 증가한다. 따라서 문제 크기가 커지면 계산시간으로 인해 이와 같은 많은 반복을 행할 수 없게 된다. 이를 극복하기 위해 내부루프의 반복수를 결정하는 대표적인 방법들에 대해 알아보자.

첫째, 일반적인 방법으로 해의 이웃 크기(N)에 일정한 상수(γ)를 곱하는 상수 설정법이 있다. 즉, 내부루프의 반복수는 $L = \gamma \times N$ 와 같은 형태를 취한다. 이 방법은 알고리즘이 진행되는 동안 내부루프의 반복수가 일정하게 유지되는 정적(static)인 방법이다.

둘째, 내부루프의 반복수가 상황에 따라 변하는 적응적 방법(adaptive method) 중 하나로, 해의 평균값이 빨리 떨어지는 온도에서는 더 머물게 하는 개념을 사용하는 것이다(Kirkpatrick *et al.*, 1983). 이 방법에서는 1차로 상대적으로 작은 값을 내부루프의 반복수로 설정하여 계산시간을 줄

이고, 만약 내부루프의 1차 반복 후에 목적함수 값의 평균이 그 직전 온도에서의 그것보다 더 좋으면 재반복한다.

셋째, 다른 적응적 방법은 내부루프 수행중 발생된 가장 낮은 목적함수 값 (f_L)과 가장 높은 목적함수 값 (f_H)을 이용한다. 이 방법은 해가 수렴해 감에 따라 생성되는 해들의 목적함수 값 차이가 점점 작아짐을 이용하여 내부루프 반복수를 신축적으로 설정하는 것으로

$$L = L_B + [L_B F]^{-}$$

과 같이 설정한다(Ali *et al.*, 2002). 여기서, $[x]^{-}$는 x를 넘지 않는 최대 정수이고, $F = 1 - \exp\{-(f_H - f_L) / f_H\}$이며, L_B는 기본적 내부루프의 반복수를 나타낸 것으로 위의 첫 번째 방법인 상수 설정법으로 계산할 수 있다.

2.6 종료조건

SA에서 이론적으로 종료는 온도가 0에 도달할 때이다. 그러나 낮은 온도에서 보내는 시간이 너무 많기 때문에 실제로는 0에 근접하면 종료한다.

(1) 온도가 T_F 보다 낮아지면 종료하는 기준이 가장 많이 사용된다. 이 온도는 낮아야 (예로 T_F =0.01) 한다. 또한,

(2) 메타휴리스틱에서 흔히 사용하는 종료기준을 차용할 수 있다. 한 기준으로 몇 회의 외부루프 (예로 10회) 동안 최선해(지금까지 발견한 가장 좋은 해)가 개선되지 않으면 끝내는 것이다. 다른 기준으로 최대 반복수이다. 그러나 최대 반복수는 적용문제의 해공간 또는 각 반복의 계산소요시간 등이 고려되어야 하고 예비실험을 필요로 한다. 또 다른 기준으로,

(3) 수락률이 일정 수준 (예로 2%) 이하로 떨어진 후에 해의 향상 여부에 따라 종료시점을 결정하는 것이다. SA에서 온도가 내려감에 따라 해를 수락률이 감소하는 성질을 이용한 것으로 우선 수락률의 한계치를 정하고, 매 온도에서 반복이 끝나면 받아들일 비율을 계산하여 그 값이 한계치 아래로 가면 counter를 1씩 증가시킨다. 만약 최선해가 개선되면 counter=0으로 초기화시킨다. 이와 같이 진행하다가 counter가 정한 값을 넘으면 끝내는 방식이다.

SA의 적용성 또는 성능을 비교 평가할 때는 알고리즘을 일정 횟수 반복 시행하여 평균, 가장 좋은 해, 표준편차 등의 지표를 사용해야 한다. 이는 SA가 확률적 기법이기 때문이다. 메타휴리스

```
The simulated annealing algorithm

Input: Cooling schedule
x = x_0 ; /* Generation of the initial solution */
T = T_max ; /* Starting temperature */
Repeat
        Repeat /* At a fixed temperature */
                Generate a random neighbor x′ ;
                Δ = f(x′) − f(x) ;
                If Δ ≤ 0 Then x = x′ /* Accept the neighbor solution */
                 Else Accept x′ with a probability e^(−Δ/T) ;
                End If
        Until Equilibrium condition
        /* e.g. a given number of iterations executed at each temperature T */
        T = g(T) ; /* Temperature update */
Until Stopping criteria satisfied /* e.g. T < T_min */
Output: Best solution found.
```

그림 2-2 SA 알고리즘의 의사코드

틱 기법 중에서 확률적 요소를 내포한 기법 모두 이에 속한다.

SA의 기본 절차에 대해 이해를 돕고 추후 다루는 모형과의 비교를 위해 의사코드(pseudocode)로 나타내면 [그림 2-2]와 같다(Talbi, 2009).

2.7 SA의 변형

충분한 시간 동안 SA를 수행하면 근사 최적해에 수렴한다는 것이 여러 실증 연구에서 입증되었다. 그러나 수렴시간이 길다는 단점이 지적되어 이를 극복하려는 여러 연구가 행하여 졌다. SA의 계산시간을 줄이기 위하여 앞에서 다룬 초기온도, 냉각스케줄, 내부루프 반복수, 종료조건의 주요 요인들 이외에도 해의 이동 방법, 비용함수 계산 등에 대한 다양한 변형이 제안되었다.

1) 수락기준을 변형한 알고리즘

먼저 SA의 구조를 기반으로 하면서 SA의 핵심 요소인 메타폴리스 기준을 변경하는 알고리즘이 제안되었다. 단일해 기반 메타 휴리스틱에서 지역 최적을 벗어나는 방법, 즉 더 나쁜 해로의 이동을 허용하는 방법이 알고리즘의 핵심이다. 이 기준을 이웃해(x')와 현재해(x)의 목적함수 값의 차 $\Delta(x,x') = f(x') - f(x)$ 가 문턱값 Q_k 보다 작으면 확률 1로 (확정적으로) 이웃해로의 이동을 허락하는 것으로 변경하였다(Deuch & Scheuer, 1990). Q_k 는 k번째 문턱값을 나타낸다. 즉

$$P_k(\Delta(x, x')) = \begin{cases} 1 & \text{if } \Delta(x, x') \le Q_k \\ 0 & \text{otherwise} \end{cases}$$

이다. 여기서 Q_k 는 SA에서 T_k 와 유사한 역할로, 초기 문턱값은 크게 주고, 점차로 줄여나간다. 이때 문턱값 Q_k 도 어닐링 스케줄을 한다. 이 문턱값 스케줄 함수 $g(Q_k)$ 는 k에 대해 계단형태로 감소하고, 0에 수렴하는 함수이다. 이를 threshold accepting(TA) 알고리즘이라 부른다. 이 알고리즘의 절차는 [그림 2-3]과 같다.

이 TA 알고리즘은 SA보다 계산시간이 적게 소요된다. 이는 SA에서 난수 발생과 지수함수 계산에 상당한 계산시간이 소요되기 때문이다. 그리고 SA와 비교하여 특정문제에서 더 좋은 성능도 보였다. 접근 수렴 관점에서 TA의 이론적 성질은 SA의 그것과 비슷하였다.

Dueck(1993)는 TA의 수락 기준을 아래와 같이 변경한 알고리즘을 제안하였다. 이 알고리즘에서는 지금까지 발견한 가장 좋은 해를 RECORD로 두고 이를 이용한다. 새로 생성한 해 (x')의 목적함수에서 편차 D를 뺀 값, $f(x') - D$ 가 RECORD보다 작으면 x' 를 현재해로 갱신한다. 이 알고리

```
The threshold accepting algorithm
Input: Threshold annealing.
x = x_0 ; /* Generation of the initial solution */
Q = Q_max ; /* Starting threshold */
Repeat
 Repeat /* At a fixed threshold */
     Generate a random neighbor x' ∈ N(x);
     Δ = f(x') − f(x);
     If Δ ≤ Q Then x = x' /* Accept the neighbor solution */
 Until Equilibrium condition
     /* e.g. a given number of iterations executed at each threshold Q */
     Q = g(Q); /* Threshold update */
Until Stopping criteria satisfied /* e.g. Q < Q_min */
Output: Best solution found.
```

그림 2-3 Threshold accepting 알고리즘

The record-to-record travel algorithm

Input: Deviation $D>0$.
$x=x_0$; /* Generation of the initial solution */
$RECORD=f(x)$; /* Starting RECORD */
Repeat
Generate a random neighbor x';
If $f(x')<RECORD+D$ **Then** $x=x'$; /* Accept the neighbor solution */
If $RECORD>f(x')$ **Then** $RECORD=f(x')$; /* RECORD update */
Until Stopping criteria satisfied
utput: Best solution found.

그림 2-4 Record-to-record travel 알고리즘

즘을 record-to-record travel(RRT) 알고리즘이라 부른다. 이 절차는 [그림 2-4]와 같다.

RRT 알고리즘에서 파라미터는 편차 D, 하나이다. 이는 이 알고리즘의 장점이다. 편차 D 값이 너무 작으면 성능이 좋지 않다(Dueck, 1993).

2) 확률진화 기법

Saab & Rao(1991)는 SA를 변형한 확률 진화(stochastic evolution: SE)를 제시하였다. 이 알고리즘을 다양한 문제에 적용하여 계산속도가 상당히 개선됨을 보였다. SE는 SA와 같이 이웃해 탐색 기법이고 해의 이동에서 더 좋지 않는 해로의 이동을 허용하나 이 이동을 수락하는 기준과 방법이 SA와 다르다. SE의 특징은 다음과 같다. 다루는 문제는 최소화 문제이고 목적함수는 $f(x)$로 두자.

첫째, SE는 SA와 이웃해로의 이동 수락 기준이 다르다. SE에서는 현재해(x) 보다 상당히 좋지 않는 이웃해(x'), 즉 목적함수 값의 차가 큰 상승(uphill)은 전역 최적해로의 탐색과정을 혼란시키고 계산시간만 증가시킨다고 판단하여 이동을 허용하지 않고 작은 상승이동만을 허용한다. SE에서는 상승이동을 받아들이는 한계값으로 p를 지정한다. 이는 제어 파라미터이다. p는 SA에서 온도 T의 역할과 유사하다. SE에서는 이동에 따른 목적함수의 차, $f(x)-f(x')$가 $[-p,0]$ 사이의 정수 난수보다 크면 이웃해로의 이동을 수락한다. 즉

$$IF \ \ (f(x)-f(x'))>RANDINT(-p,0) \ \ Then \ \ x=x'$$

이다. 물론 이웃해 x'가 더 좋으면 $f(x)-f(x')>0$가 되어 수락한다.

초기 $p = p_0$ 는 흔히 0에 가까운 작은 값으로 (예로 $p_0 = 1$) 둔다. 이는 초기에는 약간의 상승 이동만을 허용한다는 의미이다.

해의 이동에 관한 함수 PERTURB는 [그림 2-5]와 같다. 이 절차에서 *MAKE_STATE*(x)는 해 x가 제약 만족 여부를 테스트하는 함수이다.

둘째, SE는 반복에서 해가 개선되지 않으면 제어 파라미터 p값을 증가시킨다. 즉 p값을 $g(p)(> p)$로 둔다. 매 반복에서 해가 개선되지 않으면 p를 증가시키고, 어느 반복에서 해가 개선되면 다시 초기 p_0로 설정한다. 이는 해가 개선되지 않으면 지역최적에 있다고 보고 이를 빠져나올 수 있도록 이동의 수락기준을 확대하는 것이다.

```
Function PERTURB_SE(x, p)
For each (m ∈ M) Do
        x' = MOVE(x, m);  /* perform move associated with m */
        Gain(m) = f(x) − f(x');  /* compute gain of move */
        If (Gain(m) > RANDINT(−p, 0)) Then
                x = x';  /* accept move */
        End If;
End For;
x = MAKE_STATE(x);  /* make sure x is a state */
Return (x);              /* return a neighboring state */.
```

그림 2-5 함수 PERTURB

[그림 2-6]의 UPDATE는 p의 갱신 함수이다.

```
Function UPDATE(p, f_pre, f_cur);
If(f_pre = f_cur) Then
        p = g(p);
   Else
        p = p_0;
End If;
```

그림 2-6 함수 UPDATE

```
The stochastic evolution
x = x_0;              /* initial state */
x_best = x;           /* save initial state */
p = p_0;              /* initialize control parameter */
ρ = 0;                /* initialize counter */
Repeat
      f_pre = f(x);
      s = PERTURB_SE(s, p);
      f_cur = f(x);
      UPDATE(p, f_pre, f_cur);
      If (f(x) < f(x_best)) Then
            x_best = x;   /* save best state */
            ρ = ρ - R;    /* decrement counter by R */
          Else
            ρ = ρ + 1;    /* increment counter */
      Endif;
Until  ρ > R;               /* stopping criterion */
Return (x_best):            /* report best state */
```

그림 2-7 Stochastic evolution 알고리즘

셋째, SE에서 사용하는 종료기준은 다음과 같다. R이라는 값을 사전에 설정해 두고, 반복에서 지금까지 가장 좋은 해(최선해)보다 더 좋은 해를 발견하면 counter에서 R만큼 빼어 보너스를 주고, 그렇지 않으면 반복마다 counter에 1씩 증가시켜 나가다가 counter가 R보다 커지면 알고리즘을 종료한다.

SE알고리즘의 절차는 [그림 2-7]과 같다.

3) 가속화된 시뮬레이티드 어닐링

윤복식·조계연(1996)은 고전적인 시뮬레이티드 어닐링의 기본 구조를 유지하여 수렴성에 관한 이론적인 조건은 위반하지 않으면서, 최적에 가까운 해로의 수렴시간을 단축해 주고, 알고리즘의 수행 초기에 설정해야 하는 파라미터의 수는 되도록 줄여, 알고리즘의 간편성을 유지한다는 목표로 가속화된 시뮬레이티드 어닐링(accelerated simulated annealing: ASA)을 제안하였다.

(1) 현재까지의 최선해 기억

매 반복에서 지금까지 발견한 가장 좋은 해를 기억한다. 이것은 보다 최적해에 가까운 해를 얻는 데 당연히 좋은 전략이다.

(2) 초기온도

초기온도는 급격한 상승이동도 받아들일 수 있도록 높게 설정되어야 하는 데, ASA에서는 초기 실험에서 해의 수락비율(acceptance ratio)을 이용하여 결정한다. 여기서 수락비율 $A(T)$은 특정 온도 T에서의 내부루프 반복 동안 이동을 수락한 개수를 전체 이웃 해의 생성 횟수로 나눈 값으로 한다.

초기온도를 결정하기 위해서 먼저 목표로 삼은 $A(T)$를 A_0 라고 하자. 여기서 A_0 는 거의 모든 해를 받아들일 수 있도록 1에 가까운 값으로 둔다. 알고리즘의 초기에는 T를 작은 값으로 설정한 다음 그 때의 $A(T)$를 계산하여 A_0 이상이 되면, 이때의 T를 초기온도로 하고, 그렇지 않으면 $A(T)$와 A_0 의 차이에 따라 온도를 올리는 폭을 다르게 하여 그 다음 T를 결정하고 다시 이 과정을 반복한다. 즉, A_0 를 만족하지 못한 T에 대해서 그 다음 T_{new} 를 아래와 같이 결정한다.

$$T_{new} = T\{1 + [A_0 - A(T)] \times c\}$$

여기서, c는 임의의 상수이다. 이렇게 해의 수락비율에 T를 올리는 폭을 달리함으로써 원하는 A_0 에 빠르게 도달할 수 있고, 불필요하게 높은 T를 초기온도로 설정하지 않게 할 수 있다.

(3) 내부루프와 냉각스케줄

내부루프의 반복수와 냉각스케줄은 서로 깊은 관계를 갖다. 내부루프에서의 해의 근접 변환과정을 마코프체인으로 모형화할 수 있는데, 보통 수렴성을 유지하기 위해서 정해진 온도에서 마코프체인이 안정상태에 도달하도록 충분한 횟수만큼 내부루프를 반복한 후에 온도를 내려 주어야 한다. 내부루프의 반복수를 결정하는 일반적인 방법에 대해서는 앞 절에서 설명하였다.

ASA에서는 불필요하게 길어지는 내부루프의 길이를 줄여 알고리즘의 속도를 향상시키기 위해 내부루프에서의 반복 횟수를 많지 않게 하고 대신 필요할 때에만 늘려주는 방법을 제안하고 있다. 즉, 매회 내부루프를 끝낸 후, 만약 그 직전 온도 T에서의 목적함수 값과 비교하여 목적함수 값의 개선이 없으면 T를 그대로 두고, 개선이 있으면 T를 내린다. 이때, 온도강하 함수는 기하함수를 사용하고 온도 강하율(α)는 0.9 또는 0.95를 사용한다.

이는 다음의 개념이 반영된 절차이다. 즉, 이론적으로 내부루프의 반복으로 도달한 마코프체인의 안정상태에서는 온도가 낮아짐에 따라 목적함수의 평균이 개선되어야 한다. 따라서 내부루프를 반복하고 난 후에도 목적함수 값이 개선되지 않으면, 아직 현재의 온도에서 안정상태에 도달하지 못했다고 판단할 수 있으므로, 온도를 고정시킨 채 내부루프를 계속 반복한다. 물론, 최악의 경우 고정된 T에서의 내부루프가 무한번 반복될 수 있는 가능성이 있으므로, 고정된 T에서의 내부루프 수에 상한을 설정해 주어야 한다. 이렇게 함으로써 내부루프에서의 반복 횟수(L)을 작은 값으로 줄일 수 있어서 내부루프를 필요 이상 많이 반복하는데 따른 계산 시간의 낭비를 방지할 수 있고, 다루는 문제에 따라 적절한 L을 설정해야 하는 번거로움도 예방할 수 있다(윤복식·조계연, 1996).

그리고 현재까지의 최선해를 기억하고 최선해를 개선하는 온도에서는 내부루프를 한 번 더 반복한다. 좋은 해 주위의 탐색을 강화하는 것이다.

(4) 종료조건

종료조건은 다음 두 조건 중 하나를 만족하면 종료한다. 하나는 외부루프를 M번 반복하는 동안 목적함수 값의 변화가 없으면 종료하고, 다른 하나는 내부루프 안에서 최선해가 갱신되는 간격(반복)을 이용하는 것으로 이는 반복에서 최선해가 갱신되면 counter2 = 0으로 놓고 그렇지 않으면 counter2를 1 증가시켜 counter2가 N(내부루프 반복수×상수)보다 커지면 종료하는 방식을 사용하고 있다.

일반적으로 시뮬레이티드 어닐링에서는 외부루프를 M번 반복하는 동안 목적함수 값의 변화가 없을 때 알고리즘을 종료하는 방법이 많이 사용된다. 이 조건을 사용하면, 이를 만족하기 위해서 해의 개선 없이 낮은 온도에서 비생산적으로 소요되는 계산시간이 많다는 것을 실험을 통하여 확인하였다. 또한, 최선해가 갱신되는 간격을 살펴보면, 낮은 온도에서 어느 순간부터 점점 간격이 넓어짐을 알 수 있었다. 이 때 낮은 온도는 수락율을 가지고 판단할 수 있다. 따라서 ASA에서는 목적함수의 변화를 이용한 종료조건을 사용하면서 동시에 낮은 온도에서 허비하는 시간을 단축시키기 위해 최선해가 갱신되는 간격을 이용하여 두 조건 중 어느 하나가 먼저 만족되면 알고리즘이 종료하는 방식을 사용한다. [그림 2-8]은 ASA 알고리즘의 구체적인 절차를 보인 것이다.

```
The accelerated simulated annealing

INITIALIZE (x,T,L);
x_best = x;
counter1=0;
counter2=0;
Repeat
    costold = f(x);
    check = 0;
    For i = 1 to L Do
        x' = PERTURB (x);
        If (f(x') ≤ f(x)) or
        exp(-(f(x') - f(x))/T) ≥ random(0,1)
         Then
         x = x'
        End If;
        If(f(x) ≤ f(x_best)) Then
          x_best = x;
          counter2 = 0;
          check = 1;
        Else
          counter2=counter2+1;
        End If;
      End For;
      costnew = f(x);
      UPDATE (T, costnew, costnew, check)
       If (costnew=costold) Then
          counter1=counter1+1;
       Else
          Counter1=0;
      End If;
Until (counter1>M or counter2>N);

UPDATE (T, costnew, costold, check);
   If (check=1 or costnew<costold) Then
      T = a*T;
   End If;
```

그림 2-8 ASA 알고리즘

2.8 SA의 적용

SA는 1983년 개발되어 여러 분야의 조합최적화문제에 주로 적용되고 있다. Johnson *et al.*(1991)은 조합최적화의 대표적 문제인 그래프 분할 문제에 적용하였다. Koulamas *et al.*(1994)는 생산/운영 관리와 경영과학에서의 SA 적용성을 보여주었다. 그들은 흐름과 job shop 생산계획, 생산량 결정, 외판원문제, 그래프 색칠하기, 수(number) 분할 등의 문제를 다루었다.

Tian *et al.*(1999)은 외판원 문제, 흐름 공장 일정계획, 이차할당문제와 같이 순열 특성을 갖는 이산최적화문제에 SA를 적용하였다. 이 연구에서는 이웃 구조, 즉 이웃해 생성 방법에 관심을 두고 여러 근접 변환법(perturbation)을 이들 세 유형의 순열문제에 대해 실험하였다.

예로 (1 2 3 4 5 6 7)로 순열형태로 표현되었다 하자. 사용된 근접 변환 방법으로는 (1) 이웃하는 두 원소의 교환, 예로 (1 2 4 3 5 6 7), (2) 두 원소의 교환, 예로 (1 5 3 4 2 6 7), (3) 한 원소를 다른 위치로 이동(삽입), 예로 (1 6 2 3 4 5 7), (4) 연속된 부분원소들을 이동(전위: 傳位)), 예로 (1 5 6 2 3 4 7), (5) 연속된 부분원소들을 역순으로, 예로 (1 2 5 4 3 6 7), (6) 연속된 부분원소들을 역순으로 하고 이동, 예로 (1 2 6 7 5 4 3) 의 6 형태이다. 순서문제 등 순열 특성을 갖는 문제에서 이웃해를 생성할 때 이러한 형태의 이동 및 이웃 구조가 흔히 사용된다.

실험 결과, 적용문제에 따라 적합한 근접 변환법이 달랐다. 이 연구는 SA에서 다루는 각 문제에 적절한 근접 변환법, 즉 이웃해 생성법을 사용하면 더 좋은 해를 효율적으로 생산할 수 있음을 보였다.

Chen & Luk(1999)은 적응(adaptive) SA 알고리즘을 개발하고 이를 신호처리문제에 적용하였다. 이 문제는 비선형계획문제이다. 그들은 적응 SA가 신호처리문제 해결을 위한 강력한 도구로 사용될 수 있음을 보였다.

SA는 1980년대 이후 공학 및 자연과학의 여러 부문에서 일어나는 복잡도가 높은 최적화문제에 적용되고 있다.

제3장

타부서치의 개요

Glover(1986)는 인간의 기억과정을 모방하여 메타휴리스틱인 타부서치(tabu search: TS)를 개발하였다. Tabu(또는 taboo)라는 용어는 남태평양 중부에 위치한 통가(Tonga) 원주민들이 사용하는 신성한 것에 대해 금기(禁忌)라는 의미의 언어에서 유래되었다. 타부서치는 다양한 조합최적화문제에 효율적인 것으로 알려져 있다. 이 장에서는 타부서치의 개념을 소개하고, 예제를 통해 타부서치의 개념과 절차에 대한 이해를 돕는다.

3.1 서론

타부서치는 하나의 해를 이용한 이웃탐색(neighborhood search) 방법의 하나이다. 그러나 일반적인 이웃해 탐색 방법과 차이를 갖는다. 먼저, 이에 대하여 설명한다.

목적함수 $f(x)$를 최소화하는 최적화문제를 보자. 여기서 결정변수 x는 모든 제약조건을 만족하는 가능해 집합 X의 원소, 즉 $x \in X$ 이다. 이웃탐색 방법은 하나의 점(해)에서 특정 조건에 따라 이웃에 있는 다른 점으로 옮겨가며, 이 과정을 종료조건이 만족될 때까지 반복한다. 여기서, 하나의 해 $x \in X$ 는 자신의 이웃 $N(x) \subset X$ 를 갖고, 해 x의 탐색적 운영에 의해 이웃해 $x' \in N(x)$ 에 도달한다. 이를 해의 이동(move)이라 부른다. 이웃에 대한 정의와 이동 조건은 적용 문제에 따라 달라진다.

가장 단순한 이웃탐색 방법에는 경사법(descent method)이 있다. 경사법은 현재의 목적함수를 개선하는 이웃해로의 이동만을 허용하고, 더 이상 개선된 해가 발견되지 않으면 종료한다. 최소화 문제에서 일반적인 경사법의 절차는 [그림 3-1]과 같다. 이 경사법에 의해 구해진 최종해 x는 적어도 자신의 이웃 중에서 가장 좋은 지역 최적해이지만, 전역 최적해(global optimum)는 보장하지

> **경사법**
>
> 단계 1. 탐색의 시작을 위해 초기값 $x \in X$ 을 선택한다.
>
> 단계 2. $f(x') < f(x)$ 인 $x' \in N(x)$ 를 찾는다.
>
> 단계 3. 이러한 x'를 발견하지 못하면, x는 지역최적해이고 절차를 종료한다.
>
> 단계 4. 그렇지 않으면, x'를 새로운 해 x로 두고, 단계 2로 간다.

그림 3-1 경사법 절차

못한다. 경사법(descent, 최소화 문제에서)은 제1장에서 언급한 지역탐색법이며, 언덕오르기(hill climbing, 최대화 문제에서), 지역개선법(local improvement)으로도 불린다.

타부서치가 경사법과 다른 점은 아래와 같다.

첫째, 타부서치와 경사법은 해의 이동 방법과 조건이 다르다. 타부서치에서는 각 반복에서 현재해의 이웃해들을 탐색하고 그 중에서 가장 좋은 해로 이동한다. 이때 가장 좋은 해의 목적함수값이 현재해의 그것보다 좋지 않아도, 즉 해가 개선되지 않아도 해의 이동을 허락한다. 이는 지역최적에 머무르지 않고 탐색을 계속할 수 있도록 하지만, 이미 탐색한 곳으로 돌아가는 순환(cycle)이 발생할 수 있다. 타부서치는 순환을 방지하기 위하여 다음에 설명하는 두 번째 특징인 최근 이동 정보를 이용한다.

둘째, 타부서치는 과거의 탐색 정보를 기억(memory)하여 해의 이동을 제한하거나 이동 방향을 결정한다. 대표적인 기억으로 단기기억(short term memory)과 장기기억(long term memory)이 있다. 단기기억에는 최근 일정기간 동안 방문한 해의 이동 정보가 기억된다. 이를 최근기반기억(recency-based memory)이라고 부른다. 이동에 관한 기억 정보는 흔히 방문한 완전해(entire solution)의 형태가 아니고, 이동의 조건을 나타내는 속성(attributes)으로 나타낸다. 이러한 단기기억을 이용하여 최근 이동과 같은 속성을 갖는 이동을 금지하여 해의 순환을 막고 탐색 영역을 확장해 나간다. 단기기억에 의해 금지된 이동을 타부이동(tabu move)이라 부른다. 반면 장기기억에는 처음부터 현재까지 해의 이동에 관한 정보가 저장되는 데, 이 정보는 흔히 해의 탐색 빈도로 나타낸다. 이를 빈도기반기억(frequency-based memory)이라 부른다. 해의 탐색 빈도는 속성을 기준으로 계산된다. 즉 시작에서 지금까지의 이동에서 각 속성을 갖는 이동이 몇 회 발생한 지를 기억한다. 이 기억은 탐색 빈도가 낮은 이동 속성을 파악하여 이들 속성을 갖는 이동으로 현재해를 유도하는 데 사용된다.

다음 예제를 통해 이들 개념을 설명한다. 예로, 7개의 도시를 방문하는 최적 경로를 찾는 외판원 문제(traveling salesman problem: TSP)에서 현재의 해가 (1 3 6 2 7 5 4)이고, 경로 상에 있는 임의의 두 도시를 교환하는 방법으로 이웃해를 생성한다고 하자. 교환에 의한 이웃은 n 개의 도시에서 2개를 선택할 수 있는 모든 조합을 포함한다. 즉, 이웃 $N(x)$ 내에는 현재해에서 단지 두 도시의 방문 순서가 바뀐 $n(n-1)/2$개의 이웃해가 있고, 타부서치에서는 이들을 대상으로 이동을 고려한다.

이동에 관한 속성을 서로의 위치를 교환한 도시로 하고, 단기기억은 직전 이동부터 3회(이를 '타부기간'이라 부르며, 이에 대한 설명은 차후에 다시 구체적으로 한다)의 과거 동안 이동한 정보를 기억하고, 장기기억은 처음부터 현재까지의 이동 정보를 기억한다고 하자. 그러면, [그림 3-2]와 같은 기억구조를 가질 수 있다. 이는 단기기억에 해당하는 최근기반기억과 장기기억에 해당하는 빈도기반기억을 동시에 표현한 것이다. 여기서 대각선을 중심으로 상삼각행렬은 최근기반기억을 나타낸 것으로 현 탐색 반복에서 이동 속성과 타부기간을, 하삼각행렬은 빈도기반기억을 나타내고 지금까지 행하여 진 이동에 관한 속성과 그 횟수를 보여 준다. [그림 3-2]는 다음과 같이 해석된다.

먼저, 최근기반기억에서 (도시 1, 도시 4)의 교환은 남은 타부기간이 3이고, 도시 3과 6의 교환과 도시 4와 7의 교환은 남은 타부기간이 각각 2와 1이다. 만약, 새로운 해가 생성되면, 최근기반기억에서는 도시 4와 7의 교환 이동정보가 삭제되고, 현재의 타부기간은 각각 1만큼 감소하며, 새로운 해의 교환 이동은 타부기간 3인 타부이동으로 기록된다. 빈도기반기억에서는 지금까지 반복이 진행되는 동안 두 도시간의 교환이동 정보가 모두 기록되어 있다. 이 표에서 알고리즘이 시작된 이후 지금까지 도시 3과 1는 3회, 도시 4와 2는 5회, 도시 5와 4는 4회의 교환이동이 이루어졌음을 알 수 있다.

단기기억

	1	2	3	4	5	6	7
1				3			
2							
3	3					2	
4	1	5					1
5		4		4			
6			1		5		
7	2			3			

장기기억

그림 3-2 기억구조의 예: TSP의 교환이동에서

3.2 타부서치의 구조와 요소

타부서치의 기본 착상은 해의 탐색 과정을 일정 기간 기억하여 최근에 방문한 해의 재방문을 막아 해의 순환을 방지하고, 해가 개선되지 않아도 이웃에서 가장 좋은 해로의 이동을 허용하여 지역탐색을 벗어나게 하는 데 있다.

타부서치의 주요 요소와 파라미터에는 현재해에서 이웃해를 생성하는 방법(이를 이웃 구조라고 함), 금지된 이동(tabu move)에 관한 속성인 타부속성(tabu attribute), 금지된 이동 속성을 기록한 목록인 타부목록(tabu list), 각 타부이동을 기억하는 기간과 관련되는 타부목록 크기, 그리고 타부 이동이지만 이동을 허용하는 조건인 열망수준(aspiration level) 등이 있다.

타부서치의 기본 구조는 [그림 3-3]과 같다. 타부서치를 적용하기 위해서는 먼저 이웃을 정의한다. 그리고 초기화로 관련 파라미터를 설정하고 초기해를 구한다. 초기해를 현재해로 둔다. 현재해의 이웃에서 이웃해를 생성하고 평가한다. 이웃해 집합에서 타부이동이고 열망수준을 만족하지 못하는 이웃해를 삭제한다. 그리고 이 이웃해 집합에서 가장 좋은 해를 현재해로 갱신한다. 즉 해를 이동시킨다. 이 이동과 관련된 속성으로 타부목록을 갱신한다. 이 과정을 종료조건이 만족할 때까지 계속한다.

이 절에서는 타부서치의 주요 요소인 이웃, 타부목록, 타부속성, 열망수준과 종료조건에 대해 설명한다. 그리고 단순 타부서치의 탐색의 강화와 다양화에 대해 다룬다.

타부서치의 기본 구조

```
begin
      t ← 0
      초기화: 초기해 생성과 파라미터 설정
   while (종료조건이 만족되지 않으면) do
      begin
          t ← t+1
          이웃에서 이웃해 생성과 평가
          이웃해 집합에서 타부상태와 열망수준 검사에 의해 이동 결정
          이동 속성에 따라 타부목록 갱신
      end
end
```

그림 3-3 타부서치의 기본 구조

1) 이웃

타부서치는 현재해의 이웃에서 후보해를 탐색하여 이동한다. (단일해 기반의 메타휴리스틱은 대부분 이웃 탐색 기법이다.) 이웃 후보해는 이웃 구조에 의해 생성된다. 따라서 효율적인 해 공간의 탐색을 위해서는 적절한 이웃 구조가 필수적이다. 이웃 구조는 현재해의 지역 변환(local transformation)으로 정의할 수 있다. 알고리즘 실행에서 반드시 하나의 이웃 구조만을 사용할 필요는 없다. 복수의 여러 이웃 구조를 동시에 사용할 수도 있고, 실행 도중 그 구조를 변경시킬 수도 있다.

타부서치의 설계에서 이웃 구조와 함께 이웃의 크기도 고려되어야 한다. 조합문제에서 이웃 크기는 이웃에 있는 후보해의 수이다. 조합문제에서 문제의 크기에 따라 이웃해의 수가 지수적으로 증가하는 경우가 흔히 발생한다. 이웃 크기가 큰 경우에는 탐색 속도와 해의 품질 측면에서 그 크기를 효과적으로 축소할 수 있는 전략이 필요하다. 이웃의 부분집합으로 이웃 후보해를 축소하는 전략을 후보목록전략(candidate list strategy)이라 한다.

다음은 예제 문제를 가지고 해의 표현과 이웃 구조, 그에 따른 이동 방법을 보자. 여기서 다루는 이웃은 다른 여러 메타휴리스틱 기법에서도 유용하게 사용될 수 있는 개념이다. 여러 후보목록전략에 대해서는 4.1절에서 다룬다.

예1 | 5개의 도시를 순회하는 외판원문제 (또는 flow shop sequencing 등을 포함한 순서문제)

(1) **해의 표현**: 하나의 가능해로 본사를 출발하여 도시 2→5→1→4→3의 순으로 거쳐 본사로 돌아오는 경로는 (2 5 1 4 3)의 순열로 표현할 수 있다. 여기서 i 번째 원소 값 j 는 i 번째 거치는 도시 j 를 나타낸다.

(2) **이웃**: 이웃을 여러 방법으로 정의할 수 있다. 임의의 두 도시의 위치를 교환하는 교환(swap) 이동, 한 도시를 다른 위치에 두는 삽입(insertion) 이동, 인접하는 두 도시의 위치를 바꾸는 인접 교환(adjacent swap) 이동, 특정 부분경로의 순서를 거꾸로 하는 역순(inversion) 이동 등 각 이동에 의해 생성되는 해들을 각 형태의 이웃 구조로 정의할 수 있다.

가. 교환 이동: 두 도시를 교환하는 이동. 임의로 선택된 두 도시가 4와 5일 때, 이들의 교환 이동은 아래와 같고, 도시의 수가 n일 때, 총 이동 경우의 수는 $n(n-1)/2$개이다. 이 수가 이웃 크기이다.

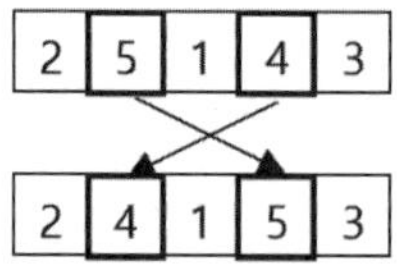

나. 삽입 이동: 한 도시를 다른 위치로 삽입하는 이동. 예로 도시 1을 두 번째 위치에 삽입하면 아래와 같고, 도시의 수가 n일 때 총 경우의 수는 $(n-1)+(n-2)(n-1)=(n-1)^2$ 개가 된다.

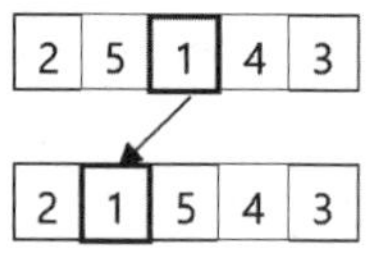

다. 인접 교환 이동: 인접한 두 도시를 교환하는 이동. (2 5 1 4 3)에서 인접하는 두 도시를 교환하면, (5 2 1 4 3), (2 1 5 4 3), (2 5 4 1 3), (2 5 1 3 4)의 이웃해이 생성되어 총 경우의 수는 $(n-1)$ 개가 된다.

라. 역순 이동: 임의로 부분 경로를 선택하여 이 경로를 역순으로 변환시키는 이동. 경로 (2 5 1 4 3)에서 부분 경로 5-1-4가 선택되었다면, 역으로 4-1-5가 되어 경로 (2 4 1 5 3)이 된다.

마. 삽입과 역순의 결합 이동: 삽입 이동한 후, 부분 경로를 역순으로 변환시키는 이동. 도시 1을 두 번째 위치에 삽입한 후, 부분 경로 1-5-4-3이 선택된 역순의 결합이동은 아래와 같다. 2개 이상의 이동을 서로 결합하는 여러 방법들이 있을 수 있다. 2개 이상의 이동을 결합하여 이웃 구조를 만든다는 것은 탐색하는 해 공간의 확장을 의미한다.

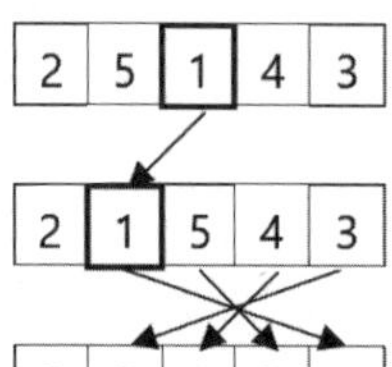

예2 6개의 입지 대안이 있는 공장 입지선정문제 (0-1 정수계획문제)

(1) 해의 표현: 하나의 가능해로 위치 1, 3, 5에 공장의 입지가 결정되고, 2, 4, 6에 입지가 결정되지 않는다면 (1 0 1 0 1 0)으로 표현할 수 있다. 여기서 i 번째 원소 값이 1이면 i 번째 위치가 공장 입지로 선정되고, 0이면 그 위치가 공장 입지로 선정되지 않음을 의미한다.

(2) 이웃: 앞에서 설명한 외판원 문제의 이웃 생성방법을 모두 사용할 수 있으며, 추가로 사용될 수 있는 방법은 추가(add)와 삭제(drop) 이동 등이 있다.

가. 추가 이동: 위치 2를 공장 입지에 추가하면, 2번째 원소 값을 0에서 1로 변경한다.

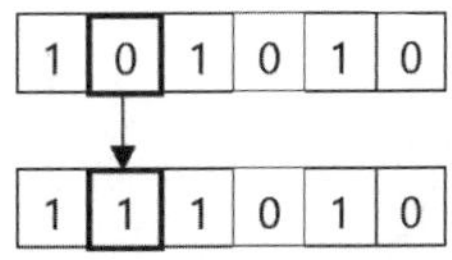

나. 삭제 이동: 위치 5가 공장 입지에서 취소되면, 5번째 원소 값 1을 0으로 변경한다.

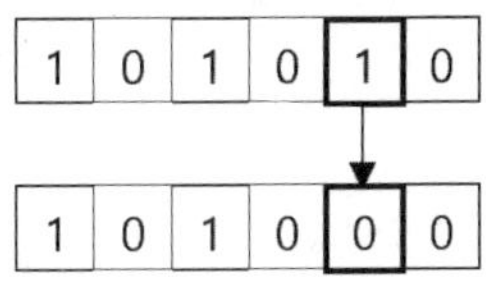

다. 추가와 삭제의 결합 이동: 각 위치마다 공장 입지로 선정되었다면 취소하고, 공장 입지로 선정되지 않았다면 입지로 선정되도록 한다. 현재해가 (1 0 1 0 1 0)일 때, 이 결합 이동에 의하면, 아래 3개를 포함하여 총 6개의 이웃해가 발생하게 된다.

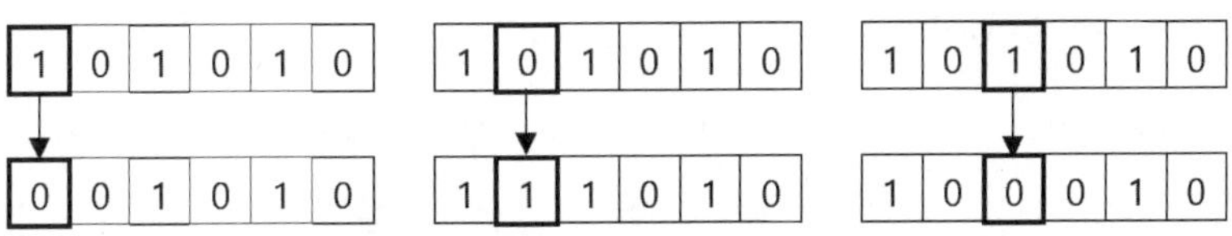

예3 | 제약이 있는 최소걸침나무(minimal spanning tree)

걸침나무는 모든 마디를 연결한 환(cycle)이 없는 네트워크이고, 모든 호(arc) 길이의 합이 최소가 되는 걸침나무를 최소걸침나무라 한다. 5개 마디(node)로 구성된 네트워크가 아래 [그림 3-4](a)와 같다고 하자(Glover, 1990a). 점선은 연결 가능한 호이고, 점선 위의 변수와 숫자는 각각 호에 대응하는 변수와 거리를 나타낸다. 호 AB, BC, BE, AC, CE, AD, DE를 차례로 호 1, 2,⋯,7로 두자. 그리고 변수 x_j 는 호 j가 걸침나무에 포함되면 1, 그렇지 않으면 0의 값을 갖는다.

또한 이 문제에서는 아래와 같은 두 제약이 있다.

(1) $x_1 + x_2 + x_6 \le 1$,

(2) $x_1 \le x_3$

첫째 제약은 세 개의 호 1 (AB), 2 (BC), 6 (AD) 중에서 많아야 하나의 호만이 걸침나무에 포함되며, 둘째 제약은 호 3 (BE)이 걸침나무에 포함되어야 호 1 (AB)이 포함될 수 있음을 뜻한다.

(1) 해의 표현: 이 문제의 해를 벡터 $(x_1, x_2, \ldots, x_7)$ 의 형태로 표현할 수 있다. 하나의 해가 (1 0 0 1 1 1 0)이면 이는 [그림 3-4](b)와 같이 된다.

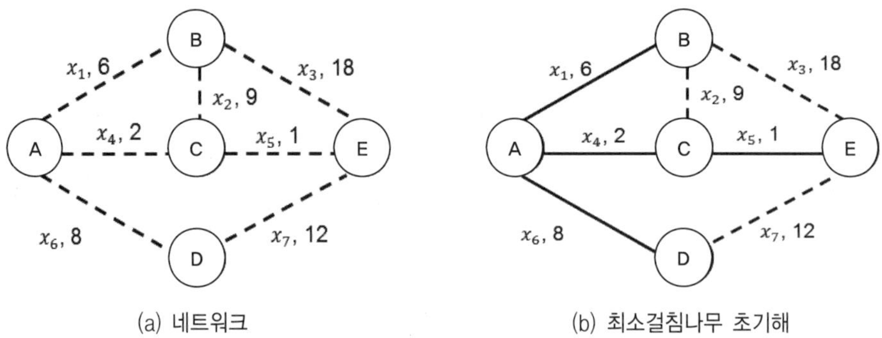

그림 3-4 최소걸침나무 문제

(2) 이웃 생성과 제약 처리: n개 마디를 갖는 최소걸침나무 문제에서 모든 마디를 연결하는 호의 개수는 $(n-1)$개이다. 이 예에서는 1의 수가 4개가 아니면 비가능해이다. 물론 호가 4개인 경우도 환(cycle)을 이루면 비가능해이다.

초기해가 걸침나무로 [그림 3-4](b)와 같다고 하자. 걸침나무에 임의로 하나의 호를 추가하면 환(cycle)이 발생한다. 다음에 추가된 호를 포함한 걸침나무를 새로이 만들기 위해서는 반드시 이 환 위에 있는 호를 삭제해야 한다. 이웃은 현재해에서 하나의 호를 추가하고, 다른 호를 삭제하여 생성한다. 이 이동을 추가/삭제(add/drop) 이동이라 부르자.

예로 [그림 3-4](b)에서 호 BE를 추가하면 환 BE-EC-CA-AB가 되어 호 EC, 호 CA, 호 AB 중에서 하나를 삭제해야 걸침나무가 된다. 만약 환 위에 있지 않은 호 AD를 삭제하면 걸침나무가 되지 않는다. <표 3-1>은 [그림 3-4](b)의 현재해의 추가/삭제 이동에 의한 이웃 탐색을 보여준다. 여기서 호 BE의 추가와 호 AB의 삭제가 가장 좋은 이웃해이므로 이 해로 이동한다.

표 3-1 최소걸침나무의 이웃 탐색: 반복 1, 추가/삭제 이동

추가	삭제	총 길이(벌금 포함)
BE	AB	29 (최소)
BE	CA	33+100
BE	EC	34+100
BC	AB	20+100
BC	AC	24+150
DE	AC	27+150
DE	CE	28+150
DE	AD	21+50

또한, 이 문제에서는 2개 제약식의 만족 여부도 판단해야 한다. 위 그림은 두 제약식을 모두 위반하고 있다. 비가능해에는 원래의 목적함수에 벌금(penalty)를 부여하는 방법을 사용한다. 첫 제약을 어기면 벌금 100, 두 번째 제약을 어기면 벌금 50을 부여하기로 한다. [그림 3-4](b)의 걸침나무에서 전체 길이는 17이나 두 제약을 모두 어겼으므로 목적함수 값은 167이 된다.

2) 타부목록

앞에서 언급했듯이, 타부목록은 타부 정보 즉, 이동이 금지되는 최근 해의 이동에 관한 특정 속성을 저장하는 목록이다. 이때 단기기억에 저장된 최근 이동과 같은 조건(속성)을 갖는 이웃해로의 금지된 이동을 타부이동이라 부르고, 이를 규정하는 조건을 타부속성(tabu attribute)이라 한다. 따라서 타부목록은 타부속성을 저장하는 목록이며, 타부서치에서 흔히 현재해의 이동에 관한 정보는 완전해로 기록하지 않고, 이동의 특성을 나타낼 수 있는 속성으로 기록한다.

타부목록의 가장 간단한 형태는 최근 n회 방문한 해들의 이동 속성을 차례대로 저장하는 것이다. 타부 목록에 저장되는 최근 연속된 해의 이동에 관한 속성의 수 n을 타부목록 크기(size of tabu list)라 부른다. 타부서치에서 해의 순환은 최소한 타부목록 크기의 이동 동안은 방지된다. 그리고 타부목록에는 항상 최근 n회의 이동 속성이 기록되므로 각 타부속성은 n기간 동안 목록에 머무르게 된다. 이 기간을 타부기간(tabu tenure)이라 부르며, 이는 타부목록 크기와 같다.

타부목록은 선입선출 방식 즉, 새로운 타부속성이 들어오면 가장 먼저 들어온 타부속성이 목록에서 빠져나가는 방식으로 운영된다. [그림 3-5]에서 $A(q)$ 가 가장 최근에 발견되어 타부목록에 저장하는 해의 속성이라고 하면, $A(q-n)$ 는 가장 먼저 발견되어 미리 타부목록에 저장되어 있던 것이지만, $A(q)$ 에 의해서 목록에서 제거되는 해라는 것을 보여주는 그림이다. 이 그림에서 타부목록의 크기는 n이 된다.

또한, 동시에 복수의 타부목록을 가질 수 있다. 만약, 공장 입지선정문제에서 추가 및 삭제 이동과 교환 이동을 동시에 사용하는 이웃 구조라면, 추가 및 삭제 이동과 교환 이동 각각을 위한 2개의 타부목록을 운영할 수 있다.

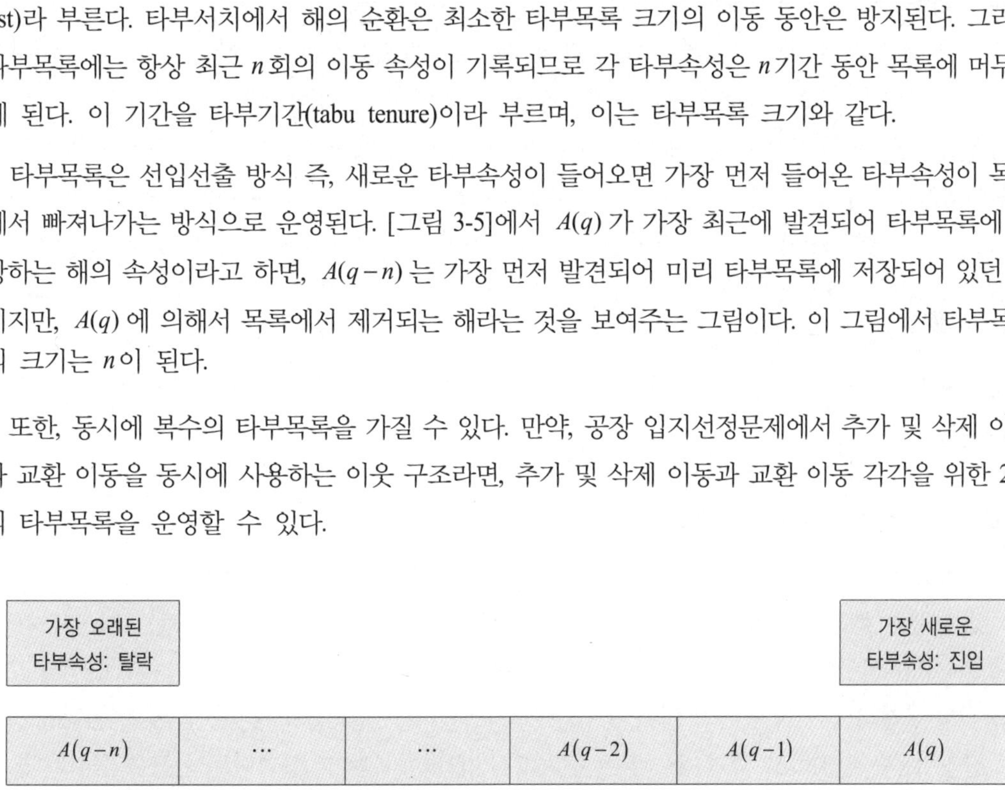

그림 3-5 간단한 타부목록

타부목록의 크기가 크면 이웃의 여러 이동을 금지하여, 즉 이동 제약이 많아 탐색이 다양화된다. 그러나 이웃 탐색을 약화시켜 좋은 해를 찾지 못할 수 있다. 반면에 타부목록의 크기가 작으면 타부 제약이 약해져(즉, 이동 제약이 적어져), 이웃 탐색이 강화되나 탐색의 다양화가 약화되고 순환이 발생할 가능성이 높아진다. 이와 같이 타부목록의 크기는 타부서치의 탐색 궤적에 영향을 준다. 타부목록의 크기는 파라미터로 이 값은 보통 실험에 의해 결정한다. 이에 대해서는 4.2절에서 좀 더 살펴보기로 한다.

3) 타부속성

타부목록에 저장되어 타부이동을 규정하는 타부속성은 이동 방법에 따라 다르게 표현된다. 그리고 속성의 폭에 따라 이웃 크기가 달라지고 이동 궤적이 변하게 된다. 따라서 타부속성은 문제의 복잡도에 따라 적절한 수준을 설정해야 한다. 예를 보자.

예1 | 외판원 문제에서 교환 이동

교환 이웃 구조에서 교환하는 두 도시를 속성으로 갖는 경우 다음 세 경우로 나누어 볼 수 있다. 두 도시의 순서와 위치를 고려하지 않는 속성, 두 도시의 순서만을 고려하는 속성, 교환하는 두 도시와 그 위치를 모두 고려하는 속성이다. 이들 속성은 차례로 이동 제약을 약화시킨다. 이들 타부속성 중에서 첫 번째가 이동 제약이 가장 강하고, 마지막이 가장 약하다. 예로 첫 번째 경우, 타부속성이 {5, 4}이면 현재해가 (2 5 1 4 3)나 (2 4 5 1 3)인 경우, 두 해에서 모두 5와 4의 교환 이동은 타부이동이 된다. 두 번째 경우에는 타부속성이 {5, 4}이면 (2 5 1 4 3)의 경우는 5와 4의 교환 이동이 금지되고, (2 4 5 1 3)의 경우는 4와 5의 교환 이동이 허용된다. 교환하는 원소와 그 위치를 속성으로 갖는 경우, 예로 5가 세 번째 위치이고 4가 네 번째 위치인 {(5, 3), (4, 4)}를 타부속성으로 두면 위 두 해 (2 5 1 4 3)과 (2 4 5 1 3)에서 5와 4의 교환이동은 타부이동이 아니므로 교환 이동할 수 있다.

예2 | 외판원 문제에서 삽입 이동

삽입하는 원소, 또는 삽입하는 원소와 이동한 위치를 동시에 타부속성으로 지정할 수 있다. 예로, 전 반복의 현재해 (2 5 1 4 3)에서 세 번째 위치에 있는 1이 두 번째 위치로 삽입 이동한 해 (2 1 5 4 3)가 이웃에서 가장 좋은 해가 되어 이동하였다 하자. 이 경우 타부속성으로 삽입된 도시 {1}, 삽입 도시와 삽입되기 전의 위치 {(1, 3)}를 지정할 수 있다. 앞의 경우는 타부기간 동안 도시 1의 삽입이동을 금지하고, 후자의 경우는 도시 1이 세 번째 위치로 삽입되는 이동을 금지한다. 이는 교환 이동의 경우처럼 삽입된 도시만을 속성으로 둔 경우가 더 타부제약이 강하다.

예3 | 위치선정문제에서 추가 이동과 삭제 이동

추가 이동 또는 삭제 이동의 타부속성은 원소 값이 0에서 1로 변한(추가한) 입지 번호 또는 1에서 0으로 변한(삭제한) 입지 번호로 한다. 예로, 추가이동을 통해 (1 0 1 0 1 0)이 (1 1 1 0 1 0)의 이웃해로 이동했다면, 입지 2가 타부속성으로 지정되고, 삭제이동을 통해 (1 0 1 0 1 0)이 (1 0 1 0 0 0)의 이웃해로 이동했다면, 입지 5가 타부속성으로 지정된다. 이 경우 타부기간 동안 입지 2는 삭제되지 않고, 입지 5는 추가되지 않는 타부이동이 된다. 추가 이동이 타부속성이 되는 경우 타부이동은 이 속성이 삭제되지 않는 이동이 된다. 삭제 이동이 타부속성이 되는 경우 타부이동은 이 속성이 추가되지 않는 이동이 된다.

4) 열망수준과 종료조건

매 반복에서 해가 이동됨에 따라 현재해가 변화하므로 현재의 타부이동의 평가 값은 과거 타부속성으로 지정된 이동에서의 평가 값과 달라질 수 있다. 따라서 타부이동이나 현재해에서 아주 좋은 해를 생산하는 이동이면 이 이동을 허락한다. 타부이동을 허락하는 기준을 열망수준(aspiration level)이라 하며, 흔히 지금까지 발견한 가장 좋은 해의 목적함수 값을 사용한다. 즉, 현재해의 가장 좋은 이웃해가 타부 상태에 있으나, 지금까지 발견한 가장 좋은 해보다 더 좋으면 (열망수준을 만족하면) 그 이웃해로의 이동을 허락한다. 이러한 이동 전략은 타부이동에 예외를 두어 더 좋은 해로 탐색 방향을 변경시킬 수 있는 유연성을 갖게 한다.

종료조건으로는 반복 수, 계산소요시간, 탐색한 이웃해의 수, 최선해를 개선하지 못한 횟수 등이 사용된다.

5) 탐색의 강화와 다양화

메타휴리스틱이 그렇듯이, 타부서치에서도 좋은 해 주위의 탐색 강화(intensification)와 넓은 해 공간의 탐색 다양화(diversification)는 알고리즘의 구현에서 중요한 주제이다. 여기서는 단기기억만을 이용하는 타부서치에서 이들 강화와 다양화가 어떻게 내재되어 작동하는지 또는 어떤 요소가 어떻게 영향을 미치는지 알아보자. 타부서치의 기본 구조에서, 여러 이웃해의 생성은 현재해(바로 직전의 가장 좋은 이웃해) 주위의 탐색 강화와 관련되고, 지금까지의 최선해보다 좋지 않은 이웃해로의 이동 허용과 타부이동의 금지는 탐색의 다양화와 관계된다. 또한, 타부목록의 설계에 있어서 타부속성의 규정과 타부목록의 크기는 탐색의 강화와 다양화를 조정하는 파라미터로 볼 수 있다. 이에 대해 알아보자.

먼저, 타부속성을 보자. 앞에서 보았듯이 이동 방법이 같아도 규정하는 타부속성에 따라 제한하는 이동의 범위가 달라진다. 예로, 외판원 문제의 현재해 (3 2 1 6 4 5)에서 도시 4를 도시 1 앞으로

삽입 이동하여 이웃해 (3 2 4 1 6 5)가 생성되었다 하자. 그러면 타부속성을 정하는 방법으로는

(1) 삽입이동 도시만을 속성으로 지정하는 방법 {4,...},
(2) 삽입이동 도시와 이동 전의 위치를 함께 속성으로 지정하는 방법 {(4,5),...}
(3) 삽입이동도시, 이동 전의 위치, 그 도시의 이동 위치를 지정하는 방법 {(4,5,3),...}

등이 있을 수 있다. 그러면, 이동 제약은 세 방법 중에서 방법 (1)이 가장 강하고, 방법 (3)이 가장 약하게 된다. 즉, 방법 (3)의 경우가 가장 많은 이웃해를 생성하여 탐색이 강화되지만, 다양화가 약화된다.

다음으로, 타부목록의 크기를 살펴보자. 그 크기는 금지하는 이동의 수를 나타낸다. 목록 크기가 작으면 이동제약이 적어 이웃 탐색이 강화되지만 해의 순환이 발생할 수 있다. 그리고 목록 크기가 크면 이동제약이 많아져 탐색의 다양화에 기여하지만, 좋은 이웃해를 탐색하지 못할 수 있다.

타부서치에서 단기기억만으로는 복잡도가 높은 대형 문제에서 만족할 만한 해를 얻지 못하는 경우가 발생한다. 이는 탐색 공간의 효율적 탐사가 이루어지지 않는 데 기인한다. 타부서치는 하나의 해를 운용하는 이웃 탐색기법으로 지역 탐색에는 강하나 해 공간의 탐사에는 취약하기 때문이다. 이러한 단점을 보완하기 위하여 장기기억을 이용하여 탐색을 다양화하는 전략이 사용된다. 이에 대해서는 4.3절에서 다룬다.

3.3 타부서치의 절차와 예제

이 절에서는 타부서치의 절차를 좀 더 체계적으로 보이고 예제를 통해 그 절차와 적용을 설명한다. 타부서치는 금지된 이동을 기억하는 타부목록을 유지하여 지역 최적에 빠지지 않도록 하면서 하나의 현재해로부터 그 이웃해들 중에서 가장 좋은 해로의 이동을 반복해 나가는 최적화기법이다. 타부서치의 개념적인 구조는 [그림 3-3]에서 보였다. 이를 보다 구체적인 절차로 설명하면 다음과 같다. 타부서치는 하나의 초기 가능해를 생성하여 이를 현재해와 현재까지의 가장 좋은 해, 즉 최선해(best solution)로 두고, 현재해로부터 이동에 의하여 이웃해 집합을 생성한다. 이웃해의 집합에서 타부이동이 아니거나 타부이동이나 열망수준을 만족하는 이웃해에서 가장 좋은 해를 현재해로 갱신한다. 이 현재해의 이동 속성을 타부목록에 저장하고 현재 타부목록에 저장된 타부속성의 수가 타부목록 크기보다 크면 가장 오래된 타부속성을 타부목록에서 제거한다. 그리고 새로운 현재해가 지금까지의 가장 좋은 해, 즉 최선해 보다 더 좋으면 새로운 현재해를 최선해로 갱신한다. 종료조건을 만족하면 끝내고 그렇지 않으면 현재해를 이동하여 이웃해를 구하는 위의 과정을 반복한다. 이러한 단기기억을 사용하는 가장 기본적인 타부서치를 단순(simple) 타부서치라 부른다.

이 절차를 단계별로 정리하면 [그림 3-6]과 같다.

단순 타부서치

단계 1. (초기화)

단계 1.1: 타부속성, 타부목록크기, 열망수준과 종료조건 등을 결정한다. 그리고 타부목록을 비어둔다.

단계 1.2: 초기 가능해를 구하여, 현재해와 최선해로 둔다.

단계 2. (이웃해 생성과 목적함수 값 계산)

단계 2.1: 현재해로부터 모든 후보 이동의 목적함수 값을 평가하고, 이들 모든 이동을 허용 이동 (admissible move) 집합으로 둔다.

단계 2.2: 타부이동이 열망수준을 만족하지 못하면 이 타부이동을 허용 이동 집합에서 제외한다.

단계 3. (현재해와 최선해 갱신)

단계 3.1: 생성된 허용 이동 집합의 이동(이웃해) 중에서 가장 좋은 해를 현재해로 한다.

단계 3.2: 현재해가 최선해보다 더 좋으면 최선해를 현재해로 갱신한다.

단계 4. (타부목록 갱신)

새로운 현재해의 이동 속성을 타부목록에 기록한다. 그리고 타부목록에 저장된 타부속성의 수가 타부목록크기 보다 크면, 가장 먼저 기록된 타부속성을 삭제한다.

단계 5. (종료기준 검사)

만약 종료기준을 만족하면 끝내고, 그렇지 않으면 단계 2로 간다.

그림 3-6 단순 타부서치의 절차

단계 2와 단계 3에서는 모든 후보이동을 먼저 구하고 이를 평가한 후 현재해와 최선해를 갱신하였다. 이는 각 후보이동 별로 하나씩 조사하여 이동할 해를 선택할 수도 있다.

단순 타부서치의 이해를 돕기 위하여 다음 두 예제를 보자.

예제1 | 앞 절에서 다룬 제약이 있는 최소걸침나무

- **반복 1회**

단계 1: 초기화: 타부속성은 추가 호로 두고, 타부기간은 2, 타부이동은 타부목록에 있는 호를 삭제하지 않는 이동, 열망수준은 지금까지 찾은 가장 좋은 해로 둔다.
초기해는 [그림 3-7](a)의 걸침나무로 두자. 종료조건은 10회 반복으로 둔다.

단계 2: 이웃해 생성과 목적함수 값 계산: 현재해에서 하나의 호의 추가와 삭제를 이용하여 <표 3-1>과 같은 이웃을 얻는다.

단계 3: <표 3-1>에서 가장 좋은 이웃해는 호 BE를 추가하고 호 AB를 삭제한 [그림 3-7](b)의 걸침나무이다. 현재해와 최선해를 갱신한다. 현재해와 최선해의 목적함수 값은 29이다.

단계 4: 타부목록 갱신: 타부 속성은 추가되는 호 BE가 된다.

타부목록		BE

단계 5: 종료조건을 만족하지 못하므로 단계 2로 간다.

- **반복 2회**

단계 2: 추가/ 삭제 이동과 이동의 목적함수 값 계산: [그림 3-7](b)의 이웃 생성은 <표 3-2>와 같다. 타부목록에 호 BE가 있으므로 타부이동은 이 호가 삭제되지 않는 이동이다.

표 3-2 최소걸침나무의 이웃 탐색: 반복 2

추가	삭제	총 길이
AB	BE	17+150, 타부
AB	AC	33+100
AB	CE	34+100
BC	BE	20+100, 타부
BC	CE	37+100
DE	AD	33 (최소)
DE	AC	39
DE	CE	40

단계 3: <표 3-2>에서 가장 좋은 해인 [그림 3-7](c)의 걸침나무로 현재해를 갱신한다. 이 해는 [그림 3-7](b)에서 호 DE가 추가되고 호 AD가 삭제된 것이다. 이 해의 목적함수 값은 33으로 현재해보다 좋지 않으나 이동한다. 최선해의 목적함수 값은 변경 없이 29이다.

단계 4: 타부목록 갱신:

타부목록: 호 DE가 타부속성이 되고 호 BE는 타부기간이 2에서 1로 감소한다.

반복 2회 결과, [그림 3-7](c)와 같은 현재해와 아래와 같은 타부목록을 갖는다.

BE	DE

단계 5: 종료조건을 만족하지 못하므로 단계 2로 간다.

- **반복 3회**

단계 2: [그림 3-7](c)의 이웃 생성은 <표 3-3>과 같다. 타부목록에 호 BE, 호 DE가 있으므로 이 들 호의 삭제이동은 타부이동이 된다.

단계 3: 호 BE는 타부이나 열망수준(현재 최선해 목적함수 값 29)을 만족하므로 이동을 허락한다. 호 BC를 추가하고, 호 BE를 삭제한다. 현재해와 최선해를 갱신한다.

단계 4: 타부목록: 호 BC가 타부목록에 들어오고, 호 BE는 타부기간 2가 만료되어 타부목록에서 삭제한다. 반복 3회 결과, [그림 3-7](d)와 같은 현재해와 아래와 같은 타부목록을 갖는다.

DE	BC

표 3-3 최소걸침나무의 이웃 탐색: 반복 3

추가	삭제	총 길이
AB	BE	21+50, 타부
AB	AC	37
AB	CE	38
BC	BE	24, 타부, 열망수준 만족
BC	CE	41
AD	AC	39
AD	CE	40
AD	DE	29, 타부

단계 5: 종료조건을 만족하지 못하므로 단계2로 간다.

이와 같은 과정을 종료조건을 만족할 때까지 반복한다.

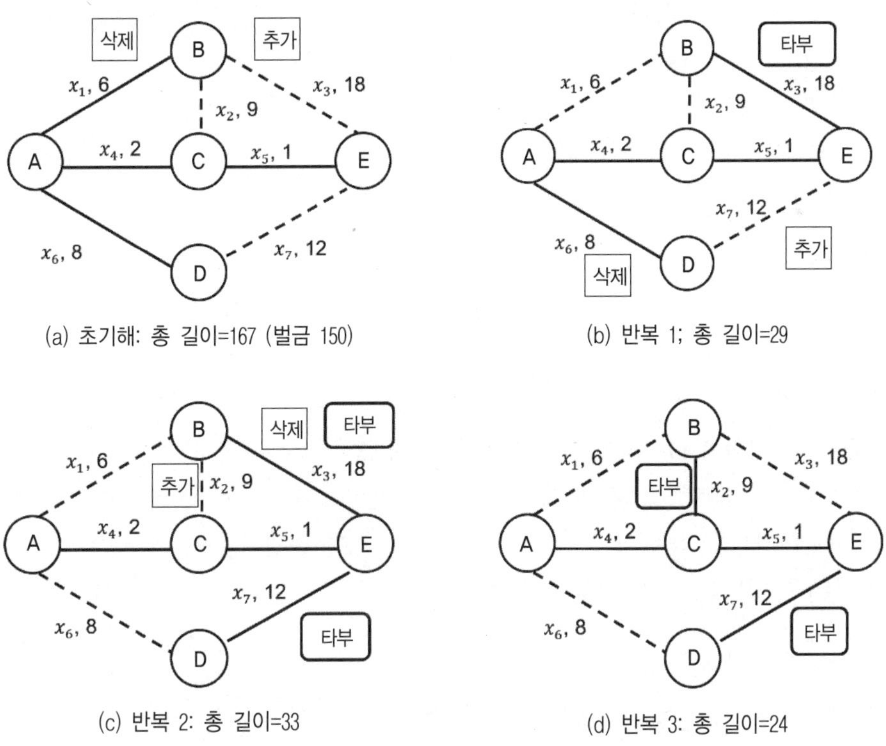

(a) 초기해: 총 길이=167 (벌금 150)

(b) 반복 1; 총 길이=29

(c) 반복 2: 총 길이=33

(d) 반복 3: 총 길이=24

그림 3-7 단순 타부서치의 예: 제약이 있는 최소걸침나무

예제2 | 단일기계 납기지연 최소화를 위한 일정계획

기계일정계획/작업순서결정(machine scheduling/job sequencing) 문제를 예로 살펴보자. 이 문제는 총 납기지연(total tardiness) 최소화를 목적으로, 단일 기계에 대한 작업 순서를 결정하는 일정계획문제이다. 기본적으로 각 작업 $j\ (=1,2,\ldots,n)$는 작업시간(processing time) p_j, 납기(due date) d_j, 그리고 납기지연에 대한 벌금(penalty) w_j가 주어지고 목적함수는 아래와 같다.

$$T = \sum_{j=1}^{n} w_j[C_j - d_j]^+$$

여기서 C_j는 작업 j의 완료시간이고, 어떤 값 v에 대하여 $[v]^+ = Max(0, v)$를 의미한다. 완료시간 C_j는 작업 j 이전에 작업이 완료된 모든 작업의 작업시간과 작업 j의 작업시간 p_j의 합과 같다. 그러므로 이 문제의 목적은 T에 의하여 표현된 총 가중 납기지연의 최소화를 위한 작업 순서를 찾는 것이다. 이 문제에서 해는 외판원 문제와 같이 작업 순서를 순열로 표현하고, 이웃은 교환이동으로 구성한다. 6개 작업에 대한 작업시간과 납기가 <표 3-4>와 같이 주어졌다고 하자.

표 3-4 납기지연 최소화 작업순서문제: 6개 작업

작업(j)	작업시간(p_j)	납기(d_j)	납기지연벌금(w_j)
1	6	9	1
2	4	12	1
3	8	15	1
4	2	8	1
5	10	20	1
6	3	22	1

- **반복 1회**

단계 1: (초기화)

단계 1.1을 시작하면서 타부속성은 순서를 명시하지 않은 교환 쌍으로 정의하고, 타부목록의 크기는 3, 열망수준은 지금까지 발견한 가장 좋은 해로 둔다. 그리고 종료조건은 반복 수 20으로 둔다. 단계 1.2에 따라, 초기해는 (1 2 3 4 5 6)으로 하고, 이를 현재해와 최선해로 두었다. 현재해와 최선해의 값은 목적함수 식에 의해 모두 36이 된다.

단계 2: (이웃해 생성과 목적함수 값 계산)

단계 2.1에서 허용 이동 집합을 생성한다. 현재해로부터 생성 가능한 모든 후보 이동은 총 15개이고, 각 이웃해와 목적함수 값은 다음과 같다. 아래에서 음영으로 표시된 것은 현재해로부터 교환

을 위해 선택된 2개의 작업을 보인다. 단계 2.2에 의하여, 타부이동과 열망수준을 검토한다. 현재 타부목록은 비어 있으므로, 타부이동 중에서 열망수준을 확인하는 절차는 불필요하다. 따라서 최종적으로 확정된 허용 이동 집합에는 15개 이웃해가 모두 포함된다(<표 3-5> 참조).

표 3-5 교환이동에 의해 생성된 초기해 (1 2 3 4 5 6)의 이웃해

이웃해	작업순서						목적 함수 값	이웃해	작업순서						목적 함수 값
1	2	1	3	4	5	6	37	9	1	6	3	4	5	2	43
2	3	2	1	4	5	6	42	10	1	2	4	3	5	6	33
3	4	2	3	1	5	6	32	11	1	2	5	4	3	6	40
4	5	2	3	4	1	6	57	12	1	2	6	4	5	3	30
5	6	2	3	4	5	1	40	13	1	2	3	5	4	6	44
6	1	3	2	4	5	6	39	14	1	2	3	6	5	4	39
7	1	4	3	2	5	6	30	15	1	2	3	4	6	5	29*
8	1	5	3	4	2	6	56								

단계 3: (현재해와 최선해 갱신)

단계 3.1에서 허용 이동 집합의 이웃해에서 가장 좋은 해를 현재해로 둔다. <표 3-5>에서 생성된 이웃해 중에서 가장 좋은 해는 "*"로 표시된 (1 2 3 4 6 5)임을 확인할 수 있고, 이를 현재해로 한다. 단계 3.2에 의하여, 현재해의 목적함수 값(29)이 최선해인 (1 2 3 4 5 6)의 목적함수 값(36)보다 좋으므로, 최선해를 (1 2 3 4 6 5)로 갱신한다.

단계 4: (타부목록 갱신)

현재의 타부목록은 비어 있고, 현재해인 (1 2 3 4 6 5)의 이동 속성은 (작업 5, 작업 6)의 순서를 바꾼 것이므로 이를 타부목록에 저장한다. 타부목록은 아래 그림과 같고, 타부목록의 크기가 3이므로 목록에는 하나의 원소가 저장되어 있고, 2개의 원소를 저장할 수 있는 여유공간이 존재한다.

		(5, 6)

단계 5: (종료조건 검사)

현재 종료조건을 만족하지 않았으므로, 단계 2로 간다.

- **반복 2회**

단계 2: (이웃해 생성과 목적함수값 계산)

교환 이동에 의해 현재해 (1 2 3 4 6 5)의 이웃해를 구한다(<표 3-6> 참조). 현재 타부이동은 (5, 6)이고 열망수준을 만족하지 못하므로, 허용 이동 집합에서 15번째 이웃해를 제외한다.

표 3-6 교환이동에 의해 생성된 현재해 (1 2 3 4 6 5)의 이웃해

이웃해	작업순서						목적 함수값	타부 여부	이웃해	작업순서						목적 함수값	타부 여부
1	2	1	3	4	6	5	30		9	1	5	3	4	6	2	55	
2	3	2	1	4	6	5	35		10	1	2	4	3	6	5	23	
3	4	2	3	1	6	5	25		11	1	2	6	4	3	5	28	
4	6	2	3	4	1	5	36		12	1	2	5	4	6	3	35	
5	5	2	3	4	6	1	54		13	1	2	3	6	4	5	31	
6	1	3	2	4	6	5	32		14	1	2	3	5	6	4	51	
7	1	4	3	2	6	5	23*		15	1	2	3	4	5	6	36	✔
8	1	6	3	4	2	5	37										

단계 3: (현재해와 최선해 갱신)

생성된 허용 이동 집합의 이동 중에서 7번째 이웃해인 (1 4 3 2 6 5)가 가장 좋은 해이므로, 이를 현재해로 두고(<표 3-6> 참조), 현재해의 목적함수 값(23)이 최선해인 (1 2 3 4 6 5)의 목적함수 값(29)보다 좋으므로, 최선해를 (1 4 3 2 6 5)로 갱신한다.

단계 4: (타부목록 갱신)

현재의 타부목록에는 교환 작업 쌍 (5, 6)과 새로운 작업 쌍 (2, 4)가 아래와 같이 기록된다.

	(5, 6)	(2, 4)

단계 5: (종료조건 검사)

알고리즘의 반복 수에 의한 종료조건을 만족하지 않았으므로, 단계 2로 간다.

- **반복 3회**

단계 2: (이웃해 생성과 목적함수 값 계산)

현재해 (1 4 3 2 6 5)로부터 허용 이동 집합을 구하면 아래의 15개 이웃해가 포함된 집합이 구해진다. 이들 중에서 타부이동은 교환 (2, 4)와 (5, 6)이고 이들의 목적함수 값은 모두 열망수준을 만족하지 못하므로, 이동 집합에서 이들을 제외한다(<표 3-7> 참조).

단계 3: (현재해와 최선해 갱신)

생성된 허용 이동 집합의 13개 이동 중에서 10번째 이웃해인 (1 4 2 3 6 5)가 가장 좋은 해이므로 (<표 3-7> 참조), 이를 현재해로 두고 현재해의 목적함수 값(19)이 최선해인 (1 4 3 2 6 5)의 목적함수 값(23)보다 좋으므로, 최선해를 (1 4 2 3 6 5)로 갱신한다.

표 3-7 교환이동에 의해 생성된 현재해 (1 4 3 2 6 5)의 이웃해

이웃해	작업순서						목적 함수 값	타부 여부	이웃해	작업순서						목적 함수 값	타부 여부
1	4	1	3	2	6	5	23		9	1	5	3	2	6	4	59	
2	3	4	1	2	6	5	31		10	1	4	2	3	6	5	19*	
3	2	4	3	1	6	5	25		11	1	4	6	2	3	5	24	
4	6	4	3	2	1	5	32		12	1	4	5	2	6	3	31	
5	5	4	3	2	6	1	50		13	1	4	3	6	2	5	25	
6	1	3	4	2	6	5	30		14	1	4	3	5	6	2	35	
7	1	2	3	4	6	5	29	✔	15	1	4	3	2	5	6	30	✔
8	1	6	3	2	4	5	39										

단계 4: (타부목록 갱신)

현재의 타부목록에는 교환 작업 (5, 6)와 (2, 4)에 교환 작업 (2, 3)을 아래와 같이 추가한다.

(5, 6)	(2, 4)	(2, 3)

단계 5: (종료조건 검사)

알고리즘의 반복수에 의한 종료조건을 만족하지 않았으므로, 단계 2로 간다.

이와 같은 방법으로 알고리즘을 진행하면 다루는 문제의 해를 구할 수 있게 된다. 본 예제는 단순 타부서치의 절차를 구체적으로 설명하기 위하여 처음부터 몇 단계의 절차만을 상세하게 소

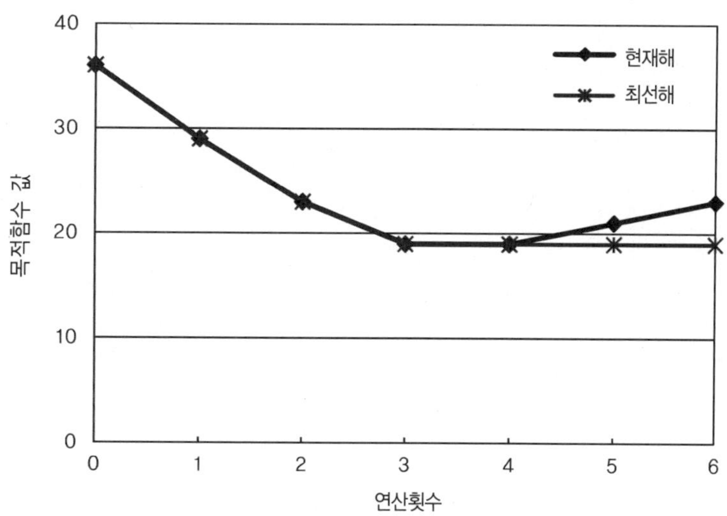

그림 3-8 타부서치의 해 탐색 과정

개하였다. [그림 3-8]은 타부서치를 이용하여 지금까지 설명한 예제(최소화 문제)를 해결해 나가는 과정을 그래프로 보인 것이다. 앞에서 설명하였듯이, 타부서치는 현재해보다 더 좋지 않은 해로의 이동을 허락하기 때문에 현재해가 이전 해보다 더 좋지 않은 경우들이 존재함을 이 그림에서 확인할 수 있다. 이는 타부서치가 지역최적에서 벗어나 다른 지역최적을 찾아갈 수 있음을 보여 준다.

제4장

타부서치의 주요 주제

타부서치의 성공적인 적용을 위해서는 주요 요소의 설계와 파라미터의 설정이 중요하다. 이 장에서는 이웃을 효과적으로 축소할 수 있는 후보목록전략, 탐색 정보를 기억하는 타부목록 운영전략, 탐색의 강화와 다양화 전략을 소개한다. 또한 확률적 타부서치, 다목적 타부서치, 병렬 타부서치에 대해 알아본다.

4.1 이웃과 후보목록

타부서치에서 이웃 구조는 탐색 성능에 크게 영향을 미친다. 이웃 구조에 따라 지역 탐색의 경로가 달라지기 때문이다. 이웃은 현재해의 지역 변환에 의해 정의된다. 타부서치는 이웃에 있는 이웃해로 이동하면서 탐색한다. 따라서 타부서치의 성능을 높이기 위해서는 문제의 특성을 잘 반영할 수 있는 이웃(이웃 구조)을 설계하고, 이 이웃을 효율적으로 탐색할 수 있는 방법을 찾아야 한다.

외판원 문제, 그룹핑 문제, 일정계획 문제 등 다양한 문제를 순열 형태로 표현할 수 있다. 순열 표현에서 이웃은 3.2절에서 보듯이 현재해의 지역 변환으로 교환, 삽입, 역순, 인접 교환, k-opt ($k=2,3,\cdots$) 등에 의해 정의될 수 있다. 그런데 순열로 표현된 그룹핑 문제에서는 교환과 삽입 이동이, 외판원 문제에서는 좋은 인접 정보의 보존이, 일정계획문제에서는 좋은 순서정보의 보존이 중요하다(김여근, 진화알고리즘, 2011, p.170). 따라서 타부서치에서 다른 적용 문제에 같은 순열표현을 사용하여도 이웃은 적용 문제에 따라 적절히 정의되어야 한다.

이웃 크기는 이웃에 있는 해의 수를 나타낸다. 복잡도가 높은 문제에서 이웃 크기는 문제의 크기에 따라 지수적으로 증가할 수 있다. 이 경우 다음 이동을 결정하기 위하여 모든 이웃해를 생성하고 이를 평가하는 것은 많은 시간이 소요될 수 있다. 따라서 이웃을 축소하여 효율적으로 해 공간을 탐색하려는 여러 후보목록전략(candidate list strategy)들이 제시되었다. 이들 전략을 알아보자.

4.1.1 열망 플러스전략

열망 플러스(aspiration plus) 전략에서는 과거 탐색 결과에 기초하여 이동을 위한 최소한의 해의 품질로서 문턱값(threshold)을 제시하고 이를 사용한다. 이 문턱값을 열망수준으로 볼 수 있다. 이 전략의 절차는 다음과 같다. 문턱값을 만족할 때까지 이동을 계속한다. 문턱값을 만족하는 이동에 이르면, 이로부터 지정한 *Plus*회의 이동을 더하여 이 중에서 가장 좋은 이동을 선택한다. 파라미터 *Plus*를 *Plus*=0으로 두면 처음 문턱값을 만족하는 이동의 이웃해가 바로 다음 반복의 현재해로 선택된다.

어떤 반복에서 문턱값 조건을 만족하는 이동이 자주 발견되거나 거의 발견되지 않을 수 있다. 이러한 경우를 고려하여, 조사하는 이웃 개수의 하한과 상한([*Min*, *Max*])을 두어, 적어도 *Min* 회의 이동 또는 많아야 *Max* 회의 이동을 조사하는 전략을 사용할 수 있다. 또한 문턱값은 흔히 현재까지 발견된 최선해로 설정한다. 이렇게 하면 탐색과정이 진행되는 동안 이 값이 동적으로 변하게 된다.

[그림 4-1]의 예제를 통해, 열망 플러스 전략을 설명한다. 예를 들어, 20개 도시의 최적 경로를 찾는 외판원 문제에서 교환 이동을 통해 이웃해를 생성한다면, 하나의 현재해로부터 190개의 이웃해가 생성된다. 매 반복마다 190개의 이웃해를 모두 평가하는 것은 계산 시간의 부담이 있으므로, 열망 플러스 전략을 이용하여 일부 이웃해 만을 평가할 수 있다. 이를 위하여, 먼저 문턱값과 *Plus*

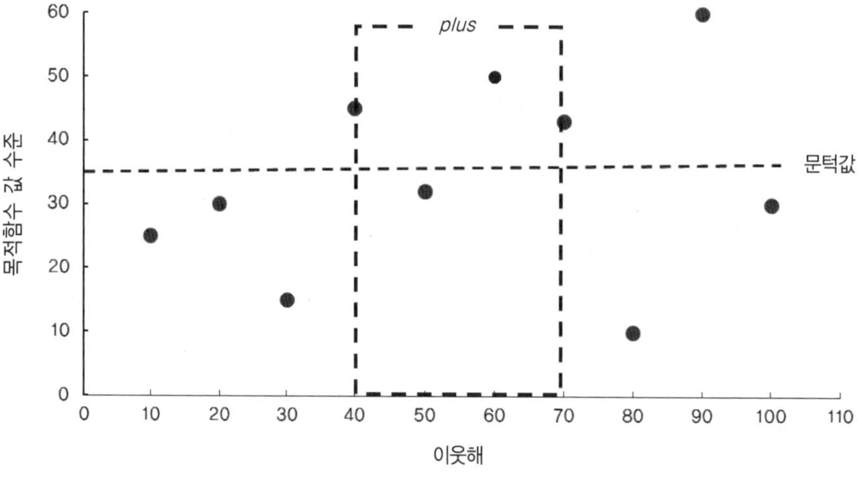

그림 4-1 열망 플러스전략

를 결정해야 한다. 문턱값이 35이고, *Plus*=30으로 두자. [그림 4-1]에서 이웃해를 순차적으로 평가하여, 목적함수 값이 35를 초과하는 이웃해가 40번째이다. 여기서 *Plus*값이 0이라면, 40번째 이웃해가 곧바로 다음 이동으로 선택되지만, *Plus*=30이므로 40번째 이웃해부터 추가적으로 30개의 이웃해를 더 조사하고, 이 구간 내에서 가장 좋은 해를 다음 반복의 현재해로 선택한다.

조사하는 이웃 개수의 하한과 상한([*Min*, *Max*])을 두는 경우, *Min*=35, *Max*=85라 하자. 이때 문턱값이 2번째 이동에서 발견되면 (2+30)개의 이동이 아니라 *Min*인 35개의 이동을 고려하고, 70번째에서 찾으면 (70+30)개의 이동이 아니라 *Max*인 85개의 이동까지만 고려한다.

4.1.2 엘리트 후보목록 전략

엘리트 후보목록(elite candidate list) 전략은 가장 좋은 이동(엄밀히 말하면 이동 속성)을 기록하고, 이 기록된 정보를 이동에 이용한다. 이를 기록한 목록을 마스터 목록(master list)이라 한다. 이 목록은 흔히 어떤 반복에서 모든 이동(또는 상대적으로 많은 이동)을 행하여 이중에서 가장 좋은 *k*개의 이동(이동 속성)을 기록한다. 여기서 *k*는 파라미터이다. 마스터 목록에 기록 정보가 완전해 자체가 아니고 단지 이동 속성이라는 것에 유의하자.

마스터 목록은 주기적으로 갱신된다. 새로운 마스터 목록이 만들어 질 때까지 매 반복에서 이 마스터 목록에 있는 이동 중에서 가장 좋은 이동을 선택하여 실행한다. 이렇게 마스터 목록에서 이동을 선택하고 실행하는 과정을 사전에 주어진 반복 횟수만큼 하거나 가장 좋은 이동의 품질이 문턱값 이하로 떨어질 때까지 반복한다. 이 문턱값은 마스터 목록을 만들 때 마스터 목록에 있는 가장 나쁜 해의 품질로 둘 수 있다. 이 과정이 끝나면 새로운 마스터 목록을 만들어 새로운 마스터 목록에 의해 이 과정을 반복한다. 여기서 매 반복에서 해의 이동으로 인해 마스터 목록에 남아 있는 이동(이동 속성에 의해 유도되는 해)의 평가 값이 반복이 진행됨에 따라 달라짐에 유의하자.

이러한 마스터 목록의 이용은 현재의 좋은 이동이 몇 회의 다음 반복 동안에는 좋은 이동이 될 것이라는 가정에 기초하고 있다. 또한 현재의 이동은 다음 이동들의 값뿐 아니라 다음 이동의 성질을 변화시킬 수 있으므로 마스터 목록에 있는 이동들의 평가값과 그 특성을 주시해야 한다.

4.1.3 연속 펼침 후보목록 전략

연속 펼침 후보목록(sequential fan candidate list) 전략은 병렬처리의 개념을 이용한 전략이다. 기본 아이디어는 주어진 반복 단계에서 여러 이웃을 생성하여 그 중에서 가장 좋은 *p*개의 이웃해를

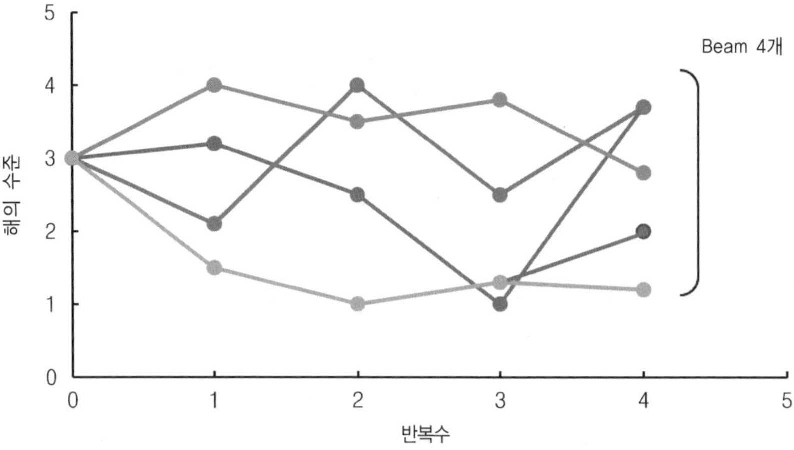

그림 4-2 연속펼침 후보목록 전략

선택하여 이들 각 해들의 펼침(fan)을 만든다. p개에서 각기 여러 개의 좋은 이동을 전개하고, 이들 중에서 가장 좋은 p개의 이동을 다시 선택한다. 선택된 p개에서 또 다시 각기 복수개의 이동을 전개하는 다시 선택한다. 이 과정을 종료조건이 만족될 때까지 반복한다.

이를 나무 탐색 방법에서는 Beam 탐색(Beam search)이라 부른다. 참고로, 빔 탐색은 탐색 나무에서 매 반복마다 최대 b_w 개의 부분해를 유지하고(이를 beam이라 함), 각 부분해에서는 최대 f_w 개의 방향으로 탐색을 확장한다. 그러면 최대 $b_w f_w$ 개의 부분해가 생성되고 이중에서 최선의 b_w 를 선택하여 이러한 탐색 과정을 계속한다.

스트림의 깊이(the depth of the streams)가 증가하면, 흔히 f_w 가 적어진다. 하나의 변형으로 초기에 f_w 를 1로 감소시켜, 이는 [그림 4-2]와 같이 각 해의 스트림에서 하나의 최선해를 선택하여 단일 이동을 계속하는 것이다. 이때 각 해 스트림에서 지금까지 발견한 가장 좋은 해는 보관되며, 각 스트림은 특정 조건을 만족하면 가지치기를 멈춘다. 즉, 각 스트림은 깊이를 달리 할 수 있다. 이 후보전략은 여러 초기해를 가지고 이동을 하는 전략으로 볼 수 있으며, 이 전략은 다른 형태의 이동을 이용함으로써 부가적인 해를 계속 생성할 수 있다.

4.1.4 연속 여과 전략

이동은 흔히 구성 요소(components)로 분해될 수 있다. 연속 여과(successive filter)전략은 좋은 해를 유도하는 구성 요소들을 찾아 이를 이동에 고려하여 이웃을 축소하는 전략이다. 각 구성 요소에 대한 기여에 따라 연속적으로 여과하여 탐색 공간을 축소하자는 것이다.

이 전략을 수행하기 위해서는 각 구성 요소의 운영에 대한 기여를 측정할 수 있어야 한다. 한 방법으로 매 반복에서 찾은 가장 좋은 해(속성이 아니라 완전해 상태로)를 기억하여 이로부터 각 구성요소의 기여를 측정하는 방법이다. 이 기억은 4.3절의 중기기억과 유사하다. 구성 요소간의 상호 작용이 있을 수 있으나, 이 연속 여과 전략에서 주요 구성요소의 조합은 제2부에서 다루는 진화 알고리즘에서 '빌딩블록(building block)'의 조합과 유사하고, 공진화 알고리즘에서 좋은 부분해들을 결합하는 우수한 완성해를 생성하는 개념과도 유사하다.

예로 네트워크 최적화문제에서 특정 호 또는 마디들이 포함되거나 배제될 때 좋은 해를 유도하는 경우가 있다. 네트워크 문제에서 추가/삭제 이동을 고려한다면 어떤 호는 추가되고, 어떤 호는 삭제된다. 이때 좋은 해를 생성하는데 기여하는 몇 개의 우수한 호의 집합을 '최선 추가 호 집합'으로 두고, 가장 삭제 되어야 할 호의 집합을 '최선 삭제 호 집합'으로 분리시켜 둘 수 있다. 만약, 100개의 가능한 추가 호와 삭제 호가 있다면, 가능한 모든 이웃해 수는 10,000개 이다. 그러나, 최선 추가 호와 최선 삭제 호로 10∼20개를 따로 보관하여 운영한다면, 평가해야 할 이웃해의 수는 100∼400개로 그 규모가 축소된다.

끝으로, 후보목록 전략은 문제의 특징, 해의 구성, 특정 탐색 국면에서의 목적 등 다루는 문제의 해 공간에 대한 특성을 잘 파악하여 선택하여야 한다.

4.2 타부목록 크기

앞에서 언급하였듯이, 타부목록은 금지로 지정하는 이동 속성을 기록한 목록이다. 타부목록 크기는 이동 금지 속성의 개수이다. 이 크기는 탐색의 진행 방향과 밀접한 관계가 있다. 타부목록의 크기가 클수록 이전에 탐색되었던 해의 이동 정보가 오랫동안 기억되어 탐색 공간을 다양하게 탐색할 수 있으나 이웃의 탐색 능력은 약화된다. 반면, 타부목록의 크기가 작으면 타부 제약이 약해지므로 이웃의 탐색은 강화되나 해의 순환이 발생할 수 있다. 이 절에서는 타부목록의 크기와 목록의 운영 방법에 대하여 좀 더 알아보기로 한다.

4.2.1 고정된 타부목록 크기

3.3절에서 설명한 예제에서는 타부목록의 크기를 고정하였다. 이는 단순 타부서치에서 가장 일반적으로 사용하는 방법이다. 예를 들어, 타부목록의 크기가 5라면, 5개의 연속적인 이동 속성들이 타부목록에 순차적으로 기억되고, 그 이후에 기억되어야 할 타부속성이 발견되면 선입선출법에 의해 가장 먼저 기억된 속성이 타부목록에서 제거되고 가장 최근에 발견된 이동 속성이 타부목록에

새롭게 기억된다. 고정된 타부목록의 크기를 가지면, 타부목록에 기억되어 있는 모든 속성들은 같은 기간 동안 목록에 존재하므로 이들의 타부기간은 동일하게 된다.

효과적인 타부목록의 크기는 적용문제의 크기(해 공간의 크기 또는 복잡도)에 따라 다르므로, 보통 예비 실험이나 경험적으로 결정한다. Glover(1986)는 고정된 하나의 크기로 7을 제안하였고, 여러 연구에서 이 값을 많이 사용하고 있다. Glover & Laguna(1993)는 N개 도시를 순회하는 외판원 문제에서 타부목록의 크기로 $\sqrt{N}$ 을 제안하기도 하였다. 한편, Tsubakitani & Evans(1998)는 허용된 계산시간이 짧을수록, 이동을 더 제한하는 타부 조건을 사용할수록, 그리고 지역 탐색이 보다 강력할수록 타부목록의 크기는 작아야 한다고 하였다.

4.2.2 동적인 타부목록 크기

동적인 타부목록의 크기는 반복 동안 타부목록에 있는 타부속성들의 타부 기간이 일정하지 않음을 의미한다. 타부목록의 크기는 탐색의 강화와 다양화(또는 이용과 탐사)에 영향을 준다.

동적인 타부목록 크기를 운영하는 방법으로는 특정 범위의 임의 값 사용 방법, 탐색 정보의 피드백에 의한 방법, 그리고 특별한 몇 가지 전략을 이용하는 방법이 있다. 먼저, 타부목록 크기의 최솟값(*Min*)과 최댓값(*Max*)을 사전에 설정하고, 균등분포(uniform distribution)로 가정하여 구간 [*Min*, *Max*]에서 임의의 정수 값을 추출하여 이를 사용하는 방법이다. 이는 매 반복에서 변화시킬 수도 있고, 특정 조건의 누적 반복 조건을 만족할 때 그 크기를 변화시킬 수도 있다. 이때의 최솟값과 최댓값으로 Glover & Laguna(1993)는 이차배정문제에서 $0.9\sqrt{N}$ 과 $1.1\sqrt{N}$ 을 각각 제안하였다.

다음으로 탐색 정보의 피드백에 의한 방법을 보자. 알고리즘의 초기 단계에서는 타부목록의 크기를 작게 하고, 해의 순환 증거가 보이거나 일정 시간 동안 최선해가 개선되지 않으면 타부목록의 크기를 증가시키는 것이다. 그리고 최선해의 개선이 발견되면, 개선이 발견된 지역에서 좀 더 유연하고 집중적으로 해 공간을 탐색할 수 있도록 타부목록의 크기를 줄일 수 있다.

또한 타부속성에 따라 서로 다른 타부 기간을 갖도록 할 수 있다. 예로, 0-1 정수계획법 문제를 해결함에 있어 추가 이동(변수 0을 1로 변환시키는 이동)과 삭제 이동(변수 1을 0으로 변환시키는 이동)을 동시에 타부목록에 저장한다고 하자. 이때 추가 이동과 삭제이동의 타부 기간을 서로 다르게 두는 것이다.

특별한 동적 타부목록 운영 전략으로는 역제거 방법(reverse elimination method), 이동간 차이(moving gaps), 타부 순환 방법(tabu cycle method), 조건부 확률 방법(conditional probability method) 등이 있다. 이들에 대한 구체적인 절차와 특징들은 Skorin-Kapov(1994), Sondergeld & Voss(1996),

Glover & Laguna(1997, p.239)를 참조할 수 있다.

4.3 강화와 다양화

타부서치에서는 탐색의 강화와 다양화, 그리고 이들의 절충(trade-off)이 주요 과제 중 하나이다. 먼저 탐색의 강화 전략에 대해 알아보자.

4.3.1 중기기억을 이용한 탐색 강화

앞에서 언급했듯이, 단순 타부서치에서 가장 좋은 이웃해를 현재해로 하여 그 이웃을 탐색하는 것은 지금까지 얻은 좋은 해를 이용(exploitation)하여 그 주위의 탐색을 강화(intensification)하는 것을 의미한다. 단기기억만을 이용하는 단순 타부서치의 매 반복에서 단순히 이웃의 후보를 확대하여 좀 더 탐색을 강화할 수 있으나 이는 계산 노력과 해의 품질 관점에서 효과적이지 못할 수 있다.

타부서치에서 중기기억(intermediate-term memory)은 탐색을 강화하는 데 사용된다. 단기기억은 최근 해의 이동에 대한 속성만을 기억하는 데 반해, 중기기억은 최근의 연속적인 반복에서 찾은 각 반복의 가장 좋은 해, 즉 각 해의 구성 요소(solution components) 전부를 기억하는 것이다. 중기기억의 목록 크기는 보통 20부터 40(최근 20회~40회 반복에서의 가장 좋은 해들) 정도가 사용되고 있다. 이러한 중기기억 정보를 이용한 탐색 강화의 대표적 방법으로 지금까지 발견한 가장 좋은 해를 초기해로 하여 재시작하고, 매 반복에서 해에서 유망한 일부 요소들의 값은 고정하여 두고(변경시키지 않고) 탐색을 진행하는 것이다. 유망한 요소들의 선택은 중기기억에서 나타난 해의 구성 요소 정보로부터 얻을 수 있다. 예로, {0, 1}의 50비트 이진수 최적화문제에서 중기기억에 있는 해들의 특정 요소(위치) 값이 항상 0이나 1의 특정 값을 가지면 이를 고정시킬 수 있다. 이는 4.1.4절의 연속 여과 후보목록 전략과 관계된다.

자주 사용되는 다른 탐색 방법으로, 엘리트 해(최선해 등) 주위를 재시작할 때 좀 더 다양하게 탐색을 강화하기 위하여 이웃 구조를 변화시키는 것이다. 예로 외판원 문제에서 교환 이동만을 사용하였다면, 엘리트 해 주위를 재시작할 때는 삽입 이동을 추가하거나, 특정 부분 경로의 역순 이동을 추가하여 탐색을 강화하는 것이다.

중기기억을 이용한 알고리즘에서 재시작을 하는 시점은 일정 주기로 하거나 해가 개선 없이 일정 횟수 반복되면 행하다. 이때 재시작을 위한 초기해는 중기기억에 있는 가장 좋은 해를 선택하는 것이 일반적이다. 그러나 탐색의 다양화를 함께 고려하기 위하여 중기기억에 있는 해들 중에서 가장 유사성이 낮은 해를 선택할 수도 있다. 유사성은 해들의 요소별 값의 차이나, 하나의 해에서 다른 해로의 변환에 필요한 이동 횟수 등에 의해 판단한다.

중기기억은 탐색을 강화하지만 반드시 필요한 것은 아니다. 많은 경우, 단기기억만을 이용해도 충분한 지역 탐색이 되기 때문이다. 이 경우 중기기억을 이용하여 이미 방문한 해 주위를 재시작하는 강화 전략은 비효율적일 수 있다. 이러한 탐색 시간은 다음에 다루는 탐색의 다양화를 위해 사용하는 것이 더 바람직할 수 있다. 타부서치는 일종의 이웃탐색 기법으로 본래 지역탐색 능력이 강하기 때문이다.

4.3.2 장기기억을 이용한 탐색 다양화

타부서치는 타부속성의 유익한 활용에도 불구하고 탐색이 제한된 해 공간에서만 이루어지는 경우가 흔히 발생한다. 탐색 과정에서 좋은 해를 발견하더라도, 이 과정에서 가장 흥미롭고 매력적인 해 공간의 탐색에 실패할 수 있다. 즉, 전역 최적해가 아닌 몇 개의 지역 최적해만을 탐색하다가 알고리즘이 종료될 수 있다. 앞에서 언급했듯이 메타휴리스틱스 중에서 타부서치는 상대적으로 지역 탐색 능력은 강하나 해 공간의 탐사 능력이 약하다.

타부서치에서 다양화는 상대적으로 탐색의 밀도가 낮거나 탐색하지 않은 해 공간을 탐색하는 것이다. 타부서치에서 탐색의 다양화 필요성이 강조되었고, 이에 따라 관련된 여러 기법들이 제안되었다(Glover, 1989; Hubscher & Glover, 1994; Kelly *et al*., 1994). 단기기억만을 이용하는 단순 타부서치에도 현재해의 이웃에서 가장 좋은 해(과거의 최선해보다 개선된 해가 아니어도)로의 이동과 타부이동에 의한 제약은 탐색을 다양화한다. 또한, 간단한 방법으로 단순 타부서치를 수행하여 종료조건(최대이동횟수 또는 계산시간이나 해가 개선되지 않는 이동횟수 등을 사용)이 만족되면, 탐색의 다양화를 위해 다시 임의의 새로운 초기해로 타부목록의 크기나 종료기준 등을 변경하여 타부서치를 반복한다(Skorin-Kapov, 1990). 그러나 타부서치에서 단기기억만으로는 복잡도가 높은 문제에서 좋은 탐색 결과를 얻는데 불충분한 것으로 알려져 있다.

타부서치에서 탐색의 다양화를 위하여 사용하는 전략은 주로 장기기억을 이용하는 것이다. 장기기억은 과거의 이동에 관한 정보를 모두 기억하는 방법이다. 앞에서 언급했듯이, 장기기억에서 사용되는 기억은 지금까지의 사용된 이동 속성의 빈도로써, 빈도기반기억이고, 흔히 비율로 나타낸다. 왜냐하면, 알고리즘이 진행되는 동안 변화되는 모든 이동 정보를 기억하고 있어야 하므로, 절대적인 값을 사용할 경우 그 값이 커질 수 있기 때문이다. 빈도 척도에서 분자 값은 흔히 전이척도(transition measure)와 거주척도(residence measure)가 사용된다. 예로, 전이척도로는 해의 속성이 변화된 횟수(예: 추가 또는 삭제 횟수)가 사용될 수 있고, 거주척도로는 해의 속성이 특별한 위치에 머무르는 횟수(예: 특정 위치가 특정 값인 횟수)가 사용될 수 있다. 분모 값은 분자 값에 의해 표현된 모든 경우의 발생 총 수, 또는 분자 값의 평균이나 합, 그리고 최대 분자 값 등이 사용될 수 있다.

장기기억을 이용하여 탐색을 다양화하는 다음 두 방법을 보자. 중기기억에서와 같이, 이들 다양화 방법은 주기적으로 적용되거나 주어진 반복 횟수 동안 해의 개선이 없으면 적용된다.

첫째, 재시작 다양화(restart diversification) 방법이다. 이는 단순타부서치를 재초기화하는 방법으로 장기기억함수를 이용하여 시작점을 새로이 찾는 방법이다. 예로, job shop 일정계획 문제에서 사용될 수 있는 장기기억함수를 보자(김여근 외 2인, 1995). 장기기억함수가 이동하는 공정만을 기억하는 경우와 이동하는 공정과 그 이동위치를 함께 기억하는 경우로 나누어 볼 수 있다. 전자는 장기기억함수의 형태로 LTM=(i, j) 인 이차원 배열을 사용하고, 후자는 LTM=(i, j, v) 인 삼차원 배열을 사용한다. 여기서 (i, j) 는 부품i 의 j번째 공정, (i, j, v) 는 공정 (i, j) 가 가공되는 기계에서 v번째 가공되는 것을 나타낸다. 각 공정의 가공기계는 특정한 하나의 기계로 주어지므로 기계에 대한 배열은 사용하지 않아도 된다. 초기에는 LTM의 모든 원소의 값을 0으로 둔다. 이동하는 공정만을 기억하는 경우에는 이동하는 공정이 공정 (i, j) 이면 $LTM_{ij}=LTM_{ij}+1$로 두고, 이동하는 공정과 그 이동위치를 함께 기억하는 경우에는 공정 (i, j) 가 가공기계에서 v번째 가공된다면, $LTM_{ijv}=LTM_{ijv}+1$로 변화시킨다. 이와 같은 방법으로 해가 이동될 때마다 장기기억함수를 변화시킨다. 즉, 장기기억함수는 공정의 이동횟수 또는 공정과 그 위치로의 이동이 이루어진 횟수로 표현된다.

장기기억함수를 이용하여 지금까지 상대적으로 탐색이 덜 된 영역의 해를 찾고 이를 초기해로 하여 탐색을 시작하려는 것이다. 이러한 초기해는 다음과 같은 방법으로 찾을 수 있다. 지금까지 찾은 최선해를 현재해로 하여 장기기억함수에서 가장 작은 값을 갖는 이동 속성을 이용하여 초기해를 만든다. 이때 장기기억함수의 값이 최소인 하나의 이동만을 선택하지 않고, 이 함수의 값이 작은 이동을 미리 지정한 횟수만큼 반복적으로 이동하여 초기해를 구할 수 있다.

둘째, 지속적 다양화(continuous diversification)로 명명되는 이 방법은 탐색의 다양화 과정을 알고리즘의 수행 과정에 직접 통합시키는 방법이다. 앞에서 설명한 재시작 다양화는 재시작과 동시에 장기기억에 저장되어 있는 정보를 제외한 현재의 탐색 정보를 잃고, 탐색 영역을 크게 변화시킨다는 단점이 있다. 지속적 다양화는 알고리즘이 멈추지 않기 때문에 탐색 영역을 크게 변화시키지 않으면서도 지금까지 탐색하지 않았던 다양한 해를 탐색할 수 있게 한다. 지속적 다양화에서 사용하는 방법들은 다음과 같다. (1) 장기기억에 저장되어 있는 정보를 목적함수에 통합하여 빈번한 이동에 대해 벌금을 부과하는 것이다. 이때, 벌금은 앞에서 설명한 빈도 척도의 함수를 사용할 수 있다. 즉, 새로운 목적함수는 '원래의 목적함수 + 빈도 척도에 의한 벌금'으로 한다. (2) 주어진 반복 횟수 동안 해가 개선되지 않으면, 가장 유사성이 낮은 이웃해를 현재해로 하여 이웃을 탐색한다. 유사성은 앞에서 설명한 바와 같이, 해의 요소별 값의 차이나 하나의 해에서 다른 해로의 변환에 필요한 이동 횟수 등에 의해 판단한다.

탐색의 다양화 방안은 타부서치의 설계에 있어서 가장 중요한 요소 중 하나이다. 따라서 설계 단계에서 다양화 방안을 신중히 검토하여야 하고, 적용에서 얻은 결과가 기대에 미치지 못하면 이를 재검토해 볼 필요가 있다.

4.3.3 비가능 영역으로 이동 허용

지금까지 언급한 타부서치는 제약조건을 만족하는 하나의 가능해(feasible solution)에서 가능이웃해로 이동한다고 보았다. 이러한 가능해 이동은 제약이 많은 문제에서 좋은 해를 탐색하는 데 한계를 갖는다. 높은 제약을 갖는 문제에서 비가능해 영역으로 이동의 허용은 탐색 영역의 다양화(의미 있는 탐색 영역의 탐사)뿐만 아니라 강화(가능해 경계 영역의 좋은 해 이용)에 효과적일 수 있다.

비가능해 영역의 탐사를 허용하는 방법은 비가능해에 벌금을 부과하여 평가하는 방법이다. 이 방법은 벌금을 어떻게 부과하느냐가 문제로 남는다. 이에 대해서는 1.4절과 12.2절을 참조할 수 있다.

Glover & Laguna(1997, 102쪽)는 전략적으로 비가능해 영역을 탐색하는 전략을 제시하였다. 이 전략을 전략적 진동(strategic oscillation)이라 부른다. 이 전략에서는 이웃을 비가능 영역으로 확대하는 것이다. 가능해의 경계를 지나 비가능해 영역에서 어느 깊이까지 계속 탐색하고 다시 가능해 경계를 향해 이동하여 이 경계를 지나 가능해 영역에서 탐색을 하다가 다시 비가능해 영역으로 향하는 이동을 하는 방식으로 탐색이 이루어진다. 이때 비가능해에서의 탐색은 특정 제약을 완화하고 이에 따른 수정된 평가(또는 평가 함수)와 이동 방법에 따른다. 여기서 어느 수준까지 점점 제약 완화를 증가시켜 비가능해 영역을 깊이 탐색하고, 다시 이 제약 완화를 점차 축소하여 가능해 영역을 향하게 한다. 이때 가능 영역 내와 밖에서의 평가와 이동 방법을 달리할 수 있다. 예로 추가/삭제 이동인 경우 추가 이동으로 비가능 영역의 탐색 깊이를 더하고 삭제 이동으로 가능 영역으로 향하도록 사용할 수 있고, 이때 수정된 평가 함수를 사용할 수 있다.

자원 제약이 여럿 있는 배낭문제인 이진수 다차원 배낭문제(21.5절 참조)를 예로 보자. 가능해의 경계에 이를 때까지 변수 값들을 0에서 1로 하나씩 (선택은 임의로 또는 특정 규칙에 의해) 변경해 나간다. 이를 계속하여 비가능해 영역으로 (예로, 특정 제약을 더 완화에 의해) 이동해 나간다. 이때 평가는 어떤 제약의 완화된 평가에 기초할 수 있다. 어느 비가능 영역의 깊이에 이르면, 반대로 제약 완화를 축소하여, 어느 변수를 1에서 0으로 변경하여 가능 영역으로 향하게 한다. 그리하여 가능해를 찾는다. 이때 어느 변수를 0에서 1로 변경하는 이동과, 또 역으로 1을 0으로 변경하는 이동은 이웃해로의 이동을 찾는 방법으로 행할 수 있다. 이 문제 외에도 다양한 문제에서 전략적 진동의 개념을 이용할 수 있다. 앞에서 언급했듯이 전략적 진동을 이용하여 해 공간의 탐색을 다양화하고, 유망한 해 주위의 탐색도 강화할 수 있다.

우리는 제약이 강한 최적화문제를 자주 접하게 된다. 이러한 문제에서는 비가능 영역의 탐색 허용이 효과적일 수 있다. 따라서 타부서치의 설계에서 가능 영역의 경계를 넘어 비가능 영역에서 일정 부분 이동한 후 다시 다른 가능 영역으로 진입하여 다른 해 공간을 탐색하는 전략을 고려해 보아야 한다. 한편, 제약 문제를 다루는 방법론에 있어서 단일해 기반의 탐색 기법인 타부서치는 집단 기반의 메타 휴리스틱보다는 제한적으로 보인다. 집단 기반 메타 휴리스틱에서는 가능 개체와 비가능 개체들 간의 상대적 평가가 가능하다는 장점을 갖는다.

4.3.4 경로 재연결

이 절에서는 구한 좋은(엘리트) 해의 정보를 이용하는 경로 재연결(path relinking) 방법을 소개한다(Glover & Laguna, 1993). 이 방법은 두 엘리트 해를 연결하는 경로 상에 있는 새로운 해를 탐사하는 것이다. 이와 같은 탐색은 두 엘리트 해 주위의 탐색 강화와 함께 두 해를 연결하는 경로 상에 있는 해를 탐색하는 다양화에 기여한다. 따라서 이 방법은 탐색의 강화와 다양화가 통합된 전략으로 볼 수 있다.

이 방법의 개념은 단순하다. 해를 탐색하는 과정에서 얻은 엘리트 해들의 집합을 만들고 이 집합에서 임의의 두 해를 선택하여 각각 시작해(initiating solution)와 유도해(guiding solution)로 지정한다. 시작해에서 이웃을 생성하여 유도해로 안내 될 수 있도록 이웃 공간에서 경로를 생성한다. 이는 이웃의 이동에서 유도해로 향할 수 있도록 유도해가 가지고 있는 속성이 있는 이동을 선택하는 것이다.

예로, 순열 표현된 문제에서 시작해와 유도해가 각각 (1,2,3,4,5,6)과 (3,1,4,2,6,5)이고, 교환이동을 사용한다 하자. 그리고 유도해의 각 위치의 값과 같은 원소의 수를 점수로 두자. 지금 시작점의 점수는 유도점과 모든 위치의 값이 다르기 때문에 0이다. 시작해에서 마지막 두 점 (5,6)을 교환하여 (1,2,3,4,6,5)로 이동하면 점수가 2가 되고, 두 번째 위치와 네 번째 위치를 교환 이동하면 (1,4,3,2,6,5)로 점수가 3이 되고, 다시 두 번째 위치와 세 번째 위치를 교환 이동하면 (1,3,4,2,6,5)로 점수가 4가 되고, 마지막으로 교환 (1,3)을 적용하면 (3,1,4,2,6,5)로 유도해에 이른다. 이는 경로 (1,2,3,4,5,6) - (1,2,3,4,6,5) - (1,4,3,2,6,5) - (1,3,4,2,6,5) - (3,1,4,2,6,5)를 탐색하게 된다. 이러한 경로 재연결 탐색과정에서 열망수준보다 더 좋은 해를 얻으면 잠시 유도해로 향하는 이동을 멈추고 이해 주위의 탐색을 한 후 다시 유도해로 향하는 이동을 하는 전략을 취할 수 있다.

4.4 확률적 타부서치

대부분의 메타휴리스틱은 확률적 탐색기법이다. 유전알고리즘에서 선택과 유전 연산은 확률적으로 행하여진다. 또한 개미군체최적화와 입자군집최적화 기법에서도 해의 탐색 경로 및 방향이 확정적이지 않고 확률적으로 정해진다. 시뮬레이티드 어닐링에서도 이웃해의 이동에서 현재해보다 더 좋지 않는 이웃해를 확률적으로 현재해로 받아들이는 과정이 있다. 그러나 타부서치에서는 사전에 결정된 이웃해 생성방법에 따라 이웃해를 생성하고 이들 중에서 타부속성과 열망수준을 반영하여 가장 좋은 이웃해로의 이동을 확정적으로 행하며, 타부목록의 크기도 확정적으로 주어진다. 이러한 타부서치는 확정적 메타휴리스틱 기법이다.

타부서치에서 이동과 타부목록 크기 등 관련 파라미터에 확률 개념을 도입할 수 있다. 이러한 타부서치를 확률적 타부서치(probabilistic tabu search)라 부른다. 확률적인 이동과 파라미터 사용은 일반적으로 탐색을 다양화하고, 해의 순환을 방지하는 장점이 있으나, 탐색 시간이 많이 소요 될 수 있고 좋은 해의 이용이 약화될 수 있다는 단점이 있다. 이제 타부서치에서 어떻게 확률 개념을 사용할 수 있는지 관련 요소별로 설명하여 보자.

4.4.1 확률적 이동

단순 타부서치에서는 모든 이웃 이동에서 타부이동이면서 열망수준을 만족하지 못하는 이동을 제외한 이동 중에서 가장 좋은 해를 확정적으로 다음 반복의 현재해로 둔다. 이와 같은 확정적 이동을 다음과 같은 방법으로 확률적으로 행할 수 있다.

확률적 이동에서 이동확률은 목적함수 값에 비례하여 구하는 방법, 목적함수 값의 순서를 이용하는 방법 등이 있다. 먼저, 이동확률을 목적함수 값에 비례하여 구하는 방법에 대하여 설명한다. 3.3절의 예제 2에서 반복 1회에서는 교환이동방법에 의해 현재해 (1 2 3 4 5 6)로부터 15개의 이웃해를 생성하였고, 이들을 평가한 후 가장 좋은 이웃해인 (1 2 3 4 6 5)로 이동한다. 그러나 목적함수 값이 개선된 이동을 개선 효과측면에서 내림차순으로 정렬하면 <표 4-1>과 같다. 그리고 [0, 1]의 범위를 갖는 난수를 발생시켜 그 난수가 속하는 범위의 누적확률에 해당되는 교환쌍으로 이동한다. 예를 들어, 난수가 0.314로 발생되었다면, 교환쌍 (2, 4)가 선택되어 총 15개 이웃해 중에서 는 (1 4 3 2 5 6)으로 이동한다. 이는 유전알고리즘에서 확률바퀴선택과 같은 개념이다.

표 4-1 목적함수 개선효과에 따른 이웃해들의 확률분포

교환쌍	개선효과	누적개선효과	확률	누적확률
(5, 6)	7	7	0.241	0.241
(2, 4)	6	12	0.207	0.448
(3, 4)	6	19	0.207	0.665
(3, 6)	6	25	0.207	0.862
(1, 4)	4	29	0.138	1.000

다음으로, 목적함수 값의 순서를 이용한 선택을 보자. 우선 모든 이웃해들에 대하여(또는 후보목록에서) 목적함수 값이 가장 좋은 이웃해부터 차례로 나열하여 순위(r: rank)를 1,2,3, …으로 부여하고, 각 순위에 해당하는 이웃해가 이동될 확률은 다음과 같은 분포를 사용한다.

$$\Pr(r) = q(1-q)^r,\ r=1,2,...$$

여기서 $\Pr(r)$은 순위가 r번째인 이웃해의 이동확률, q는 가장 좋은 이웃해로 이동할 확률이고 $0 < q \leq 1$의 값을 갖는다. q가 1인 경우에는 이웃해 중 가장 좋은 해만으로 이동하므로 원래의 단순 타부서치와 같아지게 되며, q가 클수록 순위 차에 의한 이동확률의 차이가 커지게 된다.

이 순위에 기초한 선택을 좀 더 단순화하기 위하여 이웃 또는 후보목록에서 가장 좋은 R개의 이동만을 고려할 수 있다. 이 경우, 가장 좋은 이동부터 차례로 확률 q로 선택하고, 만약 R번째까지 선택이 되지 않으면 가장 좋은 이동을 선택한다. 이는 유전알고리즘에서 순위선택과 그 개념이 유사하다.

4.4.2 확률적 파라미터

단순 타부서치에서는 타부목록 크기와 후보목록 크기를 일정하게 둔다. 이들 파라미터를 확률적으로 부여할 수 있다. 타부목록의 크기, 즉 각 이동 속성의 타부 기간은 앞에서 언급했듯이 탐색의 강화 및 다양화와 관련된다. 이들의 임의 조정을 위하여 확률에 기초하여 그 크기를 부여할 수 있다. 예로, 매 반복에서 얻은 타부속성의 타부 기간을 어떤 범위에서, 예로 [3, 10]에서 임의로 정수 값을 추출하여 사용할 수 있다. 또한 후보목록의 크기도 매 반복마다 어떤 범위에서 임의로 정수 값을 추출하여 사용할 수 있다. 후보목록의 크기가 결정되면 문제에 따라 탐색의 강화와 다양화를 고려하여 적절한 방법을 사용하여 이 크기의 이웃해를 생성한다.

4.5 다목적 타부서치

다목적최적화는 상충되는 여러 목적이 있는 최적화문제이다. 다목적최적화문제를 다루는 여러 접근 방법이 있다(11.1절 참조). 그 중에서 여러 개의 다양하고 좋은 해(파레토 최적해 또는 근사 파레토 최적해)를 찾는 것을 목표로 할 수 있다. 여러 좋은 대안을 의사결정자에게 제시하고, 의사결정자의 선호에 따라 선택하기 위함이다. 다목적최적화에서 잘 분포된 좋은 해를 찾는 데 집단 기반 메타휴리스틱을, 특히 진화알고리즘을 적용한 연구가 활발히 이루어졌다. 이는 제11장에서도 확인할 수 있다. 이에 집단 기반이 아닌 단일해를 운용하는 메타휴리스틱스에서도 다목적최적화를 다루고 있다.

이 절에서는 다목적최적화문제의 해결을 위한 타부서치를 소개한다. 다른 메타휴리스틱에서와 같이 다목적 타부서치(multiple objective tabu search: MOTS)에서도 다양하게 잘 분포된 파레토 최적해 또는 근사 파레토 최적해를 찾는 타부서치는 현재해의 이웃에 있는 가장 좋은 해로 이동하여 해를 탐색한다. 이때 해의 최근 이동에 관한 정보를 기억하는 타부목록을 운영하여 지역최적에 빠지지 않도록 한다. 집단이 아닌 하나의 해가 해 공간을 이웃 이동하면서 탐색하는 타부서치 기법으로, 다목적최적화문제에서 어떻게 다양한 여러 비지배된 해(nondominated solutions)를 탐색하고 보관 및 갱신할 수 있을까?

초기 MOTS로 Hansen(1997)은 여러 현재해를 동시에 운영하여 비지배되는 경계(유효 경계, efficient frontier)로 동시에 향하도록 하는 기법을 제안하였다. 이 기법에서는 여러 현재해들이 각자 반복해서 좋은 해를 탐색해 나가고, 탐색 방향은 다양성을 위해 다른 점(여기서, 점은 목적함수 벡터 공간에서의 점)들로부터 멀리 떨어져 유효 경계를 향하도록 하려 한다. 이를 위하여 각 현재해 $i\ (=1,2,...,m)$ 에 대해 각 가중치 벡터, λ^i 를 사용한다. 목적의 개수가 n 개이면 현재해 i 의 가중치 $\lambda^i = (\lambda_1^i, \lambda_2^i, ..., \lambda_n^i)$ 로 표현할 수 있다. 참고로 가중치와 목적함수 곱의 합 함수의 최적화 문제의 최적해는 비지배되는 해이다. 이 가중치는 현재해의 목적함수 공간에서의 거리에 의해 조정된다. 다양화를 위하여 목적함수 공간에서 다른 점과 가까이 있으면 가중치 벡터는 영향을 더 받게 둔다.

각 목적과 가중치의 곱의 합을 목적으로 하는 목적함수에 기초하여 타부서치 절차를 수행하여 가장 좋은 이웃을 찾는다. 이때 각 목적의 크기는 정규화된다. 각 현재해에서 얻은 해를 비지배된 해의 집합에 넣고, 이 집합에서 지배당하는 해를 제거하여 비지배된 해들의 집합으로 갱신한다. 그리고 각 가중치를 갱신한다. 또한 다양화를 위해 일정 반복 후 임의로 초기해를 새로이 생성하여 계속할 수 있다. 이 방법의 초점은 가중치 벡터를 어떻게 변화시켜 다양한 해를 얻는 가이다. 이에 대한 자세한 방법은 Hansen(1997)을 참조하기 바란다.

다른 기법으로, Yang *et al.*(2013)은 Baykasoglu *et al.*(1999)가 제안한 MOTS를 변형하여 NPTS(niched Pareto TS)를 제안하였다. 이 방법은 여러 현재해를 병렬적으로 운영하고 가중치 벡터를 사용하는 Hansen(1997)의 방법과는 달리, 하나의 현재해를 운영하는 단순 타부서치의 기본 절차를 따르는 데, 다음 해로의 이동을 다목적 최적화 기준에 의해 결정하고, 지금까지 찾은 비지배되는 해는 다음 두 목록에 저장하여 운영한다. 하나의 목록은 파레토 목록(Pareto list)으로 지금까지 찾은 전역에서(매 반복에서 이동된 해, 여기서는 씨앗이라 함) 지배되지 않는 해를 보관하는 목록이고, 다른 하나는 후보 목록(candidate list)으로 전역에서 비지배되는 해는 아니나 과거 어느 반복에서 지역 비지배해가 되었던 모든 해를 보관한 목록이다. 후보 목록의 해들은 탐색의 다양화를 위하여 씨앗(seed)으로 사용된다. 여기서 씨앗이라는 의미는 단일목적 타부서치에서 현재해와 같다.

NPTS는 다음과 같이 행하여 진다. 임의로 초기해(초기 씨앗)를 생성한다. 이 이웃해들을 생성하고 이들의 목적함수 벡터를 평가하여 '보관소'에 저장한다. 다음 씨앗(seed)을 구하기 위하여 보관소의 해에서 비지배되는 해와 이들의 적소 수(niche count)를 구한다. 적소 수는 주위(일정 반경 내에)에 이웃 해(여기서는 비지배되는 해)들이 많을 수록, 그리고 이들이 가까이 있을수록 많아진다. 적소 수는 어떤 해 주위에 있는 해들의 밀집도(crowded degree)와 그 개념이 같다. 여기서 비지배되는 해의 평가는 목적함수 벡터에서 이루어짐에 주의하자. 이 방법은 다목적 진화알고리즘(제11장 참조)을 참조할 수 있다. 이웃해에서 지배되는 해는 모두 버린다. 이웃해의 평가 결과는 다음 세 경우로 나눌 수 있다. (1) 비지배되는 해가 하나인 경우(경우 1), (2) 비지배되는 해가 여러 개인 경우(경우 2), (3) 현재의 씨앗이 이웃해를 모두 지배하는 경우이다. 씨앗은 경우 1에서는 하나의 비지배되는 해가 되고, 경우 2에서는 비지배되는 해중에서 적소 수가 가장 적은 해가 되며, 경우 3에서는 후보 목록에서 가장 오래된 해가 된다.

다음은 파레토 목록과 후보 목록을 갱신한다. 파레토 목록의 갱신은 이 목록에 앞에서 씨앗으로 선택된 해를 넣고 이 목록에서 지배되는 해는 제거하여 행한다. 후보 목록의 갱신은 다음과 같이 이루어진다. 경우 1에서는 변화가 없고 (비지배되는 해가 씨앗으로 선택되므로), 경우 2에서는 씨앗으로 선택되지 않은 비지배되는 해를 목록에 추가한 후, 이 목록에 있는 지배당하는 해를 제거한다. 경우 3에서는 씨앗으로 선택된 해를 목록에서 제거한다.

이와 같은 방법으로 이웃의 해를 탐색할 씨앗이 선택되면, 이 씨앗이 타부목록에 있는지 여부를 조사한다. 이 씨앗이 타부목록에 없으면 다음 씨앗으로 확정하고 타부목록을 갱신하고 이웃해를 생성한다. 이 씨앗이 타부목록에 있으면 이 씨앗을 버리고 후보 목록의 첫 번째 해를 씨앗으로 선택하여 다시 타부 여부를 점검하여, 타부목록에 없으면 다음 씨앗으로 결정하고, 타부목록을 갱신한다. 타부목록에 있으면 다시 후보 목록에서 선택하여 같은 과정을 반복한다. 이 때 후보 목록이 비어 있으면 임의로 해를 생성하여 씨앗으로 사용한다. 이렇게 선택된 씨앗으로 종료 조건이 만족될 때까지 연산을 반복 수행한다.

NPTS의 기본 개념을 요약하면 다음과 같다. 이웃해를 생성하여, 이들의 목적함수 벡터를 평가하여 비지배되는 해를 분류하고, 비지배되는 해가 복수이면 적소(niche)의 개념을 사용하여 다양한 해를 탐색할 수 있게 한다. 이를 위해 매 반복의 씨앗이 파레토 목록에 저장되고, 이 목록에서 지배되는 해는 제거된다. 또한 씨앗으로 사용되지 않은 비지배되는 해들은 후보 목록에 보관되었다가 후에 씨앗(현재해)으로 사용될 수 있다.

다목적 타부서치에서 다양한 해를 어떻게 찾느냐가 아주 중요하다. 이를 위해 타부목록의 구조와 해의 이동에 관한 방법(적소 수 등에 의한 평가에 근거한 이동 등)이 중요하게 다루어 져야 한다. 단순 타부서치의 경우와 같이 MOTS에서도 연속변수를 갖는 최적화문제에의 적용은 효율적이지 못하다. 이는 이웃을 정의하기 위해서는 탐색 공간의 이산화(discretization)가 필요한 데 이것이 어렵기 때문이다. 연속 탐색 공간을 갖는 다목적 문제를 다루기 위해서는 다른 기법과의 하이브리드(hybrid), 예로 진화알고리즘과의 혼용이 좋은 대안이 될 수 있다.

4.6 병렬 타부서치

메타휴리스틱 알고리즘은 복잡한 대형 문제 해결에 적용되는 경우가 많다. 이 경우 탐색 속도와 해 품질의 향상을 위해 병렬 및 분산 계산이 사용될 수 있다. 특히 타부서치는 하나의 해로 이웃을 탐색해가므로, 계산소요시간 측면에서 집단을 이용한 기법에 비해 불리할 수 있다. 타부서치에 병렬 프로세서(parallel processor)의 이용을 보자.

일반적으로 병렬 프로세서의 운영 방식은 크게 다음 2가지이다. 첫째로는 각 프로세서가 작업량을 분담하여 실행함으로써 계산시간을 단축하는 방법이다. 둘째로는 다수의 프로세서가 독립적으로 작업을 실행함으로써 알고리즘의 탐색 능력을 향상시키는 방법이다. 분산 메모리를 가진 병렬 시스템에서는 독립성이 강조되므로, 두 번째 방법이 더욱 효과적인 것으로 알려져 있다. 이러한 병렬 프로세서를 이용하여 병렬 타부서치를 구현하는 방법은 크게 3가지로 분류할 수 있다.

첫째, 동일한 초기해로부터 각 프로세서마다 타부목록의 크기와 이웃해 생성 방법 등을 달리함으로써 서로 다른 영역으로 탐색하도록 하는 방법이다. 이 방법은 문제를 다각도로 해석할 수 있으므로 보다 심도 있는 탐색이 가능하지만, 동일한 초기해로부터 탐색이 시작되므로 다양한 영역을 탐색하기 위해서는 보다 많은 반복횟수가 필요하다.

둘째, 전체 탐색 영역을 몇 개의 작은 문제 또는 영역으로 분할하여 각 프로세스마다 일정 영역을 탐색하도록 하는 방법이다. 이 방법은 보다 넓은 영역을 동시에 탐색함으로써 탐색 속도를 개선하기가 용이하다. 그러나 탐색 영역을 어떻게 분할하느냐에 따라 탐색 성능이 좌우될 가능성이 많고, 영역별로의 얻은 탐색 결과를 각 프로세서가 교환해야 하므로 프로세서간 통신부하가 증가하는 문제점을 가지고 있다.

셋째, 각 프로세서가 서로 다른 초기해로부터 독립적으로 타부서치를 실행하는 방법이다. 이 방법은 각 프로세서가 서로 독립적으로 타부서치를 실행하므로 구현이 용이하고 단일 프로세서에 의한 지역수렴의 가능성을 줄일 수 있고, 프로세서간의 통신 부담도 적다. 특히 최근에 많이 사용되고 있는 분산 시스템 구조의 병렬 프로세서에 적합한 구조이다. 그러나 다루는 문제의 크기가 클 경우에는 단일 프로세서와 동일하게 이웃해 영역의 확대로 인해 계산 시간이 커지는 문제를 갖는다.

병렬 컴퓨팅(parallel computing) 기술을 이용하여 타부서치의 탐색 성능을 향상시키기 위한 다양한 접근들이 이루어지고 있으며, 각각의 방법들은 장단점을 갖기 때문에 다루는 문제의 특성이 반영될 수 있는 기법을 개발하려는 노력이 증가하고 있다.

4.7 적용

타부서치는 조합최적화문제에서 근사 최적해를 찾는데 효율적인 기법으로 알려져 있다. 타부서치는 단일기계 일정계획, 복수기계 일정계획, 이차배정문제, 차량경로문제, flow shop 일정계획 및 job shop 일정계획 등 다양한 조합최적화 분야에 적용되고 있다. 특히, 외판원 문제와 차량경로 문제 등의 순서문제에서는 타부서치가 시뮬레이티드 어닐링이나 유전알고리즘에 비해 더 좋은 해를 제공하는 것으로 알려져 있다. 그러나 타부서치는 연속변수를 갖는 연속최적화문제에의 적용에는 한계가 있다. 이는 연속 함수의 해 공간에서 이웃 이동을 행하기 어렵기 때문이다. 연속 탐색 공간에서 이웃을 정의하기 위해서는 탐색 공간의 이산화(discretization)가 요구되는 데 이것이 어렵기 때문이다.

타부서치가 복잡한 문제에서 효율적으로 작동하기 위해서는 알고리즘을 설계할 때 다음 사항들이 조심스럽게 고려되어야 한다.

첫째, 적용 문제의 해공간을 효율적으로 탐색할 수 있는 이웃 구조를 고려한다. 좋은 해를 탐색해 갈 수 있도록 이웃 구조를 정의하는 데 정성을 들여야 한다. 문제에 따라 적합한 이웃 구조가 다르다.

둘째, 탐색의 다양화전략을 고려해야 한다. 타부서치는 일종의 지역탐색기법으로 특정 지역의 탐색 능력은 강하다. 그러나 탐색의 다양화가 상대적으로 약하므로 이를 위한 전략이 요구된다.

셋째, 타부목록의 크기, 후보목록의 크기 등의 파라미터를 적절히 설정해야한다. 또한 적용 문제의 복잡도와 특성에 따라 타부속성과 그 구조를 잘 정의해야 한다.

넷째, 제약이 강한 최적화문제에 적용할 때는 비가능해 공간으로의 이동 허용과 이 공간에서의 탐색 방법을 고려해 볼 수 있다.

타부서치는 이웃탐색기법이고, 해 집단을 운용하지 않고 하나의 해가 이동하는 단일해 기반 탐색기법이다. 따라서 타부서치는 상대적으로 지역탐색에는 강하나 전역탐색에는 약하다. 3부~6부에서 다루는 집단 기반 메타휴리스틱스는 일반적으로 전역탐색에는 강하나 지역탐색에는 약하다. 타부서치의 강점을 살리고 약점을 보완하기 위하여 다른 기법들과 결합된 여러 형태의 잡종(hybrid) 알고리즘이 제안되고 있다.

제5장

반복지역탐색, 가변이웃탐색, 유도지역탐색

이 장에서는 시뮬레이티드 어닐링과 타부서치 이외에 단일해 기반 메타휴리스틱으로 비교적 널리 사용되는 반복지역탐색(iterated local search), 가변이웃탐색(variable neighborhood search), 그리고 유도지역탐색(guided local search)을 소개한다.

이들 방법들의 주요 관심은 지금까지 방문하지 않는 해 공간의 탐색을 위하여 지역최적해를 탈출하는 데 있다. 이를 위하여 반복지역탐색에서는 현재해를 근접 변환하고 지역탐색하여 탐색점을 변화시키는 방법을 사용한다. 가변이웃탐색에서는 지역최적해에 도달하면 이웃 구조를 변경하여 이웃을 탐색하여 지역최적에서 벗어난다. 그리고 유도지역탐색에서는 찾은 지역최적해의 목적함수에 벌금을 부과하여 이 해의 재방문을 막는 방법으로 탐색을 다양화한다. 이들 기법에 대해 좀 더 알아보자.

5.1 반복지역탐색

지역탐색에서 지역최적해의 품질은 초기해에 종속적이다. 따라서 초기해를 달리하면서 지역탐색을 반복하여 해 공간을 탐색할 수 있다. 이는 여러 초기해로 지역탐색을 단순 반복하는 것으로 앞에서 탐색한 정보가 전혀 이용되지 않는다. 이와는 달리 앞의 지역탐색에서 얻은 지역최적해에 기초하여 다음 초기해를 생성하는 방법이 제안되었다. 이 방법을 반복지역탐색(iterated local search: ILS)(Baxter, 1981)이라 부른다. ILS와 유사한 개념의 기법이 여러 연구자들에 의해 반복경사법(iterated descent)(Baum, 1986), large-step 마코프체인(large-step Markov chains)(Martin *et al.*, 1991), 체인 지역최적화법(chained local optimization)(Martin & Otto, 1996) 등의 이름으로 제안되었다.

지역탐색을 반복할 때 반복마다 임의의 초기해로 시작하는 방법을 복수 시작점 지역탐색(multistart local search: MLS)이라 한다. MLS에서 초기해는 이전 지역탐색에서 얻은 지역최적해와는 무관하게 생성된다. 반면에 ILS에서는 이전 지역탐색에서 얻은 지역최적해를 변환하여 초기해를 생성한다. ILS의 절차를 다음과 같다.

초기해 x_0를 임의로 생성한다. x_0를 초기해로 하고 지역탐색을 행하여 초기 지역최적해 x^*를 얻는다. 이 x^*를 현재해로 둔다. 현재해 x^*를 근접 변환(perturbation)하여 해 x'를 생성한다. 이때 해의 순환을 방지하기 위하여 타부서치처럼 과거의 탐색내력(search history)을 이용할 수 있다. x'는 중간 해로 이를 초기해로 하여 지역탐색을 실시하여 지역최적해 $x^{*\prime}$를 얻는다. 다음은 수락(acceptance)기준에 의해 현재해를 갱신한다. $x^{*\prime}$가 수락기준을 만족하면 $x^{*\prime}$를, 그렇지 않으면 x^*를 새로운 현재해 x^*로 둔다. 수락 기준은 주로 해의 목적함수 값에 근거하여 정의된다. 목적함수 값 이 외에 과거 탐색 결과를 이용(search history)하기도 한다. 다음 반복에서 갱신된 현재해로 근접 변환, 지역탐색, 수락판단을 행한다. 종료조건이 만족될 때까지 반복한다. 반복지역탐색의 원리는 [그림 5-1]에서, ILS 알고리즘의 절차는 [그림 5-2]에서 보여주고 있다(Talbi, 2009).

ILS 알고리즘의 성공은 지역최적 집합에 '편향된(biased) 샘플링'에 있다. 이 샘플링의 효율은 근접 변환(perturbation)과 수락기준(acceptance criteria)에 달려 있다. 이들 두 요소는 핵심요소로, 이를 적절히 설계하면 더 좋은 해를 얻을 수 있다. 첫째, 근접 변환의 목적은 지역탐색에서 얻은 지역최적해를 적절히 변환하여 지역최적을 벗어나고, 이 변환된 해를 이용하여 다른 지역최적을 찾는 데 있다([그림 5-1] 참조). 따라서 알고리즘 개발자는 근접 변환에 적용 문제 자체가 가지고

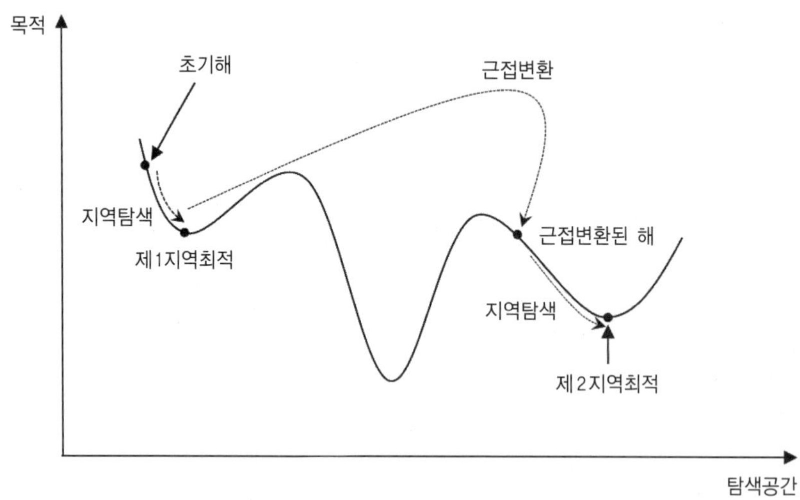

그림 5-1 반복지역탐색의 원리

The iterated local search algorithm

x_0 ;/* Generate the initial solution*/

x^* =Local search (x_0) ;/* Apply a given local search algorithm*/

Repeat

x' = Perturb (x^*, search history);/*Perturb the obtained local optima*/

$x^{*\prime}$ = Local search (x') ;/* Apply local search on the perturbed solution*/

x^* = Accept (x^*, $x^{*\prime}$, search history):/ *Accepting criteria*/

Until Stopping criteria

그림 5-2 반복지역탐색 알고리즘

있는 정보나 탐색과정에서 얻은 정보를 이용할 수 있다. ILS에서의 근접 변환은 시뮬레이티드 어닐링이나 타부서치에서 이웃해 생성을 위한 근접변환과는 그 성질이 다르다

둘째, 수락기준은 시뮬레이티드 어닐링처럼 다루는 문제에 관한 어떤 정보도 없이 실험을 통해 조정될 수 있다. 해의 이동 수락 기법은 타부서치, 시뮬레이티드 어닐링 등 여러 메타휴리스틱에서 흔히 쓰이는 기법이다. 다음 이동을 결정하는 데 타부서치에서와 같이 탐색과정의 정보를 기억하고 이를 이용할 수 있다.

ILS는 세 요소로 구성되었다: 근접 변환, 지역탐색, 수락기준. 이 세 요소의 흐름을 도식하면 [그림 5-3]과 같다. 근접 변환에 의해 생성된 해를 초기해로 지역탐색을 행한다. 이 지역탐색기법은 단일해 기반의 이웃 탐색의 어떤 메타휴리스틱 기법도 사용할 수 있다. 예로, 단순 경사법, 타부서치, 시뮬레이티드 어닐링, 그리고 앞으로 다룰 가변이웃탐색 등이 사용될 수 있다. 이 탐색과정은 블랙박스(black box)이다([그림 5-3] 참조). 따라서 ILS는 새롭거나 더 좋은 지역탐색기법이 개발되거나 발견되면 바로 탐색엔진으로 이용할 수 있다. 지역탐색의 결과, 지역최적을 발견하면 다음 반복의 탐색을 위한 현재해로의 수락 여부를 결정한다.

그림 5-3 ILS의 세 요소: 지역탐색은 블랙박스로 볼 수 있음

ILS에서 근접 변환과 수락기준은 다음 지역탐색의 해 영역에 영향을 준다. 이들 방법에 대해 알아보자.

5.1.1 근접 변환

ILS 알고리즘은 지역탐색을 반복할 때 임의로 생성한 초기해를 사용하는 재시작 방법(MLS)보다는 찾은 지역최적해를 적절히 이용하여 다음 지역탐색의 시작점을 찾는 방법이 더 효과적이라는 데 기초하고 있다. MLS는 다른 기법의 사용에 실패한 경우 하나의 전략이 될 수 있으나 대부분의 경우 상대적으로 좋은 해를 생산하지 못하는 것으로 알려져 있다. 특히 문제 크기가 커지면 더욱 성능이 나빠진다. MLS에서는 매 탐색에서 탐색 영역이 임의로 정해지고, ILS에서는 탐색 영역이 편향되게 정해진다.

ILS에서는 현재의 지역최적에 근접 변환을 하여 지역최적을 빠져 나오는 것이다([그림 5-1] 참조). ILS에서 근접 변환은 SA와 타부서치에서 이웃해 생성을 위한 근접 변환과는 달리 현재해의 큰 임의 이동으로 볼 수 있다. 근접 변환을 이용하여 현재해의 요소를 일부 변경시킨다. 해에서 변경하는 원소의 수를 '근접 변환의 강도(strength) 또는 길이(length)'라 부른다. 이 강도가 너무 약하면 순환이 발생하거나 지역최적의 영역을 벗어나기 어렵게 된다. 반면에 강도가 너무 강하면 과거 탐색 정보를 많이 잃게 되어 임의 탐색과 유사하게 된다. 또한 이 강도는 지역탐색의 속도에 영향을 준다. 약한 강도는 지역탐색의 속도를 빠르게 한다. 이는 좁은 영역의 탐색에 기인한다. 강도의 크기는 다루는 최적화문제의 지형(landscape) 에 영향을 받는다. 흔히 실험을 통해 적정 강도 크기를 결정한다.

앞에서 언급했듯이 ILS에서의 근접 변환은 SA와 타부서치에서 이웃해 이동과는 개념과 그 성격이 다르다. 아래와 같은 기준에 따라 여러 근접 변환 방법을 설계할 수 있다.

(1) **고정 또는 가변 근접 변환**: 지역최적해에 적용하는 근접 변환의 길이를 사전에 고정하는 방법과 알고리즘이 진행되면서 탐색 기억에 상관없이 동적으로 정의하는 방법, 그리고 탐색 기억의 정보에 적응하여 탐색 동안 변화시키는 방법.

(2) **임의 또는 편향된 근접 변환**: 지역최적해를 임의로 근접 변환하는 방법과 탐색 기억에 따라 편향되게 근접 변환하는 방법. 편향된 근접 변환의 예로, 지역최적해에 중기기억과 장기기억을 이용하여 다음 지역탐색의 초기해 생성.

5.1.2 수락기준

수락기준 절차에서는 지역탐색에서 발견한 지역최적해 $x^{*\prime}$를 새로운 현재해 x^*로의 수락여부를 결정한다. 이 절차는 지역최적해에서 이동의 성질과 효과에 강한 영향을 미친다. 이 수락기준은 탐색의 다양화와 강화를 조절하는 데 사용될 수 있다. 극단적인 예로, 단지 해가 개선된 경우만 선택한다면 강화에 치중하게 된다. 이 수락기준 BETTER는 아래와 같이 표현할 수 있다.

$$\text{BETTER}\ (x^{*\prime},\ x^*,\ \text{history}) = \begin{cases} x^{*\prime} & \text{if}\ \ f(x^{*\prime}) < f(x^*) \\ x^* & \text{otherwise} \end{cases}$$

또한 다른 극단으로 항상 최근 발견한 지역최적해를 새로운 현재해로 받아들이면 이는 강화보다는 다양화를 강조하게 된다. 이 기준을 RW로 나타내면 아래와 같다.

$$\text{RW}\ (x^{*\prime}, x^*, \text{history}) = x^{*\prime}$$

중간 단계로 large-step 마코프 체인 알고리즘(martin *et al.*, 1991, 1992)에서 시뮬레이티드 어닐링 형태의 수락 기준 LSMC ($x^{*\prime}$, x^*, history)를 사용하였다. LSMC에서

(1) $f(x^{*\prime}) < f(x^*)$이거나, 그렇지 않은 경우

(2) $\text{random}(0,1) \le \exp\left(-(f(x^{*\prime}) - f(x^*))/T\right)$이면

최근의 지역최적해 $x^{*\prime}$를 새로운 현재해 x^*로 수락한다. 그렇지 않으면 현재해를 갱신하지 않는다. 여기서 T가 아주 높아지면 RW에, T가 아주 낮아지면 BETTER에 접근하게 된다. 이 수락기준은 탐색과정에서 얻은 정보를 사용하기가 아주 용이하다. 알고리즘 수행 중에 탐색 강화가 더 이상 유용하지 않는 것으로 보이면, 일정 반복 동안 온도를 높여 탐색을 다양화하고, 다시 탐색 강화가 필요하면 온도를 낮춘다.

과거 탐색의 내력을 이용하는 수락기준을 보자. LSMC에서와 같이 최근의 지역최적해 $x^{*\prime}$가 새로운 현재해 x^*보다 좋으면, $f(x^{*\prime}) < f(x^*)$이면 $x^{*\prime}$를 현재해로 한다. 그렇지 않으면 현재해를 갱신하지 않는다. 다만 해의 개선이 연속 i_r 반복 동안 이루어지지 않으면 임의로 해 x를 생산한다. 이는 i_r 반복의 지역탐색의 강화(intensification)에도 불구하고 개선이 되지 않아 다양화로 탐색의 초점을 바꾸는 것이다. 이 수락 기준, RESTART을 표현하면 다음과 같다.

$$\text{RESTART}(x^{*\prime}, x^{*}, \text{history}) = \begin{cases} x^{*\prime} & \text{if } f(x^{*\prime}) < f(x^{*}) \\ x & \text{if } f(x^{*\prime}) \geq f(x^{*}) \text{ and } i - i_{last} > i_r \\ x^{*} & \text{otherwise} \end{cases}$$

여기서 i 는 현재의 반복, i_{last} 는 최선해가 갱신된 마지막 반복을 나타낸다.

끝으로, ILS에 대해 정리해 보자. ILS는 메타휴리스틱의 여러 강점들을 가지고 있다. 개념이 단순하고, 구현이 쉽고, 효율적이고 효과적이다. ILS의 주된 착상은 지역탐색법을 반복시행하는 데, 매 반복에서 지역최적해를 찾고, 이를 근접 변환하여 새로운 지역최적해를 찾는 것이다. ILS의 성공은 이러한 지역최적해 집합에 편향된(biased) 샘플링에 있다. 이 알고리즘의 성능은 지역탐색법의 선택, 근접 변환법과 수락 기준에 의해 결정된다. ILS는 대부분 임의 재시작 지역탐색보다는 성능이 좋다.

ILS는 산업과 서비스 분야에서 실제 복잡한 문제를 해결하는 데 사용할 수 있는 메타휴리스틱이다. 조합최적화문제를 주로 다루었으나 연속최적화문제로 그 적용을 확장할 수 있다(Lourenco *et al.*, 2010).

5.2 가변이웃탐색

조합최적화에서 지역탐색은 초기해에서 지역최적에 도달할 때까지 매 반복에서 목적함수를 개선시키는 국지적인 변환을 계속한다. 즉, 지역탐색에서는 현재해 x 의 이웃 $N(x)$에서 매 반복마다 개선된 해 x' 를 찾아가는 데, 이 반복은 더 이상 개선이 이루어지지 않으면, 즉 지역최적에 도달하면 끝낸다. 이웃해 탐색에 기반을 둔 여러 메타휴리스틱 기법은 이러한 지역최적을 벗어나 다른 해 공간을 탐색하는 방법들을 제안하고 있다. 지역최적에서 '이웃을 체계적으로 변경'시키는 단순한 메타휴리스틱이 Mladenovic & Hansen(1997)에 의해 제안되었다. 이 기법을 가변이웃탐색(variable neighborhood search: VNS)이라 부른다. 여기서 '이웃을 변경시킨다'는 '이웃 구조를 바꾼다'는 것을 의미한다.

VNS는 하나의 지역최적에서 벗어나 다른 지역최적을 얻기 위하여 이웃들의 집합을 운영한다. VNS는 다음과 같은 단순한 사실에 기초를 두고 있다(Hansen *et al.*, 2010). (1) 한 이웃 구조에서 지역최적은 다른 이웃 구조에서는 아닐 수 있다. (2) 전역최적은 모든 가능한 이웃 구조 중에서 어떤 이웃의 지역최적이다. (3) 많은 문제에서 어떤 이웃들 간의 지역최적은 가까울 수 있다.

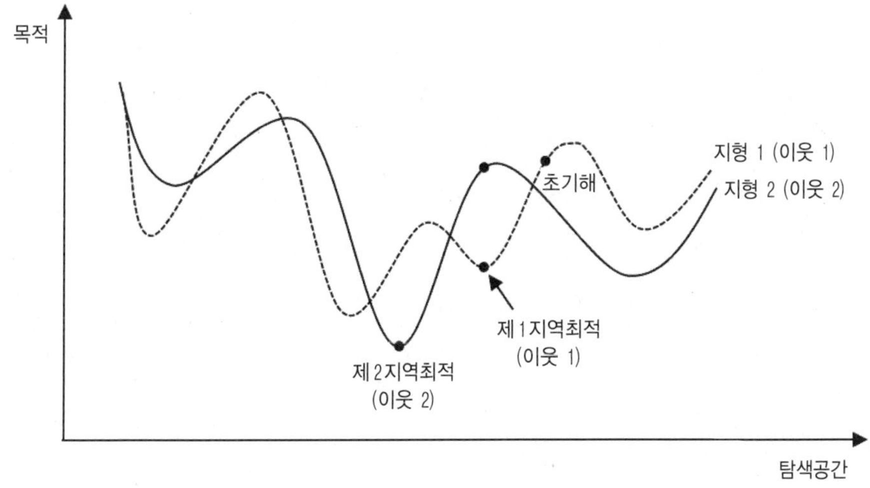

그림 5-4 두 이웃을 이용한 VNS

VNS는 다양한 이웃을 이용한 지역탐색을 통해 여러 지역최적을 얻고 전역최적은 이들 지역최적에 있다는 사실을 이용한다. 다른 이웃은 다른 목적함수의 모양(landscape)을 갖는다. [그림 5-4]은 두 이웃을 이용하여 VNS의 이웃 변경 탐색의 개념을 설명하고 있다. 이 그림은 이웃 1에서 초기해의 지역탐색을 통해 첫째 지역최적을 얻고, 이웃 2에서 이 첫째 지역최적에서 두 번째 지역최적을 탐색하는 과정을 보여주고 있다. 이와 같이 두 이웃의 지역최적이 다르면 두 이웃은 탐색에 있어서 보완적이다.

5.2.1 가변이웃경사법

VNS 알고리즘은 가변이웃경사법(variable neighborhood descent: VND)에 기초하고 있다. VND는 지역최적으로 목적함수 값을 강하시키는 데 연속적으로 이웃을 사용한다. VND는 다음과 같이 행하여 진다. 먼저 이웃 구조의 집합 $N_l(l=1,2,...,l_{\max})$을 구성한다. N_1은 첫 번째 이웃 구조이고, x는 초기해이다. 만약 현재의 이웃 N_l에서 현재해 x의 개선이 이루어지면 현재해를 갱신하고, 첫 이웃 구조 N_1로 되돌아와 탐색을 다시 시작한다. 그렇지 않고 해의 개선이 이루어지지 않으면 이웃 구조를 N_l에서 N_{l+1}로 변경하고 이 이웃 구조에서 탐색을 계속한다. 이와 같은 과정을 반복하여 현재해 x의 개선이 마지막 이웃 구조 $N_{l_{\max}}$에서도 이루어지지 않으면 끝낸다. [그림 5-5]은 VND에서 이웃 구조의 체계적인 변경을 도식한 것이다. VND의 절차는 [그림 5-6]과 같다(Talbi, 2009). 이 VND는 VNS의 확정적 변형이다.

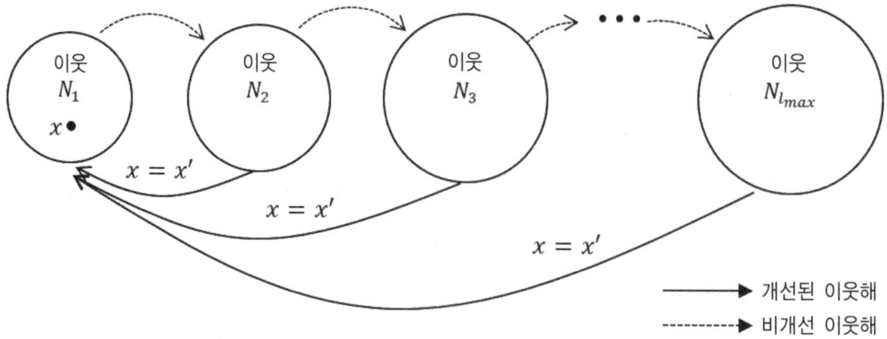

그림 5-5 VND에서 이웃 구조의 체계적인 변경

The variable neighborhood descent algorithm

Input: a set of neighborhood structures N_l **for** $l = 1, 2, \ldots, l_{\max}$
$x = x_0$; /* Generate the initial solution */
$l = 1$;
Repeat
  Find the best neighbor x' of x in $N_l(x)$
  If $f(x') < f(x)$ **Then** $x = x'$; $l = 1$;
    Else $l = l + 1$;
  End If
Until $l = l_{\max}$;
Output: Best solution found

그림 5-6 VND 알고리즘

VND 알고리즘의 설계에서 중요한 것은 이웃의 선택과 이들 이웃의 적용 순서이다. 이웃들의 탐사와 평가의 복잡도를 고려해야 한다. 이웃이 클수록 계산시간이 더 소요된다. 이웃의 적용 순서에는 가장 널리 사용되는(또는 일반적으로 적용문제에 적합한 구조로 알려진) 이웃 구조를 첫 순위로 흔히 둔다. 다음 순위부터는 복잡도의 낮은 것부터(예로 이웃 크기가 작은 것부터) 차례로 그 순서를 둘 수 있다.

5.2.2 일반 가변이웃탐색

가변이웃탐색(VNS)은 이웃의 집합 $N_k(k=1,2,...,k_{\max})$를 운영한다고 하자. VNS의 매 반복은 세 단계, 즉 흔듦(shaking), 지역탐색(local search), 이동(move)으로 구성된다. 각 반복에서 초기해는 현재해 x의 이웃 $N_k(x)$에서 임의로 해 x'를 추출한다(흔듦). 다음은 해 x'에 대해 지역탐색을 시행하여 해 x'의 지역최적 x''를 얻는다. 만약 새로 발견한 해가 현재해 보다 더 좋으면, 즉 $f(x'')<f(x)$이면 지역최적 x''를 현재해 x로 대체한다. 그리고 이웃 구조는 N_1을 사용하고, 이 N_1에서 현재해의 이웃해 x'를 임의로 생성(흔듦)하여 탐색을 계속한다.

그렇지 않으면 즉, $f(x'')\geq f(x)$면 알고리즘은 다음 이웃 구조 N_{k+1}로 이동하고, $N_{k+1}(x)$에서 현재해의 이웃해 x'를 임의로 생성(흔듦)하여, 이 해를 지역탐색하여 지역최적 x''를 얻어, 앞에서와 같이 해의 개선 여부를 조사한다. 어떤 현재해의 탐색에서 해의 개선이 $N_{k_{\max}}$에서도 이루어지지 않으면 끝낸다. 이러한 알고리즘을 기본(basic) VNS라 부른다(Talbi, 2009). 이 절차는 [그림 5-7]과 같다. 기본 VNS는 확률적 알고리즘이다, 이 기본 VNS에서 지역탐색법에는 흔히 단순한 방법을 사용한다.

```
The basic variable neighborhood search algorithm

Input: a set of neighborhood structure N_k for k = 1,2,...,k_max for shaking.
x = x_0; /* Generate the initial solution */
Repeat
   k = 1;
  Repeat
   Shaking: pick a random solution x' from the N_k(x) of x;
   x'' = local search (x');
   If f(x'') < f(x) Then
     x = x'';
     Continue to search with N_1; k = 1;
     Else k = k + 1;
   End If
  Until k = k_max
Until stopping criteria
Output: Best solution found.
```

그림 5-7 기본 VNS 알고리즘

```
The general variable neighborhood search algorithm

Input: a set of neighborhood structure N_k for k = 1,2,...,k_max for shaking.
       a set of neighborhood structure N_l for l = 1,2,...,l_max for local search.
x = x_0; /* Generate the initial solution */
Repeat
  For k = 1 To k_max Do
  Shaking: pick a random solution x' from the N_k(x) of x;
  Local search by VND;
    For l = 1 To l_max Do
      Find the best neighbor x'' of x' in N_l(x');
      If f(x'') < f(x') Then x' = x''; l = 1;
        Else l = l + 1;
      End If
    End For
    Move or not;
    If local optimum is better than x Then
       x = x'';
       Continue to search with N_1; k = 1;
       Else k = k + 1;
    End If
  End For
Until stopping criteria
Output: Best solution found.
```

그림 5-8 일반(general) VNS 알고리즘

그리고 기본 VNS에서 단순한 지역탐색을 앞에서 다룬 VND로 대체하여 일반(general) VNS라 부르고 이 절차는 [그림 5-8]과 같다. 이 일반 VNS에서는 어떤 이웃 구조하의 지역탐색에서 해의 개선이 이루어지지 않으면 다음 이웃 구조에서의 이웃 탐색을 행하는 것이다.

VNS 알고리즘 설계에서 이웃 구조의 선택과 그 순서는 주요 요소이다. 이웃 구조의 집합이 포함 관계를 가질 수 있으면 아래와 같이 설계하는 것이 바람직하다. 이를 둥지(nested) 이웃이라 부른다.

$$N_1(x) \subset N_2(x) \subset \cdots \subset N_{k_{max}}(x),\ \forall x \in X$$

예로, 둥지 이웃 형태로는 외판원 문제와 같은 순서문제에서 k-optimal, k=2,3,$\cdots$ 연산이 있다.

VNS에서도 탐색의 다양화와 강화가 조화를 이루어야 한다. 탐색의 다양화는 새로운 현재해를 생성하는 흔듦(shaking) 국면에서, 그리고 강화는 지역탐색 국면에서 이루어진다. 그리고 이웃구조의 수 k_{max} 는 파라미터로, 이웃 구조의 수가 많으면 하나의 현재해에 대한 탐색이 길어 여러 초기해로 지역탐색을 하는 것과 유사해 지고, 작아지면 단순한 지역탐색과 유사하게 된다. 종료조건으로는 총 계산시간이나 흔듦에 의해 생성된 현재해의 수 등을 사용할 수 있다.

적용은 위치 문제, 클러스터 분석(cluster analysis), 일정계획, 차량 경로, 네트워크 설계, 인공지능, 공학, 생물, 신뢰성 기하학, 통신 설계 등이다(Hansen *et al*., 2008a, 2008b). 특히 '그래프 이론'의 여러 부문에 VNS 알고리즘이 적용되어 'variable neighborhood search for extremal graphs'라는 동일 제목으로 여러 연구가 보고되었다(Caporossi & Hansen, 2000, 2004; Aouchiche *et al*., 2006). 이들 연구에서 그래프 변경을 위한 이웃들은 호(edge)의 삭제, 추가, 이동과 마디의 추가, 삭제, 삽입 그리고 우회(detour)와 2-opt 등의 구조 변환이 사용되었다.

5.3 유도지역탐색

유도지역탐색(guided local search: GLS)은 이미 찾은 지역최적해의 정보를 이용하여 목적함수를 동적으로 변화시키면서 탐색하는 지역탐색기법으로 Voudouris(1998)에 의해 제안되었다. GLS는 조합최적화를 위한 메타휴리스틱이다. GLS의 기본 착상은 발견한 지역최적해가 가지고 있는 '특성'(features)에 벌금을 부과하여 추후에 이들 발견한 지역최적해로 접근하는 탐색을 막자는 데 있다. 이를 위해 이미 찾은 지역최적의 목적함수를 동적으로 변화시킨다. [그림 5-9]는 찾은 지역최적 주위에 벌금이 부과된 목적함수로 변경하여 다른 지역최적을 유도하는 탐색을 보여주고 있다.

GLS에서 목적함수의 변경은 얻은 지역최적해의 '특성(features)'을 이용한다. 이 '특성'은 최적화 문제와 관련된 해의 특색으로 정의된다. GLS를 실행하기 위해서는 후보해의 특성 집합(a set of features)을 정의해야 한다. 지역탐색에서 지역최적에 빠지면, 이 지역최적해가 가지고 있는 특성들에 벌금을 부과한다. GLS 적용에서 특성의 정의는 중요하다.

후보해는 m 개의 특성 ft_i, $i=1,2,...,m$ 이 있다 하자. 특성 i와 관련된 비용을 c_i 라 하자. GLS에서 지역최적에 빠지면 이 해와 관련된 특성들에 따라 해에 벌금을 부과한다. 특성 i의 현재 벌금을 p_i 라 하자. GLS에서 목적함수는 아래와 같이 해 x 의 목적함수 $f(x)$ 에 벌금이 더해져 증대된 $g(x)$ 를 사용한다.

$$g(x) = f(x) + \lambda \times \sum_{i=1}^{m} p_i I_i(x)$$

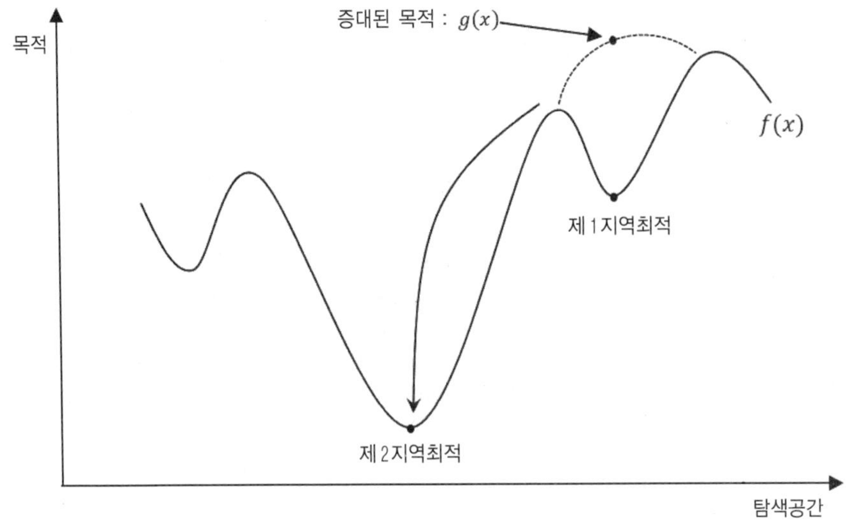

그림 5-9 GLS에서 벌금부과와 다른 지역최적 유도

여기서 λ는 GLS의 유일한 파라미터이고, $I_i(x)$는 해 x에 특성 i의 존재 여부를 나타내는 함수로, 해 x에 특성 i가 있으면 $I_i(x)=1$이고, 그렇지 않으면 $I_i(x)=0$이다.

GLS에서는 탐색을 할 때 벌금이 부과된 함수 $g(x)$를 사용한다. 벌금은 초기에 모두 0으로 둔다. 어떤 지역최적에 도달하면 하나의 특성에 대해서만 벌금 1을 추가로 부과한다. 벌금을 부과할 특성은 아래와 같이 선택한다. 이 특성의 선택 시에 각 특성의 관련 비용과 현재의 벌금이 고려된다. 비용 c_i가 크면 이는 전체 비용에 영향을 많이 준다. 또한 어떤 특성의 현재 벌금이 많으면 이는 지금까지 발견한 여러 지역최적이 이 특성을 가지고 있음을 의미한다. 지역최적 x^*에서 벌금과 관련한 특성 i의 효용(utility), $util_i$는 아래와 같이 준다.

$$util_i(x^*) = I_i(x^*) \times \frac{c_i}{1+p_i}$$

여기서 c_i와 p_i는 각각 특성의 비용과 현재 벌금이다. x^*에 특성 i가 없으면 $util_i$은 0이 된다. c_i가 클수록, 즉 관련 비용이 클수록, $util_i$는 커지고, 현재 벌금이 많을수록, 즉 p_i가 클수록 $util_i$는 작아진다. 지역최적에서 가장 큰 $util_i$값을 갖는 특성 r에만 벌금 1을 추가 부과한다. 즉 $p_r = p_r + 1$로 된다. 다음 지역탐색과정에서는 변경된 특성 r의 벌금이 사용된 증대된 함수 $g(x)$에 의해 후보해들을 평가한다. GLS의 절차는 [그림 5-10]과 같다.

The guided local search algorithm

$k = 0$;

x_0;/* Generate the initial solution*/

$p_0 = 0, \forall i$;/* Penalties initialization*/

Repeat

$x_{k+1} = \text{local search}\,(x_k, g)$;

For each feature i of x_{k+1} **Do**

$util_i = \frac{c_i}{1+p_i}$;/*Compute its utility*/

End For

$util_r = Max_{i=1,2,\ldots,m}(util_i)$;/*Compute the maximun utility*/

$p_r = p_r + 1$;/*Change thc objective function by penalizing the feature r*/

$k = k + 1$;

Until Stopping criteria /*e.g. max number of iterations or time limit*/

Output: Best solution found.

그림 5-10 GLS의 절차

벌금을 부과할 특성을 선택할 때 비용과 현재 벌금을 고려함으로써, GLS는 (비용이 높은 특성을 갖는 해를 피하므로) 좀 더 유망한 영역을 탐색하고, (벌금을 사용함으로써) 특정 영역으로 탐색이 집중되는 것을 막는다. 여기서 비용의 고려는 낮은 비용을 갖는 특성으로 이루어진 영역의 탐색 강화에, 벌금의 고려는 이미 찾은 지역최적의 재방문을 막아 탐색의 다양화에 기여한다.

GLS에서 성능에 영향을 주는 요소는 특성 ft_i의 선택과 그 비용 c_i, 파라미터 λ이다. 특성과 비용은 대부분 목적함수에서 직접 얻을 수 있고, 파라미터 λ도 GLS의 성능에 크게 영향을 주지 않는다(Voudouris *et al.*, 2010). 그러나 특정 문제에서는 이들 선택에 전문성이 요구된다.

5.3.1 특성과 비용

GLS에서 지역탐색을 유도하기 위하여 무엇보다도 특성 집합과 그에 대응하는 비용을 정의해야 한다. 해의 특성은 해의 표현 또는 구성에 의해 정의될 수 있다. 특성의 비용은 목적함수 값에 대한 기여 값으로 볼 수 있다. 대표적인 적용 문제에서 해의 특성과 비용을 보자.

1) 외판원문제

외판원문제(TSP)는 네트워크로 표현할 수 있다. 특성은 호 (i,j)로 나타내고, 그 비용은 이 호상의 거리 또는 비용이 된다. 해(경로)에 있는 호를 그 해(경로)의 특성으로 사용할 수 있다. 네트워크 최적화에서 해가 호로 표현되는 문제에서 호는 해의 특성이 될 수 있다. 현재해 경로(path)의 특성의 존재 여부를 나타내는 지표 함수는 아래와 같이 나타낼 수 있다.

$$I_{(i,j)}(path) = \begin{cases} 1, & \text{if } (i,j) \in path \\ 0, & \text{if } (i,j) \notin path \end{cases}$$

2) 할당문제

n개의 작업을 n명의 작업자에게 할당하는 할당문제(assignment problem)를 보자. 할당문제에는 작업의 작업자 할당, 설비의 위치 할당, 비행기의 비행 할당 등이 있을 수 있다. 이 경우 용량, 적합성 등 문제에 따라 여러 제약이 있을 수 있다. 이러한 할당문제에서 특성은 작업i를 작업자k에게 할당하는 경우 (i,k)로 나타낼 수 있다. 이때 해 x에 대한 특성의 지표함수는 아래와 같이 표현할 수 있다.

$$I_{(i,k)}(x) = \begin{cases} 1, & \text{if } x(i) = k \\ 0, & \text{otherwise} \end{cases}$$

그리고 비용은 작업자k에게 작업i의 할당 비용 c_{ik}로 표현될 수 있다.

3) 제약최적화문제

제약최적화문제(constrained optimization problem)는 많은 제약이 있는 문제에서 가능해를 찾는 문제이다. 이때 가능해를 찾는 것이 불가능하면, 불만족 제약 수를 최소화한다. 제약이 만족되지 않으면 각 제약에 대해 비용이 발생한다. 이 비용의 합을 최소화하는 문제이다.

이 경우 특성은 각 제약의 만족 여부로 둘 수 있다. 제약이 불만족되면 비용이 발생한다. 이를 특성의 비용으로 사용할 수 있다.

5.3.2 파라미터 λ

파라미터 λ는 GLS에서 유일한 파라미터이고, 적용 문제에 따라 변한다. 몇 가지 유형의 문제에서는 λ의 적절한 값은 아래와 같이 지역최적의 목적함수 값을 지역최적에서 특성의 수로 나누어 구할 수 있다. 이러한 λ는 첫 지역최적을 얻은 후, 첫 번째 벌금을 부과하기 전에 계산하여 사용한다.

$$\lambda = \alpha f(x^*) / (x^* \text{에 있는 특성의 수})$$

여기서 x^*는 지역최적이며, α는 파라미터이다. 파라미터 α가 설정되면 λ가 결정된다. α는 문제에 따라 상대적으로 덜 민감하다. 외판원문제에서 지역탐색으로 2-opt가 사용될 때, $1/8 \le \alpha \le 1/2$에서 좋은 결과를 보인다(Voudouris *et al.*, 2010).

5.3.3 요약

GLS에서는 이미 탐색한 지역최적해에 대해 벌금을 부과한 증대된 목적함수를 사용하여 탐색한다. 찾은 지역최적해의 벌금은 문제가 갖는 해의 특성과 그 관련 비용에 의해 부과된다. 해의 특성은 해의 중요한 구조적 특징으로 흔히 정의되고, 특성의 비용은 문제에 나타난 비용, 거리 등으로 그 특성이 목적함수에 대해 기여한 값으로 둔다.

GLS에서는 찾은 지역최적해에 존재하는 특성 중에서 효용이 가장 높은 특성에 벌금을 증가시킨다. 이와 같은 벌금 부과는 방문한 지역최적을 벗어나게 하여 탐색의 다양화에 기여한다. 이와 함께 비용에 의해 편향된 탐색을 유도하여 탐색을 강화하는 역할도 한다.

GLS의 적용을 위해서는 문제에 적합한 지역탐색법을 선택해야 한다. 그리고 해의 구조를 쉽게 파악할 수 있는 특성과 각 특성의 비용을 정의해야 한다. 이들 외의 GLS 구조는 적용 문제에 무관하다. GLS는 구현이나 적용이 비교적 단순하다. 그리고 파라미터가 하나이다. GLS는 적절한 해의 특성과 그 비용의 정의가 가능하면 복잡도가 높은 대형 조합최적화문제의 해법으로 사용될 수 있을 것이다.

제3부

진화알고리즘

제 6 장 유전알고리즘의 개요
제 7 장 유전표현, 유전연산자, 선택전략
제 8 장 유전알고리즘의 변형과 확장
제 9 장 진화전략, 진화프로그래밍, 유전프로그래밍
제10장 공진화알고리즘
제11장 다목적 진화알고리즘
제12장 진화알고리즘의 적용

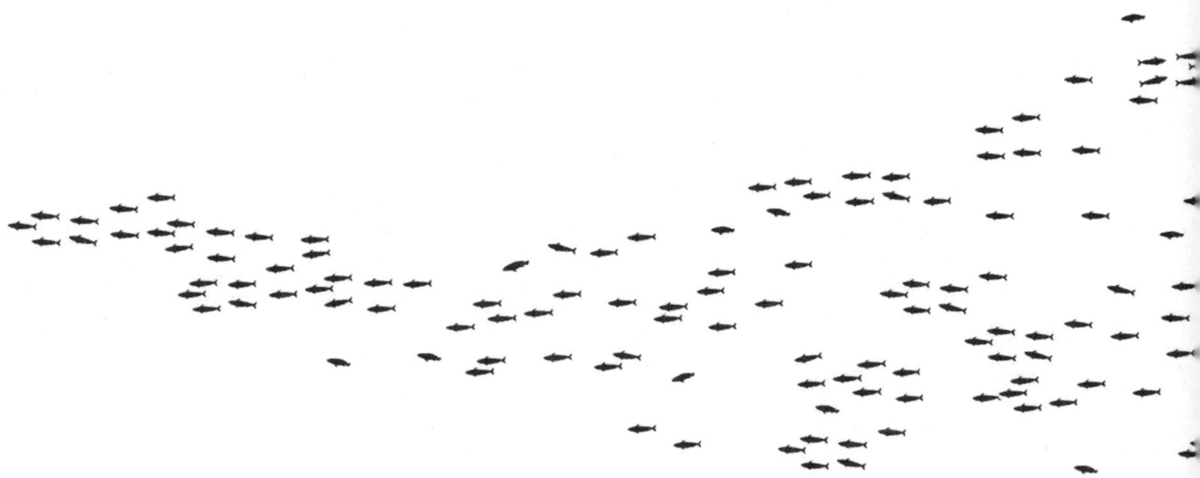

제6장

유전알고리즘의 개요

자연의 진화 과정을 모방한 여러 형태의 진화알고리즘은 1960년대 중반부터 개발되기 시작하였다. Schwefel(1965)과 Rechenberg(1965)에 의해 진화전략(evolution strategy: ES)이, Fogel, Owens, Walsh(1966)에 의해 진화프로그래밍(evolutionary programming: EP)이, 그리고 Holland(1975)에 의해 유전알고리즘(genetic algorithm: GA)이, Koza에 의해 1980년대 중반에 유전프로그래밍(genetic programming: GP)이 제안되었다. 초기에 이들 알고리즘은 독립적으로 연구되어 개발 동기와 목적, 진화 요소, 절차가 달랐으나, 현재는 상호 보완되고 통합되는 형태로 발전되면서 각 알고리즘을 구별하지 않고 포괄하여 진화알고리즘(evolutionary algorithm)이라 부르고 있다. 이 책에서는 제6장에서 제12장까지의 제3부에서 진화알고리즘을 다룬다.

이 장에서는 먼저 진화알고리즘 중에서 가장 근간이 되고 널리 적용되고 있는 유전알고리즘을 소개한다. 유전알고리즘의 개념, 기본 구조, 기본 요소에 대해 기술하고, 유전알고리즘의 작동 원리를 설명할 수 있는 스키마 정리와 빌딩블록 가설을 다룬다.

6.1 서론

찰스 다윈(Charles Darwin, 1809-1882)은 1859년 발행한 "종(種)의 기원(The Origin of Species)"에서 종이 어떻게 변할 수 있는지를 설명하는 하나의 메카니즘으로 자연선택(natural selection)을 제시하였다. 자연(주어진 환경)에 잘 적응하도록 도와주는 형질을 지닌 개체들이 보다 많이 살아남아 더 많은 자손을 남긴다. 그러므로 각 종은 자연에 적응하는 방향으로 진화하고, 적응하지 못한 종은 도태된다. 이 과정을 자연선택(또는 자연도태)이라 한다.

한편 다윈과 거의 동시대에 오스트리아의 수도승 멘델(Gregor Mendel, 1822-1884)은 1865년에

현대 유전학의 기초를 세운 "식물 잡종에 관한 실험"을 발표하였다. 그는 완두콩의 형질(색깔: 노랑과 초록, 형태: 매끄러운 것과 주름진 것 등)이 후대에 어떻게 나타나는 지를 실험하였다. 실험에서 형질이 다른 완두콩을 섞어서 여러 번 교배하면 그 형질들이 후대에 갈수록 일정한 비율로 나타났다. 이로부터 그는 완두콩의 색깔을 결정하는 원소(element, 이것을 현재는 유전자라 부름)와 형태를 결정하는 원소가 다르다(독립의 법칙)는 것과 표면을 매끄럽게(또는 색깔을 노랗게) 하는 원소가 형태를 주름지게(색깔을 초록색으로) 하는 원소를 제압하여 보이지 않게 만든다(우열의 법칙)는 것, 그리고 서로 대립되는 두 가지 원소가 한데 합친 상태로 후대에 전달되지 않고 서로 나뉘어서 전달된다(분리의 법칙)는 유전법칙을 발견하였다.

1920년 이후 피셔(Ronald Fisher), 홀데인(J.B.S. Haldane), 라이트(Sewall Wright) 등은 다윈의 자연선택과 멘델의 유전법칙을 결합하여 진화를 좀 더 명료하게 설명하였다. 이것을 '신다윈적 종합(neo-Darwinian synthesis)'이라 부른다.

이러한 생물의 진화 과정, 즉 자연선택과 유전법칙을 모방하여 홀랜드(Holland)는 1975년 그의 저서 "Adaptation in Natural and Artificial Systems: An Introductory Analysis with Applications to Biology, Control, and Artificial Intelligence"에서 처음으로 유전알고리즘(genetic algorithm: GA)의 개념, 절차, 적용을 소개하였다. 홀랜드는 그의 저서에서 유전알고리즘이라 부르지 않고 유전계획(genetic plan)이라 하였다. 그는 책 제목에서 알 수 있듯이 생물학, 심리학(학습), 경제학(최적계획), 제어, 인공지능 등의 여러 분야에서 나타나는 적응과정을 모의 실험할 수 있는 인공적인 강건한 적응시스템의 구현을 목적으로 유전계획을 제안하였다. 그의 이러한 의도와는 달리, 1980년대 초부터 홀랜드의 유전계획은 여러 연구자들에 의해 유전알고리즘이라는 이름으로 적응시스템을 위한 방법론보다는 다양한 형태의 최적화문제를 해결하는 기법으로 이용되기 시작하였다. 그 후 최적화기법으로 유전알고리즘의 이론과 그 적용에 관해 활발한 연구가 이루어지고 있다.

유전알고리즘은 생물의 진화 과정, 즉 자연선택과 유전법칙을 모방한 확률적 탐색 기법이다. 유전알고리즘의 가장 큰 특징은 뉴톤법과 같은 고전적 최적화기법이나 타부 서치, 시뮬레이티드 어닐링과 같은 이웃 탐색기법이 하나의 해를 운용하는 데 반해, 복수 개의 잠재해로 이루어진 해 집단(population)을 운용한다는 것이다. 이러한 해 집단에 자연선택과 유전법칙을 적용하여 세대를 진행시키면서 해공간을 탐색해 간다.

유전알고리즘에서도 해공간의 탐색에서 '탐사(exploration)'와 '이용(exploitation)'이 균형을 이루어야 한다. 앞에서 언급했듯이 탐사 능력은 알고리즘이 탐색 공간의 새로운 영역을 탐사하려는 경향과 관련되고, 이용 능력은 알고리즘이 좋은 해를 이용하여 좁은 영역을 좀 더 철저히 탐색하려는 경향과 관련된다.

유전알고리즘은 개념과 이론이 단순하고, 해의 탐색 성능이 우수하여 공학, 자연과학, 경영학, 사회과학의 최적화 또는 의사결정문제에 다양하게 적용되고 있다. 유전알고리즘은 연속최적화문제와 이산최적화문제 모두에 적용 가능하다. 특히, 변수와 제약이 많고 복잡도가 높은 대형수리문제를 푸는 데 적합한 기법이고, 제약의 첨가와 목적함수의 변경이 용이하다는 장점을 갖는다(김여근, 2011).

6.2 유전알고리즘의 구조와 요소

유전알고리즘은 문제의 잠재해(potential solutions)를 표현한 개체들로 이루어진 집단을 가지고 시작한다. 집단은 매 세대마다 일정 수의 개체를 유지하고 매 세대에서 각 개체의 '적응도(fitness)'를 평가하고, 적응도에 따라 다음 세대에 생존할 개체를 중복 허용하여 확률적으로 '선택(selection)'한다. 선택된 개체들 중 일부의 개체들이 임의로 짝을 지어 자손을 재생산한다. 즉, 두 부모의 유전자 재결합(recombination)에 의해 두 자손을 생산한다. 재결합 연산을 '교차(crossover)'라 부른다. 그리고 생산되는 자손 유전자에 '돌연변이(mutation)'가 일어날 수 있다. 이러한 진화 과정을 종료조건이 만족될 때까지 반복한다. 유전알고리즘은 매 세대마다 집단을 운용함으로써 내재된 병렬성(parallelism)을 갖는 기법이다. 유전알고리즘의 구조는 [그림 6-1]과 같다. 여기서 $P(t)$는 세대 t에서의 집단을 나타낸다.

유전알고리즘에서 주요 과정은 선택과 유전연산(교차와 돌연변이)이다. 선택과정은 주어진 환경에 잘 적응하는 개체가 더 많이 살아남아 더 많은 자손을 생산한다는 자연선택의 개념을 모방한 것이다. 재생산에 참여하는 개체들은 집단에서 적응도가 높은 개체가 더 높은 확률로 선택된다. 이는 좋은 해들이 새로운 해를 구하는 데 이용됨을 뜻하며, 다시 말해 탐색에 있어서 좋은 해의 '이용'을 의미한다. 교차와 돌연변이는 재생산과정에서 부모개체의 구조를 변화시켜 자손을 생산한다. 이는 해공간의 '탐사'에 기여함을 의미한다. 여기서 돌연변이는 넓은 해공간의 탐사에만 기여하지만, 교차는 해의 탐사와 함께 선택된 좋은 해를 재결합하는 역할을 하므로 좋은 해의 이용에도 기여한다.

유전알고리즘에서 탐색공간의 탐사가 잘 이루어지기 위해서는 알고리즘이 진행되는 동안 집단의 개체들이 가능한 중복되지 않고 다양하게 구성되어야 한다. 이를 집단의 다양성(population diversity)이라 한다. 집단에 중복되거나 유사한 개체들이 많으면 해 공간의 탐색을 효율적으로 할 수 없게 된다. 따라서 알고리즘의 성능 향상을 위해서는 집단의 다양성 유지가 매우 중요하다.

```
유전알고리즘의 구조
  begin
     t ← 0
     P(t)의 초기화(초기집단 생성)
     P(t)의 적응도 평가
   while (종료조건이 만족되지 않으면) do
       t ← t+1
       P(t−1)에서 P(t)를 선택
       P(t)의 유전연산(교차와 돌연변이)
       P(t)의 적응도 평가
   end
  end
```

그림 6-1 유전알고리즘의 구조

유전알고리즘에서는 생물학 용어가 자주 사용된다. 문제의 잠재해를 표현하는 개체는 염색체(chromosome) 또는 스트링(string)이라 부르며, 각 개체를 이루는 단위를 유전자(gene)라 부른다. 어떤 형질을 갖는 유전자가 놓이는 위치를 염색체 座(locus)라 하고, 각 유전자는 형질에 따라 여러 상태를 가질 수 있는데 이를 대립유전자(allele)라 부른다. 유전자로 이루어진 염색체의 표현을 유전자형(genotype)이라 하고, 눈과 피부 색깔 등 보이는, 즉 유전자에 의해 나타나는 생물의 체질을 표현형(phenotype)이라 부른다.

다양한 형태의 문제해결에 유전알고리즘을 적용할 때, 문제에 적합한 여러 요소가 고려된다. 이들 요소에는 표현, 초기집단, 적응도 평가, 선택, 유전연산자, 유전파라미터 등이 있다. 이들 요소들에 관하여 알아보자.

1) 표현

유전알고리즘을 적용하는데 첫 단계로 문제의 잠재해를 개체로 표현하여야 한다. 개체 표현은 유전알고리즘의 다른 절차(적응도 평가와 유전연산자 적용 등)에 영향을 주므로 문제의 특성을 잘 반영할 수 있어야 한다. 표현은 자연스러워야 한다. 자연스런 표현은 개체의 해석과 유전연산을 용이하게 한다. 그리고 다루는 문제의 모든 잠재해가 개체로 표현 가능하면서 잠재해와 개체가 가능한 1대1로 대응하여 중복되지 않도록 하여야 한다. 문제에 따라 표현은 다를 수 있다. 여기서는 0과 1로 표현되는 이진수표현을 보자. 그 외의 여러 표현방법은 제7장에서 소개한다.

예1 최대화 $f(x) = |x-10| + 2.0$, $0 \le x \le 31$이고 정수

변수 값 x를 2진수로 나타내면 5비트의 2진수 벡터로 표현할 수 있다. 예를 들어 x=0과 31은 각각 개체 (0 0 0 0 0)과 (1 1 1 1 1)로 표현된다.

예2 최대화 $f(x) = x\sin 10\pi x + 3.5$, $x \in [-1, 2]$

예 1과 같이 개체를 2진수 벡터로 나타낼 수 있다. 벡터의 길이는 요구되는 정밀도에 의해 결정된다. x가 소수점 3자리의 정밀도를 요구한다고 보자. x가 $[-1, 2]$의 구간이므로 3×1000개의 등간격이 필요하다.

$$2048 = 2^{11} \le 3000 \le 2^{12} = 4096$$

12 bit로 이루어진 2진수 벡터 $(b_{11}\, b_{10} \cdots b_0)$를 10진수 값으로 변환한다.

$$(b_{11}\, b_{10} \cdots b_0)_2 = (\sum_{i=0}^{11} b_i \cdot 2^i)_{10} = x$$

$[-1, 2]$ 구간으로 변환하면 x 값은 아래와 같이 구할 수 있다.

$$x = -1.0 + 3 \cdot \frac{x}{2^{12} - 1}$$

x = - 1.0과 x = 2.0은 각각 개체 (0 0 0 0 0 0 0 0 0 0 0 0)과 (1 1 1 1 1 1 1 1 1 1 1 1)로 표현된다.

2) 초기집단

유전알고리즘은 개체들로 구성된 집단을 운영하므로 초기에 집단을 생성해야 한다. 초기집단은 문제의 특성을 이용한 휴리스틱 방법이나, 임의생성 방법을 사용하여 구성할 수 있다. 이 두 방법은 탐색에서 '이용'과 '탐사'와 관련된다. 휴리스틱은 좋은 해의 '이용'이, 임의 생성은 해 공간의 '탐사'가 강조된다. 휴리스틱은 조기 수렴의 단점이, 임의 생성은 수렴 속도가 늦다는 단점이 있다. 이러한 장단점에 의해 집단을 운용하는 유전알고리즘에서 초기 집단은 휴리스틱에 의해서 보다는 임의생성 방법에 의해 구축된다. 임의로 생성하는 경우, 예 1과 예 2에서는 개체 원소의 수만큼 0과 1을 임의로 발생하여 한 개체를 만든다. 이와 같은 과정을 반복하여 집단 크기의 개체를 생성한다.

3) 적응도 평가

적응도(fitness)는 개체의 생존능력을 의미한다. (여러 연구자들이 fitness를 '적합도'라는 용어로 사용하고 있다. 저자는 생물학의 관점(한국생물과학협회에서 펴낸 "생물학사전" 참조)에서 fitness를 '적응도'라는 용어로 사용한다.) 유전알고리즘에서 적응도는 최적화하려는 목적에 의해 흔히 평가된다. 따라서 최적화문제에서 적응도 평가함수는 목적함수 자체가 되거나 이에 기초하여 만들어진다.

적응도 평가함수로 목적함수를 사용하는 경우, 개체 v 의 평가함수 값 $eval(\mathrm{v}) = f(x)$ 가 된다. 여기서 x 는 개체 v 에 대응하는 변수 값이다. 예1에서 v_1=(0 1 0 1 0), v_2=(0 0 0 1 0)은 $eval(\mathrm{v}_1) = f(10) = 2$, $eval(\mathrm{v}_2) = f(2) = 10$ 이 된다.

때로는 평가함수로 목적함수 자체를 사용하지 않고, 좋은 해를 유도할 수 있는 유전자 구조를 갖는 개체가 높은 적응도를 갖도록 하는 수정된 평가함수를 사용하기도 한다.

4) 선택

선택(selection)은 개체의 적응도에 기초하여 집단에서 다음 세대에 생존할 개체를 고르는 과정이다. 유전알고리즘에서 선택은 집단 다양성(population diversity)과 선택압력(selective pressure)이 조화를 이룰 수 있어야 한다. 강한 선택압력(적응도가 높은 우수개체가 열성개체보다 생존 확률이 아주 높은 것)에서는 좋은 해가 중복해서 많이 선택된다. 따라서 좋은 해의 이용은 강화되나 해 공간의 탐사 능력을 약화시켜 부분최적에 조기 수렴하는 경향을 갖는다. 즉 집단의 다양성을 약화시켜, 해 공간의 다양한 탐색을 막는 결과를 가져온다. 한편, 약한 선택압력(우수개체와 열성개체의 생존 확률에 차이가 크지 않은 것)에서는 다양한 해가 선택되게 된다. 따라서 해 공간의 탐사 능력은 좋으나 좋은 해의 이용이 약화된다. 즉 집단의 다양성은 좋으나, 좋은 해를 효율적으로 이용하지 못하여, 임의탐색(random search)과 비슷한 결과를 초래할 수 있다.

선택방법에는 확률바퀴(roulette wheel)선택, 순위선택(ranking selection), 토너먼트선택(tournament selection) 등 여러 방법이 있으나, 여기서는 대표적인 확률바퀴선택에 관하여 알아보고, 7.2절에서 자세히 다루기로 한다.

■ 확률바퀴선택

가장 대표적인 선택방법은 개체의 적응도에 비례하여 개체의 선택확률을 부과하는 확률바퀴선택이다. 예 1에서 v_1 = (0 1 0 1 0), v_2 = (0 0 0 1 0), v_3 = (1 1 1 1 0), v_4 = (1 0 0 0 1)이라 하자.

표 6-1 확률바퀴에 의한 선택확률

번 호	개 체	x 값	적응도: $f(x)$	선택확률
1	(0 1 0 1 0)	10	2	0.047
2	(0 0 0 1 0)	2	10	0.233
3	(1 1 1 1 0)	30	22	0.511
4	(1 0 0 0 1)	17	9	0.209
합 계			43	1.000

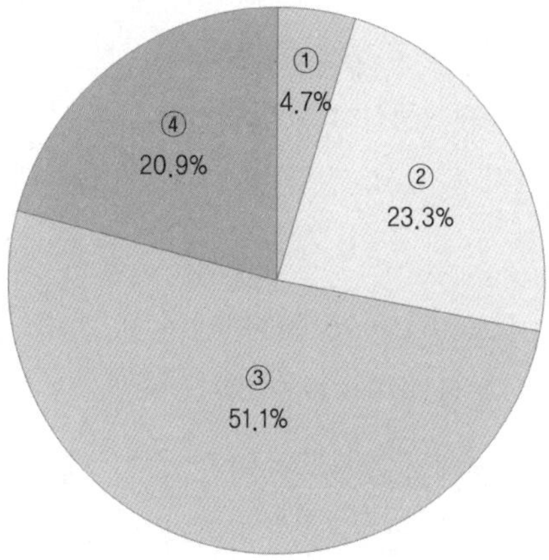

그림 6-2 확률바퀴

그러면 <표 6-1>과 같이 4개체의 선택확률이 구해진다. 선택확률은 각 개체의 적응도를 모든 개체의 적응도 합으로 나눈 값이다. 예에서 개체 1, 2, 3, 4의 선택확률은 2/43, 10/43, 22/43, 9/43가 된다. 이 경우 확률바퀴는 [그림 6-2]와 같이 된다.

범위 [0, 1]의 난수를 발생하여 하나의 개체를 선택한다. 4개의 개체를 선택한다면, 이와 같은 과정을 4번 반복하여 다음 세대에 생존할 개체를 뽑는다. 이 과정에서 어떤 개체(예로 개체 3)는 중복해서 선택될 수 있다.

5) 유전연산자

유전알고리즘에서 유전연산자(genetic operators)는 교차와 돌연변이로 나누어진다. 교차는 두 부모가 갖는 유전자를 조합하여 자손을 생산하는 과정이다. 교차는 선택에 의해 생존한 해를 이용하는 역할을 한다. 이를 위하여 교차과정에서 부모의 좋은 형질이 가능한 파괴되지 않고 자손에 상속될 수 있어야 한다. 또한 교차는 확률 연산이 포함되므로 해 공간의 탐사 역할도 하게 된다.

돌연변이는 염색체의 일부 유전자가 변화하는 것으로, 한 개체에서 아주 작은 수의 유전자를 임의로 변화시키는 과정이다. 돌연변이는 해공간을 다양하게 탐사하는 역할을 한다. 따라서 집단의 다양성 유지에 기여한다. 유전알고리즘에서 표현과 문제의 특성에 따라 다양한 형태의 유전연산자가 개발되어 사용되고 있다. 이에 대해서는 다음 장에서 자세히 다루기로 하고, 이 장에서는 교차와 돌연변이의 개념을 이해하기 위해 가장 기본적인 교차인 일점교차와 이점교차, 그리고 이진수표현의 돌연변이에 대해 설명한다.

■ 일점교차

일점교차(one-point crossover)는 가장 전통적인 교차방법으로 원소(유전자)사이의 임의의 한 점(이를 절단점 또는 교차점이라 부름)을 기준으로 염색체를 절단하여, 두 부모로부터 각각 절단된 한 부분의 스트링을 상속받아 자손을 생산하는 방법이다. 예로, 두 부모가 P1=(a_1 b_1 c_1 d_1 e_1)과 P2=(a_2 b_2 c_2 d_2 e_2)의 원소를 가지고 있고, 절단점이 세 번째와 네 번째 원소 사이이면 두 자손 O1=(a_1 b_1 c_1 d_2 e_2)과 O2=(a_2 b_2 c_2 d_1 e_1)이 생산된다. [그림 6-3]은 이를 도식한 것이다.

예 1에서 P1=(0 1 0 1 1), P2=(1 0 0 1 0)이고 절단점이 세 번째와 네 번째 원소 사이이면 자손1과 2는 각각 O1=(0 1 0 1 0), O2=(1 0 0 1 1)이 된다.

유전알고리즘에서 교차는 적용 문제가 갖는 특성을 효과적으로 다룰 수 있어야 한다. 즉, 문제에서 중요시 되는 정보가 유전연산을 통해 가능한 파괴되지 않고 상속될 수 있어야 한다. 따라서 적용 문제에 따라 다양한 교차방법들이 제시되고 있다.

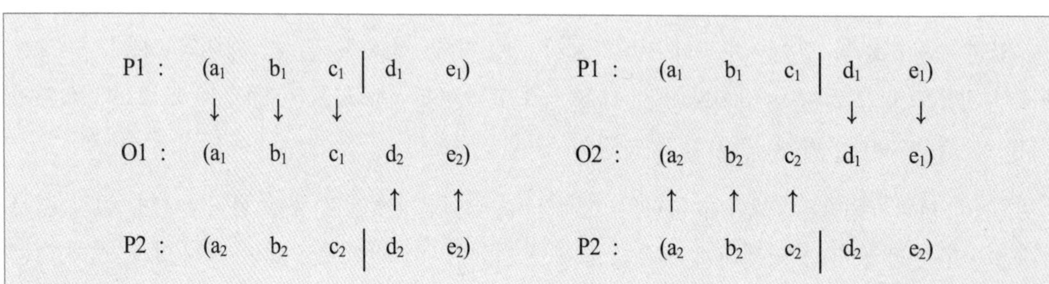

그림 6-3 일점교차

■ 돌연변이

돌연변이는 부모의 유전자와 다르게 자손의 유전자를 변화시킨다. 따라서 이를 '진화의 연료'라 부르기도 한다. 돌연변이는 대부분 해로운 것이다. 해로운 돌연변이는 개체의 적응력을 감퇴시켜 자연 도태된다. 그러나 간혹 유익한 돌연변이가 일어나면, 이 개체는 환경에 잘 적응하여 자손을 번식시킬 수 있다. 유전알고리즘에서 이는 새로운 좋은 해를 찾는 것을 의미하고, 새로운 해공간의 탐색을 제공하게 된다.

이진수로 표현된 개체에서 돌연변이는 원소 값이 0이면 1로, 1이면 0으로 변화시킨다. 예 1에서 개체 (0 1 0 0 1)의 네 번째 원소에서 돌연변이가 발생하면 (0 1 0 1 1)의 개체로 변이된다.

6) 유전파라미터

유전알고리즘에서 사용되는 파라미터에는 집단 크기, 교차율, 돌연변이율, 종료조건 등이 있다. 집단 크기는 집단을 이루는 개체의 수를 의미한다. 교차율은 각 개체가 교차될 확률을 나타낸다. 집단이 100개의 개체로 이루어진 경우, 교차율 0.5는 평균적으로 50개의 개체가 교차된다는 것을 의미한다. 돌연변이는 흔히 유전자 단위로 이루어진다. 돌연변이율은 각 유전자가 돌연변이될 확률을 나타낸다. 예로 100개의 개체가 있고 각 개체가 10개의 유전자로 구성되면, 돌연변이율 0.01은 1000개의 유전자 중에서 평균 10개의 유전자가 돌연변이된다는 것을 의미한다. 알고리즘의 종료조건으로는 (1) 진행된 세대 수 또는 생성된 개체 수, (2) 해의 개선이 이루어지지 않고 진행된 세대 수 또는 생성된 개체 수, (3) 계산소요시간 등이 사용된다.

적절한 유전파라미터 값을 결정하는 문제는 과학(science)이라기 보다는 기술(art)이다. 따라서 적용 문제마다 실험을 통해 적절히 결정해야 한다.

이제까지 유전알고리즘의 기본 요소에 대하여 알아보았다. [그림 6-1]에서 유전알고리즘의 구조를 보았다. 이를 단계별로 좀 더 자세히 설명하면 아래와 같다. 먼저 사용되는 기호를 정의한다.

$P(t)$: 세대 t의 집단

N_p : 집단의 크기, 즉 집단의 개체 수

N_g : 개체의 원소 수

P_c : 교차율

P_m : 돌연변이율

■ 유전알고리즘의 절차

단계 1: (초기집단) $t \leftarrow 0$ 으로 두고, $P(t)$ 를 생성한다. 즉 초기집단을 만든다.

단계 2: (적응도 평가) $P(t)$ 에 있는 모든 개체의 적응도를 평가한다.

단계 3: (선택) $t \leftarrow t+1$ 로 두고, $P(t-1)$ 에서 $P(t)$ 를 선택한다.

단계 4: (교차)

단계 4.1: 범위 [0,1]에서 난수 r을 발생시켜 $r < P_c$이면 그 개체를 교차하는 개체로 둔다. 모든 개체에 대해 이를 행한다.

단계 4.2: 모든 교차 대상 개체에 대해 임의로 쌍(두 부모)을 만든다.

단계 4.3: 각 쌍(두 부모)의 개체를 교차하여 두 자손을 생산한다. $P(t)$에서 교차된 부모 개체를 제거하고 생산된 자손을 $P(t)$에 추가한다.

단계 5: (돌연변이) $P(t)$를 돌연변이시킨다. 개체의 각 원소에 대해 [0, 1]의 난수 r을 발생하여, $r < P_m$이면 그 원소를 돌연변이 시킨다.

단계 6: (적응도 평가) $P(t)$의 각 개체에 대해 적응도를 평가한다.

단계 7: (종료조건) 종료조건을 만족하면 끝낸다. 그렇지 않으면 단계 3으로 간다.

단계 4에서 교차되는 평균 개체 수는 $N_p \times p_c$이고, 단계 5에서 돌연변이되는 평균 원소 수는 $N_p \times N_g \times p_m$이 된다. 물론 단계 5에서 돌연변이가 개체의 원소 단위로 이루어지지 않고 개체 단위로 이루어질 수 있다. 이때 돌연변이율은 개체 단위로 돌연변이 될 확률을 나타낸다. 유전알고리즘의 흐름도는 [그림 6-4]와 같다.

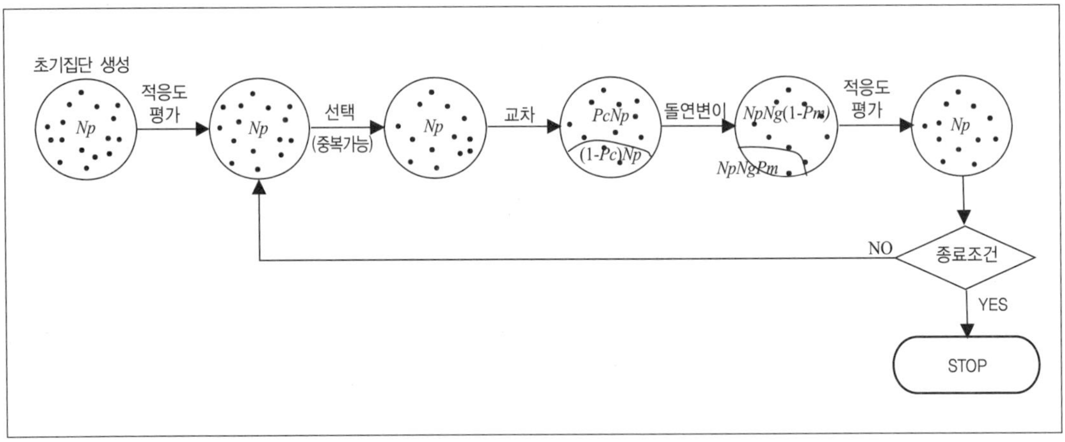

그림 6-4 유전알고리즘의 흐름도

6.3 스키마 정리와 빌딩블록 가설

유전알고리즘은 어떻게 작동하는가? 이는 홀랜드(1975)의 스키마 정리(schema theorem)에 기초하고 있다. 이 정리는 일점교차를 사용하는 유전알고리즘에서 일련의 선택, 교차, 돌연변이 과정에서 개체에 존재하는 인자들이 어떻게 다른 개체로 전파 또는 소멸되면서 좋은 해를 찾아가는 지를 보여준다. 이 절에서는 유전알고리즘의 동작원리인 스키마 정리와 빌딩블록 가설을 다룬다.

6.3.1 스키마 정리

'스키마(schema)'는 개체들간의 유사성을 나타내는 일종의 典型(template)이다. 스키마는 개체의 특정 위치들에 존재하는 인자들의 값에 의해 나타낸다. 스키마에서 특정인자의 값을 정의할 때 어느 인자 값이나 가질 수 있다는 표시로 '*'가 사용된다. 예로 이진 표현에서 스키마 (1 0 0 1 1)은 단지 이 스트링(string)을 나타내고, 스키마 (* 0 0 1 1)에는 두 스트링 (0 0 0 1 1)과 (1 0 0 1 1)이 부합되고, 스키마 (* * 0 1 1)에는 네 개의 스트링 (0 0 0 1 1), (0 1 0 1 1), (1 0 0 1 1), (1 1 0 1 1)이 부합된다. 스키마 (* * * * *)는 길이 5의 모든 스트링을 나타낸다. 따라서 이진수표현에서 r 개의 *를 갖는 스키마에 부합되는 스트링의 수는 2^r 개가 된다.

한편 어떤 특정 개체(인자 값이 주어져 있는)에 포함될 수 있는 스키마의 수는 개체의 길이 l 이면 2^l 개이다. 예로, 길이가 5인 개체 (1 0 0 1 1)은 스키마 (1 0 0 1 1), (* 0 0 1 1), (1 * 0 1 1),…, (* * * * *)로 2^5 의 스키마타(schemata)를 갖는다. 따라서 n 개의 개체로 이루어진 집단에서 각 개체의 길이가 l 이면, 이 집단이 가질 수 있는 스키마 수의 범위는 2^l 보다 많고 $n \cdot 2^l$ 보다 적다.

스키마의 특성을 표현하는 데 차수(order)와 정의길이(defining length)가 사용된다. 스키마 S 의 차수는 고정된 값을 갖는 인자('*'가 아닌 원소)의 수로 정의된다. 이진수표현에서의 차수는 *가 아닌 0 또는 1의 값을 갖는 인자의 수가 된다. 이 차수는 스키마의 특이성을 나타낸다. 스키마의 차수가 클수록 특이성이 높다. 차수는 어떤 스키마가 돌연변이에 의해 생존할 확률을 계산하는데 사용된다. 스키마 S 의 차수를 $o(S)$ 로 나타내자. 두 스키마

$$S_1 = (* \ * \ * \ * \ 0 \ 1 \ * \ 1 \ * \ *), \quad S_2 = (0 \ 1 \ 1 \ 0 \ * \ * \ * \ * \ * \ 1)$$

는 $o(S_1) = 3$, $o(S_2) = 5$ 이다.

스키마 S 의 정의길이는 개체의 고정된 위치들의 처음과 끝 사이의 거리로 정의된다. 스키마 S 의 정의길이를 $\delta(S)$ 로 나타내자. 이것은 스키마에 포함된 정보의 밀집성(또는 간결성, 압축성)

을 정의하게 된다. 위의 예에서 각 스키마의 정의길이는 $\delta(S_1)=8-5=3$, $\delta(S_2)=10-1=9$ 가 된다. 물론 하나의 고정된 위치만을 갖는 스키마의 정의길이는 0이 된다. 스키마의 정의길이는 교차에 의해 그 스키마가 유지될 확률과 관련된다.

이제 집단에 포함된 스키마타가 선택, 교차, 돌연변이 등의 연산에 어떠한 영향을 받는지 알아보도록 하자. 앞으로 $m(S, t)$는 집단 $P(t)$에서 스키마 S를 갖는 개체의 수를 나타낸다.

1) 선택의 효과

집단에서 스키마 S를 갖는 개체들의 적응도는 스키마 평가에서 중요하다. 세대 t에서 스키마 S의 적응도를 $eval(S, t)$로 표현하고, 이는 집단에서 스키마 S를 갖는 개체들의 적응도 평균으로 정의한다. t세대에서 스키마 S에 속하는 개체가 $\{v_{i_1}, v_{i_2}, \cdots, v_{i_p}\}$로 p개 존재한다면

$$eval(S, t) = \sum_{j=1}^{p} eval(v_{i_j}) / p$$

가 된다 선택단계에서는 적응도에 의해 집단의 수만큼 전 세대에 생성한 집단으로부터 개체를 선택한다. 선택후 $m(S, t+1)$은 ①스키마 S에 속하는 개체의 평균 선택확률 : $eval(S, t) / F(t)$(여기서 $F(t)$는 t세대의 전체 집단에 대한 적응도의 총합을 나타낸다), ②이전 세대에서 스키마 S에 속했던 개체 수: $m(S, t)$, ③집단의 크기($N_q = n$으로 둔다) 등의 세 요소에 의해 결정된다. 즉, $m(S, t+1) = m(S, t) \cdot n \cdot eval(S, t) / F(t)$로 표현된다. 그리고 집단의 평균 적응도 $\overline{F}(t) = F(t) / n$이므로 선택 후에 집단에서 스키마 S를 갖는 개체의 수는 식 (6.1)과 같이 된다.

$$m(S, t+1) = m(S, t) \cdot eval(S, t) / \overline{F}(t) \tag{6.1}$$

식 (6.1)을 '재생산 스키마 성장식(reproductive schema growth equation)'이라 부른다.

이 식으로부터 $m(S, t+1)$는 집단의 평균 적응도에 대한 스키마의 적응도 비율로 결정됨을 알 수 있다. 이것은 '평균 이상'의 적응도를 갖는 스키마는 다음 세대에서 개체수가 증가하고, '평균 이하'의 적응도를 갖는 스키마는 그 수가 감소하며, 적응도가 '평균'인 스키마는 그 상태를 유지한다는 것을 의미하고 있다.

이 규칙의 장기적 효과를 알아보기 위해 스키마 S가 ε%만큼 평균 이상의 적응도를 갖는 경우(이때, $eval(S, t) = \overline{F}(t) + \varepsilon \cdot \overline{F}(t)$)를 생각해 보자. 그러면

$$m(S, t) = m(S, 0) \cdot (1+\varepsilon)^t$$

이고, $\varepsilon = ((eval(S,\ t) - \overline{F}(t)) / \overline{F}(t))$ (적응도가 평균 이상인 스키마타에 대해서는 $\varepsilon > 0$이고, 적응도가 평균 이하 스키마타에 대해서는 $\varepsilon < 0$)이 된다. 따라서 적응도가 평균 이상인 스키마를 갖는 개체의 수는 다음 세대에서 지수적으로 증가하게 된다.

2) 교차의 효과

다음은 교차가 스키마의 성장과 소멸에 어떤 영향을 주는지 알아보자. 교차는 일점교차로 본다. 일점교차에서 절단점은 일반적으로 $l-1$개의 가능한 위치 중에서 임의로 선택된다. 이것은 일점교차에 의한 스키마 S의 파괴확률이 $p_d(S) = \dfrac{\delta(S)}{l-1}$ 임을 의미하며, 이는 생존확률이

$$p_s(S) = 1 - \frac{\delta(S)}{l-1}$$

이 된다.

또한 집단의 모든 개체들이 교차되는 것이 아니라, 교차율 p_c에 의해 선택된 개체들만이 교차되므로 스키마 S의 생존확률은

$$p_s(S) = 1 - p_c \cdot \frac{\delta(S)}{l-1}$$

이 된다. 그런데 교차점이 스키마의 고정위치 사이에 선택되어도 아주 낮은 확률이지만 상대 개체의 해당 요소가 같으면 이 스키마는 생존할 수 있다. 따라서 교차에 의한 스키마 S의 생존확률을 다음과 같이 변형된다.

$$p_s(S) \geq 1 - p_c \cdot \frac{\delta(S)}{l-1}$$

결국 선택과 교차에 의한 재생산 스키마 성장식은 식 (6.2)가 된다.

$$m(S,\ t+1) \geq m(S,\ t) \cdot eval(S,\ t) / \overline{F}(t) \cdot \left[1 - p_c \cdot \frac{\delta(S)}{l-1}\right] \tag{6.2}$$

이 식은 다음 세대에서 스키마 S에 부합되는 개체 수는 이전 세대에 그 스키마에 속했던 개체 수, 스키마의 상대적 적응도, 그리고 정의길이의 함수임을 의미한다. 식 (6.2)로 부터 짧은 정의길이와 평균 이상의 적응도를 갖는 스키마가 선택될 확률은 세대가 진행됨에 따라 지수적으로 증가한다는 것을 알 수 있다.

3) 돌연변이의 효과

다음은 돌연변이가 스키마에 어떻게 영향을 주는지 보자. 돌연변이는 각 개체의 각 원소에 대해 돌연변이율 p_m로 행하여 진다고 하자. 이진 돌연변이에서는 흔히 원소가 0이면 1로, 1이면 0으로 변경한다. 한 스키마가 돌연변이에 생존하기 위해서는 스키마의 모든 고정위치들이 변화되어서는 안된다. 다시 말해, 고정위치들 중 하나라도 돌연변이되면 그 스키마는 파괴된다. 그러므로 돌연변이가 스키마의 유지와 파괴에 영향을 주는 것은 차수에 따라 달라진다.

원소 단위의 돌연변이율이 p_m이므로 각 원소가 돌연변이 후에 생존할 확률은 $1-p_m$이다. 그리고 하나의 돌연변이는 다른 돌연변이와 독립적이므로 스키마 S가 돌연변이에 의해 생존할 확률 $p_s(S)=(1-p_m)^{o(S)}$가 된다. 흔히 돌연변이율은 아주 낮으므로, 즉 $p_m \ll 1$이므로 $p_s(S)$는 다음과 같이 표현할 수 있다.

$$p_s(S) \approx 1-o(S)\cdot p_m$$

결국 스키마 S에 대한 선택, 교차, 돌연변이의 결합된 효과는 식 (6.3)과 같은 재생산 스키마 성장식으로 나타낼 수 있다.

$$m(S,\ t+1) \geq m(S,\ t)\cdot eval(S,\ t)/\overline{F}(t)\cdot\left[1-p_c\cdot\frac{\delta(S)}{l-1}-o(S)\cdot p_m\right] \tag{6.3}$$

이 식은 선택, 교차, 돌연변이를 거쳐 다음 세대에 스키마 S에 부합되는 개체 수는 이전 세대에 스키마 S에 속한 개체 수, 스키마의 상대적 적응도, 그리고 정의길이와 차수에 의해 표현됨을 나타낸다. 또한, 정의길이가 짧고 차수가 낮으면서 적응도가 평균 이상인 스키마타가 다음 세대에 선택될 확률은 지수적으로 증가한다는 것을 의미하고 있다. 세대 t에서 어떤 스키마 S_0를 갖는 개체 수가 $m(S_0,\ t)=2$이고 $eval(S_0,\ t)/\overline{F}(t)=1.17$이면 스키마 S_0는 평균이상의 적응도를 가지며, $(1-p_c\cdot\delta(S_0)/(l-1)-o(S_0)\cdot p_m)=0.941$이면 상대적으로 정의길이가 짧고 차수가 낮음을 의미한다. 다음 세대($t+1$)에서 스키마 S_0를 갖는 개체 수 $m(S_0,\ t+1)$는 $2\times1.17\times0.941=2\times1.10=2.20$ 개체를 기대할 수 있고, 세대($t+2$)에서는 $2\times1.10^2=2.42$의 개체를 기대할 수 있다.

이상을 요약하면 다음과 같다. 먼저 선택에 따른 재생산 스키마 성장식 (6.1)은 적응도가 평균 이상인 스키마타의 선택확률이 지수적으로 증가된다는 것을 나타내 준다. 그리고 식 (6.3)은 교차연산에서는 정의길이가 짧을수록, 돌연변이연산에서는 차수가 낮을수록 이전 세대에 생존한 스키마가 유지될 확률이 높아진다는 것을 보여준다. 이로부터 다음과 같은 스키마 정리가 성립한다.

스키마 정리	정의길이가 짧고 낮은 차수이며, 평균이상의 적응도를 갖는 스키마타에 부합되는 개체의 수는 세대가 진행됨에 따라 지수적으로 증가한다.

유전알고리즘에서는 정의길이가 짧고 낮은 차수이며, 적응도가 높은 스키마타가 선택되고 재조합되어 개체를 생산한다. 유전알고리즘에서는 모든 가능한 조합들을 만들지 않고, 적응도가 높은 스키마타를 이용하여 과거에 검출된 좋은 부분해들의 조합에 의해 새로운 해를 생성하는 일련의 과정을 통하여 해결하고자 하는 문제의 계산 복잡도를 줄여갈 수 있다.

6.3.2 빌딩블록 가설

짧은 정의길이, 낮은 차수, 그리고 좋은 적응도를 갖는 스키마를 '빌딩블록(building block)'이라 부른다. 빌딩블록은 선택과정에서 나른 스키마타에 비해 생존확률이 크므로 다음 세대에 더 많이 선택된다. 또한 교차연산에 대해서도 빌딩블록은 짧은 정의길이를 갖기 때문에 교차에 강한 생존력을 보이게 된다. 마찬가지로 돌연변이에서도 낮은 차수를 갖는 빌딩블록은 자신이 갖는 고유의 특성이 쉽게 파괴되지 않게 된다. 이렇게 한 세대에서 생존하게 된 빌딩블록들은 다음 세대에도 여러 개체에 전파되어 더 많이 생존하게 된다. 즉 세대가 진행됨에 따라 빌딩블록들이 여러 개체에 전파되면서 재결합하여 생산된 새로운 개체들로 집단을 이루게 된다. 이렇게 유전알고리즘은 세대를 진행하면서 빌딩블록들이 병렬 배치되어 좀 더 큰 스키마를 형성하여 해를 탐색해 나간다는 것을 가정하고 있다. 이것이 아래와 같은 빌딩블록 가설이다.

빌딩블록 가설	유전알고리즘은 '빌딩블록'이라 불리는 정의길이가 짧고, 차수가 낮으며, 높은 적응도를 갖는 스키마타의 병렬배치(juxtaposition)에 의해 근사 최적해를 탐색해 간다.

이 가설은 유전알고리즘에서 교차가 좋은 해를 탐색하는 데 핵심적 역할을 하고 있음을 설명하고 있다.

빌딩블록 가설은 몇몇의 문제에 대해서는 위반될 수 있다. 예로, 어떤 문제에서 정의길이가 짧고 낮은 차수이며, 평균 이상의 높은 적응도를 갖는 다음의 두 스키마를 보자.

$$S_1 = (0\ 0\ 0 * * * * * * *)$$

$$S_2 = (* * * * * * * * 0\ 0)$$

이 스키마타는 각각 평균 이상의 적응도를 갖지만, 이들을 결합한 스키마 $S_3 = (0\ 0\ 0 * * * * * 0\ 0)$는 스키마 $S_4 = (1\ 1\ 1 * * * * * 1\ 1)$ 보다 훨씬 낮은 적응도를 갖는다고 하자. 그리고 최적의 개체가 S_0 = (1 1 1 1 1 1 1 1 1 1)(스키마 S_4는 S_0를 포함한다)라 하자. 유전알고리즘은 스키마 S_1과 S_2가 빌딩블록이기 때문에 교차에서 높은 확률로 S_0로 수렴하는 것을 방해하여 (0 0 0 1 1 1 1 1 0 0)과 같은 해로 수렴하는 경향을 갖게 될 것이다. 이러한 현상을 '속임(deception)'이라 부르며, 이 경우 빌딩블록은 잠재해를 잘못 인도하여 지역 최적해로 수렴시키고 만다. 이를 해결하기 위한 방법들이 제안되었다. 한 방법은 목적함수의 사전 지식을 표현(coding)에 적절한 방법으로 반영하는 것이다. 속임에 관한 사전지식을 이용하여 최적에 요구되는 주요 인자들을 인접해 두고 나머지 인자들은 따로 처리하는 것이다. 그러나 이러한 사전지식을 파악하기 쉽지 않는 경우가 많다. 다른 방법으로, 돌연변이의 일종인 역순(inversion) 연산자를 사용하는 것이다. 역순 연산자는 제7장을 참조할 수 있다. 역순연산자를 사용함으로써 속임의 문제를 어느 정도 해결할 수 있다. 또한 메시(messy) 유전알고리즘을 사용할 수 있다(김여근, 2011, p.81).

6.4 유전알고리즘과 진화알고리즘

앞에서 유전알고리즘의 개념, 구성요소, 그리고 절차를 다루었다. 여기서는 유전알고리즘을 포함하여 자연의 진화과정을 모방한 진화알고리즘에 대해 알아보자. 진화알고리즘은 문제 해결을 위한 계산 모형을 설계하거나 실행하는 데 있어서 알려진 여러 진화의 메커니즘을 사용하는 방법들을 일컫는 포괄적 용어이다. 지금까지 여러 형태의 진화알고리즘이 제안되었다. 앞에서 다룬 유전알고리즘 이외에 대표적인 알고리즘으로 진화전략(evolution strategies), 진화프로그래밍(evolutionary programming), 유전프로그래밍(genetic programming)이 있다. 그들은 모두 개념적으로 자연선택과 유전법칙(교차와 돌연변이의 두 연산자를 모두 사용하거나 돌연변이 연산만을 사용)에 의한 진화 과정을 모방하고 있다. 이를 좀 더 자세히 보면, 진화알고리즘은 여러 개체로 이루어지는 집단을 운영하며, 이들은 선택과 교차와 돌연변이 같은 유전연산자에 의해 진화한다. 집단의 각 개체는 환경에 의해 적응도를 부여 받는다. 선택에서는 적응도가 높은 개체가 생존할 확률을 높게 둔다. 따라서 선택은 좋은 개체의 정보를 이용(exploitation)하는 역할을 한다. 교차와 돌연변이(또는 교차 없이 돌연변이 만을 이용)는 개체의 구조를 변화시킴으로써, 탐색공간을 탐사(exploration)하는 역할을 주로 한다. 따라서 진화알고리즘은 좋은 해를 구하기 위한 임의탐색(random search) 기법이 아니고, 임의탐색보다는 더 좋은 결과를 가져오는 확률적 과정(stochastic process)이다.

진화알고리즘에는 자연의 진화과정에서 자연선택, 교차, 돌연변이를 모방한 알고리즘 이 외에 진화에 영향을 주는 다른 요소를 모방한 여러 알고리즘들이 개발되었다. 예로, 서로 다른 종들이 상호 작용하며 생활하는 현상인 공생도 종의 진화에 영향을 미치는 것으로 알려져 있다. 공생에는 보통 공생자가 주는 생활상의 이익과 불이익에 따라 상리공생, 편리공생, 기생으로 구분된다. 이와 같이 다른 종과 상호 작용하고 적응하며 진화하는 공진화 과정을 모방한 알고리즘으로 협조 공진화알고리즘과 경쟁 공진화알고리즘이 있다. 지리적 격리 또한 진화에 영향을 주는 데, 이를 모형화한 알고리즘으로 병렬 유전알고리즘의 일종인 섬 모델이 있다. 이와 같이 진화알고리즘은 진화의 일부 요소를 변화시키거나 종간의 상호관계 또는 진화 환경 등을 모방하여 다양한 형태로 개발되어 왔다. 초기에 이들 연구는 독립적으로 이루어졌으나 현재는 상호 보완되고 통합되는 형태로 발전되고 있다.

앞으로 이 책의 7장과 8장에서는 유전알고리즘의 주요 요소와 변형된 여러 형태의 알고리즘을 다루며, 9장부터 12장까지는 유전알고리즘 이외의 여러 형태의 진화알고리즘과 그 적용을 소개한다.

제7장

유전표현, 유전연산자, 선택전략

유전알고리즘에서 유전표현, 유전연산자(교차와 돌연변이), 선택은 기본 요소이고, 이들은 유전알고리즘의 성능에 크게 영향을 준다. 이 장에서는 여러 형태의 유전표현과 유전연산사 그리고 신택전략을 다룬다. 이들 세 요소는 유전알고리즘을 적용할 때 알고리즘 성능에 가장 크게 영향을 미친다. 이들 기본 요소의 각각은 유전알고리즘 외에도 진화알고리즘은 물론이고 다른 메타휴리스틱에서도 중요한 요소로 자주 차용되어 사용된다.

7.1 유전표현과 유전연산자

진화알고리즘을 적용할 때 가장 먼저 신중히 고려할 사항은 다루는 문제의 유전표현이다. 유전표현은 가능한 자연스럽고, 명료하며, 비중복적이어야 한다. 표현의 자연스러움과 명료함은 개체해석을 용이하게 하고, 비중복성은 해공간을 효율적으로 탐색하게 한다.

유전표현을 설계할 때 유전연산자도 함께 고려해야 한다. 유전연산은 다루는 문제가 갖는 주요 정보를 효율적으로 추출하고 이를 이용하여 좋은 해를 생산할 수 있어야 한다. 이러한 유전연산이 이루어지기 위해서는 일차적으로 문제의 유전표현이 적절해야 하고, 다음에는 문제의 특성에 적합한 유전연산자를 사용해야 한다. 즉, 유전알고리즘의 효율적 적용을 위해서는 연산과정에서 빌딩블록을 형성하여 병렬적 탐색이 가능한 유전표현과 유전연산자를 사용하여야 한다.

이 절에서는 먼저 연속변수를 갖는 최적화 문제를 위한 이진수표현과 실수표현, 그리고 이들 표현에 사용되는 유전연산자를 다룬다. 다음은 이산변수를 갖는 최적화 문제를 위한 순열표현, 그룹번호표현, 그룹인자표현과 관련 유전연산자를 다룬다.

7.1.1 이진수표현과 유전연산자

1) 이진수표현

이진수표현(binary representation)은 가장 대표적인 유전표현으로 유전알고리즘 개발 초기부터 사용되었다. 이 표현은 자연시스템을 인공시스템으로 또는 수리적으로 모형화 할 때 인위적 변형 없이 교차나 돌연변이를 용이하게 수행할 수 있다는 장점을 가지고 있다. 제6장에서 제시한 이진수표현의 두 예를 참고하기 바란다.

2) 이진수표현의 유전연산자

■ 일점교차

제6장에서 다룬 일점교차는 유전알고리즘에서 가장 대표적인 교차연산자이다. 설명하였듯이 교차방법은 두 부모의 염색체에서 임의로 한 점(이를 절단점 또는 교차점이라 부름)을 기준으로 절단하여, 두 부모로부터 각각 절단된 한 부분의 스트링을 상속받아 자손을 생산하는 방법이다. 제6장에 있는 [그림 6-3]은 일점교차를 도식한 것이다.

■ 이점교차

일점교차가 하나의 절단점에 의해 교차하는 데 반해 이점교차(two-point crossover)에서는 개체에서 두 개의 절단점을 임의로 잡아 교차한다. 개체를 두 절단점에 의해 나누면 앞, 중간, 뒷 세 부분 스트링으로 나누어지는 데, 앞과 뒷 부분스트링의 원소는 한 부모로부터 상속받고 중간 부분스트링의 원소는 상대 부모로부터 상속받는다.

[그림 7-1]은 두 부모 P1, P2의 이점교차에 의해 생산되는 두 자손 O1, O2를 보여주고 있다.

```
P1 = (0 1 1 | 0 0 1 0 1 0 1 | 0 0)    P1 = (0 1 1 | 0 0 1 0 1 0 1 | 0 0)
      ↓ ↓ ↓                  ↓ ↓                 ↓ ↓ ↓ ↓ ↓ ↓ ↓
O1 = (0 1 1   1 0 0 1 0 0 1   0 0)    O2 = (1 1 0   0 0 1 0 1 0 1   1 1)
              ↑ ↑ ↑ ↑ ↑ ↑ ↑                 ↑ ↑ ↑                   ↑ ↑
P2 = (1 1 0 | 1 0 0 1 0 0 1 | 1 1)    P2 = (1 1 0 | 1 0 0 1 0 0 1 | 1 1)
```

그림 7-1 이점교차

실험에서 많은 경우 이점교차가 일점교차 보다 더 좋은 해를 유도하는 것으로 알려져 있다. 이점교차를 일반화한 균등교차(uniform crossover)가 있다. 이 교차방법은 두 부모의 같은 위치에 있는 두 원소 중에서 한 부모에게서 일정 확률 p (p-uniform crossover)로 원소를 선택하여 자손의 그 위치에 상속하는 방법이다. 예로 p=0.3이면 한 자손의 각 원소는 부모1에서 0.3, 부모2에서 0.7로 선택한다. 다른 자손은 두 부모의 역할을 바꾸어 이와 같은 과정을 반복하여 생산한다.

■ 돌연변이

이진수표현에서 돌연변이는 흔히 각 원소 단위로 행하여 지고, 돌연변이율 p_m 에 의해 p_m 의 확률로 원소의 값(0 또는 1)을 변경한다. 원소 마다 범위 [0,1]에서 난수를 발생시켜 난수가 p_m 보다 작으면, 원소 값 1을 0으로 또는 0을 1로 바꾼다.

7.1.2 실수표현과 유전연산자

1) 실수표현

실수표현은 컴퓨터 프로그램에서 사용하는 용어로 부동 소수점(floating point) 표현이라 부르기도 한다. 복수의 연속 변수를 갖는 수리 최적화문제를 다룰 때 위 예2와 같이 이진수로 표현하면 원소의 수가 많아져 비효율적일 수 있다. 따라서 실수의 벡터 형태, 즉 $\mathbf{x}=(x_1,x_2,\ldots,x_n)$로 표현하는 것이다.

2) 실수표현의 교차연산자

실수표현에서 사용되는 교차연산자들로 이산재결합(discrete recombination)교차, 산술(arithmetical)교차, 단체(simplex)교차, 발견적(heuristic)교차 등이 있다. 이들 교차연산자에 대해 알아보자.

■ 이산재결합교차

이산재결합교차는 일점교차, 이점교차, 균등교차를 포함한다. 실수표현에서는 각 원소를 이진수 대신 실수로 표현하여 교차를 행하게 된다. 예로 두 부모 $\mathbf{x}=(x_1,x_2,\ldots,x_n)$, $\mathbf{y}=(y_1,y_2,\ldots,y_n)$ 일 때, 자손 $\mathbf{z}=(z_1,z_2,\ldots,z_n)$을 생산한다 하자. 일점교차와 이점교차는 앞에서 설명하였다. 0.5-균등 교차는 같은 확률로 $z_i=x_i$ 또는 $z_i=y_i$, $i=1,2,\ldots,n$이다. 또 다른 자손은 두 부모의 역할을 바꾸어 생산한다.

이들 일점, 이점, 균등 교차연산자에서 두 부모를 사용하는 대신 여러 부모로부터 자손을 생성할 수 있다. 이는 여러 부모를 선택하여 부모들의 같은 위치에 있는 인자들(gene pool)에서 임의로 추출하여 자손을 생성하는 방법이다.

■ 산술교차

산술교차는 두 벡터(부모) $\mathbf{x}$, $\mathbf{y}$ 의 볼록 조합(convex combination)에 의해 두 자손 $\mathbf{p}$ 와 $\mathbf{q}$ 를 생산하는 연산자이다. 이를 수식으로 나타내면,

$$\mathbf{p} = a\mathbf{x} + (1-a)\mathbf{y} \text{ 와 } \mathbf{q} = (1-a)\mathbf{x} + a\mathbf{y}, \quad 0 \le a \le 1$$

이다. 여기서 $a = 0.5$이면 중간(또는 평균)교차라 부른다. 이 교차에서도 복수의 부모를 이용할 수 있다. 부모 개체들이 $\mathbf{x}_1, \mathbf{x}_2, \cdots, \mathbf{x}_r$ 일 때 자손들은 아래와 같이 생산된다.

$$\mathbf{y} = a_1\mathbf{x}_1 + a_2\mathbf{x}_2 + \cdots + a_r\mathbf{x}_r$$

여기서 $a_i \in [0,1], \forall i$ 이고, $a_1 + a_2 + \cdots + a_r = 1$이다.

■ 단체교차

단체교차는 산술교차의 일반화로 볼 수 있다. 이 교차는 $k > 2$개의 개체로 이루어진 부분 집단(집합$\mathfrak{I}$)을 임의로 선택하여, 이 집합에서 가장 나쁜 부모($\mathbf{w}$)를 구한다. 그리고 가장 나쁜 부모를 제외하고, 나머지 부모들의 중심 $\mathbf{c}$ 를 구한다. 즉

$$\mathbf{c} = \sum_{\mathbf{x}_i \in \mathfrak{I} - \mathbf{w}} \mathbf{x}_i / (k-1)$$

이다. 자손 $\mathbf{y}$ 는 다음과 같다.

$$\mathbf{y} = \mathbf{c} + (\mathbf{c} - \mathbf{w})$$

즉, 중심 $\mathbf{c}$ 에 대한 가장 나쁜 부모 $\mathbf{w}$ 의 반사점 $\mathbf{y}$ 는 자손 개체가 되고, $\mathbf{w}$ 는 집단에서 제거된다. [그림 7-2]는 단체교차를 도식한 것이다.

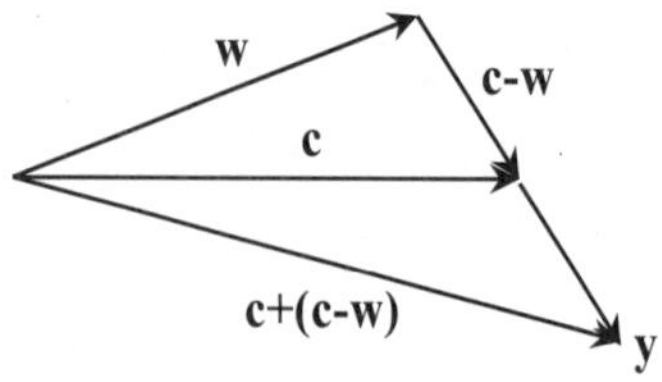

그림 7-2 단체교차

■ 발견적교차

발견적교차는 탐색공간의 방향을 결정할 때 목적함수 값을 이용하고, 단지 한 자손만을 생산한다. 두 부모 $\mathbf{x}$와 $\mathbf{y}$는 한 자손 $\mathbf{z}$를 아래와 같이 생산한다.

$$\mathbf{z} = r(\mathbf{x} - \mathbf{y}) + \mathbf{x}$$

여기서 r은 범위 (0,1)의 난수이고, 부모 $\mathbf{x}$는 부모 $\mathbf{y}$보다 나쁘지 않다. 즉 최대화 문제에서는 $f(\mathbf{x}) \geq f(\mathbf{y})$ 이고, 최소화 문제에서는 $f(\mathbf{x}) \leq f(\mathbf{y})$ 이다. [그림 7-3]은 발견적 교차를 도식한 것이다.

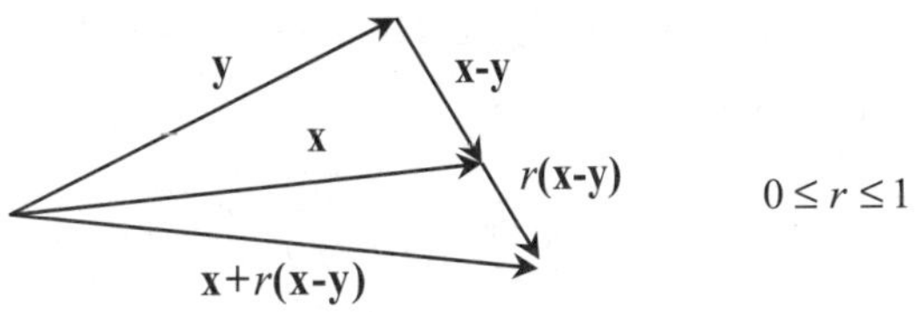

그림 7-3 발견적교차

3) 실수표현의 돌연변이연산자

여기서 사용되는 돌연변이 연산자는 실수벡터 공간에서 작동하므로 기존의 연산자들과 상당히 다르다. 이들 연산자를 보자.

■ 균등돌연변이

균등돌연변이(uniform mutation)는 해 벡터의 한 원소를 변화시키는 변이이다. 예로 세대 t의 부모가

$$\mathbf{x}^t = (x_1, \cdots, x_k, \cdots, x_n)$$

이면, 돌연변이 후 세대 $t+1$에서

$$\mathbf{x}^{t+1} = (x_1, \cdots, x'_k, \cdots, x_n)$$

이 된다. 여기서 x'_k는 x_k의 정의영역에서 임의로 추출한 값이다. 특별한 경우로 x'_k가 x_k의 정의영역 오른쪽 또는 왼쪽 경계 값만을 갖는 경우를 경계돌연변이(boundary mutation)라 한다.

■ 불균등돌연변이

불균등돌연변이는 다음과 같이 이루어진다. 세대 t에 부모 $\mathbf{x}^t = (x_1, \cdots, x_k, \cdots, x_n)$에서 한 원소 x_k에 대해 돌연변이를 행한다 하자. 그 결과 벡터는 $\mathbf{x}^{t+1} = (x_1, \cdots, x'_k, \cdots, x_n)$이며,

$$x'_k = \begin{cases} x_k + \Delta(t, u(k) - x_k), & \text{난수가 0이면} \\ x_k - \Delta(t, x_k - l(k)), & \text{난수가 1이면} \end{cases}$$

이다. 여기서 $u(k)$와 $l(k)$는 변수 x_k의 상한과 하한이다. 함수 $\Delta(t, y)$는 세대 t에서 범위 (0, y)의 값이며, t가 증가함에 따라 0에 수렴하는 확률이 증가하는 함수로 둔다. 이는 해공간의 탐색에 있어 초기에는 (t가 작을 때) 공간을 균일하게, 그리고 t가 커짐에 따라 국소적으로 탐색하고자 함이다. 예로, 아래와 같은 $\Delta(t, y)$ 함수를 사용할 수 있다.

$$\Delta(t, y) = y(1 - r^{(1-\frac{t}{T})^b})$$

여기서 r은 범위 (0,1)의 난수이고, T는 최대 세대 수, 그리고 b는 불균형의 정도를 결정하는 시스템 파라미터다. [그림 7-4]는 서로 다른 세대에서 $\Delta(t, y)$를 보여주고 있다(Michalewicz, 1995).

한 원소 x_k에 대해서만 돌연변이 하였는데 모든 원소에 대하여 위와 같은 방법으로 행할 수 있다. 이 경우는 돌연변이가 원소 단위로 이루어지는 것이 아니고 개체단위로 행하는 것이 된다.

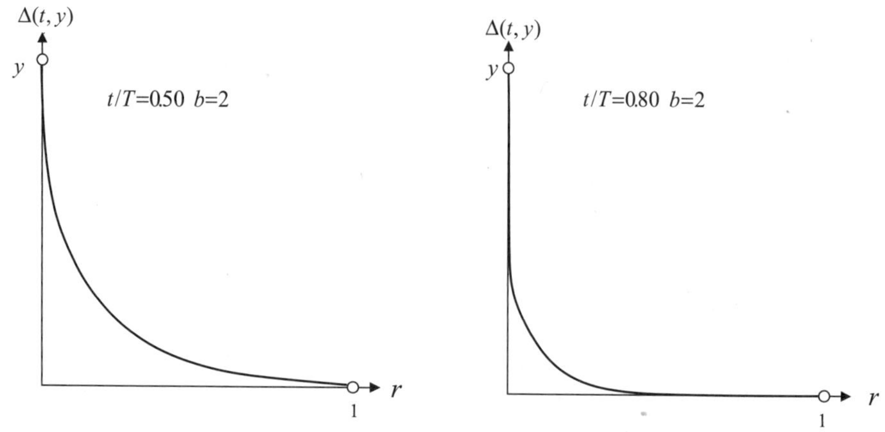

그림 7-4 다른 세대에서의 $\Delta(t, y)$

그리고 $\Delta(t,y)$ 함수로

$$\Delta(t,y) = y \cdot r \cdot (1-\frac{t}{T})^b$$

이 제안되기도 하였다. 여기서 r, T, b는 앞에서와 같이 정의된다.

■ 가우스돌연변이

가우스돌연변이(Gaussian mutation)는 해 벡터 $\mathbf{x} = (x_1,\ldots,x_n)$의 모든 원소에 임의의 잡음(random noise)을 더하여 수정하는 것이다. 즉

$$\mathbf{x}^{t+1} = \mathbf{x}^t + N(\mathbf{0},\boldsymbol{\sigma})$$

여기서 $N(\mathbf{0},\boldsymbol{\sigma})$는 평균이 영(零)이고, 표준편차가 $\boldsymbol{\sigma}$을 갖는 가우스(정규) 분포에서 독립적이고 임의로 발생한 난수로 구성된 벡터이다. 이 돌연변이는 진화전략(evolutionary strategy)과 진화프로그래밍(evolutionary programming)에서 사용되고 있다.

7.1.3 순열표현과 유전연산자

1) 순열표현

외판원 문제(traveling salesman problem: TSP)를 보자. 도시 A에서 8개의 도시를 단 한번씩만 거쳐서 다시 도시 A로 돌아오는 최단경로를 찾는다고 하자. 하나의 가능해로 도시 3 4 1 7 2 5 8 6의 순으로 거쳐 도시 A로 돌아오는 경로를 개체 (3 4 1 7 2 5 8 6)로 표현할 수 있다. 여기서 i 번째 원소 값 j는 i 번째 거치는 도시 j를 나타낸다. 이러한 표현을 순열(permutation)표현 또는 경로(path)표현이라 부른다.

외판원 문제는 가장 대표적인 순서문제(sequencing problem)이다. 순서문제에는 외판원 문제 이외에 흐름생산의 일정계획, 혼합모델의 투입순서결정문제 등 적용분야가 매우 광범위하다. 이들 순서문제는 대부분 순열표현을 사용한다.

2) 순열표현의 교차연산자

순열표현에 사용되는 다양한 교차연산자가 개발되었다. 적용하는 문제의 특성을 잘 반영할 수 있는 연산자를 선택해야 한다. 순열표현에 사용되는 연산자에 대해 알아보자.

■ 순서교차(order crossover)

순서교차는 Davis (1985)에 의해 개발되었으며, 이점교차에서와 같이 임의의 두 절단점을 지정하여 한 부모(P1)의 중간 부분은 그대로 자손에 상속하고 다른 한 부모(P2)에서는 부모 P1의 중간 부분에 있는 인자들을 제외하고 상대적 순서를 보존하여 한 자손 O1을 생산하는 교차이다. 여기서 다른 부모(P2)의 상대적 순서는 흔히 두 번째 절단점을 기준으로 하여 결정된다. 다른 자손 O2는 부모 P1과 P2의 역할을 바꾸어 같은 방법으로 생산한다.

이 연산의 예를 보자. 두 부모와 '|'로 표시된 절단점을

$$P1 = (1 \quad 2 \quad 3 \mid 4 \quad 5 \quad 6 \quad 7 \mid 8 \quad 9)$$

$$P2 = (3 \quad 1 \quad 7 \mid 8 \quad 4 \quad 6 \quad 9 \mid 5 \quad 2)$$

로 두자. 한 부모(P1)의 중간 부분으로 자손 O1

$$O1 = (\times \quad \times \quad \times \mid 4 \quad 5 \quad 6 \quad 7 \mid \times \quad \times)$$

을 만든다. 그리고 다른 부모(P2)의 두 번째 절단점부터 차례로 나열하면 5 - 2 - 3 - 1 - 7 - 8 - 4 - 6 - 9가 되고, 인자 4, 5, 6, 7을 제거하면 2 - 3 - 1 - 8 - 9가 남는다. 이들 인자를 순서대로 O1의 두 번째 절단점 이하부터 차례로 복사하면

$$O1 = (1 \quad 8 \quad 9 \mid 4 \quad 5 \quad 6 \quad 7 \mid 2 \quad 3)$$

가 생성된다. 같은 방법으로 다른 자손

$$O2 = (3 \quad 5 \quad 7 \mid 8 \quad 4 \quad 6 \quad 9 \mid 1 \quad 2)$$

가 된다. 순서교차는 부모들의 상대적 순서를 보존하는 성질을 갖는다.

■ 순서기반교차(order-based crossover)

순서기반교차는 Syswerda(1991b)에 의해 제안되었다. 이 교차는 여러 인자 위치를 임의로 선택하여 그 위치에 있는 다른 부모(P2)의 인자 값과 같은 값을 갖는 인자를 한 부모(P1)에서 삭제하고 자손 O1에 상속하고 미확정된 위치에 부모 P2에서 나타난 순서대로 선택된 인자를 복사한다. 다른 자손 O2는 부모 P1과 P2의 역할을 바꾸어 생산한다.

예로, 두 부모와 선택된 위치가 다음과 같다고 하자.

P1 = (1 2 3 4 5 6 7 8 9)

P2 = (3 1 7 8 4 6 9 5 2)

선택된 위치 * * * *

자손 O1은 부모 P2의 선택된 위치에 있는 인자 3, 7, 8, 2를 부모 P1에서 지우고 부모 P1의 인자를 복사하면

O1 = (1 × × 4 5 6 × × 9)

가 되고 '×' 위치에 인자 3, 7, 8, 2를 순서대로 복사하면

O1 = (1 3 7 4 5 6 8 2 9)

가 된다. 같은 방법으로 자손

O2 = (1 3 7 8 4 6 9 5 2)

가 생산된다.

순서기반교차는 선택된 위치에 있는 한 부모(P2)의 인자 값(도시)들을 다른 부모(P1)에 그 인자 값들이 있는 위치에 부모 P2에 나타난 순서대로 복사하여 자손을 생산하는 교차이다.

■ **위치기반교차**(position-based crossover)

위치기반교차는 순서기반교차와 함께 Syswerda (1991b)에 의해 제안되었다. 이 교차는 임의로 몇 개의 위치를 선택하여 한 부모에서 선택된 인자의 위치와 인자 값을 자손에 그대로 상속하고, 다른 부모에서 선택된 인자 값을 갖는 인자들을 지우고 나타난 순서대로 미확정된 자손의 인자 위치에 유전하는 교차이다.

예로,

P1 = (1 2 3 4 5 6 7 8 9)

P2 = (3 1 7 8 4 6 9 5 2)

선택된 위치 * * * *

일 때, 자손 O1은 부모 P2의 선택된 인자를 상속하면

O1 = (× 1 7 × 4 × × 5 ×)

가 되고 부모 P1에서 선택된 인자 값들을 삭제하면 2, 3, 6, 8, 9가 남는다. 이를 차례로 미확정된 자손 O1의 위치에 상속하면

O1 = (2 1 7 3 4 6 8 5 9)

가 된다. 같은 방법으로 자손 O2는

O2 = (1 2 3 7 5 4 6 8 9)

가 생산된다.

■ **부분사상교차**(partially mapped crossover)

부분사상교차는 Goldberg & Lingle(1985)에 의해 제안되었다. 이 교차는 임의로 두 절단점을 선택하여 두 절단점 사이에 있는 중앙부분(이를 사상부분이라 부름)의 같은 위치에 있는 인자들을 사상시켜, 각 부모에서 사상되는 인자 쌍의 위치를 '상호교환'하여 자손을 생산하는 방법이다.

예로 두 부모와 절단점을

P1 = (1 2 3 | 4 5 6 7 | 8 9)
P2 = (3 6 7 | 8 4 1 9 | 5 2)

로 두자. 여기서 4↔8, 5↔4, 6↔1, 7↔9가 사상된다. 자손 O1은 부모 P1 에서 4와 8의 위치를 교환한 후, 5와 4를 교환하고, 다음 6과 1을, 7과 9를 차례로 위치를 교환하면

O1 = (6 2 3 8 4 1 9 5 7)

얻는다. 같은 방법으로 부모 P2 에서 8과 4를 교환한 후, P2의 사상부분 두 번째 인자 8과 5를, 1과 6을, 9와 7을 차례로 교환하면 아래 자손 O2을 얻는다.

O2 = (3 1 9 4 5 6 7 8 2)

부분사상교차는 순서문제에서 인자들의 교환이 해의 질 향상에 기여하는 경우에 사용할 수 있다. 이 교차는 그룹핑문제에서 흔히 좋은 결과를 보인다.

■ **순환교차**(cycle crossover)

Oliver *et al.*(1987)에 의해 제안된 순환교차는 부모 P1의 첫 번째 인자를 선택하여 자손 O1의 같은 위치에 할당하고, 부모 P2의 첫 번째 위치에 있는 값이 있는 부모 P1의 위치(pos)를 찾아 그 위치에 그 인자 값을 상속한다. 그리고 부모 P2의 pos 위치에 있는 인자 값이 있는 부모 P1의 위치

를 찾아 그 인자 값을 자손에 상속한다. 이와 같은 방법으로 첫 번째 인자 값이 나올 때까지 반복하여 상속한다. 이와 같이 순환에 의한 상속은 끝내고 아직 인자 값이 미확정된 위치에는 부모 P2의 그 위치에 있는 인자 값들을 상속한다. 다른 자손은 부모의 역할을 바꾸어 구한다.

이 교차의 예를 보자. 두 부모

P1 = (1 2 3 4 5 6 7 8 9)

P2 = (3 1 7 8 4 6 9 5 2)

가 있다고 하자. 자손 O1은 부모 P1의 첫 번째 인자를 선택하여 시작한다.

O1 = (1 × × × × × × × ×)

부모 P2의 첫 번째 인자 값이 3이므로 부모 P1에서 인자 값 3을 갖는 인자를 자손 O1에 상속한다.

O1 = (1 × 3 × × × × × ×)

그리고 부모 P1에서 인자 값 3을 갖는 위치에 있는 부모 P2의 인자 값이 7이므로 부모 P1의 인자 값 7과 그 위치를 자손에 상속한다.

O1 = (1 × 3 × × × 7 × ×)

같은 방법으로 계속하면 다음은 인자 값 9, 그리고 그 다음은 2가 부모 P1의 위치와 같은 위치에 상속된다.

O1 = (1 2 3 × × × 7 × 9)

부모 P1에서 인자 값 2를 갖는 위치에 있는 부모 P2의 인자 값은 1이다. 이 값은 P1에서 이미 상속되었다. 따라서 이와 같이 순환에 의한 상속은 끝내고 아직 인자 값이 미확정된 위치에는 그 위치에 있는 부모 P2의 인자 값을 상속한다. 그러면

O1 = (1 2 3 8 4 6 7 5 9)

가 된다.

같은 방법으로 자손 O2는 첫 번째 위치에 부모 P2의 첫 번째 인자 값을 상속하고 순환에 의해 구하면

O2 = (3 1 7 × × × 9 × 2)

가 되고, 미확정된 인자들을 부모 P1의 같은 위치의 인자를 상속받으면

$$O2 = (3\quad 1\quad 7\quad 4\quad 5\quad 6\quad 9\quad 8\quad 2)$$

가 된다.

순환교차는 두 부모의 위치 정보를 완벽하게 보존하면서 자손을 생산하는 교차이다. 따라서 인자들의 상대적 순서나 상호 교환보다는 위치 정보가 의미를 갖는 경우에 사용하는 것이 바람직하다.

■ 인접인자재결합교차(edge recombination crossover)

인접인자재결합교차는 Whitley *et al.*(1989)에 의해 개발되었다. 앞에서 다룬 교차들이 나열된 순서나 위치의 정보를 중요시 한 반면에, 이 교차는 인접정보를 중요시한다. 외판원문제에서는 어느 도시에서 어느 도시로 가느냐가 중요한 정보가 될 것이다. 따라서 순서문제 중에서 외판원문제와 같이 인접한 인자의 정보가 중요시 되는 경우에는 인접도가 강한 인자(도시)로 연결하는 것이다.

예를 들어 인접인자재결합교차를 설명한다. 두 부모를

$$P1 = (1\quad 2\quad 3\quad 4\quad 5\quad 6\quad 7\quad 8\quad 9)$$
$$P2 = (3\quad 6\quad 7\quad 8\quad 4\quad 1\quad 9\quad 5\quad 2)$$

로 두자. 그러면 도시1에 인접한 도시는 부모 P1에서 도시 9와 2, 그리고 부모 P2에서는 도시 4와 9가 되고, 도시2와 인접한 도시는 부모 P1에서 도시1과 3, 부모 P2에서는 도시 5와 3이 된다. 두 부모에서 각 도시에 인접하여 연결된 도시의 수는 최대 4개(도시 4의 경우로 도시 1, 4, 5, 8과 연결), 3개(도시2의 경우로 도시 1, 3, 5와 연결), 그리고 최소 2개(도시 7의 경우로 도시 6, 8과 연결)가 된다. 인접표를 작성하면 아래와 같다.

〈인접표〉

도시	인접연결도시
1	9, 2, 4
2	1, 3, 5
3	2, 4, 6
4	3, 5, 8, 1
5	4, 6, 9, 2
6	5, 7, 3
7	6, 8
8	7, 9, 4
9	8, 1, 5

이 교차의 절차는 다음과 같다.

단계 1: 시작 인자(도시)를 선택한다. 한 부모의 첫 인자를 선택하거나 인접표에서 인접한 도시의 수가 가장 적은 도시를 선택할 수 있다. 선택된 도시를 인접표의 인접연결도시에서 지운다.
단계 2: 직전에 선택된 도시와 연결된 도시 중에서 남아 있는 인접된 도시의 수가 가장 적은 도시를 선택한다. 동일한 경우 임의로 선택한다. 선택된 도시를 인접표의 인접연결도시에서 지운다.
단계 3: 완전히 새로운 자손이 생성될 때까지 단계2를 반복한다.

부모 P1의 첫 번째 인자 도시1을 시작 인자로 하자. 인접표의 인접연결도시 열에서 도시1을 지운다. 도시1과 인접하여 연결된 도시는 도시2, 4, 9이고 이들 도시에 남아 있는 연결된 도시의 수는 각각 2개, 3개, 2개이다. 도시 2와 9가 2개이고 도시4는 3개 이므로 인접도는 도시2와 9가 도시4보다 강하다. 따라서 도시 2와 9 중에서 임의로 도시9를 선택하였다 하자. 그러면 자손은

$$O1 = (1\ \ 9\ \ \times\ \ \times\ \ \times\ \ \times\ \ \times\ \ \times\ \ \times)$$

가 된다. 인접표의 인접연결도시 열에서 도시9를 지운다. 도시9의 인접도시는 도시5와 8이고, 인접도시의 수는 각각 3개, 2개이다. 따라서 도시8이 선택된다. 그러면 자손은

$$O1 = (1\ \ 9\ \ 8\ \ \times\ \ \times\ \ \times\ \ \times\ \ \times\ \ \times)$$

가 된다. 인접표의 인접연결도시 열에서 도시8을 지운다. 같은 방법으로 반복하면 자손은

$$O1 = (1\ \ 9\ \ 8\ \ 7\ \ 6\ \ 3\ \ 2\ \ 5\ \ 4)$$

가 생산될 수 있다.

같은 방법으로 다른 자손 O2의 시작 인자를 부모 P2의 첫 인자인 도시3으로 하자. 도시3을 인접연결도시 열에서 지운다. 도시3의 인접연결도시는 도시2, 4, 6이고 이 도시들에서 도시3을 지우고 남은 연결도시의 수는 각각 2개, 3개, 2개이다. 도시2와 6에서 인접연결도시 수가 2개로 동일하므로 임의로 도시6을 선택하자. 그리고 도시6을 인접연결도시 열에서 지운다. 도시6의 남은 인접도시는 도시5, 7이고 이들 도시의 인접연결도시 수는 각각 3개, 1개이다. 따라서 도시7이 선택된다. 같은 방법으로 반복하면 자손

$$O2 = (3\ \ 6\ \ 7\ \ 8\ \ 9\ \ 1\ \ 2\ \ 5\ \ 4)$$

가 생산될 수 있다.

Starkweather *et al.*(1991)는 인접인자재결합교차를 변형한 개선된 인접인자재결합교차 (enhanced edge recombination crossover)를 제안하였다. 인접인자의 연결도를 좀 더 구체적으로 나타낼 수 있는 방안으로 어떤 도시가 두 부모에서 모두 특정 도시에 인접된 경우 이를 인접표에서 "－"로 나타내어 이 인접도시를 우선하여 선택하는 방법이다. 예로 위의 인접표에서 도시1의 인접도시는 부모1에서 도시9와 2이고, 부모2에서 도시4와 9이다. 도시9는 두 부모에서 도시1에 인접해 있다. 따라서 도시1의 인접연결도시는 인접표에서 －9, 2, 4로 표시된다. 인접표에서 인접연결도시의 수가 4개인 경우와 2개인 경우는 앞의 인접인자재결합교차와 같은 결과를 가져온다. 다만, 인접연결도시의 수가 3개인 경우 두 부모에 인접된 도시를 우선하여 선택하는 것만 달라진다.

개선된 인접인자재결합을 위한 인접표는 아래와 같이 된다.

〈인접표〉

도시	인접연결도시
1	−9, 2, 4
2	1, −3, 5
3	−2, 4, 6
4	3, 5, 8, 1
5	4, 6, 9, 2
6	5, −7, 3
7	−6, −8
8	−7, 9, 4
9	8, −1, 5

부모 P1의 첫 번째 인자 도시1을 시작 인자로 두자. 도시1을 인접연결도시 열에서 지운다. 도시1과의 인접연결도시는 －9, 2, 4이므로 도시9가 선택된다. 도시9를 인접연결도시 열에서 지운다. 도시9의 인접도시는 5, 8로 이들 도시의 인접연결도시 수는 각각 3개, 2개가 된다. 따라서 도시8이 선택된다. 도시8을 인접연결도시 열에서 지운다. 도시8의 인접도시는 도시 －7, 4이므로 도시7이 선택된다. 같은 방법으로 하면 자손은

$$O1 = (1 \quad 9 \quad 8 \quad 7 \quad 6 \quad 5 \quad 4 \quad 3 \quad 2)$$

가 생산될 수 있다.

3) 순열표현의 돌연변이연산자

경로 표현에서 교차 연산자를 이원 연산자(binary operator), 그리고 돌연변이 연산자를 일원 연산자(unary operator)라 부르기도 한다. 경로 표현에서 사용되는 돌연변이 연산자는 교환(reciprocal exchange), 삽입(insertion), 역순(inversion), 전위(傳位: displacement) 등이 있다.

■ 교환

교환연산자는 개체에서 서로 같지 않은 두 인자를 임의로 선택하여 상호 교환하는 연산자이다. 예를 들어 아래와 같이 부모 P에서 교환될 인자로 네 번째와 여덟 번째 인자 4와 8이 임의로 선택되었다면 선택된 두 인자를 서로 교환하여 자손 O를 생산한다.

$$P = (1\ 2\ 3\ \underline{4}\ 5\ 6\ 7\ \underline{8}\ 9)$$

$$O = (1\ 2\ 3\ \underline{8}\ 5\ 6\ 7\ \underline{4}\ 9)$$

■ 삽입

삽입연산자는 개체에서 임의의 한 인자를 선택하여 임의의 다른 위치로 삽입하는 연산자이다. 아래와 같이 부모 P에서 삽입할 인자가 임의로 네 번째 인자 4로 선택되고, 삽입될 위치가 여덟 번째와 아홉 번째 인자 사이로 임의 선택되었다면 인자 4를 여덟 번째와 아홉 번째 인자 사이로 삽입하여 자손 O를 생산한다.

$$P = (1\ 2\ 3\ \underline{4}\ 5\ 6\ 7\ 8\ 9)$$

$$O = (1\ 2\ 3\ 5\ 6\ 7\ 8\ \underline{4}\ 9)$$

■ 역순

역순연산자는 부모에서 두 개의 절단점을 임의로 선택하고 절단점사이의 인자들을 역순으로 하여 자손을 생산하는 방법이다. 예를 들어, 아래와 같이 부모 P에서 절단점이 임의로 선택되었다면 절단점사이의 인자들을 역순으로 하여 자손 O를 생산한다.

$$P = (1\ 2\ 3\ |\ 4\ 5\ 6\ 7\ |\ 8\ 9)$$

$$O = (1\ 2\ 3\ \underline{7\ 6\ 5\ 4}\ 8\ 9)$$

■ 전위

전위(傳位)연산자는 부모에서 두 개의 절단점을 임의로 선택하고 절단점 사이의 인자들을 임의 위치로 옮겨 자손을 생산하는 방법이다. 예로 부모 P에서 두 절단점이 아래와 같이 선택되고, 이동 위치를 임의로 선택, 예로 여덟 번째와 아홉 번째 인자 사이로 이동하면 아래 자손 O와 같이 된다.

$$P = (1\ 2\ 3\ |\ 4\ 5\ 6\ 7\ |\ 8\ 9)$$

$$O = (1\ 2\ 3\ 8\ \underline{4\ 5\ 6\ 7}\ 9)$$

이들 돌연변이 연산자도 문제의 특성에 알맞게 사용함으로써 유전알고리즘의 성능을 향상시킬 수 있다. 특히 돌연변이 연산자는 다양한 해 공간을 탐색하는 능력이 있으므로 집단의 평균해보다는 하나의 좋은 해를 찾는 경우 교차 연산자보다 더 결정적인 역할을 하는 것으로 알려져 있다.

이들 연산자의 선택은 적용 문제에 따라 달라진다. 개체에서 보존되어야 할 중요 정보가 유전자 간의 인접 정보인가 순서 정보인지 또는 위치 정보인지를 파악해서 결정해야 한다. 그리고 좋은 해를 생성할 가능성이 높은 경우가 유전자들의 역순인지 아니면 교환 및 삽입인지를 파악하여 돌연변이 연산자를 선택할 것을 제안한다.

7.1.4 그룹번호표현과 유전연산자

그룹핑문제(grouping problem)는 어떤 목적에 의해 객체(object)들을 그룹으로 나누는 문제이다. 그룹핑문제는 그룹의 수가 고정된 경우와 그룹의 수가 고정되지 않는 문제로 분류할 수 있다. 그룹의 수가 주어진 그룹핑문제로는 동일 크기 파일 만들기(equal piles) 문제, 그래프 색칠하기(graph coloring) 문제 등이 있다. 동일 크기 파일 만들기 문제는 k개의 그룹에 n개의 객체를 할당할 때, 그룹에 할당된 객체량의 편차를 최소로 하는 문제이고, 그래프 색칠하기 문제는 예로 미국 지도에 4개의 색(그룹)으로 대륙의 48개주(객체)를 색칠하는데 접하고 있는 주가 같은 색으로 칠해지는(인접 객체가 같은 그룹에 속하는) 수를 최소로 하는 문제이다.

그룹의 수가 주어지지 않는 그룹핑문제로는 대표적으로 상자 채우기(bin-packing) 문제가 있다. 상자 채우기 문제는 일정 크기의 상자(그룹)에 크기가 다른 여러 물건(객체)을 넣을 때 소요되는 상자의 수를 최소로 하는 문제이다.

1) 그룹번호표현

그룹번호표현에서 개체의 인자 값은 그룹의 번호를 나타내며, 인자의 위치는 그룹에 할당되는 객체의 번호를 나타낸다. 즉, i 객체가 j그룹에 할당되어 있다면 개체의 i 번째 인자의 값은 j이다. 예를 들면 12개의 객체를 3개의 그룹에 할당하는 문제에서 객체들이 {2,3,6,7}, {1,5,8,11}, {4,9,10,12}로 편성된 해는 다음과 같은 개체로 표현된다.

(2 1 1 3 2 1 1 2 3 3 2 3)

그룹번호표현은 동일 크기 파일 만들기 문제, 그래프 색칠하기 문제 등 그룹의 수가 주어진 문제에서 사용 가능하다. 따라서 이 표현은 그룹의 수가 주어지지 않고 이를 최소화하는 상자 채우기 문제 등에 사용하는 데는 어려움이 따른다.

그룹번호표현은 그룹에 할당된 객체의 집합이 명확히 표현되어 있으므로 별도의 해석법이 필요 없이 쉽게 개체를 해석할 수 있다는 장점을 갖는다. 그러나 이 표현은 다음과 같은 두 가지 단점을 가지고 있다. 첫째, 동일한 분할이 서로 다르게 표현되어 같은 해가 다른 해처럼 취급될 수 있다. 다음 두 개체가 (1 2 2 2 3 3 2 1)과 (1 3 3 3 2 2 3 1)로 표현되어 있다고 하자. 이들 개체는 달리 표현되어 있으나 그룹의 순서가 없는 경우에는 동일한 분할을 나타낸다. 즉, 두 개체는 모두 {1, 8}, {2, 3, 4, 7}, {5, 6}으로 그룹화됨을 의미하고 단지 차이가 있다면 객체가 편성된 그룹의 번호만 다를 뿐이다. 둘째, 교차 또는 돌연변이를 행한 후 생성된 새로운 개체가 k개 이하의 그룹을 가질 수 있다. 즉, 전통적인 유전연산자에 의해서는 비가능해가 생성될 수 있다. 이 경우에 대해 8개의 객체를 3개의 그룹에 할당하는 문제를 예로 하여 구체적으로 알아보자. 두 개체 P1, P2를 부모로 하여 일점교차를 사용하고 절단점이 네 번째 인자와 다섯 번째 인자 사이라면 다음과 같이 새로운 자손이 생성된다. 이때 새롭게 생성된 자손 중 O2는 그룹 1이 없게 되어 비가능해가 된다.

$$
\begin{array}{ll}
P1 = (1\ 1\ 1\ 2 \mid 2\ 2\ 3\ 3) & O1 = (1\ 1\ 1\ 2 \mid 3\ 3\ 1\ 1) \\
\quad\quad\quad\quad\quad \times & \Rightarrow \\
P2 = (2\ 2\ 2\ 3 \mid 3\ 3\ 1\ 1) & O2 = (2\ 2\ 2\ 3 \mid 2\ 2\ 3\ 3)
\end{array}
$$

이와 같이 유전연산에 의해 비가능해가 생산될 수 있는 경우, 이를 다루는 방법으로는 교차점을 달리하면서 가능해가 생산될 때까지 반복하거나, 비가능해를 가능해로 보수(repair)하는 방법 등이 있다.

2) 그룹번호표현의 교차연산자

■ 일점교차와 이점교차

그룹 수가 고정된 경우, 그룹번호표현에 일점교차와 이점교차를 사용하면 앞에서 설명한 바와 같이 비가능해가 생성될 수 있다. 이를 해결하는 한 방법으로 가능해가 생산될 때까지 교차를 여러 번 행하는 거다. 그러나 이 경우 가능해가 생산되지 않을 수 있다. 또한 비가능해를 가능해로 수리하는 방안이다. 이 경우 부모가 갖는 의미 있는 유전 정보를 자손에게 전달하는 데 어려움이 있다. 따라서 그룹번호표현에서 전통적 교차 방법인 일점교차와 이점교차는 거의 사용되지 않는다.

■ 구조교차

구조교차(structural crossover)는 한 부모로부터 특정 그룹들을 상속받고 나머지 그룹은 다른 부모로부터 상속받는 교차 방법이다(von Laszewski, 1991). 이때 가능해 유지를 위하여 자손의 수정이 필요하면 다른 부모로부터 상속받은 인자 중에서 보수한다. *k*개의 그룹이 있다 하자. 구조교차의 절차는 다음과 같다.

단계 1: 범위 [1,*k*] 에 있는 임의의 정수 *r*을 추출한다.
단계 2: P1에서 1부터 *r*의 값을 갖는 인자들을 자손(O1)의 같은 위치에 복사한다.
단계 3: P2에서 1부터 *r*의 값을 갖는 인자들을 모두 지운다. 자손 O1의 미할당 위치에 있는 P2의 인자들을 자손 O1에 복사한다.
단계 4: 자손 O1의 미할당 인자들을 (P2에서 1부터 *r*의 값을 갖는 인자들을 지움으로 인한 미할당) 보수한다.

이 예를 보자. $k = 5$이고 부모가

P1 = (3 2 3 1 4 3 4 4 3 5 4 3 5 3)

P2 = (1 4 2 5 3 1 4 5 5 4 3 3 2 4)

라 하자. $r = 3$이면 구조교차는 아래와 같이 된다.

```
P1 = ( 3  2  3  1  4  3  4  4  3  5  4  3  5  3 )
       ↓  ↓  ↓  ↓     ↓        ↓        ↓     ↓
O1 = ( 3  2  3  1  *  3  4  5  3  4  *  3  *  3 )
                   ↑     ↑  ↑     ↑  ↑     ↑
P2 = ( *  4  *  5  *  *  4  5  5  4  *  *  *  4 )
```

자손 O1은 부모 P1에서 그룹1부터 3까지는 그대로 상속 받고, 나머지 그룹은 부모 P2에서 상속받는다. 자손 O1에 미 확정된 *를 어떻게 할당하느냐는 문제가 남는다. 이를 할당할 때 적용문제에 효율적인 발견적 기법을 사용할 수 있다. 자손 O2는 부모 P1과 P2의 역할을 바꾸어 생산한다.

위 절차에서는 P1에 있는 그룹 1부터 *r*까지를 자손에게 그대로 상속하고 있다. 이를 좀 더 일반화하여 범위[1, *k*]에 있는 두 정수 *p*, *q*(>*p*)를 추출하여 부모 P1에서 그룹 *p*부터 *q*까지를 상속하고 미할당 위치에 있는 인자 값은 위와 같은 방법으로 부모 P2에서 할당할 수 있다. 물론 이때도 미할당된 인자들이 존재하게 된다.

3) 그룹번호표현의 돌연변이연산자

그룹번호표현에서 돌연변이는 순서표현에서 사용하는 삽입, 교환, 역순, 전치연산자를 그대로 사용할 수 있다. 실험 결과에 따르면 동일 크기 파일 만들기 문제나 그래프 색칠하기 문제에서는 삽입이나 역순 연산보다는 교환 연산이 비교적 좋은 해를 생산하는 것으로 알려져 있다. 또한, 돌연변이율에 의해 선택된 돌연변이 인자에는 교차에서와 같이 적절한 발견적 기법을 사용하여 구한 그룹을 재할당하는 방법이 주로 사용된다.

7.1.5 그룹인자표현과 유전연산자

1) 그룹인자표현

그룹핑문제에서 그룹의 순서와 그룹 내에서 객체의 순서가 의미가 없는 경우가 많다. 그룹핑문제에서는 각 그룹을 이루는 객체가 어떻게 구성되느냐가 중요하다. 그런데 그룹번호표현과 순열표현은 그룹 중심의 표현이라기 보다는 객체 중심의 표현이다. 이들 표현은 앞에서 언급했듯이 해의 중복 표현이 많아 한정된 집단으로 해 공간을 탐색하는데 있어 비효율적이게 된다. 그리고 사용되는 유전연산자도 객체 단위로 이루어져 그룹이 갖는 좋은 정보를 이용하지 못하고 이를 파괴하기 쉽다. 이러한 문제점들을 해결하기 위하여 Falkenauer(1994)는 하나의 그룹을 하나의 인자(one gene for one group)로 표현하는 방법을 제안하였다.

Falkenauer가 제안한 표현의 개념은 [그림 7-5]와 같다. 그림에서 13개의 객체들은 6개 그룹으로 묶여져 있다. 이에 대응하는 개체의 인자는 (A B C D E F)로 표현한다. 이 개체에서 인자는 그룹을 나타내므로 개체는 그룹의 수와 동일한 6개의 인자를 갖는다. 각 인자는 하나 이상의 객체로 구성되어 있는 그룹을 의미하고, 그룹은 각 객체의 집합이므로 한 인자내의 객체 순서와 개체내의 인자 순서는 해를 표현하는데 중요하지 않다.

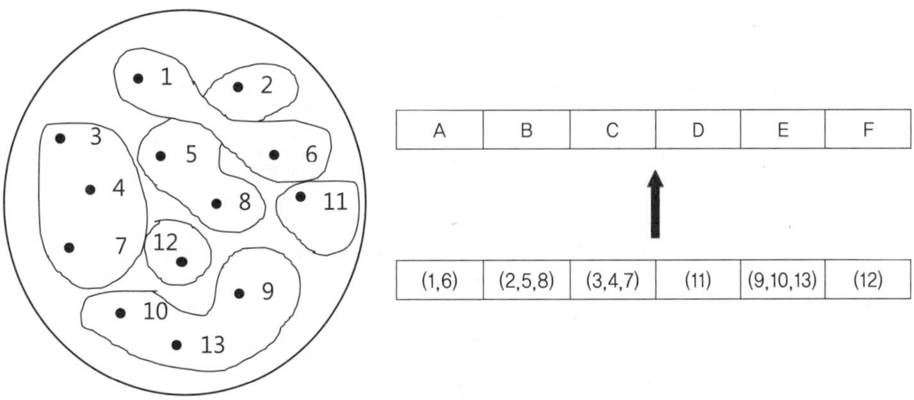

그림 7-5 그룹인자표현

이 표현에서는 각 개체에 있는 인자 수가 곧 그룹의 수가 된다. 따라서 그룹의 수가 고정된 동일 크기 파일 만들기 문제에서는 각 개체의 길이(개체에 있는 인자 수)가 항상 일정하게 유지되어야 하지만 그룹의 수를 최소로 하는 상자 채우기 문제에서는 개체의 길이를 다르게 가질 수 있다는 특징을 갖는다.

2) 그룹인자표현의 교차연산자

분할문제에서는 그룹의 정보를 다음 세대에 전달할 수 있는 유전연산자의 개발이 필요하다. 그룹인자 표현으로 된 개체의 교차는 다음과 같은 과정으로 진행된다.

단계 1: 두 부모 개체에 대하여 이점교차와 같이 임의로 두 절단점을 선택한다.
단계 2: 부모1의 첫 번째 절단점에 부모2의 첫 번째 절단점과 두 번째 절단점 사이의 인자를 삽입한다.
단계 3: 부모1에서 부모2에 있는 인자 삽입으로 인해 중복되는 객체들을 삭제한다.
단계 4: 삭제되는 객체가 있는 인자(그룹)들에 남아있는 객체들을 대상으로 하여 새로운 인자를 생성한다. 이때 문제가 갖는 특성을 이용한 발견적 기법을 사용할 수 있다.
단계 5: 두 부모의 역할을 바꾸어 단계 2부터 4를 반복함으로써 다른 하나의 자손을 생성한다.

예를 들어 교차방법을 구체적으로 알아보자. 상자 채우기 문제에서 다음 두 부모 개체로 자손을 생산하는 교차를 수행한다고 하자. 다음 예에서 P1은 [그림 7-5]의 개체를 표현하고 있으며, P2는 13개의 객체들이 4개의 상자에 각각 {1, 3, 4, 7}, {2, 5}, {6, 8, 9, 11}, {10, 12, 13} 이 할당되고, 이들 인자를 차례로 a, b, c, d라 두자.

P1 = (A B C D E F), P2 = (a b c d)

다음과 같이 임의로 절단점을 선택하여 교차시킬 부분을 결정하였다고 하자.

P1 = (A|B C D|E F), P1 = (a b|c d|)

P2에 있는 절단점 사이의 인자 c, d(이때 인자 c, d는 그룹 c, d를 나타냄)를 P1의 첫 번째 절단점이 있는 위치로 복사한다. 그러면 O1은 다음과 같이 된다.

O1 = (A c d B C D E F)

다음은 P2에서 인자를 복사함으로써 중복된 객체를 삭제한다. 그룹 c, d를 P1에 복사함으로써 O1에 중복하여 나타난 객체는 그룹 c, d에 속한 객체들 즉, 6, 8, 9, 10, 11, 12, 13이고 원래 P1에서 인자 A, B, D, E, F에 이들이 존재한다. 이들 인자에서 c, d에 속한 객체를 삭제하면 남은 객체는 {1, 2, 5}이고, 남은 인자는 (c d C)가 된다. 삭제되지 않은 객체 {1, 2, 5}는 적절한 발견적 기법을 이용하여 재할당한다. 분할문제에서 재할당을 위하여 사용되는 대표적인 발견적 기법으로는 First-Fit(FF) 규칙과 Best-Fit (BF) 규칙 등이 있다(Khuri *et al.*, 1995).

이러한 발견적 기법을 사용하여 누락된 객체들을 재할당하면 새로운 개체 O1은 (c d C x)의 형태가 되고, 여기서 x는 누락된 객체(예에서 객체 1, 2, 5)가 재할당된 인자(그룹)를 나타내며, 하나 이상의 인자(그룹)가 생성될 수도 있다. 그룹인자 표현의 개체를 교차하면 O1에서 알 수 있는 바와 같이 P1에서 그룹 C를 전달받고, P2에서 그룹 c, d를 전달받는다. 따라서 두 부모로부터 그룹의 정보를 유전 받기 때문에 그룹의 정보가 중요시되는 분할문제에 효과적이라고 할 수 있다. 그러나 누락된 객체들을 재할당하기 위한 적절한 발견적 기법이 필요하게 된다.

■ 돌연변이

돌연변이도 객체단위보다는 그룹단위로 이루어져야 한다. 돌연변이의 역할은 적용 문제에 따라 다를 수 있으나 새로운 그룹을 생성하는 역할과 함께 이미 존재하는 그룹을 삭제하는 역할을 수행할 수 있어야 한다. 돌연변이의 한 예로 주어진 개체에 대하여 몇 개의 인자(그룹)들을 임의로 선택하여 선택된 인자(그룹)에 있는 모든 객체에 대해 교차에서와 같이 발견적 기법을 사용하여 새로운 인자(그룹)를 생성하는 것이다.

Falkenauer는 교차와 돌연변이를 수행한 후 또 하나의 연산자로 역순연산자의 사용을 제안하고 있다. 역순연산자는 연속된 부분인자(substring)들의 순서를 뒤바꾸는 연산을 말한다. 예를 들어 (B E C D A)로 표현된 개체에서 첫 번째 인자 B와 세 번째 인자 C사이의 개체 순서를 역순하면 (C E B D A)가 생성된다. 만약, 어떤 문제에서 그룹 B와 D가 좋은 형질을 갖는 그룹이라면 역순 연산에 의해 B와 D가 인접하게 되어 교차 시 이 두 인자가 함께 자손에 상속될 확률이 높아 좋은 해를 유도할 수 있다. 물론 역순연산에서 각 그룹을 구성하고 있는 객체가 변하는 것은 아니다.

7.1.6 랜덤 키 표현

랜덤 키(random keys) 표현은 잠재 해가 난수(random number)로써 표현되고, 이 값들은 개체를 해석하는 데 분류열쇠(sort keys)로 사용된다. 난수는 흔히 범위 (0, 1)의 실수가 사용된다. 예로 다섯 공정의 순서를 구하는 문제에서 개체가

(0.25, 0.48, 0.87, 0.14, 0.69)

로 표현되었다 하자. 이 표현에서 각 위치는 공정을 나타낸다. 난수가 작은 것부터 차례로 작업하

는 것으로 해독하면 공정 순서는 아래와 같이 된다.

$$공정\ 4 \rightarrow 1 \rightarrow 2 \rightarrow 5 \rightarrow 3$$

이 표현은 해석이 용이하고 일점교차와 이점교차는 물론이고 순열표현의 다양한 연산자를 사용할 수 있다. 이러한 장점으로 인해 스케쥴링, 차량경로, 외판원 문제와 같은 순서문제와 라인밸런싱과 설비배치와 같은 그룹핑문제, 이차할당문제(quadratic assignment problem)와 같은 최적화문제에 사용할 수 있다(Bean, 1994). 그러나 표현과 연산에서 문제의 특성을 반영하기 어렵고 이로 인해 개체의 좋은 형질(특성)을 보존하여 자손에게 상속하기가 어렵다는 단점이 있다.

7.1.7 죄수의 딜레마 게임 표현

죄수의 딜레마 게임(prisoner's dilemma game)은 게임이론에서 2인 비영합게임의 대표적 예로 사용되고 있다. 두 죄인(이를 A, B로 둠)이 함께 범죄를 저질러 감옥에 수감되었다고 하자. 두 죄인을 분리하여 범죄 여부를 조사하는데, 죄인 A와 B가 서로 협조하여 범죄 사실을 숨기면 1년 형을, 만일 두 죄인 모두 배신하여 상대의 범죄 사실을 알리면 2년 형을 받는다. 한편, 죄인 A가 배신하여 죄인 B의 죄를 증언하겠다고 하고, 죄인 B는 협조하여 죄인 A의 범죄 사실을 숨기면 죄인 A는 석방되고 죄인 B는 5년 형을 받게 된다. 그 역도 마찬가지이다. Axelrod (1987)는 이 문제를 유전알고리즘을 이용하여 각 참가자의 전략을 분석하였다. 그가 제시한 이득 쌍행렬(bimatrix)은 아래와 같다.

		죄인 B 협조	죄인 B 배신
죄인 A	협조	(3,3)	(0,5)
	배신	(5,0)	(1,1)

그림 7-6 죄수의 딜레마 이득

Axelrod가 제시한 유전 표현 방법을 알아보자. 한 번의 선택을 C(협조)와 D(배신)로 각각 표현한다. C는 0, D는 1의 이진수로 표현할 수 있다. 두 죄수가 한 번의 게임에서 전략 C와 D를 취할 수 있으므로 CC, CD, DC, DD의 4가지 경우가 있다. 여기서 CC는 자신이 숨기고(협조하고) 상대도 협조하는 전략, DC는 자신은 배신하고, 상대는 숨기는(협조하는) 전략을 취한 것을 의미한다.

Axelrod는 반복적으로 이 게임을 하면서 앞 게임에서 취한 전략은 노출된다고 가정하였다. 그리고 참가자는 세 번의 이 전 게임에서 자신과 상대방의 행동(즉, 협조와 배신)을 기억하고, 자신의 전략은 이들 전략에 기초하여 행한다고 본다. 한 게임에서 각 죄인이 취할 수 있는 전략은 4 경우이므로 이전 3게임의 경우의 수는 아래와 같이 4*4*4 = 64가지이다.

CC CC CC (경우 1)
CC CC CD (경우 2)
CC CC DC (경우 3)
⋮ ⋮
DD DD DC (경우 63)
DD DD DD (경우 64)

이들 64가지의 각 경우에 대한 전략 C 또는 D (0과 1)는 64비트의 이진수로 나타낼 수있다. 그리고 게임을 시작하기 전 가상적인 세번의 게임을 위해 6비트가 요구된다. 그러면 선체 70비트의 이진수로 염색체를 나타낼 수 있다. 이 문제는 2^{70} 개(약 10^{21} 개)의 가능한 해를 갖는 최적해 문제가 된다. 예로 표현이 아래와 같다고 하자.

(CCCCCDDC ·········· DCD) (70개의 인자)

위 표현에서 초기 세 게임은 CC CC CD의 전략이 취해졌고 이는 경우 2이고, 경우 2는 8번째 인자에 해당하여 전략 C를 취함을 의미한다. 게임을 반복하면서 최근 세 게임의 결과가 경우 1이면 전략 D, 경우 2이면 전략 C, 그리고 경우 63이면 전략 C, 경우 64이면 전략 D를 사용함을 나타내고 있다. 이때 상대의 전략은 두 형태로 실험하였다. 하나는 대표적인 전략을 포함하는 일정 수의 개체들(대표적인 8개의 전략을 만족하는 20개의 개체)에 대해 실험하였다. 이 경우는 환경을 고정시키는 것이나, 다른 하나로 상대의 전략도 경쟁하면서 진화하는 경우에 대해 실험하였다. 이 경우 두 개의 경쟁 집단이 운영된다. 표현은 같고, 평가 방법도 같으나, 단지 상대 집단도 같은 방법으로 진화하게 된다. 실험결과, 처음에는 협조하고 다음에는 상대가 직전에 취한 전략을 그대로 따라 하는, 즉 상대가 직전 게임에서 협조하면 자신도 협조하고, 상대가 배신하면 자신도 배신하는, TIT FOR TAT (앙갚음)가 좋은 전략으로 나타났다.

유전연산자는 이진수표현에서 사용한 연산자를 사용할 수 있다.

7.2 선택 방법

유전알고리즘에서 선택은 다윈의 자연선택을 모방한 것으로 집단에서 생존하여 다음세대의 자손 생산에 참여할 개체를 추출하는 것을 의미한다. 여러 선택방법이 제안되고 있다. 어떤 선택방법을 사용할 것인지를 결정할 때는 집단 다양성(population diversity)과 선택압력(selection pressure)의 균형을 고려하여야 한다. 여기서 선택압력은 적응도에 따라 개체가 다음 세대에 선택될 확률로, 선택압력이 높다는 것은 좋은 개체가 나쁜 개체보다 선택될 확률이 상대적으로 높다는 것을 의미한다. 선택압력이 높으면 좋은 개체가 중복 선택되어 집단의 다양성이 낮아진다.

선택압력을 높게 하면 조기 수렴하여 부분최적에 도달하기 쉽고 낮게 하면 좋은 해의 이용이 약해 임의 탐색과 비슷한 경향을 보일 수 있다. 그러므로 넓은 탐색공간의 '탐사'와 좋은 해의 '이용'이 적절히 조화될 수 있는 선택방법을 사용해야 한다.

이 장에서는 여러 선택 방법을 다룬다. 먼저 아래와 같이 기호를 정의한다.

f_i : 개체 i 의 적응도

N : 집단의 크기(개체 수)

$F = \sum_{i=1}^{N} f_i$

$\overline{f} = F / N$

p_i: 개체 i 가 선택될 확률

1) 확률적 선택 방법

(1) 확률바퀴선택(roulette wheel selection)

$p_i = f_i / F$, $i = 1,\ldots, N$ 의 크기를 갖는 스롯(slot)들로 구성된 확률바퀴(roulette wheel)를 만들어 집단의 크기만큼 반복하여 개체를 선택한다. 같은 개체의 중복 추출이 허용된다.

(2) 일반확률선택(stochastic universal selection)

다음 세대에 선택되는 개체의 수가 적응도에 좀 더 비례하여 선택될 수 있도록 [그림 7-8]과 같이 선택한다. 모든 개체가 적응도에 비례하여 생존한다면 개체 i 의 기대치는 $e_i = N \times p_i (= f_i / \overline{f})$ 가 된다. 개체 i 가 추출되는 수는 e_i 보다 작거나 같은 최대의 정수 또는 이에 1을 더한 정수가 되도록 한다. 이는 [그림 7-8]에서와 같이 범위 (0,1)에서 난수 ptr 를 한번 추출하여 N 개의 개체에 대해 차례로 중복 선택해 나간다.

```
The stochastic universal selection
  begin
      sum ← 0;
      ptr ← random (0,1)
      for  k ← 1 to N do
          sum ← sum + e_k;
          while (sum > ptr) do
             select chromosome k;
             ptr ← ptr+1;
          end
      end
  end
```

그림 7-8 일반확률선택 절차

2) 확률적과 결정적 선택의 혼합 방법

(1) 잔여확률선택(remainder stochastic sampling with replacement)

개체 i 가 추출되는 기댓값 e_i 에서 정수 부분의 수만큼 뽑고, 나머지 개체는 소수 값에 의해 집단에서 경쟁에 의해 추출한다. 즉 모든 개체의 소수 부분을 합하여 각 개체의 소수부분에 의해 부족한 개체를 뽑는다.

(2) 토너먼트선택(tournament selection)

토너먼트선택 절차는 다음과 같다.

단계 1. 집단의 개체를 임의로 나열하여,
단계 2. 나열된 순서에서 차례로 일정 크기(토너먼트 크기라 함)로 나누어,
단계 3. 나누어진 각 블록의 개체들 중에서 가장 높은 적응도를 갖는 개체를 선택한다.
단계 4. 단계1, 2, 3의 과정을 집단 크기만큼 추출될 때까지 반복한다.

토너먼트 크기, k 는 흔히 2가 사용된다. 가장 좋은 해는 항상 토너먼트 크기만큼 선택된다. 이 선택 방법의 여러 장점은 가지고 있다. 최대화 문제나 최소화 문제, 그리고 적응도의 차가 크지 않는 문제에도 토너먼트 크기 이외의 파라미터 없이 쉽게 사용할 수 있다. 가장 큰 장점은 여러 실험에서 토너먼트 크기가 2인 이진 토너먼트를 사용하면 집단 다양성과 선택 압력이 적절히 균형을 이룬다는 것이다. 이와 같은 장점으로 인해 여러 연구에서 토너먼트선택 방법을 사용하고 있다.

3) 확정적 선택 방법 (deterministic selection)

집단에서 적응도가 높은 개체를 확정적으로 추출하는 방법은 다음과 같다.

(1) 절단선택(truncation selection)

T %(threshold)의 우수 개체를 선택하여, 각 개체를 약 $100/T$ 개씩 추출하는 방법이다.

(2) 블록선택(block selection)

각 우수 개체를 s 개씩 추출하는 방법으로, 이때 우수 개체 수는 N/s 개가 된다. 여기서 $s = N/T$ 이면 절단 선택과 동일하게 된다.

이들 방법 이외에 여러 방법이 제안되었다. 예로 지금까지 가장 좋은 개체를 다음 세대에 상속시켜 보관하는 엘리트 전략(elitist strategy)이 추가로 사용되었다.

7.3 적응도의 스케일링

평가 함수에 의해 측정되는 개체의 적응도, f_i 값에 비례하여 개체를 확률바퀴방법으로 선택하면, 아래와 같은 결과가 나타날 수 있다

- 적응도 값이 범위[1000,1010]에서 존재하는 경우, 개체간의 적응도 차이가 적어 임의선택과 비슷한 결과를 가져온다.
- 초기에 몇 개의 아주 좋은 개체가 나타나면, 이 개체들이 집단을 지배하여 조기 수렴하게 된다.
- 진화가 계속되면서 집단의 개체들이 특정 값에 수렴하게 될 때, 개체들간의 경쟁이 약화되어 임의선택과 같은 결과가 나타난다.

따라서, 개체의 적응도가 상대적 차이를 가질 수 있도록 하고, 몇 개의 초개체(적응도가 상대적으로 아주 높은 개체)에 의해 너무 빨리 집단이 지배되지 않도록 하여 집단의 다양성을 유지해야 한다. 이를 위해 선택에 기준이 되는 적응도를 조정(scaling)하는 방법들이 제안되었다.

원 적응도(raw fitness)의 변환에 대해 알아보자.

먼저, $f_k' = g(f_k)$ 로 두자. 함수 $g(\cdot)$ 는 원 적응도(raw fitness) f_k 를 조정한 적응도 (scaled fitness) f_k' 로 변환하는 함수이다.

1) 일차 변환 (linear scaling)

원래의 적응도를 다음과 같이 일차 변환에 의해 재 조정한다.

$$f_k' = a \times f_k + b$$

여기서, a, b 는 파라미터다. 앞에서 언급한 것처럼 적응도 값의 범위가 [1000,1100]인 경우, $f_k' = 2 \times f_k - 1000$ 과 같이 변환하여 사용할 수 있다. 최소화 문제일 때는 a 가 음수가 되고 b 는 모든 개체의 f_k' 가 양수가 되도록 둔다.

2) 시그마 절단 (sigma truncation)

일차 변환의 변형으로 집단의 적응도 표준편차 σ 를 사용하여 원래의 적응도가 어느 이하 이면 선택되지 않도록 하는 방법이다. 새로운 적응도는

$$f_k' = (f_k - \overline{f}) + c\sigma$$

로 변환되고, 이때 f_k' 가 음수이면 영으로 둔다. 여기서 c 는 범위 [1, 5]의 정수를 흔히 사용한다.

즉, 개체k 의 적응도 f_k 가 $(\overline{f} - c\sigma)$ 보다 작으면 조정 적응도를 0으로 두고 이보다 크면 $(f_k - \overline{f}) + c\sigma$ 로 둔다. [그림 7-9]는 이를 도식한 것이다.

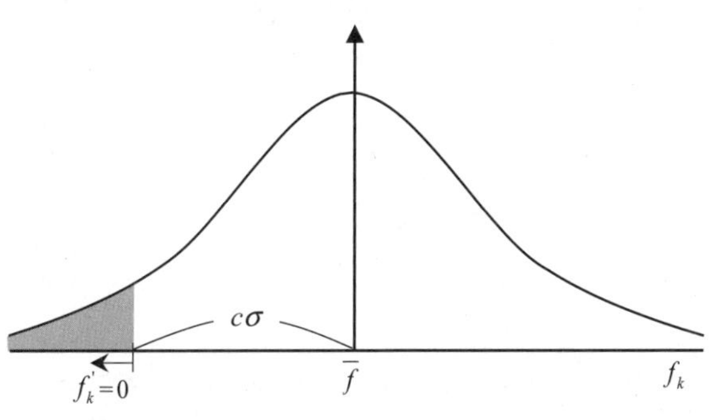

그림 7-9 시그마 절단

3) 순위 (ranking)

집단을 적응도가 가장 좋은 것부터 차례로 나열하여 순서를 정하여, 이 순위에 따라 적응도를 부여한다.

(1) 선형 순위 (linear ranking)

집단에서 k번째 좋은 개체의 선택확률을 $p_k = q - (k-1)r$ 로 둔다. 여기서, q 는 가장 좋은 개체

의 선택 확률이고, $r=(q-q_0)/(N-1)$ 이다. q_0는 가장 나쁜 개체의 선택확률이다. $q_0=0$로 두면 최대 선택압력을 갖는다. 선택 확률을 순위에 따라 q와 q_0 사이의 등 간격으로 주는 방법이다.

(2) 지수 순위 (exponential ranking)

집단에서 k 번째 좋은 개체의 선택확률을 순위에 따라 아래와 같이 지수적으로 증가하게 둔다. $p_k = q(1-q)^{k-1}$, 여기서 q는 가장 좋은 개체의 선택 확률이다.

q가 클수록 순위 차에 의한 선택확률의 차가 커지게 된다. 집단의 개체 수가 많아지면 집단에 있는 개체들의 선택 확률의 합은 1에 수렴한다.

4) 정규화 (normalizing)

최대화 또는 최소화 문제에서 아래와 같이 적응도를 범위 (0, 1] 로 정규화하여 사용할 수 있다.

(1) 최대화 문제

$$f_k' = \frac{f_k - f_{\min} + r}{f_{\max} - f_{\min} + r}$$

여기서, $f_{\max}$와 $f_{\min}$은 현재 세대의 집단에서 각각 가장 큰 적응도와 가장 작은 적응도 값을 나타낸다. r은 흔히 범위 (0, 1)에 있는 작은 실수 값을 취한다.

(2) 최소화 문제

$$f_k' = \frac{f_{\max} - f_k + r}{f_{\max} - f_{\min} + r}$$

여기서, $f_{\max}$와 $f_{\min}$은 현재 세대의 집단에서 각각 가장 큰 적응도와 가장 작은 적응도 값을 나타낸다. r은 흔히 범위 (0, 1)에 있는 작은 실수 값을 취한다.

5) 동적 선형 변환 (dynamic linear scaling)

세대에 따라 동적으로 적응도의 변환을 달리하는 방법으로, 가장 간단한 방법은 다음과 같이 변환하는 것이다.

$$f_k' = a \times f_k + b_t$$

여기서 b_t 는 현 세대의 집단에서 가장 낮은 원래 적응도(raw fitness) 값, 즉 $b_t = -f_{\min}$ 로 둘 수 있다.

6) 승법(乘法) 변환(power law scaling)

원래의 적응도에 거듭제곱의 형태로 변환하여 사용할 수 있다. 한 예로, $f_k' = f_k^{\alpha}$, 여기서 $\alpha > 1$ 이면 원 적응도 보다 차이가 많이 나고, 0 에 가까울 수록 차이가 적게 난다. 한 예로 $\alpha = 1.005$ 를 사용할 수 있다. 또한 원 적응도의 일차 변환에 몇 승을 한 아래와 같이 변환된 적응도에 의해 선택할 수 있다.

$$f_k' = (af_k + b)^{\alpha}$$

이외에 볼츠만 변환 (Boltzmann scaling) 등 여러 형태로 변환할 수 있다. 집단의 다양성과 선택력의 조화를 위해 원 적응도와 이들 적응도의 분포 및 특성, 이에 따른 선택 전략에 따라 적절한 적응도 변환 방법을 사용할 수 있다.

제8장

유전알고리즘의 변형과 확장

제6장에서 다룬 표준유전알고리즘의 성능 향상을 위하여 이를 변형하고 확장한 여러 형태의 유전알고리즘이 제안되었다. 이들 중에서 현실문제의 적용에서 알고리즘의 기본 틀로 사용하거나 개념을 이용할 수 있는 유전알고리즘을 소개한다. 이 장에서는 소개하는 알고리즘은 (1) 수정 유전알고리즘, (2) 안정상태 유전알고리즘(steady-state GA), (3) 이웃 유전알고리즘(neighborhood GA), 그리고 (4) 병렬 유전알고리즘(parallel GA)이다.

8.1 수정 유전알고리즘

Michalewicz(1994)는 제6장에서 제시한 유전알고리즘(이를 '표준유전알고리즘'이라 부르기로 함)의 선택과 유전 연산방법을 수정한 알고리즘을 제안하였다. 이 수정 유전알고리즘의 절차를 단계별로 정리하면 다음과 같다.

단계 1: 세대를 0으로 둔다. $t = 0$.

단계 2: 초기집단($P(0)$)을 생산한다.

단계 3: 집단에 있는 각 개체의 적응도를 평가한다.

단계 4: 세대를 1 증가 시킨다. $t \leftarrow t+1$.

단계 5: $P(t-1)$ 에서 적응도에 따라 (집단의 크기 − R)개의 서로 다른 개체를 선택하여 $P(t)$ 에 복사한다.

단계 6: $P(t-1)$ 에서 적응도에 따라 R개의 개체를 (중복 가능) 선택한다.

단계 7: 단계 6에서 선택된 R개의 개체를 유전연산(교차 또는 돌연변이)시켜 새로운 R개의 개체를 생산한다.

단계 8: 새로 생산된 R개의 개체를 $P(t)$에 추가한다.

단계 9: 집단의 각 개체를 평가한다.

단계 10: 종료기준이 만족하면 끝낸다. 그렇지 않으면 단계 4로 간다.

표준 유전알고리즘과 수정 유전알고리즘과의 차이점은 다음과 같다. 표준 유전알고리즘에서는 $P(t-1)$에서 집단 크기(N_p)만큼 선택(중복가능)하여 $P(t)$로 하고, $P(t)$를 교차와 돌연변이를 사용하여 자손을 생산하는데, 수정 유전알고리즘에서는 위의 단계 5와 단계 6과 같이 선택함으로써 높은 적응도(평가함수 값)를 갖는 초 개체(super individual)가 다음 세대에 여러 개 나타나는 것을 방지함과 동시에 상대적으로 우성형질을 갖는(평가함수 값이 좋은) 개체가 생존할 가능성이 높아지며(단계 5), 이 개체들이 다른 개체와 재결합하여 우성형질을 상속할 확률이 높게 된다(단계 6). 또한 표준 유전알고리즘에서는 돌연변이를 유전인자 단위로 처리하여 개체 길이에 따라 돌연변이율을 결정해야 하는 어려움이 있음에 반하여, 수정 유전알고리즘에서는 단계 7과 같이 개체단위로 처리하여, 선택된 R개의 개체 중에서 몇 개의 개체는 교차, 나머지 개체는 돌연변이를 사용하여 자손을 생산한다. 따라서 돌연변이율은 교차율과의 비율로 결정할 수 있으며, 여러 종류의 교차나 돌연변이도 사용할 수 있다. [그림 8-1]은 이 알고리즘의 흐름도이다.

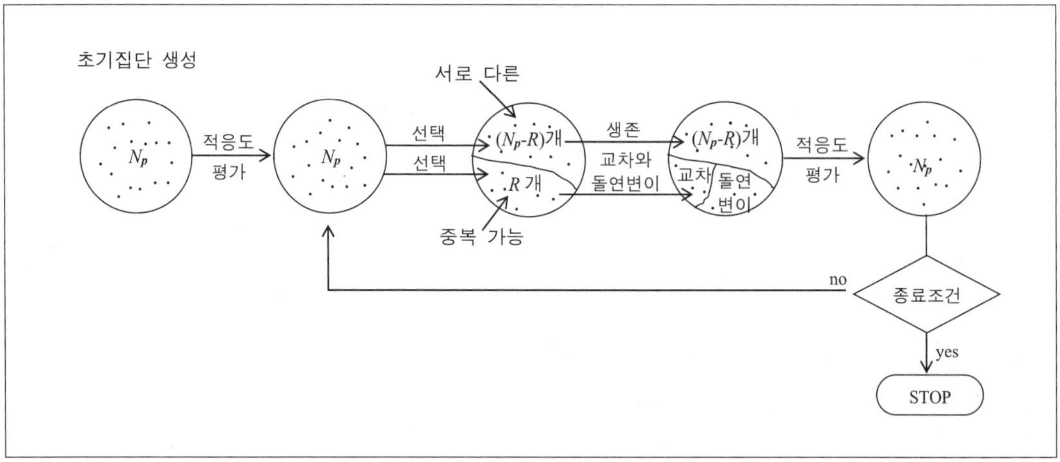

그림 8-1 수정 유전알고리즘의 흐름도

8.2 안정상태 유전알고리즘

표준 유전알고리즘에서 진화는 세대마다 집단 전체를 대상으로 이루어진다. 즉, 앞 세대에서 집단 크기만큼 중복을 허용하면서 적응도에 기초하여 개체를 선택한다. 선택된 개체에 대해 유전연산 파라미터에 의해 교차와 돌연변이를 행하여 자손을 재생산하고 이들의 적응도를 평가한다. 이러한 재생산 과정에서 좋은 개체가 재생산에 참여하지 못할 수도 있고, 유전연산 과정에서 좋은 유전 구조가 파괴될 수 있다. 이러한 단점을 어느 정도 극복하기 위하여 집단에서 적응도에 따라 적은 수의 개체를 선택하여 재생산하고 이를 집단에서 적응도가 낮은 개체와 대체하는 전략이 제안되었다. 예로, 단지 2개의 개체만을 선택하여 하나의 개체를 생산하고 (또는 두 개의 개체를 생산하여 그 중 좋은 하나를 선택하여), 이를 집단의 개체와 대체할 수 있다. 이를 안정상태 유전알고리즘(stcady-state GA)이라 부른다. (표준 유전알고리즘을 안정상태 유전알고리즘과 구별하여 세대형 유전알고리즘(generational GA)이라 부르기도 한다.) 이 알고리즘의 재생산 과정은 다음과 같다. 적응도에 따라 적은 수의 개체(최소 두 개의 개체)를 선택하여 이를 연산 파라미타에 따라 교차와 돌연변이를 행하여 자손을 생산하고 적응도를 평가한다. 생산된 개체의 전부 또는 좋은 몇 개의 개체만을 집단의 개체와 대체한다. 이때 대체되는 개체는 적응도가 낮은 개체들로 한다. 이러한 재생산 과정을 통해 표준 유전알고리즘과 비교할 때 적응도가 높은 좋은 개체가 자손 생산에 참여가 기회가 많아지고, 이들이 보존될 확률도 높아진다.

안정상태 유전알고리즘의 절차는 다음과 같다.

단계 1. $t = 0$으로 둔다.
단계 2. 초기집단($P(0)$)을 생성한다.
단계 3. 초기집단의 개체들의 적응도를 평가한다.
단계 4. $t \leftarrow t+1$로 둔다.
단계 5. $P(t) \leftarrow P(t-1)$로 두고, $P(t)$에서 몇 개의 개체를, $sub\_P(t)$, 선택한다.
단계 6. $sub_P(t)$에 대해 교차와 돌연변이를 행하여 개체를 생산한다.
단계 7. 새로이 생산된 개체를 평가한다.
단계 8. 이들 생산된 개체 전부 또는 좋은 일부 개체를, $P(t)$에 있는 적응도가 낮은 개체들과 교체한다.
단계 9. 종료기준이 만족하면 끝낸다. 그렇지 않으면 단계 4로 간다.

단계 8에서 여러 방법에 의해 집단에서 대체될 개체를 뽑을 수 있다.

(1) 집단에서 가장 좋지 않는 개체들을 확정적으로 선택,

(2) 좋지 않는 개체가 높은 순위를 갖도록 하는 순위선택(ranking selection),
(3) 적응도의 역에 기초한 확률바퀴선택 방법 등이다.

첫째 방법은 확정적이고, 나머지 두 방법은 확률적이다. Syswerda(1991a)는 실험에 의해 이들 방법들이 표준유전알고리즘보다 적은 수의 개체 생산으로 좋은 해를 구할 수 있음을 보였다. 그러나 임의의 개체와 대체하면 표준 유전알고리즘과 성능이 거의 같다고 보고하고 있다.

안정상태 유전알고리즘의 장점은 다음과 같다. 첫째, 적응도가 낮은 개체와 대체함으로써 가장 좋은 개체가 보존될 확률이 아주 높다. 따라서 표준 유전알고리즘에서 지금까지 생산된 가장 좋은 개체를 보존하는 엘리티스트 전략(elitist strategy)과 같은 효과를 가져 온다. 둘째, 좋은 개체가 생산되면, 이 개체는 바로 재생산에 참여할 수 있다. 이는 표준유전알고리즘에서 세대 단위로 자손을 생산하는 것과 구별된다. 이로부터 안정상태 유전알고리즘은 좋은 자손이 생산되는 즉시 이 개체가 갖는 유전정보를 이용하여, 좋은 해의 '이용'을 높일 수 있다. 셋째, 안정상태 유전알고리즘은 적은 수의 개체만을 재생산함으로써, 재생산된 개체를 집단의 개체와 비교하여 집단에 존재하지 않는 개체만을 삽입한다는 제약을 쉽게 첨가할 수 있다. 이러한 간단한 제약 첨가는 집단의 조기 수렴을 방지하여, 즉 넓은 탐색공간의 '탐사'를 가능하게 하여 알고리즘의 성능을 높일 수 있다.

안정상태 유전알고리즘과 같이 집단에서 일부 개체만을 생산하여 이를 대체하는 전략에 관해 좀 더 살펴보자. De Jong(1975)은 집단의 다양성 유지를 위하여 소수의 재생산된 개체들과 교체될 개체의 선택에 관하여 다루었다. 이를 위하여 먼저 집단에서 일부 개체를 임의로 추출하여 대체 후보 부분집합을 구성한다. 그리고 이 부분집합에서 밀집(crowding)이라는 개념을 사용하여 대체할 개체를 선택한다. 밀집도는 개체들 간의 유사성에 의해 측정하였다. 대체 후보 집합에서 생산된 개체와 가장 유사한 개체를 제거함으로써 특정 지역(해공간)에 밀집되는 것을 막아 집단의 다양성을 높이고자 하였다. 유사성의 척도는 문제에 따라 다를 수 있다. De Jong은 이진 표현된 개체의 경우, 각 비트 단위로 동일 여부를 판단하여 구하였다. 대체 후보의 부분집합은 집단에서 임의로 추출하거나 적응도가 낮은 개체들을 추출하여 구성할 수 있다. 이러한 모델을 밀집 모델(crowding model)이라 부른다. 밀집의 개념은 multimodal함수 최적화나 기계 학습(machine learning)에서 유용하게 사용될 수 있다.

8.3 이웃 유전알고리즘

이웃 유전알고리즘(neighborhood GA)은 생태계에서 흔히 그렇듯이 진화과정에서 선택은 전체 집단이 아니라 이웃하는 개체의 적응도에 의해 결정되고, 또한 교차도 이웃에서 이루어진다고 본다. 즉, 진화는 이웃이라는 한정된 지역에 영향을 받는다고 본다. 이 알고리즘의 집단 구조는 [그림 8-2]와 같이 토러스(torus) 형태의 2차원 정방형 격자 구조가 주로 사용된다. 초기화 과정에서 개체들은 임의의 각 셀에 하나씩 할당된다. 특정 개체의 이웃은 해공간이 아니라 격자 구조에서 인접한 개체들이다. 이러한 이웃에 있는 개체를 대상으로 안정상태 유전알고리즘을 적용한다. 이웃 개체들에 의해 짝을 지어 교차하고 생산된 개체는 이웃에 있는 개체와 교체한다. 이러한 이웃 진화는 집단의 다양성을 유지하여 조기 수렴을 방지하고, 적소(適所: niche)를 이루는 경향이 있다. 즉, 지역적인 상호작용으로 이웃은 부분최적을 찾게 되고, 또한 이웃들이 인접한 이웃과 겹치면서 유전 정보를 상호 교환하여 전체최적에 이르는 창발성을 보일 수 있다. 참고로, 생물학에서 적소란 생태적 지위(地位)를 나타내는데, 그것은 생활장소, 양식원(養食原)과 숙소, 다른 생물과의 상호작용 등에 의해 정의된다.

집단에 개체가 놓이는 구조는 [그림 8-2]와 같은 토러스(torus) 형태의 2차원 격자 구조 이외에 여러 형태로 구성하거나 정의할 수 있다. 또한 이웃의 형태도 [그림 8-3]과 같은 (3×3)의 정사각형 구조 이외에 다양하게 설정할 수 있다.

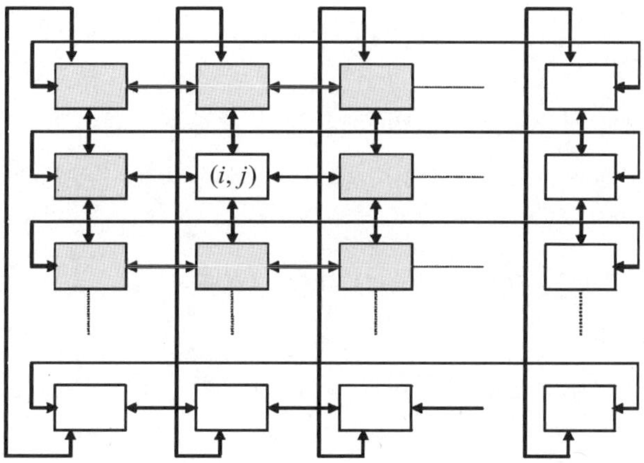

그림 8-2 토러스 형태의 2차원 격자 구조

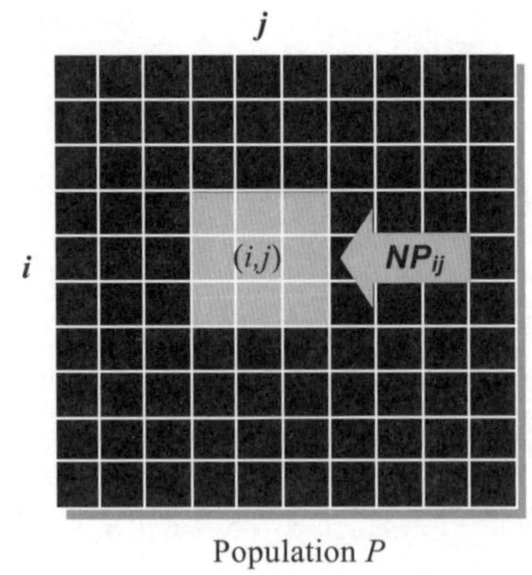

그림 8-3 개체 (i, j)의 (3×3) 이웃 구조

이웃 유전알고리즘의 절차는 다음과 같다.

단계 1: (초기화)

2차원 격자구조를 갖는 집단 P를 구성하고, 초기해를 생성하여 격자의 각 위치에 둔다.

단계 2: (초기 적응도 평가)

모든 개체들의 적응도를 평가한다.

단계 3: (이웃 설정)

집단 P에서 임의의 위치 (i, j)를 선택하고, 이웃 NP_{ij}를 정의한다.

단계 4: (이웃의 진화)

단계 4.1: NP_{ij}에서 적응도를 기준으로 몇 개의 개체를 확률적으로 선택한다.

단계 4.2: 선택된 개체들에 대해 교차와 돌연변이를 행하여 자손을 생산하고, 적응도를 평가한다.

단계 4.3: NP_{ij}에 있는 (적응도가 낮은) 개체들과 교체한다.

단계 5: (종료여부판단)

알고리즘의 종료조건을 만족하면 끝내고, 그렇지 않으면 단계 3으로 간다.

이웃 유전알고리즘에서 유전연산과 선택은 전통적인 유전알고리즘과는 달리 지역적으로 이루어진다. 그리고 재생산 개체를 기존 개체와 교환하는 대체 전략은 안정상태 유전알고리즘에서 사용된 여러 방법 중에서 하나를 채용할 수 있다. 이웃 유전알고리즘의 또 다른 하나의 구성요소는 이웃집단의 크기와 형태이다. 이웃집단은 크기나 형태에 따라 서로 다른 방법으로 정의될 수 있으나 보통 정사각형 형태의 이웃 구조가 많이 사용된다.

저자는 진화알고리즘의 적용에 있어서 이 이웃 유전알고리즘을 가본 틀로 자주 사용하였다. 또한 단계 4.1의 선택방법은 문제에 따라 확률바퀴, 순위 선택 등도 사용되나 주로 크기가 2인 토너먼트선택을 주로 사용하였다. 진화 알고리즘의 틀로 이웃 유전알고리즘과 토너먼트선택의 사용은 집단의 다양성(diversity)유지에 기여하고, 탐색 공간의 '탐사'와 지금까지 찾은 좋은 해의 '이용'이 적절히 조화되기 때문이다.

8.4 병렬 유전알고리즘

다윈은 종(種) 형성의 한 요인으로 지리적 격리(isolation)를 강조하였다. 지리적 격리가 갖는 진화적 힘은 갈라파고스 군도의 생물분포에서 뚜렷이 나타났다. 이 섬들은 남아메리카의 서해안에서 약 800킬로미터 밖에 떨어져 있지 않지만 섬마다 독특한 식물상과 동물상을 가지고 있다. 갈라파고스 군도는 지질학적으로 비교적 최근에 화산 작용에 의해 형성된 것이므로, 그들이 남아메리카 본토로부터 그리고 깊은 바다와 빠른 해류에 의해 서로 격리됨으로써 이 군도에 생존하는 생물들은 어떻게 차별적으로 종이 진화할 수 있는지를 보여준 좋은 예이다.

자연선택과 교배(mating)는 흔히 지역적으로 제한된 부분 집단을 중심으로 이루어지고, 개체들은 생태적 지위에 적응하면서 병렬형태로 진화(parallel evolution)해 간다는 것이다. 이 절에서는 지리적 격리에 의해 종이 형성되고 진화되는 과정을 모방한 병렬 유전알고리즘(parallel genetic algorithm)을 다룬다.

유전알고리즘은 흔히 선택은 집단 전체를 대상으로 하고, 또한 집단 전체에서 교차할 부모의 쌍을 선택하는 방법을 취하고 있다. 이를 '표준 유전알고리즘'이라 하자. 집단 전체를 대상으로 하는 선택과 유전연산은 지역에서 형성된 부분집단간의 상호작용을 막고 연산과정이 직렬로 이루어짐으로써 계산시간이 많이 소요된다. 병렬 유전알고리즘은 하나의 큰 집단을 여러 개의 부분집단(subpopulations)으로 나누어 서로 격리된 각 부분집단이 서로 독립적이면서 병렬로 진화해 가는 유전알고리즘이다. 이 알고리즘은 하나의 집단으로 해를 찾기 보다 몇 개의 서로 다른 부분집단으로 해를 찾는 것이 병렬계산에 의해 계산시간을 줄일 수 있으며, 부분탐색이 가능하고, 초개체(super individual)가 전체 집단에 확산되는 속도를 늦춰 다양성을 유지할 수 있다는데 기초하고 있다.

병렬 유전알고리즘의 개발 동기는 자연의 진화과정에 좀 더 유사한 알고리즘의 구현보다는 계산소요시간의 단축에 있었다(Petty *et al*, 1987). 그러나 연구가 진행됨에 따라 일정한 집단 크기를 가지고 집단 전체를 운용하는 표준 유전알고리즘보다 부분집단으로 나누어 운용하는 병렬 유전알고리즘이 더 좋은 해를 빠르게 찾는다는 것을 알게 되었다. 더욱이 여러 개의 프로세서를 갖는 컴퓨터와 분산병렬 시스템 등의 병렬 하드웨어 발전에 힘입어 병렬 유전알고리즘에 관한 여러 연구가 이루어졌으며, 하드웨어의 특징에 따라 다양한 형태의 병렬 유전알고리즘이 제안되고 있다.

병렬 유전알고리즘은 섬 모델(island model: 이를 이주(migration) 모델, 분산(distributed) 유전알고리즘, 복수집단(multi-population) 유전알고리즘 또는 coarse grained 모델이라 부르기도 함)과 이웃 모델(neighborhood model: grid 모델, celluar 유전알고리즘, 또는 fine grained 모델이라 부르기도 함)로 크게 두 형태로 분류할 수 있다.

섬 모델은 격리된 몇 개의 부분집단이 각기 독립적으로 일정 세대 동안 진화한 후, 어느 한 세대에서 부분집단간에 교류(이주)가 이루어지는 알고리즘이다. 이에 반해 이웃 모델은 부분집단으로 격리되어 있지 않지만 선택과 유전연산이 단지 이웃하는 개체들에 의해 이루어지며 이들 유전 연산이 병렬로 행하여지는 알고리즘이다. 이웃 모델에서 각 개체와 그 이웃개체들을 하나의 부분집단으로 볼 수 있다. 따라서 이 모델에서 부분집단의 수는 개체 수와 같다. 섬 모델과 이웃 모델에 대해 좀 더 알아보자.

8.4.1 섬 모델

1) 개념과 절차

섬 모델의 기본적인 개념은 다음과 같다. 몇 개의 격리된 부분집단이 일정 세대 동안 독립적으로 진화해 가면 평형상태에 도달하려고 한다. 이때 각 부분집단에서 몇 개의 우수한 개체를 선택하여 이웃한 부분집단으로 이주시키고, 또한 이웃한 부분집단에서 이주 개체를 받는다. 이러한 환경 변화로 인해 각 부분집단은 평형상태에 머무르지 않고, 새로운 환경에 적응하기 위하여 진화를 계속한다는 것이다.

이러한 섬 모델의 착상은 다음 두 가지 자연법칙을 기본으로 하고 있다. 하나는 이형종분화(異形種分化: allopatric speciation)법칙으로, 공통 조상을 가진 개체들이 지리적 분리에 따라 새로운 종으로 빠른 진화를 한다는 법칙이다. 다른 하나는 정지상태(stasis)법칙으로, 어떤 집단이 안정된 환경에서 평형상태에 도달하면, 유전자 구성은 더 이상 변화하지 않고 지속하려 한다는 법칙이다. 생물유전학에서는 격리된 작은 집단을 딤(deme)이라고 하며, 딤이 어느 세대 동안 계속 진화해 가면 정지상태에 도달하게 되는데 정지상태에 도달하기까지의 기간을 세기(epoch)라고 한다.

섬 모델의 절차를 보자.

■ 섬모델의 절차

단계 1: (초기화)

초기 집단을 임의로 생성하고, *NumSubPop*개의 부분집단으로 나눈다.

단계 2: (종료조건)

종료조건을 만족하면 끝낸다.

단계 3: (이주)

이주 조건이 만족되면 다음을 실시한다.

단계 3.1: 이주개체 선택

이주율에 의해 각 부분집단에서 이주시킬 개체를 적응도에 의해 선택하여 복제한다.

단계 3.2: 이주개체 보내기

미리 정의한 이웃 구조에 따라 복제된 이주개체를 이웃 부분집단으로 보낸다. (이때 보낸 부분집단은 그대로 유지된다.)

단계 3.3: 이주개체 받기

이웃 부분집단으로부터 이주개체들을 받는다.

단계 3.4: 이주개체 교체

부분집단의 크기를 유지하기 위해 새로 이주한 개체와 현재의 부분집단에서 교체될 개체를 선택하여 교체한다.

단계 4: (표준 유전알고리즘 수행)

각 부분집단 $SP_i(i=1, 2, \cdots, NumSubpop)$에 대해 표준 유전알고리즘을 수행하고 단계2로 간다.

단계 1에서는 집단을 생성하여 *NumSubpop*개의 부분집단으로 나눈다. 여기서 *NumSubpop*은 부분집단의 수를 나타내는 파라미터로, 이것의 결정에 따라 각 부분집단의 크기가 달라지게 된다. 각 부분집단은 서로 독립적으로 표준 유전알고리즘을 수행하다가 일정기간이 지나면 단계 3의 이주를 수행한다. 각 부분집단과 이웃한 부분집단 사이에 일정수의 개체를 주기적으로 주고 받는 것을 이주라 한다. 이주는 부분집단의 정보교환과 함께 부분집단이 지역최적에 조기수렴하는 것을 방지하는 역할을 한다. 이때 정보교환은 이웃한 부분 집단 사이에서 이루어지는데, 이웃 부분집단을 정의하는 것을 이웃 구조 또는 토폴로지(topology)라 한다.

섬 모델과 표준 유전알고리즘의 차이는 집단을 부분집단으로 나눈다는 것과 일정세대 후 개체를 이주시키는 데 있다. 하나의 집단으로 해를 탐색하는 표준 유전알고리즘에서 선택과 교차는 집단 전체에서 이루어지기 때문에 적응도가 상대적으로 좋은 개체 또는 초개체의 확산이 빠르게 진행되어 지역최적에 조기 수렴할 가능성이 높아진다. 반면에 섬 모델에서는 선택과 교차가 부분집단내에서 이루어지기 때문에 집단의 조기수렴을 막아 결국 다양한 해 공간을 탐색할 수 있게 한다.

섬 모델의 성능은 유전연산자, 선택, 유전 파라미터 등의 구성 요소 이외에 부분집단 수와 이웃 부분집단의 구조, 그리고 이주개체의 선택방법과 이주와 관련된 파라미터에도 영향을 받게 된다.

2) 이주 연산자와 이주 파라미터

섬 모델에서 각 부분집단은 일정 세대 동안 서로 독립적으로 표준 유전알고리즘을 수행하게 된다. 따라서 표준 유전알고리즘을 수행하는 동안의 선택, 재생산 등은 각 부분집단내에서만 이루어지며, 이에 관한 유전연산자와 유전 파라미터는 표준 유전알고리즘의 경우와 동일하다. 따라서 여기에서는 이주 연산자와 이주 파라미터에 관해서만 다루기로 한다.

앞 절에서 설명하였듯이, 이주란 이웃하는 부분집단간에 서로 유용한 정보를 주고 받기 위해 일정 주기 또는 임의의 주기로 적응도가 높은 개체들을 서로 보내고 받는 연산이다. 따라서 부분집단의 이웃 구조와 각 부분집단에서 이주시킬 개체의 선택방법, 그리고 이주개체가 들어옴으로써 부분집단의 크기가 커지기 때문에 원래의 크기를 유지하기 위한 개체의 대체방법이 필요하다. 뿐만 아니라 부분집단의 수, 이주 주기, 그리고 이주율 등 이주 파라미터에 관한 정의가 이루어져야 한다.

(1) 이웃 구조

이웃 구조는 개체를 주고 받을, 즉 이주가 일어나는 부분집단들의 구성을 나타낸다. 이웃 구조에 의해 특정 정보의 확산속도가 결정되기 때문에 이웃 구조는 병렬 유전알고리즘의 성능에 매우 중요한 역할을 한다. 만약 이웃이 밀집되어 있어 연결된 부분집단이 많으면, 좋은 해의 확산속도가 높아 전체 집단이 조기 수렴할 수 있다. 반면에 이웃 부분집단의 수가 너무 적으면, 좋은 해의 확산속도가 너무 늦어 좋은 해의 탐색에 많은 시간이 요구된다는 단점을 갖는다.

이제까지의 연구에서 이웃 구조는 대부분 사용된 병렬컴퓨터의 토폴로지(topology)에 의해 결정되었는데, 다음과 같은 구조가 제안되었다.

- 완전 연결형 이웃 구조
- 원형 이웃 구조
- 2차원 배열 이웃 구조

이들 이웃 구조의 형태는 [그림 8-4]와 같다. 이 그림에서 SP는 부분 집단을 나타낸다.

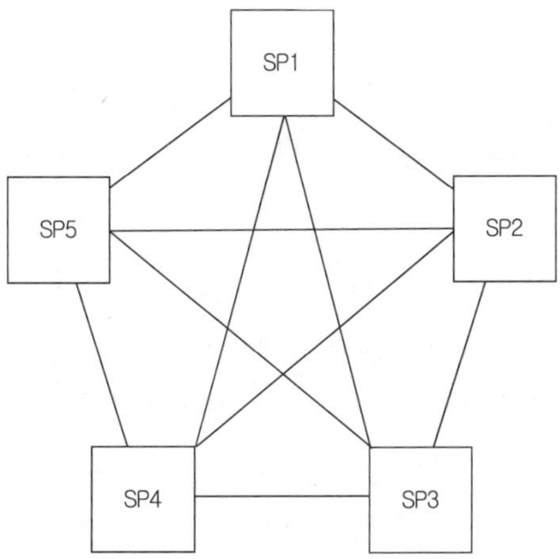

(a) 완전연결형 이웃 구조

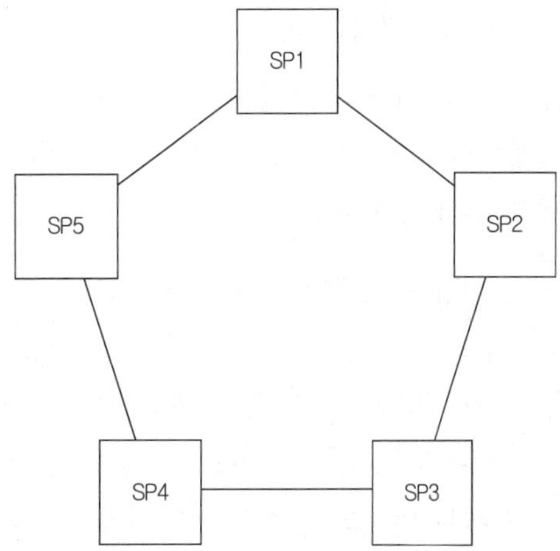

(b) 원형 이웃 구조

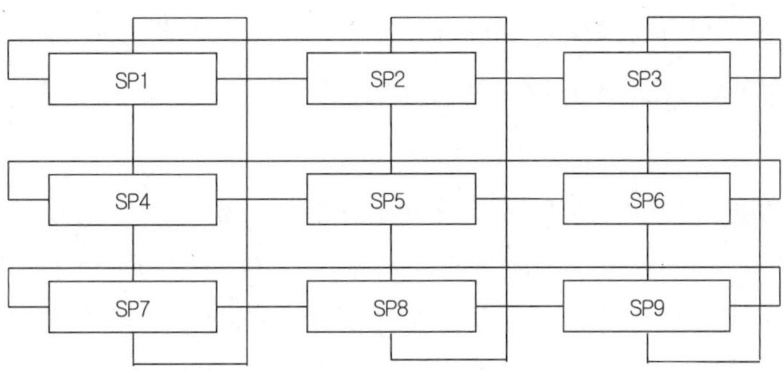

(c) 2차원배열 이웃 구조

그림 8-4 이웃 구조의 형태

완전 연결형 이웃 구조는 모든 부분집단을 이웃으로 둔 구조로, 모든 부분집단 사이에 이주개체를 주고 받거나, 이들 중 임의로 몇 개의 부분집단을 선택하여 이주개체를 주고 받을 수 있다.

원형 이웃 구조는 부분집단이 원형으로 배열된 형태로, 그 구조가 부분집단 1-2-3-4-5-6-1로 원형으로 연결되었다 하자. 이때 부분집단 1은 부분집단 2로 이주개체를 보내고, 부분집단 6에서 이주개체를 받거나 또는 부분집단 1과 인접한 두 개의 부분집단 2, 6과 함께 이주개체를 주고 받을 수 있다.

2차원 배열구조는 부분집단이 [그림 8-4] (c)와 같이 배열된 형태로, 인접한 부분집단간 이주개체를 주고 받는 구조이다. 부분집단간의 정보교환의 양은 완전 연결형 이웃 구조가 가장 높고, 원형 이웃 구조가 가장 낮다.

(2) 이주개체 선택과 대체

이주를 위한 개체의 선택은 이웃하는 부분집단간에 서로 유용한 정보를 주고받기 위한 것이므로 각 개체의 적응도에 기초한다. 따라서 이주개체의 선택은 표준 유전알고리즘에서 사용하는 선택방법을 그대로 적용할 수 있다.

각 부분집단은 선택한 이주개체를 복제하여 이웃 부분집단으로 보내고, 이웃에서 이주개체를 받는다. 이때 모든 이웃에서 이주개체를 받거나, 또는 이웃에서 들어오는 이주개체가 많을 경우 이들을 풀에 두고, 풀에서 임의로 몇 개의 개체만을 선택하여 받아들이는 방법을 사용할 수 있다. 이때, 들어온 이주개체로 인해 부분집단은 원래의 크기보다 더 커지게 된다. 따라서 원래의 크기를 유지하기 위해서는 자신의 부분집단에서 새로 들어온 개체들과 대체시킬 개체를 선택해야 한다. 대체할 개체의 선택방법으로는 (a) 적응도가 가장 낮은 순으로 선택, (b) 새로 이주해 온 개체와 인자형이 가장 비슷한 개체를 선택, (c) 확률바퀴를 이용하여 적응도가 낮은 개체를 선택, 그리고 (d) 임의 선택방법 등이 있다. 이때, 다른 부분집단에서 이주해온 개체들의 빌딩블록(building block)과 원래의 부분집단을 구성하고 있는 빌딩블록과의 혼합을 위하여 흔히 적응도가 낮은 개체를 제거하는 방법이 사용된다.

이주 예로 부분집단 1의 이웃 부분집단을 부분집합 2, 3, 4, 5라 하자. 이때 각 이웃 부분집단에서 가장 좋은 개체를 선택하여 이를 이주개체로 사용한다. 또한 부분집단 1은 모든 이웃에서 이주개체를 받을 경우, 이주개체의 비율이 커지게 되므로, 이주개체들을 풀에 두고 풀에서 하나의 개체를 임의로 선택하여 이주시키는 방법을 사용할 수 있다. 이때 적응도가 가장 낮은 개체를 이주개체와 대체할 수 있다.

(3) 이주 파라미터

이주와 관련된 파라미터에는 이주 주기(migration interval)와 이주율(migration rate) 등이 있다. 이주 주기란 부분집단간에 개체의 이주가 이루어지는 시간(여기에서는 세대) 간격으로, 이 간격은 일정하게 둘 수도 있고 그렇지 않을 수도 있다.

여기서 너무 자주 이주시킬 경우, 각 부분집단이 빌딩블록을 구성하기도 전에 여러 종류의 개체들이 들어오기 때문에 오히려 비효율적인 탐색이 될 수 있다. 반면에 이주 주기가 너무 긴 경우에는 각 부분집단의 대부분의 개체들이 어떤 해에 수렴한 뒤에 이주가 일어나게 된다. 이 경우 이웃하는 부분집단간에 아주 상이한 빌딩블록이 형성되어, 이들 블록의 혼합은 흔히 부모개체보다 적응도가 더 낮은 자손을 생산할 수 있다. 결국, 이주 주기는 좋은 해를 이용한 효율적인 탐색과 광범위한 해공간의 탐색을 동시에 고려하여 결정하여야 한다.

이주율은 이웃 부분집단으로 이주하는 개체의 비율이다. 이는 이웃 구조와 이주 주기를 고려하여 결정해야 한다. 이웃 구조와의 관계를 살펴볼 때, 만약 이웃 구조의 밀집도와 이주율이 동시에 크면, 각 부분집단에 새로 들어오는 개체가 너무 많게 되어 각 부분집단이 독립적으로 진화해 가는 것을 방해할 수 있다. 반면에 이웃 구조의 밀집도와 이주율이 동시에 작다면 부분집단에 새로 들어오는 개체의 수가 너무 적어 이웃한 부분집단간의 효율적인 정보교환이 이루어지지 않게 된다. 또한 이주 주기와의 관계를 살펴보면, 이주 주기가 짧고 이주율이 크면 좋은 해의 전체 집단으로의 확산이 빠르게 되어 마치 하나의 큰 집단을 가지고 수행하는 표준 유전알고리즘과 유사한 결과를 가져온다. 이주 주기가 길고, 이주율이 낮으면 이주 효과가 너무 낮아져 각 부분집단을 독립적으로 운용한 것과 비슷하게 된다. 따라서 이주율은 이웃 구조와 이주 주기를 고려하여 결정되어야 한다. 파라미터의 값은 이론적으로 구하기 보다는 표준 유전알고리즘의 파라미터 결정에서와 같이 실험을 통하여 구하고 있다.

3) 성능 비교

병렬 유전알고리즘의 성능을 실험한 Tanese(1989a)의 연구 결과를 보자. Tanese는 섬 모델을 표준 유전알고리즘(표준 GA)과 분할 유전알고리즘(분할 GA)과 비교하였다. 앞에서 언급했듯이 표준 유전알고리즘은 집단을 하나 운영하는 유전알고리즘이다. 분할 유전알고리즘은 집단을 여러 개의 부분집단으로 나누어 부분집단간에 이주 없이 부분집단을 독립적으로 진화시키는 알고리즘이다.

실험은 Walsh 다항식의 최적화 문제를 대상으로 하여 전체 집단의 크기는 256이고, 교차율은 0.7, 돌연변이율은 0.005로 두고 500세대까지 다섯 번 반복하였다. 분할 유전알고리즘은 두 개의 부분집합으로 운영하면 P_{128}(각 부분집단의 크기가 128이므로)로, 만약 4개로 나누면 P_{64}로, 그리고 P_{32}, P_{16}, P_{8}, P_{4}, P_{2}로 나타내어 부분집단의 수와 크기를 변화시키면서 실험하였다.

실험결과를 요약하면 아래와 같다(Tanese, 1989a). 첫째, '가장 좋은 해'와 '평균해'의 관점에서 표준 GA와 분할 GA를 비교하면 '가장 좋은 해'는 분할 GA가 '평균해'는 표준 GA가 더 좋은 성능을 보였다. 둘째, '평균해'에 관점에서 표준 GA와 섬 모델을 비교하면, 이주주기가 너무 길지 않으면(50세대 이상 않으면) 섬 모델이 더 좋았다. 셋째, '가장 좋은해'의 관점에서 분할 GA와 섬 모델을 비교하면, 이주 주기가 10세대 이상이면 두 모델은 성능에 차이가 없었다. 이로써 섬 모델에서 적절한 이주 주기와 이주율을 사용하면 섬 모델은 분할 GA와 표준 GA의 강점을 다 가질 수 있다.

표준 유전알고리즘에서 교차와 돌연변이는 집단의 다양성과 탐색의 이용에 주 역할을 하기 때문에 성능에 상당한 영향을 미친다. 섬 모델에서는 이들 요소 이외에도 이주도 집단의 다양성과 좋은 해의 이용에 주요 역할을 한다. 따라서 섬 모델은 표준 유전알고리즘보다 교차율과 돌연변이율의 파라미터에 성능 관점에서 덜 민감하게 된다(Tanese, 1989b). 또한 하나의 프로세서에 하나의 부분집단을 할당시켜 병렬 처리를 하면, 프로세서 수의 증가에 따라 계산시간이 거의 선형으로 감소되었다.

8.4.2 이웃모델

1) 개념과 절차

이웃 모델은 전체적으로는 하나의 집단을 운용하지만 선택과 교차는 이웃한 개체들 사이에서만 일어나도록 제한하면서 개체단위로 진화하는 알고리즘이다.

이 모델의 개념을 평면격자 구조로 설명하면 다음과 같다. 먼저 초기집단을 생성하여 각 개체를 [그림 8-5]와 같은 평면격자의 각 셀(cell)에 할당한다. 섬 모델과 달리 이웃모델의 부분집단은 셀(개체)단위로 정의되는데, 하나의 부분집단은 하나의 셀과 그 셀의 이웃 셀로 구성된다. 예를 들어 [그림 8-5]에서 셀 c의 이웃 셀을 주변의 빗금 쳐진 8개의 셀로 정의한다면, 셀 c에 관련된 부분집단은 셀 c와 8개의 이웃한 셀 즉, 9개로 구성된다. 따라서 집단의 크기가 N이면 평면격자의 셀 수와 부분집단의 수는 N개이며, 부분집단의 각 구성원은 다른 부분집단의 구성원으로 중첩되어 있다. 다음 세대로의 진화는 각 부분집단에서 병렬로 이루어지는데, 먼저 각 부분집단에서는 적응도를 기준으로 하나의 개체만을 선택하여 관련된 셀에 할당한다. 교차는 교차율에 의해 셀의 개체와 이웃한 개체 중에서 하나를 선택하여 이루어지며, 생성된 자손가운데 하나를 셀에 할당시킴으로써 새로운 세대를 생성한다. 교차는 각 셀 단위로 이루어진다. 이러한 과정은 집단에 관한 전체적인 정보 대신 셀과 그 이웃하는 셀에 대한 정보 즉, 부분정보만을 필요로 하기 때문에 보다 쉽게 유전알고리즘 자체의 병렬화가 가능해진다.

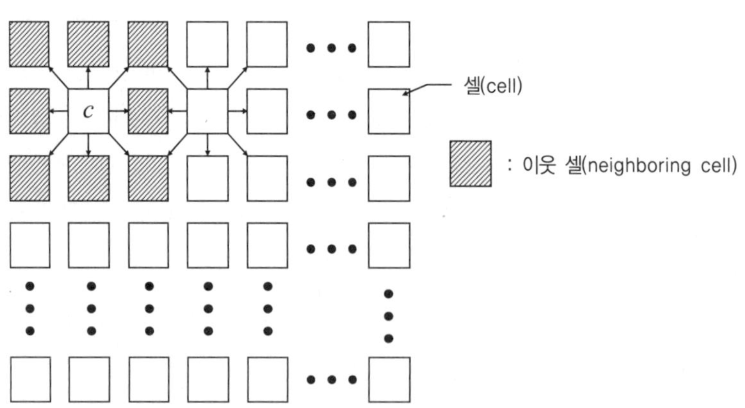

그림 8-5 2차원 격자구조

이웃 모델은 선택과 교배가 개체와 그 이웃개체만을 대상으로 하는 지역선택(local selection)과 지역 교배(local mating)로 각기 이루어지기 때문에 선택압력이 낮다. 또한 각 개체는 격자 구조에서 거리에 의해 서로 격리되어 있으며, 각 개체의 이웃은 서로 중첩되어 있다는 특징을 갖는다.

■ 이웃모델의 절차

단계 1: (초기화)

초기 해를 임의로 생성하여 격자의 각 셀(cell)에 할당하고, 각 개체의 적응도를 계산한다.

단계 2: (종료조건)

종료조건을 만족하면 끝낸다.

단계 3: (병렬수행)

각 셀에 대해 다음 단계 4, 5, 6, 7를 독립적으로 병렬 수행한다.

단계 4: (선택)

셀 c에 있는 개체와 그의 이웃개체 중에서 적응도에 기초하여 하나의 개체를 선택하여, 이 개체를 셀 c에 할당한다.

단계 5: (교차)

확률 p_c로 교차 연산을 행한다. 셀 c의 이웃 개체들 가운데 임의로 하나를 선택하여 셀 c에 있는 개체와 교차하여 두 자손을 생산한다. 두 자손 중 하나를 임의로 선택하여 셀 c에 할당한다.

단계 6: (돌연변이)

확률 p_m으로 셀 c에 할당된 개체를 돌연변이 시킨다.

단계 7: (개체평가)

셀 c에 할당된 개체의 적응도를 계산하고, 단계 2로 간다.

이상의 절차에서 알 수 있듯이 선택과 교차가 이웃하는 개체들로 국한되면서 셀 단위로 이루어진다는 점과 각 셀에 대해서 병렬로 이루어진다는 점을 제외하고는 표준 유전알고리즘의 절차와 기본적으로 동일하다. 따라서 이웃 모델은 집단을 공간적인 환경에 두고 각 개체를 공간의 특정 위치에 위치시킨다는 점에서 공간성(spatiality)의 개념을 포함한다. 이웃 모델 알고리즘의 탐색능력은 집단이 어떻게 배열되어 있는가를 정의하는 집단 구조와 이웃 구조에 의해 영향을 받는다.

2) 집단과 이웃의 구조

이웃 모델은 개체의 매 진화마다 이웃 개체에 영향을 받기 때문에, 이 모델에서 좋은 해의 확산 속도는 표준 유전알고리즘보다는 늦지만, 섬 모델에 비해서는 빠르다. 더욱이 이 알고리즘에서 부분집단의 크기가 작기 때문에 초개체는 다른 개체가 갖고 있는 유용한 정보를 쉽게 제거할 수 있다. 이러한 문제는 부분집단간의 정보교환에 제한을 두거나 부분집단의 수를 많이 둠으로써 부분적으로 극복 가능하다(Baluja, 1993). 따라서 집단의 구조와 그에 따른 이웃 구조는 성능에 큰 영향을 미친다.

이웃 모델에서 사용되는 집단의 구조로는 [그림 8-2]와 같은 토러스(torus) 형태의 2차원 격자 구조와 [그림 8-6]의 사다리 구조, 그리고 [그림 8-7]의 원형 구조 등이 있다. 이들 가운데 어떤 형태의 구조를 취할 것인가 하는 것은 병렬하드웨어의 구성요소 또는 특성에 따라 결정될 수 있다. 즉, 알고리즘을 구현하는데 있어 하나의 프로세서 또는 하나의 마디(네트워크상에서 단말기나 분기점)에 하나의 개체를 할당하면, 프로세서의 연결방법에 따라 집단의 구조가 결정될 수 있다는 것이다. 그러나 이 절에서는 하드웨어의 관점에서 벗어나 여러 형태의 집단 구조 가운데 일반적으로 사용되는 2차원 배열구조, 사다리 구조, 원형 구조에 대해 살펴보고, 집단 구조에 따른 이웃 구조에 대해 살펴보기로 한다.

집단 구조로 가장 널리 사용된 형태는 2차원 배열구조이다. 2차원 배열은 배열의 가장자리에 있는 셀의 이웃을 정의하기 위해 [그림 8-2]와 같이 배열의 상하와 좌우가 서로 연결되어 있는 토러스 배열로 구성된다. 이 구조는 Manderick & Spiessens(1989), Baluja(1993)등에 의해 제시되었는데, 이 형태에서 이웃의 크기는 범위(range)라는 파라미터에 의해 결정된다. 만약 범위가 1이면 어떤 셀 (i, j)의 부분집단은 [그림 8-3]과 같이 9개의 개체로 구성된다.

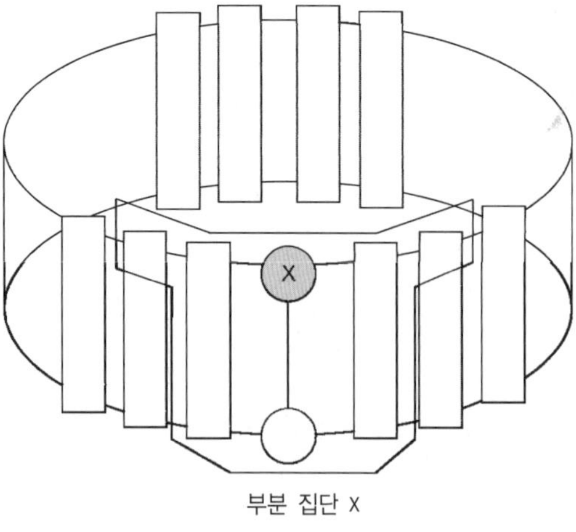

그림 8-6 사다리 구조

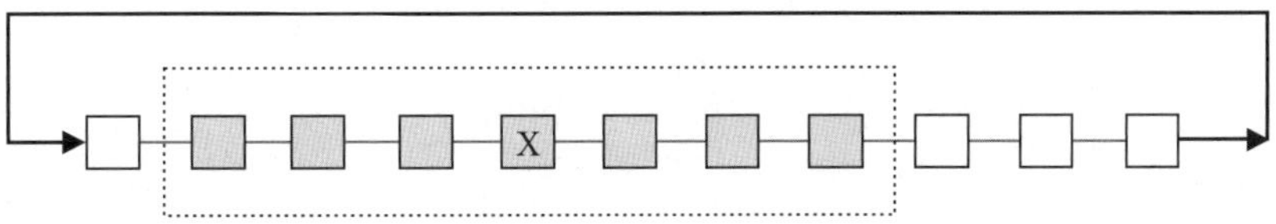

그림 8-7 원형 구조

사다리 구조는 Mulenbein *et al.*(1988), Mulenbein(1989), Schleuter(1989)등이 제시한 구조로, [그림 8-6]과 같이 집단이 분산되어 있는 형태를 의미한다. 이 집단 구조에서 이웃은 양 링에 이웃하는 개체로 정의되는 데 흔히 실선과 같은 구조를 사용하고, 이웃 크기는 파라미터이다. 끝으로, [그림 8-7]과 같은 원형 구조는 가장 구현하기 용이한 형태이다.

이상과 같이 부분집단의 수는 집단의 개체 수에 의해 결정되지만, 이웃은 집단의 구조에 따라 다양한 형태와 크기를 가질 수 있다. 이웃 모델의 중요한 특징은 부분선택과 부분교배이므로, 이웃 구조와 관련 파라미터의 값을 조심스럽게 결정해야 한다. 이웃모델에서 이웃크기가 커지면 좋은 해의 이용은 강화되나 해공간의 탐사가 약화되고, 너무 커지면 표준 유전알고리즘과 유사하게 된다. 반면에 이웃의 크기가 작아지면 해공간의 탐사가 강조되고, 너무 작아지면 임의 탐색과 유사하게 된다.

3) 이웃 모델의 성능

이웃 모델의 성능에 관해 여러 연구결과가 제시되었다. 대부분의 연구는 표준 유전알고리즘과 그 성능을 비교하였고, 섬 모델과의 성능 비교는 Baluja(1993)와 Golden & Whitley(1993)에 의해 이루어졌다. Baluja(1993)는 섬 모델과 이웃 모델과의 성능 비교에서 이웃 모델이 섬 모델 보다 성능이 더 좋고, 이웃 모델 중에서 2차원 배열의 이웃 구조가 선형 이웃 구조보다 더 좋다고 보고하였다. 한편 Golden and Whitley(1993)는 병렬 유전알고리즘의 두 모델 모두가 표준 유전알고리즘보다 성능이 우수하고, 섬 모델이 이웃 모델보다 우수하다고 보고하였다. 이 같은 두 연구결과의 차이는 적용문제에 따른 각 모델의 파라미터 조정이 잘 이루어지지 않고, 두 병렬 유전알고리즘의 비교를 위한 척도가 제대로 마련되지 않는데 기인한 것으로 보인다.

제9장

진화전략, 진화프로그래밍, 유전프로그래밍

자연의 진화 과정을 모방한 초기 진화알고리즘에는 유전알고리즘, 진화전략(evolution strategy), 진화프로그래밍(evolutionary programming), 유전프로그래밍(genetic programming)이 있다. 제6장에서 8장까지는 유전알고리즘은 다루었다. 진화전략과 진화프로그램은 1960년대에 각기 다른 연구그룹에 의해 연구되기 시작하였다. 진화전략은 Schwefel(1965)과 Rechenberg(1965)의 주도하에 이루어졌으며, 이들은 하나의 해로 시작하여 이를 계속 변형해 가면서 해공간을 탐색하는 방법을 사용하였다. 즉, 집단의 크기는 하나이고 돌연변이 연산만을 사용하는 형태였다. 진화프로그래밍은 Fogel, Owens & Walsh(1966)에 의해 제안되었다. 이들은 환경의 변화를 예측할 수 있는 능력을 갖 인공지능의 진화에 목표를 두었다. 이를 위해 유한상태기계(finite state machine)를 개체로 하는 집단을 운영하고, 돌연변이만을 사용하고 있다.

초기 진화전략과 진화프로그래밍은 교차 없이 돌연변이만을 사용한 것은 해 공간의 탐색 관점에서 보면 일종의 지역탐색으로 볼 수 있고, 자연의 진화 관점에서 보면 무성생식 과정을 모방한 것으로 볼 수 있다. 한편, Holland는 진화적 접근법에 교차를 도입하였다. 그는 집단을 운영하고, 이 집단에 선택, 교차, 돌연변이 연산을 하는 유전알고리즘을 제안하였다. Holland는 진화연산에서 집단의 운영과 함께 선택, 교차, 돌연변이 연산의 구조를 제시함으로써 진화연산의 기반을 확립하였다.

유전프로그래밍은 Koza에 의해 1980년대 중반에 명명되고 확립된 분야로 유전알고리즘에 기반을 둔 컴퓨터 프로그램의 자동 생성을 위한 알고리즘이다. 대부분 LISP S-expression로 표현되는 염색체는 나무(tree) 형태의 구조를 갖는다. 90년대 들어 이들 연구 그룹 간의 교류가 활발해지면서 이들 알고리즘이 갖는 특징이 혼합되어 사용되고 있다. 이 장에서는 진화전략, 진화프로그래밍, 유전프로그래밍을 소개한다.

9.1 진화전략

진화전략(evolution strategy: ES)은 1960년대 초 유체 역학의 문제인 바람터널, 굽은 파이프, 플래싱 노즐(flashing nozzle) 등의 모양 최적화 연구에서 관련 파라미터를 구하는 데 이들 값을 임의로 변화시키는 착상에서 비롯되었다. 파라미터를 임의로 변화시키는 것은 자연의 진화과정에서 돌연변이과정과 유사하다고 볼 수 있다. 진화전략은 유전알고리즘과는 독립적으로 개발되었다.

초기의 진화전략은 한 부모에서 돌연변이에 의해 하나의 변형된 자손을 생산하고, 부모와 자손 중에서 더 좋은 개체를 다음 세대에 생존시켜, 다시 자손을 생산하는 전략을 사용하였다. 그 후, 진화전략은 유전알고리즘과 같이 복수의 개체로 구성된 집단을 운영하는 형태로 발전되었다. 집단에 있는 개체가 하나 또는 복수 개의 자손을 생산하여, 부모 개체와 자손 개체 모두에서 집단 크기만큼의 가장 좋은 개체를 확정적으로 선택하여 이들을 다음 세대의 부모로 하여 진화시키는 과정을 반복한다. 또한 초기에는 자손 생산에 돌연변이만을 사용하였으나, 현재는 돌연변이와 함께 교차도 사용하고 있다. 그리고 적용 분야는 단순히 연속함수의 파라미터 최적화뿐 아니라 이산 변수를 갖는 조합최적화문제로 적용 범위가 확대되었다. 이 절에서는 초기 진화전략의 모형부터 다른 진화알고리즘과 결합되어 변형되는 과정을 차례로 다루고, 진화전략과 유전알고리즘의 차이 및 특징을 비교한다.

9.1.1 (1+1)-ES

최초에 제안된 진화전략(ES)은 앞에서 언급했듯이 하나의 부모개체를 돌연변이시켜 하나의 자손을 생산하고 생산된 자손개체가 문제가 갖는 제약을 만족하고 부모개체보다 더 좋으면 자손개체를 다음 세대의 부모개체로 선택하고 그렇지 않으면 부모개체를 그대로 다음 세대의 부모개체로 선택한다. 이 과정을 종료 조건이 만족될 때까지 반복한다. 이와 같이 한 부모에서 하나의 자손을 생산하고 이를 부모개체와 비교하여 더 좋은 개체를 선택하는 ES를 (1+1)-ES로 표현한다. (1+1)-ES에서는 교차 없이 돌연변이와 선택만이 사용된다.

(1+1)-ES의 절차

단계 1: $t \leftarrow 0$로 둔다.

단계 2: 제약조건을 만족하는 하나의 부모개체 p^t를 생성하고, 이를 평가한다.

단계 3: p^t를 돌연변이시켜 하나의 자손 o^t를 생산한다.

단계 4: o^t가 제약을 만족하면, 평가한다. 그렇지 않으면 단계 6으로 간다.

단계 5: p^t 와 o^t 중 더 좋은 개체를 p^t 로 갱신한다.

단계 6: 종료조건을 만족하면 끝낸다. 그렇지 않으면 $t \leftarrow t+1$, $p^t \leftarrow p^{t-1}$ 로 두고 단계 3으로 간다.

파라미터 최적화에 사용된 초기 진화전략에서 개체는 실수 벡터의 쌍 $(\mathbf{x}, \boldsymbol{\sigma})$ 로 표현하였다. 여기서 벡터 $\mathbf{x}$ 는 탐색 공간의 점이고, 벡터 $\boldsymbol{\sigma}$ 는 표준편차 벡터이다. $\mathbf{x}^t$ 를 돌연변이한 자손개체 $\mathbf{x}^{t+1}$ 는 다음과 같이 된다.

$$\mathbf{x}^{t+1} = \mathbf{x}^t + \mathbf{N}(\mathbf{0}, \boldsymbol{\sigma}) \tag{9.1}$$

여기서 $\mathbf{N}(\mathbf{0}, \boldsymbol{\sigma})$ 는 평균이 0이고 표준편차가 $\boldsymbol{\sigma}$ 인 정규분포에서 추출한 난수 벡터이다. (1+1)-ES를 다음 최대화문제의 예에 적용해 보자.

$$f(x_1, x_2) = 21.5 + x_1 \cdot \sin(4\pi x_1) + x_2 \cdot \sin(20\pi x_2)$$

여기서 $-3.0 \le x_1 \le 12,\ \ 4.1 \le x_2 \le 5.8$

집단은 하나의 개체 $(\mathbf{x}, \boldsymbol{\sigma})$ 로 구성한다. 어떤 시점 t 에서 개체가

$$(\mathbf{x}^t,\ \boldsymbol{\sigma}) = ((5.3,\ 4.9), (1.0,\ 1.0))$$

라 하자. 그리고 돌연변이 연산결과가 다음과 같다 하자.

$$x_1^{t+1} = x_1^t + N(0, 1.0) = 5.3 + 0.4 = 5.7$$

$$x_2^{t+1} = x_2^t + N(0, 1.0) = 4.9 - 0.3 = 4.6$$

그러면

$$f(\mathbf{x}^t) = f(5.3, 4.9) = 18.383750 < f(5.7, 4.6) = 24.849532 = f(\mathbf{x}^{t+1})$$

이 되고, x_1 과 x_2 모두 정해진 구간에 있으므로, 자손개체를 부모개체로 대체한다.

9.1.2 $(\mu+1)$–ES

$(\mu+1)-\text{ES}$는 하나의 부모개체 대신 μ 개의 부모개체에서 하나의 자손개체를 생산한다. 그리고 부모개체와 생산된 자손개체 중에서($(\mu+1)$ 개에서) 가장 나쁜 하나의 개체를 제거한다. 이와 같은 과정을 종료조건이 만족될 때까지 반복한다. 여기서 한 자손을 생산할 때 교차를 허용하고 참여하는 두 부모는 μ 개의 부모에서 임의로 선택한다.

예로 다음과 같은 균등(uniform)교차와 중간(intermediate)교차를 이용할 수 있다. μ 개의 부모개체에서 임의로 아래 두 개체가 선택되었다 하자.

$$(\mathbf{x}^1, \boldsymbol{\sigma}^1) = ((x_1^1, \cdots, x_n^1), (\sigma_1^1, \cdots, \sigma_n^1))$$
$$(\mathbf{x}^2, \boldsymbol{\sigma}^2) = ((x_1^2, \cdots, x_n^2), (\sigma_1^2, \cdots, \sigma_n^2))$$

균등교차를 적용하면 생산된 자손개체는 다음과 같다.

$$(\mathbf{x}, \boldsymbol{\sigma}) = ((x_1^{q^1}, \cdots, x_n^{q^n}), (\sigma_1^{q^1}, \cdots, \sigma_n^{q^n}))$$

여기서 $q^i = 1$ 또는 2 (i=1,2,...,n)이다. 각각의 요소들은 첫 번째 또는 두 번째 부모로부터 물려받은 것이 된다. 교차에 의해 생산된 자손개체 $(\mathbf{x}, \boldsymbol{\sigma})$ 에 대해 식 (9.1)과 같이 돌연변이를 행하여 하나의 자손을 생산하게 된다. 교차방법으로 다음과 같은 중간교차를 사용할 수 있다.

$$(\mathbf{x}, \boldsymbol{\sigma}) = (((x_1^1 + x_1^2)/2, \cdots, (x_n^1 + x_n^2)/2)), ((\sigma_1^1 + \sigma_1^2)/2, \cdots, (\sigma_n^1 + \sigma_n^2)/2))$$

9.1.3 $(\mu+\lambda)$–ES와 (μ,λ)–ES

앞에서 다룬 $(\mu+1)-\text{ES}$는 복수 개의 부모를 운용하고 있으나 $(1+1)-\text{ES}$ 에서와 같이 하나의 자손만을 생산하고 있다. 이의 확장으로 복수의 부모에서 복수의 자손을 생산하여 운용하는 모형이 제안되었다. 이들 모형에는 $(\mu+\lambda)-\text{ES}$ 와 $(\mu,\lambda)-\text{ES}$ 모형이 있다.

$(\mu+\lambda)-\text{ES}$ 은 μ 개의 부모개체에서 λ 개의 자손 개체를 생산한다. 이때 자손 개체는 임의로 두 부모 개체로 짝을 짓고, 이 짝에 대해 교차와 돌연변이를 행하여 (하나 또는 둘의) 자손 개체를 생산한다. 이 같은 방법으로 λ 개의 자손개체를 생산한다. μ 개의 부모와 λ 개의 자손 개체의 합집합으로 구성된 중간집단(intermediate population)에서 가장 좋은 μ 개의 개체를 확정적으로 선택하여 다음 세대의 집단을 구성한다. 이와 같은 과정을 종료조건이 만족될 때까지 반복한다.

$(\mu,\lambda)-\mathrm{ES}$ 는 μ 개의 개체로 구성된 부모집단에서 $(\mu+\lambda)-\mathrm{ES}$ 와 같은 방법으로 $\lambda(>\mu)$ 개의 개체를 생산한다. 생산된 λ 개의 자손 개체에서 가장 좋은 μ 개의 개체를 확정적으로 선택하여 다음 세대의 집단을 구성한다. 종료조건이 만족될 때까지 이 과정을 반복한다.

이들 진화전략에서 교차는 7.1절에서 설명하고 있는 균등교차와 중간교차를 사용할 수 있다. 이렇게 교차된 개체에 돌연변이는 앞에서 언급한 각 변수의 표준편차를 이용한

$$\mathbf{x}^{t+1} = \mathbf{x}^{t} + \mathbf{N}(\mathbf{0},\boldsymbol{\sigma})$$

의 방법 이외에도 아래와 같이 표준편차를 변화시키는 방법이 제안되었다.

이는 수렴 속도를 높이기 위해 Rechenberg의 1/5 성공규칙(1/5 success rule)을 사용하는 것이다. 1/5 성공규칙은 성공 돌연변이 비율이 1/5일 것이라는 것이다. 여기서 성공 돌연변이란 돌연변이에 의해 생산된 자식이 부모보다 우수함을 나타낸다. 이 규칙의 의미는 탐색의 효율을 높이기 위해 돌연변이 성공률이 1/5보다 크면 돌연변이 연산자의 분산을 증가시키고, 그렇지 않으면 분산을 감소시키는 것이다.

매 k세대마다(여기서 k는 파라미터임) 다음과 같은 휴리스틱을 사용하여 표준편차의 크기를 조정한다.

$$\sigma^{t+1} = \begin{cases} c_d \cdot \sigma^t & \text{, if } p_s(k) < 1/5 \\ c_i \cdot \sigma^t & \text{, if } p_s(k) > 1/5 \\ \sigma^t & \text{, if } p_s(k) = 1/5 \end{cases}$$

$p_s(k)$ 는 마지막 k세대 동안의 돌연변이 성공 비율이다. Schwefel(1981)은 $c_d = 0.82$ 그리고 $c_i = 1/0.82$ 을 사용하였다.

또 다른 방법으로, 교차에서 얻은 자손 $(\mathbf{x},\boldsymbol{\sigma})$ 에 아래와 같이 돌연변이하여 새로운 개체 $(\mathbf{x}',\boldsymbol{\sigma}')$ 을 생산할 수 있다.

$$\boldsymbol{\sigma}' = \boldsymbol{\sigma} \cdot e^{\mathbf{N}(\mathbf{0},\Delta\boldsymbol{\sigma})}$$
$$\mathbf{x}' = \mathbf{x} + \mathbf{N}(\mathbf{0},\boldsymbol{\sigma}')$$

여기서 $\Delta\boldsymbol{\sigma}$ 는 파라미터이다.

9.1.4 진화전략과 유전알고리즘의 비교

1) 특징 비교

진화전략은 유전알고리즘과 서로 독립적으로 발전되어 왔으나, 매우 유사한 점을 가지고 있다. 두 알고리즘 간의 유사점을 요약하면 다음과 같다.

(1) 집단을 운용한다.
(2) 적응도에 의해 개체를 선택한다.
(3) 교차와 돌연변이 연산을 한다.

두 알고리즘은 위와 같은 유사점을 가지고 있으나, 다음과 같은 차이점이 있다.

첫째, 초기에 진화전략과 유전알고리즘은 다루는 문제 영역과 표현이 달랐다. 진화전략은 파라미터 최적화문제에 적용되었고, 실수표현을 사용한 반면, 유전알고리즘은 적응적 탐색기법으로 개발되었고 이진수표현을 사용하였다. 그러나 현재는 유전알고리즘에서도 실수표현을 사용하는 등 두 알고리즘 간에 표현의 간격이 좁혀지고 있다.

둘째, 두 알고리즘은 주 연산자를 달리하고 있다. 유전알고리즘은 교차가 주 연산자이고, 진화전략은 돌연변이가 주 연산자이다. 초기 진화전략은 돌연변이선택만을 이용하고 돌연변이에 대한 여러 연구가 이루어졌다. 또한 유전알고리즘에서는 돌연변이율이나 교차율이 일정하게 고정되어 있지만, 진화전략에서는 표준편차 크기가 변하는 즉, 파라미터의 자기적응(self-adaptation)을 고려하고 있다.

셋째, 진화전략은 자손 생산 후(유전연산 후)에 다음 세대를 위한 개체를 선택한다. 반면에 유전알고리즘은 적응도에 따라 자손을 생산할 개체를 선택한 후 이들 개체를 유전 연산하여 자손을 생산하여 다음 세대의 집단을 구성한다.

즉, 두 알고리즘에서 자손 생산(유전연산)과 선택의 순서가 반대다. 또한 선택에서 진화전략에서는 중간집단에서 가장 좋은 개체를 확정적으로 선택되는 반면, 유전알고리즘에서는 적응도에 기초하여 확률적으로 선택된다.

2) 성능 비교

유전알고리즘과 진화전략의 성능을 비교한 Bäck & Hoffmeister (1990)에 의하면, 지역최적이 하나인 유니모달(unimodal) 함수인 경우 진화전략이 유전알고리즘보다 초기부터 더 좋은 해를 탐색함과 동시에 빠른 속도로 최적해에 수렴한다. 이는 진화전략에서 지금까지 찾은 좋은 해가 보존됨과 동시에 자기적응하는 돌연변이에 의한 것으로 보인다. 한편, 지역최적이 여러 개인 멀티모

달(multimodal) 함수 최적화문제에서는 다른 결과를 보였다. 초기에는 진화전략이 빠른 속도로 해를 개선하나 어느 정도 개선된 후에는 더 이상 해를 개선하지 못하였다. 이는 지역최적에 조기 수렴함을 의미한다. 반면에 유전알고리즘은 해의 수렴속도는 늦으나 해의 개선이 계속되어 결과적으로 진화전략보다 더 좋은 해를 탐색할 수 있었다. 요약하면, 진화전략은 해의 개선 속도는 빠르나 다양한 해공간의 탐색에는 한계가 있고 유전알고리즘은 진화속도는 느리나 진화전략보다 다양한 해공간을 탐색하는 능력을 갖고 있다. 현재는 이러한 두 기법의 단점을 상호 보완하기 위하여 두 기법을 뚜렷이 구분하지 않고 진화알고리즘이라는 범주에서 표현, 유전연산, 선택 등의 방법과 절차를 혼용하여 사용하고 있다.

9.2 진화프로그래밍

1960년대 중반 Fogel, Owens, Walsh (1966)은 인공지능을 개발할 목적으로 진화과정을 모방한 기법을 제안하여 이를 진화프로그래밍(evolutionary programming: EP)이라 명명하였다. 지능적 행위란 환경의 변화를 예측하고 이에 적절히 대응하는 능력을 갖는 것으로 보고, 환경을 유한 개의 기호들의 순서(a sequence of symbols)로 나타내었다. 진화의 목적은 기호들의 순서에 따라, 즉 환경의 변화에 따라 목표에 맞는 출력을 유도할 수 있도록 하는 것이다. 예로, $a_1, a_2, a_3, \ldots$에 의해 표현되는 일련의 사건을 고려하자. 알고리즘은 이미 알고 있는 일련의 사건 $a_1, a_2, \ldots, a_n$에 대해, 다음에 올 사건 a_{n+1}을 예측하는 것이다. EP의 기본 착상은 이러한 알고리즘을 진화시키는 것이다. 이를 위해 개체를 유한상태기계(finite state machine: FSM)로 표현하였다.

FSM은 유한 개의 서로 다른 내부의 상태를 가지고 있으면서 유한 개의 나열된 기호로 표현된 입력(환경)에 대해, 유한 개의 출력 기호 중에서 하나의 기호로 반응하는 일종의 변환기이다.

FSM의 예로 [그림 9-1]을 보자. 이 FSM에서 각 마디 {A,B,C}는 상태(state)를 나타내고, 방향성을 가지는 호는 한 상태에서 다른 상태로 이동을, 즉 행동(action)을 나타낸다. 호에 표현된 "*x/y*"는 유한 개의 입력기호 중에서 하나의 입력기호 $x \in \{0, 1\}$와 이에 대한 유한 개의 출력기호 중에서 하나의 출력기호 $y \in \{a,b,c,d\}$을 나타낸다. 그리고 이중 원의 마디 A는 초기상태를 나타낸다. <표 9-1>은 초기상태 A와 입력기호 순서 (0,1,0,0,0,1)에 대해 상태의 변화와 출력기호를 나타내고 있다. 이 예에서 초기상태 A에서 첫 입력기호는 0이므로 다음 상태는 상태 C가 되고 출력기호는 b가 된다. 다음은 상태 C에서 입력기호가 1이므로 다음 상태는 상태 C로 되고 출력기호는 b가 된다. 이와 같은 과정을 반복하여 출력기호는 (b,b,a,c,a,d)를 얻는다.

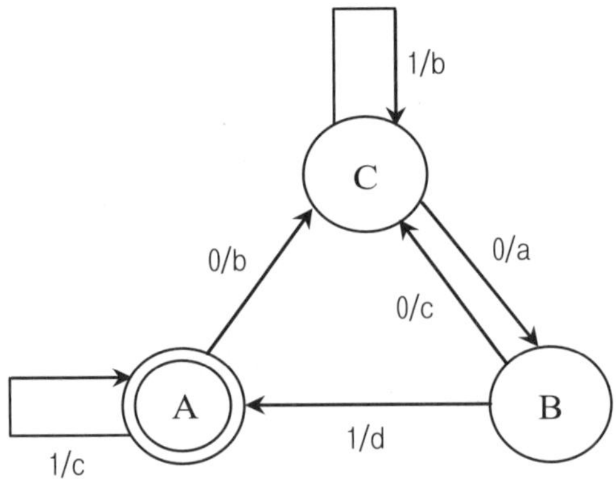

그림 9-1 유한상태기계의 예

표 9-1 유한상태기계의 입출력 예

현 상태	A	C	C	B	C	B
입력기호	0	1	0	0	0	1
다음 상태	C	C	B	C	B	A
출력기호	b	b	a	c	a	d

EP의 절차는 다음과 같다. 개체는 다루는 문제의 잠재해(특정 행위)를 나타내는 FSM으로 표현된다. EP는 복수 개의 개체로 이루어진 집단을 운영한다. 개체 FSM을 복수 개 임의로 생성하여 초기집단을 만든다. 그리고 집단에서 개체를 임의로 돌연변이하여 자손을 만든다. 이때 하나의 부모개체에서 하나의 자손을 생산한다. 다음은 부모개체로 이루어진 집단과 생산된 자손집단에서 적응도에 의해 이들 두 집단에 있는 전체 개체 수의 반을(즉, 집단 크기 만큼) 선택하여 다음 세대의 집단을 구성한다, 이 집단을 부모개체로 하여 돌연변이에 의한 재생산, 적응도에 따른 선택의 과정을 종료조건이 만족될 때까지 반복한다. EP의 절차는 앞 절에서 다룬 진화전략과 유사하다. 초기 EP에서 선택은 진화전략에서와 같이 가장 좋은 개체를 선택하는 확정적 방법이 사용되었다. 따라서 다음 세대의 집단은 부집단과 자손집단의 합에서 적응도 상위 50%의 개체로 구성된다.

EP에서 개체의 적응도 평가 방법에 대해 알아보자. 하나의 입력기호 순서(행위의 순서)가 $a_1, a_2, \ldots, a_n$ 로 알려져 있다고 하자. 이 순서의 부분순서 $a_1, a_2, \ldots, a_p$ $(p<n)$이 출력 a'_{p+1} 를 유도하고(예측된 행위), 다음 관찰된 기호(실제의 행위, 다음의 입력 기호) a_{p+1} 와 비교하여 적응도를 평가한다. p=1,2, ⋯, $n-1$에 대해 평가한다. 즉, 입력 a_1 에 대해 출력(예측) a'_2 과 실제 행위 a_2 와

비교하고, 다음은 입력 a_1, a_2 에 대해 출력(예측) a'_3 과 실제 행위 a_3 을 비교한다. 이와 같은 방법으로 입력기호 $a_1, a_2, ..., a_{n-1}$ 의 출력(예측) a'_n 과 실제 행위 a_n 을 비교한다. 적응도는 이들 비교 값을 인자로 하는 특정 평가함수(예로, all-none(예측이 맞고 틀림), 예측 오차의 자승, 각 예측의 정확도의 가중평균)에 의해 평가한다. 복수 개의 입력을 갖는 경우, 이들 입력에 대한 평가의 평균에 의해 적응도를 계산할 수 있다. 적응도 계산 방법은 이 외에도 여러 방법이 있을 수 있다.

EP는 돌연변이만을 사용한다. FSM에 사용하는 돌연변이로 5가지 방법이 제안되었다. 이는 FSM에서 (1) 하나의 출력 기호의 변경, (2) 하나의 상태 변이(transition)의 변경, (3) 하나의 상태 추가, (4) 하나의 상태 제거, (5) 초기상태의 변경이다. 물론, 하나의 상태 제거와 초기상태의 변경 돌연변이는 FSM에서 상태가 둘 이상일 때 가능하다. 돌연변이 방법의 선택은 확률적(예로 동일 확률로)으로 이루어진다. 그리고 하나의 FSM에 1회 이상의 돌연변이를 행할 수 있다. 이 회수는 미리 정한 특정 회수로 하거나, 확률분포(예로 포아송분포)에 의해 정할 수 있다.

FSM으로 표현한 초기 EP는 소수(素數)와 비소수의 분류(Fogel; 2000), 죄수의 딜레마게임(Fogel; 1993)을 포함하여 여러 분야에 적용되었다. 앞에서 언급했듯이 지금까지 다룬 초기 EP는 인공지능(artificial intelligence)의 개발에 중점을 두었다. 1990년대 들어서면서 Fogel, D.B., Fogel, L.J., Atmar, J.W.(1991)는 진화프로그래밍을 확장하여 수리최적화에 적용하였다. 이를 흔히 Meta-EP라 부른다. 현재는 Meta-EP를 Meta라는 용어 없이 진화프로그래밍(EP)으로 부르기도 한다.

비선형 최적화를 위해 실수표현에 적용할 수 있는 돌연변이에 대해 여러 연구가 이루어졌다(Saravanan & Fogel; 1994, Yao & Liu; 1996, Yao & Liu; 1997). 진화전략과 유사하게 개체는 해 벡터 $\mathbf{x}$ 와 표준편차 벡터 $\boldsymbol{\sigma}$ 에 의해, 세대 t 의 개체 $\mathbf{x}^t$ 를 돌연변이한 자손 개체 $\mathbf{x}^{t+1}$ 는 아래와 같이 된다.

$$\mathbf{x}^{t+1} = \mathbf{x}^t + \boldsymbol{\sigma}\mathbf{N}(\mathbf{0},\mathbf{1})$$

여기서 $\mathbf{N}(\mathbf{0},\mathbf{1})$ 는 평균이 0이고 표준편차가 1인 표준정규분포에서 추출한 난수 벡터이다. 돌연변이는 해의 변화량인 둘째 항의 $\boldsymbol{\sigma}\mathbf{N}(\mathbf{0},\mathbf{1})$ 을 어떻게 변화시키느냐를 의미한다. 다음 세대를 위한 개체 선택은 초기 EP에서는 가장 좋은 개체를 확정적으로 선택하였으나, Meta-EP에서는 유전알고리즘처럼 확률적 선택을 허용하고 있다.

9.3 유전프로그래밍

유전프로그래밍(genetic programming: GP)은 컴퓨터 프로그램을 자동으로 생성하기 위한 일종의 진화알고리즘으로 Koza(1992)에 의해 개발되었다. 이 기법의 구조는 유전알고리즘과 같아 유전알고리즘의 한 부류로 간주되기도 한다. GP는 어떤 문제에서 여러 테스트 케이스(입력 자료)에 대해 바람직한 출력(또는 정답)을 이끌어 내는 컴퓨터 프로그램을 자동으로 생성하는 데 목적을 두고 있다. 따라서 GP는 제어와 경제 모델에서 최적의 함수 형태와 파라미터 설정, 로봇처럼 움직이는 물체의 최적 제어, 계산회로 설계, 항목 분류네트워크 설계, 단백질 분류 등을 위한 컴퓨터 프로그램을 자동으로 생성하는 데 응용되고 있다.

GP에서 개체는 컴퓨터 프로그램이다. 이 컴퓨터 프로그램은 계층 구조를 갖는 LISP(LISt Processing) 프로그래밍 언어로 구현되었다. 먼저 LISP에 대해 간략히 기술한 후 GP를 다루기로 한다.

9.3.1 LISP

LISP는 S(symbolic)-expression의 형태로 표현되는데 이 표현은 원자(atoms)와 리스트(lists)의 두 요소로 구성된다. 원자는 예로 상수나 변수이다. 리스트는 괄호 안에 순서로 나열된 원소(items)들의 집합으로, LISP S-expression 예를 들면 (+ 1 2), (÷ (× x x) 2) 과 같다.

LISP S-expression 에서 리스트 괄호 안의 첫 번째 원소는 함수로, 리스트의 나머지 원소들은 이 함수의 引數(arguments)로 처리되어 평가된다. 예로, S-expression (+ 1 2)에서 +는 함수로, 1과 2는 인수로 인식되어, 3으로 평가되고, LISP S-expression (÷ (× x x) 2) 는 먼저 (× x x)이 x^2로 해석되어 (÷ x^2 2) 로 되고 이는 $x^2/2$로 평가된다. 또 하나의 예로 S-expression (+ 3 4 (IF (> X 5) 1 2))을 보자. 이 리스트는 (IF (> X 5) 1 2) 에서 X가 5보다 크면 참, 그렇지 않으면 거짓으로, 참이면 1을, 거짓이면 2의 값을 갖게 되어 3과 4 와 (IF (> X 5) 1 2)에서 얻은 값을 더한 결과로 평가된다.

LISP S-expression은 리스트 순서에 따라 가지를 치는 나무(tree) 형태의 계층 구조를 갖는 프로그램이라는 특징을 갖는다. 예로 앞의 S-expression (+3 4 (IF (> X 5) 1 2))을 나무 구조로 나타내면 [그림 9-2]와 같다.

[그림 9-2]에서 +은 나무의 뿌리(root)이고, +, IF, >은 함수이며, 상수 1, 2, 3, 4, 5와 변수 X은 잎(leaves)이다. 리스트, 내부 리스트, 내부-내부 리스트는 나열된 순서로 분지되어 있다.

프로그램 생성에 있어서 LISP 언어가 갖는 장점은 다음과 같다. (1) LISP 프로그래밍 언어는

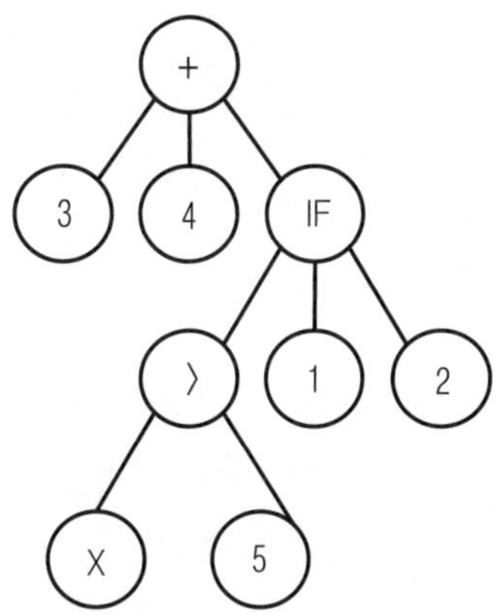

그림 9-2 LISP S-expression (+ 3 4 (IF (> X 5) 1 2))의 나무 구조

프로그램과 자료가 같은 형태(S-expression)를 갖는다. 이는 컴퓨터 프로그램을 용이하게 한다. 또한, (2) S-expression는 컴퓨터 프로그램이 나무 형태로 표현된다는 것이다. (3) LISP는 프로그래밍 구조의 크기와 형태를 동적으로 변화시키는 데 용이하고, (4) 계층 구조를 다루는 데 용이하다. (5) LISP는 생성되고 변화되는 컴퓨터 프로그램의 함수 값 계산에 요구되는 소요시간이 적다는 것이다.

9.3.2 유전프로그래밍 요소

Koza에 의해 개발된 유전프로그래밍(GP)은 LISP 컴퓨터 언어를 사용하여 여러 입력에 대해 원하는 출력을 얻을 수 있는 컴퓨터 프로그램을 진화프로세스를 통해 스스로 생산하는 일종의 진화 알고리즘이다. GP의 개념과 구조는 유전알고리즘과 같다. 다만 GP에서 개체(염색체)는 LISP 언어로 표현된 컴퓨터 프로그램이다.

유전알고리즘에서 개체들은 흔히 스트링 형태이나 GP에서는 컴퓨터 프로그램이므로, 이들을 어떻게 생성하고, 평가하며, 유전연산(교차와 돌연변이)할 것인가가 주요 문제이다. 유전프로그래밍의 주요 요소에 대해 알아보자.

GP의 절차는 다음과 같다. 임의의 컴퓨터 프로그램으로 구성된 초기집단을 구성한다. 이들 개체의 적응도를 평가한다. 적응도는 특정 입력 자료들에 대해 원하는 출력 값과 얻은 값의 차의 절대값을 합하여 평가한다. 물론 이 값이 작을수록 적응도가 높게 평가된다. 적응도에 의해 개체를 확률적으로 선택하여 다음 세대의 집단을 구성한다. 이 집단에서 교차율에 의해 자손을 생산한다. 교차는 두 자손에서 임의로 선택된 서브 나무의 상호 교환에 의해 이루어진다. 그리고 돌연변이율에 의해 개체를 돌연변이시킨다. 종료조건을 만족할 때까지 이들 개체의 적응도 평가, 선택, 유전연산 과정을 반복한다. 종료조건을 만족하면 지금까지 발견된 가장 좋은 해(프로그램)를 해로 한다.

1) 개체 생성과 초기집단 구성

GP에서 탐색 공간은 적용 문제의 해 영역을 나타내는 데 적합한 함수와 터미널 (또는 引數)로 구성된 컴퓨터 프로그램의 집합이다. 여기서 함수로는 가감승제의 산술연산, AND, OR, NOT과 같은 Boolean연산, sin, cos, exp, log와 같은 수리연산, IF-Then-Else와 같은 조건연산, Do-Until과 같은 반복 함수, 또는 정의된 특정 함수 등이 포함된다. 터미널은 함수 값을 결정하는 변수 또는 상수이다. 또한 터미널로 명시적 인수를 갖지 않는 함수가 사용될 수 있다.

GP를 특정문제에 적용하고자 할 때 사용자는 어떤 터미널들과 함수들의 합성에 의해 해결하려는 문제의 해를 유도할 수 있는지 알거나 예측할 수 있어야 한다. 사용자는 먼저 해결하려는 문제의 해를 표현할 수 있는

(1) 터미널의 집합 T를 선택하고,

(2) 함수의 집합 F를 선택한다.

초기집단을 위해 집단 크기의 개체를 임의로 생성한다. 이때 개체 생성은 LISP S-expression을 나타내는 나무를 생성함에 의해 이루어진다. 먼저 나무의 뿌리(root)를 위해 함수 집합 F에서 임의로 하나를 선택한다. 일반적으로 나무의 어느 점(point)에서 함수 f가 선택되면, 함수 f가 갖는 인수의 개수, $z(f)$개의 선(line)을 이 점에서 분지한다. 각 분지된 선의 끝점에 함수와 터미널의 합집합, $C = F \cup T$ 에서 임의로 선택하여 둔다. 어느 끝 점에 함수가 선택되면 위와 같은 과정을 반복한다. 그리고 끝점에 터미널이 선택되면 이 점은 나무의 끝점, 즉 잎(leaf)이 된다. 이와 같은 과정을 나무가 완성될 때까지 왼쪽에서 오른쪽으로 반복한다.

예로, 나무의 뿌리에 함수 +가 선택되고 이 함수 +는 2개의 인수를 갖는다 하자. 그리면 뿌리에서 두 개의 선이 분지된다([그림 9-3](a) 참조). 이 두선의 왼쪽 끝점이 함수 집합과 터미널 집합의 합집합에서 함수 *가 선택되고, 이 함수 *의 인수가 2개이면 이 *가 위치한 점에서 두 개의 선이 분지된다([그림 9-3](b) 참조). 이 두 선 중에서 왼쪽 끝점이 터미널 집합에서 A가 선택되면 이는 나무의 잎이 된다([그림 9-3](c) 참조). [그림 9-3)(c)의 점 4도 함수 +가 선택되고, 이 인수가 2개이면 [그림 9-3](d)와 같이 된다. [그림 9-3](e)에서 점 5, 6, 7이 차례로 터미널 집합에서 터미널 B, C, D가 각기 선택되면 이들 점은 나무의 잎이 되고 나무가 완성된다. 이를 LISP S-expression로 나타내면 (+ (* A (+ B C)) D)이다.

나무를 생성하는 여러 방법이 있을 수 있다. 이를 위해 먼저 나무 깊이(depth)를 정의하여 두자. 나무 깊이는 나무의 뿌리에서 각 잎까지의 최단 경로 중에서 가장 긴 경로의 길이로 정의한다. [그림 9-3](e)에서 뿌리에서 잎까지의 가장 긴 최단 경로는 뿌리에서 잎 5까지로 이 나무 깊이는 3이다. 나무를 생성하는 방법으로,

방법 1: 나무의 뿌리에서 모든 잎까지의 깊이를 같게 한다. 이는 똑같은 형태의 나무를 생성하게 된다.

방법 2: 나무 깊이가 주어진 최대 깊이와 같거나 작은 나무를 생성한다. 이는 최대깊이를 넘지 않은 여러 형태의 나무가 생성된다.

방법 3: 나무 깊이 파라미터를 사용하여 집단의 일정 비율 개체가 각 깊이를 갖는 나무를 생성한다. 이때 각 깊이에서 방법 1과 방법 2를 50%의 비율로 사용한다. 예로 나무 깊이 2부터 6까지의 나무를 생성한다면, 깊이 2,3,⋯,6을 갖는 집단의 개체를 각기 20% 생산한다. 이때 각 깊이에서 생산하는 20%의 개체 중에서 50%은 방법 1을 나머지 50%는 방법 2를 사용한다.

이들 나무 깊이의 조정은 가지 친 끝점의 터미널을 터미널의 집합 T에서 선택하느냐, 함수의 집합 F에서 선택하느냐, 또는 함수의 집합과 터미널의 집합의 합집합 $C = F \cup T$ 에서 선택하느냐에 따라 가능하다. 터미널의 집합 T에서 선택하면 깊이가 더 깊어지지 않고, 함수의 집합 F에서 선택하면 깊이가 증가하며, 합집합 $C = F \cup T$ 에서 선택하면 깊이가 더 깊어지거나 그렇지 않을 수 있다. 초기집단은 다양한 형태와 크기를 갖는 나무로 구성하는 것이 바람직하다. 따라서 초기집단 생성에는 보통 방법 3이 사용된다.

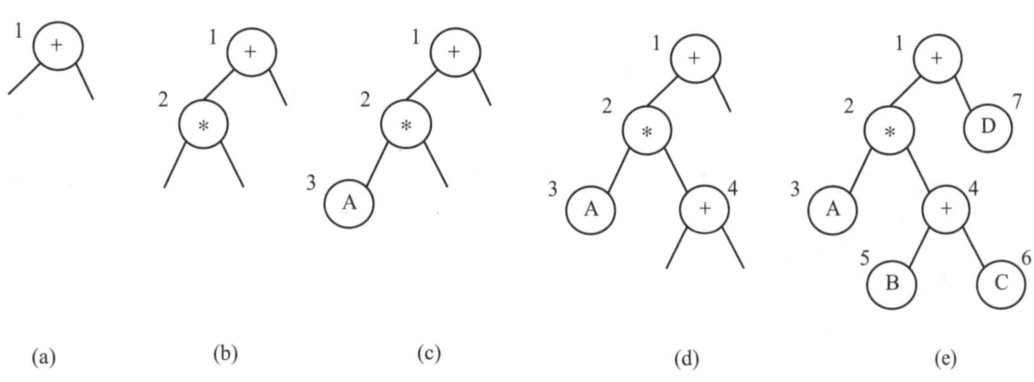

그림 9-3 개체 생성의 예

2) 적응도 평가와 선택

유전프로그래밍에서 적응도는 유전연산에 의해 프로그램이 생성되면 주어진 여러 입력자료(테스트 자료)를 입력하여 얻은 출력값과 원하는 목표값의 차의 절대값을 합하여 이 합에 기초하여 평가한다. 이 편차의 합이 0이면 가장 좋은 적응도를 갖는 프로그램이 된다.

여러 적응도의 평가척도를 사용할 수 있다. 대표적으로 원 적응도(raw fitness), 조정 적응도(adjusted fitness), 정규 적응도(normalized fitness)가 있다. 이를 간략히 설명한다.

(1) 원 적응도(raw fitness)

개체(S-expression) i 의 원 적응도는 테스트 자료를 프로그램 i 에 입력하여 얻은 출력 값과 원하는 목표 값의 차의 절대 값을 합한 값으로 평가한다. 이 값이 작을수록 높은 적응도를 갖는다. 세대 t 에서 개체 i 의 원 적응도, $r(i,t)$ 는 아래 식과 같이 표현된다.

$$r(i,t) = \sum_{j=1}^{N_c} |S(i,j) - C(j)|$$

$S(i,j)$ 는 개체(프로그램) i 에 N_c 개의 테스트 자료에서 j 번째 자료를 입력하여 얻은 값이고, $C(j)$ 는 테스트 자료 j 에 대해 얻고자 하는 바람직한 출력 값이다.

(2) 조정 적응도(adjusted fitness)

조정 적응도는 적응도 값의 범위를 (0, 1)로 두고 이 값이 클수록 더 좋은 개체로 평가하는 척도이다. 세대 t 에서 개체 i 의 조정 적응도 $a(i,t)$ 는 원 적응도 $r(i,t)$ 에 의해 다음과 같이 표현할 수 있다.

$$a(i,t) = \frac{1}{1 + r(i,t)}$$

(3) 정규 적응도(normalized fitness)

조정 적응도는 개체 간에 적응도 값의 차가 작을 수 있다. 정규 적응도는 확률바퀴선택과 같이 집단 개체들의 상대적 값으로 평가한다. 세대 t 에서 개체 i 의 정규 적응도 $n(i,t)$ 는 다음 식과 같이 표현할 수 있다.

$$n(i,t) = \frac{a(i,t)}{\sum_{k=1} a(k,t)}$$

여기서 $a(i,t)$ 는 세대 t 에서 개체 i 의 조정 적응도이다.

이와 같이 각 개체의 적응도를 평가하여 유전알고리즘에서 사용하는 여러 선택 방법 중에서 문제에 적합한 방법을 택하여 다음 세대를 위한 개체들을 선택한다.

3) 교차

유전프로그래밍에서 나무의 형태와 크기는 다양하다. 이러한 표현에서 교차를 어떻게 행할까? 나무 구조라는 특징을 이용하여 교차는 부모의 각 개체(나무)에서 임의로 교차점을 잡아 교차점을 부 뿌리로 하는 두 부모의 부나무(subtree)를 교차점이 연결된 선에 상호 교환한다. LISP S-expression에서 리스트의 관점에서 보면 교차되는 부분은 교차점에서 시작하는 부리스트(sublist)이다.

예로, [그림 9-4](a) (b)의 두 부모를 보자. 교차점이 부모1에서 함수 *이고 부모2에서 터미널 X2라면, 부나무는 [그림 9-4](a) (b)에서 점선 부분과 같이 된다. 이들 부나무를 교차점에 상호 교환하면 [그림 9-4](c) (d)와 같이 두 자손을 생산한다. 두 보모를 LISP S-expression은

부모1: (+ (* A (+ B C)) D)
부모2: (* X1 (+ X2 X3))

이고, 교차점의 부분 리스트는 두 부모에 각각 (+ **(* A (+ B C))** D), (* X1 (+ **X2** X3)) 의 밑줄 부분이다. 이를 교환하면 두 자손의 LISP S-expression은

자손1: (+ **X2** D)
자손2: (* X1 (+ **(* A (+ B C))** X3))

과 같다.

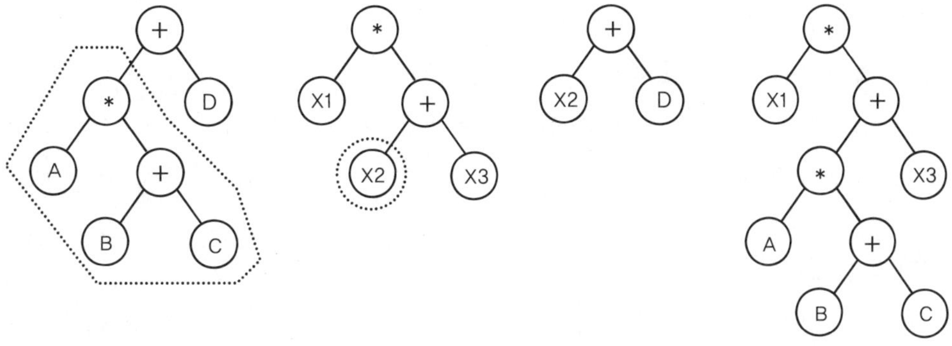

(a) 부모1 (b) 부모2 (c) 자손1 (d) 자손2

그림 9-4 유전프로그래밍에서 교차

이 교차의 성질에 대해 알아보자. (1) [그림 9-4]와 같이 부모2에서 터미널이 교차점이 되고 부모1처럼 상대적으로 큰 부나무를 갖는 교차점이 선택되면 자손2처럼 깊이가 더 큰 나무를 생산하게 된다. (2) 두 부모 모두 터미널이 교차점이 되면, 두 자손은 두 터미널을 교환한 것이 된다. 이는 점 돌연변이(point mutation)와 같은 결과를 갖게 된다. (3) 한 부모(부모1)의 교차점이 나무의 뿌리가 되고 다른 부모(부모2)는 그렇지 않는 경우, 자손1은 부모2의 부나무이고, 자손2는 부모1을 부나무로 갖는다. 이 경우 흔히 자손2는 상당한 깊이를 갖는 나무가 된다. (4) 잘 발생하지 않은 경우지만, 두 부모의 교차점이 모두 뿌리이면, 부모와 똑같은 형태의 자손이 생산된다. 끝으로, 아주 중요한 특징으로 (5) 두 부모가 동일한 경우, 일반적으로 교차점이 다르므로 부모와 다른 두 자손을 생산한다.

GP의 교차는 고전적 유전알고리즘에서와 같이 염색체가 고정된 길이를 갖고 교차점을 동일 위치에 두는 교차(1점 교차 또는 2점 교차)와 비교할 때, 해 공간의 탐색 관점에서 상당한 차이를 갖는다. 진화알고리즘에서 효율적인 해 공간의 탐색을 위해서는 집단의 다양성이 유지되어야 한다. 고전적 유전알고리즘에서 집단의 다양성을 저해하는 가장 큰 요인은 초기에 나타나는 적응도가 아주 좋은 개체가 중복 선택되어 세대가 진행됨에 따라 그와 동일한 개체나 그와 매우 유사한 개체가 집단에 많이 존재하는 것이다. 이는 매 세대의 교차에서 동일 개체나 유사한 개체가 교배의 짝으로 선택될 가능성이 높고, 짝으로 선택될 경우 부모와 같거나 아주 유사한 개체가 재생산된다. 이를 돌연변이에 의해 극복하고자 하나 돌연변이의 효과는 제한적일 수 있다. 따라서 유전알고리즘을 구현할 때, 조기 수렴을 방지하고 다양한 해 공간을 효율적으로 탐색하기 위하여 많은 노력을 기울인다.

이제 GP에서 두 부모가 같거나 거의 유사한 경우의 교차를 살펴보자. 앞에서 언급했듯이, 이 경우 일반적으로 교차점이 다르므로 교차에 의해 두 부모와 다른 두 자손을 생산하게 된다. 유전알고리즘에서는 선택 압력에 의해 집단이 수렴하는 경향이 있다. 그러나 GP에서 교차는 이러한 현상을 완화하여 집단의 다양성을 유지하는 효과를 가져온다.

한편, 교차에 의해 생산된 자손의 나무 깊이가 허용하는 최대 깊이 이상이면 이를 버리고 새로이 교차점을 잡아 자손을 생산하거나, 다른 부모를 선택하여 최대 깊이 이하의 자손을 생산한다. 또한 생산된 두 자손이 모두 너무 커서 버리게 되면, 두 부모를 그대로 집단에 포함시킨다.

4) 부차적 유전연산자

Koza(1992)는 GP에서 교차의 주 연산자 이외에, 돌연변이(mutation), 순열(permutation), 편집(editing), 캡슐화(encapsulation) 등 여러 부차적 연산자를 제안하였다.

(1) 돌연변이

돌연변이는 나무의 구조를 임의로 변화시키는 연산이다. 돌연변이 절차는 다음과 같이 행한다. S-expression에서 임의로 한 점을 선택한다. 이 돌연변이 점(mutation point)은 S-expression에서 함수이거나 터미널일 수 있다. 함수이면 이에 속한 부리스트를, 터미널은 이 점을 제거하고, 새로이 터미널이나 함수의 부리스트를 새로이 생성하여 이 점에 삽입한다. 예로, [그림 9-4](a)의 S-expression (+ (* A (+ B C)) D)에서 돌연변이 점이 함수 *이면 (* A (+ B C))를 제거하고 이 점에 새로이 생성한 부리스트가 (－ E F)이면 (+ (－ E F) D)로 돌연변이되고, 단순히 터미널 E가 생성되면 이를 삽입하면 (+ E D)로 돌연변이 된다.

(2) 순열

순열은 S-expression에서 함수를 임의로 선택하여 이 함수의 인수(arguments) 순서를 임의로 변경하는 연산이다. 예로 S-expression (+ (* A (－ B C)) D)에서 함수 －가 선택되면 이 인수 B와 C의 순서를 바꾸어 (+ (* A (－C B)) D)로 된다. *와 +와 같이 함수가 可換이면 순열 연산에 의해 S-expression의 출력값이 변경되지 않는다.

(3) 편집

편집 연산은 GP가 작동할 때 S-expression을 편집하여 단순화하는 데 사용된다. 예를 들면, (AND X X)→X, (OR X X)→X, (NOT (NOT X))→X로 편집하여 단순화하는 것이다.

(4) 캡슐화

캡슐화는 잠재적으로 유용한 부나무들을 캡슐로 만들어 이에 이름을 붙여 그것을 후에 사용할 수 있도록 하는 방법이다. 캡슐화는 S-expression에서 임의로 함수 점을 선택하여 이를 캡슐로 만든 함수로 대체한다. 캡슐은 하나의 자료나 터미널처럼 사용할 수 있다. 예로, S-expression (+ A (* B C))을 보자. 함수 (* B C)를 인수가 없는 캡슐 함수 E0로 정의하여 두었다 하자. 그러면 S-expression (+ A (* B C))은 (+ A (E0))의 형태로 표현할 수 있다. 캡슐화된 함수는 진화알고리즘에서 하나의 잠재 빌딩블록으로 볼 수 있다. 이러한 캡슐화된 함수를 정의 함수(defined function)라 부른다.

위에서 다룬 부차적 유전 연산자가 GP의 성능에 미치는 효과에 대한 Koza(1992)의 실험결과에 의하면, 이들 연산자는 GP의 성능에 유의할만한 결과를 보이지 못하는 것으로 나타났다. 따라서 Koza(1992)는 실제 GP의 적용에 거의 사용하지 않는다고 보고하고 있다. 그러나 캡슐화된 정의 함수 개념을 확장한 자동 정의 함수(automatically defined function: ADF)는 GP에서 아주 유용한 개념으로, GP의 강점으로 인정받고 있다. ADF는 문제 해결에 잠재적으로 유용한 함수(또는 절차)로, 이들은 프로그램의 진화과정에서 자동으로 정의되고 진화한다. 이렇게 만들어진 ADF는 프로그램(개체) 구성에 사용된다. 이러한 ADF의 개념은 코드의 재사용 분야에 크게 기여하였다. ADF에 대한 자세한 내용은 Koza(1992)의 책 20장과 21장과 Koza(1994)의 책을 참조할 수 있다. 또한 GP의 다양한 응용에 대해서도 Koza의 이 두 책을 참고할 수 있다.

제10장

공진화알고리즘

공진화(coevolution)는 자연계에서 둘 이상의 종들이 생존이나 번식에 상호 영향을 미치면서 진화하는 현상이다. 공진화에서 한 종의 적응적 진화가 공생하는 다른 종의 협조적인 진화를 일으킨다. 또한 포식자와 피식자, 기생자와 숙주와 같이 경쟁자 간의 공진화에 있어서는 한쪽 종의 적응적인 진화가 다른 쪽 종에 대항적인 진화를 일으킨다. 전자와 후자의 과정을 모방한 확률적 탐색기법을 각각 협조 공진화알고리즘(cooperative coevolutionary algorithm)과 경쟁 공진화알고리즘(competitive coevolutionary algorithm)이라 부른다.

협조 공진화알고리즘은 서로 관련된 여러 부분문제로 구성된 복잡도가 높은 최적화문제의 해결에 효과적으로 적용된다. 협조 공진화알고리즘은 여러 변수를 갖는 비선형문제, 생산관리에서 고려 요소가 많은 공정계획, 공정계획과 일정계획의 통합, 공급사슬관리, 통신네트워크의 설계와 운영 등의 통합문제를 계층적 문제 해결이 아니고 통합적으로 동시에 효과적으로 해결할 수 있다.

경쟁 공진화알고리즘은 게임문제, 테스팅을 필요로 하는 문제, 제약만족문제처럼 모든 테스트 문제(또는 상대전략)에 대해 옳은 해(최적 전략)를 찾는 적대문제(adversarial problem)에 적용된다. 경쟁 공진화알고리즘에서는 숙주(해 또는 경쟁자)와 기생자(테스트문제 또는 상대 경쟁자)가 계속적으로 상호 경쟁하고 적응하면서 진화하도록 한다(점진적으로 상호 좋은 해를 탐색해 가도록 한다).

이 장에서는 협조 공진화알고리즘과 경쟁 공진화알고리즘을 소개한다. 먼저 협조 공진화알고리즘의 개념과 절차를 알아보고, 이 알고리즘의 한 형태인 이웃공생 진화알고리즘과 내공생 진화알고리즘을 소개한다. 그리고 협조 공진화알고리즘의 적용을 다룬다. 다음은 경쟁 공진화알고리즘의 개념과 절차, 그리고 그 적용을 다룬다.

10.1 협조 공진화알고리즘

10.1.1 서론

협조 공진화알고리즘은 자연계에서 둘 이상의 종들이 공생하며 진화하는 과정을 모방한 확률적 탐색기법이다. 따라서 협조 공진화알고리즘을 공생 진화알고리즘(symbiotic evolutionary algorithm)이라 부르기도 한다. 공생 관계의 한 예는 콩과 식물과 뿌리혹 박테리아의 관계를 들 수 있다. 콩과식물은 뿌리혹 박테리아의 생존에 필요한 여러 영양분을 공급한다. 뿌리혹 박테리아는 콩과 식물의 뿌리에 직경 1~2mm의 혹을 만들어 그 속에서 살면서 질소성분(질산염, 암모니아)의 비료를 만들어 토양을 비옥하게 함으로써 식물의 성장을 돕는다. 이와 같이 자연계에서 공생하는 종은 한 쪽 종의 적응적 진화는 다른 쪽 종의 진화에 협조적인 진화를 일으킨다. 즉, 공생진화에서 한 쪽의 승리는 다른 쪽의 생존 가능성을 높이는 정(positive)의 적응도 관계를 갖는다.

공생 진화알고리즘에서는 공생 관계를 갖는 종들에 대해 각각 집단을 구성하고, 각 집단은 다른 집단과 상호 작용하고 적응하면서 진화한다. 이때 각 집단은 다루는 (통합)문제를 구성하는 부분문제를 나타내고, 각 집단의 개체는 해당 부분문제의 해(부분해)를 나타낸다. 표준 유전알고리즘이 완전해(complete solution)를 나타내는 개체로 구성된 하나의 집단을 운영하는 데 반해, 공생 진화알고리즘에서는 부분해(partial solution)를 나타내는 개체로 구성된 집단을 여러 개 운영한다.

공생 진화알고리즘에서 개체(부분해)의 목표는 다른 개체와 협조하여 전체문제의 최적에 기여하는 것이다. 공생 진화알고리즘에 내재된 가정은 부분해들에 의한 병렬탐색이 완전해에 의한 단일 탐색보다 더 효율적이다는 것이다. 이 알고리즘은 복수 개의 집단을 운영하고 부분해를 결합하여 완전해를 형성함으로써 넓은 해 공간의 탐색이 가능하고 집단의 다양성을 촉진하며 지역최적으로 조기 수렴하는 것을 피할 수 있다는 장점을 갖는다.

복수 집단의 운영은 여러 형태의 개체표현을 허용한다. 따라서, 공생 진화알고리즘은 복잡한 문제를 여러 요소로 분해하여 문제를 해결하는 경우나, 상호 작용하는 여러 요소로 구성된 문제를 통합하여 동시에 해결하는 데 효과적인 방법론으로 사용되고 있다. 따라서 여러 연속변수와 이산변수를 갖는 통합문제의 최적화에 적용될 수 있다.

복수집단을 운영하는 알고리즘으로 8.4절에서 다룬 섬모델(island model)이 있다. 그러나 섬모델은 하나의 종을 여러 개의 부분집단으로 분리하여 일정기간 동안 부분집단 내에서 진화한 후, 부분집단 간에 이주가 이루어지고 부분집단 내에서 이주된 개체와 기존에 있던 개체 간의 교차가 이루어져 자손이 재생산된다. 따라서 섬모델의 개념을 서로 다른 형태의 부분해로 이루어진 통합문제(예로, 분할문제와 순서문제가 결합된 문제)에 대한 적용에는 한계가 있다.

1990년대 초반 이후 협조 공진화알고리즘에 관한 여러 연구가 행하여졌다. Husband & Mill(1991)은 생산계획과 일정계획에 공진화의 개념을 적용하였다. Maher & Poon(1996), Poon & Maher(1997)는 건축 설계에 공진화 개념을 도입하였다. 설계를 문제 공간(problem space)과 해 공간(solution space)으로 보았다. 문제 공간은 요구되는 기능들을 나타내는 공간이고, 해 공간에서는 설계에서 이러한 기능을 만족할 적절한 구조 요소(structure elements)들의 조합을 찾는다. 설계를 이들 두 공간의 공진화 과정으로 보고, 공진화 개념을 사용한 알고리즘을 제시하였다. Potter(1997)는 복잡도가 높은 문제를 여러 부분문제로 나누어 복수 개의 집단으로 구성하고, 이들 부분집단이 상호 진화하면서 문제의 목적을 달성하는 협조 공진화 모형을 제안하였다. 그리고 Bull & Fogarty(1995)는 공생 모형과 함께 내공생(endosymbiosis)의 모의실험 결과를 제시하였으며, Moriarty & Miikkulainen(1998)는 협조 공진화 모형을 신경망문제에 적용하여 그 효율성을 보였다. Kim *et al.* (2000a, 2000b, 2003, 2005, 2006)은 여러 형태의 공진화알고리즘 개발과 함께 그 적용을 다루었다.

협조 공진화알고리즘의 기본 절차는 다음과 같다. 여러 변수가 상호 관련된 복잡한 문제이거나 여러 부분문제가 결합된 통합문제를 p개의 부분문제로 나누었다고 하자. 즉, p개의 (부분)집단을 갖는 공생 진화알고리즘이라 하자.

■ 협조 공진화알고리즘의 절차

단계 1: (초기화)

각 부분문제의 잠재해를 표현한 개체들로 이루어진 p개의 집단 $Pop_1, Pop_2, \ldots, Pop_p$ 를 구성한다.

단계 2: (초기집단의 적응도 평가)

집단 $Pop_i, i=1,2,\ldots,p$ 에 있는 각 개체는 다른 모든 각 집단, $Pop_j, \forall j \neq i$ 에서 하나의 개체를 각기 선택하여, 완전해를 구성하여 적응도를 평가한다. 평가 과정에서 발견된 가장 좋은 해(결합)의 적응도를 f_{best}로 둔다.

단계 3: (각 집단의 진화)

단계 3.1: $i=1$ 로 둔다.

단계 3.2: Pop_i 에서 적응도를 기준으로 하여 $|Pop_i|$ 개의 개체를 선택한다.

단계 3.3: 선택된 개체에 교차와 돌연변이를 행하여 $|Pop_i|$ 개의 개체를 재생산하고, 이를 Pop_i 로 둔다.

단계 3.4: $i \leftarrow i+1$ 로 둔다. $i \leq p$ 이면 단계 3.2로 가고, 그렇지 않으면 단계 4로 간다.

단계 4: (적응도 평가)

집단 Pop_i, $i=1,2,\ldots,p$ 에 있는 각 개체에 대해 다른 모든 각 집단, $Pop_j, \forall j \neq i$ 에서 하나의 개체를 각기 선택하여, 완전해를 구성하여 적응도를 평가한다. 평가과정에서 발견된 가장 좋은 해의 적응도가 f_{best} 보다 높으면, f_{best}를 갱신한다.

단계 5: (종료조건)

종료조건을 만족하면 끝낸다. 그렇지 않으면 단계 3으로 간다.

단계 2와 단계 4에서 적응도 평가를 위하여 상대 집단에서 선택된 개체를 공생 파트너 또는 공생자(symbiont)라 부른다. 공생자는 여러 방법에 의해 선택될 수 있다. 흔히 상대 집단 각각에서 가장 높은 적응도를 갖는 개체를 공생자로 사용한다. 이 외에 상대 집단에서 임의로 선택하여 사용할 수 있다. 김재윤외 2인(2000)의 연구에 의하면 공생자 선택 방법은 해의 성능에 크게 영향을 주지 않았다.

10.1.2 이웃공생 진화알고리즘

앞 절에서 다룬 알고리즘은 부분집단 전체를 대상으로 하는 진화에 기반을 두고 있다. 이 절에서는 이를 개선하여 제8.3절에서 다룬 이웃 유전알고리즘의 개념을 적용한 공생 진화알고리즘을 소개한다. 이를 이웃공생 진화알고리즘으로 명명하자. 설명의 편의를 위해 집단의 수를 2개로 두자. 아래 제시된 알고리즘은 3개 이상의 집단을 갖는 문제에 쉽게 적용할 수 있다(협조 공진화알고리즘의 절차에서 단계 3 참조).

이웃공생 진화알고리즘의 개념은 다음과 같다. 두 집단을 갖는 공생 진화알고리즘을 적용하기 위하여 각 문제를 하나의 종으로 보고, 두 집단 Pop-A와 Pop-B를 토러스 형태의 2차원 격자구조(toroidal grid)로 각기 구성한다([그림 8-2] 참조). 그리고 집단 내와 집단 간 지역적 진화를 위하여 Pop-A와 Pop-B에서 위치 (i, j) 에 있는 개체의 이웃을 각각 NA_{ij}, NB_{ij}로 나타낸다.

이웃은 여러 형태로 정의할 수 있으나 여기서는 [그림 8-3]과 같이 개체 (i, j) 를 중심으로 하여 (3×3) 의 정방형으로 두자. 집단은 진화하는 동안 다른 한 집단과 다음의 과정을 반복하며 상호작용한다. 우선, 지역(이웃) 진화의 중심인 개체 (i, j) 를 임의로 선택한다. NA_{ij}의 진화는 NA_{ij}뿐만 아니라 NB_{ij} 내의 개체와 공생을 통하여 이루어진다. 다른 종의 이웃 NB_{ij}와 공생하는 개체(공생자)의 선택은 여러 방법에 의해 이루어질 수 있다. 여기서는 가장 높은 적응도를 갖는 개체를 공생자로 한다. NA_{ij}는 유전연산을 통해 지역 진화하고, 생산된 자손의 적응도는 공생자와 결합하여 평가된다. NB_{ij}는 NA_{ij}와 역할을 바꾸어 진화한다. 이러한 이웃 공진화 과정을 종료조건이 만족될 때까지 반복한다. 이를 도식하면 [그림 10-1]과 같다. 이 진화알고리즘의 절차를 단계별로 기술하면 다음과 같다.

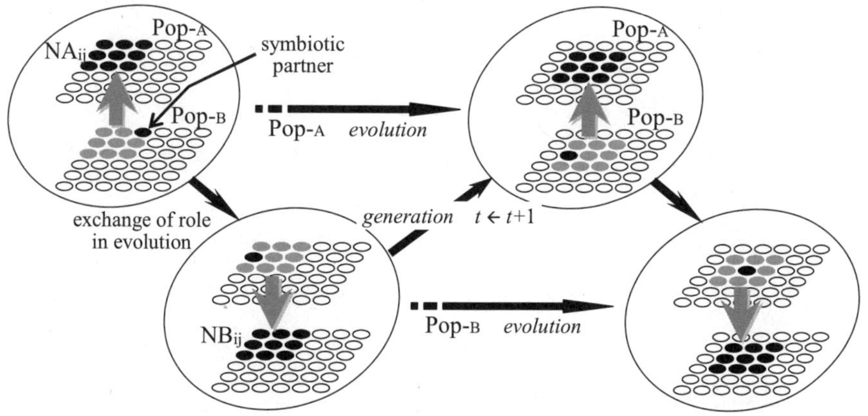

그림 10-1 이웃공생 진화알고리즘

■ 이웃공생 진화알고리즘의 절차

단계 1: (초기화)

두 부분문제의 잠재해를 표현한 개체들로 이루어진 두 집단 Pop-A와 Pop-B를 구성한다.

단계 2: (초기 적응도 평가)

두 집단의 각 개체는 상대 집단의 격자구조에서 같은 위치에 있는 개체와 짝지어 초기 적응도를 평가하고, 가장 좋은 해를 f_{best}로 둔다.

단계 3: (이웃설정)

임의의 위치 (i, j)를 선택하고, 이웃 NA_{ij}와 NB_{ij}를 정의한다.

단계 4: (NA_{ij}의 진화)

단계 4.1: NA_{ij}에서 적응도를 기준으로 두 부모개체를 선택하여 교차한 후 두 자손개체를 생산한다.

단계 4.2: NA_{ij}에서 낮은 적응도를 갖는 두 개체를 선택하여 단계 4.1에서 생산된 자손개체와 대체한다.

단계 4.3: 돌연변이율에 의해 NA_{ij}의 개체를 돌연변이시킨다.

단계 4.4: 새롭게 생산된 자손개체들의 적응도를 평가한다. 이때, NB_{ij}에서 가장 높은 적응도를 갖는 개체가 공생자로 선택된다. 만약, 가장 좋은 개체의 적응도가 f_{best}보다 높으면, f_{best}를 갱신한다.

단계 4.5: NA_{ij} 진화의 종료조건을 만족하면 단계 5로, 그렇지 않으면 단계 4.1로 간다.

단계 5: (NB_{ij}의 진화)

단계 5.1: NB_{ij}에서 적응도를 기준으로 두 부모개체를 선택하여 교차한 후 두 자손개체를 생산한다.

단계 5.2: NB_{ij}에서 낮은 적응도를 갖는 두 개체를 선택하여 단계 5.1에서 생산된 자손개체와 대체한다.

단계 5.3: 돌연변이율에 의해 NB_{ij}의 개체를 돌연변이시킨다.

단계 5.4: 새롭게 생산된 자손개체들의 적응도를 평가한다. 이때, NA_{ij}에서 가장 높은 적응도를 갖는 개체가 공생자로 선택된다. 만약, 가장 좋은 개체의 적응도가 f_{best}보다 높으면, f_{best}를 갱신한다.

단계 5.5: NB_{ij} 진화의 종료조건을 만족하면 단계 6으로, 그렇지 않으면 단계 5.1로 간다.

단계 6: (종료조건)

알고리즘의 종료조건을 만족하면 종료한다. 그렇지 않으면 단계 3으로 간다.

이 이웃공생 진화알고리즘의 특징에 대해 알아보자.

1) 이웃진화

진화알고리즘에서 집단 다양성은 지역최적해로의 조기 수렴 방지와 함께 해 공간의 효율적 탐색을 위해 중요하게 다루어진다. 앞에서 언급했듯이 공생 진화알고리즘은 해 공간을 분해하고 분해된 해 공간에서 얻은 부분해를 결합하여 완전해(또는 전체해)를 나타냄으로써 적은 수의 개체로 해 공간을 효과적인 탐색을 할 수 있다. 공진화알고리즘의 이러한 특징은 집단 다양성을 유지하는데 효과적이다. 공생 진화알고리즘이 가지고 있는 다양성을 좀 더 강화하기 위하여 이웃 진화전략을 사용한다. 이웃 진화전략은 다양한 좋은 개체들이 적소(niche)를 형성하도록 하여 해 공간의 효율적 탐색을 가능하게 한다.

이웃진화가 갖는 적소 형성의 창발성을 알아보자. 이를 위해 아래 함수를 보자.

$$Min.\ F(x,y) = 5xy^{-1} + 2x^{-1}y + 5x + y^{-1},\ \ 0 \le x, y \le 2$$

위 최적화문제에서 두 집단 Pop-X와 Pop-Y가 공진화할 때 [그림 10-2]는 집단 Pop-X내 개체들의 적응도 등고선 지도이다. 이 그림에서 가로축과 세로축은 집단을 구성하는 개체들의 위치를 나타내며, 밝은 색으로 표시될수록 적응도가 낮다.

세대가 진행됨에 따라 적응도가 높은 개체들의 군집이 여러 곳에서 발견되어 다양한 적소를 형성하고, 집단 전체적으로 적응도가 높은 개체들의 비율이 많아져 감을 알 수 있다.

(a) 초기집단 구성 (b) 100세대 후 집단 구성 (c) 200세대 후 집단 구성

그림 10-2 집단 Pop-X의 등고선 지도

2) 안정상태 유전알고리즘

이웃공생 진화알고리즘은 탐색의 효율성을 높이기 위하여 안정상태 유전알고리즘의 개념을 사용하고 있다. 즉, NA_{ij}와 NB_{ij}의 진화는 재생산 사이클(reproduction cycle)이라 불리는 단계 4.1(5.1)에서 단계 4.4(5.4)까지를 반복하며 진화한다. 안정상태 유전알고리즘은 전통적인 세대별 유전알고리즘에 비해 해의 품질이나 계산시간 측면에서 우수하다고 알려져 있다. 이때 부모개체의 선택과 자손개체의 대체는 확률적으로 이루어진다.

3) 적응도 평가전략

공생 진화알고리즘에서 개체의 적응도를 평가하기 위해서는 공생자(symbiont)가 요구된다. 이때 공생자는 여러 방법으로 선택할 수 있다. 이 알고리즘에서는 이웃 진화마다 상대 이웃에서 가장 높은 적응도를 갖는 개체를 공생자로 선택한다. 이웃진화를 사용하기 때문에 한 집단에서 여러 개체들이 공생자로 참여할 수 있으므로, 개체들은 다양한 환경에 적응할 기회를 갖는다.

10.2 내공생 진화알고리즘

10.2.1 내공생 진화

내공생 진화(endosymbiotic evolution)는 1970년 생물학자인 Lynn Margulis(1970, 1981)가 진핵생물(eukaryote)의 세포구조, 특히 미토콘드리아(mitochondria)나 엽록체 (chloroplast)와 같은 세포 기관의 출현을 설명하기 위하여 주장한 이론이다. Margulis의 내공생 진화이론에 대해 간략히 알아보자.

호기성 원핵생물(aerobic prokaryote)이 비교적 부피가 크면서 포도당을 피루부산 (pyruvic acid)으로까지 분해할 수 있는 효소를 가지는 원핵생물의 내부에서 공생하여 마치 하나의 생물처럼 생존한 것을 진핵생물의 진화 시초로 보았다. 내부 공생체가 미토콘드리아로 되고, 점차로 산소가 증가하는 환경에 적응할 수 있는 것으로 되었다. 다음 단계의 진화는 스피로헤타(spirochaeta)와 같은 운동성을 갖는 생물이 이 공생체에 참가함으로써 이루어졌다. 이 새로운 공생 원핵생물은 편모(flagellum)나 섬모(cilium)로 분화되거나 중심체로 되어 미소관을 형성하는 유사분열을 매개하게 된다. 이러한 과정을 통하여 운동능력이 고도로 발달된 새로운 세포가 탄생한 것이다. 이것은 아메바와 비슷한 편모충류에 해당하는 생물로서 현재의 동물과 균류의 직접적인 조상이 되었다. 한편 이러한 세포에 다른 원핵세포인 남조가 도입되어 공생관계를 성립시킴에 따라 엽록체를 가지는 녹색식물로 진화하게 되었다. [그림 10-3]은 Margulis가 내공생 진화론을 설명하기 위하여 보인 진핵세포의 진화과정을 도식한 것이다(Margulis, 1970, p.58).

내공생 진화에서 원핵생물들은 내공생적 연합(endosymbiotic association)과 수평 진화(horizontal evolution 또는 horizontal gene transfer)에 의해 진핵생물로 진화한다. 여기서 수평진화는 어떤 형질이 부모로부터 자식에게 수직적으로 유전되는 것이 아니고, 동종 또는 타종의 개체로 전해져서

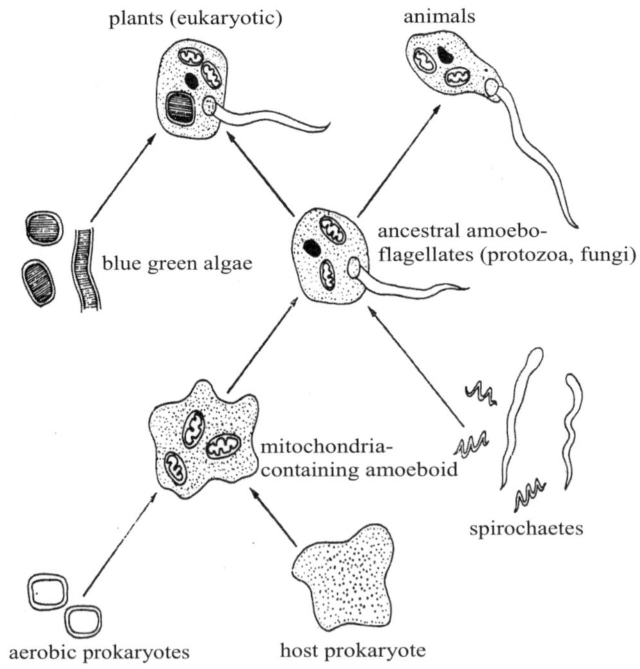

그림 10-3 내공생 진화에 의한 진핵세포의 진화

진화하는 것을 말한다(한국생물과학협회, 1998; Bull and Fogarty, 1995). 이런 경우, 개체의 생존율이나 번식률을 높이는 형질이 진화한다고 하는 단순 적응진화는 성립하지 않지만, 가능한 다른 개체에 적응하기 쉬운 형질이 진화한다는 의미로서는 적응진화의 한 형태라고 알려져 있다.

내공생 진화론은 강력한 정황적 증거에 의해 뒷받침되고 있다. 예를 들어, 오늘날의 미토콘드리아와 엽록체는 원핵세포와 닮은 점이 많다. 그들은 적은 양의 DNA, RNA, 리보좀을 갖고 있는데 이들은 진핵세포보다는 원핵세포에 가까운 특징을 갖고 있다. 또한, 내공생 진화론은 미토콘드리아와 엽록체가 이중막으로 싸여 있는 이유를 설명해 줄 수 있는 가설이기도 하다. [그림 10-3]에 나타나 있듯이 이들 소기관의 안쪽 내막은 삼켜진 박테리아의 원형질막에서 유래한 것이고, 외막은 숙주세포의 원형질막이 안으로 접혀 형성된 것으로 보인다.

10.2.2 내공생 진화알고리즘의 개념과 특징

협조 공진화알고리즘에 관한 대부분의 기존 연구는 공생하는 개체들이 결합되지 않고 분리된 형태로 공생한다고 본다. 이 경우, 개체들이 진화하는 동안 공생자의 변동 빈도가 높게 되어 다양한 해 공간의 탐색은 가능하나 주어진 탐색 방향에서 충분한 탐색이 이루어지지 않는다는 단점을 갖는다. 이러한 단점을 보완하기 위하여 각 개체가 자신과 결합하여 높은 적응도를 유도하는 공생자를 만나면, 이들을 결합된 형태로 진화시킨다. 이러한 방법은 분리된 형태의 공생 진화알고리즘보다 좋은 해로의 수렴속도를 향상시킬 수 있을 것으로 기대된다.

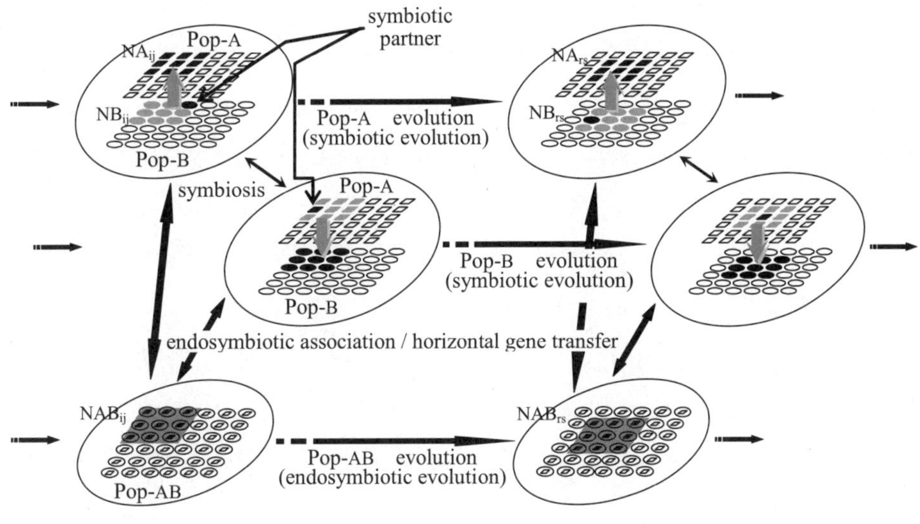

그림 10-4 내공생 진화알고리즘의 개념

[그림 10-4]는 내공생 진화알고리즘의 개념을 도식한 것이다(김여근, 2011, 제13장 참조). 상호 관련된 두 부분문제, A와 B가 있다고 하자. 그리고 이들 두 부분문제가 결합하여 통합된 한 문제를 이룬다고 보자. 부분문제 A와 B의 개체로 이루어진 집단을 각각 Pop-A와 Pop-B로 두고, 이들 두 집단의 각 개체가 결합하여 만들어진 개체들의 집단을 Pop-AB로 두자. Pop-A와 Pop-B는 부분해를 나타내는 공생자(symbionts)로 이루어지며, 여기에 있는 개체는 분리된 상태로 진화하는 동안 상호 협조한다.

Pop-AB는 완전해를 나타내는 내공생자(endosymbiont)로 이루어지며, 내공생자는 두 공생자의 게놈(genome) 결합에 의해 이루어진다. Pop-AB의 개체들은 결합된 형태로 Pop-A와 Pop-B의 개체들과 경쟁하며, 동시에 자신의 집단 내에서 진화한다. 그러므로 내공생 진화알고리즘은 Pop-A와 Pop-B에 있는 부분해들에 의한 병렬탐색과 Pop-AB에 있는 완전해에 의한 통합탐색이 동시에 이루어진다. 이러한 탐색 방법은 알고리즘의 성능을 향상시킬 것으로 본다.

또한, 집단 내와 집단 간의 상호작용은 지역에 국한하여 이루어지는 전략을 사용한다. 즉, 앞 절에서 다룬 공생 진화알고리즘과 같이 이웃 진화전략을 사용한다. 이는 집단의 다양성 유지와 적소(niche) 형성을 돕는다. 이것들은 결국 지역최적으로의 조기 수렴을 막아 장기적으로는 해의 개선을 유도할 수 있다.

지역 내공생 진화를 위하여 집단과 이웃을 다음과 같이 구성한다. 세 집단 모두 2차원 토러스(torus) 격자구조를 갖는다. 여기서 이웃은 (3×3)의 정사각형으로 한다. NA_{ij}, NB_{ij}와 NAB_{ij}는 각기 집단 Pop-A, Pop-B와 Pop-AB에서 위치 (i, j)에 있는 개체와 그 주위의 8개의 셀(3×3의 정사각형)을 포함하는 이웃을 나타낸다([그림 10-4] 참조). 초기에 Pop-A와 Pop-B의 각 셀에는 임의로 생성한 부분해로 이루어진 개체들을 할당하고, Pop-AB의 셀에도 임의의 완전해를 생성한다.

알고리즘에서 세 집단 Pop-A, Pop-B, Pop-AB 간에는 크게 두 형태의 상호작용을 한다. 첫째, NA_{ij}와 NB_{ij}에 있는 개체는 공생하면서 진화한다. NA_{ij}와 NB_{ij}의 공생은 공생 진화알고리즘에서와 동일한 과정을 수행한다. 이때 공생자는 상대 집단의 이웃에서 임의로 선택한 한 개체를 사용한다. NA_{ij}와 NB_{ij}에 있는 공생자의 적응도를 평가할 때 발견한 가장 높은 적응도를 갖는 개체 결합을 C_{new}라 하고, 이는 잠재 내공생자가 된다.

둘째, 잠재 내공생자, C_{new}는 NAB_{ij}에 있는 내공생자와 경쟁한다. NAB_{ij}에 있는 가장 낮은 적응도를 갖는 내공생자를 C_{old}라 하자. 만약 C_{new}의 적응도가 C_{old}의 적응도보다 높으면, NAB_{ij}에 있는 C_{old}를 C_{new}와 대체한다. 이 때 NA_{ij}와 NB_{ij}에서 C_{new}를 형성한 각 개체는 각기 제 위치에 그대로 둔다.

■ 내공생 진화알고리즘의 절차

내공생 진화알고리즘의 단계별 절차는 다음과 같다. 아래 절차에서 a_p와 b_q는 각각 Pop-A와 Pop-B의 공생자, 즉 부분해를 나타내고, $\alpha_u\beta_u$는 Pop-AB의 내공생자인 완전해를 표현한 것이다. 또한 $f(\alpha\beta)$는 내공생자 $\alpha\beta$의 적응도이다.

단계 1: (초기화)

세 집단 Pop-A, Pop-B, Pop-AB의 모든 셀에 개체를 임의로 생성한다. 그리고 초기 적응도를 평가한다. 이때 Pop-A와 Pop-B의 개체들은 같은 격자 위치에 있는 개체를 공생자로 하여 평가한다. 평가에서 가장 좋은 해를 f_{best}로 둔다.

단계 2: (이웃 설정)

임의의 위치 (i, j)를 선택하여 이웃 NA_{ij}, NB_{ij}, NAB_{ij}를 정의한다.

단계 3: (NA_{ij}와 NB_{ij}의 협조와 잠재 내공생자의 생성)

단계 3.1: NA_{ij}와 NB_{ij} 내 개체들의 적응도를 평가한다. 이를 위하여 각각 NB_{ij}와 NA_{ij} 내에서 공생자를 선택한다.

단계 3.2: 단계 3.1의 과정을 통해 얻은 가장 높은 적응도 조합을 잠재 내공생자 a_pb_q라 두자. $f(a_pb_q)$가 f_{best}보다 크면, f_{best}를 갱신한다.

단계 4: (기존 내공생자와 잠재 내공생자의 경쟁)

단계 4.1: NAB_{ij}에 있는 개체들의 적응도를 평가한다. 이 평가에서 가장 좋은 개체의 적응도가 f_{best}보다 크면, 이 적응도로 f_{best}를 갱신한다.

단계 4.2: $f(a_pb_q)$가 NAB_{ij}에 있는 가장 낮은 적응도인 $f(\alpha_v\beta_v)$보다 크면, $\alpha_v\beta_v$를 a_pb_q로 대체한다. 이때 NA_{ij}와 NB_{ij}내에 있는 개체 a_p와 b_q는 제 위치에 그대로 둔다.

단계 5: (NA_{ij}의 진화)

함수 $genetic_evolution\ (NA_{ij}, R_c, I_m, G_m)$를 호출하여 수행한다.

단계 6: (NB_{ij}의 진화)

함수 $genetic_evolution\ (NB_{ij}, R_c, I_m, G_m)$를 호출하여 수행한다.

단계 7: (NAB_{ij}의 진화)

함수 $genetic_evolution\ (NAB_{ij}, R_c, I_m, G_m)$를 호출하여 수행한다.

단계 8: (종료조건)

종료조건을 만족하면 알고리즘을 종료하고, 그렇지 않으면 단계 2로 간다.

위의 내공생 진화알고리즘 절차에서, 단계 5, 6, 7의 함수 $genetic_evolution\ (P, R_c, I_m, G_m)$은 다음과 같다.

■ 함수 *genetic_evolution*(P, R_c, I_m, G_m)

단계 1: 먼저, 선택전략에 따라 집단 P에서 재생산에 참여할 개체들을 선택한다. 그리고 선택된 각 개체들에 대해 범위 [0,1]에서 난수(random number)를 발생한다. 난수가 R_c(교차율)보다 작거나 같으면, 그 개체는 교차연산의 후보자가 된다. 그리고 후보개체의 쌍에 대하여 교차연산을 수행하여 자손개체를 생산한다.

단계 2: 집단 P에서 대체될 개체들을 선택한다. 이때 적응도가 낮은 개체가 선택될 확률을 높게 한다. 선택된 개체들은 새롭게 생산된 자손개체들과 대체된다.

단계 3: P의 각 개체에 대해 범위 (0,1)의 난수를 발생하여, 그 난수가 I_m(개체단위 돌연변이율)보다 낮은 개체를 선택하고, 선택된 개체의 각 인자에 대해 범위 (0,1)의 난수를 발생하여, 그 난수가 G_m(인자단위 돌연변이율)보다 낮으면 그 인자를 돌연변이 시킨다.

위 알고리즘의 단계 3은 이웃 NA_{ij}와 NB_{ij}에 있는 개체들을 평가하고 잠재 내공생자를 결정하는 과정이다. 이 과정에서 공생자의 선택이 요구된다. 여기서는 단순하고 계산시간이 적게 소요되는 이웃 내에서 임의로 선택하는 전략을 사용한다. 또는 상대 이웃에서 가장 높은 적응도를 갖는 개체를 선택할 수 있다.

단계 4에서는 잠재 내공생자가 그 이웃 NAB_{ij}에 있는 가장 적응도가 낮은 내공생자 $\alpha_v\beta_v$ 보다 우수하면, NAB_{ij}의 $\alpha_v\beta_v$ 를 잠재 내공생자와 교체한다. Pop-A, Pop-B, Pop-AB의 이웃은 각기 단계 5, 6, 7에서 진화한다. 이들 진화에는 이웃 유전알고리즘 (neighborhood GA)이 적용된다. 이웃 유전알고리즘은 전통적인 집단 단위의 진화보다 탐색 능력이 좋은 것으로 알려져 있다(8.3절 참조).

이 내공생 진화알고리즘의 특징을 요약하면 다음과 같다. (1) 부분해를 나타내는 개체와 완전해를 나타내는 개체가 공존한다. (2) 해 공간의 병렬적 탐색과 통합적 탐색이 동시에 이루어진다. (3) 이웃 유전알고리즘을 사용하여 알고리즘의 탐색효율을 높인다. 이에 대한 자세한 설명과 예는 김여근(2011, 제13장)을 참고할 수 있다.

이 모형은 부분문제가 두 개인 경우를 다루고 있으나, 부분 집단이 세 개인 경우는 Pop-A, Pop-B, Pop-C인 세 개의 부분집단과 내공생자 집단 Pop-ABC로 확장할 수 있다. 부분집단 수가 여러 개인 경우도 이와 같이 2계층 모형으로 확장할 수 있다. 또한 이 경우 결합도를 높여 여러 계층으로 모형화할 수 있을 것이다(Kim & Kim, 2005).

10.3 협조 공진화알고리즘의 적용

이 절에서는 먼저 협조 공진화알고리즘의 테스트문제로 자주 사용되는 NK 모델, NKC 모델, 이진수 스트링 커버링(binary string covering) 문제에 대해 알아본다. 이들 문제는 새로운 공생 진화알고리즘을 개발하여 이를 분석할 때 테스트문제로 주로 사용된다. 다음은 여러 부분문제로 이루어진 통합문제에의 적용 예제로 혼합모델 조립라인의 작업할당과 투입순서 문제를 다룬다.

10.3.1 NK 모델과 NKC 모델

NKC 모델에 앞서 NK 모델을 보자. Kauffman & Johnsen(1991)은 개체 내의 인자들의 상호 작용에 관한 연구를 위하여 적응도 지형의 NK 모델을 제안하였다. NK 모델에서 N은 염색체의 길이, K는 각 유전자가 영향을 받는 다른 유전자의 개수이다. K는 유전자 간의 상호 작용을 나타내며, 0부터 N-1의 값을 가질 수 있다. 그러므로 K는 유전학에서 에피스타틱 연관(epistatic linkage) 정도를 나타낸다. 에피스타시스(epistasis)는 다른 자리에 있는 유전자 간의 非相加的 교호작용으로, 원래의 의미는 동좌관계가 없는 별도의 유전자에 의해서 어떤 유전자의 표현이 억제되는 현상이다. 진화알고리즘에서는 인자 간의 상호 작용의 의미로 사용된다.

NK 모델은 다음과 같은 방법으로 적응도 지형(fitness landscape)을 제공한다.

(1) 염색체는 이진스트링으로 표현한다. 즉, 각 인자는 0 또는 1의 값을 갖는다.
(2) 각 인자의 적응도는 자신의 인자 값과 다른 K개의 인자에 의해 결정되므로, $2^{(K+1)}$개의 비트로 구성된 행과 N개의 열(인자의 수)로 구성된 테이블을 만든다. 그리고 이 테이블의 원소 값은 범위 [0, 1]의 난수 값을 갖는다.
(3) 염색체의 적응도는 각 인자의 적응도 공헌도의 평균으로 한다.

$$fitness = \frac{1}{N}\sum_{i=1}^{N} f(locus_i)$$

여기서, $f(locus_i)$ 는 i 번째 인자의 적응도 공헌도이고, 이 값은 적응도 공헌도 테이블에서 해당하는 값에 의해 결정된다.

예로, N=5, K=2인 NK 모델을 보자. K=2이므로 2^3개의 행과 N=5이므로 5개의 열로 구성된 적응도 테이블을 만든다. 이 테이블이 <표 10-1>과 같이 주어졌다 하자. 각 인자는 자신의 바로 오른쪽 2개의 인자에 의해 영향을 받는다고 하자. 그리고 염색체는 토러스(torus) 형으로 보자. 이 테이블을 사용하여 염색체 (01101)의 적응도를 구해보자.

표 10-1 NK-모델: N=5, K=2

부분 스트링	$locus_1$ (인자1)	$locus_2$ (인자2)	$locus_3$ (인자3)	$locus_4$ (인자4)	$locus_5$ (인자5)
000	.968	.067	.478	.910	.352
001	.933	.654	.021	.512	.202
010	.940	.204	.379	**.793**	.288
011	**.267**	.357	.128	.703	.737
100	.803	.915	.511	.762	.456
101	.471	.300	**.613**	.073	**.498**
110	.220	**.041**	.565	.698	.951
111	.917	.630	.605	.937	.143

인자1의 적응도 공헌도는 자신의 인자 값이 0이고 바로 오른쪽 두 인자 값이 각각 1과 1이므로, 테이블에서 (011)의 행과 인자1의 열에 값, 0.267이 된다. 같은 방법으로 인자4의 적응도 공헌도는 자신의 인자 값이 0이고 바로 오른쪽 두 인자 값이 각각 1과 0(이 인자 값은 토러스 형이므로 첫 번째 인자 값임)이므로 테이블에서 (010)의 행과 인자4의 열에 값, 0.793이 된다. 이와 같이 하여 염색체 (01101)의 적응도는

$$fitness = (0.267 + 0.041 + 0.613 + 0.793 + 0.498) / 5 = 0.442$$

가 된다.

이 모형에서 K가 증가함에 따라 (1) 적응도 정점(peak)의 수가 많아져서 적응도 지형의 굴곡성(ruggedness)이 증가하고, (2) 적응도 정점 면의 경사도가 증가하며, (3) 적응도 정점의 높이는 낮아지게 된다. 정점 높이의 감소는 에피스타틱 연쇄 강도가 강해질 때 상충되는 제약들이 발생하는 것을 반영한다고 볼 수 있다. 극단적인 경우로, K=0이면, 유전자 효과가 더해지는 상가적인 모델이 되어, 하나의 최적점을 갖는 적응도 지형이 생성된다. 반면에 K=N-1이면, 가장 임의의 적응도 지형이 되어 많은 지역최적을 갖게 된다.

앞에서 다룬 NK 모델은 한 종의 염색체에서 인자 간의 상호 작용에 대한 모델이다. 공진화는 진화과정에서 다른 종의 영향을 받는다. 다른 종과의 상호 작용을 고려하여 NK 모델을 확장한 NKC 모델을 보자.

NKC 모델에서는 2개의 종이 있다고 보고, N은 염색체 길이, K는 같은 종에서 각 유전자가 내부적으로 영향을 받는 다른 유전자의 개수이고, C는 다른 종의 염색체에서 영향을 받는 유전자의 개수이다. 종간의 의존 정도를 나타내는 C의 변화는 상호 연결성을 갖는 다른 종의 적응도 지형

을 변형(deforming)시키거나 뒤틀리게(warping) 한다. 또한 *C*가 커지면 적응도가 낮아지게 된다. Kauffman(1993)은 NKC 모델의 일반적 형태로 상호 작용하는 *S*개의 종이 있다고 보고 NKCS 모델을 제시하고 있으나 여기서는 단지 두 개의 종으로 국한하여 다루기로 한다.

NKC 모델에서 적응도 지형을 만드는 방법과 적응도 평가는 NK 모델과 유사하다. 다만 다른 종의 *C*개의 유전자와 상호 작용하므로 적응도 공헌도 테이블은 개체 내의 *K*개의 인자 외에 다른 종의 *C*개의 인자를 고려하므로, $2^{(K+C+1)}$ 개의 행과 N개의 열로 구성된다. 적응도 테이블의 크기는 *K*와 *C*의 값이 커질수록 즉, 인자 간 연결 정도가 커질수록 지수적으로 증가한다.

예로, *N*=3, *K*=1, *C*=1인 NKC 모델에서 개체 (1 1 0)의 적응도를 계산한다 하자. 이 개체의 공생자는 (0 1 1)라 하고, 같은 개체 내에서는 바로 오른쪽의 *K*(예에서는 1)개의 인자, 다른 종의 개체 즉, 공생자에서는 맨 앞의 *C*(예에서는 1)개의 인자에 영향을 받는다고 가정하자. 단, 개체 내에서 첫 인사와 마지막 인자는 이웃한다고 본다. 주어진 *N, K, C* 값에 따라 NK 모델에서와 같이 [그림 10-5](b)와 같은 적응도 테이블을 생성하였다 하자. [그림 10-5](a)는 개체 내와 종 간의 작용을 나타낸다. 각 셀은 임의의 값으로 채워진다. 개체 (1 1 0)의 적응도는 각 인자의 적응도에 대한 공헌도를 찾고, 이를 평균하여 구한 (0.36+0.91+0.38)/3=0.55가 된다. 적응도 테이블에서 굵게 적어진 숫자가 각 인자의 적응도에 대한 공헌도이다.

다른 종에 대해서도 이와 비슷하게 적응도 테이블을 만든다. 하나의 부분문제(한 종)의 해(적응도)를 구하는 것이 아니고, 전체문제(두 종)의 전체최적해(적응도)를 구한다. 따라서 두 종의 결합된 적응도(combined fitness)를 전체해로 사용한다. 결합 적응도는 두 종의 적응도 테이블에서 얻은 두 공생자의 적응도 평균으로 둔다.

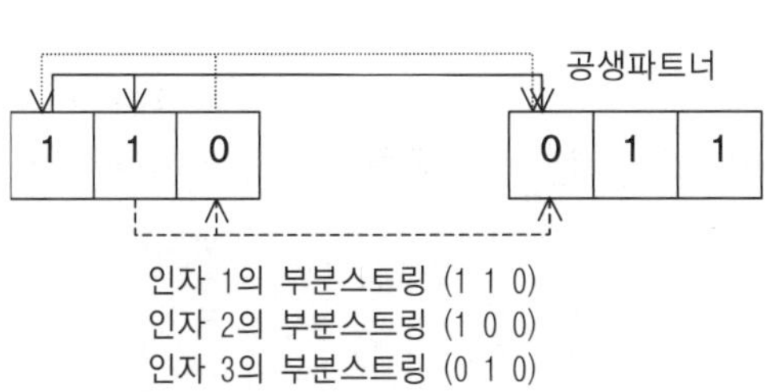

(a) *N*=3, *K*=1, *C*=1인 개체의 관련성

부분스트링	$locus_1$ (인자1)	$locus_2$ (인자2)	$locus_3$ (인자3)
000	0.32	0.67	0.48
001	0.41	0.65	0.02
010	0.52	0.24	**0.38**
011	0.29	0.35	0.13
100	0.75	**0.91**	0.51
101	0.47	0.30	0.61
110	**0.36**	0.04	0.57
111	0.58	0.63	0.61

(b) 적응도 공헌도 테이블

그림 10-5 NKC모델에서 적응도 계산

앞에서 언급했듯이, NKC 모델에서 K는 적응도 지형에서 얼마나 정점이 많고 굴곡(multipeaked and rugged landscape)되느냐를, C는 다른 종이 적응할 때 지형이 얼마나 휘는(warp)가에 영향을 준다. 따라서 NKC 모델은 다양한 형태의 적응도 지형을 생성할 수 있다. NKC 모델은 종 내와 종 간의 다양한 형태의 상호 작용을 표현할 수 있어 공생 진화알고리즘의 성능분석에 많이 이용된다(Bull & Fogarty, 1995; Bull, 1997; Potter, 1997). NKC 모델에 대해 좀 더 자세한 내용은 Kauffman(1993)의 2장과 6장을 참조하기 바란다.

10.3.2 이진수 스트링 커버링 문제

이진수 스트링 커버링 문제는 척추동물의 면역체계(vertebrate immune system) 내에서 발생하는 항원-항체반응처럼 자연현상의 복잡한 과정을 설명하기 위한 하나의 모형이다. 이진수 스트링 커버링 문제는 3개 이상의 집단을 손쉽게 구성할 수 있을 뿐만 아니라, NKC 모델과 같이 문제의 복잡성을 다양하게 변형시킬 수 있어 공생 진화알고리즘에서 테스트문제로 사용된다(Potter, 1997). 또한 이 문제는 NKC 모델과 다르게 개체의 인자형과 표현형이 차이가 없다는 특징을 지닌다.

이 문제의 목표는 주어진 목표스트링(target string)에 대하여 최대로 일치하는 정해진 개수의 이진수 스트링을 찾는 것이다. 구하는 이진수 스트링 집합을 일치집합(match set), 목표스트링의 집합을 목표집합(target set)이라 부른다. 일치스트링의 일치강도는 같은 위치에 있는 목표스트링의 인자 값을 비교하여 같은 값을 갖는 인자의 개수로 계산한다. 일치집합의 적응도는 각 목표스트링에 대한 최대 일치강도를 평균하여 구한다. 이를 식으로 표현하면 다음과 같다.

$$fitness = \frac{1}{n}\sum_{i=1}^{n} \max_{j=1,2,\cdots,m} strength(x_i, y_j)$$

여기서 x_i (i = 1, 2, ⋯, n)와 y_j (j = 1, 2, ⋯, m)는 각각 목표스트링과 일치스트링을 의미하고, n과 m은 목표집합과 일치집합의 크기를 나타낸다.

다음과 같은 목표집합과 일치집합을 사용하여 적응도 계산을 설명하여 보자.

- 목표집합 = {00100, 00011, 01010, 01100, 11001}
- 일치집합 = {00000, 00001, 10000}

목표집합의 첫 번째 원소(00100)와 일치집합의 첫 번째 원소(00000)의 일치강도는 세 번째 위치의 인자 값을 제외하고 모든 위치의 인자 값이 동일하므로, 4가 된다. 같은 방법으로 목표집합의 첫째 원소와 일치집합의 둘째와 셋째 원소와의 일치강도는 모두 3이다. 그러므로, 목표집합의 첫째 원소의 최대 일치강도는 4가 된다. 위의 예에 대한 모든 일치강도와 최대 일치강도를 계산하면

표 10-2 이진수 스트링 커버링 문제에서 적응도 계산

	x_1 = 00100	x_2 = 00011	x_3 = 01010	x_4 = 01100	x_5 = 11001
y_1 = 00000	4	3	3	3	2
y_2 = 00001	3	4	2	2	3
y_3 = 10000	3	2	2	2	3
$\max_j strength(x_i, y_j)$	4	4	3	3	3

<표 10-2>와 같다. 그리고 일치집합의 적응도는 최대 일치강도의 평균인 3.4가 된다.

공생 진화알고리즘에 이 문제를 적용할 때, 구하는 각 일치스트링을 하나의 부분문제로 간주한다. 예와 같이 구하는 일치스트링의 수가 3개이면, 3개의 부분문제를 갖는다. 이 문제는 목표스트링과 일치스트링 간의 일치깅도를 최대로 하는 3개의 일치스트링을 찾는 것이다. 스트링이 많은 수의 비트를 가지면 문제는 당연히 복잡해진다. 실험문제에서 목표집합의 스트링은 임의로 0과 1을 발생하여 구성하면 된다.

10.3.3 혼합모델 조립라인의 작업할당과 투입순서

최적화 문제에의 적용에 있어서 협조 공진화알고리즘의 가장 큰 강점은 복잡도가 높은 여러 부분문제로 구성된 통합문제를 '동시에 통합적으로' 해결할 수 있다는 데 있다. 기존에 흔히 사용하는 접근방법은 계층적으로 분리하여 상향식의 접근을 반복적으로 행하여 더 좋은 해를 찾아갔다. 여러 종이 상호 협력하고 적응하면서 공진화하는 과정을 모방한 협조 공진화알고리즘은 상호관련된 여러 부분문제로 이루어진 통합문제가 추구하는 하나 또는 다수의 목적에 부합하는 해를 탐색하는 데 아주 효율적이다.

이 절에서는 혼합모델 조립라인에서 작업할당문제와 투입순서문제의 두 문제를 동시에 통합적 해결하는 데(Kim *et al.*, 2000a) 협조 공진화 알고리즘이 어떻게 적용되는 지를 간략히 다룬다. 또 다른 적용 예로 job-shop에서 공정계획문제와 일정계획문제의 통합적 접근은 Kim *et al.*(2003b)를 참고하기 바란다.

혼합모델 조립라인(Mixed Model Assembly Line: MMAL)은 공장 부지, 시설 등의 투자를 줄이고 시설의 효율적 이용을 위하여 한 라인에서 유사한 여러 모델의 제품을 생산하는 조립라인이다. MMAL 시스템에서 작업할당문제와 투입순서문제는 라인의 효율적 이용을 위하여 중요하게 다루어져야 한다. MMAL에서의 작업할당과 투입순서 결정은 밀접한 관련성을 갖는다. 모델의 투입순서에 대한 최적 판단은 작업할당의 결과에 의존하고, 작업할당도 투입순서에 의해 영향을 받는다.

그러나 기존 대부분의 연구에서는 두 문제를 서로 분리하여 독립적으로 다루었다. 조사한 바에 의하면, 두 문제를 함께 고려한 연구(Thomopoulos, 1967; Dar-El & Navidi, 1981)가 행하여졌으나, 이들 연구는 두 문제를 계층적 방법에 의해 해결하였다. 즉, 한 문제를 먼저 해결하고, 이로부터 나온 해를 제약으로 하여 다른 한 문제를 해결하는 방법을 취하고 있다. 그러나 둘 이상의 문제가 결합된 문제를 통합적으로 해결하려 할 때, 계층적 방법은 해 공간의 탐색에 한계를 갖는다.

알고리즘의 구조와 절차는 앞 절에서 다룬 이웃공생 진화알고리즘을 그대로 사용한다. MMAL에서 작업할당 집단(Pop-B)과 투입순서 집단(Pop-S)을 운영하고, 이들 잠재해를 각 개체로 표현한다.

■ 작업할당을 위한 유전표현과 유전연산자

작업할당문제는 그룹번호표현을 사용한다. 예로, 작업 {1, 2, 3}, {4, 6, 7}, {5, 8, 9, 10}가 작업장 1, 2, 3에 각각 할당되면, 개체는 (1 1 1 2 3 2 2 3 3 3)로 표현된다. 초기 가능해는 다음과 같이 생성한다. 할당가능 작업집합에서 임의로 작업을 선택하여 총 작업량이 MPS 생산의 작업장 평균 작업량보다 적을 때까지 작업장1에 할당하고, 그렇지 않으면 작업장 1 또는 2에 임의로 할당한다. 다음에 할당가능 작업집합에서 선택된 작업은 작업장2에 할당조건에 따라 할당을 결정한다. 이와 같은 과정을 반복하여 작업장 J–1까지 작업을 할당하고, 그 때까지 미할당된 모든 작업은 마지막 작업장 J에 할당한다.

교차는 구조교차(von Laszewski, 1991)를 사용한다. 미할당 작업의 재할당방법은 기본 착상은 best-fit-decreasing(BFD) 규칙의 개념을 사용한다(Kim *et al*., 2000a). BFD 규칙은 일종의 휴리스틱으로 그룹분할문제에서 좋은 결과를 제공하는 것으로 알려져 있다. 이 절차는 작업장 부하를 평활하게 한다

어떤 인자가 돌연변이율을 만족하면 이들 인자에 재할당방법을 이용하여 작업장 번호를 새롭게 부여하는 방법을 사용한다.

■ 투입순서를 위한 유전표현과 유전연산자

투입순서문제의 표현은 사이클생산 내에서 생산되어야 하는 모델을 투입순서대로 나열하는 방법을 사용한다. 예로, 모델 A, B, C, A, C, A, B, B의 순서로 투입하면 개체는 (A,B,C,A,C,A,B,B)로 표현된다. 초기집단은 사이클생산 동안 각 모델의 수요량을 만족하는 임의의 해를 생산하여 구성한다. 투입순서문제를 위한 교차와 돌연변이로 ISRX(immediate successor relation crossover)와 역순 연산자를 사용한다. ISRX는 저자가 투입순서문제에 적합한 교차방법으로 새롭게 개발한 것이다. 이 교차 방법은 Kim *et al*.(1996, 2000a)을 참조하기 바란다. 역순(inversion) 연산자는 부모에서 두

개의 절단점을 임의로 선택하여 절단점 사이의 인자를 역순으로 하여 자손을 생산한다.

좀 더 자세한 적용 방법과 절차는 Kim *et al*.(2000a)을 참조하기 바란다.

10.4 경쟁 공진화알고리즘

경쟁공진화는 경쟁하는 두 개 이상의 종(種)이 상호 적응하면서 공진화하는 과정이다. 숙주와 기생자(host - parasite), 포식자와 피식자(predator - prey)의 관계가 좋은 예이다. 이 관계에서 숙주(포식자)는 자신에 기생하는 기생자를 이길 수 있도록(피식자를 잘 공격할 수 있도록) 진화한다. 한편, 기생자(피식자) 또한 숙주(포식자)의 성공적 진화에 대응할 수 있도록 진화한다. 이와 같이 경쟁적인 두 종은 진화적 무기경쟁(evolutionary arms race)을 하면서 공진화 과정을 반복한다. 경쟁 공진화알고리즘은 자연의 이러한 공진화 과정을 모방한 기법이다. 해결하려는 문제의 잠재해와 이 해에 대한 상대(테스트 문제, 상대 전략 등)가 경쟁적으로 상호 작용하며, 점진적으로 좋은 해를 탐색해 가는 과정은 자연계에서 숙주와 이에 기생하는 기생자가 계속적으로 상호 변화에 적응하면서 공진화하는 현상과 유사하다.

10.4.1 서론

경쟁 공진화알고리즘과 관련된 초기 연구는 임의로 나열된 숫자 열에 대해 최소 정렬망(sorting network)을 구하는 문제를 다룬 Hillis(1990)의 연구에서 찾아 볼 수 있다. 정렬망은 임의로 나열된 숫자 열을 미리 정해진 순서로(예로, 오름차순 또는 내림차순으로) 정렬하기 위해 숫자 쌍의 비교-교환의 순서를 구하는 일종의 분류 알고리즘이다. 최소 정렬망은 이 비교-교환 횟수를 최소로 하는 정렬망이다. 그는 실험 문제로 16개의 숫자로 구성된 숫자 열을 오름차순으로 정렬하는 문제를 사용하였다. 먼저, 이 문제에서 숫자 쌍을 비교하여 작은 숫자가 앞에 오도록 교환하는 쌍 비교-교환의 순서를 표현한 개체(정렬망)로 구성된 집단을 진화시켰다. 이때 테스트 문제(16개의 숫자 목록)들을 고정하였다. 이러한 고정된 테스트집합은 정렬망이 진화하는데 충분한 환경을 제공하지 못하였다. 그래서 Hillis는 숙주와 기생자의 공진화 현상에서 아이디어를 얻어 정렬망을 숙주로, 그리고 테스트문제를 기생자로 하여 이를 상호 경쟁적으로 진화시키는 전략을 사용하여 고정된 테스트문제에서 보다 더 좋은 정렬망(65번의 비교에서 61번의 비교)을 구하였다.

이 연구에 이어 경쟁 공진화알고리즘은 게임문제, 테스팅을 필요로 하는 문제, 제약만족문제 등을 포함한 적대문제(adversarial problem)에 주로 적용되었다. 적대문제는 다음과 같이 정의할 수 있다. 후보해 x가 테스트문제 t에 대해 맞는지 여부를 결정하는 계산 가능한 함수 $f(x,t)$가 주어질 때, 모든 테스트문제에 대해 맞는 해를 찾는 문제이다. 여기서 함수 $f(x,t)$는 해와 테스트문제 간의 경쟁 구조를 정의하는 것으로 볼 수 있다.

적대문제를 특성에 따라 (1) 해-테스트문제(solution-test problem)와 (2) 게임문제(game problem)로 분류할 수 있다. 이들 두 유형의 문제에 대해 알아보자.

1) 해–테스트 문제

해-테스트문제는 사전(事前)에 주어진 기준을 만족하는 해를 탐색하는 문제이다. 해를 숙주로, 테스트 문제를 기생자로 하여 모든 테스트 문제에 대해 옳은 해를 찾는 문제이다. 정렬망(sorting network)문제, 분류를 위한 신경망(neural network)문제, 제약만족문제들이 이에 속한다. 이들 문제에서 테스트를 요하는 자료의 규모는 흔히 매우 크다. 따라서 해(숙주)의 우열은 테스트문제(기생자) 공간의 아주 작은 부분 테스트집합에 의해 평가된다. 이때 해는 이 부분집합과 경쟁하고, 주어진 기준의 만족도에 의해 평가된다.

해-테스트문제의 특성은 다음 예로 설명될 수 있다. 숙주 A, B와 기생자 α, β가 서로 경쟁하여 $A>\alpha$, $B<\alpha$와 같은 승패관계를 갖는다 하자. 여기서 'c>d'는 개체 c가 개체 d와 경쟁하여 승리함을 나타낸다. 이 문제에서는 진화목표가 진화과정 동안 고정되어 있기 때문에, 이 경우 A와 B가 기생자 β와 경쟁하면 A가 B보다 β를 이길 가능성이 높다고 할 수 있다. 즉, 이 경우 A는 B보다 좋은 해일 가능성이 높다.

2) 게임문제

게임문제에서는 참가자들이 각기 자신의 전략을 가지고 상대자와 경쟁한다. 문제의 목적은 상대의 어떤 전략에도 이길 수 있는 전략을 찾는 것이다. 한 참가자의 게임전략(숙주)에 따른 승패는 현재의 경쟁 상대자의 게임전략(기생자)에 의해 평가된다. 따라서 각 개체의 적응도는 상대 개체의 게임전략에 종속된다.

해-테스트 문제에서와 같이 숙주 A, B와 기생자 α, β가 서로 경쟁한다 하자. 이때 숙주와 기생자 간의 승패관계가 $A>\alpha$, $B<\alpha$로 두자. 게임문제에서는 상대의 전략에 의해 승패가 결정되기 때문에, 이 경우 A와 B가 기생자 β와 경쟁할 때 A가 B보다 β를 이길 가능성이 높다고 단정지을 수 없다. 이는 게임에서 어떤 전략이 특정 상대에게는 좋은 전략이나 다른 상대에게는 패배하는 전략이 될 수 있는 상황에서 이해될 수 있다.

10.4.2 적용문제

앞에서 언급한 두 유형의 문제에서, 해-테스트문제로는 신경망 문제(Paredis, 1995)와 정렬망(sorting network) 문제(Hillis, 1990; Juillé, 1995; Olsson, 1996)를 예로 보이고, 게임문제로는 Nim 게임(Rosin, 1997)을 사용한다. 이들 문제에 대해 먼저 설명하고, 다음은 각 문제에서 숙주와 기생자의 유전표현을 보자.

1) 신경망문제와 개체표현

분류를 위한 신경망문제로 [그림 10-6](a)와 같이 두 좌표 (x,y)를 입력으로 하여 4종류 A, B, C, D의 결과를 분류하는 신경망의 적절한 연결 가중치를 찾는 문제이다. 신경망 구조는 [그림 10-6](b)와 같이 1개의 은닉층(hidden layer), 은닉층의 은닉마디(hidden node) 수는 12개, 입력층과 은익층에 각각 1개의 편의(偏倚, bias)마디를 갖는 구조로 둔다(Paredis, 1995).

구하는 해인 신경망의 가중치 집합을 숙주로 나타내고, 분류해야 할 x, y 좌표를 기생자로 나타낸다. 숙주와 기생자를 모두 이진수로 표현한다. 신경망의 가중치는 [0, 1]구간 내의 실수 값이므로, 10비트로 표현하여 소수점 이하 3자리의 수로 표현될 수 있도록 한다. 따라서 연결 가중치가 총 88개 있으므로, 숙주 개체의 길이는 880이 된다. 기생자 개체에서 x, y의 좌표는 [−1, 1]의 실수 값이며, 소수점 이하 4자리까지 표현하기로 하면 각 좌표마다 15비트가 요구된다. 따라서 기생자의 개체 길이는 30이 된다.

적응도는 다음과 같이 평가한다. 경쟁 상대로 선택된 숙주개체와 기생자개체가 경쟁하면, 기생자 개체의 x, y좌표를 입력으로 하여 숙주 개체에 의한 신경망의 출력 값을 계산한다. 그리고 가

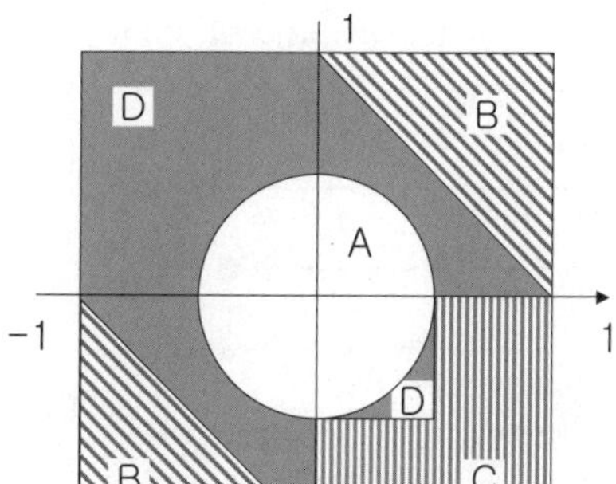

(a) 분류문제

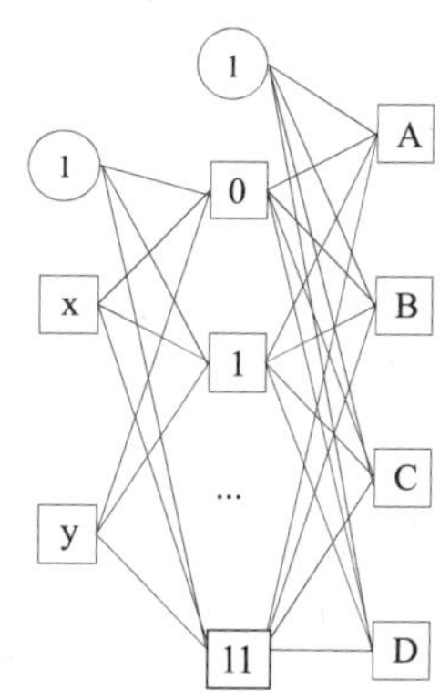

(b) 신경망

그림 10-6 분류를 위한 신경망문제

장 큰 출력 값을 나타내는 출력 마디를 분류한 결과로 둔다. 신경망에서 사용한 시그모이드(sigmoid) 함수는 $\sigma(z)=1/(1+e^{-z})$ 이다.

2) 정렬망문제와 개체표현

정렬망은 임의로 나열된 숫자열을 미리 정해진 순서로 정렬하기 위해 숫자 쌍의 비교-교환의 순서를 망의 구조로 나타낸 것이다. 이러한 정렬망에서 비교-교환의 횟수가 가장 적은 망을 최소 정렬망(minimal sorting network)이라 한다. 여기서 정렬망문제는 최소 정렬망을 찾는 문제를 의미한다. [그림 10-7]은 구성요소 개수, n = 6인 숫자열을 작은 것부터 차례로 정렬망을 나타내고 있다. 각 수평선은 목록에 있는 한 구성요소를 나타내고, 각 수직선은 두 구성요소들의 비교를 나타낸다. 이 정렬망은 왼쪽에서 오른쪽으로 진행하면서 비교된 두 구성요소의 숫자가 오름차순으로 되어 있지 않으면 순서를 교환하여 정렬하는 것을 나타낸다. 여기서는 n = 7, 10, 13인 숫자 열을 실험문제로 사용한다.

정렬망을 숙주개체로 표현하고, 숙주개체의 정렬 능력을 테스트하기 위한 숫자열을 기생자개체로 표현한다. 숙주의 개체길이는 지금까지 알려진 최적 비교-교환횟수로 n이 7, 10, 13 일 때, 각각 16회, 29회, 45회로 두었다(Juillé, 1995). 기생자의 개체 길이는 각 문제의 숫자열 크기와 동일하다. [그림 10-7]에서 정렬망 위쪽에 표현된 문자열은 하나의 숙주개체를 나타내고, 정렬망 좌측에 표현된 숫자열은 하나의 기생자 개체를 나타낸다. 숙주 개체에서 a, b, ⋯, f, ⋯는 각각 기생자 개체의 첫 번째와 두 번째, 첫 번째와 세 번째, ⋯, 두 번째와 세 번째, ⋯에 있는 숫자 쌍을 비교하여 오름차순(또는 내림차순)으로 교환함을 나타낸다. 그림에서 첫 번째 인자, m은 기생자 개체의 4번째와

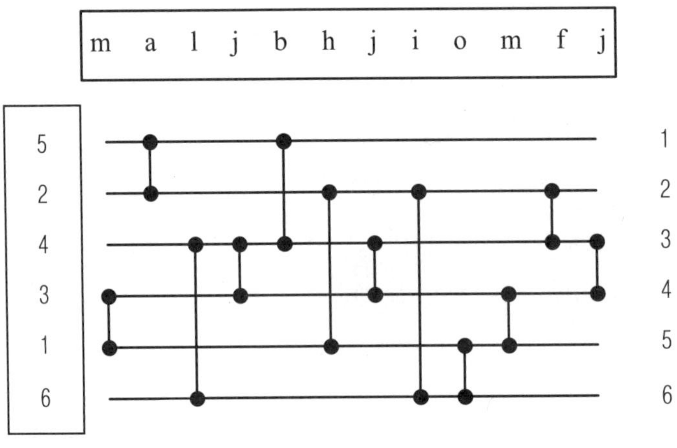

그림 10-7 정렬망문제(n=6)

5번째 숫자 쌍 (3, 1)을 비교하여 오름차순으로 즉, (1, 3)으로 위치를 교환한다. 숙주개체의 좌측에서 우측으로 이러한 과정을 반복한다.

3) Nim 게임문제와 개체표현

Nim 게임은 하나의 돌 더미는 여러 개의 돌로 구성되어 있고, 돌 더미가 다수 개 있다고 할 때 두 참가자는 번갈아가면서 하나의 돌 더미에서 1개 이상의 돌을 가져간다. 게임의 승자는 마지막 남은 돌을 가져간 참가자가 된다. 실험에서는 각각 3, 4, 5, 4개의 돌로 구성된 4개의 돌 더미로부터 게임을 시작한다고 본다. Nim 게임은 매회 참가자가 취할 수 있는 경우의 수가 다양하여 2DTTT 게임보다 문제의 복잡성이 상대적으로 높다. 개체에서 각 인자의 위치는 참가자가 한번의 행동을 취한 후 4개의 돌 더미들의 상태 즉, 각 돌 더미에 있는 돌의 남은 개수를 뜻한다. 따라서 모든 가능한 경우의 수는 599(4×5×6×5-1)가지이므로 개체는 599비트로 표현한다(Rosin, 1997). 총 경우의 수에서 1을 감한 이유는 행동을 취한 후의 돌의 상태를 나타내므로, 초기 상태 즉, (3, 4, 5, 4)의 상태는 발생되지 않기 때문이다. 개체의 각 인자는 0 또는 1로 표현되고, 현재 취하는 행동에 대한 평가는 게임의 다음 회에 어떤 행동을 취하느냐에 따라 결정된다. 현재 하나 이상의 돌이 남아 있는 돌 더미(k>0)들 중에서 차례로 하나씩 선택하고, 선택된 돌 더미에서 0부터 (k-1)개의 돌이 남아있는 상태를 의미하는 인자를 순서대로 조사하여 처음으로 1이 나타나는 인자의 상태를 다음 행동으로 취한다. 만약 조사했던 어떠한 인자에서 1이 발견되지 않으면, 평가했던 것 중에서 첫 번째 행동을 취한다.

10.4.3 경쟁 공진화알고리즘의 절차

경쟁 공진화알고리즘의 절차는 아래와 같다. 이때 숙주 집단과 기생자 집단의 개체는 게임문제에서는 각각 참가자1과 참가자2의 전략이 되고, 해-테스트문제에서는 각각 잠재해와 테스트문제가 된다.

■ 경쟁 공진화알고리즘의 절차

단계 1: (초기화)

임의로 생성한 숙주와 기생자로 이루어진 두 집단 Pop-H(숙주 집단)와 Pop-P(기생자 집단)를 각각 구성한다.

단계 2: (경쟁에 의해 적응도 평가)

경쟁전략에 의해 경쟁상대를 선택하여, Pop-H와 Pop-P에 있는 개체의 적응도를 평가한다.

단계 3: (집단 진화)

단계 3.1: (Pop-H의 진화)

(1) Pop-H에서 적응도를 기준으로 재생산에 참여할 개체를 Pop-H의 크기만큼 선택한다.

(2) 선택된 개체에 대해 유전연산(교차와 돌연변이)하여 Pop-H를 재생산한다.

단계 3.2: (Pop-P의 진화)

(1) Pop-P에서 적응도를 기준으로 재생산에 참여할 개체를 Pop-P의 크기만큼 선택한다.

(2) 선택된 개체에 대해 유전연산(교차와 돌연변이)하여 Pop-P를 재생산한다.

단계 4: (종료조건 검사)

종료조건을 만족하면 끝내고, 그렇지 않으면 단계 2로 간다.

단계 2에서 개체의 적응도는 상대 집단에 있는 개체들과 경쟁을 통해 평가된다. 따라서 경쟁 개체를 어떻게 정하느냐에 따라 적응도가 달라진다. 공진화 무기경쟁이 계속되어 강건한 해로 진화하기 위해서는 어떻게 경쟁 상대를 선택하는 것이 좋을까? 이를 위하여 여러 경쟁전략과 그 특성에 대해 다음 절에서 알아보자.

단계 3은 두 집단이 공진화하는 과정이다. Rosin(1997)은 이 과정에서 다음과 같은 현상이 발생하면 공진화가 정체될 수 있다고 지적하였다. (1) 집단 간의 진화가 불균형이 발생하는 경우, (2) 공진화가 사이클을 이루는 경우, (3) 중요한 적소(niches)를 유지하지 못하는 경우 등이다. 궁극적으로, 경쟁 공진화알고리즘에서 공진화가 계속되기 위해서는 경쟁하는 종(집단) 간에 균형적으로 복잡도 수준을 상호 증가시켜 진화적 무기경쟁이 계속되게 하여야 한다. 다음 절에서 다루는 경쟁전략에서 진화적 무기경쟁에 관해 좀 더 다룬다.

10.4.4 경쟁전략

경쟁전략이란 경쟁 공진화알고리즘에서 개체의 적응도를 평가하기 위하여 상대 집단에서 경쟁 상대를 선택하는 전략이다. 전통적 유전알고리즘에서 적응도는 주어진 목적함수에 의해 평가된다. 그러나 경쟁 공진화알고리즘에서 적응도는 다른 집단에 있는 개체들과 경쟁에 의해 평가되므로, 경쟁전략은 적응도를 변화시킬 수 있다. 개체의 적응도 변화는 해의 탐색방향과 진화속도에 영향을 주어, 공진화 무기경쟁을 지속시키지 못할 수 있다. 또한 경쟁전략에 따라 알고리즘의 계산시간에 차이가 발생한다. 따라서 경쟁 공진화알고리즘의 설계에 있어서 경쟁전략은 중요한 주제이다. 경쟁전략에 대해 알아보자.

(1) TTC (Total Competition)

각 개체를 상대 집단의 모든 개체와 경쟁시켜 적응도를 계산하는 방법이다. 단지 승리의 횟수에 의해 평가한다. 즉, 숙주는 모든 기생자와 경쟁하고 기생자 또한 모든 숙주와 경쟁한다.

(2) RSC (Random Sampling Competition)

상대 집단에서 임의로 선택한 일부 개체와 경쟁하여 승리의 횟수에 의해 평가한다.

(3) FSC (Fitness based Sampling Competition)

상대 집단에서 개체가 갖는 적응도, 즉 경쟁에서의 승리 횟수를 기준으로 하여 확률바퀴선택에 의해 (적응도가 높은) 일부 개체를 추출하여 이들과 경쟁하는 방법이다.

(4) SSC (Shared Sampling Competition)

Rosin & Belew(1997)가 제안한 배분적응도(shared fitness)를 기준으로 집단에서 일부 개체를 추출하여 경쟁 상대로 사용하는 전략이다. 숙주 i 의 배분적응도, f_i 는 아래와 같이 계산된다.

$$f_i = \sum_{j \in X(i)} \frac{1}{N_j}$$

여기서 $X(i)$ 는 숙주 i 가 승리한 기생자개체의 집합, j는 $X(i)$ 에 속한 기생자개체이다. N_j 는 기생자 j를 이긴 숙주개체의 수이다. 따라서, 이 방법에 의하면 숙주개체는 기생자개체에 대한 승리횟수보다는 난이도가 높은 기생자개체를 승리한 경우에 상대적으로 높은 적응도를 부여받게 된다. 기생자에 대해서도 같은 방법으로 배분적응도를 부여한다.

배분적응도는 경쟁에서 승리하기 어려운 상대를 패배시킨 개체에 대하여 상대적으로 높은 적응도를 부여한다. 이는 중요한 적소를 보존하는 역할을 한다. 그리고 이를 기준으로 한 샘플링은 효율적인 적응도 시험을 가능하게 한다.

(5) SHC (Shared sampling and Hall of fame Competition)

배분적응도에 의해 선택한 개체와 과거에 발견된 높은 적응도를 갖는 개체들, 즉 명예의 전당(hall of fame)에 있는 개체들이 경쟁상대로 참여하는 방법이다(Rosin & Belew, 1997). 명예의 전당이란 매 세대에서 가장 높은 적응도를 갖는 개체로 이루어진 집합을 나타낸다.

명예의 전당을 사용하는 이유는 다음과 같다. 테스트집합은 많은 경우에 실제로 무한 개의 원소를 갖는다. 무한 크기의 테스트집합에서 새로운 숙주는 최적해로의 접근을 위해서는 대부분 또는 모든 기생자를 이길 수 있을 때 바람직하다. 그런데 유한개의 개체로 구성된 집단을 운영하는 경쟁 공진화알고리즘에서는 현존하는 상대 경쟁자에 의해 평가되므로 과거의 좋은 해가 한번 사라지면 다시 찾기가 쉽지 않다. 이는 무한개의 테스트 문제를 갖는 적대문제에서 최적해로의 진행을 막는 결과를 초래할 수 있다. 따라서 명예의 전당에 있는 개체를 경쟁에 참여시켜 유한의 집단이 갖는 한계를 극복하고 공진화가 장기간 진행되는 것을 촉진하고자 한다. 명예의 전당은 유전알고리즘에서 가장 좋은 개체를 보존하는 엘리티즘과 개념이 유사하다.

(6) TMC (TournaMent Competition)

Kim *et al*.(2003a)에 의해 개발한 경쟁전략으로, 토너먼트 경기방식과 유사하게 두 집단의 개체들이 임의로 짝을 지어 경쟁한다. 그 절차는 다음과 같다.

단계 0: 숙주와 기생자 집단에 있는 모든 개체들을 'alive' 상태로 설정한다. L = 1로 둔다.

단계 1: 하나의 숙주개체와 기생자개체를 임의로 선택한다. 단, 선택한 개체는 반드시 'alive' 상태이어야 한다.

단계 2: 선택된 두 개체들을 경쟁시키고 그 결과에 의해 승자는 'winner', 패자는 'looser' 상태로 설정한다.

단계 3: 만약 숙주와 기생자 집단 중 어느 한 쪽에 'alive' 상태의 개체가 없으면, 모든 'looser' 상태의 개체들에게 현재의 토너먼트 수준인 L값을 적응도로 부여하고, 이들을 모두 집단에서 제거한다. 그렇지 않으면 단계 1로 간다.

단계 4: 숙주와 기생자 집단에 있는 모든 개체들을 'alive' 상태로 설정하고, $L = L + 1$로 둔다.

단계 5: 숙주와 기생자 집단 중에서 어느 한 쪽에도 'alive' 개체가 없으면, 모든 'alive'한 개체들에게 현재의 토너먼트 수준인 L값을 적응도로 부여하고, 토너먼트경쟁을 종료한다. 그렇지 않으면, 단계 1로 간다.

[그림 10-8]은 토너먼트 경쟁과정을 보여준다. 이 그림에서 숙주 1, 2, 3, 4, 5와 기생자 a, b, c, d, e에서 제1수준 토너먼트에서 숙주 3, 5와 기생자 a, b, d가 패자가 되어 L=1이고, 제2수준 토너먼트에서 숙주2와 기생자e가 패자가 되어 L=2가 되고, 제3수준 토너먼트에서 기생자c가 패자가 되어 L=3이 되고, 다음은 숙주1과 숙주4가 남고 상대 기생자는 없어 이들 값은 L=4가 된다.

토너먼트경쟁은 다음 몇 가지의 특징들을 갖는다. (1) 동일 수준에서 패배한 개체들의 적응도를 모두 같게 한다. (2) 가장 우수한 개체가 가장 높은 적응도를 부여받는 것을 보장한다. (3) 집단의 모든 개체가 경쟁에 참여하고, 경쟁상대를 선택하기 위하여 특별한 노력이 요구되지 않는다. (4) 숙주와 기생자의 적응도가 순차적으로 평가되는 다른 전략들과 다르게 숙주와 기생자 개체들의 경쟁과 적응도 평가가 동시에 이루어진다.

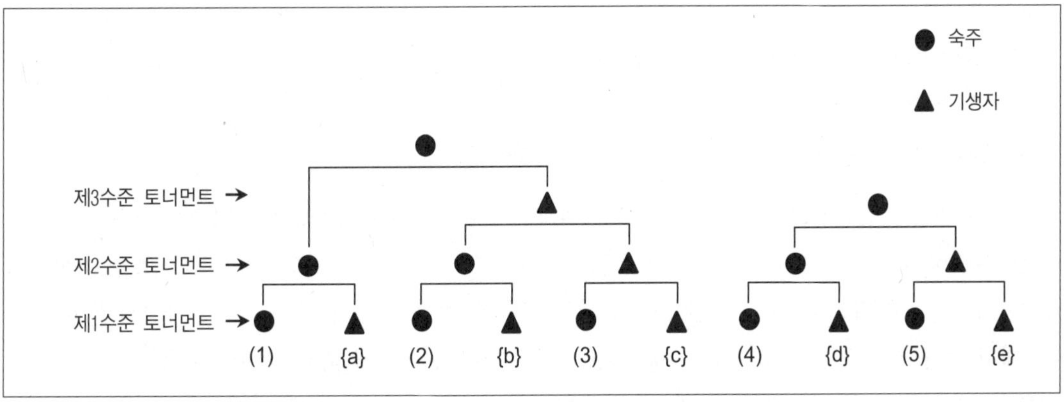

그림 10-8 숙주와 기생자 간의 토너먼트경쟁

10.4.5 경쟁전략의 비교 분석

경쟁 공진화알고리즘에서 경쟁전략이 알고리즘의 성능과 공진화 과정에 미치는 영향에 대해 실험을 통해 알아본다. 이를 위하여 앞에서 다룬 경쟁전략들을 해-테스트문제와 게임문제에 대해 각각 (1) 해의 품질과 진화속도 측면에서 비교 분석한다. 더 나아가 (2) 진화 균형과 진화적 무기경쟁의 관점에서 분석한다. 이를 위하여 해-테스트문제로는 정렬망 문제(n=13)를, 게임문제로는 (3,4,5,4)-Nim 게임을 사용한다. 그리고 분석은 저자가 제안한 TMC에 초점을 맞추어 있다. 여기서는 실험의 분석 결과만을 정리한다. 이와 관련된 구체적인 실험 자료 및 방법과 다른 경쟁문제에 대한 실험은 저자의 연구(Kim *et al.*, 2003a)를 참조하기 바란다.

1) 테스트집합과 개체 간의 승패 결정

숙주의 절대적인 진화 정도를 판단하기 위하여, 진화하는 숙주와 기생자 집단 이외에 기생자 테스트집합을 둔다. 공진화하는 숙주와 기생자 두 집단의 상호 경쟁에 의한 적응도 평가는 상대적 척도로 볼 수 있다. 테스트집합은 예비실험을 통해 비교적 강한 기생자들로 구성하였으며, 실험하는 동안 진화하지 않고 고정되어 있다. n=13인 정렬망문제에서는 비정렬도(degree of unsortness)가 50% 이상인 5,000개를 사용하였으며, Nim 게임에서는 TTC에서 얻은 강한 1,000개의 전략을 사용하였다. 여기서 비정렬도는 길이 n의 숫자열에서 총 가능한 비교쌍 ${}_nC_2$에 대해 오름차순으로 정렬되어 있지 않은 교환 쌍의 비율로 정의된다.

정렬망문제에서는 기생자개체의 비정렬도에 대한 숙주(정렬망)에 의한 정렬후 비정렬도의 비율이 40%이하로 낮아지면 숙주의 승리, 그렇지 않으면 기생자의 승리로 본다. 그러나 숙주개체의 절대 진화 정도를 판단하는데 사용되는 테스트집합에 있는 기생자와 숙주의 경쟁에서는 정렬망(숙주)이 숫자열(기생자)을 완벽하게 정렬하는 경우에만 숙주가 승리한 것으로 본다. Nim 게임에서는 경쟁자들이 사용한 전략에 의해 승리와 패배가 결정된다.

2) 해-테스트 문제에 대한 해의 품질과 진화속도

신경망과 정렬망문제로 실험한 결과, 세대에 따른 해 품질에서 TMC는 초기 해 품질이 다른 경쟁전략에 비해 좋지 못하나 세대가 진행될수록 좋아져 세대가 많아지면 상대적으로 우수하였다([그림 10-9](a) 참조). TMC는 계산시간이 다른 전략에 비해 월등히 적게 소요된다. [그림 10-9](a)는 세대 수에 따른 변화이고, [그림 10-9](b)는 CPU 시간의 흐름에 따른 비교이다. 실험에서 SSC와 SHC는 FSC와 유사한 결과를 보였다. 이에 [그림 10-9]에 SSC와 SHC는 나타내지 않는다.

실험 결과를 정리하면 아래와 같다.

첫째, 세대수를 기준으로 볼 때, TMC의 진화속도는 다른 전략들보다 느리다([그림 10-9](a) 참조). 그러나 진화가 계속되면서 해가 꾸준히 개선되어 세대가 어느 이상 되면 다른 전략들과 비슷한 수준의 결과를 보인다.

둘째, 계산소요시간을 기준으로 할 때, TMC는 다른 어떤 전략들보다도 월등히 우수하다([그림 10-9](b) 참조). TMC가 계산시간 측면에서 유리한 것은 TMC는 개체의 경쟁과 적응도 평가를 동시에 행하기 때문이다.

셋째, FSC(SSC와 SHC도 유사한 결과임)는 세대 기준에서 TMC, TTC, RSC보다 진화 속도가

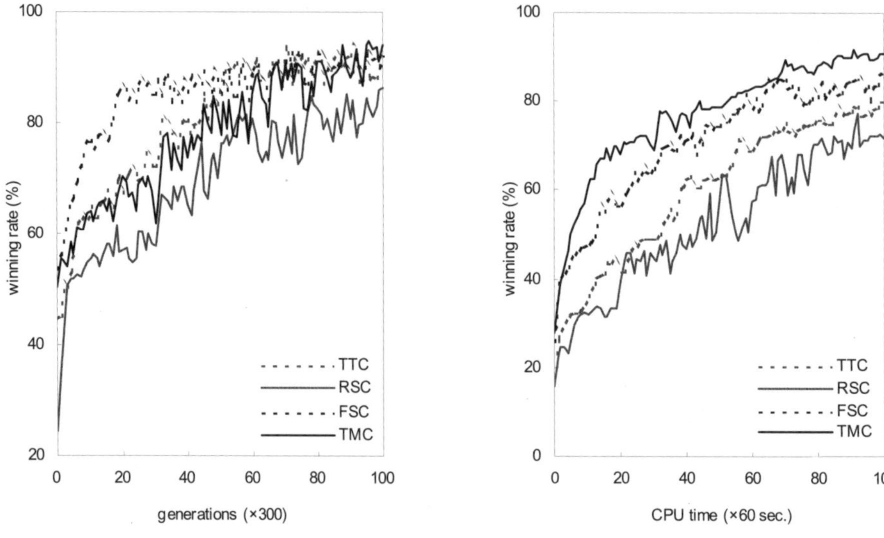

(a) 세대 수 (b) CPU 시간

그림 10-9 진화속도 비교: 정렬망 문제(n = 13)

빨랐다([그림 10-9](a) 참조). 이 전략은 경쟁 개체의 선택에서 상대 개체의 적응도 정보를 이용한다.

넷째, TTC는 승률 측면에서는 우수하나, 계산시간의 측면에서는 좋지 않다. 경쟁 개체를 임의로 선택하는 RSC가 승률과 계산시간에서 가장 나쁜 결과를 보인다.

3) 게임문제에 대한 해의 품질과 진화속도

게임문제에 대해서는 (3,4,5,4)-Nim 게임으로 실험하였다. [그림 10-10]에서 RSC는 TTC, FSC는 SSC와 그 결과가 유사하여 TTC와 SSC의 결과만을 제시한다. 이에 대한 실험결과는 다음과 같이 요약할 수 있다.

첫째, TMC는 승률에서 TTC와 비슷한 수준이고, 그 외의 경쟁전략들보다는 우수하다. 또한, TMC는 계산시간이 가장 적게 소요되고, 진화속도도 가장 우수하다([그림 10-10](b) 참조).

둘째, SSC와 FSC는 적내문제의 유형에 따라 서로 다른 결과를 보인다. 이점에 유의할 필요가 있다. SSC와 FSC는 해-테스트문제에서는 좋은 결과를 보이고, 완전해 발견횟수도 다른 전략보다 많다. 그러나 게임문제에서는 반복실험에 대한 표준편차가 매우 크고, 이로 인해 평균 해의 품질이 낮았다. 또한, 진화 초기에는 좋은 진화속도를 보이지만, 어느 정도 진화한 후에는 승률이 갑자기 하락할 수 있고 그 이후 진화에서 이에 대한 회복이 이루어지지 않을 수 있다([그림 10-10] (a)와 (b) 참조). 이에 대한 구체적인 분석은 진화의 균형 및 무기경쟁의 지속성과 관련하여 다음에서 보이기로 한다.

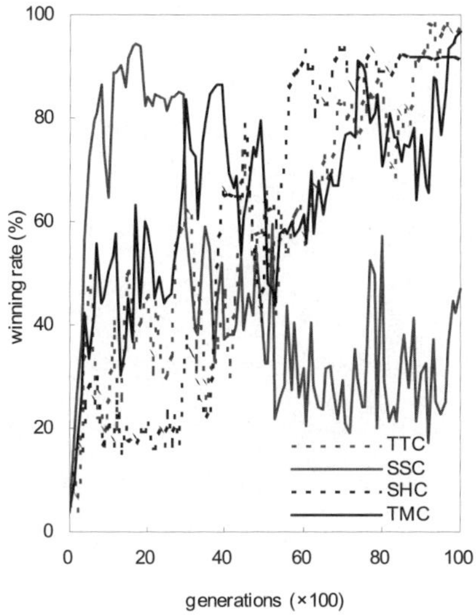

(a) 세대 수

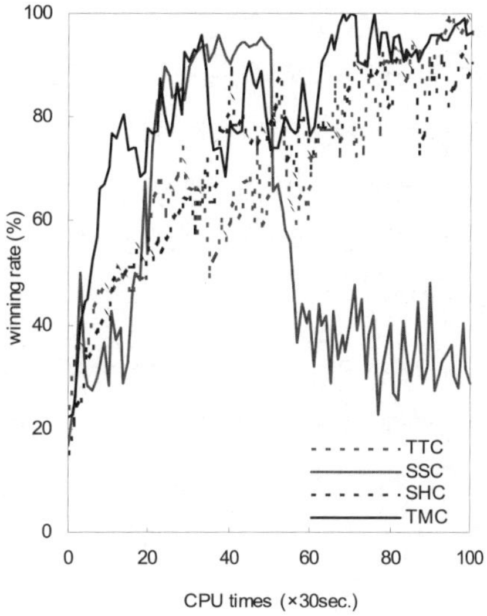

(b) CPU 시간

그림 10-10 진화속도 비교: (3,4,5,4)-Nim 게임

셋째, SHC는 SSC보다 표준편차와 해의 품질 측면에서 우수하다. 이러한 결과는 명예의 전당을 사용한 결과로 판단된다.

넷째, TTC는 계산시간이 많이 소요되고 진화속도 측면에서도 좋은 결과를 보이지 못한다.

경쟁전략의 해의 품질과 진화속도를 분석하면, TMC가 적대문제의 유형과 무관하게 두 척도에서 모두 우수함을 알 수 있다. 이와 같은 결과는 TMC가 집단의 다양성과 선택압력(selective pressure)이 적절히 조화를 이룰 수 있다는 특징에 기인한 것이다. 즉, TMC는 토너먼트경쟁의 동일 수준에서 패배한 개체들에게 모두 동일한 적응도를 부여하므로, 그들 간의 선택확률을 동일하게 하여 집단의 다양성을 증가시킬 수 있다. 또한, TMC에서는 가장 좋은 개체가 가장 높은 적응도를 부여받는 것을 보장하고 이 개체를 빠르게 판단할 수 있으므로 선택압력 측면에서도 유리하다.

10.4.6 진화의 균형과 무기경쟁

경쟁 공진화알고리즘에서 계속적인 공진화가 이루어지기 위해서는 숙주 집단과 기생자 집단은 서로 비슷한 수준의 경쟁력을 가지고 진화해야 하고, 공진화를 통해 상호 더 강한 개체로 진화할 수 있어야 한다. 즉, 공진화가 정체되거나 퇴화되지 않기 위해서는 경쟁하는 두 집단은 상호 균형적으로 진화해야 하고, 두 집단 간에 진화적 무기경쟁이 지속적으로 이루어져야 하는 것이 무엇보다 중요하다. 따라서 이들 두 관점에서 분석하여 보자.

먼저, 토너먼트 경쟁(TMC)의 공진화 과정을 살펴보자. [그림 10-11] (a)와 (b)는 각각 정렬망문제(n=13)와 (3,4,5,4)-Nim 게임문제에서 TMC의 진화경향을 나타내고 있다. 이 그림은 많은 반복실험 중에서 특정 한 회의 결과이다. 이 그림에서 'HBest(HMean)'은 진화의 상대적인 척도로, 기생자 집단과 경쟁하여 얻은 숙주의 가장 높은 승률(숙주 집단의 평균 승률)이다. 그리고 'Best/T (Mean/T)'는 진화의 절대적인 척도로, 숙주 개체가 테스트집합과 경쟁하여 얻은 가장 높은 승률(평균 승률)을 나타낸다.

[그림 10-11](a)와 [그림 10-11](b)는 서로 많은 차이를 보이지만, 집단이 진화하면서 절대적인 진화척도(Best/T와 Mean/T)가 증가해 가는 경향은 두 적대문제에서 공통적으로 보인다. 이것은 숙주 집단이 좋은 해를 탐색해 나가고 있음을 의미한다. 또한, 두 실험문제에서 모두 상대적 진화척도를 나타내는 HMean은 50% 주변에 분포되어 있다. 이는 숙주 집단과 기생자 집단의 적응도가 적절히 균형을 이루고 있음을 의미한다. 또한 진화기간 동안 진화적 무기경쟁이 계속됨을 의미한다. TMC는 진화의 균형성과 무기경쟁의 지속성 측면에서 모두 유리한 경쟁전략이다.

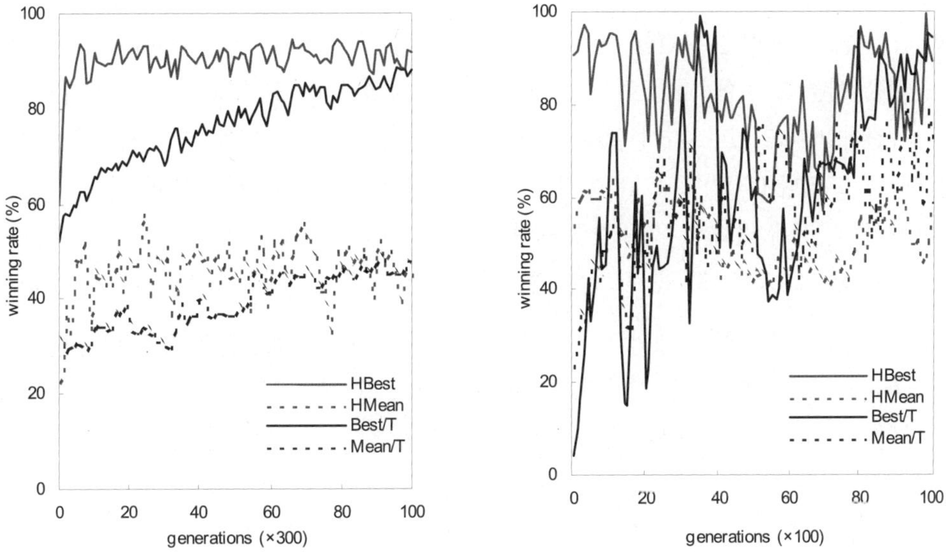

(a) 정렬망문제: n=13 (b) (3,4,5,4)-Nim 게임문제

그림 10-11 진화의 경향 분석: TMC

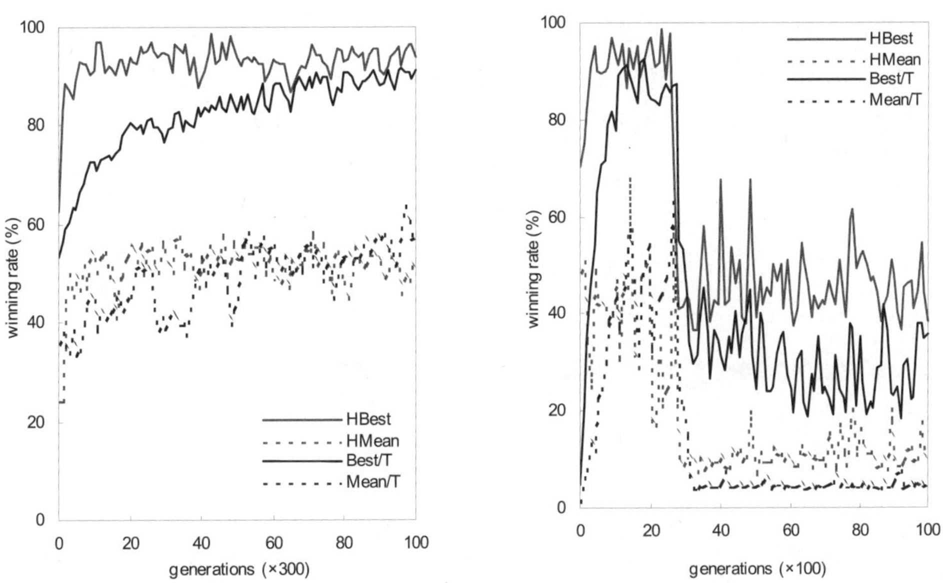

(a) 정렬망문제: n=13 (b) (3,4,5,4)-Nim 게임문제

그림 10-12 진화의 경향 분석: SSC

이제 SSC의 진화경향을 보자. [그림 10-12](a)로부터, 정렬망문제에서 SSC는 경쟁 집단 간에 균형적인 공진화를 유도함을 확인할 수 있다. 해-테스트문제에서는 다른 모든 전략도 두 집단의 공진화가 균형을 이룬다. 이에 대한 이유는 다음과 같이 설명할 수 있다. 해-테스트문제는 추구하는 기준을 사전에 가지고 있다. 다시 말해, 사전 기준은 모든 개체들이 이를 달성하기 위한 진화 목표로 작용한다. 그러나 [그림 10-12](b)에서 보는 바와 같이 게임문제에서는 다른 결과를 보인다. 게임문제에서는 사전에 진화의 목표 기준을 알 수 없다. 진화의 기준은 단지 현재 상대의 게임전략에 의존하게 된다. 그러므로 좋지 않은 경쟁전략은 진화보다는 퇴화를 유도할 수 있다.

[그림 10-13]은 Nim 게임문제의 진화 과정에서 숙주와 기생자 집단간의 승률 변화를 보인 것이다. 여기서, HMean과 PMean은 각각 숙주집단과 기생자 집단의 평균 승률이다. 이 그림에서 확인할 수 있듯이, TMC는 공진화가 균형을 이루지만, SSC는 일정 세대 후 한 집단이 일방적으로 우세하여 두 종의 진화에 불균형이 발생하고 진화가 계속되더라도 이를 회복하지 못한다. FSC도 이와 유사한 결과를 보인다.

SSC와 FSC가 게임문제에 적용될 때 진화의 불균형 현상이 발생하고, 숙주의 경쟁력이 퇴화되는 이유는 다음과 같이 해석할 수 있다. SSC와 FSC 두 전략에서는 경쟁에서 승리하기 어려운 개체들이 경쟁 상대로 선택될 가능성이 높다. 강한 개체로 진화되지 못한 개체들이 승리하기 어려운 강한 경쟁상대를 만나면, 이들 개체는 패배하게 되어 매우 낮은 적응도를 갖게 되고, 이로 인해 개체간에 적응도 차이가 거의 나지 않을 수 있다. 이러한 결과는 효과적인 선택이 이루어질 수 없어 진화능력의 감퇴를 초래하게 된다. 그러므로 개체들은 그들의 복잡도를 증가시키지 못하고 오히려 강한 개체로 구성된 테스트집합에 대한 적응력이 떨어지는 것으로 판단된다. 적응력의 퇴화

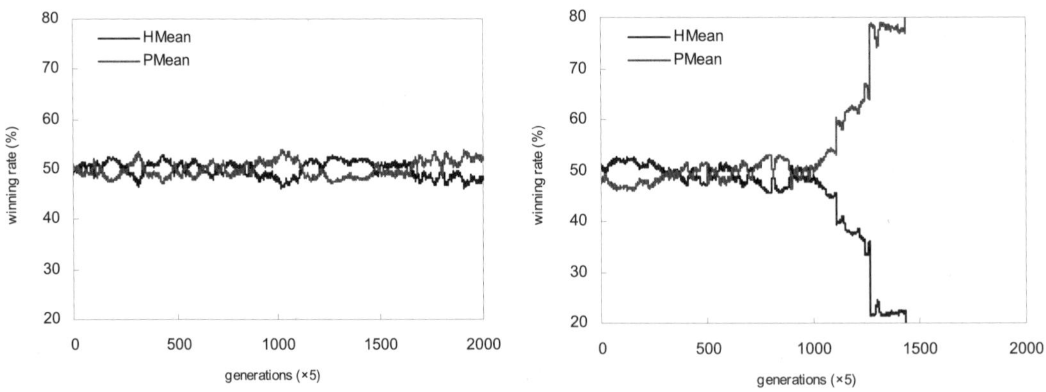

(a) TMC (b) SSC

그림 10-13 숙주와 기생자 집단의 평균승률변화: (3,4,5,4)-Nim 게임문제

는 실 세계의 게임상황과 유사하다. 실력이 강한 집단과 아주 약한 집단에서 각 참가자를 뽑아 경쟁하여 그 결과를 가지고 평가한다면 각 집단에 있는 개체들 간의 우열을 판단하기 힘들고, 이러한 게임의 반복은 두 집단의 절대적 경쟁력을 약화시킬 수 있다. 그러므로 경쟁 공진화알고리즘에서 SSC와 FSC의 경쟁전략은 적용 문제의 유형에 따라 신중하게 결정해야 한다.

제11장

다목적 진화알고리즘

의사결정이론에서 다목적 또는 다기준 최적화에 관해 다양한 기법들이 제시되었다. 이들 기법은 여러 목적에 대한 (1) 의사결정자의 선호 정보를 사전에 파악한 후 이를 이용하여 의사결정자에게 적합한 대안을 탐색하여 제시하거나, (2) 대안을 탐색하는 과정에 의사결정자의 선호 정보를 점진적으로 반복 확인하면서 의사결정하는 경우를 주로 다루고 있다. 이들 두 방법 이외에 (3) 여러 개의 좋은 대안을 먼저 탐색하여 이를 의사결정자에게 제시하여 선택하도록 하는 방법이 있다.

진화알고리즘은 앞의 세 번째 다목적 최적화문제의 접근 방법에 아주 적합한 기법이다. 이 장에서는 다목적 진화알고리즘이 개발되어온 순서대로 소개한다. 다목적 최적화문제를 위한 방법론으로 진화알고리즘뿐 아니라 메타휴리스틱의 여러 기법들, 개미군체최적화, 입자군집최적화, 시뮬레이티드어닐링, 타부서치 등이 사용되었다(Coello Coello *et al.*, 2007). 다목적 타부서치는 4.5절을 참고할 수 있다.

11.1 서론

m개의 결정변수로 구성되는 해 벡터를 $\mathbf{x}$ 라 두고, 가능해 집합을 X , 그리고 n개의 목적함수를 $f_1(\mathbf{x}), f_2(\mathbf{x}), ..., f_n(\mathbf{x})$ 로 두자. 그러면 다목적 최적화는

$$\begin{aligned} &\text{Minimize/Maximize} \quad F(\mathbf{x}) = (f_1(\mathbf{x}), f_2(\mathbf{x}), ..., f_n(\mathbf{x})) \\ &\text{subject to} \quad \mathbf{x} = (x_1, ..., x_m) \in X \end{aligned} \tag{11.1}$$

로 나타낼 수 있다. 여기서 $\mathbf{x}$ 를 결정벡터, $F(\mathbf{x})$를 목적벡터라 한다. 다목적 최적화는 단일목적 최적화와는 달리 목적함수 값들이 다차원으로 구성된다. 따라서 다목적 최적화를 벡터 최적화

(vector optimization)로 부르기도 한다. 표현의 편의를 위해 하나의 해 벡터를 $\mathbf{x}^i (\in X)$로 나타내자. 그리고 모든 목적을 최소화로 두자. 최대화하는 목적이 있으면 -1을 목적함수에 곱하여 최소화로 변환할 수 있다.

다목적 최적화문제는 개인, 기업, 정부, 환경 부문 등에서 일어나는 의사결정문제에서 쉽게 찾아볼 수 있다. 다목적 최적화문제에서 모든 목적을 동시에 최대로 만족하는 해는 일반적으로 존재하지 않는다. 지금까지 다목적 문제를 위한 여러 기법들이 개발되어 왔다. 다음 4종류의 대표적인 방법을 간단히 보자.

(1) 여러 목적함수식을 (11.2)와 같이 각 목적에 가중치를 부여하여 하나의 목적함수로 변환하고 모든 $\mathbf{x}^i \in X$에 대해 최소(또는 최대)의 $F(\mathbf{x}^i)$를 찾는 방법이다.

$$F(\mathbf{x}^i) = w_1 f_1(\mathbf{x}^i) + w_2 f_2(\mathbf{x}^i) + \ \dots \ + w_n f_n(\mathbf{x}^i) \tag{11. 2}$$

이 방법은 사전에 의사결정자가 각 목적의 상대적 중요도를 정확히 알아야 한다.

(2) 가장 중요한 하나의 목적을 목적함수로 두고 나머지 목적들은 최소만족 목표를 주어 이를 제약에 첨가하는 방법이다. 예로 첫 번째 목적을 목적함수로 두고 두 번째부터 n번째까지 목적의 최소만족 목표가 $(b_2, b_3, \cdots, b_n)$일 때 이를 제약으로 두면, 목적함수는 식 (11.3)과 같이, 나머지 목적들은 식 (11.4)와 같은 제약식으로 하여 단일목적을 갖는 문제로 변환한다.

$$\text{Minimize/Maximize} \quad F(\mathbf{x}^i) = f_1(\mathbf{x}^i) \tag{11.3}$$

$$f_2(\mathbf{x}^i) \ge b_2,\ f_3(\mathbf{x}^i) \ge b_3, \dots, f_n(\mathbf{x}^i) \ge b_n \tag{11.4}$$

(3) 목적들의 우선순위와 원하는 목표를 설정하여 해를 구하는 목표계획법(goal programming)이 있다. 이 방법은 목적들의 우선순위가 명확히 주어져야 한다는 점과 목적 간의 상쇄(tradeoff)를 고려하지 않고 높은 우선순위 목표를 만족시킨 다음 그 보다 낮은 우선순위목표를 고려하는 선취적 우선순위(preemptive priority)를 사용한다는 단점을 가지고 있다. 그리고 제약이 모두 일차등식 또는 일차부등식으로 표현되는 선형제약식을 갖는 문제이다.

(4) 효용함수를 이용하는 방법이다. 어떤 해가 속성1에 대해 x_1, 속성2에 대해 x_2, $\cdots$, 속성n에 대해 x_n의 값을 가질 때, 효용함수는 식 (11.5)과 같이 표현할 수 있다. 효용함수는 흔히 범위 [0, 1] 값을 갖는다.

$$U(x_1, x_2, \dots, x_n) = F[f_1(x_1), f_2(x_2), \dots, f_n(x_n)] \tag{11.5}$$

여기서 f_i는 속성 x_i의 함수를 의미하며, F는 여러 형태의 함수를 사용할 수 있으나 가능하면 덧셈 또는 곱셈과 같은 간단한 형태가 바람직하다. 효용함수를 사용하고자 할 때, 문제는 효용함수 자체를 구하기가 쉽지 않다는 것이다. 효용함수를 구하기 위해서는 의사결정자와 여러 번의 대화를 통해 이루어지는데 그 절차가 지루할 뿐만 아니라, 의사결정자의 효용에 대한 확신을 갖기 위해서는 일관성 검사를 수행해야 한다는 단점을 갖는다.

다목적 문제를 다룰 때 위에서 제시한 방법 이외에 좋은 여러 대안을 먼저 구하고 이들 대안 중에서 의사결정자의 선호에 따라 해를 결정하는 접근방법이 있다. 이 방법에서는 '파레토 최적해'(Pareto optimal solution) 또는 '비지배된 해'(nondominated solution)의 개념이 사용된다. 이 개념의 설명을 위해 먼저 아래 예를 보자.

예 자동차 부품을 생산하는 한 회사는 새로운 생산공정을 도입할 것을 고려하고 있다. 각 대안해들은 단위당 부품생산에 소요되는 비용과 1개월 간의 부품생산 기간 동안 발생할 수 있는 사고횟수를 최소화시키는 두 가지 목적을 가지고 있다. 그런데 단일목적(생산비용 혹은 사고횟수) 최적화문제로 변형할 수 있는 적절한 효용함수를 구하기가 어렵다고 보자. 그리고 회사의 최고경영진에게 [그림 11-1]과 같이 5가지 대안해 A, B, C, D, E가 제시되었다 하자. A = (2, 9), B = (4, 6), C = (8, 4), D = (9, 5), E = (7, 8) 이고, 여기서 괄호 안의 수치는 (생산비용, 사고횟수)이다.

[그림 11-1]에서 x 축은 생산비용 최소화, y축은 사고횟수 최소화의 목적을 나타내므로 좌측으로 그리고 하단으로 갈수록 두 목적에서 더 만족스럽다. [그림 11-1]에서 대안 B와 대안 E를 비교하면, 생산비용과 사고횟수의 두 목적 모두에 대해 대안 B가 대안 E보다 우수하다.

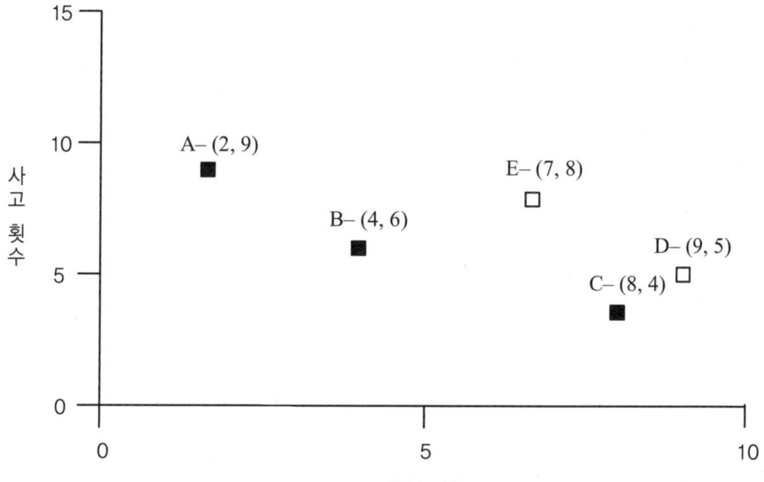

그림 11-1 다목적 최적화문제의 파레토 최적해

이와 같이 임의의 두 대안 비교에서 한 대안(B)이 다른 대안(E)에 대해 어떤 목적에 대해서도 열등하지 않으면서, 우월한 목적이 적어도 하나 존재하면 이 해(B)는 다른 해(E)를 '지배한다(dominate)'고 한다. 또한 해 E는 해 B에 의해 '지배된다(dominated)'고 한다. n개의 목적함수 $f_k, k=1,\cdots,n$ 를 모두 최소화하는 문제에서, 해 $\mathbf{x}^j$ 가 $\mathbf{x}^i$ 를 '지배하는' 조건은 식 (11.6)과 같이 표현된다.

$$f_k(\mathbf{x}^i) \geq f_k(\mathbf{x}^j), \forall k=1,2,\cdots,n \text{ 이고, } f_k(\mathbf{x}^i) > f_k(\mathbf{x}^j), \exists\ k \tag{11.6}$$

해 B와 C를 비교하면, B는 C보다 생산비용 면에서 더 좋으나 사고횟수 면에서는 더 좋지 않다. 이때 해 B와 해 C는 서로 '비지배된다(nondominated)'고 한다. 일반적으로 해 $\mathbf{x}^j$ 가 어떤 다른 해에 의해 지배되지 않으면, $\mathbf{x}^j$ 를 '비지배된 해(nondminated solution)' 또는 '파레토 최적해(Pareto optimal solution)'라 부르고, 이러한 해의 집합을 파레토 최적 집합(Pareto optimal set) 또는 유효경계(有效境界: efficient frontier)라 부른다. [그림 11-1]에서 파레토 최적해는 해 A, B, C이다.

■ 비지배된 해의 수렴성과 다양성

진화알고리즘은 여러 잠재해로 구성된 집단을 운용하여 해공간을 탐색한다. 진화알고리즘에서 여러 개체(잠재해)로 구성된 집단의 운영은 다목적 최적화문제에서 여러 비지배된 해를 동시에 구하는 것을 가능하게 한다. 따라서 진화알고리즘은 비지배된 해로 파레토 최적해 또는 근사 파레토 최적해 집합을 구하는 다목적 최적화에 적합한 기법이라 하겠다. 다목적 문제의 최적화를 위한 진화알고리즘을 다목적 유전알고리즘(multiple objective genetic algorithm: MOGA) 또는 다목적 진화알고리즘(multiple objective evolutionary algorithm: MOEA)이라 부른다. 초창기에는 다목적 유전알고리즘으로 불리었으나 현재는 유전알고리즘의 개념뿐 아니라 여러 형태의 진화알고리즘의 개념을 혼합하여 사용하고 있어 다목적 진화알고리즘이라 부르고 있다. 여기서는 기존 연구에서 명명한 대로 혼용하여 사용하기로 한다.

다목적 진화알고리즘의 목표는 다른 선호를 갖는 여러 의사결정자에게 자신의 선호에 맞는 가장 좋은 해를 제공할 수 있도록 좋은 해를 다양하게 찾는 것이다. 즉, 첫째 목표는 좋은 해, 즉 파레토 최적해나 근사 파레토 최적해를 찾는 것이다. 둘째 목표는 각 의사결정자가 자신의 선호에 따라 선택할 수 있도록 특정영역(예로 각 목적의 극점영역)에 집중되지 않고 잘 산포된 해들을 찾는 것이다.

첫째 목표는 최적해로의 수렴성(convergence)과 관련되고, 둘째 목표는 구한 비지배되는 해의 다양성(diversity) 또는 산포(distribution)와 관계된다. [그림 11-2]는 다목적 최적화문제의 두 목표를 나타내고, [그림 11-3]은 수렴성과 다양성 관점에서 구한 비지배되는 해를 비교한 것이다.

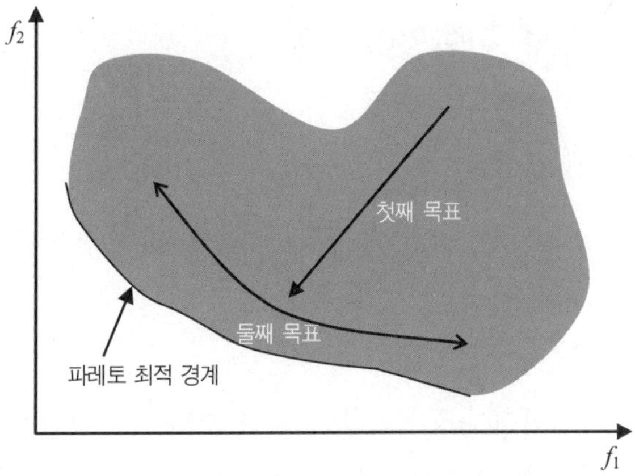

그림 11-2 다목적 진화알고리즘의 목표

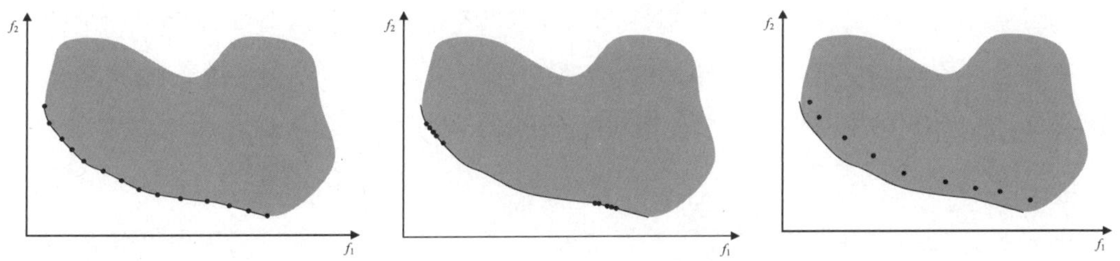

(a) 이상적인 비지배된 해 집합 (b) 수렴성은 좋으나 다양성 나쁨 (c) 다양성은 좋으나 수렴성 나쁨

그림 11-3 비지배되는 해의 수렴성과 다양성

진화알고리즘을 다목적 최적화에 적용할 때, 가장 유의하고 중요하게 다루어야 할 문제는 집단에서 생존할 개체를 어떻게 선택하느냐이다. 단일목적 최적화문제에서는 하나의 목적함수에 의해 적응도를 쉽게 구할 수 있어, 이 적응도에 근거하여 선택이 이루어진다. 그러나 다목적 문제에서는 여러 목적함수가 존재하므로 각 개체의 적응도를 어떤 기준에 의해 평가하느냐가 문제이다. 일반적으로, 각 목적에 대해 최적해가 다르기 때문에 개체의 적응도를 하나의 척도로 계량화하기가 어렵다. 따라서 초기에 다목적 진화알고리즘의 연구 주제는 다양한 좋은 해를 찾기 위하여 적응도를 어떻게 부여하고, 이 적응도에 의해 선택을 어떻게 하는가 였다.

이들 주제를 어떻게 다루는지 보자. 먼저 다음 절에서 비교적 초기에 개발되고 대표적인 다목적 유전알고리즘(MOGA)으로 벡터평가 GA(Schaffer *et al.*, 1988), 파레토 GA(Goldberg, 1989a), 적소 파레토 GA(Horn *et al.*, 1994), 비지배분류 GA(Srinivas & Deb, 1995), 적소-순위 GA(현철주와 김여근, 1996)에 대해 알아보자.

11.2 초기 다목적 진화알고리즘

11.2.1 벡터평가 유전알고리즘

다목적 문제를 위한 최초의 진화알고리즘은 Schaffer *et al.*(1988)이 제안한 벡터평가 유전알고리즘(vector evaluated genetic algorithm: VEGA)이다. 이 알고리즘의 이름은 다목적 문제에서 한 해의 목적함수 값이 벡터로 표현되는 데서 비롯되었다.

VEGA에서 선택은 각 개체(잠재해)의 목적함수 값이 벡터로 표현되어 있다고 할 때 다음과 같이 이루어진다. 먼저 목적벡터의 첫 번째 원소 값(첫 번째 목적함수의 값)에 기초하여 집단에서 일정 수의 개체를 선택한다. 다음은 목적벡터의 두 번째 원소 값에 기초하여 일정 수의 개체를 선택한다. 같은 방법으로 벡터의 마지막 원소에 대응하여 개체를 선택할 때까지 반복한다. 이때 벡터의 각 원소(목적)에 의해 선택된 개체의 합은 집단의 크기와 같게 한다. 각 원소에 의해 선택할 개체의 수는 흔히 같게 하나, 특정 목적을 강조할 때는 그 목적에 대해 개체를 더 많이 선택하여 집단을 구성할 수 있다. 이렇게 선택된 개체들을 혼합하여 교차한다. 즉 교차는 각 목적에 무관하게 이루어진다.

VEGA는 단일목적 유전알고리즘을 거의 변형하지 않고 쉽게 적용할 수 있다는 장점을 갖는다. 그러나 각 개체는 한 목적에 의해 선택되므로 개체들이 극점에 수렴하는 경향이 있다. 즉, 이 기법은 각 목적의 극점에서 멀리 있는 파레토 최적해를 탐색하지 못하는 경향이 있다. Kursawe(1991)는 한 목적에 의해 개체를 평가하나 임의로 선택된 하나의 목적에 대해 토너먼트 선택방법을 사용하는 방법을 제안하였다

11.2.2 파레토 유전알고리즘

VEGA방법이 다양한 비지배된 해를 탐색하지 못하고, 각 목적에 대한 극점 영역의 해들을 주로 탐색한다는 단점을 보완하기 위하여, Goldberg(1989a)는 파레토 유전알고리즘(Pareto genetic algorithm: PGA)을 제안하였다. 이 알고리즘은 개체의 비지배되는 정도에 따라 순위를 부여하여 그 순위에 의해 적응도를 구하는 방법이다. 순위를 구하는 절차는 다음과 같다. 먼저 집단 내의 모든 개체에 대해 지배 여부를 조사하여 비지배되는 개체에 순위 1을 부여하고 이들을 집단에서 제거한다. 다시 새로운 집단 내의 개체들에 대해 지배 여부를 조사하여 비지배되는 개체에 순위2를 부여하고 이들을 집단에서 제거한다. 모든 개체에 순위가 부여될 때까지 이와 같은 과정을 반복한다.

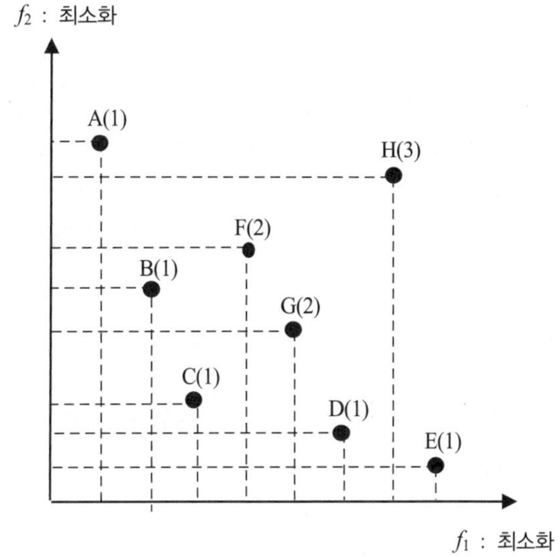

그림 11-4 Goldberg의 순위

[그림 11-4]는 8개 개체의 순위를 보여주고 있다. 먼저 개체 A, B, C, D와 E는 비지배되는 개체이므로 순위 1이 된다. 이들을 집단에서 제거하면 새로운 집단에는 개체 F, G와 H만 남게 된다. 여기서 개체 F와 G가 비지배되는 개체이므로 순위 2가 된다. 그리고, 개체 H는 순위 3이 된다.

위의 절차를 통해 모든 개체에 순위가 부여되면, 순위선택에 의해 적응도를 구할 수 있다. 순위선택에는 여러 방법이 있다. 이에 대해서는 제7장을 참조할 수 있다. PGA에서는 동일한 순위에 속하는 개체는 동일한 적응도를 갖도록 한다.

Fonseca & Fleming(1993)은 Goldberg의 순위에 따른 적응도 부여방법을 변형하여, 자신을 지배하는 개체 수에 의한 방법을 제안하였다. 개체 순위는 그 개체를 지배하는 개체의 수에 1을 더한 값으로 한다. 즉, 개체 A, B, C, D, E는 비지배되는 개체이므로 순위 1, 개체 G는 하나의 개체 D에 의해 지배되므로 순위 2, 개체 F는 두 개의 개체 B와 C에 의해 지배되므로 순위 3으로 둔다. 이와 같은 방법으로 모든 개체에 순위를 부여한다. PGA에서 순위는 연속적이나, Fonseca & Fleming의 순위는 연속적이지 못하다. 따라서 Fonseca & Fleming에서 파레토 최적해는 상대적으로 높은 적응도를 갖게 된다.

11.2.3 적소파레토 유전알고리즘

파레토 유전알고리즘에서는 순위가 동일한 개체들이 동일한 적응도를 갖기 때문에 다양한 파레토 최적해를 구하는 데는 한계가 있다. 이러한 문제를 해결하기 위하여 Horn *et al.*(1994)은 개체 간의 지배 여부에 따라 토너먼트선택을 하고, 개체들이 비지배 관계이면 적소(適所: niche) 개념을 사용하여 선택한다. 이 방법을 적소파레토 유전알고리즘(niched Pareto genetic algorithm: NPGA)이라 부른다.

먼저 개체들의 지배 관계에 따른 토너먼트선택을 보자.

단계 1: 집단에서 선택을 위해 경쟁할 두 후보개체를 임의로 선택한다.
단계 2: 이 두 후보개체와 비교할 t_{dom} (비교개체집합의 크기)개의 개체들을 임의로 선택하여 비교개체집합을 만든다.
단계 3: 두 개의 후보개체를 비교개체집합 내의 각 개체와 비교한다. 한 후보개체는 비교개체집합의 어떤 개체에 의해서도 지배되지 않고, 다른 후보개체는 비교개체집합의 어떤 개체에 의해 지배되면 전자의 후보개체를 선택한다. 그렇지 않으면 (두 후보개체 모두가 비교집합 내의 어떤 개체에 의해 지배되거나, 두 후보개체가 비교집합 내의 어떤 개체에 의해서도 지배되지 않는 경우) 적소 메카니즘을 이용하여 개체를 선택한다.
단계 4: 이와 같은 과정을 반복하여 집단 크기만큼 개체를 선택한다.

이 과정에서 두 후보개체가 지배 관계에 의해 선택되지 않을 때 적소 메카니즘을 사용한다. 적소 메카니즘에서 적응도는 몫짓기(sharing)에 의해 재평가된다. 개체 i 의 적응도를 $f(i)$ 로 두자(적응도 $f(i)$ 를 구하는 한 방법은 파레토 유전알고리즘과 같이 순위를 구하여 적응도를 부과할 수 있다). 그러면 배분적응도(shared fitness) $f_{sh}(i)$ 는

$$f_{sh}(i) = f(i)/m(i) \tag{11.7}$$

로 정의된다. 여기서 $m(i)$ 는 개체 i 의 적소 수이고, 이는 아래와 같이 정의할 수 있다.

$$m(i) = \sum_{j \in Pop} sh(d(i,j)) \tag{11.8}$$

여기서 Pop은 집단을 나타내고, $d(i,j)$ 는 개체 i 와 개체 j 간의 거리이다. 이 거리는 표현형의 거리로, 예를 들어 목적이 둘인 경우 두 목적함수 값을 좌표로 할 때의 거리가 된다. 그리고 $sh(d(i,j))$ 는 몫짓기 함수(sharing function)라 한다. 몫짓기 함수 $sh(d(i,j))$ 는 흔히

$$sh(d(i,j)) = \begin{cases} 1-(\frac{d(i,j)}{\sigma_{sh}})^{\alpha}, & d(i,j) \le \sigma_{sh} \text{이면} \\ 0, & \text{그렇지 않으면} \end{cases} \tag{11.9}$$

가 사용된다. 여기서 σ_{sh} 는 적소반경(niche radius)이라 한다. 몫짓기함수 $sh(d(i,j))$ 는 개체 i 와 개체 j 의 목적함수 값이 σ_{sh} 보다 멀리 떨어져 있으면 0, 그렇지 않은 경우는 가까울 수록 1에 근접하게 된다. 여기서 $\alpha = 1$ 또는 2가 사용된다.

적소 수 $m(i)$ 는 집단에서 개체 i 와의 거리가 적소반경 이하인 개체 수가 많을 수록, 그리고 이들이 개체 i 와 가까울수록 큰 값을 가진다. 그러므로 개체 i 의 배분적응도, $f_{sh}(i) = f(i)/m(i)$ 는 개체 i 가까이에 많은 개체가 있을수록 더 낮아지게 된다. 이와 같이 배분적응도 $f_{sh}(i)$ 를 사용하면 적응도 $f(i)$ 가 높을수록, 밀집도가 낮을수록 높은 선택확률을 갖게 된다.

[그림 11-5]를 보자. 비교할 두 후보개체로 a 와 c 가 선택되면, 개체 a 는 비교개체집합의 모든 개체들에 대해 비지배되고, 개체 c 는 비교개체집합의 개체에 의해 지배되므로 개체 a 가 선택된다. 그러나 개체 a 와 b 를 비교하면 두 후보개체 모두 비교개체집합의 모든 개체에 대해 비지배되므로 적소 메카니즘을 사용하여 개체 b 를 선택하게 된다. 결국 개체 a(순위 1)는 개체 b(순위 2)에 비해 적응도는 높으나 적소반경내에 많은 개체가 있기 때문에 배분적응도는 결국 개체 b 보다 낮을 수

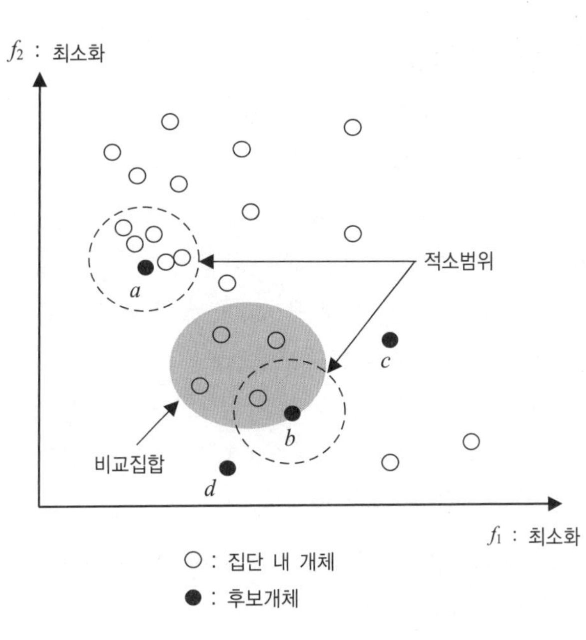

그림 11-5 적소파레토 GA의 선택방법

있다. 또한 비지배된 해인 개체 a와 d의 경우, 배분적응도는 개체 d가 높다. 이와 같이 적소파레토 유전알고리즘은 파레토 유전알고리즘과는 달리 적소 개념을 사용하여 좀 더 다양한 해를 찾을 수 있도록 유도한다. 그러나 이 알고리즘의 성능은 집단 크기, 비교집합 크기(t_{dom}), 적소반경 등의 파라미터에 민감한 것으로 알려져 있다. Horn *et al.*(1994)은 실험을 통해 비교개체집합 크기를 집단 크기의 1%, 10%, 20% 이상으로 할 때 다음과 같은 결과를 얻었다.

- 1% 정도: 지배되는 해를 너무 많이 생성.
- 10% 정도: 다양하고 좋은 파레토 최적해 집합 생성.
- 20% 이상: 다양하지 못한 파레토 최적해 집합을 구성하며 조기 수렴.

■ Multimodal 최적화에 적용

Multimodal(다봉) 함수는 지역최적(local optima)이 여러 개 존재하는 함수이다. Multimodal 최적화는 이 함수가 갖는 여러 개의 지역최적을 찾는 문제이다. 앞에서 다룬 적소파레토 유전알고리즘(NPGA)에 사용된 개념을 multimodal 최적화에 적용할 수 있다. Multimodal 최적화를 위해서는 집단의 다양성이 유지되어야 한다. 이를 위하여 앞에서 다룬 배분적응도 개념을 이용하여 개체를 선택하면 집단의 다양성을 유지하여 여러 개의 지역최적을 동시에 탐색할 수 있다. 여기서 몫짓기 함수의 거리 $d(i,j)$는 다목적 문제에서 목적함수공간의 거리 대신, multimodal 문제에서는 해공간에서의 거리, 즉 두 개체의 값 $\mathbf{x}_i$와 $\mathbf{x}_j$ 간의 거리 $d(\mathbf{x}_i,\mathbf{x}_j)$를 사용한다.

11.2.4 비지배분류 유전알고리즘

Srinivas & Deb(1995)은 파레토 유전알고리즘의 비지배 순위와 적소파레토 유전알고리즘의 적소 개념을 이용한 선택방법을 제안하였다. 제안된 알고리즘을 비지배분류 유전알고리즘(nondominated sorting genetic algorithm: NSGA)이라 부른다. 이 방법의 적응도 부여 방법은 다음과 같다. 집단에 있는 개체에 대해 PGA에서와 같이 지배관계에 의해 순위를 부여한다. 순위 1(가장 높은 순위)에 있는 개체들에 일단 같은 크기의 값을 갖는 임시적응도(dummy fitness)를 부여하고, 이들 개체들만을 대상으로 하여 적소 수(niche count)를 구하여, 배분적응도를 산출해 낸다. 적소 수는 NPGA에서와 같은 방법으로 구한다. 다음은 순위 2에 있는 개체를 상대로 순위 1에 있는 최소 배분적응도보다 낮은 임시적응도를 부여하여 같은 방법으로 배분적응도를 구한다. 집단의 모든 개체에 배분적응도 값이 부여될 때까지 순위에 의해 이 과정을 반복한다.

이 방법은 다목적문제의 적응도를 구하는데 몫짓기를 이용하는 구체적인 방법을 제시하였다는 데 의미가 있다. NSGA의 절차는 다음과 같다.

■ NSGA의 절차

단계 0: 초기집단을 구성한다.

단계 1: 집단에서 비지배되는 개체를 선택하여 이들 개체 모두에 큰 값을 갖는 임시적응도를 똑같이 부여한다.

단계 2: 이들 각 개체에 대해 NPGA에서와 같은 방법으로 적소 수를 구하여 (식 (11.8)에 의해) 임시적응도를 적소 수로 나눈 값을 (식 (11.7)과 같이) 각 개체의 배분적응도로 한다. 적소 수를 구할 때 이웃개체는 현재의 비지배된 해로 국한한다.

단계 3: 비지배된 해를 갱신한다. 즉 현재의 집단에서 비지배되는 개체를 제거하고, 집단에 남아있는 개체들을 비교하여 이들 중에서 비지배되는 개체들을 선택한다. 선택된 비지배되는 개체가 없으면 단계 4로 간다. 그렇지 않으면, 새로운 비지배되는 개체에 이전 순위에서 부과된 최소 배분적응도 값보다 낮은 임시적응도 값을 부여한 후 단계 2로 간다.

단계 4: 배분적응도에 기초하여 다음 세대의 집단 개체를 선택한다. 그리고 유전연산(교차와 돌연변이)하여 다음 세대를 생산한다. 종료조건을 만족하면 끝낸다. 그렇지 않으면 단계 1로 간다.

적소파레토 유전알고리즘에서 선택은 비교개체집합과의 비교에 의해 이루어지므로, 비지배되는 해의 생존 확률이 파레토 유전알고리즘보다 낮을 수 있다. NSGA은 이러한 적소파레토 유전알고리즘의 단점을 보완하고 있다.

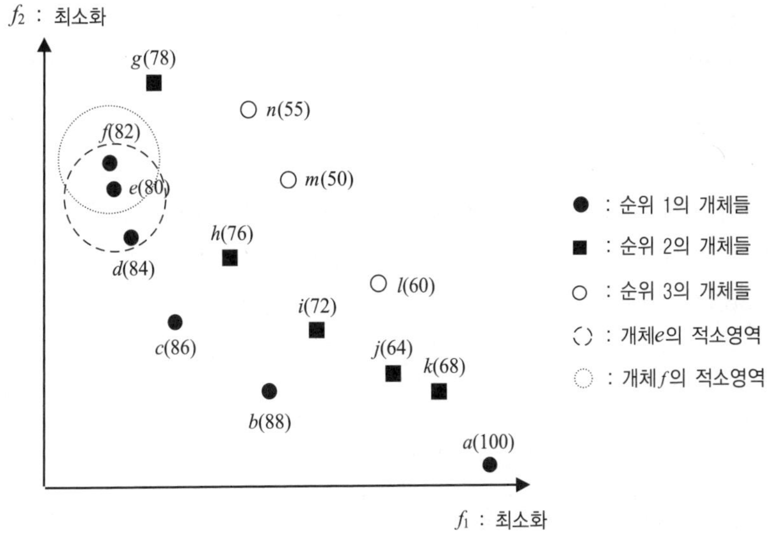

그림 11-6 NSGA에서 배분적응도

NSGA에서 파레토 최적 경계면에 있는 개체들은 다른 개체들보다 높은 적응도를 갖는다. 이것은 비지배 영역으로 집단을 빠르게 수렴시키는 결과를 가져온다. 한편, 몫짓기는 비지배된 해 영역 내의 개체들을 분산하는 효과를 가져온다.

[그림 11-6]을 보자. 순위 1인 개체 중 가장 낮은 배분적응도를 갖는 개체e는 순위 2의 개체 중 가장 높은 배분적응도를 갖는 개체g보다 배분적응도가 높다. 또한 동일한 순위를 갖는 개체들의 배분적응도는 적소에 의해 값을 부여받으므로, 적소 수가 가장 적은 개체a가 가장 높으며, 개체e는 개체 f보다 주위(적소영역 내)에 더 많은 개체들이 존재하기 때문에(실제 이는 적소영역의 크기에 따라 달라질 수 있음) 더 낮은 배분적응도를 갖는다.

11.2.5 적소-순위 유전알고리즘

현철주와 김여근(1996)은 파레토 최적해들을 효과적으로 탐색하기 위해 비지배 순위와 적소의 개념을 함께 사용한 방법을 제안하였으며, 이를 적소-순위 유전알고리즘(niched rank genetic algorithm: NRGA)이라 하였다. Srinivas & Deb(1995)에 의한 비지배분류 유전알고리즘은 동일한 순위를 갖는 각 개체의 생존확률을 그 순위에 부여된 임시적응도에 적소 수를 고려하여 구한 배분적응도를 계산하게 된다. 그러나 적소-순위 유전알고리즘은 단지 적소영역 내의 적소 수에 의해 순위를 구하기 때문에 임시적응도 값이 필요 없게 된다.

적소-순위 유전알고리즘의 선택 절차는 다음과 같다.

단계 1: 집단의 각 개체를 비지배 개념과 적소영역 내의 개체 수에 따라 순위를 부여한다. 현재 집단에서 비지배되는 개체들을 찾아 하나의 그룹으로 둔다. 비지배되는 모든 개체에 대해 적소영역 내의 개체 수를 구하고, 적소영역 내의 개체 수가 가장 적은 개체부터 차례로 나열하여 순위를 1, 2, …, N_1로 부여한다. 다음은 이들을 제거한 후, 다시 집단에서 비지배되는 개체들을 찾는다. 다시 이들에 대한 적소영역 내의 개체 수를 구하고, 적소영역 내의 개체 수가 가장 적은 개체로부터 차례로 나열하여 순위를 N_1+1, N_1+2, …, N_2로 부여한다. 이러한 과정을 집단의 모든 개체들에 순위가 부여될 때까지 반복한다.

단계 2: 각 개체가 선택될 확률은 아래와 같이 기하분포로 준다.

$$\text{Prob}(rank) = q(1 - q)^{rank-1}, \quad rank = 1, 2, 3, \cdots, N_p$$

여기서 q는 각 그룹이 선택될 확률 파라미터로 $0 < q < 1$의 값을 갖는다.

단계 1에서 사용되는 적소영역은 다음과 같이 결정한다. n개의 목적을 갖고 있는 다목적 최적화 문제에서 각 세대마다 목적i의 최댓값과 최솟값을 각각 M_i, m_i, $i=1, \cdots, n$이라고 두자. [그림

11-7]과 같이 적소영역(작은 사각형) 안에 평균 하나의 개체가 존재하도록 σ_i, $i = 1, \cdots, n$을 결정하면 식 (11.10)과 같다.

$$\sigma_i = \frac{M_i - m_i}{\sqrt[n]{N_p}}, \quad i = 1, \ldots, n \tag{11.10}$$

여기서 N_p는 집단의 크기이다.

결국 적소-순위 유전알고리즘에서는 비지배 순위가 높은 개체는 생존확률이 더 높고, 같은 순위의 해들은 밀집도가 낮을수록 더 높은 생존확률을 갖는다. 이러한 적응도 부여는 다양하고 좋은 해를 효율적으로 탐색할 수 있게 한다.

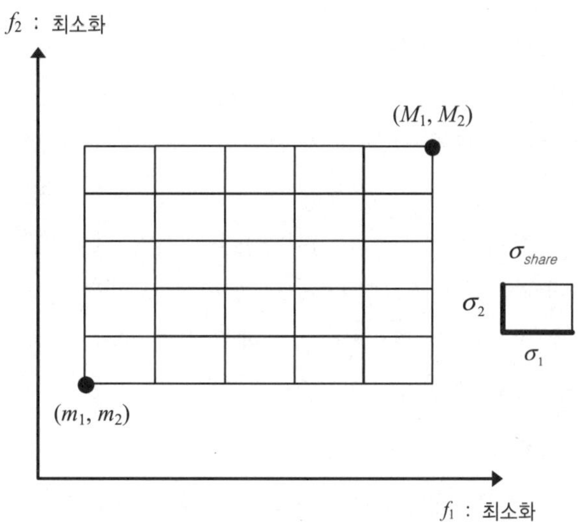

그림 11-7 σ_{share} 크기의 예

11.3 NSGA-II와 SPEA2

앞 절에서 다룬 다목적 진화알고리즘은 대부분 1990년대에 개발되었다. 이들 알고리즘은 다양하게 잘 분포된 좋은 해를 탐색하기 위하여 어떻게 적응도를 부여할 것인가? 즉, 다음 세대의 집단 선택을 어떻게 할 것인가에 초점을 두었다. 2000년대에 들어오면서 다목적 진화알고리즘의 성능 향상을 위하여 유전알고리즘 이외의 타 진화알고리즘의 개념을 혼합하여 사용하고 있다. 특히, 진화전략의 개념과 절차를 도입함과 동시에 진화과정에서 찾은 우수개체를 보존하고 이를 이용하여

다음 세대의 집단을 생성하는 기법에 대한 연구가 활발히 이루어졌다. 따라서 현재는 다목적 유전 알고리즘이라 부르기 보다는 다목적 진화알고리즘이라 명명하고 있다. 이 절에서는 이러한 개념을 사용한 대표적인 다목적 진화알고리즘으로 NSGA-II(nondominated sorting genetic algorithm-II, 비지배분류 유전알고리즘 II)와 SPEA2(strength Pareto evolutionary algorithm 2, 강도 파레토 진화알고리즘 2)를 소개한다.

11.3.1 NSGA-II

Srinivas & Deb(1995)에 의해 제안된 비지배분류 유전알고리즘(NSGA)은 비지배 분류와 몫짓기 개념을 유전알고리즘에 적용한 대표적인 다목적 진화알고리즘이다. 하지만 NSGA는 다음과 같은 약점이 지적되었다.

첫째, 비지배 분류에 요구되는 계산의 복잡도

집단 내 개체들의 비지배 순위를 구하기 위해서는 비지배 분류(non-dominated sorting)가 수행되어야 한다. 이 비지배 분류를 위해서 집단 내 각 개체는 다른 모든 개체와 모든 목적에 대해 비교되어야 하는데, 이는 많은 계산량을 요구한다. m 이 목적의 수, N 이 집단 크기라면 앞에서 사용된 비지배 분류에 필요한 계산 복잡도는 $O(mN^3)$이다. 어떤 해의 지배 여부를 판단하는 데 $O(mN)$ 비교가 요구되고, 모든 개체에 대해 행하면 $O(mN^2)$ 계산이 요구된다. 그리고 다음 순위를 계산하는 데 이를 반복한다. 따라서 최악의 경우 $O(mN^3)$ 계산이 요구된다. 비지배 순위 계산 방법을 개선하여 $O(mN^2)$ 계산 복잡도로 줄인다.

둘째, 파레토 보존전략의 부재

여러 연구들은 파레토 보존전략(elitism)이 MOEA의 성능 향상에 큰 영향을 주고 있음을 보여준다. 파레토 보존전략은 찾아진 우수한 해가 사라지는 것을 방지하여 효율적 탐색을 유도하기 위한 전략으로 NSGA에서는 이러한 전략이 사용되지 않고 있다.

셋째, 몫짓기(sharing)를 위한 파라미터 적소반경 σ_{share} 의 결정

NSGA는 다양한 해의 탐색을 위해 몫짓기의 개념을 사용한다. 하지만 몫짓기에서 적소반경 σ_{share} 의 결정이 용이하지 않다. 문제가 갖는 해공간의 특성에 따라 달라질 수 있는 적소반경의 크기는 적용 문제에 종속적인 파라미터인데, 알고리즘 성능에 이 파라미터가 영향을 줄 수 있다.

NSGA-II(Deb *et al.*, 2002)는 위와 같은 NSGA의 단점을 보완하기 위해 새로운 개념들을 도입하여 개선한 알고리즘이다. 즉, 계산량이 적은 새로운 비지배 분류 방법을 사용하고, 적소반경에 의한 몫짓기가 아닌 개체간 밀집거리(crowding distance) 개념을 다양성 유지 전략으로 사용한다. 또

한, 부모집단과 자손집단의 합집합에서 다음 세대 집단을 구성하는 $(\mu+\lambda)$-생존자 선택($(\mu+\lambda)$-survivors selection)을 사용한 파레토 보존전략을 채용하고 있다.

■ NSGA-II의 절차

단계 0: (초기집단) 초기 부모 집단 P_0를 구성한다. $t=0$로 둔다.

단계 1: (비지배 순위 결정) 비지배 분류 절차에 의해 P_t에 있는 개체의 비지배 순위를 구한다.

단계 2: (선택) 부모 집단 P_t에서 자손 생산을 위해 이진(크기가 2인) 토너먼트 선택을 한다. 선택은 먼저 비지배 순위에 의해, 비지배 순위가 동일한 경우 밀집거리를 계산하여 이 거리가 큰 개체를 선택한다.

단계 3: (유전연산과 자손집단) 선택된 개체를 유전연산하여 자손 집단, O_t를 구성한다.

단계 4: (다음 세대 집단 생성)

단계 4.1: 부모 집단 P_t와 생산된 자손 집단 O_t의 합집합, $R_t = P_t \cup O_t$를 구성한다.

단계 4.2: 합집합 R_t에 대해 '비지배 분류 절차'에 의해 각 개체의 비지배 순위를 구한다.

단계 4.3: 비지배 순위가 높은 개체부터 차례로 집단의 크기가 될 때까지 다음 세대의 집단 P_{t+1}에 복사한다. $|P_{t+1}|$가 집단 크기보다 크면(집단 크기를 만족하는 마지막 비지배 순위에 여러 개체가 있는 경우), 포함된 개체 중에서 비지배 순위가 가장 낮은 개체들의 밀집거리를 구하여 밀집거리가 가장 작은 개체부터 차례로 제거하여 집단 크기로 조정한다.

단계 5: (종료조건) 종료조건을 만족하면 끝낸다. 그렇지 않으면, $t \leftarrow t+1$로 두고 단계 1로 간다.

[그림 11-8]는 NSGA-II의 흐름도이다. NSGA-II에서 사용된 주요 기법인 비지배 순위 결정을 위한 비지배 분류 절차와 밀집거리의 계산 방법에 대해 알아보자. 그리고 단계 4에서 다음 세대의 구성을 위하여 진화전략에서 사용하는 $(\mu+\lambda)$-생존자 선택을 채용하고 있다. 이에 대해 설명한다.

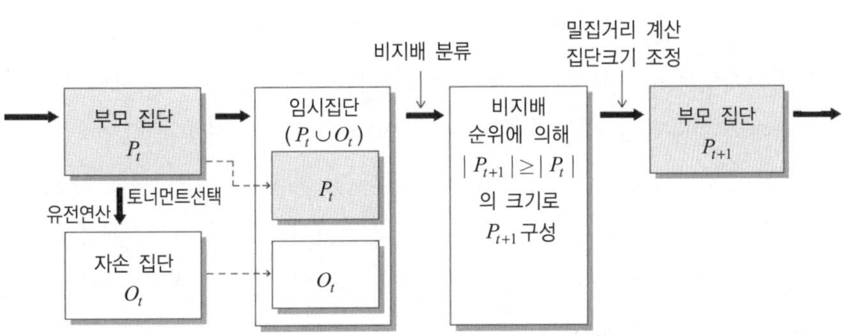

그림 11-8 NSGA-II의 흐름도

1) 비지배 분류 절차

NSGA-II에서는 비지배 순위를 구하는 컴퓨터 계산시간을 줄이기 위하여 아래와 같은 비지배 분류 방법을 사용한다. 개체집합 Q 에서 개체 i 의 비지배 순위 $r(i)$ 를 구한다.

■ ***Fast-nondominated-sorting*** $(Q,\ r(i))$

단계 1: $F_1 = \phi$ 로 둔다.

단계 2: Q 의 각 개체 p 에 대해

단계 2.1: $S_p = \phi$, $n(p) = 0$ 으로 둔다.

단계 2.2: 각 개체 $q\,(q \in Q, q \neq p)$에 대해, $p \succ q$ 이면 $S_p \leftarrow S_p \cup \{q\}$, $p \prec q$ 이면 $n(p) \leftarrow n(p)+1$ 로 한다.

단계 2.3: $n(p) = 0$ 이면 $r(p) = 1$ 로 두고 $F_1 \leftarrow F_1 \cup \{p\}$ 로 한다.

단계 3: $l = 1$ 로 둔다.

단계 3.1: 집합 $H = \phi$ 로 둔다.

단계 3.2: 집합 F_l 에서 임의로 개체 j 를 선택한다.

단계 3.3: S_j 에 있는 각 개체 k 에 대해 $n(k) \leftarrow n(k) - 1$ 로 한다. 만약 $n(k)$ =0이면 $H \leftarrow H \cup \{k\}$, $r(k) = l+1$ 로 한다.

단계 3.4: F_l 에서 개체 j 를 제거한다. $F_l \neq \phi$ 이면 단계 3.2로 간다.

단계 3.5: $l \leftarrow l+1$, $F_l = H$ 로 둔다.

단계 3.6: $F_l = \phi$ 이면 끝내고, 그렇지 않으면 단계 3.1로 간다.

여기서 $p \succ q$ 는 개체 p 가 개체 q 를 지배함을 의미한다. 단계 1과 단계 2는 각 개체들의 비지배 관계를 판단하고 최상위 비지배 순위를 구하는 과정이다.

$n(p)$ 는 개체 p 를 지배하는 개체 수이고, S_p 는 개체 p 가 지배하는 개체들의 집합이다. $n(p) = 0$ 인 개체 p 는 자신을 지배하는 개체 수가 0이므로 비지배되는 해다. 따라서 단계 2에서 집합 F_1 은 Q 의 개체들 중 비지배되는 해들로 이루어진 개체집합이다. 단계 3은 위 단계에서 구해진 $n(p)$ 와 S_p 를 이용하여 차례로 비지배 순위를 결정하는 과정이다. 현재의 비지배 순위 l 에 속하는 개체 j $(j \in F_l)$가 지배하는 개체 집합은 S_j 이다. 따라서 S_j 내 각 개체 $k\,(k \in S_j)$의 $n(k)$ 값을 1씩 감소시켜 $n(k) = 0$ 이 되면, 개체 k 는 현재 비지배되는 해 외에 자신을 지배하는 개체가 없으므로 현재의 순위보다 한 단계 낮은 비지배 순위 $(l+1)$를 갖게 된다. 이러한 과정을 반복하여 남은 개체들의 비지배 순위를 차례로 결정한다.

2) 밀집거리 계산

밀집거리는 동일한 비지배 순위를 갖는 개체들과의 거리에 의해 계산되는데, 개체 i 의 밀집거리는 [그림 11-9]와 같이 개체 i 와 각 목적별로 가장 가까운 개체와의 거리 합이다. 각 목적별로 끝에 위치한 개체는 무한대의 밀집거리를 갖는다고 가정한다. 동일한 비지배 순위를 갖는 개체 집합 S 에서 개체 i 의 밀집거리 $d(i)$ 를 구하는 절차는 아래와 같다.

$f_m(i)$: 개체 i 의 m 번째 목적함수 값

$m[j]$: m 번째 목적함수의 값을 기준으로 오름차순으로 정렬하여 j 번째 개체

L: 고려하는 목적의 수

■ ***Crowding-distance-assignment*** $(S,\ d(i))$

단계 1: $m=1$, $d(i)=0$, $i=1,2,\ldots,|S|$ 로 둔다.

단계 2: m 번째 목적의 함수 값을 기준으로 오름차순으로 정렬한다.
$d(m[1]) = d(m[|S|]) = \infty$ 로 둔다.

단계 3: $j=2,3,\ldots,|S|-1$ 에 대해 $d(m[j]) \leftarrow \{f_m(m[j+1]) - f_m(m[j-1])\}$ 을 계산한다.

단계 4: $m=L$ 이면 끝내고, 그렇지 않으면 $m \leftarrow m+1$ 로 두고 단계 2로 간다.

개체 i 의 밀집거리 $d(i)$ 는 개체 i 와 동일한 비지배 순위를 갖는 개체 중에서 개체 i 와 각 목적별로 거리가 가장 가까운 개체들과의 거리를 합한 값이다. 예를 들어 2개의 최소화 목적을 갖는 경우, 밀집거리를 도식하면 [그림 11-9]와 같다.

3) (μ+λ)–생존자 전략

NSGA-II에서는 발견된 비지배되는 개체가 사라지는 것을 방지하기 위한 전략, 즉 파레토 보존 전략으로 $(\mu+\lambda)$-생존자 선택을 사용한다. 여기서 μ, λ 는 부모집단의 개체 수와 생산된 자손의 개체 수를 나타낸다. NSGA-II에서 $(\mu+\lambda)$-생존자 선택 절차는 우선 부모집단과 자손집단을 합한 임시집단을 만들고, 임시집단에 대해 비지배 분류를 수행한다. 비지배 순위를 기준으로 차례로 μ 개의 개체를 다음 세대 집단에 추가한다. 만약 μ 개를 초과하게 되는 마지막 비지배 순위에 있는 개체들에 대해서는 밀집거리를 계산하여 밀집거리가 큰 개체를 우선적으로 추가하여 μ 개의 다음 세대 집단을 구성한다.

NSGA-II는 NSGA의 단점을 보완함으로써 수렴성과 수렴속도에서 우수함을 보였다. 하지만 문제에 따라 비지배되는 해의 다양성 측면에서는 약간의 약점을 갖는 것으로 나타났다. 이는 $(\mu+\lambda)$-

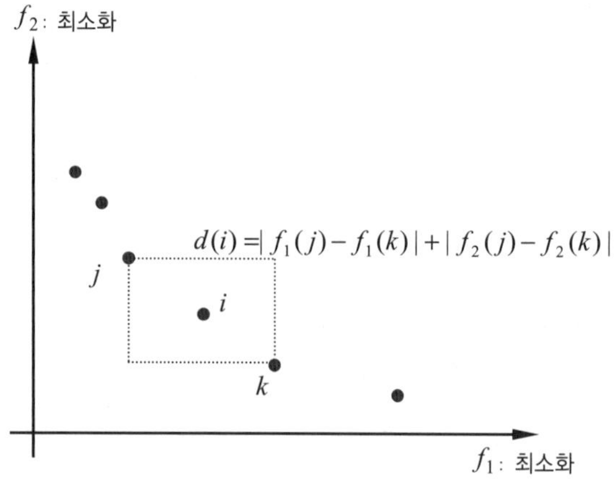

그림 11-9 밀집거리 계산

생존자 선택이 수렴 속도를 빠르게 하는 반면 상대적으로 해공간의 다양한 탐색을 저해하는 데 기인한 것으로 보인다.

11.3.2 SPEA2

Zitzler *et al.*(2001, 2002)는 SPEA(strength Pareto evolutionary algorithm, 강도 파레토 진화알고리즘: Zitzler & Thiele, 1998, 1999)를 개선하여 SPEA2를 제안하였다. 여기서는 SPEA2에 대해서만 다룬다. SPEA2의 특징은 다음과 같다.

첫째, SPEA2는 일정 수의 비지배된 해를 보관하는 보관소를 운영한다. 비지배된 해는 현 세대 t의 집단 P_t와 보관소 $\overline{P}_t$에 있는 개체의 합집합에서의 비지배된 해다. 이 때 비지배된 해의 수가 보관소 크기보다 작으면 지배당하는 해 중에서 가장 좋은 해로 채운다. 이는 엘리티스트 전략을 사용하는 것이다.

둘째, 현 세대 t의 집단 P_t와 보관소 $\overline{P}_t$에 있는 개체의 합집합에 있는 비지배된 해의 수가 보관소 크기보다 크면 경계에 있거나 밀집도가 낮은 비지배된 해가 제거되는 것을 방지하는 보관소 절단 방법을 사용한다. 이는 적소의 개념이 사용된 것이다.

셋째, 각 개체 i의 적응도를 평가할 때, 개체 i가 지배하는 개체 수에 따른 강도(strength) 외에 개체 i와의 거리가 고려된다.

SPEA2의 절차는 아래와 같고 이를 도식하면 [그림 11-10]과 같다.

P_t: 세대 t의 집단

$\overline{P}_t$: 세대 t의 보관소

N: 집단의 크기

$\overline{N}$: 보관소 크기

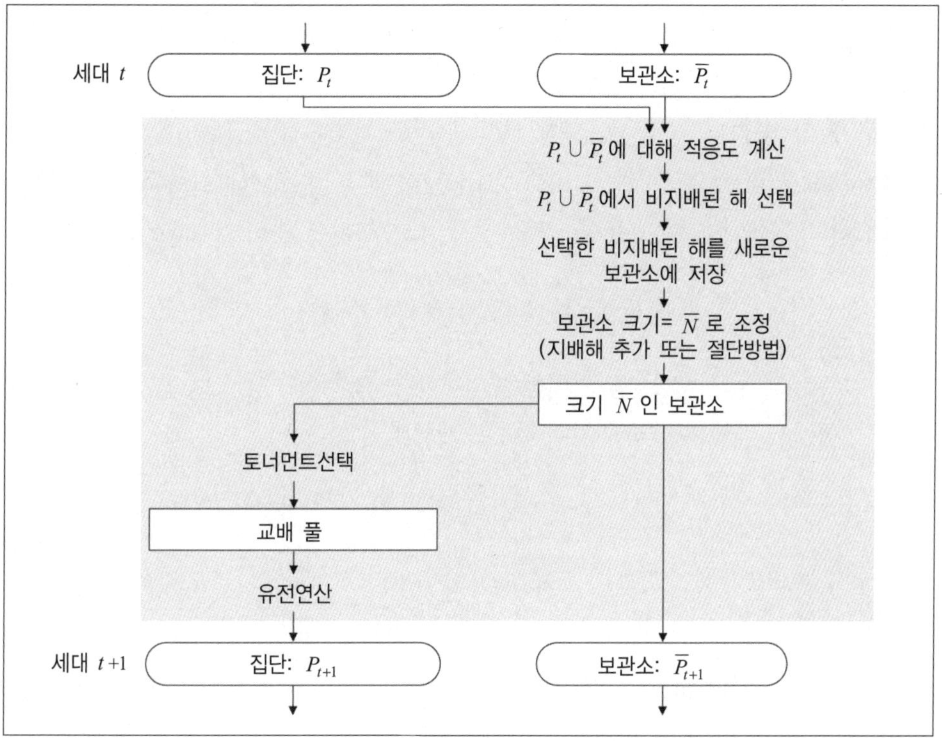

그림 11-10 SPEA2의 흐름도

■ SPEA2의 절차

단계 1: 초기집단 P_0를 생성하고, 보관소 $\overline{P}_0 = \phi$ 로 둔다. 그리고 $t=0$ 으로 둔다.

단계 2: P_t와 $\overline{P}_t$의 합집합에 있는 개체에 대해 적응도를 평가한다.

단계 3: P_t와 $\overline{P}_t$의 합집합에서 비지배되는 모든 해를 $\overline{P}_{t+1}$에 복사한다. $|\overline{P}_{t+1}| < \overline{N}$ 이면 $P_t \cup \overline{P}_t$에 있는 지배되는 해 중에서 가장 우수한 개체$(\overline{N} - |\overline{P}_{t+1}|)$개를 선택하여 $\overline{P}_{t+1}$에 추가한다. 그렇지 않고 $|\overline{P}_{t+1}| > \overline{N}$ 이면 보관소 절단방법(archive truncation method)에 의해 $\overline{P}_{t+1}$의 크기를 $\overline{N}$ 개로 조정한다.

단계 4: 종료조건을 만족하면, $\overline{P}_{t+1}$의 개체가 해가 되고 끝낸다.

단계 5: 자손 생산을 위해, $\overline{P}_{t+1}$에서 이진토너먼트로 선택하여 교배 풀(mating pool)을 만든다.

단계 6: 교배 풀 내의 개체에 유전연산을 적용하여 다음 세대 집단인 P_{t+1} 을 구성한다. $t \leftarrow t+1$ 로 두고 단계 2로 간다.

SPEA2에서 사용하는 적응도 척도는 이 척도 값이 낮을 수록 선택확률이 높다. 따라서 단계 3에서 '가장 우수한 개체'는 지배당하는 해 중에서 적응도 값이 가장 낮은 개체를 의미한다. SPEA2의 특징인 단계 2에서의 적응도 평가방법과 단계 3의 보관소 절단에 대해 구체적으로 보자.

1) 적응도 평가 방법

단계 2에서 개체의 적응도는 개체 간 지배관계 정보와 개체 간 거리에 의해 평가된다. 먼저 보관소와 집단에 있는 개체 i 의 강도(strength value), $S(i)$ 를 아래와 같이 정의한다.

$$S(i) = |\{k \mid k \in P_t \cup \overline{P}_t \text{ and } i \succ k\}|$$

여기서 $i \succ k$ 는 개체 i 가 개체 k 를 지배함을 의미한다. 즉, 개체 i 의 강도 $S(i)$ 는 보관소와 집단에 있는 개체 중에서 개체 i 에 의해 지배당하는 개체의 수이다.

강도 S에 기초하여 집단과 보관소의 개체 j 의 원 적응도(raw fitness) $R(j)$ 는

$$R(j) = \sum_{i \in P_t \cup \overline{P}_t,\ i \succ j} S(i)$$

로 계산된다. 원 적응도(raw fitness) $R(j)$ 는 보관소와 집단에 있는 개체들 중에서 개체 j 를 지배하는 개체들의 강도를 합한 것으로 나타낸다. 비지배되는 개체는 $R(j)=0$ 이 되고, 높은 $R(j)$ 는 개체 j 를 지배하는 개체 수가 많거나 또는 많은 개체를 지배하는 개체에 의해 개체 j 가 지배당함을 의미 한다. SPEA2에서도 적응도 값이 낮을 수록 더 좋은 개체로 평가되며 선택확률이 높아진다. [그림 11-11]은 $S(\cdot)$ 와 $R(i)$ 의 예이다.

원 적응도 할당은 지배 관계와 함께 적소 메카니즘을 일부 고려하고 있다. [그림 11-11](b)의 중앙 부분에 있는 개체들의 원 적응도 값이 높은 것은 적소 개념을 반영하고 있다. 그러나 개체 간에 지배하거나 지배당하지 않는다면, 이러한 적소 메커니즘은 실패할 수 있다. 그리하여 부가적인 밀도 정보를 사용하여 동일한 원 적응도를 갖는 개체들을 차별화한다.

개체 j 의 밀도 $D(j)$ 는 다음 식과 같이 계산한다.

$$D(j) = \frac{1}{\sigma_j^{k} + 2}$$

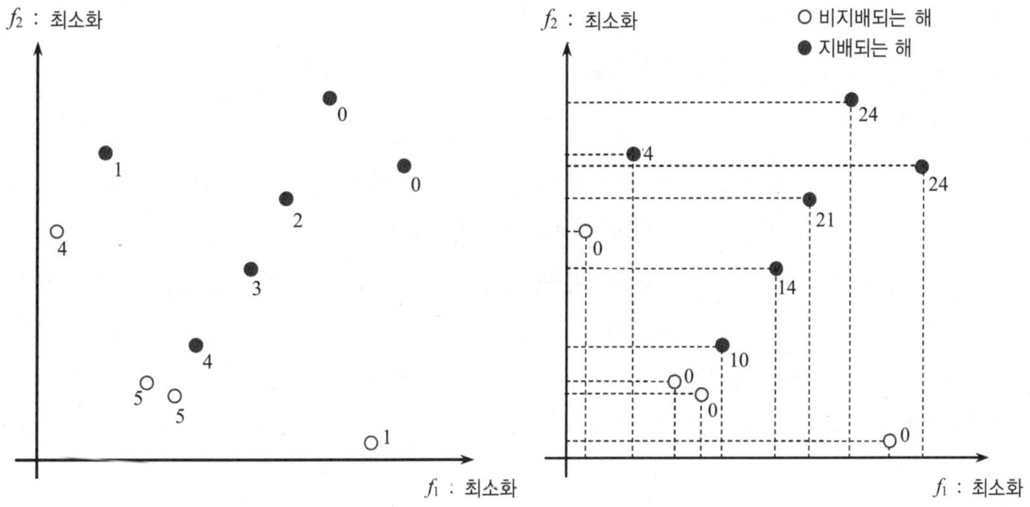

(a) 강도 $S(\cdot)$ (b) 원 적응도 $R(\cdot)$

그림 11-11 강도 $S(\cdot)$와 원 적응도 $R(\cdot)$의 예

여기서 $\sigma_j^{\ k}$는 개체 j 에서 집단과 보관소의 개체 중에서 개체 j 와 k 번째로 가까운 개체까지의 거리를 나타낸다. 그리고 k는 표본 크기의 제곱근, 즉 $k=\sqrt{N+\overline{N}}$ 가 흔히 사용된다. $D(j)$ 는 $0<D(j)<1$ 이다.

이제 개체 j 의 적응도 $F(j)$ 는 개체의 지배관계에 의해 구한 원 적응도에 개체간의 밀도를 더하여 나타낸다. 즉,

$$F(j)=R(j)+D(j)$$

이다. 이와 같이 적응도를 정의하면 비지배되는 개체의 적응도 값은 $0<F(j)<1$ 이 된다. 그리고 개체의 선택확률은 적응도 값 $F(j)$ 가 작을 수록 높아진다.

2) 보관소 절단방법

SPEA2에서는 보관소 크기를 일정하게 유지한다. 그리고 일정 크기를 유지할 때, 절단방법을 사용하여 경계에 있는 해들이 사라지는 것을 막는다. 단계 3이 이를 위한 과정이다. 보관소와 집단의 합집합에서 비지배되는 개체의 적응도 값 $F(i)$ 는 1보다 작으므로 이들만 선택하여 보관소에 추가하면 된다. 즉,

$$\overline{P}_{t+1}=\{i \mid i\in P_t+\overline{P}_t \text{ and } F(i)<1\}$$

이다. 비지배되는 개체를 보관소에 추가한 후 보관소 $\overline{P}_{t+1}$의 크기가 주어진 크기보다 작은 ($|\overline{P}_{t+1}| < \overline{N}$) 경우, 집단과 보관소의 합집합에서 적응도 값을 기준으로 우수한 개체를 추가하여 그 수를 유지한다.

만약 $|\overline{P}_{t+1}| > \overline{N}$ 이면 다음과 같이 개체를 제거한다. 보관소에 있는 각 개체에 대해 가장 가까운 개체와의 거리를 구한다. 다수 개가 존재하면(가장 가까이 있는 두 개체의 거리는 서로 같으므로 반드시 2개 이상이다.), 이들 중 두 번째($k=2$)로 가까운 개체 거리가 최소인 개체를 선택한다. 이 또한 같은 거리가 다수 개체이면, k를 1씩 증가하면서 값이 같지 않을 때까지 반복하여 선택한다. 선택된 개체를 제거한다. 이와 같은 방법으로 보관소에 남아 있는 개체 수가 $\overline{N}$ 개가 될 때까지 반복한다. [그림 11-12]은 $|\overline{P}_t| = 5$ 인 경우 개체 1, 2, 3이 차례로 제거되는 과정을 보여준다.

성능평가 실험에서 SPEA2와 NSGA-II를 비교할 때, NSGA-II는 해의 수렴성에서 더 우수한 반면, SPEA2는 해의 다양성에서 더 우수함을 보였다(Zitzler *et al.*, 2001, 2002). 그 외에 SPEA2는 목적의 수가 많은 문제에서 보다 좋은 성능을 보인 것으로 나타났다. 위와 같은 결과는 SPEA2가 NSGA-II보다 상대적으로 약한 파레토 보존전략(NSGA-II는 $(\mu+\lambda)$-생존자 선택을 사용한 반면, SPEA2는 이진토너먼트선택 사용)을 사용하는 대신 집단의 다양성과 개체의 분포에 더 많은 노력(적응도 부여 방법과 보관소 절단 방법에 있어서)을 하는데 기인한 것으로 보인다.

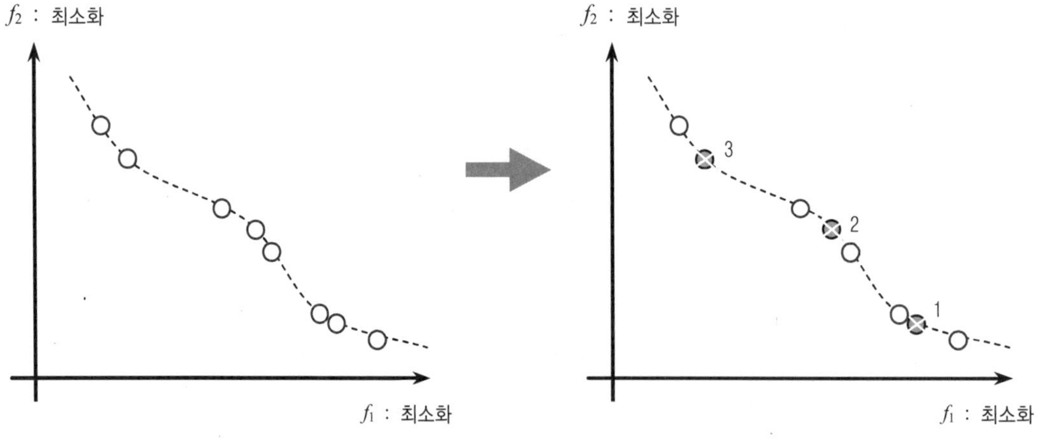

그림 11-12 보관소 크기를 유지하는 방법

11.4 다목적 공생 진화알고리즘

지금까지 다룬 MOEA는 전체문제를 하나의 개체로 표현하여 이들 개체로 이루어진 하나의 집단을 운영하고 있다. 이 절에서는 10.2절에서 다룬 내공생 진화알고리즘 기반의 새로운 MOEA를 제안한다(신경석과 김여근, 2007; Shin *et al.*, 2009; Shin *et al.*, 2011). 이 절에서 다루는 MOEA는 전체문제를 부분문제로 분해한 후, 각 부분문제를 위한 부분집단을 운영하여 다양한 비지배된 해를 효율적으로 탐색할 수 있도록 한다. 그리고 전체문제의 해를 개체로 표현하는 집단을 또한 운영하여 비지배된 해로의 수렴성을 높이고자 한다.

여러 부분집단의 공생진화과정을 계층1로 하고, 전체해(entire solution)의 개체로 이루어진 하나의 집단의 진화과정을 계층2로 한다. 계층1에서 얻은 좋은 해의 정보가 계층2로 전달될 수 있는 구조로 설계된다. 따라서 이 알고리즘을 2계층 다목적 공생 진화알고리즘(Two-leveled Multi-objective Symbiotic EA; TMSEA)이라 부르기로 한다. 공생 진화알고리즘은 복잡도가 높은 문제 또는 여러 부분문제로 이루어진 문제에서 효과적이고 효율적이다. TMSEA는 이러한 문제의 다목적 최적화에 더욱 효과적으로 사용될 수 있다. 이 절에서 다루는 TMSEA는 신경석과 김여근(2007)의 연구를 참고할 수 있다. 또한, 공생 진화알고리즘을 바탕으로 한 여러 형태의 MOEA는 Coello *et al.*(2007)의 저서를 참고할 수 있다.

11.4.1 개념과 특징

TMSEA의 개념과 그 특징은 다음과 같다.

첫째, TMSEA는 [그림 11-13]과 같이 2계층 구조로 작동한다. 계층1에서는 부분문제를 나타내는 부분집단이 분리된 형태로 공생하는 과정을 모방한 공생 진화알고리즘이 수행된다. 이들 부분집단 개체는 다른 부분집단 개체와 짝을 이루어 적응도(fitness)를 부여받고, 이 적응도에 기초하여 진화한다. 여기서 짝을 이루는 개체를 공생자(symbionts)라 부른다. 부분문제 간의 공생진화는 병렬탐색을 강화하여 넓은 해공간의 효율적 탐색에 기여할 것으로 본다.

둘째, 계층2는 전체해를 표현한 개체로 구성된 하나의 집단을 운영한다. 계층2는 계층1과 상호작용한다. 계층1의 진화과정에서 얻은 비지배된 해를 임시 비지배된 해 보관소인 *TNS*에 저장한다. 계층1에서 한 세대 동안 모든 부분집단의 진화가 끝나면 이 세대의 진화과정에서 찾은 비지배된 개체 결합을 *TNS*에 저장한다. 이들 저장된 비지배된 개체 결합은 계층2에서 다음 세대의 집단 선택에 참여한다. 이로부터 계층1의 공진화 결과가 계층2로 이동하여 상위 집단의 진화에 참여하게 된다. 이 과정을 통해 계층1에서 공생자의 잦은 변동으로 인해 저해될 수 있는 탐색방향의 유지를

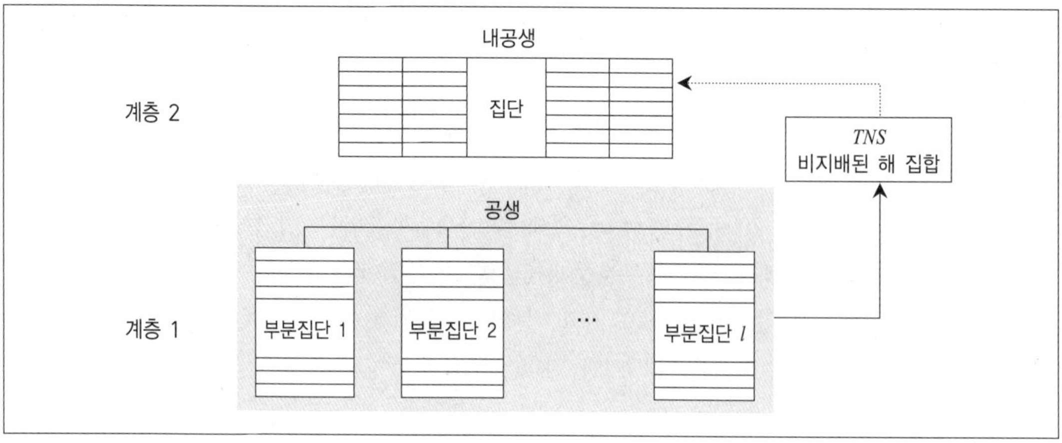

그림 11-13 TMSEA의 구조.

통해 진화속도의 향상을 유도할 수 있다.

셋째, 계층 1과 계층2의 상호 작용과 계층2의 진화는 내공생 진화(endosymbiotic evolution) 과정을 모방하고 있다. 내공생 진화는 제10장을 참고하기 바란다. 계층1에 있는 개체를 공생자로 보고, 계층2에 있는 개체는 이들이 결합한 상태로 생존하는 내공생자(endosymbionts)로 본다. 계층1에서 분리된 형태의 공생 진화는 병렬탐색을 강화하는 반면, 계층2에서 결합된 형태의 내공생 진화는 유망한 해공간의 집중탐색에 기여할 수 있다.

넷째, 계층 1과 2의 각 집단은 진화전략(ES)에서 사용되는 $(\mu+\lambda)$-생존자 선택을 사용한다. 즉 생산된 자손집단과 부모집단의 합집합에서 적응도를 기준으로 다음 세대 집단을 구성하게 된다. 이 방법은 엘리티즘(elitism) 전략의 하나로 부모세대에서의 우수한 개체가 사라지는 것을 방지하여, 우수한 형질이 다음 세대에 전파되어 수렴속도를 향상시키기 위함이다.

다섯째, 개체 적응도는 목적함수 벡터에 대해 비지배 순위와 밀집거리를 고려하여 평가한다. 이 방법은 NSGA-II의 적응도 평가 방법과 같다.

11.4.2 TMSEA의 절차

TMSEA의 절차는 다음과 같다. 먼저 사용되는 기호를 정의한다.

$P_t[h,q]$: 세대 t에서 계층 h(=1, 2)의 q번째 부모집단

$Q_t[h,q]$: 세대 t에서 계층 h(=1, 2)의 q번째 자손집단

TNS: 임시 비지배된 해들의 보관소

■ TMSEA의 절차

단계 1: (초기화)

단계 1.1: $t=0$, $TNS=\phi$ 으로 둔다.

단계 1.2: 각 부분문제를 위한 부분집단 $P_t[1,q]$ ($q=1,2,\cdots,l$)와 상위 집단 $P_t[2,1]$ 를 임의로 생성한다.

단계 1.3: 계층1의 각 부분집단($P_t[1,q], q=1,2,\cdots,l$)에 대해, 상대 집단($P_t[1,s], s=1,2,\cdots,l$, $s\neq q$)에서 임의로 선택한 개체와 짝지어 목적함수 벡터를 계산한다.

단계 1.4: 목적함수 벡터에 의해 부분집단($P_t[1,q], q=1,2,\cdots,l$)에 있는 개체의 적응도를 평가 한다.

단계 1.5: 집단 $P_t[2,1]$ 에 있는 개체의 적응도를 평가한다. 그리고 $t=1$ 로 둔다.

단계 2: (계층1의 진화) $q=1,2,\cdots,l$ 에 대해

단계 2.1: $P_t[1,q]$ 를 유전연산하여 자손집단 $Q_t[1,q]$ 를 만든다.

단계 2.2: $Q_t[1,q]$ 에 있는 각 개체는 다른 부분집단 $P_t[1,s]$ ($s=1,2,\cdots,l, s\neq q$) 각각에서 비지배 순위가 1인 개체를 임의로 선택, 짝을 지어 목적벡터를 계산한다.

단계 2.3: $Q_t[1,q]$ 에서 목적벡터에 의해 비지배된 해를 구하여, 이 비지배된 해에 대응하는 결정벡터, 즉 $Q_t[1,q]$ 의 각 개체와 결합된 공생자로 구성된 완전해를 TNS 에 복사한다.

단계 2.4: $R_t[1,q]=P_t[1,q]\cup Q_t[1,q]$ 로 두고, $R_t[1,q]$ 에 있는 개체의 적응도를 평가한다.

단계 2.5: $R_t[1,q]$ 에서 적응도가 높은 순으로 $|P_t[1,q]|$ 개의 개체를 선택하여 다음 세대의 부분집단 $P_{t+1}[1,q]$ 를 구성한다.

단계 3: (계층2의 진화)

단계 3.1: $P_t[2,1]$ 를 유전연산하여 자손집단 $Q_t[2,1]$ 를 만든다.

단계 3.2: $Q_t[2,1]$ 에 있는 개체의 목적벡터를 계산한다.

단계 3.3: $W_t[2,1]=P_t[2,1]\cup Q_t[2,1]\cup TNS$ 로 두고, $W_t[2,1]$ 에 있는 개체의 적응도를 계산한다.

단계 3.4: $W_t[2,1]$ 에서 적응도가 높은 순으로 $|P_t[2,1]|$ 개의 개체를 선택하여 다음 세대의 집단 $P_{t+1}[2,1]$ 을 구성한다.

단계 4: (종료조건)

종료조건을 만족하면 끝낸다. 이때 $P_t[2,1]$ 에 있는 비지배된 해가 구하는 해가 된다. 그렇지 않으면 $t\leftarrow t+1$, $TNS=\phi$ 로 두고 단계 2로 간다.

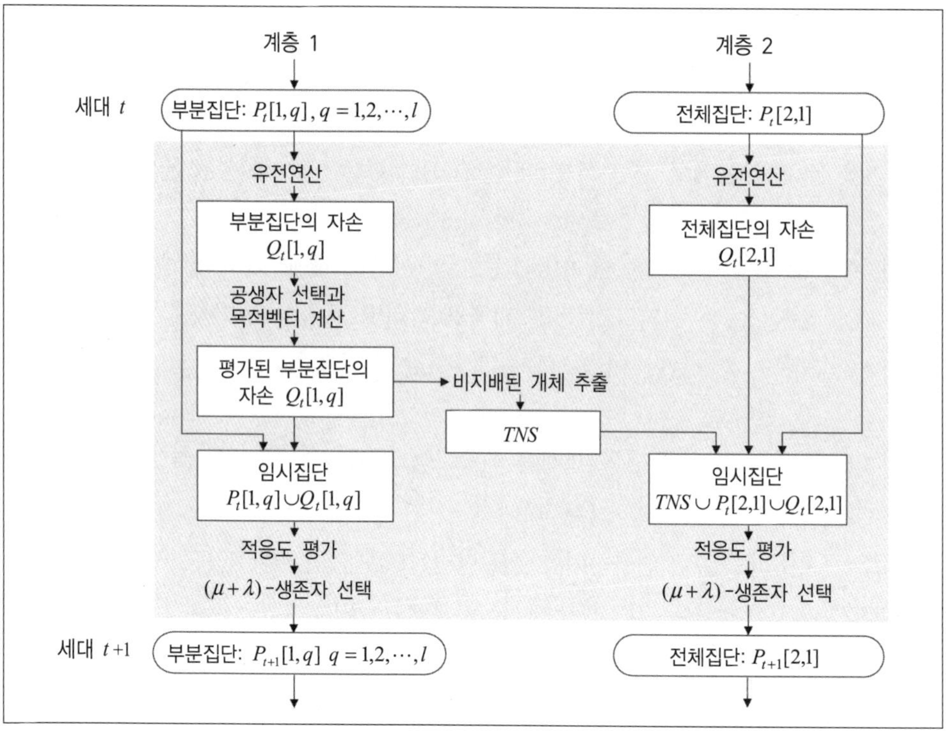

그림 11-14 TMSEA의 흐름도

[그림 11-14]는 TMSEA의 흐름도이다.

MOEA가 추구하는 수렴성과 다양성 측면에서 TMSEA의 특징을 보자.

1) 파레토 최적해로의 수렴성

일반적으로 MOEA 성능은 적응도 평가방법 외에 우수개체의 운용(엘리티즘) 방법에 영향을 받는 것으로 알려져 있다(Zitzler & Thiele; 1999). 특히, 파레토 최적해로의 수렴성을 높이는 데 엘리티즘이 주요 역할을 한다. TMSEA에서는 부분문제로 이루어진 부분집단과 전체문제로 구성된 집단, 또한 매 세대마다 부분집단의 평가과정에서 발견된 비지배된 해로 이루어진 임시 비지배된 해 보관소(TNS)를 운영하면서 여러 형태의 엘리티즘을 구현한다.

첫째, 계층1의 각 부분집단 개체는 목적함수 값을 계산하기 위해 상대 부분집단에서 공생자를 선택한다. 이 때 공생자는 상대 부분집단에 있는 비지배된 개체 중에서 선택한다(단계 2.2). 둘째, 부분집단의 적응도를 평가할 때 발견된 비지배된 개체는 TNS에 보관되어(단계 2.3), 전체문제 집단의 적응도 평가에 참여함으로써 계층2와 상호작용한다(단계 3.3). 셋째, $(\mu+\lambda)$-생존자 선택전략을 사용하여 부모가 갖는 우수 개체를 다음 세대에 계속 유지될 수 있도록 한다(단계 2.5와 단계 3.4). 이러한 엘리티즘을 사용하여 파레토 최적해로의 수렴성을 향상시킨다.

2) 다양성 유지

TMSEA는 부분해를 표현한 개체로 이루어진 부분문제 집단과 전체해를 표현한 개체로 구성된 전체문제 집단을 운영한다. 부분문제 집단의 개체는 다른 집단의 개체와 짝을 지어 적응도를 부여받고 각각 독립적으로 진화한다. 공생자에 따라 적응도가 달리 평가되면서 진화하는 부분문제 집단의 공생진화는 병렬탐색을 강화하여 해공간의 탐사에 유리하다. 또한, 계층1의 부분문제 집단에서 발견되는 좋은 개체결합이 계층2의 전체문제 집단과 상호작용함으로써 탐색강화와 함께 계층2의 집단 다양성에 기여할 것을 기대한다.

3) 적응도 평가

계층1에 있는 개체의 적응도 평가를 위해서는 먼저 다른 집단에 있는 비지배된 해들을 공생자로 선택(절차에서 단계2.2 참조)하여 목적함수 벡터를 계산한다. 이렇게 계산된 목적함수 벡터에 의해 적응도를 평가한다. 여기서 개체 i 의 적응도는 다음의 평가함수 $eval_i$ 에 의해 계산되고, 평가함수 값이 낮을 수록 높은 적응도를 갖는다.

$$eval_i = r(i) + \frac{1}{1 + d(i)}$$

여기서 $r(i)$ 는 개체 i 의 비지배 순위(rank), $d(i)$ 는 개체 i 와 동일한 비지배 순위에 있는 다른 개체와의 밀집거리를 각각 나타낸다. 이 방법은 개체의 비지배 순위를 우선적으로 고려하여 적응도를 부여하고, 같은 비지배 순위에 있는 개체는 밀집거리를 반영하여 서로 다른 적응도를 갖도록 한다. 반면 계층2는 전체문제를 표현하는 개체로 구성되므로 이들 목적함수를 이용하여 계층1에서와 동일한 방법으로 적응도를 평가한다.

여기서 비지배 순위를 구하는 방법은 NSGA-II 에서 제안한 방법을 사용한다. 이 방법은 자신을 지배하는 개체 수와 자신이 지배하는 개체집합을 이용하여 구하는 방법으로 계산시간이 상대적으로 적게 소요된다는 장점을 갖는다. 개체 i 의 밀집거리는, NSGA-II에서와 같이, 각 목적 별로 개체 i 와 이 개체와 가장 가까운 개체의 거리를 구하여 이를 합한 것이다. 이 때 각 목적 별로 끝에 위치한 개체는 무한대의 밀집거리를 갖는다고 본다.

11.4.3 실험과 분석

TMSEA의 성능 평가를 위하여 실험문제로 연속변수를 갖는 최적화문제와 이산변수를 갖는 조합최적화문제를 사용한다(신경석과 김여근, 2007). 연속최적화 실험문제는 Zitzler *et al.*(2000)가 제시한 2개 목적을 갖는 문제와 Deb *et al.*(2001)의 3개 목적을 갖는 문제를 사용하였다. 이산최적화

문제로는 다목적 0-1 배낭문제(knapsack problem)를 사용한다. 이 문제는 MOEA의 실험문제로 자주 사용되는 문제(Zitzler *et al.*, 2000; Zitzler and Thiele, 1999)로, 각각의 이득과 비용을 갖는 n개의 품목 중에서 어떤 품목을 선택하는 것이 각 배낭무게의 한계 내에서 최대의 이익을 얻겠는가 하는 문제이다. 여기서 고려하는 배낭의 수에 따라 목적의 수를 달리할 수 있다. 즉, 아래와 같은 m개의 다목적 배낭문제를 사용하였다.

$$
\begin{aligned}
&Max.\ f_1(\mathbf{x}) = \sum_{j=1}^{n} p_{1j} x_j \\
&Max.\ f_2(\mathbf{x}) = \sum_{j=1}^{n} p_{2j} x_j \\
&\cdots \qquad \cdots \\
&Max.\ f_m(\mathbf{x}) = \sum_{j=1}^{n} p_{mj} x_j \\
&s.t.\ \sum_{j=1}^{n} w_{kj} x_j \le c_k,\ k=1,2,\ldots,m \\
&\quad x_j \in \{0,1\},\ j=1,2,\cdots,n
\end{aligned}
$$

비교 알고리즘으로는 NSGA-II와 SPEA2를 사용하여 파레토 최적해로의 수렴성과 구한 해의 다양성 관점에서 분석하였다.

연속최적화문제에서 수렴성은 TMSEA가 가장 우수하였다. 이는 타 알고리즘에 비해 TMSEA가 파레토 최적해에 보다 근접한 해를 찾고 있음을 뜻한다. 구한 비지배된 해의 다양성은 TMSEA가 NSGA-II와 SPEA2와 비교할 때, 문제에 따라 다소 차이가 있으나 더 나쁜 결과를 보이지는 않았다. 알고리즘간에 수렴성에서 현저한 차이가 있으면 다양성은 그 의미가 약화된다. 이는 다른 알고리즘에 의해 찾은 비지배된 해들에 의해 대부분 지배당함을 의미하기 때문이다. 그리고 TMSEA는 다른 알고리즘에 비해 빠른 수렴속도를 보였다.

이산최적화문제에 대한 실험 결과는 아래와 같았다. 수렴성과 수렴속도는 TMSEA와 NSGA-II가 서로 비슷한 성능을 보였고 SPEA2가 가장 좋지 않았다. 다양성은 TMSEA가 월등히 우수하였다. 이 결과는 TMSEA가 SPEA2보다는 수렴성과 다양성에서 모두 우수하였고, NSGA-II와 수렴성은 유사하지만 NSGA-II 보다 다양성은 우수하였다.

이를 종합하면, TMSEA는 연속최적화문제에서는 해의 수렴성이 우수하고 조합최적화문제에서는 상대적으로 다양성이 더 우수하다. 이는 함수최적화문제의 경우 별도의 제약이 없어 비교적 해 공간의 구조가 복잡하지 않아 다양성보다는 수렴성에 효율적인 반면, 제약으로 인해 복잡한 해 공간을 갖는 조합최적화문제에서는 다양성에 있어 그 우수성이 부각된 것으로 판단된다. 실험에 대한 보다 자세한 내용은 신경석과 김여근(2007)의 연구를 참고하기 바란다. 그리고 TMSEA는 다목적 물류망 설계(Shin *et al.*, 2009)와 다목적 FMS 공정 계획(Shin *et al.*, 2011)에 적용되었다.

제12장

진화알고리즘의 적용

이 장에서는 진화알고리즘의 적용에 대해 다룬다. 적용을 위한 진화알고리즘의 기본 틀과 선택방법을 제안한다. 그리고 연속최적화문제의 비선형계획문제와 조합최적화문제의 순서문제와 그룹핑문제의 적용을 다룬다.

12.1 적용을 위한 진화알고리즘의 틀

1) 진화알고리즘의 틀

저자는 일반적인 문제에 진화알고리즘을 적용할 때 특별한 이유가 없으면 알고리즘의 기본 틀(framework)로 8.3절에서 다룬 토러스(torus) 형태의 정방형 2차원 격자구조를 갖는 '이웃 유전알고리즘'을 고려한다(kim *et al.*, 2009). 이 알고리즘은 안정상태 유전알고리즘과 이웃진화 전략을 포함하고 있다. 이웃진화는 집단의 다양성 유지와 함께 적소를 이루는 경향이 있다. 이들은 엘리티스트 전략이 내재되어 있어 과거 탐색에서 얻은 좋은 해를 다음 세대의 탐색에 이용한다.

또한 다루는 문제의 변수나 원소(또는 인자) 수가 많거나, 인자상호 관련된 여러 부분 문제로 구성된 통합 문제를 해결하고자 할 때는 10.1절에서 다룬 '이웃공생 진화알고리즘'을 알고리즘의 기본 틀로 사용할 것을 추천한다(kim *et al.*, 2000a) 진화알고리즘은 전체 탐색공간의 탐사와 지역최적 탐사를 위한 좋은 해의 이용이 적절히 조화를 이루어야 하는 데, 이웃 유전알고리즘과 이웃공생 진화알고리즘은 모두 이들 두 조건이 비교적 균형을 이룬다고 볼 수 있다. 더 나아가, 상호 관련된 부분문제가 여럿이고 각 문제의 요소가 많을 때, 즉 다루는 문제의 복잡도가 아주 크면 10.2절에서 다룬 토러스 형태의 부분집단 구조를 갖는 '내공생 진화알고리즘'의 사용도 좋은 대안이 될 수 있다.

2) 선택

진화알고리즘에서 유전연산(유전표현 포함)과 함께 선택은 중요한 요소이다. 적응도가 높은 개체가 다음 세대에 선택(생존)할 확률이 상대적으로 높다. 이러한 과정이 반복 되면, 집단의 다양성이 약화된다. 즉 집단이 정체되어 지역 탐색에 머무르게 된다. 따라서 선택은 집단의 개선과(진화와) 함께 집단의 다양성이 유지되도록 해야 한다. 여러 선택 방법이 제안되었다(제7.2절 참조). 저자의 실험 결과를 보면, 다양한 형태의 문제에서 그리고 실험의 대부분에서 크기 2의 '토너먼트선택'이 좋은 결과를 보였다. 토너먼트선택의 장점은 (1) 최소화와 최대화 문제에 상관없이, 그리고 (2) 개체간에 적응도의 차가 크고 작음에 상관없이 사용할 수 있다. 목적함수(적응도함수)를 변형하지 않고 사용할 수 있다. (3) 토너먼트 크기가 2일 때 집단의 다양성과 지금까지 발견한 좋은 해의 이용이 균형을 이루는 것으로 보이며, 이는 전역최적을 탐색할 가능성을 높인다.

따라서 특별한 경우가 아니면 크기가 2인 토너먼트선택 방법의 사용을 추천한다(kim *et al.*, 2000d; kim *et al.*, 2003a; kim *et al.*, 2004).

3) 엘리티스트 전략

자연에서 그렇듯이 진화알고리즘에서도 선택과 유전연산을 통해 재생산되는 과정에서 지금까지 발견한 좋은 해가 사라질 수 있다. 따라서 전역최적을 찾는 최적화 문제나 다목적 최적화 문제에 진화알고리즘을 적용할 때, 지금까지 찾은 좋은 하나 또는 복수개의 개체(elite)가 다음 세대의 집단에 생존시키는 엘리티스트(elitist) 전략을 취할 수 있다.

안정상태 유전알고리즘과 이웃 유전알고리즘에는 엘리티스트 전략이 내재 되어 있고, 최근에 제안된 여러 다목적 진화알고리즘에서는 비지배되는(nondominated) 해의 보존 전략을 사용하고 있다. 저자는 단일 목적 또는 다목적의 최적화 문제에 진화알고리즘을 이용할 때 적절한 엘리티스트 전략을 사용할 것을 제안한다(kim *et al.*, 2000a; kim *et al.*, 2000d)

다음 절에는 차례로 제약이 있는 비선형계획 문제, 순서문제, 그룹핑 문제와 관련하여 적용에 따른 고려 사항을 살펴본다. 사용하는 진화알고리즘의 기본 구조와 선택 방법은 앞에서 제안하였으므로 이들 적용문제에 대한 유전표현과 유전연산에 중점을 두고 설명한다.

12.2 제약이 있는 비선형계획

일반적인 비선형계획(nonlinear programming)문제는

$$f(\mathbf{x}), \quad \mathbf{x} = (x_1, \ldots, x_n) \in \Re^n \tag{12.1}$$

을 최적화하는 $\mathbf{x}$ 를 구하는 것이다. 식 (12.1)에서 $\mathbf{x} \in F \subseteq S$ 이다. 목적함수 f 는 탐색공간 $S \subseteq \Re^n$ 에서 정의되고, 집합 $F \subseteq S$ 는 가능영역(feasible region)이다.

일반적으로 탐색공간 S 는 n 차원 직사각형 $\Re^n$ 에서

$$l(i) \le x_i \le u(i), \quad 1 \le i \le n \tag{12.2}$$

으로 정의된다. 즉 각 변수는 상한과 하한의 경계에 의해 정의된다. 반면에 가능영역 $F \subseteq S$ 는 일반적으로 아래와 같이 표현할 수 있다.

$$g_j(\mathbf{x}) \le 0, \quad j = 1, \ldots, q \tag{12.3}$$

$$h_j(\mathbf{x}) = 0, \quad j = q+1, \ldots, m \tag{12.4}$$

비선형문제의 최적화는 일반적으로 다루기 어렵다. 목적함수 f 와 제약 g_j, h_j 의 함수가 모두 비선형이면 완전탐색(exhaustive search)에 기초한 방법 외에 다른 방법이 별로 없다. 비선형계획문제의 특수한 경우로 선형계획문제(linear programming problem)와 2차계획문제(quadratic programming problem)가 다루어진다. 제약식 g_j, h_j 가 모두 선형이고 목적함수 f 가 선형이면 선형계획문제라 하고, 목적함수 f 가 2차 다항식이면 2차계획문제라 한다. 비선형계획문제를 풀 때 어려움은 지역최적(local optima)이다. 가능해 $\mathbf{x}_0 \in F$ 는 최소화문제에서 $\mathbf{x}_0$ 의 ε -이웃(neighborhood)에 있는 모든 $\mathbf{x}_0 + \varepsilon$ 에 대해 $f(\mathbf{x}_0 + \boldsymbol{\varepsilon}) > f(\mathbf{x}_0)$ 인 작은 ε 이 존재하면 지역최적이다. Gradient 방법에 기초한 많은 최적화 문제들은 단지 지역최적을 목적으로 하고 있다. 유전알고리즘은 전역최적(global optimum)의 탐색을 목적으로 한다(김여근, 진화알고리즘, 2011).

12.2.1 수리최적화와 유전연산자

유전알고리즘에서 고전적으로 사용되어 온 이진수표현은 다차원, 고정밀 수치문제에 적용할 때 몇 가지 단점을 가지고 있다. 예를 들어 소수점 이하 6자리의 정밀도가 요구되는 [-500, 500] 영역에서 변수가 100개일 때, 이를 이진수표현하면 해 벡터의 길이는 3000이다. 이러한 경우 유전알고

리즘은 잘 작동하지 않는다.

따라서 수리최적화(numerical optimization)를 위한 유전알고리즘에서는 개체를 대부분 실수벡터로 표현한다. 이들 연산자는 7.1.2절에서 이미 다루었다. 이를 참조하기 바란다.

제약이 있는 비선형계획문제에 진화알고리즘을 적용할 때 실수 벡터표현을 사용하고 7.1.2절에서 다룬 유전연산자를 사용한다. 여기서는 집단이나 재결합 과정에서 비가능해가 생산될 때 이를 다루는 방법에 중점을 둔다.

앞에서 언급했듯이 알고리즘의 기본 틀로는 '이웃 유전알고리즘'의 사용을 제안한다.

12.2.2 제약을 다루는 방법

일반적으로 제약이 많은 최적화문제에 진화알고리즘을 적용할 때 초기집단의 구성이나 재생산 과정에서 비가능해가 생산될 수 있다. 외판원문제나 그룹핑문제 등 특정 유형의 문제에서는 비가능해가 생산되지 않도록 하는 유전연산방법이 개발되었다. 이는 '2.1절 유전표현과 유전연산자'을 참조할 수 있다.

진화알고리즘에서 제약을 다루는 방법은 적절한 유전 연산자가 없는 경우, 흔히 다음 방법 중에서 하나를 사용한다. (1) 비가능해를 버리고 가능해가 생산될 때까지 개체를 재생산하는 방법, (2) 비가능해를 수리하여 가능해로 만드는 방법, (3) 다목적 기법을 사용하는 방법, (4) 비가능해를 개체로 사용하되 제약위반에 벌금을 부과하는 방법이다. 이들 방법은 진화알고리즘 이외의 다른 휴리스틱 기법에도 적용 가능하다.

1) 비가능해를 버리는 방법

비가능해가 생산되면 이를 버리고 가능해가 생산될 때까지 반복 시행하는 방법이다. 이 방법은 가능해를 생산하기가 비교적 용이할 때 사용할 수 있다. 가능해 개체만을 탐색함으로써 탐색 효율을 높일 수 있다. 그러나 해 공간이 좁고 복잡하여 새로운 가능해를 찾기가 쉽지 않은 경우 실행이 불가능할 수 있다.

2) 보수하는 방법

비가능해를 보수하여 가능해로 변환시키는 방법이다. 이 방법은 비가능해를 가능해로 수리하는 것이 용이할 때 사용할 수 있다. 보수과정에서 부모가 가지고 있는 중요한 유전 정보가 가능한 상속되는 것이 바람직하다.

3) 다목적 기법 사용

제약이 있는 단일 목적의 최소화 문제를 다음과 같이 다목적 최소화 문제로 변환한다.

$$F(\mathbf{x}) = (f(\mathbf{x}), f_1(\mathbf{x}), f_2(\mathbf{x}), ..., f_m(\mathbf{x}))$$

여기서 $f_j(\mathbf{x})$는 j번째 제약식의 위반량을 나타낸다. 아래 식 (12.6)과 같이 나타낼 수 있다. 이 다목적 문제는 다목적 기법, 예로 제11장에서 다룬 MOEA로 풀 수 있다.

제약이 있는 최적화문제에서 비가능해에 대해 벌금을 주어 평가하는 방법이 많이 사용된다. 다음 절에서는 비선형계획문제를 중심으로 이에 대해 좀 더 자세히 다루기로 한다.

12.2.3 벌금 부과

진화계산에서 제약을 다루는 한 방법으로 비가능해에 벌금을 부과하여 사용하는 방법을 보자. 이 절에서 다루는 문제는 최소화문제로 두자. 평가함수 *eval* 은 아래와 같이 수정된 함수가 흔히 사용된다.

$$eval(\mathbf{x}) = \begin{cases} f(\mathbf{x}), & \mathbf{x} \in F\text{이면} \\ f(\mathbf{x}) + \text{penalty}(\mathbf{x}), & \mathbf{x} \notin F\text{이면} \end{cases} \tag{12.5}$$

여기서 penalty($\mathbf{x}$) 는 $\mathbf{x}$ 가 제약을 만족하면 0, 그렇지 않으면 양의 값을 갖는 벌금이다. 대부분의 벌금함수는 식 (12.6)의 함수 $f_j, j = 1,2,\cdots,m$ 에 기초하고 있다. 함수 f_j 는 식 (12.3)과 (12.4)에서 j 번째 제약식의 위반 정도를 나타낸다.

$$f_j(\mathbf{x}) = \begin{cases} \max\{0, g_j(\mathbf{x})\}, & if \;\; 1 \le j \le q \\ |h_j(\mathbf{x})|, & if \;\; q+1 \le j \le m \end{cases} \tag{12.6}$$

벌금함수를 사용하는데 벌금을 어떻게 부과하고, 이를 비가능해에 어떻게 적용하느냐(각 제약조건에 어떻게 가중치를 두느냐 등)가 문제 된다. 벌금이 부과된 목적함수, 여기서는 평가함수를 식 (12.7)과 같이 표현할 수 있다.

$$eval(\mathbf{x}) = f(\mathbf{x}) + \{\sum_{j=1}^{q} C_j f_j^{\alpha}(\mathbf{x}) + \sum_{j=q+1}^{m} K_j f_j^{\beta}(\mathbf{x})\} \tag{12.7}$$

우변 항 중괄호 { }는 벌금함수이다. C_j와 K_j는 벌금 계수이고 α 와 β 는 파라미터로 보통 1 또는

2로 둔다. 벌금계수를 정하는 것이 문제이다. 이들 계수 값이 너무 작으면 비가능해 영역에 너무 오래 머물러 가능해 영역을 효율적으로 탐색하지 못할 수 있고, 반대로 너무 크면 비가능해 주위를 충분히 탐색하지 못하여 비가능해 영역에 있는 중요한 정보를 간과할 수 있다.

비가능해에 식 (12.7)과 같이 벌금이 부과되어도 비가능해가 가능해보다 더 좋은 평가값을 가질 수 있다. 이러한 문제를 해결하기 위하여 Powell & Skolnick(1993)는 가능해의 적응도가 비가능해의 그것보다 항상 높게 평가되는 방법을 제시하였다. 이를 위해 최소화 문제에서

$$eval(\mathbf{x}) = \begin{cases} f(\mathbf{x}), & \text{if } \mathbf{x} \in F \\ f(\mathbf{x}) + r\sum_{j=1}^{m} f_j(\mathbf{x}) + \rho(\mathbf{x},t), & \text{if } \mathbf{x} \notin F \end{cases} \tag{12.8}$$

와 같이 평가한다. 식 (12.8)에서 함수 f_j 는 식 (12.6)에 표현된 함수로 식 (12.3)과 (12.4)에서 j 번째 제약식의 위반 정도를 나타내고, r 은 제약 위반에 따른 벌금을 제어하는 스칼라 계수이다. 그리고 $\rho(\mathbf{x},t)$ 는 각 세대의 제약과의 편차를 나타내는 값이다.

제약과의 편차를 나타내는 함수 $\rho(\mathbf{x},t)$ 는 여러 방법으로 정의할 수 있다. 한 예로 $\rho(\mathbf{x},t)$ 를 세대t마다 가장 낮은 적응도를 갖는(여기서는 최소화문제이므로 평가 값이 가장 큰) 가능개체의 목적함수 값 $f_{\max}(t)$ 와 가장 높은 적응도를 갖는 비가능 개체와의 차이로 다음과 같이 정의할 수 있다.

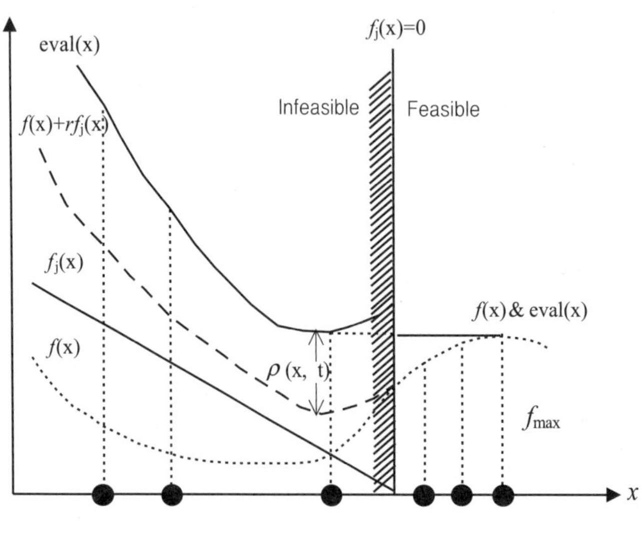

그림 12-1 Powell & Skolnick의 방법

$$\rho(x,t) = \max\left[0, f_{\max}(t) - \min_{\mathbf{x} \notin F}\{f(\mathbf{x}) + r\sum_{j=1}^{m} f_j(\mathbf{x})\}\right] \tag{12.9}$$

이 식은 가능 영역이 항상 선호될 수 있도록 모든 가능해들이 비가능해보다 더 높은 적응도를 갖게 재조정해 주는 역할을 한다. 또한 각 세대마다 가능 개체의 가장 낮은 적응도와 비가능 개체의 가장 높은 적응도 값이 다르게 평가되므로 세대에 따라 동적으로 벌금을 부과한다고 볼 수 있다. 이 방법을 도식하면 [그림 12-1]과 같다.

12.2.4 Deb의 방법

앞에서 다룬 벌금함수는 여러 파라미터를 요구한다. 이들 파라미터의 적절한 값을 구하기 위해서는 상당한 실험이 요구되며, 잘못된 파라미터의 설정은 좋은 해의 탐색을 방해할 수 있다.

Deb(2000)는 파라미터가 없는 벌금함수를 사용하는 진화알고리즘을 제안하였다. 이 알고리즘에서 선택은 두 개체를 비교하는 토너먼트선택을 사용한다. 두 개체의 비교선택에서

- 두 개체가 모두 가능해이면, 목적함수 값이 좋은 개체를 선택하고,
- 한 개체는 가능이고 다른 개체는 비가능이면, 가능 개체를 선택하며,
- 두 개체가 모두 비가능이면, 제약 위반이 작은 것이 선택되도록 한다.

이와 같이 선택하기 위하여, 아래와 같은 평가함수 $eval$ 을 사용한다.

$$eval(\mathbf{x}) = \begin{cases} f(\mathbf{x}) & if \;\; \mathbf{x} \in F \\ f_{\max} + \sum_{j=1}^{m} f_j(\mathbf{x}) & if \;\; \mathbf{x} \notin F \end{cases} \tag{12.10}$$

여기서 $f_{\max}$ 는 현 세대의 집단에 있는 가능해 중에서 가장 나쁜 목적함수 값이며, $f_j(\mathbf{x})$ 는 j 번째 제약식의 위반 정도를 나타낸다. 식 (12.10)의 평가함수를 그림으로 나타내면 [그림 12-2]와 같다.

$f_j(\mathbf{x})$ 는 식 (12.6)에 기초하여 계산되나, 특정 제약식 값이 상대적으로 큰 경우, 이 제약의 위반 정도에 따라 평가 값이 편향되지 않도록 아래와 같이 제약식을 정규화하여 사용한다.

식 (12.6)의 f_j 를 정규화한 $f_j^{(1)}$ 로 나타내면

$$f_j^{(1)}(\mathbf{x})=\begin{cases}\max\left\{0,\dfrac{g_j(\mathbf{x})}{g_{j-\max}}\right\}, & if\ 1\le j\le q\ \&\ g_{j-\max}>0\\ 0 & if\ 1\le j\le q\ \&\ g_{j-\max}\le 0\\ \left|\dfrac{h_j(\mathbf{x})}{|h_j|_{\max}}\right|, & if\ q+1\le j\le m\end{cases} \tag{12.11}$$

같이 변환된다. 진화알고리즘에서는 $g_{j\text{-max}}$ 와 $|h_j|_{\max}$ 는 현 세대의 집단에서 계산되는 해당 제약식의 값 중에서 최댓값을 선택하여 사용할 수 있다.

두 개체의 토너먼트선택에서 집단 다양성을 유지하기 위해 일종의 적소(niche)개념을 사용할 수 있다. 적소개념은 비교되는 두 개체가 모두 가능해에 한하여 사용한다, 두 가능해 i 와 j에 대해 아래와 같이 정규화된 유클리드 거리(normalized Euclidean distance) d_{ij} 를 아래와 같이 계산한다.

$$d_{ij}=\sqrt{\frac{1}{n}\sum_{k=1}^{n}\left(\frac{x_k^i-x_k^j}{u(k)-l(k)}\right)^2}$$

d_{ij} 가 어떤 임계거리(critical distance), $\bar{d}$ 보다 작으면, 목적함수 값을 비교하여 선택한다. 그렇지 않으면(임계거리 $\bar{d}$ 보다 크면), 그들은 비교되지 않고, 다른 해 j 를 검사한다. 일정 수의 가능해를 반복하여도 임계거리 안에 해가 없으면 가능해 i 를 선택한다. 물론 이 과정에서 비가능해 j 와 비교하게 되면 가능해 i 를 선택한다. 이 방법은 멀리 떨어진 가능해는 비교되지 않아 집단 다양성을 유지할 수 있게 해준다.

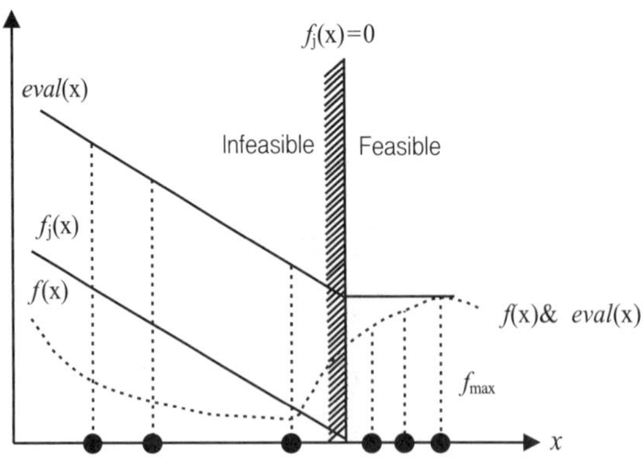

그림 12-2 Deb의 방법

이와 같은 벌금부과는 다음과 같은 특징을 갖는다. (1) 파라미터가 필요하지 않으며, 벌금함수 설계가 간단하다. (2) 이 방법에서는 Powell & Skolnick의 방법과는 달리 비가능해의 평가값 계산에서 f_{max}를 사용함으로써, 비가능해의 적응도가 가능해의 그것보다 더 낮도록 적응도를 조정할 필요가 없고, 비가능해의 목적함수 값 $f(\mathbf{x})$, $\mathbf{x} \notin F$의 계산도 필요하지 않다. 즉, 목적함수와 제약을 분리하여 다룬다. 그리고, (3) 선택방법으로 토너먼트 선택을 사용하면서 적소 개념을 사용하여 집단의 다양성을 유도한다(김여근, 진화알고리즘, 2011).

목적함수 값에 벌금을 주어 적응도를 구하는 이들 방법은 비선형계획문제에 국한되지 않고 제약이 있는 여러 형태의 조합최적화에도 적용 가능하다.

12.3 순서문제

조합최적화에서 순서문제는 그룹화문제(또는 그룹핑문제)와 함께 가장 대표적인 유형의 문제이다. 순서문제는 복수의 객체를 어떤 목적에 따라 일렬로 나열하는 문제이다. 대표적으로 외판원문제, 일정계획, 할당문제 등이다. 이들 문제에 적용할 때 고려할 유전표현과 유전연산자에 대해 다룬다. 사용할 진화알고리즘의 틀과 선택은 12.1절을 참조할 수 있다.

유전표현은 문제를 표현하는 데 가능한 자연스럽고 해석이 쉬어야 하며 해가 중복 표현되지 않아야 한다. 그리고 유전연산자는 문제의 특성을 잘 상속할 수 있도록 설계되어야 한다. 유전연산자는 유전표현과 매우 밀접한 관계를 갖는다.

이들 순서문제의 표현은 일반적으로 7.1.3절에서 다룬 순열(permutation)표현이 사용된다. 여덟 개의 도시 1, 2, 3, 4, 5, 6, 7, 8의 총 나열 방법의 수는 8!=40320이다. 예로 도시(기계) 2 - 1 - 4 - 5 - 8 - 6 - 7 - 3의 순서로 방문하는 것을 또는 이러한 기계의 순으로 가공하는 것을 하나의 개체(잠재해) (2, 1, 4, 5, 8, 6, 7, 3)로 표현할 수 있다. 순서문제를 위한 다른 표현으로 서수표현, 인접표현, 행렬표현 등이 있으나 이들 각 표현이 갖는 장점이 각기 있으나 이들 표현아래서 효과적인 유전연산이 어려워 거의 활용되지 않고 있다(김여근, 진화알고리즘, 2011, p.172). 순열표현에 사용되는 유전연산자(교차와 돌연변이)는 아래와 같다(7.1.3절 참조).

- 교차 : 순서교차, 순서기반교차, 위치기반교차, 부분사상교차, 순환교차, 인접인자재결합교차 등
- 돌연변이 : 교환, 삽입, 역순, 전위 등

이들 여러 유전연산자 중에서 사용할 연산자의 선택은 다루는 문제에 따라 달라져야 한다. 문제마다 중요 정보가 다르기 때문이다. 또한 문제에 적합한 새로운 연산자를 개발할 경우, 교차 연산

자는 문제의 특성을 잘 반영하여 가능한 빌딩블록이 파괴되지 않고 상속 및 보존될 수 있도록 설계해야 하며, 돌연변이연산자도 해의 특성을 파악하여 자연스럽게 새로운 좋은 해를 생성할 가능성이 높은 변환 방식을 사용해야 한다.

1) 외판원문제

Starkweather *et al.*(1991)는 외판원 문제와 일정계획문제에 대해 다음 여섯 가지의 교차 방법: 순서, 순서기반, 부분사상, 위치기반, 순환, 개선된 인접인자재결합교차를 실험하였다.

외판원문제에서 인자들 간의 인접정보가 중요시되는 개선된 인접인자재결합교차가 가장 좋았으며 다음으로는 순서교차, 순서기반교차, 위치기반교차 순으로 좋았고, 순환교차가 가장 좋지 않았으며 부분사상교차가 다음으로 좋지 않았다. 이로부터 외판원문제에서는 인접 정보가 가장 유용한 정보이며, 다음으로는 순서 정보가 중요함을 보였다. 그리고 인자 위치 정보는 해의 성능에 좋은 영향을 주지 않음을 알 수 있다. (순환교차는 부모의 위치 정보가 완벽하게 유지되는 교차이고, 부분사상교차는 순서 정보보다는 위치 정보가 더 강조되는 교차이다.)

2) 일정계획

생산과 재고의 최적화를 위한 일정계획문제에서는 위치기반교차와 순서기반교차 순으로 가장 좋았으며 다음으로는 순환교차와 부분사상교차 순으로 좋았다. 그리고 개선된 인접인자재결합교차가 가장 좋지 않았으며 다음으로 순서교차가 좋지 않았다. 이로부터 일정계획과 같은 순서문제에서는 인접정보보다는 순서정보와 위치정보의 적절한 조합이 중요함을 알 수 있다.

12.4 그룹핑문제

그룹핑문제에 대해서는 7.1.4절에서 유전표현과 유전연산자를 설명하면서 이미 다루었다. 그룹핑문제(grouping problem)는 어떤 목적의 최적화를 위해 복수의 객체(objects)를 몇 개의 그룹(group)으로 나누는 문제이다. 이를 분할문제(partitioning problem)라 부르기도 한다. 그룹핑문제는 그룹의 수가 고정된 경우와 그룹의 수가 고정되지 않고 그룹 수를 최소로 하는 문제로 분류할 수 있다(김여근, 진화알고리즘, 2011, 9장 참조).

(1) 그룹 수가 고정된 그룹핑문제: 동일 크기 파일 만들기(equal piles) 문제, 그래프 색칠하기(graph coloring) 문제, 사이클 타임 최소화 조립라인밸런싱(assembly line balancing).

(2) 그룹 수를 최소화하는 그룹핑문제: 상자 채우기(bin-packing) 문제, 작업장 수 최소화 조립라인 밸런싱.

동일 크기 파일 만들기 문제는 일정 수(n개)의 객체로 일정 개수(k개)의 파일(그룹)을 만들 때 파일 크기의 편차를 최소로 하는 문제이고, 그래프 색칠하기 문제는 예로 미국 지도에 4개의 색(그룹)으로 대륙의 48개 주(객체)를 색칠하는데 접하고 있는 주가 같은 색으로 칠해지는(인접 객체가 같은 그룹에 속하는) 수를 최소로 하는 문제이다.

그룹의 수를 최소화하는 대표적인 그룹핑문제(또는 분할문제)로는 상자 채우기문제가 있다. 상자 채우기 문제는 일정 크기의 상자(그룹)에 크기가 다른 여러 물건(객체)을 넣을 때 소요되는 상자의 수를 최소로 하는 문제이다.

이외에도 작업장(그룹)에 작업(객체)를 할당하는 조립라인밸런싱문제도 일종의 그룹핑문제이다. 이 문제에서 사이클타임이 주어지고 작업장 수를 최소로 하는 문제는 일종의 상자 채우기 문제로 볼 수 있으며, 작업장 수가 주어지고 사이클타임을 최소로 하는 문제는 n개의 객체로 k개의 파일을 만드는데 가장 큰 파일의 크기를 최소로 하는 문제와 같게 된다. 또한 작업장에 작업을 가능한 균등하게 할당하는 작업 평활화 문제는 동일 크기 파일 만들기 문제가 된다. 그러나 조립라인밸런싱은 작업의 선행관계에 의해 그룹 간 순서가 있다는 것이 이들 그룹핑문제와 다른 점이다. 조립라인밸런싱에 대한 적용은 김여근의 '진화알고리즘(2011)'의 11장, Kim *et al.*(1992), Kim *et al.*(2000a), Kim *et al.*(2009) 등을 참고할 수 있다. 여기서는 그룹 간에 순서가 없는 문제만을 다루기로 한다.

그룹핑문제에서 k개의 그룹에 n개의 객체를 할당할 때 가능한 총 경우의 수는 k^n로, 객체의 수가 증가함에 따라 해 공간이 지수적으로 증가하게 된다. 이에 따라 이를 해결하기 위한 여러 휴리스틱이 제안되었다. 특히 진화알고리즘은 그룹핑문제의 해결에 아주 우수한 기법 중에 하나로 알려져 있다.

여러 형태의 진화알고리즘을 사용할 수 있으나 하나의 대안으로 1절에서 기술한 2차원 격자구조를 갖는 이웃 유전알고리즘 또는 이웃공생 진화알고리즘을 사용할 수 있다. 선택은 토너먼트선택을 그리고 알고리즘에 엘리티스트 전략을 포함시킬 것을 제안한다.

그룹핑문제에 사용될 수 있는 대표적인 유전표현으로는 순열표현, 그룹번호표현, 그리고 그룹인자표현이 사용된다. 이들 표현과 각 표현에 따른 유전연산자는 이미 7.1절에서 이미 다루었다. 여기서는 이들 표현과 유전연산자가 어떻게 그룹핑문제에 적용되는 지에 대해 살펴보자.

12.4.1 그룹 수가 고정된 그룹핑문제

어떤 목적의 최적화를 위해 일정 수의 객체(n)를 일정 수(k)의 그룹으로 분할(그룹핑)하는 문제를 다룬다. 앞에서 언급했듯이 이에 속하는 문제에는 동일 크기 파일 만들기(equal piles) 문제와 그래프 색칠하기(graph coloring) 문제가 있다. 이들 두 문제에서는 그룹의 순서 제약이 없다. 그러나 작업장 수가 주어진 상태에서 사이클 타임 최소화를 위한 조립라인밸런싱 문제에서는 작업의 선행제약으로 인해 그룹의 순서가 있다.

그룹 수가 고정된 경우, 순열표현과 그룹번호표현, 그룹인자표현 모두 사용 가능하다. 그러나 이들 각 표현이 갖는 특징이 다르다. 순열표현의 경우를 보자. 할당 순서대로 나타내는 표현으로, 개체에서 i 번째 인자 값이 j 이면 객체 j 를 i 번째 할당하는 것이다. 예로 9개의 객체를 그룹에 할당하는 순서가 1, 2, 4, 5, 7, 8, 3, 6, 9일 때 이를 순서대로 개체(1 2 4 5 7 8 3 6 9)로 표현한다. 이 표현은 순열표현에 사용할 수 있는 다양한 유전연산자를 사용할 수 있다는 장점이 있으나, 표현에서 그룹으로 나누는 방법, 즉 개체를 해독(decoding)하는 방법이 요구된다. 세 그룹으로 분할하는 경우, 예로 [{1, 2, 4}, {5, 7, 8, 3}, {6, 9}] 또는 [{1, 2}, {4, 5, 7, 8}, {3, 6, 9}] 등 나눌 수 있는 방법이 ${}_8C_2$=28가지(8교차점에서 두 교차점 선택 방법의 수)이다. 순서에 따른 그룹핑을 위해 문제에 적합한 휴리스틱을 사용할 수 있다. 또한 이 표현은 해가 중복 표현된다. 예로 개체 (3 6 8 2 5 9 1 4)와 (6 3 8 2 5 9 4 1)은 인자의 구성이 다르나, 이들이 {3, 6}, {8, 2, 5}, {9, 1, 4}로 그룹핑되면 동일한 해를 나타낸다.

다음은 그룹번호표현을 보자(7.1.4절 참조). 이 표현에서 개체의 인자 값은 그룹의 번호를 나타내며, 인자의 위치는 그룹에 할당되는 객체의 번호를 나타낸다. 즉, i 객체가 j 그룹에 할당되어 있다면 개체의 i 번째 인자 값은 j 이다. 예로 12개의 객체를 3개의 그룹에 할당하는 문제에서 객체들이 {2,3,6,7}, {1,5,8,11}, {4,9,10,12}로 편성된 해는 개체 (2 1 1 3 2 1 1 2 3 3 2 3)로 표현한다. 이 표현은 자연스럽고 해석이 용이하나 해가 중복 표현된다. 그룹 번호를 상호 교환하여도 해가 같다. 또한 이 표현에서 일점교차와 이점교차와 같은 교차 방법은 비가능해를 생산하므로 사용할 수 없다. 교차 방법으로는 일부 그룹의 정보를 상속하고 휴리스틱을 사용하여 자손을 생산하는 구조교차가 제안되었다(von Laszewski, 1991). 구조교차는 7.1.4절 참조할 수 있다.

다음은 그룹인자표현을 보자. 이 표현과 유전연산자는 7.1.5절에서 다루었다. Falkenauer(1994)는 그룹핑문제를 위해 하나의 그룹을 하나의 인자로 표현하는 방법을 제안하였다. 그룹핑문제에서는 각 그룹의 순서나 그룹내의 객체의 순서 보다는 각 그룹이 어떤 객체로 구성되느냐가 중요하다. 순열표현과 그룹번호표현은 그룹 중심의 표현이라기 보다는 객체 중심의 표현이다. 이에 Falkenauer(1994)는 객체가 아닌 그룹을 인자(유전자)로 표현하고 그룹 단위로 연산하였다. 이때 개체의 인자(유전자) 수는 고정된 그룹의 수로 일정하게 유지된다. 이 표현에서 인자 단위의 유전연산은 부모가 가지고 있는 그룹의 정보를 그대로 자손에게 전달할 수 있다는 장점을 갖는다.

그룹 수가 고정된 여러 형태의 그룹핑문제에서는 순열 표현보다 그룹번호표현이나 그룹인자표현의 사용을 추천한다. 이들 두 표현 방식이 순열표현보다 그룹의 정보를 다루기가 더 용이하기 때문이다. 즉 교차나 돌연변이에서 그룹의 정보와 문제가 갖는 바람직한 그룹핑의 정보를 이용하기가 용이하다. 그러나 이들 정보를 상속시키는 적절한 교차 방법과 돌연변이 방법이 요구 된다. 그리고 문제에 적합한 그룹 할당을 위한 휴리스틱이 요구되기도 한다. 이들 방법에 대해서는 Falkenauer(1994), Kim *et al*.(2000d), Kim *et al*.(2006), 김여근의 '진화알고리즘(2011) 9장'을 참고할 수 있다

12.4.2 그룹 수의 최소화 그룹핑문제

그룹 수를 최소로 하는 대표적인 그룹핑문제에는 상자 채우기(bin-packing) 문제와 사이클 타임이 주어진 상태에서 작업장 수를 최소로 하는 조립라인의 작업편성(조립라인밸런싱) 문제가 있다. 그룹에 객체를 할당하는 순서대로 표현한 순열표현은 이러한 문제에 사용 가능하다. 그룹 수 최소화 문제에서 순열표현은 해독이 아주 쉽게 바로 된다. 예로 상차 채우기 문제의 경우, 순열표현에서 나타난 객체의 순서에 따라 빈 상자에 차례로 객체를 넣고, 용량이 넘으면 새로운 상자를 열어 다음 순서의 객체를 할당하는 방법을 반복하여 필요한 상자(그룹) 수를 계산할 수 있다. 상자 채우기 문제처럼 객체의 할당 순서에 제약이 없다면 외판원 문제에서 사용되는 모든 교차와 돌연변이 방법을 그대로 사용할 수 있다. 그러나 작업의 선행관계로 인해 작업 할당에 순서 제약이 있는 라인밸런싱문제는 제약 만족을 위한 보수 방법이 요구된다. 이는 김여근의 '진화알고리즘'(2011) 11장을 참고할 수 있다.

그룹핑 문제에서 순열표현을 사용하는 경우, 순열표현을 위한 교차 방법 중에서 부분사상교차가 가장 좋은 결과를 보였다. 그 다음은 개선된 인접인자재결합 교차, 순서교차가 좋은 결과를 보였다. 그리고 돌연변이에서는 교환이 가장 좋았고 다음은 삽입, 역순의 순으로 좋았다(김여근, 진화알고리즘, 2011, 9장과 11장). 그룹핑문제에서 해의 개선은 흔히 그룹간에 객체를 상호 교환하거나 객체를 한 그룹에서 다른 그룹으로 이동함으로써 이루어진다. 부분사상교차는 여러 객체들이 상호 교환으로 이루어지고, 돌연변이의 교환은 두 객체의 위치를 교환함으로써 이루어진다.

그룹 수 최소화 문제에 그룹인자표현의 사용도 가능하다. 앞에서 다룬 그룹 수가 고정된 경우에는 개체 길이(인자 수)가 항상 일정하게 유지되어야 하지만, 그룹 수를 최소로 하는 경우에는 개체의 길이를 다르게 할 수 있다. 이 표현에서 인자는 그룹을 나타내므로 교차는 부모가 가지고

있는 일부 그룹들의 정보가 그대로 자손에 상속되도록 한다. 그리고 상속되는 그룹에 속하지 않는 객체들은 문제의 특성을 반영하는 휴리스틱을 이용하여 새로운 그룹에 재할당하는 것이다. 재할당 시 상자 채우기 문제에서는 상자의 용량을, 조립라인밸런싱문제에서는 사이클 타임을 초과하지 않도록 객체(물건 또는 작업)를 할당해야 한다.

그룹인자표현에서는 일부 그룹 정보를 그대로 상속 시킬 수 있으나 순열표현에서는 그러하지 못한다. 그러나 순열표현은 재할당을 위한 휴리스틱 기법이 필요하지 않지만 그룹인자표현에서는 이를 필요로 한다. 단순하고 효율적으로 객체를 재편성할 수 있는 휴리스틱 기법이 있으면 그룹인자표현의 사용을 추천한다.

그룹번호표현은 그룹 수를 최소로 하는 그룹핑 문제에는 적절하지 않다. 이 표현에서는 그룹의 수가 고정되어 있어, 그룹 수를 변경시킬 수 있는 효율적인 유전연산이 어렵기 때문이다.

끝으로 진화알고리즘은 공학, 자연과학, 사회과학 등 여러 학문 분야에서 최적화, 인공지능, 의사결정 문제에 다양하게 적용되고 있다.

제4부

입자군집최적화

제13장 입자군집최적화의 개요

제14장 기본 PSO의 변형과 입자 궤적

제15장 제약 다루기, 군집 다양화, 이산 PSO

제16장 Multimodal PSO와 다목적 PSO

제13장

입자군집최적화의 개요

무리 생활을 하는 동물 중에 어떤 종은 알파 수컷 또는 알파 암컷이라 불리 우는 리더가 집단을 통제한다. 사자, 비비, 야생 사슴에서 이를 발견할 수 있다. 또한 어떤 동물 종은 특별한 리더 없이 무리 지어 군집으로 생활하면서 자기조직화된 집단 행동을 한다. 새, 물고기, 개미, 벌, 양, 고래에서 이런 현상을 발견할 수 있다. 이들 각각의 개체는 단지 주위에 있는 개체의 자극에 의해 반응하는 단순 행동을 할 뿐이지만 이런 행동이 모여 전체는 조화롭게 여러 지적인 작업을 해낸다. 군집 속에서 개체들은 분권화되고 자기조직화되며 조화롭게 협력하여 집단 생활을 영위한다. 이렇게 단순 행동을 하는 개체들이 상호작용을 통해 군집 전체가 지능을 갖게 될 때 이를 '군집(群集) 지능'(swarm intelligence) 또는 '무리 지능'이라 한다. 군집지능은 지능이 거의 없는 하찮은 개체들이 서로 긴밀히 연결됨으로써 고차원적 기능을 창발한다는 것과 관계된다.

입자군집(粒子群集)최적화(particle swarm optimization: PSO)는 새, 물고기, 양 등이 무리 지어 이동하는 집단 행동에서 영감을 얻어 개발한 최적화 알고리즘이다. 이들이 무리 지어 이동할 때 나타나는 모습은 개체들의 상호 작용에 의해 나타나는 창발적 패턴이다. 이러한 패턴의 예는 철새가 떼를 지어 날 때, 물고기가 떼를 지어 이동할 때 볼 수 있는 군무(群舞)이다. 입자군집최적화기법은 주로 연속변수를 갖는 최적화 문제를 해결하는 데 응용되고 있다.

이 장의 1절에서는 입자군집최적화 알고리즘의 개념을 소개하고, 2절에서는 기본 PSO 알고리즘을 다루며, 3절에서는 기본 PSO 모형에서 입자의 궤적에 대해 알아보고, 4절에서는 PSO의 구성요소를 다룬다.

13.1 서론

새, 물고기, 양, 고래와 같이 리더 없이 무리 지어 생활하는 종들은 그룹 전체의 행동에 대한 정보나 환경에 대한 전체적인 지식이 없음에도 개체간의 지역적 상호작용에 기초하여 함께 모이고 움직이는 자기조직화 능력을 가지고 있다. 이들 종은 개체간의 아주 단순하고 지역적인 상호작용에 의해 무리 짓기, 귀소 행동, 무리 지어 날기 등의 집단적이고 복잡한 행동을 창발한다. Reynolds(1987)는 단순한 세 가지의 지역적 상호작용을 가지고 나르는 새떼 모습을 컴퓨터 시뮬레이션으로 보였다. 세 가지 지역 행동은 (1) 이웃 개체와 충돌회피, (2) 이웃 개체와 속도 맞추기, (3) 이웃 개체와 가까이 머물러 무리의 중심잡기이다.

한편, Heppner & Grenander(1990)는 비둘기, 찌르레기 같은 작은 새들의 집단이 날기 시작할 때, 회전할 때, 땅에 앉을 때 강하게 동기화되는 데, 이러한 현상을 보일 수 있는 컴퓨터 시뮬레이션 모형을 제시하였다. 이 모형에서 각 개체는 시작에서 현재까지 자신이 찾은 가장 좋은 위치(이를 '개인최선위치'(personal best position)라 함)와 이웃 개체들이 현재까지 찾은 가장 좋은 위치(이를 '이웃최선위치'(neighborhood best position)라 함)를 기억하고, 이들 두 위치로 끌어당긴다고 가정하고 있다. 이들 두 최선위치(최선점)에서의 거리를 조정하는 간단한 이동 규칙을 사용하여 실험하였다. 실험 결과, 많은 수의 이동을 거치지 않아도 집단이 목표점 주위에 모였다.

입자군집최적화(particle swarm optimization: PSO)는 Reynolds(1987)와 Heppner & Grenander (1990) 등의 규칙을 개선하여 1995년 사회심리학자인 Kennedy와 전기공학자인 Eberhart에 의해 개발되었다. 사회 심리학자인 Kennedy는 PSO를 일종의 사회모델(social model)로 보았다.

Kennedy(1998)는 입자군집이론을 사회인지(sociocognitive)이론으로 설명하고 있다. 인간의 실제적이고 보편적인 행동들은 평가, 비교, 모방으로 요약될 수 있다고 본다. (1) 인간은 자극을, 예로 긍정적과 부정적, 매력적과 혐오적으로, '평가'한다. (2) 인간은 생각하고 행동하는 거의 모든 일에서 다른 사람들과 '비교'하여 판단한다. (3) 인간은 물론 몇몇 새들도 '모방'하는 능력을 가지고 있다. 모방은 일하는 것을 배우는 하나의 효과적인 방법이다. 인간은 타인의 행동이 적절하면 그 행동뿐 아니라 그 목적과 실행하는 방법도 모방한다. 그러므로 인간 행동은 자신의 경험(개인 학습)과 이웃의 영향(사회 영향)에 의해 결정된다고 본다. 인간은 자신과 이웃의 경험을 평가하고, 이를 비교하여 좋은 결과를 모방한다는 것이다.

PSO는 인간의 사회적 행동(human social behavior)을 모방한 알고리즘으로 볼 수 있다. 인간은 자기 자신의 경험을 통해 배우고 개인 간에 지식과 기술을 전파하며, 점진적으로 집단은 최적의 프로세스에 수렴하게 된다는 것이다(Kennedy & Eberhart, 2001).

PSO에서 입자(粒子)(particle)라는 용어는 개체들이 작은 질량과 부피를 가진다는 의미도 있지만, 속도와 가속도는 입자들간의 상호 작용과 관계된다는 데서 사용되었다. 군집(群集)(swarm)이라는 용어는 무리들의 행동에서 중요한 요소인 속도 맞춤의 이동과 함께, Millonas(1994)의 '군집 지능'에 대한 정의에서 비롯되었다. Millonas가 정의한 군집 지능의 주요 원리는 다음과 같다.

- 근접성 원리(the proximity principle): 집단은 단순한 공간과 시간에 대해 계산을 할 수 있어야 한다.
- 품질 원리(the quality principle): 집단은 환경에서 품질 요소에 반응할 수 있어야 한다.
- 다양한 반응의 원리(the principle of diverse response): 집단은 지나치게 좁은 경로를 따라 활동하지 않아야 한다.
- 안정성 원리(the principle of stability): 집단은 환경이 변할 때 마다 매번 행동 양식을 변경하지 않아야 한다.
- 적응성 원리(the principle of adaptability): 집단은 지불할 가치가 있을 때는 행동 양식을 변화시킬 수 있어야 한다.

PSO는 사회인지과학의 측면뿐만 아니라 이러한 군집 지능의 원리와 관계가 있다. PSO에서는 일련의 시간 단계 동안 다차원 해 공간에서 계산을 행하는 데 이는 근접성 원리와 관계된다. 입자들로 이루어진 군집은 개인최선위치와 이웃최선위치를 환경의 성질로 보고, 이들 요소에 의해 반응한다. 이는 품질 원리에 해당한다. 개인과 이웃의 최선위치가 상호 반응하여 나타날 수 있는 위치들은 반응의 다양성과 관련된다.

또한 군집은 개인최선위치 또는 이웃최선위치가 변할 때만 상태를 변경한다. 이는 안정성 원리와 관계된다. 끝으로, 개인최선위치와 이웃최선위치가 변할 때 상태가 변하므로 이는 군집 행동에서 적응성을 보인다.

13.2 기본 PSO 알고리즘

13.2.1 입자 이동

PSO 알고리즘은 잠재해를 나타내는 입자들로 이루어진 군집을 유지한다. 입자는 진화알고리즘에서 개체(individual)와 유사하고, 군집은 진화알고리즘에서 집단(population)과 유사하다.

시간 t 에서 입자 i 의 위치를 벡터 $\mathbf{x}_i(t)$ 로 두자. 여기서 시간 t 는 달리 정의하지 않으면 이산시간 단계를 나타낸다. 시간 t 는 진화알고리즘에서 세대와 유사하다. PSO에서는 시간 $t+1$에서 입자 i 의 위치 변화 $\Delta\mathbf{x}_i(t+1)$ 를 속도 $\mathbf{v}_i(t+1)$ 로 표현한다. 따라서 시간 $t+1$에서 입자 i 의 위치 $\mathbf{x}_i(t+1)$ 는 시간 t 의 위치벡터에 속도벡터를 더한 값으로

$$\mathbf{x}_i(t+1) = \mathbf{x}_i(t) + \mathbf{v}_i(t+1) \tag{13.1}$$

로 표현된다.

식 (13.1)에서 알 수 있듯이 최적화 과정에서 가장 중요한 요소는 속도 $\mathbf{v}_i(t+1)$ 이다. 다음 위치는 현 위치에 다음 이동할 방향과 거리를 나타내는 속도 $\mathbf{v}_i(t+1)$ 를 더한 값이다. 다음 이동, 즉 다음 행동은 사회생활을 하는 인간 개개인은 또는 군집생활을 하는 동물의 개체들은 어떻게 할까. 이는 앞에서 설명했듯이 Kennedy는 인간의 사회적 행동은 과거 자신이 경험한 행동과 이웃의 성공에 영향을 받는다고 보고 이에 기초하여 다음 이동을 모형화하였다. 또한 군집이론과 관련하여, Heppner & Grenander(1990)는 군집의 입자들은 다차원 탐색공간을 비행하는 데(탐색하는 데), 각 입자의 위치는 자신이 지금까지 발견한 최선의 위치와 이웃이 지금까지 발견한 최선의 위치에 의해 조정된다고 보고 다음 이동에 이를 고려하였다. 그래서 $\mathbf{v}_i(t+1)$ 는 다음의 요소를 고려한다.

입자 자신의 경험에서 얻은 지식을 '인지요소(cognitive component)'라 하고, 이는 입자 자신이 지금까지 발견한 가장 좋은 위치 - 이를 '개인최선위치(personal best position)'라 부름 - 와 이 입자의 현 위치와의 거리와 방향에 의해 나타낸다. 개인최선위치는 지금까지 '자신의 가장 큰 성공'을 나타낸 것으로 볼 수 있다. 또한 이웃에서 얻은 정보를 '사회요소(social component)'라 부르고, 이 요소는 이웃에서 지금까지 발견한 가장 좋은 위치 - 이웃이 군집 전체이면 이를 '전역최선위치(global best position)'라 하고 이웃이 군집의 일부이면 이를 지역최선위치(local best position)라 부름 - 와 현재 위치와의 관계로 나타낸다. 이웃(전역) 최선위치는 지금까지 '이웃(전역)에서 가장 큰 성공'으로 볼 수 있다.

현 위치에서 다음 위치로의 이동 변화량, $\mathbf{v}_i(t+1)$ 는 현재 위치, 직전 속도, 개인최선위치, 전역(이웃) 최선위치의 함수로 다음과 같다.

$$\mathbf{v}_i(t+1) = \mathbf{v}_i(t) + c_1\mathbf{r}_1(t)[\mathbf{y}_i(t) - \mathbf{x}_i(t)] + c_2\mathbf{r}_2(t)[\hat{\mathbf{y}}(t) - \mathbf{x}_i(t)] \tag{13.2}$$

여기서 $\mathbf{y}_i(t)$ 는 시간 t 에서 입자 i 의 개인최선위치, $\hat{\mathbf{y}}(t)$ 는 시간 t 에서 이웃최선위치, $\mathbf{r}_1(t)$ 과 $\mathbf{r}_2(t)$ 는 범위 [0,1]의 난수이고, c_1 과 c_2 는 상수이고 파라미터이다. c_1 과 c_2 는 각각 인지요소와 사회요소의 기여도 크기를 나타내는 양의 가속계수(acceleration coefficient)다. $c_1\mathbf{r}_1(t)$, $c_2\mathbf{r}_2(t)$ 는 상한이 각각 c_1, c_2 인 난수이다. 따라서 PSO는 하나의 '확률적 탐색기법'이다.

식 (13.2)의 $\mathbf{v}_i(t+1)$ 를 해공간의 차원(dimension)으로 표현하면 다음과 같이 된다.

$$v_{ij}(t+1) = v_{ij}(t) + c_1 r_{1j}(t)[y_{ij}(t) - x_{ij}(t)] + c_2 r_{2j}(t)[\hat{y}_j(t) - x_{ij}(t)] \quad (13.3)$$

여기서, $v_{ij}(t)$ 는 시간 t 에서 입자 i 의 차원 j 의 속도이고, $x_{ij}(t)$ 는 시간 t 에서 입자 i 의 차원 j 의 위치이다. 이와 같이 다른 변수와 파라미터도 정의된다

입자 i 의 개인최선위치 $\mathbf{y}_i(t)$ 는 시작에서 시간 t 까지 입자 자신이 방문한 위치 중에서 가장 좋은 위치이다. 따라서 이 위치는 매 단위 시간마다 갱신된다. 다루는 문제가 최소화 문제이면 다음 시간 $t+1$에서 $\mathbf{y}_i(t+1)$ 는 아래와 같다.

$$\mathbf{y}_i(t+1) = \begin{cases} \mathbf{y}_i(t) & \text{if } f(\mathbf{x}_i(t+1)) \geq f(\mathbf{y}_i(t)) \\ \mathbf{x}_i(t+1) & \text{if } f(\mathbf{x}_i(t+1)) < f(\mathbf{y}_i(t)) \end{cases}$$

또한 전역최선위치 $\hat{\mathbf{y}}(t)$ 는 모든 입자가 지금까지 방문한 위치 중에서 가장 좋은 위치이다. 즉, $\hat{\mathbf{y}}(t)$ 는 모든 입자 $\mathbf{y}_i(t)$ 중에서 가장 좋은 해이다. 즉, 아래 식과 같이 표현된다.

$$f(\hat{\mathbf{y}}(t)) = \min\{f(\mathbf{y}_1(t)), f(\mathbf{y}_2(t)), \ldots, f(\mathbf{y}_m(t))\}$$

식(13.2)에 나타난 속도 요소를 좀 더 알아보자.

- **직전 속도**(previous velocity), $\mathbf{v}_i(t)$: 이는 직전 비행 방향을 기억하여, 급격한 방향 변경을 막고 현재 방향으로 가려는 일종의 모멘텀(momentum)으로 볼 수 있다. 이를 '관성(inertia)속도'라고도 한다.
- **인지요소**(cognitive component), $c_1\mathbf{r}_1(\mathbf{y}_i - \mathbf{x}_i)$: 입자 i 가 과거 자신의 경험(과거 자신의 최대 성공)에서 받는 영향을 정량화한 것이다. 인지요소는 입자들이 과거 자신이 찾은 가장 좋은 위치 $\mathbf{y}_i$ 를 기억하여 그 위치로 다시 끌어당기는 효과를 유발한다. 파라미터 c_1 은 c_2 와 비교하여 인지요소의 기여도 척도를 나타내는 양의 가속계수이다. 인지요소를 입자들의 '향수(nostalgia)'라고 부른다.
- **사회요소**(social component), $c_2\mathbf{r}_2(\hat{\mathbf{y}} - \mathbf{x}_i)$: 입자 i 가 전체 군집(또는 이웃 입자)의 최대 성공에 의해 받는 영향을 정량화한 것이다. 개념적으로, 사회요소는 개인들이 찾아서 얻은 집단의 규범이나 표준과 유사하다. 사회요소는 군집에서 발견된 가장 좋은 위치 $\hat{\mathbf{y}}$ 로 끌어당긴다. 파라미터 c_2 은 c_1 과 대비하여 사회요소의 기여도 척도를 나타내는 양의 가속계수이다.

기하학적으로 입자의 속도와 위치의 변경을 보자. [그림 13-1](a)와 (b)는 시간 t 와 시간 $t+1$에서

각기 위 세 종류의 속도와 새로운 속도를 도식한 것이다. 이 그림은 설명의 편의를 위해 한 입자의 위치 변경을 2차원 상에서 나타냈으며 첨자는 생략하였다. 그리고 시간 $t+1$의 개인최선위치 $\mathbf{y}(t+1)$ 는 변하지 않았고, 전역최선위치 $\hat{\mathbf{y}}(t+1)$ 는 변했다고 보자. 식 (13.2)로부터 새로운 속도는 관성 속도(직전 속도), 인지 속도, 사회 속도의 벡터 합이다. 따라서 새로운 속도는 이들 벡터의 길이와 방향에 따라 변한다. 다음 단계의 속도가 구해지면 새로운 위치 $\mathbf{x}_i(t+1)$ 는 식 (13.1)에 의해 현 위치에 새로운 속도를 더하여 구한다.

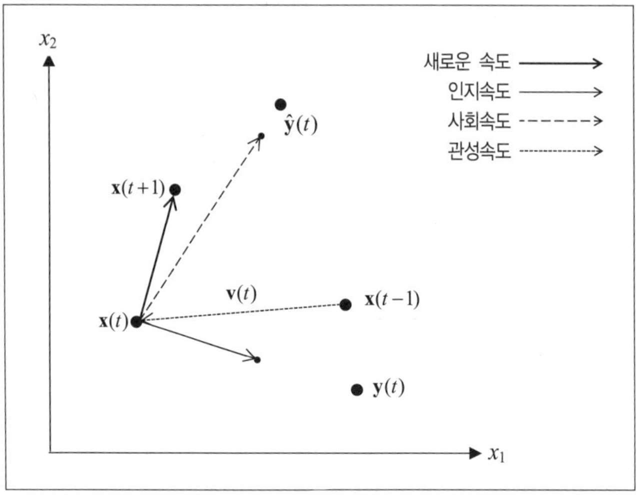

(a) 시간 t

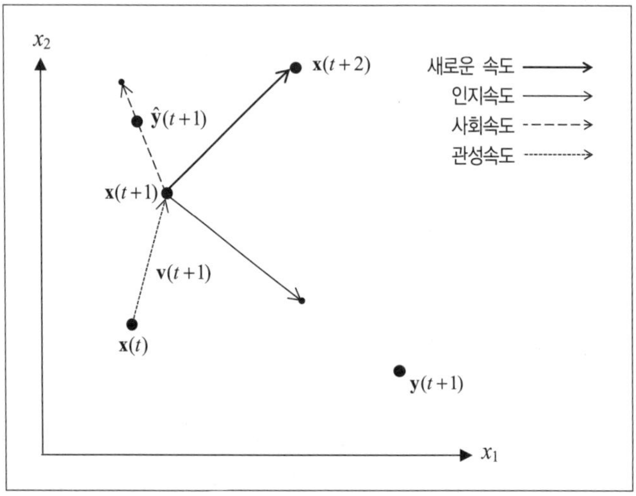

(b) 시간 $t+1$

그림 13-1 입자의 속도와 위치 갱신의 예

개인과 전역의 최선위치 $\mathbf{y}_i(t)$ 와 $\hat{\mathbf{y}}(t)$ 는 끌개(attractor)로 작용하고, 이 두 점이 각기 끄는 강도(기여도)는 '확률적 가중치' $c_1\mathbf{r}_1$ 과 $c_2\mathbf{r}_2$ 에 의해 결정된다. $\mathbf{r}_1$ 과 $\mathbf{r}_2$ 는 범위 [0,1]의 난수이다. 시간 t 에서 입자 i 는 식 (13.4)의 위치 $\mathbf{o}_i(t)$ 의 주위를 진동한다.

$$\mathbf{o}_i(t) = \frac{c_1\mathbf{r}_1(t)\mathbf{y}_i(t) + c_2\mathbf{r}_2(t)\hat{\mathbf{y}}(t)}{c_1\mathbf{r}_1(t) + c_2\mathbf{r}_2(t)} \tag{13.4}$$

점 $\mathbf{o}_i(t)$ 는 두 최선위치 $\mathbf{y}_i(t)$ 와 $\hat{\mathbf{y}}(t)$ 의 가중치 평균이다. 식 (13.4)의 점 $\mathbf{o}_i(t)$ 는 '입자의 진동중심'으로 불리고 '끌개'가 된다. 입자는 이 끌개 주위를 난다(fly)기 보다는 사인곡선 형태의 파도(sinusoidal waves)를 타며(surf) 불규칙적으로 순환한다(Trelea, 2003, Garcia-Gonzalo & Fernandez-Martinez, 2012). 이러한 과정을 거쳐 각 입자가 결국 수렴하게 되면 개인과 이웃의 두 최선위치 $\mathbf{y}_i(t)$ 와 $\hat{\mathbf{y}}(t)$ 의 가중치 평균의 위치로 수렴한다. 입자가 안정상태에 도달하기 전에는 두 최선 위치도 변하고 가중치도 난수에 의해 결정되므로 매 단계마다 이 끌개의 위치 $\mathbf{o}_i$ 가 변한다. 그러나 반복이 계속될 때 입자가 발산하지 않고 평형상태로 안정적으로 수렴하게 되면 두 최선 위치가 결국 같게 되어 난수와 가속계수에 상관없이 하나의 최선위치로 수렴하게 된다. 평형점(equilibrium point)과 입자의 수렴 조건은 다음 장에서 다룬다. 이 수렴 조건은 적용에서 매우 중요하다.

PSO는 이웃의 크기에 따라 크게 두 알고리즘으로 나눌 수 있다. 군집 전체를 이웃으로 정의하는 전역최선 PSO(global best PSO: *gb* PSO) 알고리즘과 군집을 나누어 이를 이웃으로 정의하는 지역최선 PSO(local best PSO: *lb* PSO) 알고리즘이 있다.

13.2.2 전역최선 PSO 알고리즘

전역최선 PSO(*gb* PSO) 알고리즘의 절차를 보자. 이 알고리즘에서 각 입자의 사회요소는 군집의 모든 입자에서 얻은 정보를 반영한다. 따라서 사회정보는 군집에서 지금까지(시간 t 까지) 발견한 가장 좋은 해이다.

■ 전역최선 PSO 알고리즘의 절차

단계 1: (초기화)

단계 1.1: 각 입자 i 의 초기 위치 $\mathbf{x}_i(0)$ 는 균등분포 $U(\mathbf{x}_{\min}, \mathbf{x}_{\max})$ 에서 임의의 난수를 추출하여 생성하고, 이를 평가(목적함수 값을 계산)한다.

단계 1.2: 초기 속도, $\mathbf{v}_i(0) = \mathbf{0}$ 와 $t = 0$ 로 두고, c_1, c_2 의 값을 준다.

단계 2: (개인최선위치 갱신) 각 입자에 대해 시간 t 까지 찾은 가장 좋은 위치(개인최선위치),

$\mathbf{y}_i(t)$ 를 갱신한다. 단, $t=0$ 에서의 초기 개인최선위치는 $\mathbf{y}_i(0)=\mathbf{x}_i(0), \forall i$ 로 둔다.

단계 3: (전역최선위치 갱신) 단계 2에서 얻은 결과를 이용하여 시간 t 까지 군집에 있는 모든 입자가 찾은 가장 좋은 위치(전역최선위치) $\hat{\mathbf{y}}(t)$ 를 갱신한다.

단계 4: (속도 갱신) 식 (13.3)을 이용하여 시간 $t+1$ 에서 각 입자의 속도 $\mathbf{v}_i(t+1)$ 를 구한다.

단계 5: (위치 갱신) 식 (13.1)을 이용하여 시간 $t+1$ 에서 각 입자의 위치 $\mathbf{x}_i(t+1)$ 를 구한다.

단계 6: (평가) 시간 $t+1$ 에서 모든 입자의 목적함수 값 $f(\mathbf{x}_i(t+1))$ 를 계산한다.

단계 7: (종료조건) 종료조건을 만족하면 끝내고, 그렇지 않으면 $t \leftarrow t+1$ 로 두고 단계 2로 간다.

$t=0$ 에서 개인최선위치는 각 입자의 초기 위치로 둔다. 즉, $\mathbf{y}_i(0)=\mathbf{x}_i(0)$, $\forall i$ 로 둔다. 그리고 모든 입자의 초기 속도를 0으로 두면, 시간 $t=1$ 에서 각 입자의 위치는 시간 $t=0$ 에서의 전역최선위치(사회요소) 정보에 의해서만 영향을 받게 된다.

13.2.3 지역최선 PSO 알고리즘

지역최선 PSO(*lb* PSO) 알고리즘은 사회요소의 최선위치를 모든 입자에서 구하지 않고 이웃하는 일부 입자로 제한하여 구하는 기법이다.

lb PSO에서 입자 i 의 속도는 다음과 같이 계산한다.

$$v_{ij}(t+1)=v_{ij}(t)+c_1 r_{1j}(t)[y_{ij}(t)-x_{ij}(t)]+c_2 r_{2j}(t)[\hat{y}_{ij}(t)-x_{ij}(t)] \tag{13.5}$$

여기서 $\hat{y}_{ij}(t)$ 는 입자 i 의 이웃에서 지금까지 발견된 가장 좋은 해의 차원 j 의 값이다. 식(13.5)는 식 (13.3)에서 단지 전역최선위치의 차원 j 의 값 $\hat{y}_j(t)$ 를 입자 i 의 이웃에서 가장 좋은 위치(지역최선위치)의 차원 j 의 값 $\hat{y}_{ij}(t)$ 로 대체된다. 따라서 지역최선 PSO의 절차는 앞의 전역최선 PSO 절차에서 단계 3과 4를 아래와 같이 변경하면 된다.

단계 3: (지역최선위치 갱신) 단계 2에서 얻은 결과를 이용하여 시간 t 까지 입자 i 의 모든 이웃 입자가 찾은 가장 좋은 위치(지역최선위치)를 $\hat{\mathbf{y}}_i(t)$ 를 갱신한다.

단계 4: (속도 갱신) 식 (13.5)를 이용하여 시간 $t+1$에서 각 입자의 속도 $\mathbf{v}_i(t+1)$ 를 구한다.

이 알고리즘에서 이웃은 공간 유사성에 기초하기 보다는 흔히 입자의 배열 (첨자)에 기초하여 결정한다. 이는 입자의 공간적 위치에 기초하면 모든 입자 쌍간의 거리를 계산해야 하는 데, 입자 배열에 의하면 이를 피할 수 있기 때문이다. 또한 입자 배열에 의한 이웃 설정은 이웃간에 입자가 겹치게 되어 좋은 해에 대한 입자 정보를 확산시킬 수 있다는 장점을 갖는다.

이웃 설정을 위해 입자를 배열하는 사회 네트워크 구조는 여러 형태가 있을 수 있다. 대표적인 입자의 이웃 구조에는 [그림 13-2]와 같이 링 구조, 별 구조, 수레바퀴 구조, 토러스 형태의 2차원 또는 3차원 격자(von Neumann) 구조 등이 있다. 여기서 2차원 격자구조는 [그림 8-2]를 참조할 수 있다.

이러한 이웃 구조에 기초하여 이웃은 겹치게 설정된다. 즉, 한 입자가 여러 이웃의 일원이 될 수 있다. 예로 m 개의 입자를 링 구조로 배열하고, 이웃을 자신의 양 옆에 있는 2개의 입자로 정의하면, 입자1은 입자들 $m-1$, m, 1, 2, 3 이, 입자2는 입자들 m, 1, 2, 3, 4 이, 입자3은 입자들 1, 2, 3, 4, 5가 이웃이 된다. 이와 같은 이웃들의 상호 연결은 이웃들이 정보를 공유하게 되고, 궁극적으로는 하나의 위치(전역최선위치로)로의 수렴을 돕는다.

전역최선 PSO와 지역최선 PSO는 해의 수렴성과 군집 다양성 측면에서 다음과 같은 특징을 갖는다.

(1) 전역최선 PSO는 군집 전체와 상호 연결되어 있기 때문에, 지역최선 PSO보다 더 빠른 수렴

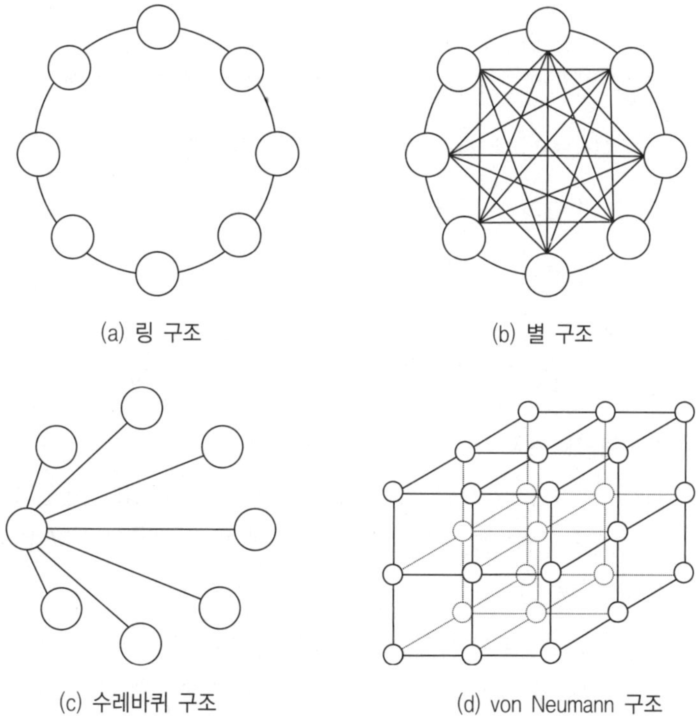

(a) 링 구조　(b) 별 구조　(c) 수레바퀴 구조　(d) von Neumann 구조

그림 13-2 PSO에서 사회 네트워크 구조

성을 갖는다. 하지만 전역최선 PSO의 빠른 수렴성은 다양성을 희생시켜 지역최선 PSO보다 군집 다양성이 낮아진다.

(2) 지역최선 PSO의 더 높은 다양성은 지역최적에 빠지는 것을 좀 더 방지할 수 있다. 지역최선 PSO에서 이웃 구조(예로 링 형태)는 알고리즘의 성능 향상에 기여 한다.

13.3 입자 궤적

이 절에서는 PSO에 대한 이해를 돕기 위하여 먼저 단순(simplified) PSO 시스템을 이용하여 입자들이 어떤 궤적을 그리는 지 알아본다. 단순 PSO 시스템은 아래와 같다.

(1) 입자는 하나이다.

(2) 일차원 입자이다.

(3) 모든 시간 t 에서 개인최선위치 y 와 전역최선위치 $\hat{y}$ 가 상수이다. 즉, 두 최선위치가 변하지 않는다고 본다.

1) 비확률적 모형

먼저 비확률적 PSO 모형의 궤적을 알아보자. 이를 위해 위 조건에 아래 조건 (4)를 추가한다.

(4) 모든 시간 t 에서 $\phi_1(t)=\phi_1$, $\phi_2(t)=\phi_2$ 인 상수이다. 확정적이다.

이 단순 PSO 시스템의 속도와 위치 식은 다음과 같게 된다.

$$v(t+1)=v(t)+\phi_1[y-x(t)]+\phi_2[\hat{y}-x(t)] \tag{13.6}$$

$$x(t+1)=x(t)+v(t+1) \tag{13.7}$$

식 (13.6)에서 두 최선위치는 $y=4.0$ 과 $\hat{y}=0$, 초기조건은 $x(0)=4$, $v(0)=0$ 으로 둔다. y 와 $\hat{y}$ 는 시간에 따라 동적으로 변하나 여기서는 입자의 궤적에 대한 기본적 이해를 돕기 위해 고정 값으로 둔다. [그림 13-3]은 임의성의 없을 때 ϕ_1, ϕ_2 의 변화에 따른 입자의 궤적을 보인 것이다. 입자의 궤적은 $\phi=\phi_1+\phi_2<4$ 이면 일정한 사인 곡선 형태로 진동 중심 (여기서는 $x(t)=2$) 주위를 주기적으로 일정하게 순환한다. Ozcan & Mohan(1999)은 이러한 단순 PSO에서 '입자는 탐색 공간을 나는(fly) 것이 아니고 사인(sine) 파도 위를 탄다(surf)'고 기술하고 있다. 그러나 $\phi=\phi_1+\phi_2\geq 4$ 이면 입자는 진폭이 무한대로 커져 발산한다.

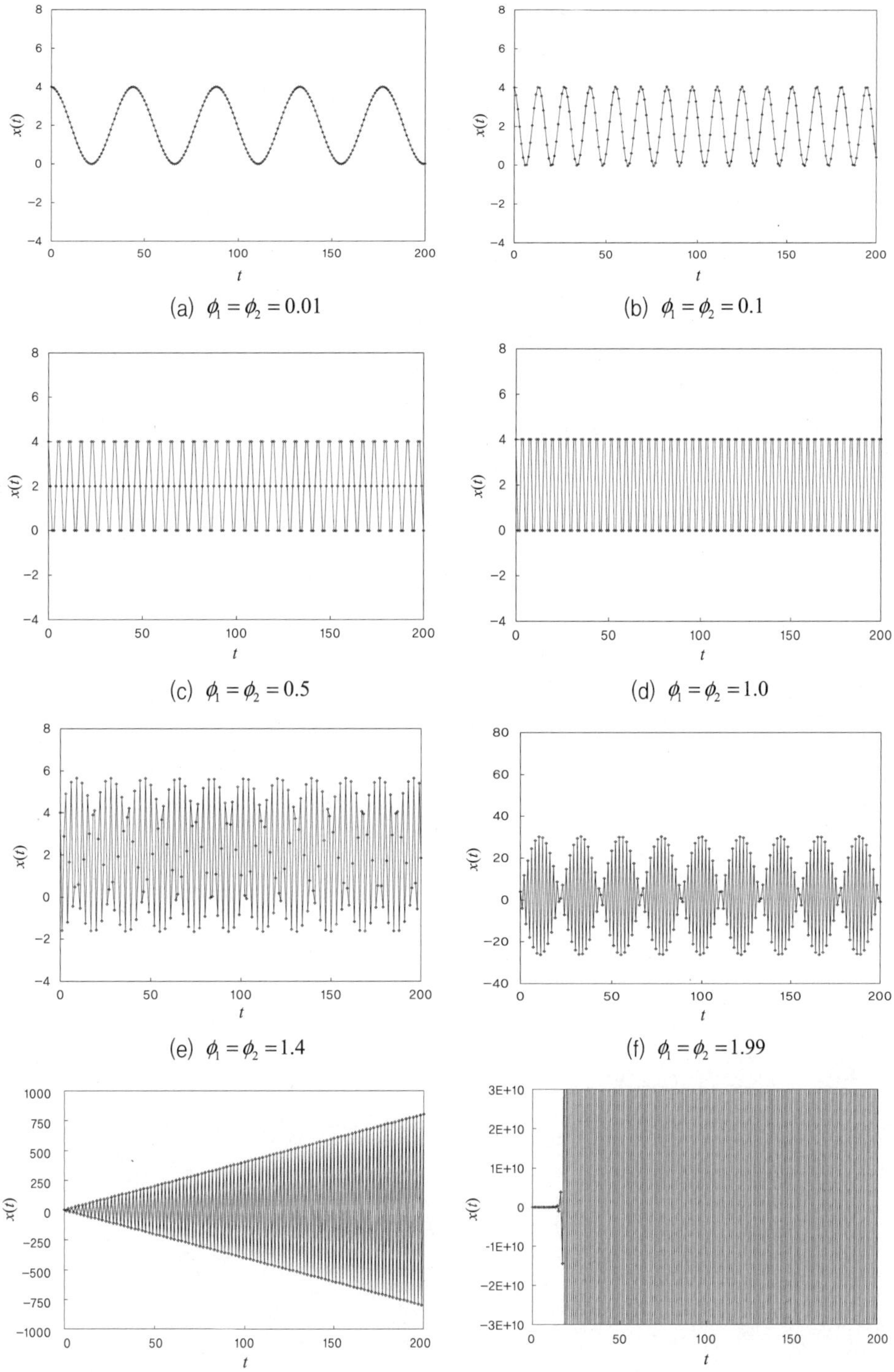

(a) $\phi_1 = \phi_2 = 0.01$ (b) $\phi_1 = \phi_2 = 0.1$

(c) $\phi_1 = \phi_2 = 0.5$ (d) $\phi_1 = \phi_2 = 1.0$

(e) $\phi_1 = \phi_2 = 1.4$ (f) $\phi_1 = \phi_2 = 1.99$

(g) $\phi_1 = \phi_2 = 2.0$ (h) $\phi_1 = \phi_2 = 3.0$

그림 13-3 단순 PSO 모형에서 임의성의 없을 때 ϕ_1, ϕ_2의 변화에 따른 입자의 궤적

2) 확률적 모형

앞의 모형에서 조건 (4) $\phi_1(t)=\phi_1$, $\phi_2(t)=\phi_2$가 확정적이 아니고, $\phi_1(t)=c_1r_1(t)$ $\phi_2(t)=c_2r_2(t)$로 확률적인 모형의 궤적을 보자. 여기서 r_1, r_2는 범위 (0,1)의 균등분포이다.

$$\begin{aligned} v(t+1) &= v(t)+c_1r_1(t)\,[y-x(t)]+c_2r_2(t)[\hat{y}-x(t)] \\ x(t+1) &= x(t)+v(t+1) \end{aligned} \tag{13.8}$$

앞에서와 같이 두 최선위치는 $y=4.0$과 $\hat{y}=0$, 초기조건은 $x(0)=4$, $v(0)=0$으로 둔다. [그림 13-4]는 입자의 임의성이 있을 때 c_1, c_2의 변화에 따른 입자의 궤적을 보인 것이다. 이 경우 입자의 이동 궤적은 사인곡선 파도(sinusoidal waves) 형태를 따른다. c_1, c_2의 두 파라미터 값이 커질수록 입자의 진폭은 커지고 진동수 또한 많아지며, 폭발(explosion)하는 시점이 빨라진다. 확률적 입자에서 식 (13.8)과 같이 다음 단계의 속도에 직전속도(관성) $v(t)$가 항상 더해지면 결국 발산한다. 입자의 발산을 막을 수 있는 방법은 아주 많다(Clerc & Kennedy, 2002). 다음 장에서 이와 관련된 대표적인 방법들을 다룬다.

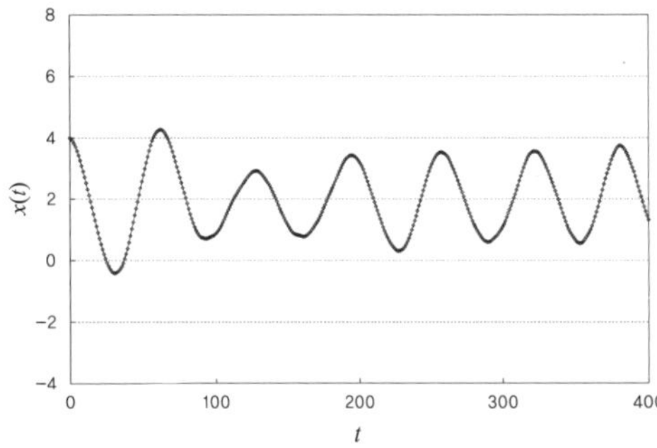

(a) $c_1=c_2=0.01$

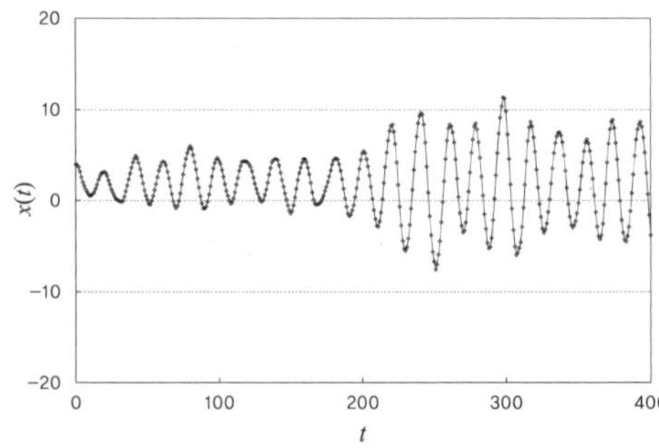

(b) $c_1=c_2=0.1$

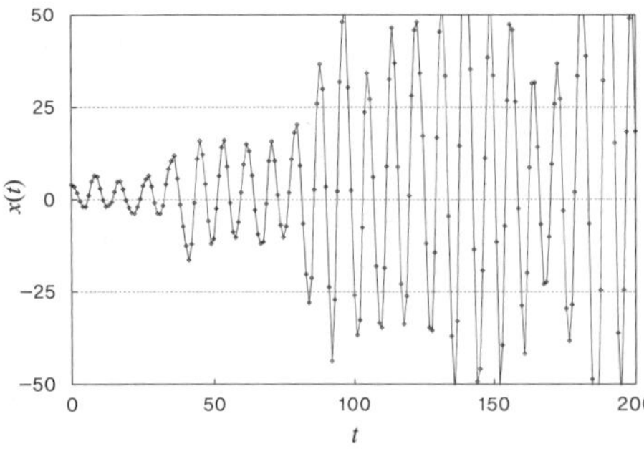

(c) $c_1=c_2=0.5$

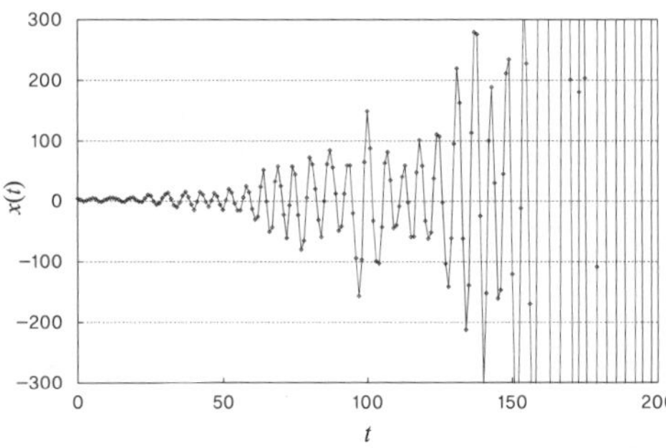

(d) $c_1=c_2=1.0$

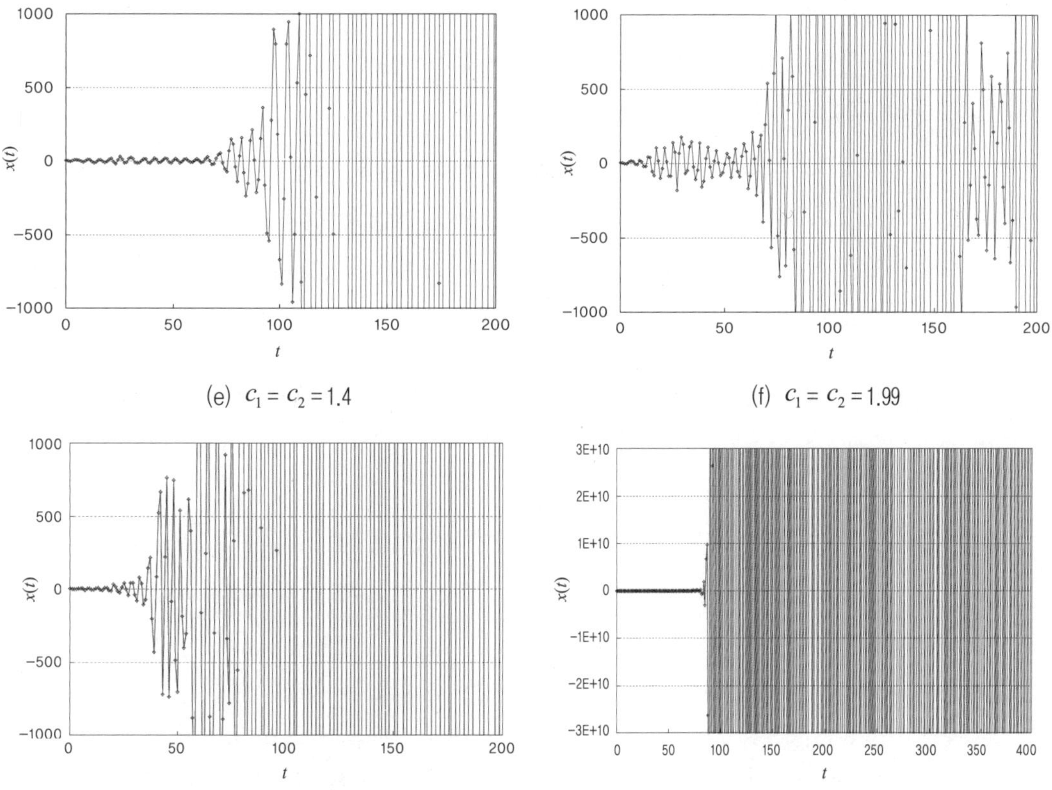

(e) $c_1 = c_2 = 1.4$ (f) $c_1 = c_2 = 1.99$

(g) $c_1 = c_2 = 2.0$ (h) $c_1 = c_2 = 3.0$

그림 13-4 단순 PSO 모형에서 임의성의 있을 때 파라미터 변화에 따른 입자의 궤적

13.4 기본 PSO 알고리즘의 요소

알고리즘 관점에서 기본 PSO 알고리즘을 구현하기 위해서는 군집의 초기화, 가속계수 값, 종료조건이 요구된다.

13.4.1 군집의 초기화

PSO 절차의 단계 1의 초기화 과정에서 군집 입자 수(군집 크기) m, 초기 위치($\mathbf{x}(0)$), 초기속도($\mathbf{v}(0)$)가 주어져야 한다. 군집의 입자 수는 군집의 다양성과 계산소요시간과 관계된다. 입자 수가 너무 많으면 한 시점(1회의 연산)의 탐색 공간은 넓어지나 계산시간이 많이 소요된다. 또한 여러 입자가 동시에 지역최적해에 도달하여 병렬 탐색의 효율성이 떨어 질 수 있다. 군집 크기는 약

20에서 40의 범위가 적절한 것으로 보고되고 있다. 군집 크기는 다루는 문제에 종속된다. 탐색 표면이 평활하면 거친 경우 보다 적은 수의 입자로 최적해에 수렴할 수 있다. PSO에서 집단크기는 진화알고리즘의 그것보다 흔히 더 작게 사용한다.

각 입자의 초기 위치는 흔히 가능해 영역의 임의 값으로 둔다. 적용 문제에 따라 휴리스틱으로 여러 해를 구하여 초기화할 수 있으나, 이는 군집 다양성을 해치는 결과를 초래할 수 있다. 따라서 입자의 초기 위치는 아래와 같이 탐색 공간의 차원 j, $\forall j$ 에서 최솟값 $(x_{\min,j})$ 과 최댓값 $(x_{\max,j})$ 의 구간에서 임의로 추출하여 사용한다.

$$x_{ij}(0) = x_{\min,j} + r_j(x_{\max,j} - x_{\min,j}), \qquad \forall j, \quad i = 1,2,\ldots,m$$

여기서 r_j 는 범위 [0, 1]에서 추출한 난수이다.

모든 입자의 초기 속도는 일반적으로 아래와 같이 0으로 둔다.

$$v_{ij}(0) = 0, \qquad \forall j, \quad i = 1,2,\ldots,m$$

이 가정은 새 떼가 정지된 상태에서 날기 시작하는 현상과 유사하다. 물론 초기 속도를 임의 값으로 둘 수 있다. 이때 초기에 큰 속도를 가지면 이는 입자들이 초기 국면에 해 영역을 벗어날 수 있다. 이를 방지하기 위하여 초기 속도로 0이 아닌 임의 값을 사용하는 경우, 하한과 상한을 두어, 즉 범위 $[-v_{\max}, v_{\max}]$ 에서 난수를 발생하여 사용한다. 그런데 흔히 물체는 초기에 정지된 상태에 있다. 따라서 초기 속도를 반드시 특정 범위의 임의 값으로 둘 필요는 없다.

지역최선 PSO에서는 이웃의 구조와 크기를 결정해야 한다. 복잡도가 높은 여러 문제에서 3차원 격자 구조가 좋은 성능을 보이나(Kennedy & Mendes; 2002) 구조가 간단하고 성능도 비교적 좋은 링 구조가 주로 사용된다. 이웃 크기가 작을수록 입자간의 상호작용이 적게 일어난다. 작은 이웃은 수렴 속도는 느려지지만 최적해로의 수렴 가능성은 높아진다. 이러한 점을 이용하여 초기에는 이웃 크기를 작게 하고, 시간이 지남에 따라(반복 횟수의 증가에 따라) 점점 크게 하는 전략을 사용할 수 있다. 이는 초기에는 군집 다양성을 강조하고 차츰 유망한 영역의 탐색을 강화하는 효과를 갖는다. 고정된 이웃 크기로는, 이에 대한 이론적 근거는 없지만, 집단의 10~20%에서 성능이 좋은 것으로 보고되고 있다. 예로 입자 수가 40개이고 이웃이 링 구조이면, 이웃은 자신에 오른쪽과 왼쪽의 각 면에서 인접 인자 2개 또는 3개, 양면의 합이 4개 또는 6개의 입자를 이웃으로 사용한다는 것이다.

13.4.2 가속계수

가속계수 c_1, c_2 는 임의 벡터 $\mathbf{r}_1$, $\mathbf{r}_2$ 와 함께 입자의 인지 속도와 사회 속도를 조정한다. 계수 c_1, c_2 는 신뢰 파라미터로 볼 수 있다. c_1 은 입자가 자신을 얼마나 신뢰하느냐를 나타내고, c_2 는 입자가 자신의 이웃을 얼마나 신뢰하느냐를 나타내는 것으로 볼 수 있다. 가속계수 c_1 과 c_2 는 알고리즘의 성능에 크게 영향을 준다. 이를 잘못 설정하면 조기 수렴, 발산, 순환의 현상이 발생할 수 있다.

가속계수 c_1 과 c_2 값의 의미를 보자.

(1) $c_1 = c_2 = 0$ 이면, 입자들은 탐색 공간의 경계에 이를 때까지 현재의 속도로 계속 날게 된다.

(2) $c_1 > 0$ 이고 $c_2 = 0$ 이면 사회요소를 무시하고, 자신의 경험에만 기초하여 이동한다. 모든 입자는 독립적으로 언덕 오르기를 한다. 각 입자는 새로 발견한 위치가 더 좋으면 현재 위치를 새 위치로 바꾸는 방법으로 자신의 주위에서 가장 좋은 위치를 찾는다. 모든 입자들은 지역탐색을 행한다.

(3) $c_1 = 0$ 이고 $c_2 > 0$ 이면, 자신의 경험은 무시하고(인지요소를 고려하지 않고) 사회에서 영향을 받아 이동한다. 군집은 하나의 위치, $\hat{\mathbf{y}}$ 로 끌리게 된다. 군집은 하나의 확률적 언덕 등반가가 된다.

(4) $c_1 = c_2$ 이면, 입자는 두 최선 위치 $\mathbf{y}_i$ 과 $\hat{\mathbf{y}}$ 의 중앙 위치로 끌리게 된다. 여러 적용에서 $c_1 = c_2$ 로 두지만, 이 두 계수의 비율은 문제에 종속적이다.

(5) $c_1 >> c_2$ 이면, 각 입자는 자신의 가장 좋은 위치, 즉 개인최선위치 $\mathbf{y}_i$ 로 강하게 끌리게 되어, 결국 지역 탐색이 강해져 탐색 영역을 헤매게 된다.

(6) $c_1 << c_2$ 이면, 전역(이웃) 최선위치 $\hat{\mathbf{y}}$ 로 강하게 끌리게 되어 조기 수렴하는 결과를 초래한다.

(7) c_1 과 c_2 의 값이 모두 작으면 입자들이 느리게 이동하여, 결과적으로 좋은 영역에서 멀리 떨어져 움직이게 되고, c_1 과 c_2 의 값이 모두 크면 (과거의) 좋은 영역으로 급격하게 이동하게 된다.

적용에서 흔히 $c_1 = c_2 = 2$를 시용한다. 하지만 이 두 계수 값은 문제에 종속적이다. 평활한 탐색 공간을 갖는 unimodel 문제에서는 사회요소 계수 c_2 가 클 때, 거친 탐색 공간의 multimodal 문제에서는 인지요소 계수 c_1 이 클 때 효율적이다. 가속계수는 시점에 따라 그 값을 변경할 수도 있으나 일반적으로 실험을 통해 찾은 적정 상수를 사용한다.

13.4.3 종료조건

PSO에서 종료조건은 진화알고리즘의 그것과 유사하다. 문제에 따라 여러 종료조건 중에서 적절한 종료조건을 사용할 수 있다. 대표적인 종료조건을 보자.

(1) 일정 횟수의 반복 동안 목적함수 값의 변화가 거의 없으면 종료: 일정 반복 횟수 동안 목적함수 값의 변화량을

$$f' = \frac{f(\hat{\mathbf{y}}(t) - f(\hat{\mathbf{y}}(t-1))}{f(\hat{\mathbf{y}}(t))}$$

로 나타낼 수 있다. 이 변화량이 $f' < \varepsilon$ 이면, 군집이 수렴되었다고 보고 종료한다. 이 기준은 입자들이 더 진전될 수 있는가를 목적함수 값에 의해 판단하기 때문에 다른 기준에 비하여 우수하다.

(2) 최대 반복 횟수를 초과하면 종료: 반복 횟수는 알고리즘에서 시간 단위 t 에 의해 측정된다. 반복 횟수를 기준으로 일정 횟수까지 진행하고 종료한다.

(3) 일정 반복 횟수 동안 개선이 없으면 종료: 일정 반복 횟수 동안 의미 있는 개선이 이루어지지 않으면 끝낸다. 예로, 입자위치의 평균 변화량이 아주 작거나, 평균 입자속도가 영에 가까우면 종료한다. 이 기준의 적용을 위해서는 이들 한계 값을 정해야 한다.

(4) 정규화한 군집의 반경이 영에 가까우면 종료: 정규화 군집반경은

$$R_{norm} = \frac{R_{\max}}{Diameter(S)}$$

로 계산할 수 있으며, 여기서 $Diameter(S)$ 는 초기 군집의 지름이고, $R_{\max} = \underset{i}{Max} \|\mathbf{x}_i - \hat{\mathbf{y}}\|$, $i = 1, 2, \ldots, m$ 이며, $\|\mathbf{a}\|$ 은 거리, 예로 유클리드 거리를 나타낸다. $R_{norm} < \varepsilon$ 이면 끝낸다. ε 은 적절하게 작은 값으로 준다.

(5) 수용 가능해를 발견하면 종료: 최적해에 접근하여 수용 가능한 해를 얻으면 종료하는 기준으로, 최적해를 아는 경우에 사용할 수 있다. 신경망설계 문제에 이 기준을 사용할 수 있다.

제14장

기본 PSO의 변형과 입자 궤적

PSO의 적용에서 입자의 발산, 순환, 수렴의 문제는 아주 중요하다. 해 영역의 경계를 벗어나 발산하거나 같은 사이클로 반복 순환하거나 너무 빨리 수렴하는 것은 해의 탐색에서 바람직하지 않다. 입자는 진폭이 폭발적으로 커졌다가 다시 수렴하는 등 이를 반복하면서 해 공간을 탐색하기도 하는 데 흔히 이 경우에 더 좋은 해를 찾는다.

입자의 발산, 순환, 수렴은 속도와 관련되고, 속도는 관성 속도, 인지속도, 사회속도에 의해 결정된다. 이들 세 종류의 속도는 각기 관련된 파라미터에(예로 가속계수) 민감하다.

이 장에서는 입자 궤적이 발산하거나 조기에 수렴하는 것을 막아 해의 품질을 향상시킬 수 있는 기본 PSO 알고리즘의 변형을 다룬다. 이와 관련된 방법으로 (1) 최대속도를 제한하는 방법(velocity clamping), (2) 관성가중치(inertia weight)를 이용하여 관성을 줄이는 방법, (3) 속도 수축계수(constriction coefficient)를 이용하여 속도를 줄이는 방법을 소개한다. 그리고 평형점과 수렴 조건을 다룬다.

14.1 속도 제한

입자의 속도는 확률적이다. 입자는 속도가 폭발적으로 증가하여 결국 무한대로 갈 수 있다. 효율적인 탐색을 위해서는 입자의 속도를 제한할 필요가 있다. 즉 사인(sine) 파도의 진폭이 큰 영역에서는 속도를 줄일 필요가 있다. 예로 기본 PSO에서 $c_1 = c_2 = 2.0$ 이 흔히 사용된다. 이 경우 실험에서 좋은 결과를 얻는 경우가 많지만, 입자가 전역최선위치 $\hat{\mathbf{y}}$ 와 개인 최선위치 $\mathbf{y}_i$ 에서 멀리 위치하게 되면 속도가 폭발적으로 커질 수 있다. 이 경우 입자는 탐색 영역의 경계를 벗어나 발산하게 된다.

이 경우 입자들의 속도를 제한(velocity clamping)하여 입자들이 경계 내에 머물 수 있도록 할 수 있다. 입자의 속도가 지정한 최대 속도를 넘으면, 입자 속도를 최대 속도로 제한한다. $v_{\max,j}$ 를 차원 j 의 최대허용 속도로 두자. 그러면 식 (13.2)에서 구한 속도

$$v_{ij}(t+1) \text{ 가 } v_{\max,j} \text{ 보다 크면, } v_{ij}(t+1) = v_{\max,j} \text{ 로 두고,} \tag{14.1}$$
그렇지 않으면, 구한 속도는 변하지 않는다.

$v_{\max,j}$ 는 속도의 크기와 관련되어 입자의 탐색에 중요한 영향을 미친다. 이 값이 크면 넓은 영역의 탐사를 촉진하고, 작으면 좁은 영역을 집중 탐색하는 이용을 강화한다. 즉, $v_{\max,j}$ 의 값이 너무 크면 좋은 해가 있는 영역을 지나쳐 좋지 않은 해 영역을 탐색하는 결과를 가져올 수 있고, 너무 작으면 지역최적을 벗어나지 못하여 넓은 영역을 탐색하지 못할 수 있다. 따라서 탐색 공간의 탐사와 이용이 균형을 이룰 수 있도록 적절한 $v_{\max,j}$ 의 값을 주어야 한다.

$v_{\max,j}$ 의 값을 주는 여러 방법이 제시되었다. 하나의 방법으로

$$v_{\max,j} = \delta(x_{\max,j} - x_{\min,j})$$

로 둔다. 여기서 $\delta \in (0,1]$ 이고, $x_{\max,j}$ 와 $x_{\min,j}$ 는 $\mathbf{x}$ 의 정의 영역에서 각각 차원 j 의 최댓값과 최솟값이다. δ 값은 적용 문제에 종속적이다. 따라서 좋은 값은 적용 문제에 따라 실험을 통해 구한다.

$v_{\max,j}$ 는 반복 연산 동안 일정한 값을 갖는다. 그러나 $v_{\max,j}$ 값을 초기에는 크게 두고 시간이 지남에 따라 점점 작게 둘 수 있다. 이는 초기에는 좀 더 넓은 영역을 탐색하고 시간이 지남에 따라 지역 탐색을 강화하기 위해서다. 기본 PSO는 지역탐색에 어려움이 있는 데, 이는 알고리즘 후반부에 $v_{\max,j}$ 를 작게 함으로써 이 문제를 상당히 해결할 수 있다.

14.2 관성가중치: 표준 PSO 모형

관성은 입자가 외부의 힘을 받지 않는 한 정지 또는 등속도 운동의 상태를 지속하려는 성질이다. 이 관성이 시간에 따라 계속 증가하면 입자는 탐색 영역의 경계를 넘는 아주 큰 진폭으로 진동할 것이다. 이를 피하고 해 공간의 효율적 탐색을 위하여 Shi & Eberhart(1998)는 속도 식 (13.3)에 식 (14.2)와 같이 관성가중치(inertia weight) ω 를 도입하였다.

$$v_{ij}(t+1) = \omega v_{ij}(t) + c_1 r_{1j}(t)[y_{ij}(t) - x_{ij}(t)] + c_2 r_{2j}(t)[\hat{y}_j(t) - x_{ij}(t)] \tag{14.2}$$

식 (14.2)와 같은 속도 식을 갖는 PSO 모형을 '관성가중치모형(inertia weight model)'이라 부른다. 이 모형이 PSO의 기본 모형으로 널리 사용되고 있어, '표준(standard) PSO 모형'으로 간주되고 있다.

관성가중치 ω의 값은 해의 수렴성과 함께, 탐사와 이용의 조화에 매우 중요하다. $\omega \geq 1$이면 시간이 흐름에 따라 속도가 증가하여 결국 입자들이 발산하게 된다(속도 제한이 있으면 최대 속도까지 가속화된다). ω가 클수록 지역탐색(이용)은 약화되고 탐사는 촉진되며, ω가 작을수록 전역탐색(탐사)은 약화되고 이용은 강화된다. 특히, ω가 작아질수록, 위치 변경은 인지요소와 사회요소에 더욱 더 영향을 받게 된다.

최적 관성가중치는 문제에 종속적이다. 관성가중치 ω는 고정된 값보다는 시간에 따라 동적으로 변하는 값을 흔히 사용한다. 초기에는 탐사를 강화하기 위해 ω를 크게 두고, 예로 $\omega = 0.9$로 두고, 시간이 지남에 따라 지역의 해 탐색을 강화하기 위해 ω를 작게, 예로 $\omega = 0.4$ 둔다.

관성가중치를 주는 여러 방법이 제안되었다.

(1) 임의 조정: ω는 매 시점마다 정규분포 $N(0.72, \sigma)$에서 임의로 추출하는 방법이 제안되었다. 이때 σ는 ω가 1보다 크지 않도록 작은 값으로 둔다.

(2) 선형 감소: ω는 초기 시점에 높은 값(보통 0.9)에서 마지막 시점의 낮은 값(보통 0.4)으로 선형적으로 감소(즉, 시점간의 감소폭이 일정함) 한다. 즉,

$$\omega(t) = (\omega(0) - \omega(n_t))(n_t - t) / n_t + \omega(n_t)$$

이다. 여기서 $w(t)$는 시점 t에서의 관성가중치이고, n_t는 마지막 시점이다.

(3) 비선형 감소: ω는 초기 시점에 높은 값에서 마지막 시점의 낮은 값으로 비선형적으로 감소한다. 이 방법에서는 ω가 초기에 감소폭이 커 선형 감소보다 전역탐색 시간이 짧고, 지역탐색 시간이 많다. 따라서 평활한 탐색 공간에서 더 효과적이다. 비선형 감소의 한 방법으로

$$\omega(t+1) = \frac{(\omega(t) - 0.4)(n_t - t)}{n_t + 0.4}$$

이 있다. 여기서 $\omega = 0.9$로 둔다. 이 외에 단순히 $\omega(t+1) = \alpha\omega(t)$, $0 < \alpha < 1$ 등의 여러 방법이 있을 수 있다. 선형과 비선형의 관성가중치 감소 방법은 시뮬레이티드 어닐링의 온도 계획과 유사하다.

속도 파라미터 ω, c_1, c_2는 Eberhart & Shi(2000)의 실험에서 $\omega = 0.7298$, $c_1 = c_2 = 1.49618$일 때 좋은 수렴성을 보였다. 고정된 관성가중치 ω값을 성공적으로 사용할 수 있으나, 앞에서 언급했듯이 동적인 ω값의 사용도 수렴을 유도할 수 있다.

관성가중치는 수렴 궤적을 이끄는 데 도움이 되지만 어떤 문제에서는 속도가 아주 커지는 것을 방지하기 위하여 여전히 속도 제한(velocity clamping)을 필요로 한다. 이장의 5절에서는 수렴조건을 속도 제어 파라미터 ω, c_1, c_2에 의해 보인다.

14.3 수축계수

Clerc & Kennedy(2002)는 속도제한 없이 다차원에서 군집이 수렴함을 보이기 위하여 '수축모형(constriction model)'을 개발하였다. 수축모형은 식 (14.3)의 속도 식을 사용한다.

$$v_{ij}(t+1) = \chi[v_{ij}(t) + c_1 r_{1j}(t)(y_{ij}(t) - x_{ij}(t)) + c_2 r_{2j}(t)(\hat{y}_j(t) - x_{ij}(t))] \tag{14.3}$$

식 (14.3)에서 상수 χ를 수축계수(constriction coefficient)라 부르고, 이는

$$\chi = \frac{2\kappa}{\left| 2 - \phi - \sqrt{\phi(\phi - 4)} \right|} \tag{14.4}$$

로 계산된다. 여기서 $\phi = c_1 + c_2$이고, $\phi > 4$와 $\kappa \in [0, 1]$의 제약을 갖는다.

Clerc & Kennedy(2002)는 다차원 해공간에서 여러 입자를 갖는 수축 PSO 모형에서 식 (14.4)의 수축계수 χ가 $\phi > 4$와 $\kappa \in [0, 1]$을 만족하면 군집이 식 (13.4)에 수렴함을 보였다. 수축계수 χ는 범위 [0, 1]의 값을 갖는다. 이는 매 시간 단계에서 속도가 감소함을 의미한다. ϕ가 커지면 χ는 작은 값을 갖게 된다. $\phi = 4.1$, $\kappa = 1$일 때 흔히 잘 작동하는 것으로 알려져 있다. $\phi = 4.1$, $\kappa = 1$이면 $\chi \approx 0.73$이 되고, 이는 이전속도를 약화시킨다.

파라미터 κ에 대해 좀 더 알아보자. 파라미터 κ는 군집의 탐사능력과 이용능력을 조절하는 역할을 한다. κ가 0에 가까우면 지역 이용이 촉진되어 빠른 수렴을 얻을 수 있고, κ가 1에 가까우면 높은 탐사력을 갖게 되나 수렴 속도는 늦어지게 된다. κ는 흔히 상수를 사용한다. 그러나 이 모형에서 초기에는 높은 탐사력을 그리고 후기에는 지역 이용을 하려면 초기에는 κ를 1에 가까운 값으로 두고 시간의 흐름에 따라 0으로 감소시킨다. 수축계수 χ와 관성가중치 ω는 탐사와 이용 측면에서 거의 같은 효과를 갖는다.

이 모형의 탐색 과정에 대해 알아보자. 수축모형은 시간이 지남에 따라 입자의 수렴을 유도한다.

즉, 각 입자 진동 폭은 사전 최선해에 탐색 초점이 맞추어 지면서 작아진다. $\kappa=1$ 일 때, 수렴속도가 느려서 입자가 수렴하기 전에 보다 많은 탐색이 이루어 질 수 있다.

이 모형에서 입자는 탐색 동안 매 시점마다 변화하는 하나의 점에 수렴한다. 이 목표 수렴점은 자신과 이웃의 두 최선점, $\mathbf{y}_i$ 와 $\hat{\mathbf{y}}$ 의 '확률적' 가중치 평균이다. 이 두 점이 가까이 있으면 입자는 하나의 중심 주위를 돌아, 결국 두 점 영역에 수렴하게 된다. 한편 군집이 아직 여러 최적점을 탐색하고 있고 자신과 이웃의 두 최선점이 멀리 떨어져 있으면 입자는 넓은 영역에서 순환(cycle)하게 된다. 입자는 탐색 공간에서 계속 이동하는 목표점에 수렴할 수 없다. 그리하여 입자는 두 최선점이 어느 정도 일치될 때까지 해공간의 탐사를 계속한다.

자신을 포함해서 이웃들의 해가 같은 영역 내에 있게 되면 입자 궤적은 점점 좁아지게 될 것이고, 이 영역을 강도 높게 탐색하게 된다. 만약 이웃의 다른 입자가 새로운 최선해를 찾는 경우가 발생하면, 입자는 자신의 $\mathbf{y}_i$ 와 새로운 $\hat{\mathbf{y}}$ 간의 영역을 다시 탐색하는 궤적으로 탐색 방향을 변경하게 된다.

수축모형의 특징을 정리하면 다음과 같다.

(1) 수축모형에서는 속도 제한(clamping)을 반드시 둘 필요는 없다. 그러나 Eberhart & Shi(2000)는 속도 제한과 수축을 함께 사용하면 더 빠르게 수렴시킬 수 있음을 보였다.

(2) 수축모형에서 식 (14.4)의 수축계수 χ 가 $\phi > 4$ 와 $\kappa \in [0, 1]$ 의 제약을 만족하면 군집의 수렴을 보장한다.

(3) 수축모형에서 χ 의 값은 단지 입자의 속도 크기만을 조절하고, 입자의 방향 조정은 상수 c_1 과 c_2 에 의해 이루어진다.

14.4 개인과 전역 최선위치의 갱신 시점

기본 PSO에서는 군집(또는 이웃)의 모든 개인최선위치를 먼저 구하고 이로부터 전역(또는 이웃) 최선위치를 구한다. 이와는 달리 한 입자의 개인최선위치가 갱신되면 바로 전역(이웃) 최선위치를 갱신할 수 있다. 이 방법은 발견된 최선위치를 바로 입자의 이동에 반영한다는 장점을 갖는다. 입자간 연결성이 약한 지역최선 PSO에서는 이 방법(개인최선위치 발견 즉시 전역최선위치 갱신)이 적합하고, 전역최선 PSO에서는 한 시점의 모든 개인최선위치를 구하고 이로부터 전역최선위치를 구하는 방법이 적합한 것으로 알려져 있다.

한편, 전역최선 PSO는 multimodal 문제에서 좋은 해를 탐색하는 데 어려움이 발생할 수 있다.

이러한 유형의 문제에서 전역 최선위치 대신 이웃에서 임의로 선택한 위치를 사용하는 방법이 제안되었다(Kennedy, 2003).

14.5 평형점과 수렴조건

이 절에서는 PSO 모형의 평형점(equilibrium point)에 대해 알아본다. 여기서는 안정점(stable point)을 평형점과 같은 의미로 본다. 일반 PSO 모형으로 사용되는 관성가중치모형은 속도 파라미터 ω, c_1, c_2 의 값에 매우 민감하다. 이들 파라미터가 어떤 조건일 때 어느 점으로 수렴하는 지에 대해서도 알아본다. 여기서는 이에 대한 증명은 van den Bergh & Engelbrecht(2006)을 참조하기 바란다. 관성가중치모형을 다시 보자.

$$\mathbf{x}_i(t+1) = \mathbf{x}_i(t) + \mathbf{v}_i(t+1) \tag{14.5}$$

$$\mathbf{v}_i(t+1) = \omega \mathbf{v}_i(t) + c_1\mathbf{r}_1(t)[\mathbf{y}_i(t) - \mathbf{x}_i(t)] + c_2\mathbf{r}_2(t)[\hat{\mathbf{y}}(t) - \mathbf{x}_i(t)] \tag{14.6}$$

■ 평형점

이 관성가중치모형에서 평형점에 대해 알아보자. 평형점은 외부자극이 없을 때 동적시스템에서 안정적으로 유지되는 상태를 나타낸다. 식 (14.5)와 (14.6)에서 평형상태가 될 충분조건은 연속된 두 단계의 위치와 속도가 같다는 조건이다. 즉 $\mathbf{x}_i(t+1) = \mathbf{x}_i(t)$, $\mathbf{v}_i(t+1) = \mathbf{v}_i(t)$ 을 만족해야 한다. 이 두 조건은 식 (14.5)와 (14.6)의 두 식에 의해 평형상태의 위치와 속도는 각각 $\mathbf{x}_i^{eq}(t) = \mathbf{p}_i(t)$, $\mathbf{v}_i^{eq}(t+1) = 0$ 이 된다(Trelea, 2003; Garcia-Gonzalo & Fernandez-Martinez, 2012)). 여기서

$$\mathbf{p}_i(t) = \frac{c_1\mathbf{r}_1(t)\mathbf{y}_i(t) + c_2\mathbf{r}_2(t)\hat{\mathbf{y}}(t)}{c_1\mathbf{r}_1(t) + c_2\mathbf{r}_2(t)} \tag{14.7}$$

이다. $\mathbf{r}_1(t)$, $\mathbf{r}_2(t)$ 는 U[0,1]의 난수이다. $\phi_1 = c_1 r_1$ 과 $\phi_2 = c_2 r_2$ 의 $E[\phi_1] = c_1/2$, $E[\phi_2] = c_2/2$ 이다. 따라서 입자 i 의 '평균 궤적(mean trajectory)'은 식 (14.8)의 고정점 $\mathbf{p}_i$ 에 점진적으로 수렴하게 된다.

$$\mathbf{p}_i = \frac{c_1\mathbf{y}_i + c_2\hat{\mathbf{y}}}{c_1 + c_2} \tag{14.8}$$

평형점 $\mathbf{p}_i$ 는 식 (13.4)의 '진동중심의 평균'이고, 진동중심의 평균은 두 최선위치의 가속계수 가중치 평균이다. 그리고 평형상태에서 입자의 속도는 0이다. 일반적으로 입자는 평형상태에 있지 않다. 입자가 평형상태에 도달할 수 있는가는 적용에서 아주 중요한 문제이다. 앞 장에서 언급했듯이 입자가 평형점에 도달하기 전에는 두 최선 위치도 변하고 가중치도 난수에 의해 결정되므로

매 단계마다 이 끌개의 위치 $\mathbf{p}_i$ 가 변한다. 입자는 이 끌개 주위를 사인곡선 형태의 파도(sinusoidal waves)를 그리며 불규칙적으로 움직인다. 반복이 계속될 때 입자가 발산하지 않고 안정적으로 수렴하게 되면 결국 두 최선 위치가 같게 되어 난수와 가속계수에 상관없이 하나의 최선위치로 수렴하게 된다.

■ 수렴조건

PSO에서 각 입자가 발산하지 않고 평형상태에 도달하면 각 입자는 개인과 이웃의 두 최선위치의 가중치 평균의 위치(평형점)로 수렴하게 된다. 관성 모형에서 입자가 발산하지 않고 궁극적으로 평형상태에 도달하여 평형점으로 수렴할 조건에 대해 알아보자. 이 수렴 조건은 적용에 있어서 매우 중요하다.

식 (14.6)의 속도식을 갖는 PSO 시스템에서

$$0 < (\phi_1 + \phi_2) < 2(\omega + 1), \ 0 \le \omega < 1 \tag{14.9}$$

이면 이 시스템은 평형점으로 수렴한다(Trelea, 2003, van den Bergh & Engelbrecht, 2006). 여기서 $\phi_1 = c_1 r_1$, $\phi_2 = c_2 r_2$ 이고 r_1, r_2 는 범위 [0, 1]의 난수이다. 평형점은 지역최적이나 전역최적을 의미하지 않고 단지 평형상태(equilibrium state)의 위치이다. 이 장에서 수렴은 평형점(안정점)으로의 수렴을 의미한다.

$\phi_1 = c_1 r_1 \le c_1$ 이고 $\phi_2 = c_2 r_2 \le c_2$ 이므로, c_1 과 c_2 는 각각 ϕ_1 과 ϕ_2 의 상한이다. 따라서 식 (14.9)를 다음과 같이 쓸 수 있다.

$$0 < (c_1 + c_2) < 2(\omega + 1), \ 0 \le \omega < 1 \tag{14.10}$$

식 (14.10)은 관성가중치모형에서 수렴하기 위한 '충분조건'이다. 즉, 이 확률적 PSO시스템에서는 ω, c_1, c_2 의 관계가 식 (14.10)을 만족하지 않아도 확률적으로 식 (14.9)를 만족할 수 있다. 이는 ω, c_1, c_2 의 관계가 식 (14.10)을 만족하지 않을 때, 이 확률로 수렴을 유도한다는 의미이다. 이에 대한 예는 다음 절에서 확인할 수 있다.

속도에서 관성을 무시하면, 즉 $\omega = 0$ 인 경우는 식 (14.9)에서 $0 < \phi_1 + \phi_2 < 2$ 로 되고, 식 (14.10)로부터 $0 < c_1 + c_2 < 2$ 로 된다. 이때 $0 < \phi_1 + \phi_2 < 1$ 이면 궤적이 시작점에서 안정점을 향하는 데 안정점을 지나지 않고 지수적으로 안정점에 수렴하게 되고, $1 < \phi_1 + \phi_2 < 2$ 이면 궤적이 안정점 주위를 진동하면서 진폭이 점점 작아져 수렴하게 된다. $2 \le \phi_1 + \phi_2 < 4$ 인 경우는 평형상태에 도달하지 못하고 폭발하게 된다. 관성이 없는 경우는 있는 경우보다 알고리즘의 성능이 좋지 않다(Kennedy & Eberhart, 1995). 한편 $\omega \ne 0$ 일 때 인지요소와 사회요소가 무시되면 즉, $c_1 = c_2 = 0$ 이면, 끄는

점이 없게 되어 입자는 해 공간의 경계까지 초기 방향으로 계속 날아가게 되어 수렴하지 않게 된다(Garcia-Gonzalo & Fernandez-Martinez, 2012). 인지요소와 사회요소는 입자에 대한 견인력(attraction)과 수렴(convergence)에 영향을 주고, 관성은 해의 탐사에 주로 영향을 준다.

13.3절에서 다룬 단순 PSO 모형에서 $\omega = 0$ 인 경우, 입자의 궤적을 보자. 이동의 특성을 보기 위해 초기 $x(0) = 100$ 로 두자. [그림 14-1]은 이를 보여 준다. 이 그림의 (a)~(c)에서 ϕ_1, ϕ_2 는 13.3절에서와 같이 확정된 파라미터를 나타낸다. [그림 14-1](d)에서 수렴 조건을 만족하지 않으나 폭발이 일어나지 않고 안정점 주위에서 이동한다. 이는 $c_1 = c_2 = 1.5$ 이고 r_1, r_2 는 범위 [0, 1]의 난수이므로, $c_1 r_1 + c_2 r_2$ 는 범위 [0,3]의 균등분포를 따른다. 수렴 조건은 $0 < c_1 + c_2 < 2$ 이다. 따라서 이 조건을 만족할 확률은 2 /3이다. 이는 입자가 2/3의 시간 동안은 수렴하고 1/3의 시간 동안 발산함을 의미한다. 따라서 [그림 14-1] (d)와 같은 궤적이 일어 날 수 있다.

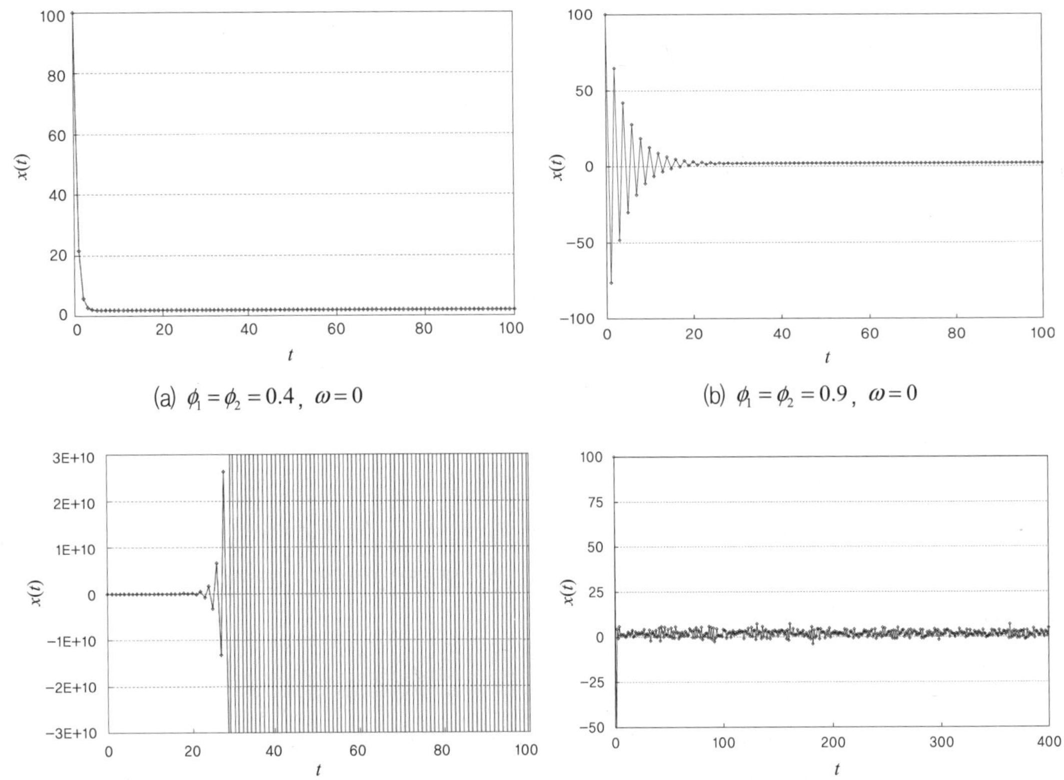

(a) $\phi_1 = \phi_2 = 0.4$, $\omega = 0$

(b) $\phi_1 = \phi_2 = 0.9$, $\omega = 0$

(c) $\phi_1 = \phi_2 = 1.5$, $\omega = 0$

(d) $c_1 = c_2 = 1.5$, $\omega = 0$

그림 14-1 단순 PSO에서 관성이 없을 때 해의 궤적

14.6 입자 궤적

ω, c_1, c_2 의 제어 파라미터에 따라 입자의 궤적이 어떻게 변화되는지 보자. 앞 장에서는 관성 가중치가 $\omega=1$ 인 경우의 입자 궤적의 특징에 대해 알아보았다.

이를 위해 아래 '단순(simplified) PSO 시스템'을 사용한다.

(1) 입자는 하나이다.

(2) 일차원 입자이다.

(3) 모든 시간 t 에서 개인최선위치 y 와 전역최선위치 $\hat{y}$ 가 상수이다. 즉, 두 최선위치가 변하지 않는다고 본다.

(4) 모든 시간 t 에서 $\phi_1(t)=\phi_1$, $\phi_2(t)=\phi_2$ 인 상수이다. 확정적이다.

즉, 이 단순 PSO 시스템의 속도와 위치 식은 다음과 같다.

$$v(t+1)=\omega v(t)+\phi_1[y-x(t)]+\phi_2[\hat{y}-x(t)] \tag{14.11}$$

$$x(t+1)=x(t)+v(t+1) \tag{14.12}$$

제13장에서 다룬 단순 PSO는 이 시스템에서 관성 가중치 $\omega=1$ 로 둔 시스템이다. 식 (14.11)에서 두 최선위치는 $y=4.0$ 과 $\hat{y}=0$ 으로, 초기조건은 $x(0)=4$, $v(0)=0$ 으로 둔다. y 와 $\hat{y}$ 는 시간에 따라 동적으로 변하나 여기서는 입자의 궤적에 대한 기본적 이해를 돕기 위해 고정 값으로 둔다.

먼저 비확률적(non-stochastic) PSO 모형의 궤적을 보이기 위해, ϕ_1 과 ϕ_2 가 상수인 아래 세 경우를 보자.

(1) $\omega=0.5$, $\phi_1=\phi_2=1.4$ 인 경우, [그림 14-2]와 같이 입자는 평형점 $x(t)=(5.6+0)/2.8=2.0$ 에 '수렴한다'. 초기에는 진폭이 약간 있으나 시간이 지남에 따라 점차 진폭이 0에 가까워진다. 이 파라미터는 수렴조건 식 (14.9)를 만족하고 있다.

(2) $\omega=1.0$, $\phi_1=\phi_2=1.99$ 인 경우, [그림 14-3]과 같이 수렴하지 않고 '사인곡선 형태의 사이클' 궤적을 이룬다. 식 (14.9)에서 $\omega<1$ 의 조건을 만족하지 않는다.

(3) $\omega=0.7$, $\phi_1=\phi_2=1.99$ 인 경우, [그림 14-4]와 같이 '나선형으로 발산'한다. 이 그림에서 $x(t)$ 값이 일정 기간 동안 같게 보이나, 실제로는 시간 흐름에 따라 $x(t)$ 의 진폭이 아주 커진다. 이 그림의 척도 상 이를 나타내지 못하여 일정하게 보일 뿐이다.

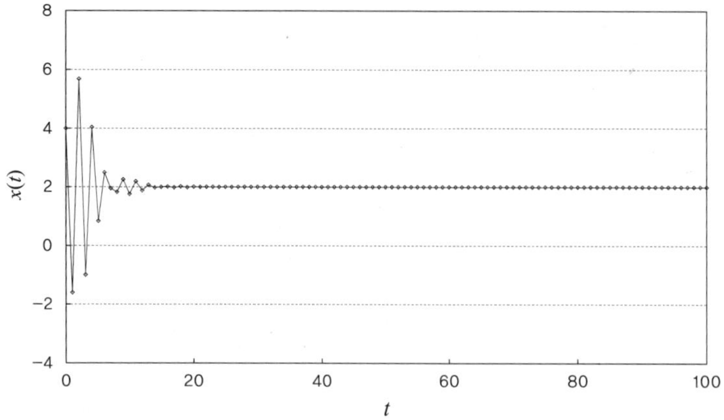

그림 14-2 $\omega = 0.5,\ \phi_1 = \phi_2 = 1.4$ 일 때, 입자의 수렴 입자 궤적

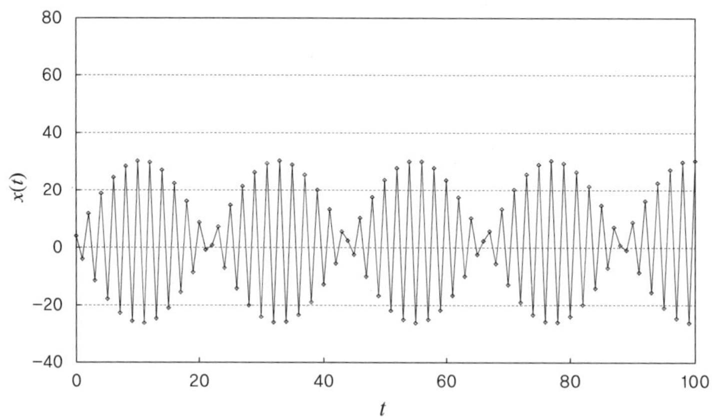

그림 14-3 $\omega = 1.0,\ \phi_1 = \phi_2 = 1.99$ 일 때, 입자의 사이클 입자 궤적

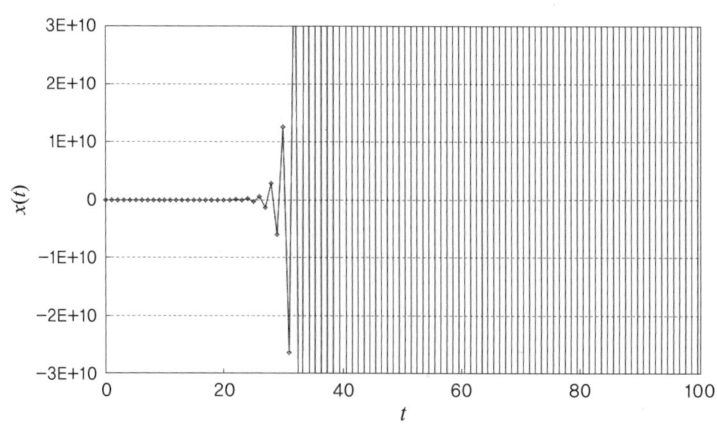

그림 14-4 $\omega = 0.7,\ \phi_1 = \phi_2 = 1.99$ 일 때, 입자의 나선형 발산 입자 궤적

다음은 확률적 ϕ_1과 ϕ_2에 대한 실험을 보자. 즉, $\phi_1 = c_1 r_1$, $\phi_2 = c_2 r_2$이고, r_1, r_2는 범위 [0, 1]의 난수임을 상기하자. 그러므로 $0 \le \phi_1 \le c_1$, $0 \le \phi_2 \le c_2$이다.

(4) $\omega = 0.7$, $c_1 = c_2 = 1.4$인 경우를 보자. 이는 [그림 14-5]와 같이 입자가 수렴 궤적을 보인다. 이는 식 (14.10)의 조건을 만족한다. 이 그림에서 보듯이 진폭이 크지 않다. 작은 진동이 있는데 이는 확률적 영향 때문이다.

(5) $\omega = 1.0$, $c_1 = c_2 = 2.0$인 경우, [그림 14-6]과 같이 시간이 지남에 따라 진폭이 아주 커지면서 발산한다. 이는 $\omega = 1.0$인 기본 PSO 알고리즘에서 이 파라미터를 흔히 사용한다. 이 결과로부터 기본 PSO알고리즘에서 왜 속도제한이 필요한지를 알 수 있다. 식 (14.10)에서 수렴조건 $\omega < 1.0$과 $c_1 + c_2 < 4$을 어기고 있다.

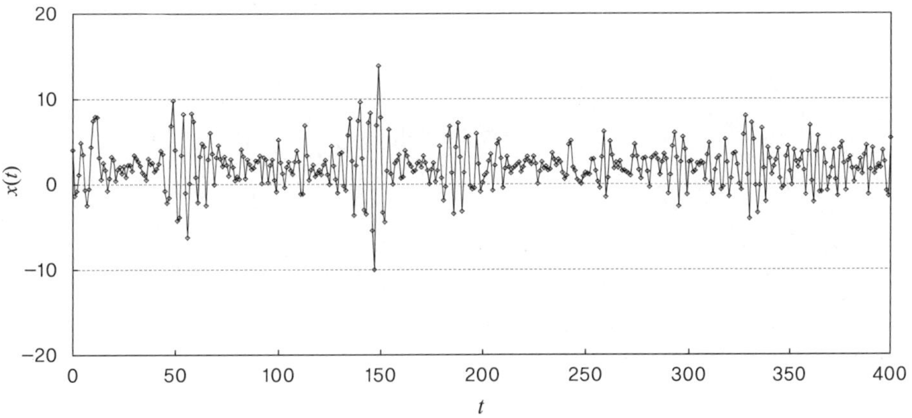

그림 14-5 $\omega = 0.7$, $c_1 = c_2 = 1.4$일 때, 확률적 입자 궤적: 수렴

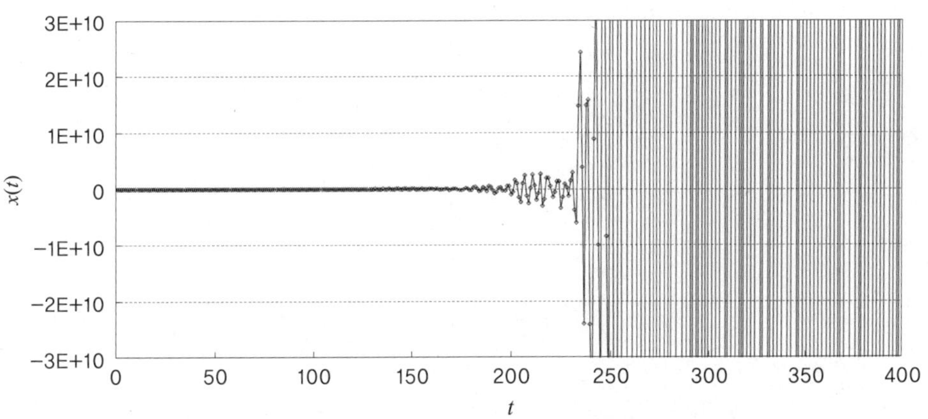

그림 14-6 $\omega = 1.0$, $c_1 = c_2 = 2.0$일 때, 확률적 입자 궤적: 발산

(6) $c_1 = c_2 = 2.0$ 로 앞의 (5)와 같고, 식 (14.10)의 조건을 어기는 $\omega = 0.8$ 인 경우를 보자. 이는 발산을 기대할 수 있다. 그러나 [그림 14-7]과 같이 이 궤적은 수렴할 수 있다. 이는 식 (14.10)의 조건이 수렴을 위한 충분조건이지 필요조건이 아님을 설명하고 있다. 식 (14.9)에서 $\omega = 0.8$ 이면 $\phi_1 + \phi_2 < 3.6$ 에서 수렴된다. $c_1 = c_2 = 2.0$ 이고 r_1, r_2 는 범위 [0, 1]의 난수이므로, $\phi_1 + \phi_2$ 는 범위는 (0,4)의 균등분포를 따른다. 그러므로 $\phi_1 + \phi_2 < 3.6$ 일 확률은 3.6/4=0.90이다. 이는 입자가 가끔은(0.10의 확률로) 발산 단계를 따르나 대부분(확률 0.90로)의 단계에서는 수렴함을 의미한다. 이와 같이 수렴 단계와 발산 단계의 상대적 양에 의해 입자의 수렴 궤적 형태가 달라진다.

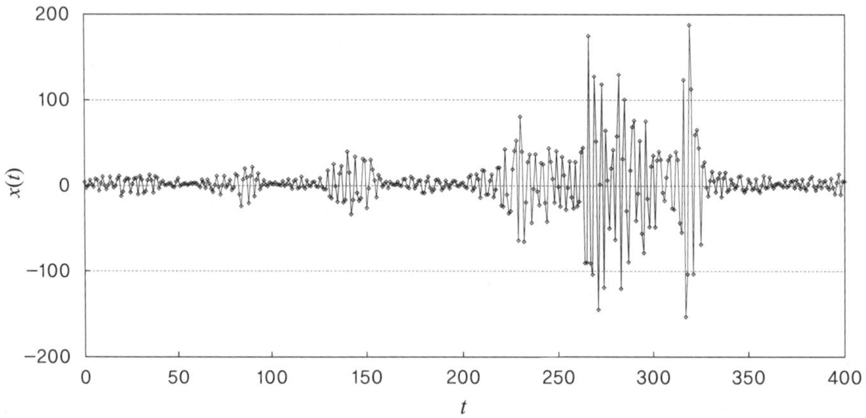

그림 14-7 $\omega = 0.8$, $c_1 = c_2 = 2.0$ 일 때의 확률적 입자 궤적

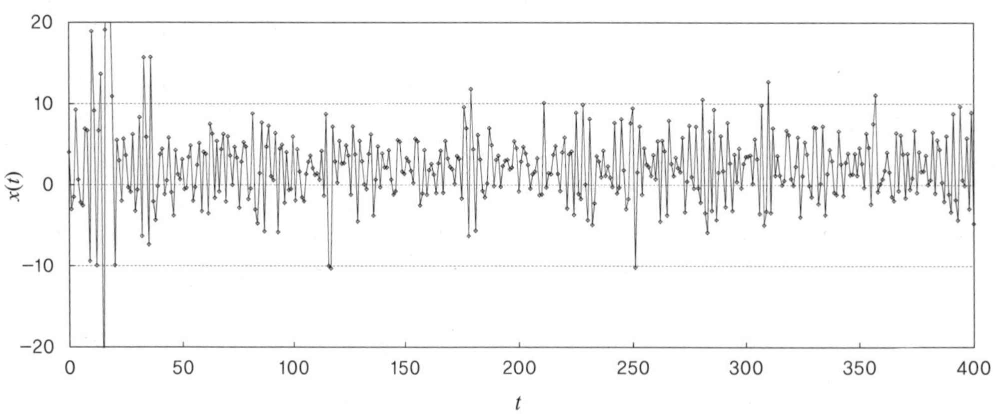

그림 14-8 $\omega = 0.5$, $c_1 = c_2 = 2.0$ 일 때의 확률적 입자 궤적

(7) $\omega = 0.5$, $c_1 = c_2 = 2.0$ 로 변경하여 보자. 이는 식 (14.10)의 수렴조건을 어기나 입자 궤적은 [그림 14-8]과 같이 수렴이 일어날 수 있다. $\omega = 0.5$ 이므로 식 (14.9)로부터 $\phi_1 + \phi_2 < 3.0$ 일 때 수렴한다. $c_1 = c_2 = 2.0$ 이고 r_1, r_2 는 범위 [0, 1]의 난수이므로, $\phi_1 + \phi_2$ 는 범위 [0, 4]의 균등분포를 따른다. 따라서 $\phi_1 + \phi_2 < 3.0$ 일 확률은 3.0/4=0.75이다. 이를 (6)의 경우($\omega = 0.8$, $c_1 = c_2 = 2.0$)인 [그림 14-7]과 비교하여 보자. ω 가 더 작기 때문에 [그림 14-8]의 궤적은 [그림 14-7]에서 보다 진폭이 더 작고 빠르게 수렴한다. 하지만 $\omega = 0.5$, $c_1 = c_2 = 2.0$ 일 때가 $\omega = 0.8$, $c_1 = c_2 = 2.0$ 의 경우보다 발산 단계 빈도가 더 많아 폭발이 더 자주 발생한다.

이로부터 특정 ω 가 주어질 때 수렴조건 식 (14.10)을 만족하는 $\phi_1 + \phi_2$ 의 가장 큰 값, 이를 ϕ_{crit} 로 나타내자. 즉

$$\phi_{crit} = \sup \ \phi \mid 0.5\phi - 1 < \omega, \ \phi \in (0, c_1 + c_2] \tag{14.13}$$

로 두자. 그러면 식 (14.14)의 ϕ_{ratio}

$$\phi_{ratio} = \frac{\phi_{crit}}{c_1 + c_2} \tag{14.14}$$

가 1.0에 가까울수록, 궤적은 잦은 폭발 없이 수렴하게 된다. 앞에서 $\omega = 0.5$, $c_1 = c_2 = 2.0$ 인 앞의 (7) 예처럼 $\phi_{ratio} = 0.75$ 인 경우도 심하게 큰 진동 없이 수렴한다.

극단적인 예로, $\omega = 0.001$, $c_1 = c_2 = 2.0$ 일 때, 즉, $\phi_{ratio} \approx 0.5$ 인 경우를 보자. 이 시스템은 약 50%의 수렴 단계를 갖는다. [그림 14-9]처럼 발산 단계에 의해 여러 번 큰 폭발이 일어나나 회복할 수 있다. 이 회복은 약 50% 시간단계에서 수렴 단계 궤적을 따른 데 기인한다. 이 확률적 발산

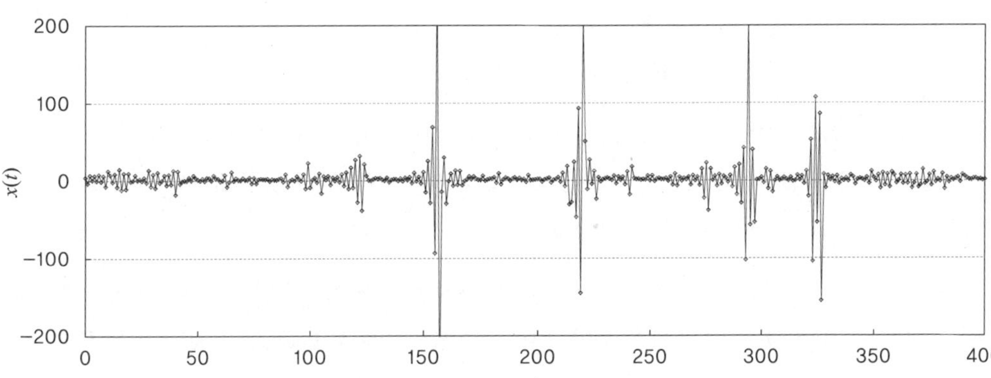

그림 14-9 $\omega = 0.001$, $c_1 = c_2 = 2.0$ 일 때의 확률적 입자 궤적

행동은 해의 다양성에 긍정적인 영향을 미처, 탐사능력을 향상시킬 수 있다. 많은 지역최적을 갖는 함수 최적화에서 이러한 특성은 유익하게 작용한다.

이제 파라미터 ω c_1, c_2를 선택하는 경험적 방법에 대해 알아보자. 더 작은 ω 값은 더 빠른 수렴 속도를 갖는다. 이는 얼마나 자주 폭발 단계를 갖는가와 상쇄 관계에 있다. 이 폭발 빈도는 c_1과 c_2에 의해 영향을 받는 ϕ_{ratio}에 의해 측정될 수 있다. $\phi_{ratio}=1$이 되도록 c_1과 c_2를 선택하면 수렴시스템을 구축할 수 있다. 이것은 '빠르게 수렴하나', 거의 탐사 행동이 없는 시스템이 된다. c_1과 c_2를 약간 크게 하여(고정된 ω 값을 유지하면서) 더 작은 ϕ_{ratio}을 갖게 하면, 이 PSO 시스템은 더 탐사력을 가질 것이나 궤적이 더 자주 폭발할 것이다. 즉, 탐색에서 탐사능력은 높아지나 이용(exploitation) 능력은 더 약화될 것이다.

요약하면 아래와 같다.

(1) 단순 PSO 시스템에서 입자는 끌개, 즉 식 (14.7)의 점 주위에서 사인곡선 형태의 궤적을 그린다. 이때 입자는 진동의 폭과 주기가 다른 궤적을 따를 수 있다. 사인곡선 궤적에서 진폭이 계속 커지는 경향을 가지면 발산하게 되고 진폭과 주기가 같으면 사이클을 이루며, 진폭이 점점 작아지는 경향을 띠면 수렴하게 된다. 또한 앞의 예에서 보았듯이 진폭이 일시적으로 커지고(폭발하고) 다시 수렴하는 과정을 반복하는 궤적이 나타날 수 있다. 이 경우가 폭발 없이 수렴하는 경우보다 좋은 해를 찾는 경향이 있다.

(2) 평형상태(안정점)로의 수렴 조건은 식 (14.9)와 같다. 이 안정점은 식 (14.7)과 같이 개인최선 위치와 전역최선위치의 가중치 평균이다.

끝으로, 기존 연구에서 제시한 좋은 파라미터의 집합은 아래와 같다.

(a) $\omega=0.7298$, $c_1=c_2=1.49618$ (Eberhart & Shi, 2000)

(b) $\omega=0.729$, $c_1=c_2=1.494$ (Clerc & Kennedy, 2002)

(c) $\omega=0.6$, $c_1=c_2=1.7$ (Trelea, 2003)

(d) $\omega=0.715$, $c_1=c_2=1.7$ (Jiang *et al.*, 2007)

Jiang *et al.*(2007)은 파라미터 집합 (d)을 사용할 때 계산시간은 더 소요되나 강한 탐사력을 갖기 때문에 좋은 결과를 얻는다고 보고하였다. [그림 14-10]은 단순 PSO 모형에 이들 파라미터를 사용한 실험 중에서 하나의 결과를 도식한 것이다.

PSO를 적용할 때 이들 파라미터를 어떻게 잘 설계할 것인가? 폭발(explosion)과 수렴(convergence)이 균형을 이룰 때 해의 탐색 성능이 좋아 진다(Kennedy & Eberhart, 2001). 이는 PSO 시스템을 혼돈의 가장자리(the edge of chaos)에 둔다는 의미이다. 혼돈의 가장자리는 자발적 질서가 나타나고 자기 조직화가 이루어지는 특성이 있다.

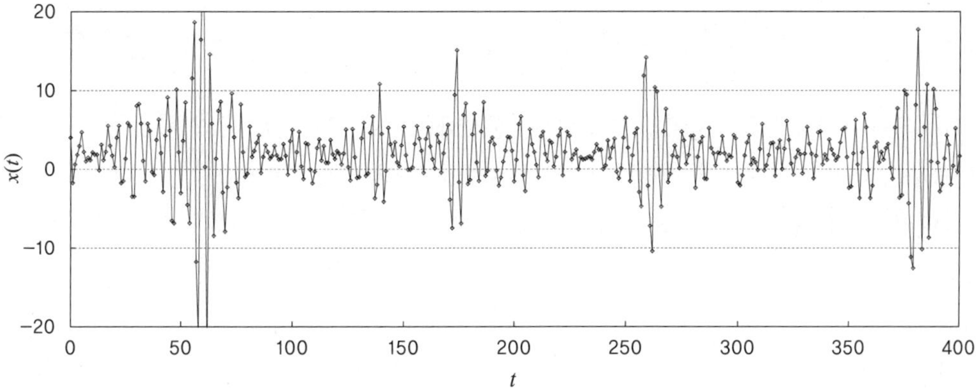

(a) $\omega = 0.729$, $c_1 = c_2 = 1.496$

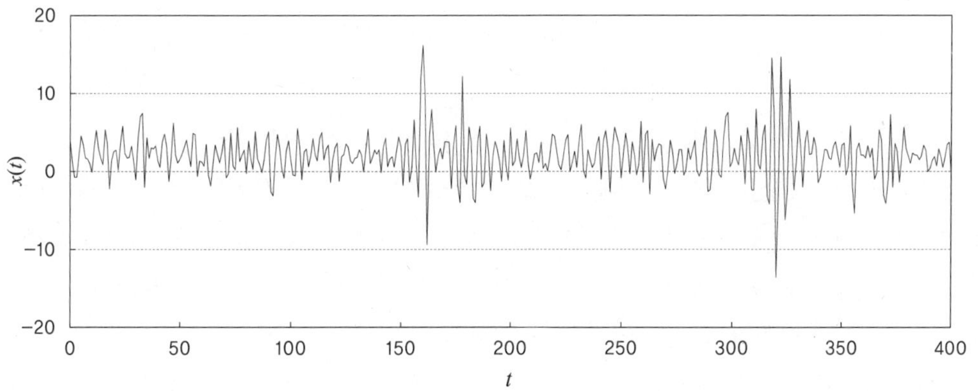

(b) $\omega = 0.6$, $c_1 = c_2 = 1.7$

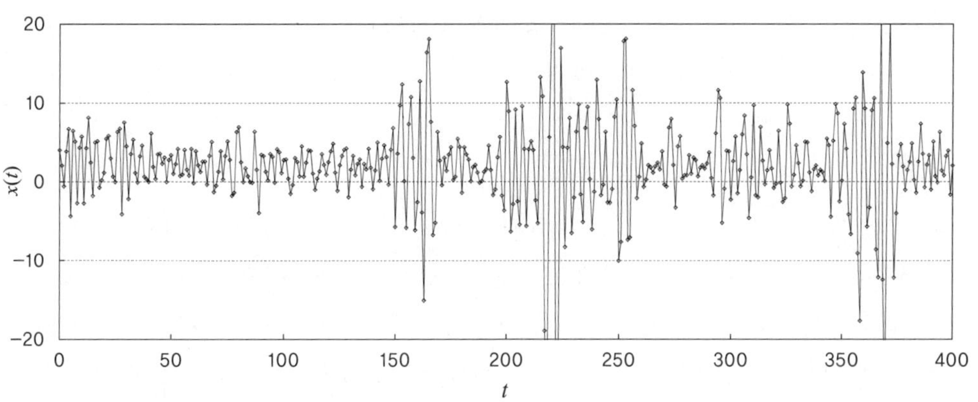

(c) $\omega = 0.715$, $c_1 = c_2 = 1.7$

그림 14-10 추천 파라미터를 사용한 단순 PSO의 입자 궤적

14.7 진화알고리즘과 비교

PSO는 군집 이론, 사회인지이론, 인공생명, 진화계산 등을 포함하는 여러 원리에 뿌리를 두고 있다. PSO는 하나의 진화계산 패러다임으로 볼 수 있다. 이 절에서는 PSO와 진화알고리즘(EA)의 유사점과 차이점을 탐색 과정, 표현, 적응도 평가, 재결합, 선택과 엘리티즘, 돌연변이 순으로 알아본다.

1) 탐색 과정

PSO와 EA은 모두 집단을 운영하는 확률적 최적화알고리즘이다. 두 알고리즘 모두 개체(잠재해)로 이루어진 집단을 운영하고, 여러 연산자를 이용하여 현재 해를 변형하여 최적화 문제의 해를 얻는다. EA는 자연선택과 유전 법칙에 기초한 진화에서, PSO는 새, 물고기 등의 집단 행동에서 영감을 얻은 것이다. 두 알고리즘 모두 자연 현상에서 영감을 얻었다.

이제 차이점을 보자. 좋은 해를 탐색 하는 능력은 EA에서는 환경에 잘 적응하는 개체가 생존하고 생존한 개체가 자손을 생산하는 데서 나오고, PSO에서는 탐색 공간에 관한 지식을 교환하기 위하여 모든 개체가 상호 작용하는 데서 나온다. 개체간의 정보 교환 메카니즘으로 EA는 자연 선택과 유전법칙을 이용하고, PSO는 자신과 이웃이 지금까지 발견한 좋은 위치(해)와 직전의 비행 방향을 기억하여 이용한다. EA에서도 이와 유사하게 과거에 찾은 가장 좋은 해를 기억하는 엘리티즘 전략이 있다. 그러나 PSO에서는 기억 정보가 주 역할을 하나 EA에서 엘리티즘은 부수적인 전략이다.

EA와 PSO의 또 다른 큰 차이점은 EA는 각 개체의 적응도에 기초하여 탐색하나, PSO는 개체의 적응도가 아니라 개체 간의 사회적 상호작용(social interaction)에 의해 탐색한다는 것이다.

2) 표현

EA는 연속 값과 이산 값을 갖는 해 공간에서 사용될 수 있으며, 개체는 이진수 스트링, 정수, 실수, 나무구조, 그래프 등으로 다양하게 표현될 수 있다. 그러나 PSO의 표현은 매우 제한적이다. PSO에서 입자는 실수 벡터로 표현된다. 이는 연속 공간에서 정의되는 속도 갱신 때문이다. PSO를 이산 공간에서 사용하기 위해서는 속도와 위치 벡터를 이산 표현으로 변환하는 특별한 연산자가 필요하다(15장 참조). 또한 EA에서는 유전자 수가 다른 개체를 사용할 수 있으나, PSO에서는 속도와 위치 벡터의 산술 연산 때문에 같은 크기의 입자를 사용해야 한다.

3) 적응도 평가

PSO와 EA 모두에서 후보해의 적응도를 평가한다. PSO에서 (입자의) fitness는 적합도라는 용어가 더 적합할 것으로 보이나 여기서는 편의상 EA에서와 같이 적응도라는 용어를 사용하기로 한다. 그러나 두 알고리즘에서 적응도 평가의 용도는 아주 다르다. EA에서 개체의 적응도는 집단에서 생존할 개체를 선택하는 데 이용된다. 적응도에 따라 선택된 개체가 자손을 생산함으로써 개체간에 정보교환이 된다. 따라서 탐색은 개체의 적응도에 기초하여 이루어진다. 반면에 PSO에서 탐색은 개인과 이웃의 경험을 기억하고 이를 이용하여 이루어진다. PSO에서는 입자의 적응도는 단지 개인최선위치와 전역최선위치를 파악하는 데 사용된다.

4) 재결합

PSO에서는 EA와는 달리 입자들이 자연 선택과 유전법칙에 의해 사망과 탄생이 일어나지 않는다. 따라서 PSO에서 명시적은 재결합은 없다. 하지만 PSO의 속도 갱신에서 인지요소와 사회요소의 확률적 결합에 의해 내재적으로 재결합 형태를 갖는다고 볼 수 있다.

5) 선택과 엘리티즘

EA에서 선택은 생존을 결정하고, 생존한 개체가 자손을 생산하여 탐색을 진행된다. PSO에서는 입자의 사망과 자손(새로운 입자)의 탄생이 일어나지 않으므로 EA와 같은 명시적 선택은 존재하지 않는다. 하지만 입자들을 전역최선위치로 끄는 것은 선택의 효과와 유사하다고 볼 수 있다. PSO에서 입자들은 최적해를 찾는 공동의 목표를 달성하기 위해 상호 협조한다. 입자들은 이웃의 더 적합한(좋은 위치를 찾은) 입자를 향해 움직임으로써 이들에 의해 인도된다고 볼 수 있다.

EA에서 좋은 해로의 수렴 속도는 선택 압력에 의해 조정될 수 있다. 한편, PSO에서는 관성가중치 ω와 가속계수 c_1, c_2에 의해 수렴 속도를 조정할 수 있다.

EA에는 지금까지 발견된 가장 좋은 개체를 선택하여 유지 보관하는 엘리티즘 전략이 있다. PSO에서 전역최선위치를 찾고 이를 기억하는 것은 EA의 엘리티즘 전략과 유사하다. PSO에서 엘리티즘(전역최선위치의 이용)은 주요 전략으로 사용하고 있으나, EA에서는 단순히 가장 좋은 해가 연산과정에서 사라지는 것을 방지할 목적으로(다목적 진화알고리즘에서는 중요한 역할을 하지만) 사용된다.

6) 돌연변이

EA에서 돌연변이는 흔히 개체의 인자를 임의로 변경함에 의해 이루어진다. 이와 같은 돌연변이는 집단의 다양성을 높여 탐사에 기여한다. 기본 PSO 알고리즘에서 EA의 돌연변이 역할에 가장 가까운 요소는 인지요소와 사회요소의 난수 벡터 $\mathbf{r}_1$, $\mathbf{r}_2$로 볼 수 있다. PSO 알고리즘에서 돌연변이는 거의 사용하지 않으나, 단지 다목적 PSO에서 널리 잘 분포된 지배되는 않는 여러 해들을 찾기 위하여 EA에서와 유사하게 입자의 위치를 임의로 돌연변이 하는 연산자를 사용하기도 한다.

제15장

제약 다루기, 군집 다양화, 이산 PSO

이 장에서는 먼저 제약이 있는 연속 최적화문제의 PSO를 다룬다. PSO에서 제약을 다루는 여러 기법에 대해 알아본다. 그리고 PSO에서 조기 수렴을 막기 위해 군집을 다양화하는 방법을 소개한다. 또한 지역 최적에 정체되는 것을 막고 하나의 전역 최적해를 탐색하는 목적함수 펼치기 기법을 다룬다. 끝으로 이진수 최적화와 그 외의 이산(discrete) 최적화에 PSO의 적용에 관해 알아본다.

15.1 제약을 다루는 방법

메타휴리스틱스에서 제약을 다루는 문제는 주요 주제 중 하나이다. 이에 제약을 다루는 기법에 관하여 메타휴리스틱스에서 공통적으로 사용할 수 있는 기법에 대해서는 1.4절에서, 그리고 진화 알고리즘에서 사용되는 기법에 대해서는 12.2절에서 이미 다루었다. 이들 개념과 기법들을 PSO에도 차용하여 사용할 수 있다. 이에 PSO와 관련된 특징적인 내용만을 다루기로 한다.

1) 비가능해 버리기

비가능해를 받아들이지 않는 한 방법으로, 입자가 비가능 영역으로 들어가면 바로 임의의 가능해를 새로이 생성하여 이와 대체하는 것이다. 입자가 비가능 영역에서 떠도는 것을 허용하지 않는다. 이 방법은 재초기화하여 가능해를 생산함으로써 일정 부분 다른 가능 영역으로의 탐사를 돕는다. 그러나 가능해 생산이 어려울 때 비효율적일 수 있다.

이 방법은 가능해로 초기화 되고, 갱신과정에서 입자들은 단지 가능해만을 기억한다. 따라서 개인과 전역(이웃)의 두 최선해 모두 항상 가능해이다. 이 방법의 장점은 단순하고 파라미터가 없다는 것이며, 단점은 비가능 영역을 탐사하지 않음으로써 비가능 영역의 중요 정보를 추출하지 못하고, 입자의 다양성 상실과 조기 수렴이 발생하기 쉽다는 것이다.

2) 비가능해 보수

PSO에서 비가능 영역으로 이동한 입자의 보수 방법(repair method)은 입자가 가능 영역으로 들어오거나 가능영역으로 향하도록 하는 특별한 방법을 사용하는 것이다. 이 방법에서는 보통 가능해로 시작한다.

하나의 보수 방법은 다음과 같다. 모든 입자는 가능 영역에서 출발한다. 개인최선위치와 전역최선위치는 항상 가능해로 유지한다. 어떤 입자가 비가능 영역으로 들어가면 이 영역을 떠돌게 한다. 그러다가 개인과 전역(또는 이웃) 최선위치가 가능 영역이므로 다시 가능영역으로 끌리게 될 것이다. 이와 같이 입자가 비가능 영역을 떠돌다가 시간이 흐른 후 가능 영역으로 되돌아오는 보수 방법은 해 공간의 탐사를 촉진한다. 입자가 비가능 영역을 떠도는 동안 두 최선위치에는 영향을 주지 않으므로 다른 모든 입자는 이 비가능 입자에 영향을 받지 않는다(Hu & Eberhart, 2002). 이 보수방법에서 입자가 좀 더 빠르게 가능 영역으로 되돌아 오도록 Venter & Sobieszczanski-Sobieski(2003)는 비가능해를 보수할 때 위치 변화 식에서 관성속도를 0으로 두었다.

다른 방법으로 비가능해가 발생하면 비가능해를 자신의 개인최선위치로 대체하는 것이다(El-Gallad *et al.*, 2002). 이는 비가능해가 일어나면 바로 가능해로 보수하는 것으로 다양성을 약화시킬 수 있다.

3) 벌금 부과

PSO에서도 진화알고리즘과 같이 벌금을 부과하는 방법을 사용할 수 있다. 한 예로 Powell & Skolnick(1993)이 제안한 식 (12.8)과 식 (12.9)의 벌금 목적함수와 벌금을 PSO에 적용할 수 있다(Li *et al.*, 2005).

Parsopoulos & Vrahatis(2002)는 모든 제약을

$$g_j(\mathbf{x}) \le 0, \qquad j = 1, 2, \ldots, p \tag{15.1}$$

과 같이 부등식으로 변환(등식을 부등식으로 변환)하여, 제약을 어기는 정도를

$$G_j(\mathbf{x}) = \max\{0,\ g_j(\mathbf{x})\},\ j = 1,\ 2, \ldots,\ p \tag{15.2}$$

로 두고 아래와 같이 벌금을 부과하였다.

$$F(\mathbf{x}) = f(\mathbf{x}) + C(t)[\sum_{j=1}^{p} \theta(G_j(x))G_j(x)^{\gamma(G_j(x))}] \tag{15.3}$$

여기서 등식을 부등식으로 변환한 식을 포함하여 전체 제약식의 수는 p 개이고,

$$\theta(G_j(x)) = \begin{cases} 10 & 0 < G_j(x) < 0.001 \\ 20 & 0.001 \le G_j(x) < 0.1 \\ 100 & 0.1 < G_j(x) < 1 \\ 300 & \text{otherwise} \end{cases}$$

$$\gamma(G_j(x)) = \begin{cases} 1 & G_j(x) < 1 \\ 2 & \text{otherwise} \end{cases}, \qquad C(t) = \sqrt{t} \ \text{ or } \ t\sqrt{t}$$

이다. 이 방법은 시간이 경과하면 벌금을 더 크게 주는 동적 벌금함수를 사용하고 있다.

4) Deb의 방법 사용

진화알고리즘에서 다룬(12.2.4 절) Deb(2002)의 방법은 제약을 다루는 데 가장 널리 사용되는 방법 중 하나이다. 이 방법은 6장에서 설명하였듯이 제약이 있는 최적화문제에서 해의 평가는 다음과 같이 토너먼트 선택에 기초한다.

(1) 하나는 가능해이고 다른 하나는 비가능해이면, 가능해 개체를 선택하고,
(2) 두 개체가 모두 가능해이면, 목적함수 값이 좋은 개체를 선택하고,
(3) 두 개체가 모두 비가능해이면, 제약 위반 수가 적은 개체를 선택한다.

이 방법의 장점은 단순하고 파라미터가 없으며, 비가능해를 버리는 방법과는 달리 비가능 영역을 탐색한다. 이러한 탐색으로 비가능 영역에 있는 가치 있는 정보를 추출할 수 있다. Deb의 해 평가 방법을 이용하여 개인최선위치와 전역최선위치 또는 지역최선위치를 갱신한다.

5) 그 외의 방법들

제약 최적화 문제에 PSO를 적용할 때 다목적 개념을 이용한 여러 방법들이 제안되었다(Lu & Chen, 2006; Lu & Chen, 2008; Ray & Liew, 2001). 제약을 최소화해야하는 목적으로 변환하여 다목적으로 문제를 접근한다. 먼저 Lu & Chen(2006)의 방법을 보자. Lu & Chen는 모든 등식 제약식 $h_j(\mathbf{x}) = 0$, $j = 1, 2, \ldots, m$ 을 아래와 같은 부등식 제약식

$$\left|h_j(\mathbf{x})\right| - \varepsilon \le 0, \quad j = 1, 2, \ldots, m \tag{15.4}$$

으로 변환하고 ε=0.001로 두었다. 그리고 벌금함수는

$$p(\mathbf{x}) = \sum_{j=1}^{q} \max(0, g_j(\mathbf{x})) + \sum_{j=1}^{m} \max(0, \ \left|h_j(\mathbf{x})\right| - \varepsilon)$$

로 정의하였다. 제약이 있는 원래의 단일 목적 $f(\mathbf{x})$의 문제를 식 (15.5)와 같이 제약이 없는 두 목적의 다목적 문제로 변환한다.

$$\text{Min. } F(\mathbf{x}) = (p(\mathbf{x}), f(\mathbf{x})),\ \mathbf{x} \in S \tag{15.5}$$

여기서 S는 탐색 영역이다. 이론적으로 $p(\mathbf{x}) = 0$일 때 입자는 $f(\mathbf{x})$의 최소화를 시작할 수 있다. 그러나 실행에서 사전에 임계치 $\delta(\geq 0)$를 정하여 $p(\mathbf{x}) \leq \delta$이면 $f(\mathbf{x})$를 최소화하는 프로세스를 시작한다. 여기서 δ는 $f(\mathbf{x})$의 최소화 시작을 통제하는 스위치 역할을 한다. $f(\mathbf{x})$를 최소화하는 프로세스에서 제약위반의 합이 δ를 넘으면, 즉 $p(\mathbf{x}) > \delta$이면 $f(\mathbf{x})$ 최소화 프로세스를 중단하고, $p(\mathbf{x})$ 최소화 프로세스로 전환한다. 비가능 영역에 있을 때는 $f(\mathbf{x})$의 값을 계산할 필요가 없다. 이는 계산소요시간을 줄인다. 이러한 프로세스는 각 입자에게 해 공간의 현재 위치에 따라 목적을 동적으로 선택하여 조정할 수 있게 한다. 특히, 각 입자는 프로세스를 독립적이고 병렬적으로 행한다. 개인과 전역 두 최선위치의 갱신은 Deb의 비교 방법이 사용된다. 그리고 이 방법의 특징은 다목적 형태로 변환하나 다목적 진화알고리즘의 접근 방법을 사용하지 않고 있다는 것도 하나의 특징이다.

또한 이 방법에서는 가능 영역의 영향을 반영하여 입자가 가능 영역에서 너무 멀리 떨어지지 않고 가능 영역 주위에 머물 수 있도록 하기 위하여 다음과 같이 속도 갱신 식을 개선하였다. 설명을 위하여 먼저 표준 PSO(관성 PSO 모형)에서 속도 갱신 식 (14.2)은 보자. 이해를 좀 더 쉽게 하기 위하여 이 식을 차원 $d(=1,2,\ldots,n)$에 대해 아래와 같이 표현하자.

$$v_{id}(t+1) = \omega v_{id}(t) + c_1 r_{1d}(t)[P_{id}(t) - x_{id}(t)] + c_2 r_{2d}(t)[P_{gd}(t) - x_{id}(t)] \tag{15.6}$$

Lu & Chen(2006)은 속도 갱신 식을 아래와 같이 수정하여 사용하였다.

$$v_{id}(t+1) = r_{1d}(t)[P_{id}(t) - x_{id}(t)] + r_{2d}(t)[P_{gd}(t) - x_{id}(t)] + \lambda(P_{gd}(t) - P_{jd}(t)) \tag{15.7}$$

위 두 식에서 $P_{id}(t)$와 $P_{gd}(t)$는 시간 t에서 차원 d의 개인과 전역의 최선위치를 각각 나타내고, 가능 영역에 있다. 즉, 초기에 각 입자는 가능해를 찾았다고 본다. 그리고 $P_{jd}(t)$는 군집에서 임의로 선택한 입자의 개인최선위치를 나타낸다.

가능해 영역 주위에 머물 수 있도록 변형한 Lu & Chen의 속도 갱신 식 (15.7)을 표준모형의 갱신 식 (15.6)과 비교하여 보자. $P_{id}(t)$와 $P_{gd}(t)$는 가능영역에 둔다. $\omega = 0,\ c_1 = c_2 = 1$로 두었다. 관성속도 $v_{id}(t)$는 가능 영역과 무관하여, 입자를 가능영역에서 멀리 가게 할 수 있다. 따라서 관성속도를 0으로 두고 있다. $c_1 = c_2 = 1$로 두어 두 최선위치로부터 너무 멀리 가지 않도록 한다. 따라서 Lu & Chen의 속도 갱신 식 (15.7)에 의한 다음 위치 $x_{id}(t+1)=x_{id}(t)+v_{id}(t+1)$ 는 가능 영역에 있을 확률을 아주 크게 한다. 또한 $\omega v_{id}(t)$ 를 $\lambda(P_{gd}(t)-P_{jd}(t))$ 로 대체하였다. 앞에서 설명했듯이 $\omega v_{id}(t)$ 은 가능영역과는 무관하다. $P_{gd}(t)$ 는 가능영역에 있고, $(P_{gd}(t)-P_{jd}(t))$ 는 위치 $P_{jd}(t)$ 에서 $P_{gd}(t)$ 로 향하는 하나의 속도 항이므로, 입자의 다음 이동 위치가 가능 영역일 확률을 높게 한다. 흔히 $\lambda=1$ 로 둔다.

그리고 입자의 위치가 $x_{id}(t)<l(i)$ 이거나 $x_{id}(t)>u(i)$ 이면

$$x_{id}(t)=(P_{id}(t)+P_{gd}(t)+P_{jd}(t)+P_{kd}(t))/4 \tag{15.8}$$

로 제한한다. 여기서 $P_{jd}(t)$, $P_{kd}(t)$ 는 임의의 두 입자의 개인최선위치다.

이 후 Lu & Chen(2008)은 식 (15.5)와 같은 두 목적 형태로의 변환 전략을 사용하면서 속도 갱신 식을 아래와 같이 개선하였다.

$$v_{id}(t+1)=r_{1d}(t)[P_{id}(t)-x_{id}(t)]+(1-r_{1d}(t))[P_{gd}(t)-x_{id}(t)]+\lambda\left|P_{jd}(t)-P_{id}(t)\right|\cdot sign(v_{id}(t)) \tag{15.9}$$

여기서 P_{jd} 는 군집에 있는 임의 입자의 개인최선위치이고, λ 는 척도 파라미터이며, $sign(v_{id}(t))$ 는 $v_{id}(t)$ 의 부호이다. $P_{id}(t)$ 와 $P_{gd}(t)$ 는 가능해임을 상기하자. 이 속도 갱신 식에서 우변 두 항은 입자가 두 최선위치 사이를 날게 한다. 셋째 항에서 $\left|P_{jd}(t)-P_{id}(t)\right|$ 는 한 점에서 보는 가능영역의 대략적인 크기를 반영하며, λ 는 축척 파라미터이다. $\lambda>1$ 이면, 속도 $\lambda\left|P_{jd}(t)-P_{id}(t)\right|$ 가 커져 군집의 탐색 영역이 확대되고, $\lambda<1$ 이면 그 반대가 된다.

이들 방법 외에도 각 제약 위반 최소화를 목적으로 하여 지배되지 않는 해의 분류에 기초한 방법(Ray & Liew, 2001), 제약과 잠재해, 원 목적함수 등을 각기 나타내는 복수의 군집(집단)을 운영하고 이들 군집의 공진화 개념에 기초한 방법(Krohling & Coelho, 2006; Liang & Suganthan, 2006) 등이 있다.

Zavala *et al.*(2007)은 제약이 있는 비선형 최적화 문제의 여러 벤치마크 문제와 함께 PSO에서 다양성 유지를 위한 여러 기법들을 제시하고 있다. PSO에서 조기수렴이 자주 발생한다. 즉 지역최적에 빠지게 된다. 이는 군집의 다양성 상실에서 흔히 비롯된다. 다음 절에서는 군집을 다양화하는 방법에 대해 알아보자.

15.2 군집의 다양화

일반적으로 메타휴리스틱스에서 해 공간의 효율적 탐색을 위하여 집단(해)의 다양성 유지는 중요하다. PSO에서 군집의 다양성 원천은 두 가지이다. 하나는 입자의 현 위치와 전역최선위치와의 차이이고 다른 하나는 입자의 현 위치와 자신의 최선위치 (개인최선위치)의 차이이다. 이들 차이는 다양성을 제공하지만 해를 개선하는 데 군집의 수렴이 필요하므로 단지 짧은 기간 동안에만 다양성이 유지될 수 있다. PSO에서 수렴은 전역 최적이라는 보장이 없으며 단지 하나의 좋은 위치(해)이고 모든 입자가 조기에 이 위치에 머물러 해의 다양성이 상실 될 수 있다. 이를 막기 위해 초기에는 군집의 속도를 서서히 낮추어 가능한 많은 시간 동안 이들 차이를 유지하는 방법이다. 이 접근 방법이 관성가중치를 주는 관성모델로서 현재는 표준 PSO 모형이 되었다. 관성가중치가 작으면 입자가 몇 단계 지나지 않아 전역최선위치에 도달하게 되고, 관성가중치가 크면 반대로 입자의 탐험이 활발해진다.

PSO에서 군집의 다양성을 위하여 특별한 연산자들이 사용되는 데 이는 주로 진화 연산자에서 영감을 받는 것들이다. Settles & Soule(2005)는 유전알고리즘과 PSO를 혼합한 번식군집(breeding swarms)모형을 제시하였다. 이 잡종모형은 군집(N) 에서 일정 비율(ψ) 의 나쁜 입자들($N\psi$) 을 버린다. 그리고 살아남은 입자를 이용하여 선택, 교차, 돌연변이의 진화연산을 통해 $N\psi$ 개 입자를 재생산하고, 또한 이들 살아남은 개체에 PSO를 적용하여 $(1-\psi)N$ 개의 입자를 생산하여 다음 세대 군집을 형성한다. 이는 표준 PSO에 비해 조기 정체를 막는 효과가 있다.

Das *et al.*(2005)은 속도 갱신에 차분진화(differential evolution)의 연산 개념을 사용하였다. 차분진화는 제22장을 참고할 수 있다. 임의로 다른 두 입자(j 와 k)를 선택하여 두 입자의 위치 차이를 속도 갱신에 아래와 같이 반영한다.

$$v_{id}(t+1) = \begin{cases} \omega v_{id}(t) + \beta[x_{kd}(t) - x_{jd}(t)] + c_2 r_{2d}(t)[P_{gd}(t) - x_{id}(t)] & \text{if } \text{rand}_d < CR \\ v_{id}(t) & otherwise \end{cases} \tag{15.10}$$

여기서 β 는 스케일(축척) 파라미터이고, CR 은 교차율로 볼 수 있다. Das *et al.*(2005)은 이러한 속도 갱신 식을 사용하여 입자i 의 새로운 위치를 구하여 이를 임시 위치로 두고, 현 위치와 임시 위치 중에서 더 좋은 해(최소화에서 목적함수 값이 작은)를 다음 세대의 해로 선택하는 방법을 사용하고 있다. 이러한 속도 갱신은 군집의 다양성을 높인다.

Sun *et al.*(2009)도 조기 수렴을 막기 위하여 속도 갱신을 아래와 같이 변형하였다.

$$v_{id}(t+1) = \omega v_{id}(t) + c_1 r_{1d}(t)[P_{id}(t) - x_{id}(t)] + c_2 r_{2d}(t)[P_{gd}(t) - x_{id}(t)] - \lambda' \overline{v_{id}}(t) \tag{15.11}$$

여기서 λ'는 동요(動搖) 계수(turbulence factor)이고 $\overline{v_{id}}(t)$는 시간 t에서 입자들의 평균 속도이다. 또한 Zavala *et al.*(2009)는 지역최선 PSO를 기본 틀로 하면서 속도 갱신 식으로

$$v_{id}(t+1) = \omega v_{id}(t) + r_1[P_{id}(t) - x_{id}(t)] + r_2[P_{ld}(t) - x_{id}(t)] + r_3[P_{gd}(t) - x_{id}(t)] \tag{15.12}$$

을 사용하였다. 여기서 $P_{ld}(t)$는 시간 t에서 지역(이웃) 최선 위치이고, $r_1 = U(0,1)$, $r_2 = U(0,1)$, $r_3 = U(0,0.1)$이다. $U(a,b)$는 구간 $[a,b]$의 균등분포를 나타낸다. 이웃 구조로는 링 구조를 제안하였다. 지역최선 PSO는 전역최선 PSO에 비해 수렴 속도를 완화하고 탐색을 강조한다. 더 나아가 Zavala *et al.*(2009)은 군집의 다양성을 위하여 개인최선위치를 근접변환(perturbation)하는 방법을 추가하였다. 이 근접변환 방법은 차분진화의 연산을 이용하였다. 이 기법은 PSO와 차분진화의 잡종으로 볼 수 있다.

앞의 방법들은 군집을 다양화하여 조기 수렴을 막는 방법이라면, 다른 접근 방법으로 조기 수렴이 발생하면 사후에 이를 해소하는 방법이 있다. 입자들이 한 군데로 모여 송이 형태를 띠면 튀게(bouncing)하여 입자들이 밀집되는 것을 막는 것이다(Krink *et al.*, 2002). 또한 Blackwell(2005)은 입자간의 거리가 어느 이하가 되면 이를 멀리하도록 속도 갱신 식을 변화시켜 군집 다양화를 유도하였다.

15.3 목적함수 펼치기 기법

PSO가 지역최적에 정체될 때 이를 벗어날 수 있는 기법이 요구된다. 이를 위해서 Parsopoulos *et al.*(2001a, 2001b)은 '목적함수 펼치기(objective function stretching) 기법'을 제안하였다. 이 함수 펼치기 기법을 이용한 PSO를 Stretched PSO(SPSO)라 부른다. 이 함수 펼치기의 기본 착상은 원래 목적함수 $f(\mathbf{x})$를 두 단계로 변환하는 것이다. 이 두 변환은 함수 $f(\mathbf{x})$에서 하나의 지역 최소 $\mathbf{x}^*$를 찾은 즉시 행한다. 여기서 최소화 문제로 둔다. 첫 변환과 둘째 변환은 각각 식 (15.13)과 식 (15.14)와 같다.

$$G(\mathbf{x}) = f(\mathbf{x}) + \gamma_1 \frac{\|\mathbf{x} - \mathbf{x}^*\|(sign(f(\mathbf{x}) - f(\mathbf{x}^*)) + 1)}{2} \tag{15.13}$$

$$H(\mathbf{x}) = G(\mathbf{x}) + \gamma_2 \frac{sign(f(\mathbf{x}) - f(\mathbf{x}^*)) + 1}{2\tanh(\mu(G(\mathbf{x}) - G(\mathbf{x}^*)))} \tag{15.14}$$

여기서 γ_1, γ_2, μ는 임의의 양의 상수이고, sign(x)는 아래와 같이 세 개의 값을 갖는 부호 함수이다.

$$sign(x) = \begin{cases} +1, \text{if } x > 0 \\ 0, \ \ \text{if } x = 0 \\ -1, \text{if } x < 0 \end{cases} \tag{15.15}$$

그리고

$$\tanh\theta = \frac{e^{\theta} - e^{-\theta}}{e^{\theta} + e^{-\theta}}$$

로 정의된다. tanh θ의 값은 -1과 1 사이에 있고, $\tanh_{\theta\to\infty}\theta \to 1$이고 $\tanh_{\theta\to-\infty}\theta \to -1$이다. $\tanh(\lambda x)$에서 λ가 커지면, $\tanh(\lambda x)$은 부호 함수 $sign(x)$에 접근한다.

첫 번째 변환은 지역 최소의 $f(\mathbf{x}^*)$보다 크거나 같은 모든 지역 최소를 제거한다. 이는 식 (15.13)에 의해 목적함수 $f(\mathbf{x})$를 $G(\mathbf{x})$로 변환함으로써 이루어진다. 다음 두 번째 변환은 발견된 지역 최소의 목적함수 값이 최대가 되도록 한다. 식 (15.14)를 사용하여 $G(\mathbf{x})$를 $H(\mathbf{x})$로 변환하여 이루어진다. 한편 $f(\mathbf{x})$가 $f(\mathbf{x}^*)$보다 작으면 식 (15.13)과 식 (15.14)의 우변 둘째 항의 분자가 0이 되어 $G(\mathbf{x}) = f(\mathbf{x})$이고 $H(\mathbf{x}) = f(\mathbf{x})$로 목적함수에 변화가 없다. 즉, 현 지역 최소보다 더 좋은 해의 목적함수 값은 변경되지 않는다.

두 번째 $H(\mathbf{x})$의 변환으로 지역 최소점은 최대점이 되면서, 지역 최소점에서 $H(\mathbf{x})$의 모양은 '멕시칸 모자' 형태가 된다. 이때 이 모자 형태에서 지역 최소가 발생하게 되는 데, 이는 적정 파라미터를 사용하거나 다음 장에서 다루는 추방(repulsion) 기법 등을 사용하여 완화시킬 수 있다.

파라미터 γ_1은 목적함수를 위로 펼치는 것을 조정하고, γ_2는 이 값이 클수록 지역 최소 주위의 더 넓은 영역에 영향을 준다. μ는 작을수록 지역 최소 주위에서 증가량을 키운다. 목적함수에 대한 적절한 파라미터 정보가 없으면 초기 파라미터로 $\gamma_1 = 5000$, $\gamma_2 = 0.5$, $\mu = 10^{-10}$이 좋은 결과를 보인 것으로 알려져 있다(Konstantinos *et al.*, 2004).

SPSO는 PSO로 초기화한다. PSO가 지역 최소로 수렴되었다고 판단되면, 원래의 목적함수 $f(\mathbf{x})$에 식 (15.13)과 (15.14)를 이용한 '펼치기(stretching) 기법'을 적용한다. 그리고 이 펼쳐진 함수(stretched function)의 최소화를 위해 군집을 다시 초기화 한다. 군집의 초기 위치와 속도, 두 최선 위치 등을 재 초기화하고 PSO를 수행한다. 이러한 과정을 종료조건이 만족될 때까지 반복한다. 이때 입자의 위치 평가는 펼쳐진 함수 $H(\mathbf{x})$에 의해 행한다.

이 함수 펼치기 기법은 찾은 최소점보다 크거나 같은 모든 지역 최소점을 완화시킨다. 따라서 이 기법은 단지 하나의 '전역 최소'를 찾을 때 사용된다. 여러 전역 최소나 여러 지역 최소를 찾는 문제에는 적절하지 않다.

15.4 이산 PSO

PSO는 위치와 속도는 연속된 값을 갖는다. 이러한 연속된 값을 갖는 PSO 알고리즘을 이산 탐색 공간을 갖는 이산 최적화 문제에 어떻게 적용할 수 있는 지에 대해 알아보자. 먼저 변수가 이진수를 갖는 이진수 PSO에 대해 다루고, 다음은 이산 값을 갖는 일반 이산 최적화 문제에서의 PSO 적용을 다룬다.

15.4.1 이진수 PSO

Kennedy & Eberhart(2001)는 이진수 입자군집최적화(binary PSO) 알고리즘을 개발하였다. 모든 입자의 위치는 이진수 0과 1의 비트스트링, 즉 이진수 벡터로 표현된다.

이진수 PSO의 개발에서 가장 먼저 고려할 사항은 이진수 벡터의 속도를 해석하는 것이다. 이를 위해 먼저 속도 갱신 식을 보자.

$$v_{ij}(t+1) = \omega v_{ij}(t) + c_1 r_{1j}(t)[y_{ij}(t) - x_{ij}(t)] + c_2 r_{2j}(t)[\hat{y}_j(t) - x_{ij}(t)] \tag{15.16}$$

이진수 PSO에서 속도 $v_{ij}(t+1)$는 확률 문턱(probability threshold)을 결정하는 파라미터로 본다. $v_{ij}(t+1)$가 클수록 $x_{ij}(t+1)$가 1이 될 확률이 더 높다고 본다. 이를 위해서는 확률은 범위 [0,1]에서 존재하므로, 속도 $v_{ij}(t+1)$의 범위 $[-\infty, \infty]$을 범위 [0,1]로 변환해야 한다. 이 변환을 위해서 식 (15.17)과 같은 시그모이드(sigmoid) 함수가 사용된다.

$$s(v_{ij}) = \frac{1}{1+\exp(-v_{ij})} \tag{15.17}$$

시그모이드 함수는 [그림 15-1]과 같이 정의영역 $[-\infty, \infty]$을 범위 [0,1]로 변환한다. 이 함수는

$$\lim_{v_{ij} \to -\infty} s(v_{ij}) = 0.0, \quad s(0) = 0.5, \quad \lim_{v_{ij} \to \infty} s(v_{ij}) = 1.0$$

이다. 식 (15.17)을 이용하여 위치 갱신을

$$x_{ij}(t+1)=\begin{cases}1, & \text{if } r_{ij}<s(v_{ij}(t+1))\\ 0, & \text{otherwise}\end{cases} \tag{15.18}$$

과 같이 한다. 즉, 이진수 PSO에서 위치 갱신은 기본 PSO의 위치 식 (13.1) 대신, 식 (15.18)에 의해 행한다. 여기서 r_{ij} 은 U(0,1)의 난수이다.

$x_{ij}(t+1)$ 의 위치 변경에 대한 예를 보자. $x_{ij}(t)=0$ 이고 두 최선 위치가 $x_{ij}(t)$ 와는 다른 $y_{ij}(t)=1$ 와 $\hat{y}_j(t)=1$ 이고, $v_{ij}(t)=1.5$ $(0<\omega<1)$ 라 하자. 그러면 $v_{ij}(t+1)>0$ 이 되어 $s(v_{ij}(t+1))>0.5$ 로, $x_{ij}(t+1)$ 은 두 최적점과 같이 1이 될 확률은 0.5보다 높다. 이와는 달리 $x_{ij}(t)=1$ 이고 두 최선 위치가 $x_{ij}(t)$ 와는 다른 값 $y_{ij}(t)=0$ 와 $\hat{y}_j(t)=0$ 이고 $v_{ij}(t)=-0.5$ 이라면, $v_{ij}(t+1)<0$ 이 되어 $s(v_{ij}(t+1))<0.5$ 이므로, $x_{ij}(t+1)$ 은 두 최적점과 같이 0이 될 확률은 0.5보다 높다. 이 확률은 관성가중치와 가속계수에 종속된다.

속도 v_{ij} 를 범위 $[-v_{max}, v_{max}]$ 로 제한할 수 있다. 이는 $s(v_{ij})$ 가 0.0 또는 1.0에 아주 가깝게 접근하지 않도록 하기 위함이다. $v_{max}=4$ 가 흔히 사용되는 데, 이 경우 비트의 상태가 변할 확률은 적어도 0.018이 된다. 이는 현 상태가 1이면 다음 단계에 상태1에 있을 최대 확률이 $s(4)\approx 0.982$ 이므로 상태 0으로 변할 확률은 최소한 0.018이 되고, 현재 상태0에 있으면 상태1로 변할 확률은 최소한 $s(-4)\approx 0.018$ 이 되기 때문이다. 이 모형에서 v_{max} 는 유전알고리즘에서 돌연변이율과 비슷한 역할을 한다. v_{max} 가 커질수록 돌연변이율은 작아진다.

이진수 PSO 알고리즘의 절차는 기본 PSO 알고리즘의 절차에서 단지 위치 갱신을 할 때 식 (15.18)를 사용한다는 점만 다르다.

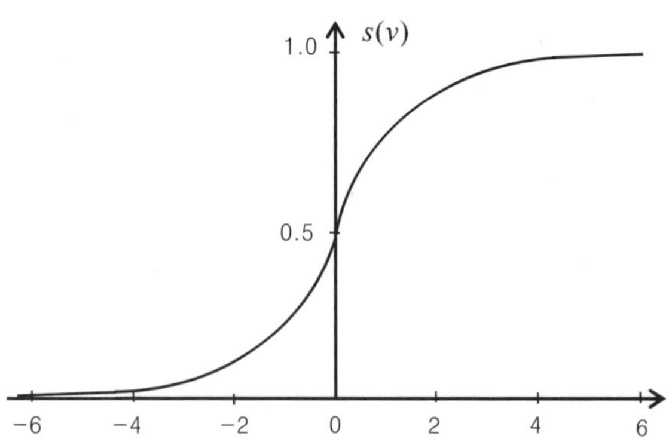

그림 15-1 시그모이드 함수

15.4.2 일반 이산 PSO

앞 절에서 다룬 이진수 PSO는 이진수 공간에서만 사용될 수 있을 뿐 일반적인 이산 최적화 문제에는 적용될 수 없다. 이 절에서는 이산 최적화에 PSO의 적용을 다룬다.

PSO를 이산 문제에 적용하는 가장 단순한 방법은 위치 벡터를 반올림하여 정수로 변환하는 것이다. 병렬컴퓨팅시스템에서 작업을 프로세스에 할당하는 문제(Salman, *et al.*, 2002)와 정수계획문제(Laskari, *et al.*, 2001)에 이러한 방법을 사용할 수 있다. 이때 속도 벡터는 실수로 유지되고, 위치 벡터는 탐색 공간의 한계를 넘지 않도록 한다.

다른 방법으로 연속된 값을 이산화하는 것으로 연속 값을 구간으로 나누어 각 구간에 이산 값을 할당하는 방법이다. 전력시스템에서 반응력과 전압 조정을 위한 PSO (Yoshida, *et al.*, 2000)에 이러한 방법을 사용하였다.

또 다른 방법으로 식 (13.1)과 (13.2)의 위치와 속도 식의 산술 연산을 아래와 같이 재정의하여 사용하는 방법이다(Schoofs & Naudts, 2002).

(1) 위치 식에서 위치와 속도의 덧셈 연산 : 위치 + 속도 연산
예로, 기호 ⊕ 을 사용하여, $\mathbf{x}_i(t) \oplus \mathbf{v}_i(t+1)$ 과 같이 나타낼 수 있다. 이 연산은 '위치'표현과 같은 형태를 가져야 한다.

(2) 속도 식에서 최선위치에서 현재위치의 뺄셈 연산 : 위치 − 위치 연산
예로, 기호 ⊖을 사용하면, $[\hat{\mathbf{y}}(t) \ominus \mathbf{x}_i(t)]$ 과 같이 나타낼 수 있다. 이 연산 결과는 '속도' 표현과 같은 형태이어야 한다.

(3) 속도 식에서 속도와 속도의 덧셈연산 : 속도 + 속도 연산
예로, 기호 o 을 사용하여, $\mathbf{v}_1 \circ \mathbf{v}_2$ 과 같이 나타낼 수 있으며, 연산결과는 당연히 '속도' 표현과 일치해야 한다.

(4) 속도 식에서 계수와 속도의 곱셈연산 : 계수 × 속도 연산
예로, 기호⊗을 사용하여, $\omega \otimes \mathbf{v}_i(t)$ 과 같이 나타낼 수 있으며, 연산결과는 '속도' 표현과 같은 형태이어야 한다.

이러한 연산 기호를 사용하여 속도와 위치 식은 표현하면 다음과 같다.

$$\mathbf{x}_i(t+1) = \mathbf{x}_i(t) \oplus \mathbf{v}_i(t+1) \tag{15.19}$$

$$\mathbf{v}_i(t+1) = (\omega \otimes \mathbf{v}_i(t)) \circ (c_1\mathbf{r}_1(t) \otimes [\mathbf{y}_i(t) \ominus \mathbf{x}_i(t)] \circ c_2\mathbf{r}_2(t) \otimes [\hat{\mathbf{y}}(t) \ominus \mathbf{x}_i(t)] \tag{15.20}$$

이들 연산 방법을 제약만족문제(Schoofs & Naudts, 2002), 외판원문제(Wang *et al.*, 2003) 등의

이산 최적화문제에 적용하였다.

TSP에서 이들 연산의 예를 보자. 외판원이 본사를 출발하여 도시 1, 2, 3, 4, 5를 단 한번씩 방문하고 다시 본사로 돌아오는 최단 경로를 찾는 문제라 하자. 입자의 위치는 도시의 방문 순서로 도시 1, 3, 5, 4, 2의 순으로 방문한다면 $\mathbf{x}=\{1,3,5,4,2\}$로 표현하고, 속도는 두 도시의 위치 교환 순서로 $\mathbf{v}=((c_{a1},c_{b1}),\ (c_{a2},c_{b2}),\ldots,\ (c_{an},c_{bn}))$ 와 같이 표현한다. 여기서 (c_{a1},c_{b2}) 는 도시 c_{a1} 와 도시 c_{b2} 의 위치 교환을 나타낸다.

(1) 위치 + 속도 연산

위치 식에서 위치와 속도의 덧셈은 위치를 얻는다.

$$\mathbf{x}_i(t) \oplus \mathbf{v}_i(t) = \mathbf{x}_i(t+1)$$

이다. TSP에서 이 연산은 위치 $\mathbf{x}_i(t)$ 에 표현된 순열에서 속도 $\mathbf{v}_i(t)$ 에 나타난 교환을 나열한 순서로 행함을 나타낸다. 예로 $\mathbf{x}_i(t)=(1,2,3,4,5)$ 이고 $\mathbf{v}_i(t)=((2,3),(3,1))$ 이면 먼저 위치 (1,2,3,4,5)에서 도시2와 도시3의 위치를 교환하여 (1,3,2,4,5)를 얻고, 그 결과에서 다시 도시3과 도시1의 위치를 교환하여 $\mathbf{x}_i(t+1)$ =(3,1,2,4,5)를 얻는다. 이를 보이면 다음과 같다.

$$\begin{aligned} &(1,2,3,4,5) \oplus ((2,3),\ (3,1)) \\ &= (1,3,2,4,5) \oplus ((3,1)) = (3,1,2,4,5) \end{aligned}$$

(2) 위치 – 위치 연산

속도 식에서 위치에서 위치를 뺀 연산은 속도로 나타낸다. $\mathbf{x}_1 \ominus \mathbf{x}_2 = \mathbf{v}$ 이다. 속도 식에서 인지요소의 $\mathbf{y}_i \ominus \mathbf{x}_i$ 는 $\mathbf{x}_i$ 에서 $\mathbf{y}_i$ 로 향하는 속도 변환이 되도록 하는 것이다. $\mathbf{v}$를 구하기 위하여, 위의 $\mathbf{x}_1 = \mathbf{x}_2 \oplus \mathbf{v}$ 을 적용한다. $\mathbf{x}_2$ 의 원소를 $\mathbf{x}_1$ 의 왼쪽에서 오른쪽으로 원소에 따라 교환하여 $\mathbf{v}$를 구한다.

예로 $\mathbf{x}_1$=(3,4,2,1,5)이고, $\mathbf{x}_2$=(1,3,5,4,2)일 때 $\mathbf{v}(=\mathbf{x}_1 \ominus \mathbf{x}_2)$를 구해보자.

$\mathbf{x}_1$ 에서 첫 번째 도시가 3이고 $\mathbf{x}_2$ 의 첫 번째 도시가 1이므로 $\mathbf{x}_2$ 의 도시3과 도시1을 교환, 즉 (3,1)을 행한다. 그러면 $\mathbf{x}_2$ 는 (3,1,5,4,2)로 되고, $\mathbf{x}_1$ 에서 두 번째 도시가 4이므로 $\mathbf{x}_2$=(3,1,5,4,2)의 (4,1)을 교환하면 (3,4,5,1,2)가 된다. $\mathbf{x}_1$ 에서 세 번째 도시가 2이므로, $\mathbf{x}_2=(3,4,5,1,2)$ 의 (2,5)를 교환하면 (3,4,2,1,5)가 되고 이는 $\mathbf{x}_1$ 가 된다. 그러므로 $\mathbf{v}$= ((3,1),(4,1),(2,5))을 얻는다. 이를 정리하면 다음과 같다.

$$(1,3,5,4,2) \oplus ((3,1)) = (3,1,5,4,2): \quad \mathbf{v} = ((3,1))$$
$$(3,1,5,4,2) \oplus ((4,1)) = (3,4,5,1,2): \quad \mathbf{v} = ((3,1),\ (4,1))$$
$$(3,4,5,1,2) \oplus ((2,5)) = (3,4,2,1,5): \quad \mathbf{v} = ((3,1),\ (4,1),\ (2,5))$$

(3) 속도 + 속도 연산

$\mathbf{v}_1$ 과 $\mathbf{v}_2$ 의 속도 합, $\mathbf{v}_1 \circ \mathbf{v}_2 = \mathbf{v}_3$ 은 단순히 이들 교환을 연결하여 새로운 $\mathbf{v}_3$ 를 얻는다. 예로 $\mathbf{v}_1$=((3,2), (1,2)), $\mathbf{v}_2$=((3,1), (4,5), (1,2))이면 $\mathbf{v}_3$=((3,2), (1,2), (3,1), (4,5))를 얻는다. 여기서 중복 교환 (1,2)는 무시한다.

(4) 계수 × 속도 연산

$\omega \otimes \mathbf{v}_1$ 의 결과는 새로운 속도 $\mathbf{v}_2$ 를 얻는다. $\omega \otimes \mathbf{v}_1 = \mathbf{v}_2$ 에서 $|\mathbf{v}_2| = \lceil \omega |\mathbf{v}_1| \rceil$이다. 여기서 $|\mathbf{v}|$는 $\mathbf{v}$ 에서 교환의 크기, 즉 교환의 횟수를 나타낸다. $\lceil x \rceil$는 x보다 크거나 같은 가장 작은 정수이다. 예로 $\omega = 0.5$ 이고 $\mathbf{v}_1$=((3,1), (4,5), (1,2))이면, $|\mathbf{v}_1| = 3$ 이고, $|\mathbf{v}_2| = \lceil 1.5 \rceil = 2$가 되어 $\mathbf{v}_2$=((3,1), (4,5))가 된다. $\omega = 0$ 이면 $\omega \otimes \mathbf{v}_i = \{\}$ 로 공집합이 된다.

(5) 속도의 역

TSP에서 속도 $\mathbf{v}$ 의 교환을 역순으로 행하는 연산이 필요한 경우, $\neg \mathbf{v}$ 로 정의하여 사용할 수 있다. 예로, $\mathbf{v}$=((1,2), (3,2), (3,4), (4,5))이면, $\neg \mathbf{v}$=((4,5), (3,4), (3,2), (1,2))이다.

이 역순 교환연산은 $\neg \neg \mathbf{v} = \mathbf{v}$ 의 성질을 갖는다.

TSP의 PSO 연산 설명을 위해 아래 예를 보자.

$$\mathbf{x}_i(t) = (3,\ 1,\ 5,\ 4,\ 2)$$
$$\mathbf{v}_i(t) = ((2,3),\ (4,2))$$
$$\mathbf{y}_i(t) = (1,\ 3,\ 4,\ 5,\ 2)$$
$$\hat{\mathbf{y}}(t) = (3,\ 4,\ 2,\ 1,\ 5)$$
$$\omega = \phi_1 = \phi_2 = 0.5.$$

여기서 $\phi_1 = c_1 r_1$, $\phi_2 = c_2 r_2$ 로 확정적으로 두자. 위의 자료를 이용하여 다음 단계의 속도 $\mathbf{v}_i(t+1)$ 와 위치 $\mathbf{x}_i(t+1)$ 를 구해보자.

$$\omega \otimes \mathbf{v}_i(t) = 0.5 \otimes ((2,3),\ (4,2)) = ((2,3))$$
$$\mathbf{y}_i(t) \ominus \mathbf{x}_i(t) = ((1,3),\ (4,5))$$

$$\phi_1 \otimes [\mathbf{y}_i(t) \ominus \mathbf{x}_i(t)] = 0.5 \otimes ((1,3),\ (4,5)) = ((1,3))$$

$$\hat{\mathbf{y}}(t) \ominus \mathbf{x}_i(t) = ((4,1),\ (2,5))$$

$$\phi_2 \otimes [\hat{\mathbf{y}}(t) \ominus \mathbf{x}_i(t)] = 0.5 \otimes ((4,1),\ (2,5)) = ((4,1))$$

이 된다. 그러므로 새로운 속도 $\mathbf{v}_i(t+1)$ 는

$$\mathbf{v}_i(t+1) = ((2,3)) \circ ((1,3)) \circ ((4,1)) = ((2,3),\ (1,3),\ (4,1))$$

이 된다. 새로운 위치 $\mathbf{x}_i(t+1)$ 는 아래와 같이 계산된다.

$$\mathbf{x}_i(t+1) = \mathbf{x}_i(t) \oplus \mathbf{v}_i(t+1) = (3,1,5,4,2) \oplus ((2,3),\ (1,3),\ (4,1)) = (2,\ 3,\ 5,\ 1,\ 4)$$

PSO 알고리즘의 개발자인 Kennedy(2001)는 PSO를 실수 공간의 문제에 주로 적용하고, 이산 최적화문제로는 이진수 모형을 다루고 있다.

제16장

Multimodal PSO와 다목적 PSO

이 장은 제4부 입자군집최적화의 마지막 장으로 지금까지 다루지 않은 PSO의 주요 주제로, 1절에서 Multimodal(다봉(多峰)) 함수에서 복수의 전역 최소점을 찾는 PSO 알고리즘, 2절에서는 다목적 PSO 알고리즘을 소개한다. 끝으로, 3절에서는 PSO의 적용 분야에 대해 간략히 다룬다.

16.1 Multimodal PSO

이 절에서는 봉우리가 여러 개 있는 multimodal(다봉) 함수에서 지역최적 또는 전역최적을 모두 또는 여러 개를 찾는 PSO를 다룬다. 이를 Multimodal PSO로 부른다.

PSO에서 주된 동력은 인지요소와 사회요소이다. 사회요소는 여러 지역 최소를 찾는 것을 방해한다. 사회요소는 모든 입자를 군집이 찾은 전역최선위치로 이끌고, 인지요소는 각 입자를 자신의 개인최선위치로 이끈다. 결과적으로 입자들은 전역최선위치와 개인최선위치 사이의 어떤 위치에 수렴하게 된다. 이러한 PSO의 특징에 의해 여러 지역 최소 또는 전역 최소를 찾는 데는 기본 PSO의 변형이 요구된다.

이 절에서는 Multimodal PSO알고리즘으로 하나의 최소점을 찾으면 그 목적함수 값을 크게 수정하여 다시 그 점으로 접근하는 것을 막고 다른 최소점으로 유도하는 순차적 방법과 여러 부분 군집을 운영하여 각 군집에서 최소점을 동시에 찾아가는 병렬 방법을 다룬다.

16.1.1 순차적 방법

PSO를 이용하여 복수개의 지역최적해 또는 전역최적해를 찾는 가장 단순한 방법은 재 초기화하는 것이다. 이는 지역최적에 수렴하면 해 공간에서 임의로 한 점을 잡아 다시 시작하는 것이다.

이러한 반복 시행에는 이미 찾은 최소점(최적해)을 재탐색하는 것을 막는 메커니즘이 없어 다른 최소점을 찾는 다는 보장이 없다.

대안으로 이전에 찾은 지역최적 정보를 보유하여 다음 탐색에서 이 해를 반복해서 찾지 않도록 목적함수를 수정하여 다른 지역최적을 찾아가는 방법이다. 이 절에서는 지역최적을 찾으면 목적함수를 수정하여 다수의 지역최적을 하나씩 순차적으로 찾아 나가는 기법을 소개한다. 여기서 다루는 문제는 '최소화문제'로 둔다.

(1) 벌금 부과 방법

하나의 지역최적을 찾으면 이 지역최적이 위치한 방향으로 입자가 이동하지 못하도록 이 지역최적에 가까이 있는 입자의 목적함수 값에 벌금을 부과한다(Kassabalidis *et al.,* 2002). 최소화문제로 두고, 입자i의 현재 위치가 $\mathbf{x}_i$라 하자. 입자가 지금까지 찾은 최적해와 가까울수록 벌금을 더 부과한다. 아래와 같이 목적함수 값에 벌금을 부과한다.

$$\overline{f}(\mathbf{x}_i) = f(\mathbf{x}_i) - \alpha \cdot d(\mathbf{x}_i, \mathbf{x}_N^*) \tag{16.1}$$

여기서 $d(\mathbf{x}_i, \mathbf{x}_N^*)$는 입자$i$와 이제까지 찾은 지역최적 중에서 입자$i$와 가장 가까운 지역최적 $\mathbf{x}_N^*$와의 거리를 나타낸다. 그리고 α는 이 거리의 가중치이다.

물론 최대화 문제이면 식 (16.1)은

$$\overline{f}(\mathbf{x}_i) = f(\mathbf{x}_i) + \alpha \cdot d(\mathbf{x}_i, \mathbf{x}_N^*) \tag{16.2}$$

로 변환된다.

이 알고리즘은 다음과 같이 수행된다. PSO(예로 관성PSO 모형) 알고리즘을 실행하여 하나의 부분최적을 찾아 기록하고, 군집을 다시 초기화하여 PSO를 다시 실행하여 지역최적을 찾고 이를 기록한다. 이와 같은 과정을 종료조건이 만족될 때까지 반복한다. 1회의 PSO의 실행에서 다음 시간 단계의 속도 식에서 개인최선위치 $\mathbf{y}_i(t)$와 전역최선위치 $\hat{\mathbf{y}}(t)$를 구할 때, 각 입자의 위치를 평가하는 데 식 (16.1)과 같이 변경된 목적함수 값에 기초한다.

여기서 α는 벌금 가중치로 문제에 종속된다. α가 너무 크면 이미 찾은 지역최적 주위에 있는 최적을 찾지 못하게 되고, 너무 작으면 벌금의 효과가 약화되어 입자들이 찾은 최적 주위로 이동하려 할 것이다.

이 알고리즘은 매번 PSO 실행에서 찾은 최적 집합을 보관하여 이들 최적에 가까이 있을수록 실제 목적함수 값에 벌금을 더 부과하여 이미 찾은 부분최적으로 입자가 이동하는 것을 방해한다.

그러나 목적함수 값을 식 (16.1)과 같이 변환하는 방법은 실제 지역최적이 아닌 해를 탐색하는 결과를 초래할 수 있다.

(2) 굴절 기법

Multimodal 함수 최적화에 *gb* PSO 를 적용하면(즉, 하나의 전역최선해 만을 사용하면) 군집은 착륙할 위치를 찾지 못하고 앞뒤로 이동하는 경향을 갖는다. 이 행위는 입자가 다수의 좋은 전역최적에서 좋은 정보를 동등하게 얻는 데 주로 기인한다. 이를 극복하는 방안으로 찾은 최소점에서 굴절되도록 목적함수를 변형하는 방법이 Konstantinos *et al.*(2004)에 의해 제시되었다. 이를 굴절 기법(deflection technique)이라 부른다. 그 기법의 개념은 찾은 최소점에 아주 인접한 지역의 목적함수 값만을 크게 하고(최소화문제로 가정) 다른 최솟값의 목적함수 값에는 영향을 주지 않도록 목적함수를 변환시키는 것이다.

먼저 함수 $f(\mathbf{x})$ 에서 지금까지 발견한 지역 최소점의 집합을 $X^* = \{\mathbf{x}_j^*; j = 1,2,...,m\}$ 로 두자. 굴절 기법의 개념은 목적함수를 다음과 같이 변환한다.

$$F(\mathbf{x}) = T_1(\mathbf{x}; \mathbf{x}_1^*, \lambda_1)^{-1} \ldots T_m(\mathbf{x}; \mathbf{x}_m^*, \lambda_m)^{-1} f(\mathbf{x}) \tag{16.3}$$

여기서 $\lambda_j(>0), j = 1,...,m$ 은 완화 파라미터이고, 함수 $T_j, j = 1,...,m$ 는 함수 $F(\mathbf{x})$ 가 지역 최소점 $\mathbf{x}_j^*, j = 1,2,...,m$ 에서는 $f(\mathbf{x}_j^*)$ 보다 아주 큰 값을 갖고 이외의 최소점이 있는 영역에서는 $f(\mathbf{x})$ 와 거의 같도록 하는 적절한 변환 함수이다. 즉 이미 찾은 최소점 $\mathbf{x}_j^*, j = 1,2,...,m$ 의 한 점으로 수렴하는 탐색이 생산되지 않도록 하면서, 이들 점 이 외의 정의 영역에서는 $f(\mathbf{x})$ 의 값에 거의 영향을 주지 않는 함수 $T_j, j = 1,...,m$ 를 선택한다. 함수

$$T_j(\mathbf{x}; \mathbf{x}_j^*, \lambda_j) = \tanh(\lambda_j \|\mathbf{x} - \mathbf{x}_j^*\|), \quad j = 1,2,...,m \tag{16.4}$$

은 위 성질을 만족한다(Magoulas *et al.* 1997).

$$\lim_{\mathbf{x} \to \mathbf{x}_j^*} \frac{f(\mathbf{x})}{\tanh(\lambda_j \|\mathbf{x} - \mathbf{x}_j^*\|)} = \infty \tag{16.5}$$

이고, 이로부터 $F(\mathbf{x})$ 에서 $\mathbf{x}_j^*$ 가 더 이상 최소점이 아님을 알 수 있다. 또한 $\|\mathbf{x} - \mathbf{x}_j^*\| \geq \varepsilon$, ε 은 작은 양수에 대해

$$\lim_{\lambda_j \to \infty} \frac{f(\mathbf{x})}{\tanh(\lambda_j \|\mathbf{x} - \mathbf{x}_j^*\|)} = f(\mathbf{x})$$

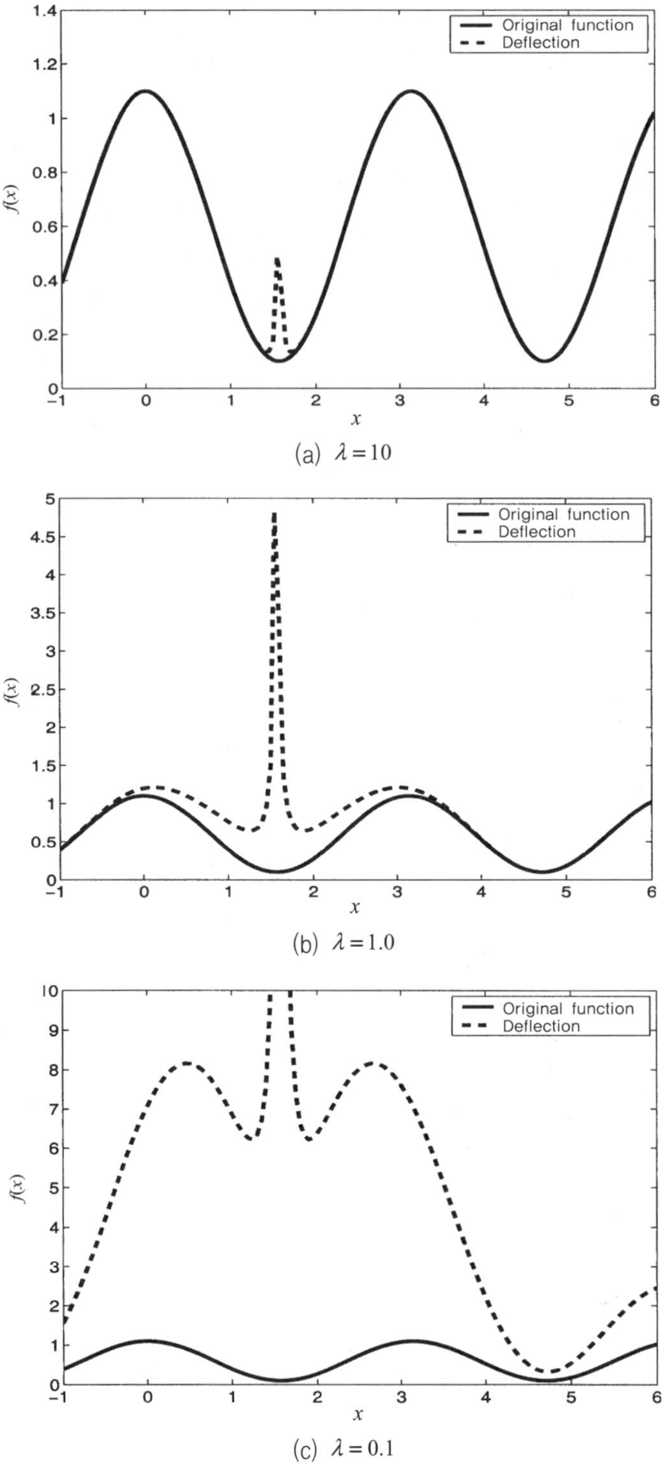

그림 16-1 $f(x) = \cos^2(x) + 0.1$ 의 $x^* = \pi / 2$ 에서 굴절(deflection) 변환(Konstantinos *et al.*, 2004).

가 성립한다. 이는 $\mathbf{x}_j^*$ 점 주위의 작은 구간 이외의 영역에서는 $F(\mathbf{x})$ 는 $f(\mathbf{x})$ 와 거의 같게 된다는 것을 의미한다.

파라미터 λ 의 효과에 대해 알아보자. 이를 위해 Konstantinos *et al.*(2004)가 제시한 예를 사용하자.

$$f(x) = \cos^2(x) + 0.1 \tag{16.6}$$

[그림 16-1](a)(b)(c)은 식 (16.6)의 하나의 최소점 $x^* = \pi/2$ 에서 파라미터 λ 가 각각 $\lambda = 10$, $\lambda = 1$, $\lambda = 0.1$ 일 때 최소점 굴절 변환을 도식한 것이다. λ 가 크면 굴절 효과는 약화된다. $\lambda < 1$ 이면 벗어나는 최소점 이웃에서 F 값은 상당히 큰 값을 가져 이웃의 최소점에 영향을 줄 수 있다. [그림 16-1]의 모든 그림에서 벗어나는 최소점의 양 쪽에서 새로운 지역 최소점이 나타난다. 이 최소점 주위에서 '멕시컨 모자'(Mexican hat) 형태를 띤다.

이 굴절기법은 전역 최솟값이 0인 함수 f에는 적용할 수 없다. 이는 $f = 0$ 이면 식 (16.3)에 의해 $F = 0$ 이 되기 때문이다. 이 경우에는 함수 f 대신 $\hat{f} = f + c$의 $\hat{f}$ 를 사용하면 이를 해결할 수 있다. 여기서 상수 $c > 0$ 이다.

이 기법은 단지 발견된 최소점만을 완화시키기 때문에 복수의 전역 또는 지역 최소점을 다 찾고자 할 때 사용할 수 있다.

(3) 추방 기법

굴절 기법이나 함수 펼치기 기법에서 함수 변환을 하더라도 '멕시컨 모자(Mexican hat)' 효과 때문에 이미 찾은 최소점 중에서 하나의 최소점 이웃의 양 쪽에 지역 최소가 발생하여 입자가 이 지역 최소에 수렴하는 현상이 발생할 수 있다. 이러한 문제를 약화시키기 위해 입자를 최소점에서 멀어지게 하는 '추방 기법'(repulsion technique)이 제안되었다(Konstantinos *et al.*, 2004).

추방기법의 개념은 단순하다. 이미 발견된 최소점들에 가까이 있는 입자들은 이들 점에서 멀어지게 추방하는 것이다. 앞에서와 같이 $X^* = \{\mathbf{x}_j^*; j = 1,2,\ldots,m\}$은 이미 발견한 최소점의 집합으로, $S = \{\mathbf{x}_i; i = 1,2,\ldots,N\}$ 은 군집의 현재 위치로 두자. [그림 16-2]는 추방 절차의 의사코드이다. 각 시간 단계에서 군집의 새로운 속도와 새로운 입자 위치를 결정한 후에 이 추방 절차를 PSO에 추가하여 사용한다. 각 입자에 대해 새로운 위치 $\mathbf{x}_i$ 와 찾은 최소점 $\mathbf{x}_j^*, j = 1,2,\ldots,m$ 의 거리 d_{ij}, $j = 1,2,\ldots,m$ 을 구하여 이 거리가 $d_{ij} \le r_{ij}$ 이면 이 입자를 $\mathbf{x}_i + p_{ij}\mathbf{z}_{ij}$ 의 위치로 추방한다. 여기서 r_{ij} 는 미리 지정한 '추방영역' 파라미터이고, $\mathbf{z}_{ij}$ 는 $\mathbf{x}_j^*$ 에서 $\mathbf{x}_i$ 로 향하는 단위 벡터이며, p_{ij} 는 추방의 강도를 결정하는 파라미터이다. r_{ij} 는 추방영역이 너무 커서 찾은 최소점 주위에 있는 아직 발견

```
The repulsion technique
  Input: X*, s, r_ij and p_ij, i=1,...,N, j=1,...,m
  For (i=1:N) Do
     If (X* ≠ φ) Then
          Compute d_ij = ||x_i − x*_j||, j=1,...,m
          For (j=1:m) Do
              If (d_ij ≤ r_ij) Then
                   Set z_ij = (x_i − x*_j)/d_ij
                   Set x_i = x_i + p_ij z_ij
              End If
          End For
     End If
  End For
```

그림 16-2 추방 절차의 의사코드

하지 못한 최소점을 놓치는 것을 막기 위해 작게 두는 것이 바람직하고, p_{ij} 는 추방영역을 충분히 벗어 날 수 있을 정도로 크게 둔다.

이 추방 기법은 '굴절 기법'과 함께 사용될 수 있다. 그리고 추방기법은 굴절기법과는 달리 전역 최솟값이 0인 함수 f 에 적용할 수 있다.

16.1.2 병렬 방법

앞 절에서는 multimodal 함수 최적화에서 여러 지역최적을 순차적으로 찾는 PSO 기법을 소개하였다. 이 절에서는 여러 부분군집을 운영하여 이들 해를 병렬로 찾는 PSO 기법을 다룬다. 이 기법의 개념은 진화알고리즘에서 집단을 분할한 부분집단을 운영하여 다양한 지역최적을 찾는 것과 유사하다. 즉, 진화알고리즘에서 종분화(speciation)의 개념이 이용되었다. Li(2004)가 제안한 종 기반(species-based)의 PSO(SBPSO)을 소개한다.

1) 종 기반 PSO

종 기반 PSO는 군집에서 높은 적응도를 갖는 입자들을 중심으로 이들과의 거리에 의해 여러 부분군집으로 나눈다. 각 부분군집은 종자(seed)라 불리는 가장 적응력이 좋은 입자를 중심에 두고 그 주위에 있는 입자들로 구성된다. 매 시간단계에서 군집을 평가하여 이에 기초하여 종자를 찾아

부분군집을 형성한다.

■ **부분군집의 형성**

부분군집은 각 부분군집의 중심에서 그 경계까지의 유클리드 거리로 측정되는 반경 r_s 에 의해 정의된다. 이 반경은 파라미터이다. 여기서 각 부분군집의 중심은 이 부분군집에서 가장 좋은 해가 되고 이를 종자(seed)라 부른다. 종자와 거리가 r_s 이내에 있는 모든 입자는 같은 부분군집에 속한다.

각 시간단계에서 종자와 이에 속하는 부분군집을 구하는 절차는 아래와 같다.

■ **부분군집 형성 절차**

단계 1: 군집에 있는 모든 입자를 좋은 입자부터 내림차순으로 정렬한 리스트를 만든다.

단계 2: 정렬된 순서에서 남아있는 첫 번째 입자를 종자로 둔다. 그리고 이 종자와 남아 있는 다른 모든 입자와의 유클리드 거리를 구하여 거리가 r_s 이내에 있는 모든 입자를 하나의 군집으로 둔다.

단계 3: 단계 2에서 선택된 종자와 그 부분군집에 속한 모든 입자를 정렬 리스트에서 제거한다. 이때 정렬 리스트에 남아 있는 입자의 상대적 순서는 그대로 유지한다.

단계 4: 정렬 리스트에 입자가 없으면 끝낸다. 그렇지 않으면 단계 2로 간다.

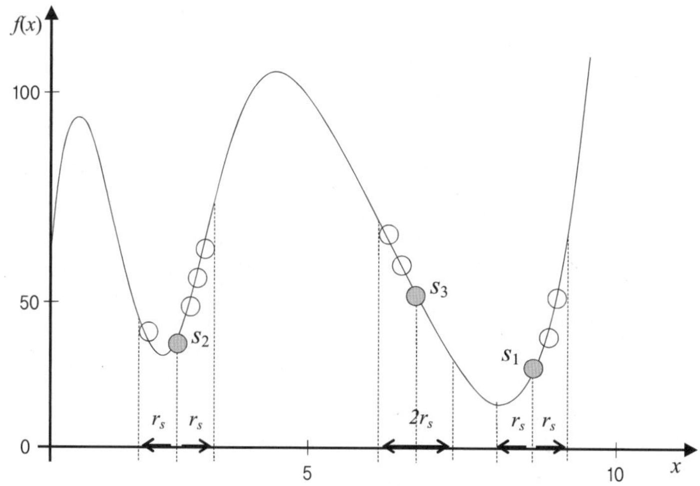

그림 16-3 부분군집 형성의 예

[그림 16-3]은 부분군집 형성을 도식한 것이다. 먼저 최솟값을 갖는 입자 s_1 이 종자로 선택되어 이 종자와 거리가 r_s 이내에 있는 입자들을 같은 군집에 포함시켜 하나의 부분군집을 만들고, 다음에 남은 입자 중에서 최솟값을 갖는 입자 s_2 가 종자가 되고, 이 또한 입자 s_2 와 거리가 r_s 이내에 있는 입자들을 같은 군집에 포함시킨다. 이와 같은 방법을 반복하여 부분군집을 만든다.

매 시간단계에서 이와 같이 종자가 구해지고 부분군집이 형성되면, 종자를 이웃의 최선해로 하여 지역최선 PSO를 수행한다. 이때 근간이 되는 PSO 알고리즘으로 관성가중치모형이나 수축모형을 사용할 수 있다. 종 기반 PSO의 절차는 아래와 같다.

■ 종 기반의 PSO의 절차

단계 1: 군집의 입자를 임의로 생성한다.
단계 2: 군집의 모든 입자를 평가한다.
단계 3: '부분군집 형성절차'에 의해 종자와 부분군집을 결정한다.
단계 4: 각 종자를 해당 부분군집의 최선해로 둔다.
단계 5: 지역최선 PSO를 이용하여 각 입자의 속도와 위치를 갱신한다.
단계 6: 종료조건을 만족하면 끝낸다. 그렇지 않으면 단계 2로 간다.

이 알고리즘의 장점은 다음과 같다. 첫째, 여러 종자를 결정하는 데 군집에 대해 한 번의 연산으로 가능하고, 이를 지역최선으로 사용한다. 모든 종자를 구하는 데 다른 입자와의 거리를 계산하는 데는 많아야 $n(n-1)/2$ 의 비교 계산만 필요하다. 여기서 n 은 입자 수이다. 이 계산의 복잡도는 $O(n^2)$ 이다. 둘째, 종자는 그 군집에서 항상 최선해이다. 셋째, 종자 수는 SBPSO의 실행 과정에서 자동으로 구해지므로 이를 미리 정할 필요가 없다. 다만 파라미터 반경 r_s 를 적절히 주어야 한다. r_s 는 지역최적의 수와 함수 형태에 따라 그 값이 달라 질 수 있다. 실험에서 r_s 는 보통 정의 영역의 1/20과 1/10 사이로 두고 있다. 또한 SBPSO에서 군집 크기는 보통 50개를 사용하고 있다.

Multimodal PSO 알고리즘의 성능 척도로 지역최적해를 아는 경우에는 (1) 최적해를 찾는 데 소요되는 연산 수(시간 단계 수), (2) 최적해로의 근접성, 즉 정확성, (3) 모든 지역최적을 성공적으로 찾느냐는 성공률 등을 사용할 수 있다. 지역최적해를 모르는 경우는 찾은 지역최적해들의 수, 해 품질, 계산소요시간 등에 의해 평가할 수 있다.

Multimodal 함수 최적화에서 SBPSO는 정확도와 성공률, 그리고 계산시간 측면에서 Beasley *et al.*(1993)가 제안한 유전알고리즘인 SNGA와 Brits *et al.*(2002)이 제안한 적소 PSO(niching PSO)보다 좋거나 견줄 만 하다고 Li(2004)는 보고하고 있다.

16.2 다목적 PSO

제11장에서 다목적 진화알고리즘(MOEA)을 다루었다. 이 절에서는 다목적 PSO(Multi-objective PSO: MOPSO)를 소개한다. 즉, PSO를 이용하여 다목적 최적화 문제를 어떻게 해결할 수 있는지 알아보자.

메타휴리스틱으로 다목적 최적화 문제를 풀 때 일반적으로 목표는 세 가지로 (1) 파레토 최적해나 이와 아주 근접한 비지배된 해(nondominated solutions)를 찾고 (파레토 최적해를 모르는 경우 좋은 비지배해를 찾음) , (2) 비지배된 해들의 산포를 최대로하며, (3) 비지배된 해의 수를 최대로 찾는 것이다. MOEA에서 이 같은 목표를 취하며, MOPSO에서도 이와 같다. 다시 말하면 MOPSO의 목표는 잘 분포된 많은 파레토 최적해 또는 근사 파레토 최적해를 찾는 것이다.

PSO의 기본 모형에서는 사회요소와 인지요소에 의해 각 입자가 특정한 점으로 끌린다. 이는 다양한 좋은 해의 탐색을 방해하게 된다. PSO를 이용하여 다목적 문제를 해결하기 위하여 PSO의 이러한 한계를 어떻게 해결하는 지에 대해 알아보자.

(1) 하나의 해가 아닌 여러 비지배된 해를 어떻게 구하고, 이를 어떻게 유지 관리할 것인가? 이를 위해 매 단계에서 찾은 해를 평가하여 비지배된 해를 저장하는 보관소를 운영한다. 두 종류의 보관소를 운영한다. 하나는 각 입자 i 가 찾은 지배되지 않는 해(비지배된 해)를 보관하는 보관소 A_i 이고, 다른 하나는 전체 입자들이 찾은 해 중에서 지배되지 않는 해를 저장하는 보관소 A이다. 각 입자가 매 단계에서 새로운 비지배된 해를 찾으면 이들 보관소를 갱신시킴으로써 해결한다. 다양하고 비지배된 해를 보관하고 이를 이용하여 어떻게 좋은 해를 생산할 것인가는 다목적 최적화의 주요 주제 중 하나이다. MOEA에서 제안된 우수한 해(또는 비지배된 해)를 보관하고 운영하는 여러 엘리티즘(elitism) 전략과 다양화를 위한 전략(11장 참조)을 그대로 PSO에 적용할 수 있다.

(2) 다목적 문제에서 속도 갱신식의 개인최선위치를 어떻게 둘 것인가? 단일 목적에서 사용한 '개인최선위치'라는 용어는 다목적 문제에서는 여러 비지배된 해(또는 파레토 최적해)가 존재하므로 적절치 않다. 이는 입자 개인의 경험에 의해 얻은 정보로 개인 입자를 유도하는 좋은 위치(비지배된 해)로 볼 수 있다. 이를 '개인유도위치(personal guide position)'라 명명한다.

   다양한 비지배된 해의 탐색을 위하여 매 단계에서 개인유도위치를 어떻게 둘 것인가? 하나의 방법은 입자 자신이 지금까지 발견한 비지배된 해 중에서 즉, 보관소 A_i 에서 임의로 선택하는 것이다. 다른 방법으로 개인유도위치 $\mathbf{y}_i(t+1)$ 를 다음과 같이 둘 수 있다. 구한 현재 위치 $\mathbf{x}_i(t+1)$ 가 $\mathbf{x}_i(t+1) \succ \mathbf{y}_i(t)$ (a$\succ$b: a가 b를 지배함을 의미함)이면, $\mathbf{y}_i(t+1) = \mathbf{x}_i(t+1)$ 로, $\mathbf{x}_i(t+1) \prec \mathbf{y}_i(t)$ 이면 $\mathbf{y}_i(t+1) = \mathbf{y}_i(t)$ 로 둔다. 그리고 $\mathbf{x}_i(t+1)$ 과 $\mathbf{y}_i(t)$ 가 상호 비지배되는 관계이면 A_i 에서 밀집도가 가장 낮은 해를 개인유도위치 $\mathbf{y}_i(t+1)$ 로 둔다. 이들 방법을 위해서는 각 입자의 비지배된 해 보관소, A_i 가 필요하다. 후자는 MOEA의 PAES(Pareto archived evolution strategy)에서 현재 해(부모 개체)의 갱신과 유사하다.

(3) 다음은 다목적 PSO에서 속도 갱신 식의 전역최선위치(최선해)는 무엇이고 어떻게 둘 것인가? 다목적 최적화에서 전역최선위치라는 용어도 개인최선위치와 같이 적절치 않다. 이는 모든 입자를 유도하는 탐색 공간의 좋은 위치(비지배된 해)로 볼 수 있다. 여기서 이를 '전역유도위치(global guide position)'라 명명한다. 전역유도위치는 모든 입자(해)의 방향에 영향을 준다.

전역유도위치는 흔히 모든 입자가 찾은 비지배된 해를 보관하는 보관소 A에 있는 입자들의 적응도에 기초하여 확률적(예로 확률바퀴 선택을 사용하여)으로 선택한다. 이때 다양한 해를 얻기 위하여 배분적응도(shared fitness)의 개념을 사용하여 밀집도가 낮은 영역에 있는 비지배된 해가 선택될 확률을 높게 둔다. 밀집도는 MOEA에서 사용한 여러 방법(적소 수(niche count), 밀집 거리, 초입방체에 있는 개체 수 등)을 그대로 적용하여 계산할 수 있다(Coello *et al.*, 2004). 주위에 있는 개체가 많을수록 그리고 가까이 있을수록 밀집도가 높아져 배분적응도는 낮아진다. 같은 단계에서도 입자마다 전역유도위치를 달리 줄 수 있다. 개인유도위치와 함께 전역유도위치의 선택은 MOPSO의 설계에서 주요 요소이다.

(4) 군집 전체가 하나의 해로 수렴하는 것을 피하기 위하여 군집의 다양성을 어떻게 유지할 것인가? PSO의 가장 중요한 장점 중 하나는 빠른 수렴이다. 이는 조기 수렴하지 않는다면(지역최적에 빠지지 않으면) 장점이 된다. 조기 수렴은 군집의 다양성을 잃게 만든다. 따라서 다양성을 증진하기 위해서는 수렴 속도의 조절이 매우 중요하다.

앞에서 언급한 개인과 전역의 두 유도위치의 선택 방법은 군집의 다양성을 촉진시키는 역할을 한다. 이 외에도 군집의 다양성을 위해 다음과 같은 방법들이 사용된다(Reyes-Sierra & Coello, 2006). 하나는 위치를 갱신할 때 전역유도위치 대신에 이웃 구조를 사용한 이웃유도위치를 사용하는 것이다. 이는 전역최선 PSO 보다 좀 더 탐사를 강화한다. 그리고 PSO 알고리즘을 실행시키면서 관성가중치를 점차 크게 하는 것이다. 관성가중치를 크면 전역 탐색이, 작으면 지역 탐색이 강화된다. 관성가중치를 점차 크게 하면 탐사 능력이 더 강화되어 군집의 다양성에 기여한다.

다른 하나는 돌연변이 연산자를 사용하는 것이다. PSO에서 위치 갱신은 현 위치에 속도를 더하여 행한다. 이는 진화알고리즘에서 돌연변이와 비슷하다. 그러나 PSO에서 위치 갱신은 임의로 이동하지 않고 개인과 전역의 최선위치 그리고 관성에 기초하여 이루어진다. 따라서 이 돌연변이는 무작위가 아니고 '의식적'이다.

MOPSO에서는 위치 갱신 후 군집의 다양성을 위해 돌연변이 연산을 흔히 행한다. PSO에서는 이를 난류(turbulence)라 부르기도 한다. 군집이 정체되면, 즉 입자들의 속도가 거의 영이 되면 새로운 해를 생산하지 못하게 된다. 이는 모든 입자가 지역최적에 빠져 이로부터 탈출을 못하게 됨을 의미한다. 이때 돌연변이(난류)에 의해 현재의 전역최선위치보다 더 좋은 위치를 찾는 다면 군집은 지역최적에서 빠져 나오게 된다.

이와 같은 이유에서 PSO에서 돌연변이는 탐사(exploration) 능력을 향상시키는 데 중요하다. 돌연변이는 다음과 같이 행할 수 있다. 입자의 위치 갱신 후, 입자의 돌연변이 여부를 확률적으로 결정한다. 선택된 돌연변이 입자의 위치나 속도의 요소를 임의로 변화시킨다.

MOPSO의 기본 절차는 정리하면 다음과 같다.

■ MOPSO의 절차

단계 1: (초기화)

단계 1.1: 각 입자i의 초기 위치 $\mathbf{x}_i(0)$는 균등분포 $U(\mathbf{x}_{\min}, \mathbf{x}_{\max})$에서 임의의 난수를 추출하여 생성하고 이를 평가한다.

단계 1.2: 초기 속도, $\mathbf{v}_i(0) = \mathbf{0}$로 두고, $t = 0$로 둔다.

단계 1.3: 입자i의 비지배되는 해 보관소 $\mathrm{A}_i = \{\mathbf{x}_i(0)\}$, $\forall i$로 두고, 모든 A_i에 있는 해 중에서 비지배되는 해를 보관소 A에 저장한다.

단계 2: (개인유도위치 선택) 시간t에서 $\mathrm{A}_i, \forall i$에 기초하여 입자i의 개인유도위치, $\mathbf{y}_i(t), \forall i$를 선택한다. 단, $t=0$이면 초기 개인유도위치 $\mathbf{y}_i(0) = \mathbf{x}_i(0)$, $\forall i$로 둔다.

단계 3: (전역유도위치 선택) 시간t에서 전역유도위치, $\hat{\mathbf{y}}(t)$를 보관소 A에서 선택한다.

단계 4: (속도와 위치 갱신) 시간$t+1$에서 각 입자의 속도와 위치를 갱신한다.

단계 5: (돌연변이) 선택된 입자의 위치에 대해 돌연변이(또는 turbulence) 연산을 행한다.

단계 6: (평가) 각 입자의 목적함수 벡터를 평가한다.

단계 7: (보관소 갱신) 보관소 A_i, $\forall i$와 보관소 A를 갱신한다.

단계 8: (종료조건) 종료조건을 만족하면 끝내고, 그렇지 않으면 $t \leftarrow t+1$로 두고 단계 2로 간다.

단계 2와 단계 3에서 개인유도위치와 전역유도위치의 선택 방법은 앞에서 설명하였다. 다양한 해의 탐색을 위하여 흔히 개인과 전역의 두 유도위치 선택에서 낮은 밀집도를 선호한다. 단계 4에서 속도 갱신은 식 (13.2) 또는 관성가중치가 있는 식 (14.2)를 사용할 수 있다. 단계 5의 돌연변이 연산은 앞에서 설명하였다. 단계 6에서 평가는 각 입자의 목적함수벡터를 계산함을 의미한다.

단계 7의 보관소 A_i 와 A의 갱신은 MOEA에서와 아주 유사하다. 보관소의 크기는 흔히 일정하게 둔다. 보관소 갱신은 다음과 같이 이루어진다. 먼저 새로운 입자 위치(해)와 보관소에 있는 입자와의 지배 관계에 의해 이루어진다.

(1) 새로운 해가 보관소의 어떤 해에 의해 지배당하면 보관소에 저장하지 않고 버린다.
(2) 새로운 해가 보관소의 어떤 해를 지배하면 새로운 해는 저장하고 보관소에 있는 지배당하는 해들은 보관소에서 제거한다.
(3) 위 두 경우가 아니면, 즉 새로운 해와 보관소의 해가 비지배 관계일 때 다음과 같이 한다.
  (a) 현재 보관소에 있는 해들이 보관소의 크기보다 적으면 새로운 해를 저장한다.
  (b) 보관소에 해들이 가득 차 있으면, 보관소 갱신은 해의 밀집도(적소 수 또는 밀집 거리)에 의해 결정한다. 보관소에 새로운 해를 일단 포함시켜 각 해의 밀집도를 구하여 밀집도가 가장 높은 해를 제거한다. MOEA에서 이 밀집도를 구하는 여러 방법이 제안되었다. 이 방법을 그대로 적용할 수 있다.

단계 2에서 개인유도위치를 개인 보관소 A_i 에서 임의로 선택하지 않고 앞에서 설명한 현재의 개인위치와 새로운 해의 지배관계에 의해 선택된다면, 이 관계를 단계 7의 보관소 갱신에 이용할 수 있다.

위 절차는 비행시점 기준으로 모든 입자를 단계별로 행하고 있으나, 단계 2에서 단계 7까지 한 입자씩 행할 수 있다. 즉, 한 비행시점에 입자 1부터 입자 m 까지 차례로 단계 2에서 단계 7을 m 번 반복 수행하는 방법이다. 이 방법은 새로이 비지배되는 해가 발견되면 즉시 보관소 A를 갱신하여 이를 바로 이용할 수 있다는 장점을 갖는다.

MOPSO의 가장 큰 장점은 빠른 수렴이다. 그러나 이는 파레토 최적해가 아닌 해로 수렴할 수 있다. 계산소요시간은 대부분의 MOEA 기법보다 적게 소요된다. MOPSO의 단점은 군집의 다양성 조정이 어렵다는 것이다. 다양성 제고를 위하여 유도위치의 선택, 보관소 운영, 새로운 해 갱신 메커니즘 등이 고려된다. PSO 기반의 다목적 알고리즘에서는 다양성 조정 및 유지가 중요 과제이다(Reyes-Sierra & Coello, 2006).

16.3 PSO의 적용

PSO는 초기에 신경망 학습에 성공적으로 적용되었다(Eberhart & Kennedy, 1995; Kennedy, 1997). 여기서 신경망 학습은 주로 신경망의 가중치를 구하는 문제였다. 그 후 Zhang *et al.*(2000)은 신경망의 구조와 가중치를 동시에 최적화하는 문제를 다루었다. 이들은 두 군집을 운영하여 한 군집에서는 가중치를, 다른 군집에서는 망의 구조를 찾았다.

PSO 알고리즘은 연속 탐색공간을 갖는 다양한 형태의 최적화에 적용되고 있다. 특히, PSO는 연속변수를 갖는 제약이 있는 비선형계획의 최적화에 효율적인 기법 중 하나이다(Jordehi, 2015). 비선형계획 문제 이외에도 클러스터링(Rana, *et al.*, 2011; Alam, *et al.*, 2014), 전력시스템의 통제 및 관리와 관련된 최적화(del Valle, 2008; Khare & Rangnekar, 2013), 데이터 마이닝(Souse *et al.*, 2004), 게임 문제, 설계 문제(비행기 날개 설계, 안테나 설계, 회로 설계 등), 퍼지 시스템 등에 적용되고 있다.

PSO는 연속 값을 갖는 해 공간에서의 최적화를 위해 원래 개발되었다. 그러나 이산 값을 갖는 탐색 공간에서도 적용될 수 있다. 이에 대해서는 15.4절에서 간략히 다루었다. PSO는 이진수 변수를 갖는 최적화문제, 정수계획, 외판원문제 등의 이산 최적화문제에 적용될 수 있다. 그러나 조합최적화문제에 PSO를 적용하기 위해서는 속도와 위치 벡터의 변환에 사용될 수 있는 연산자가 필요하다. 이 연산자는 적용 문제의 특성을 잘 반영할 수 있도록 정의되어야 한다. 이는 조합최적화문제에 PSO의 적용을 어렵게 하는 한 요인이 된다.

제5부

개미군체최적화

제17장 개미군체최적화의 개요

제18장 기본 ACO 알고리즘

제19장 ACO 알고리즘의 수렴

제20장 여러 형태의 ACO 알고리즘

제21장 ACO의 적용

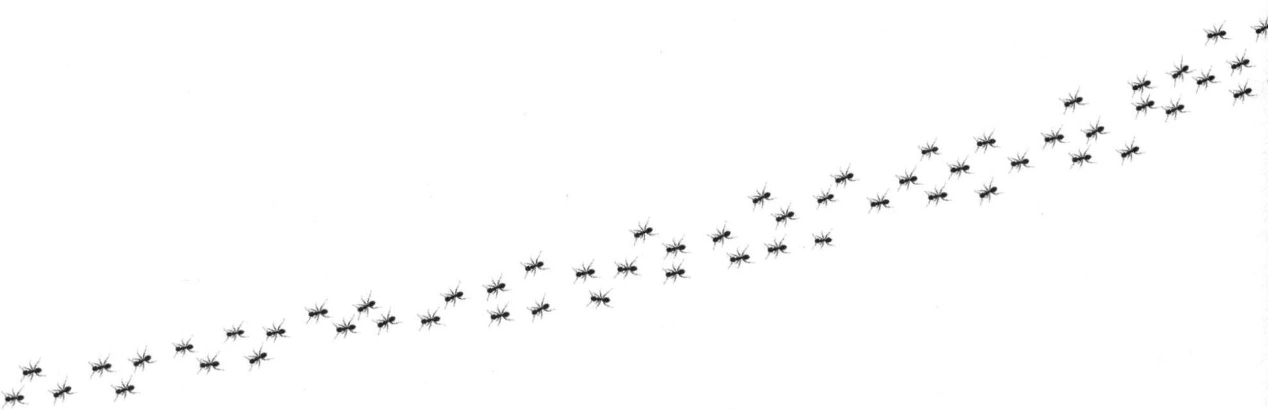

제17장

개미군체최적화의 개요

군체(colony)는 같은 종의 생물이 집단을 이루어 어느 기간 동안 한 장소에서 사는 개체의 집단으로, 개미나 벌 같은 사회적 곤충(social insects)에서 흔히 발견된다. 이러한 군체 곤충에서 나타나는 집단 행동(collective behavior)에 관하여 많은 연구가 이루어졌다. 집단 행동의 예로는 개미와 꿀벌의 먹이 찾기(foraging), 흰개미의 집 짓기, 말벌의 둥지 짓기 등이 있다. 이들 집단 행동에는 개체들 사이에서 또는 개체와 환경 사이에서 국소적으로 상호작용하는 간접 의사소통(communication), 또는 조정(coordination)이 존재한다는 것이 발견되었다. 이러한 간접 의사소통의 메커니즘을 'stigmergy'라 부른다. 이 용어는 그리스어 stigma(mark, sign의 뜻)와 ergon(work, action의 뜻)에서 유래되었으며, 이는 개체의 행동은 환경에 표시(sign)를 남기고 다른 개체들은 그 표시를 감지하여 그들의 다음 행동(action)을 결정하고 자극한다는 개념과 관련된다. 개미 군체의 먹이 찾기 행동(foraging behavior)에서 나타나는 페로몬(pheromone) 의사소통이 stigmergy의 한 예이다. 먹이 찾기 과정에서 나타나는 개미 군체의 집단적 행동을 모방한 최초의 개미군체최적화(ant colony optimization: ACO) 알고리즘은 Colorni *et al.*(1991), Dorigo(1992)에 의해 제안되었다.

ACO 알고리즘은 개미 집단이 먹이를 찾고, 이를 둥지로 나르는 행동에서 영감을 얻어 개발한 확률적 탐색기법으로 하나의 메타휴리스틱이다. 개미들은 지나온 길에 페로몬 자국(pheromone trail)을 남긴다. 이 페로몬 자국은 뒤 따르는 개미들의 행동에 영향을 준다. 즉, 개미는 먹이를 찾을 때 페로몬을 매개로 하는 간접 의사소통에 의해 상호작용하면서 짧은 길을 찾아 나가는 것으로 알려져 있다. ACO 알고리즘은 이산 탐색 공간을 갖는 조합최적화 문제에 주로 적용되고 있다.

이 장의 1절에서는 실제 개미가 먹이 찾기 과정에서 어떻게 행동하는 지에 대해 알아보고, 2절에서는 알고리즘의 구현에 사용되는 인공개미에 대해 기술한다. 3절에서는 개미의 먹이 찾기 과정을 모형화한 단순 ACO 알고리즘을 소개하고 그 특징을 알아본다. 끝으로 4절에서 기본적인 ACO 알고리즘의 구조와 그 요소에 대해 다룬다.

17.1 서론

개미들은 리더의 조정이나 시각적 판단 등 직접적인 조정 메커니즘이 없음에도 불구하고 어떻게 둥지와 먹이 사이의 짧은 경로를 발견할 수 있는가? 개미의 집단행동에 관한 연구에서 개체들 간에 또는 개체와 환경 간의 의사소통 대부분은 개미가 생산하는 페로몬이라는 화학 물질에 의해 이루어지고 있는 것으로 알려져 있다. 개미의 먹이 찾기 행동은 이 페로몬에 의해 조정되는 간접 의사소통에 기반을 두고 있다.

개미군체는 페로몬 농도가 높은 경로를 택함에 의해 짧은 경로를 택할 수 있다고 본다. 이와 관련하여 Deneubourg *et al*.(1990)는 아르헨티나 개미 종인 humilis를 대상으로 실험하였다. 먼저 [그림 17-1](a)와 같이 둥지와 먹이가 있는 곳까지의 거리가 같은 두 경로가 있는 경우를 실험하였다. 이 실험에서 개미들이 둥지에서 먹이가 있는 곳을 자유로이 이동할 수 있도록 놓아두고 시간이 지남에 따라 어떻게 경로를 택하는지 관찰하였다. 실험 결과, 초기에 개미들이 임의의 경로를 선택함에도 불구하고 결국에는 대부분의 개미들이 하나의 경로를 택하였다. 이 결과는 다음과 같이 설명될 수 있다. 초기에 두 경로에 페로몬이 없다. 그래서 경로에 대한 선호 없이 같은 확률로 두 경로 중 하나를 선택한다. 그러나 임의 변동 때문에 어느 한 경로가 더 많이 선택될 것이다. 개미들은 이동하면서 페로몬을 남기기 때문에 한 경로에 더 많은 양의 페로몬이 있게 된다. 더 많은 페로몬이 있는 경로는 더 많은 개미들이 이 경로를 택하도록 자극하게 된다. 그래서 시간이 경과하면 결국 개미들은 한 경로에 수렴하게 된다. 이 같은 자동촉매 또는 양의 피드백 프로세스는 개미의 자기조직화 행동의 한 예이다. 이는 각 개미의 미시적 상호작용에 의해 나타나는 거시적 집단 행동으로 설명될 수 있다. 이 또한 stigmergy의 한 예이다(Dorigo & Stűtzle, 2004).

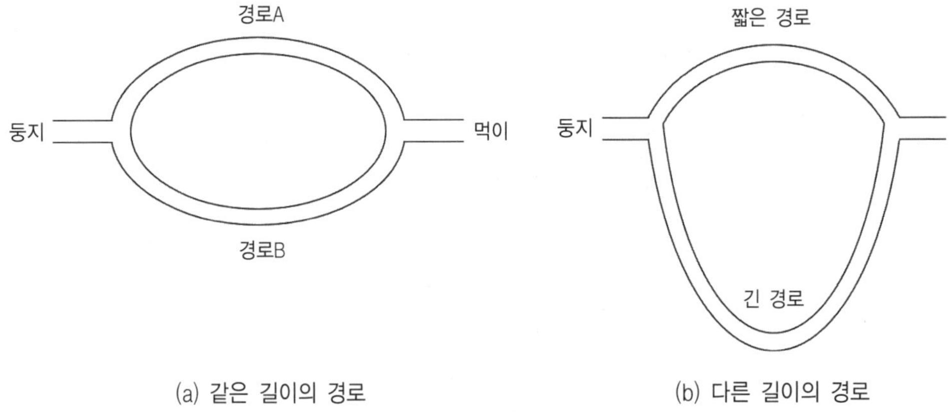

그림 17-1 개미 먹이 찾기 문제

다음은 [그림 17-1](b)와 같이 두 경로의 길이가 다른 경우를 실험하였다. 이 실험을 반복한 결과, 대부분의 실험에서 약간의 시간이 지난 후에는 대부분의 개미들은 짧은 경로를 택하였다. 이는 다음과 같이 설명될 수 있다. 두 경로의 길이가 다르기 때문에, 짧은 경로를 택한 개미들은 먹이에 빨리 도착하여 먹이를 가지고 둥지로 돌아오기를 빨리 시작하게 된다. 이때 짧은 경로와 긴 경로 중에서 선택을 하게 되는 데, 짧은 경로 상의 더 많은 페르몬은 (긴 경로에 있는 개미들은 먹이가 있는 곳에 도달하는 데 시간이 많이 소요되어 돌아올 때 이 경로에 페로몬 양이 적음) 개미들에게 짧은 경로를 택하도록 자극한다. 그리하여 짧은 경로에 더 빨리 페로몬이 쌓이기를 시작하여, 개미들이 결국에는 짧은 경로를 사용하게 된다. 앞의 같은 길이의 경로 실험과는 달리, 초기에 임의 변동이 거의 일어나지 않고, stigmergy 또는 자동 촉매의 메커니즘이 작동한다. 이 실험에서 흥미로운 점은 모든 개미가 전부 짧은 경로를 사용하지 않고, 일부 소수의 개미들은 긴 경로를 사용한다는 것이다. 이는 '새로운 경로 탐사'의 한 형태로 해석할 수 있다.

경로 수렴 후에 둥지와 먹이 간에 새로운 더 짧은 경로를 제공하면 개미들은 어떻게 행동하는가를 실험하였다. 이 실험을 위해 초기에는 단지 긴 경로만을 개미에게 제공하고, 30분 후에 짧은 경로를 추가하였다. 이 경우 짧은 경로는 단지 산발적으로 선택될 뿐이고, 대부분의 개미들은 긴 경로를 그대로 사용하였다. 이는 긴 경로상에 이미 페로몬 농도가 높고, 이 페로몬의 증발 속도가 낮은 것으로 설명될 수 있다. 새로운 더 짧은 경로가 나타나도 기존의 높은 페로몬 농도 때문에 대부분의 개미들은 긴 경로를 택하게 되고 이 같은 자동촉매적 행동은 긴 경로를 더욱 강화한다. 페로몬 증발은 새로운 경로의 탐사를 촉진하기에는 그 속도가 너무 느리다. 생물학자의 연구 결과에 의하면 페로몬의 수명은 한 번의 먹이 구하기 시도 기간과 거의 같다. 실제 개미 세계에서 페로몬의 낮은 증발 속도는 개미군체가 수렴한 부분 최적 경로를 잊고 새로운 더 짧은 경로를 발견하고 학습하는 것을 어렵게 한다.

Pasteels *et al.*(1989)은 개미군체의 경로 선택과정을 보일 수 있는 단순한 모형을 개발하였다. 이를 위하여 두 경로에서 개미들은 같은 양의 페로몬을 남기고 페로몬 증발은 없다고 가정하였다. $m_A(t)$ 와 $m_B(t)$ 는 시간 단계 t 에 각각 경로 A와 경로 B에 있는 개미의 수이다. Pasteels *et al.* (1989)은 실험에 의해 다음 개미가 시간 단계 $t+1$ 에서 경로 A를 선택할 확률, $P_A(t+1)$ 을 식 (17.1)과 같이 나타냈다.

$$P_A(t+1) = \frac{(c+m_A(t))^\alpha}{(c+m_A(t))^\alpha + (c+m_B(t))^\alpha} = 1 - P_B(t+1) \tag{17.1}$$

여기서 α 는 축적된 페로몬 양에 따른 편향을 나타낸다. α 값이 클수록 개미가 페로몬 농도가 높은 경로를 선택할 확률이 더 높아 진다. c 는 새로운 경로로 이끄는 정도를 나타낸다. c 값이 커질수록 경로의 무작위 선택을 막기 위해서는 더 많은 양의 페로몬이 축적되어야 한다. 실험에 의해 $\alpha \approx 2$ 와 $c \approx 20$ 일 때 실험적으로 관찰된 개미의 집단 행동에 가장 잘 맞았다(Pasteels *et al.*, 1989).

17.2 인공개미와 최단경로문제

개미군체최적화 알고리즘의 설명을 위하여 앞의 두 경로가 아닌 좀 더 복잡한 그래프의 최단경로문제를 보자. 연결된 그래프 G=(N, A)로 두자. N은 마디(node)의 집합이고, A는 호(arc)의 집합이다. 최단경로문제는 이 그래프의 두 마디(시점과 종점)를 연결하는 가장 짧은 경로를 찾는 문제이다. 이 문제는 개미가 둥지(시점)에서 먹이가 있는 곳(종점)까지의 최단경로를 찾는 것과 유사하다.

앞 절에서 기술한 개미 행동을 그대로 최단경로문제에 적용하면, 해를 찾는 과정에서 루프(loop)가 발생할 수 있다. 예로 [그림 17-2]에서 경로 1-3-4-7-6-3-7-9 에서 부분경로 3-4-7-6-3은 루프이다. 전진(forward) 페로몬 자국의 갱신 메커니즘 때문에 루프는 페로몬 농도가 많아져 이 루프에 빠질 수 있다. 여기서 전진(forward)은 둥지에서 먹이로 향하는 이동을, 후진(backward)은 먹이에서 둥지로 향하는 이동을 의미한다. 실제 개미 행동의 메커니즘을 최단경로문제에 적용할 때 전진경로 상의 페로몬 축적이 문제가 된다.

이 같은 루프 문제를 해결하기 위하여 실 세계의 개미와는 달리 '인공개미'는 단기기억을 갖는다고 본다. 단기기억은 둥지에서 먹이로 향하는 전진경로와 그 거리를 기억하는 것으로, 이 기억에 의해 루프가 발생하면 이를 제거한 후 전진경로 상에 페로몬을 추가하는 것이다. 앞의 예에서 루프를 제거하면 경로 1-3-7-9가 되고, 이 경로 상에 페로몬을 남긴다.

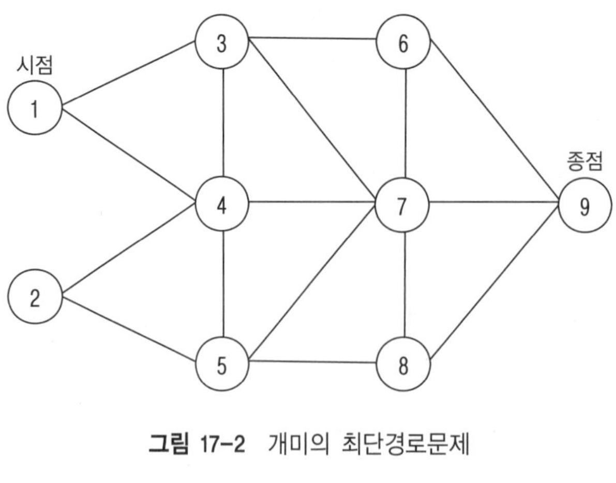

그림 17-2 개미의 최단경로문제

인공개미의 이러한 단기기억은 최단경로 문제를 해결하는 데 여러 유용한 행동을 가능하게 한다(Dorigo & Stützle, 2004, p.11). 유용한 행동으로는 (1) 페로몬 농도에 의해 편향된 확률적 해 구축, (2) 루프가 제거되고 페로몬 양이 갱신된 확정적 후진경로 결정, 그리고 (3) 생성된 해의 평가와 경로에 추가할 페로몬 양을 결정하는 데 해 품질의 이용이다. 이 외에 페로몬 증발을 고려함으로써 알고리즘의 성능을 크게 개선할 수 있다. 페로몬 증발은 앞에서 설명했듯이 실 세계 개미의 경로 선택에서는 증발 속도가 늦어 반드시 필요한 요소는 아니지만, ACO 알고리즘에서는 성능에 아주 중요한 역할을 한다. 이에 대해 다음 절에서 좀 더 설명한다.

17.3 단순 ACO 알고리즘

ACO 알고리즘은 개미 시스템(ant system: AS)이란 이름으로 1992년 Dorigo에 의해 처음 소개되었다. 이 절에서는 ACO을 소개하는 데 개미의 먹이 찾기 과정을 어떻게 모방하는지를 설명하기 위하여 ACO 알고리즘의 개발 연대순에 따른 소개보다는 앞에서 다룬 Deneubourg *et al.*(1990)의 실험을 알고리즘화한 단순(simple) ACO(S-ACO) (Dorigo & Caro,1999b; Dorigo & Stützle. 2001)를 먼저 다룬다. 앞에서 기술한 인공개미의 행동에 기초하여 S-ACO 알고리즘의 개념을 기술하면 다음과 같다.

1) 확률적 전진경로 탐색

S-ACO 개미들의 작업 모드는 전진과 후진으로 볼 수 있다. S-ACO에서 전진 개미는 자신이 위치한 마디의 이웃 마디 중에서 확률적으로 다음 마디를 선택하여 이동한다. 이때 확률적 선택은 다른 개미에 의해 이전에 축적된 페로몬 농도에 따라 편향된다. S-ACO의 전진 개미에서는 움직이는 동안 어떤 페로몬도 분비하지 않는다고 본다. 이것은 후진 이동을 확정적으로 결정하고 루프 형성을 막는 역할을 한다. 이제 현재 위치에 있는 마디에서 페로몬 농도에 의해 확률적으로 이웃 마디로 어떻게 이동하는가를 보자.

시간 단계 t 에서 호 (i, j) 의 페로몬 양을 $\tau_{ij}(t)$ 로 둔다. S-ACO에서는 시간 단계 t 에 개미 k 가 마디 i 에 있을 때, 다음 마디로 이웃 마디를 선택할 확률, 즉 마디 i 에서 이웃 마디 j 로의 전이확률(transition probability)은 식 (17.2)와 같이 둔다.

$$p_{ij}^k(t) = \begin{cases} \dfrac{\tau_{ij}^{\alpha}(t)}{\sum_{u \in N_i^k} \tau_{iu}^{\alpha}(t)} & \text{if } j \in N_i^k \\ 0 & \text{if } j \notin N_i^k \end{cases} \tag{17.2}$$

여기서 N_i^k 는 개미 k 가 마디 i 에 있을 때 이동 가능한 이웃 마디의 집합이다. S-ACO에서 N_i^k 는 개미 k 가 마디 i 의 방문 직전에 방문한 마디를 제외하고 그래프에서 마디 i 와 바로 연결된 모든 마디를 나타낸다. 이는 개미가 직전에 방문한 마디로 되돌아 가는 것을 피하기 위함이다. 단, $N_i^k = \phi$ 이면, 즉 그래프에서 죽은 마디(dead node)일 때, 마디 i 의 선행마디를 N_i^k 에 포함시킨다. 이러한 개미의 이동은 경로 상에 루프가 형성될 수 있다. 따라서 개미가 목적지에 도착하면 경로 상에 있는 루프 여부를 조사하여 루프가 존재하면 제거한다.

α 는 양의 상수로 페로몬 농도의 영향을 증감시키는 데 사용된다. α 값이 크면 경로를 선택할 때 페로몬 양에 매우 민감하게 되어 지역 최적에 빠르게 수렴할 수 있다.

2) 확정적 후진경로

단기기억은 인공 개미가 목적지(먹이가 있는 곳)를 탐색하는 동안 자신이 이동한 경로로 되돌아 가는 것을 가능하게 한다. 또한, S-ACO 개미는 루프를 제거함에 의해 시스템 성능을 향상시킬 수 있다. 적용에서, S-ACO 개미는 목적지에서 둥지로 돌아가기 전에 목적지를 탐색할 때 왔던 전진경로 상에 있는 루프를 제거한다. 그리고 돌아 갈 때는 전진경로에서 루프가 제거된 경로를 사용하고, 이 후진경로 상에 일정한 페로몬 양을 추가한다.

3) 페로몬 증발

각 개미의 경로에서 루프를 제거한 경로가 확정되면, 이 경로 상에 페로몬 추가에 앞서 먼저 모든 호에서 페로몬을 증발시킨다. 이와 같이 모든 호에서 페로몬을 증발시키고 경로 상의 호에 페로몬을 추가하는 것을 '페로몬 갱신'이라 부른다.

페로몬 증발은 과거 기억이 시간이 지남에 따라 조금씩 잊혀지는 것과 유사하다. 이는 알고리즘 관점에서 보면 지역최적에 조기 수렴하는 것을 막는 탐사 메커니즘으로 볼 수 있다. 페로몬 농도의 감소는 탐색 과정에서 다른 경로의 탐색을 촉진한다. 앞에서 언급했듯이 실제 개미군체에서는 페로몬 증발이 일어나지만 경로 탐색에는 중요한 역할을 하지 않는 것으로 알려져 있다. 그러나 인공개미에서 인위적인 페로몬 증발은 조기 수렴을 막고 새로운 영역을 탐사하는 데 중요한 역할을 한다. 또한 과거에 행한 좋지 않은 경로나 실수를 잊게 하는 기능을 한다고 볼 수 있다. 이 증발 메커니즘을 이용하여 호에 추가되는 최대 페로몬 양을 제한할 수 있다.

S-ACO에서 페로몬 증발은 인공 개미가 전진 경로를 탐색한 후에 일어난다. 페로몬 증발은 모든 호에 대해 식 (17.3)과 같이 이루어진다.

$$\tau_{ij}(t) \leftarrow (1-\rho)\tau_{ij}(t), \quad \forall\ (i,j) \in A \tag{17.3}$$

여기서 A는 그래프에서 호의 집합이고, $\rho \in [0,1]$는 파라미터이다. ρ는 단위 시간의 증발률을 나타낸다. ρ는 개미들이 과거에 탐색한 경로에 대한 영향을 조정한다. ρ가 클수록 과거 탐색 경로의 영향이 줄어든다. 증발은 경로 상에 있는 페로몬 양을 지수적으로 감소시킨다.

4) 페로몬 추가

모든 호에서 페로몬을 증발시킨 후, 확정된 경로상에 페로몬을 추가한다. 이는 모든 개미의 경로가 완성된 후에 행한다. S-ACO에서 개미는 전진 경로뿐 아니라 그 경로 상의 거리도 기억한다고 본다. 개미들은 전진 경로에서 루프를 제거한 확정된 경로(해)의 거리를 평가하여, 후진에서 이 경로 상에 남길 페로몬 양을 결정하는 데 이 양은 평가 값에 기초한다.

개미 k가 목적지에서 둥지로 되돌아가는 경로는 자신의 전진 경로에서 모든 루프를 제거한 확정적 경로로 하고, 이 확정 경로 상에 있는 모든 호(i,j)에 경로거리에 기초하여

$$\Delta\tau_{ij}^{k}(t) \ \propto \ \frac{1}{L^{k}(t)} \tag{17.4}$$

과 같이 페로몬 양을 추가한다. 여기서 $L^{k}(t)$는 시간 단계 t에서 개미 k에 의해 만들어진 경로의 길이이다. 경로에 추가되는 페로몬 양은 경로 길이에 기초하며, 경로가 짧을수록 더 많은 페로몬 양을 남긴다. 즉, 개미가 자신의 경로에 놓은 페로몬 양은 경로 길이의 비증가(반비례) 함수이다. 일반적으로 페로몬의 추가량은 해 품질에 기초한다. 이는 좋은 해의 '이용'과 관련된다. 페로몬 추가는 매 반복마다 이루어지므로 개미들의 매 탐색 정보를 보관하게 된다. 이는 모든 개미의 과거 탐색 과정에 관한 정보를 페로몬으로 표현된 장기 기억을 갖는다는 것을 의미한다. 또한 페로몬을 추가할 때 해 품질에 기초하므로 과거에 찾은 해들의 품질을 누적하여 기억 또는 저장하고 있다고 볼 수 있다.

각 호의 페로몬 추가는 모든 개미의 경로에 대해 식 (17.5)와 같이 행한다.

$$\tau_{ij}(t+1) = \tau_{ij}(t) + \sum_{k=1}^{m} \Delta\tau_{ij}^{k}(t), \quad \forall\ (i,j) \in A \tag{17.5}$$

여기서 m는 개미의 수이다. $\Delta\tau_{ij}^{k}(t)$는 시간 단계 t에서 개미 k의 경로에 호(i,j)가 속하면 식 (17.4)와 같이 거리에 기초한 페로몬 양이고, 호(i,j)가 개미 k의 경로에 속하지 않으면 $\Delta\tau_{ij}^{k}(t) = 0$이다. 각 개미의 행동에 의해 각 경로의 페로몬이 갱신된다. 페로몬 갱신은 개미들의 단순한 상호

협동으로 볼 수 있으며, 그 결과 페로몬을 통한 간접 의사소통에 의해 좋은 해를 생산하는 창발을 가져온다.

식 (17.3)과 식 (17.5)로부터 ρ가 클수록 과거 탐색이 무시되고 최근의 경로가 강조되어 최근 경로를 집중적으로 탐색하는 결과를 가져온다.

S-ACO 알고리즘은 (1) 개미의 전진 이동, (2) 루프 제거와 경로길이 계산, (3) 페로몬 증발, (4) 페로몬 추가의 순으로 이를 반복한다.

S-ACO 알고리즘의 절차를 단계별로 기술하면 아래와 같다. 아래 절차에서 $x^k(t)$는 시간 단계(반복) t에서 개미 k가 찾은 경로(해)에 있는 호의 집합을 나타낸다. $f(x^k(t))$는 경로 $x^k(t)$의 길이이고, 이는 해의 품질을 나타낸다.

■ S-ACO 알고리즘의 절차

단계 1: (초기화) $\tau_{ij}(0) = \tau(0)$, $\forall(i,j) \in A$에 작은 값을 부여한다. $t=0$으로 두고, m개의 모든 개미를 시작점에 둔다.

단계 2: (경로 찾기, 루프 제거, 경로길이 계산) 각 개미 $k = 1,2,\ldots,m$에 대해 단계 2를 행한다.

단계 2.1: $x^k(t) = \phi$로 둔다.

단계 2.2: (경로 찾기) 식(17.2)에서 정의한 확률에 기초하여 다음에 이동할 호를 선택하여 경로 $x^k(t)$에 추가한다.

단계 2.3: 목적지(먹이)에 도달할 때까지 단계 2.2를 반복한다. 전진 경로를 찾으면 단계 2.4로 간다.

단계 2.4: (루프 제거) $x^k(t)$에서 모든 루프를 제거한다.

단계 2.5: (경로길이 계산) $x^k(t)$의 경로길이, $f(x^k(t))$를 계산한다.

단계 3: (페로몬 증발) 식 (17.3)를 이용하여 모든 호에서 페로몬 $\tau_{ij}(t)$, $\forall(i,j) \in A$를 감소(증발)시킨다.

단계 4: (페로몬 추가)

단계 4.1: 각 개미 $k = 1,2,\ldots,m$에 대해 시간 단계 t의 경로 $x^k(t)$에 있는 모든 호 $(i,j) \in x^k(t)$에 추가되는 페로몬 양, 식 (17.6)을 구한다.

$$\Delta\tau_{ij}^{\ k}(t) = 1 \big/ f(x^k(t)) \quad , \ \forall\ (i,j) \in x^k(t),\ \forall\ k \tag{17.6}$$

단계 4.2: 식 (17.5)를 이용하여 모든 호 $(i,j) \in A$에 대해 $\tau_{ij}(t+1)$을 구한다.

단계 5: (종료 조건) 종료 조건을 만족하면 끝낸다. 그렇지 않으면 모든 개미를 시작점에 두고, $t \leftarrow t+1$ 로 두고 단계 2로 간다.

구하는 해는 모든 개미가 구한 경로 중에서 가장 작은 값을 갖는 $f(x^k(t))$ 의 경로 $x^k(t)$ 이다.

Dorigo & Di Caro(1999b)와 Dorigo & Stűtzle(2001)에 의해 이루어진 S-ACO에 관한 실험의 주요 결과는 아래와 같다.

(1) 매우 단순한 그래프에서는 최단 경로를 잘 찾으나, 문제가 복잡해질수록 안정적이지 못하고 파라미터에 민감하게 되어 성능이 약화되었다.
(2) 해 품질에 기초한 페로몬 갱신이 그렇지 않는 경우 보다 월등히 좋은 해를 찾았다. 이로부터 해 품질을 고려한 페로몬 갱신이 알고리즘 성능에 중요함을 알 수 있다.
(3) 증발률 ρ 가 성능에 결정적일 수 있다. 페로몬 증발은 적용 문제가 복잡할수록 그 역할이 중요하다. $\rho = 0$ 이면, 즉 증발이 없으면 초기의 임의 변동이 그대로 누적되어 알고리즘이 거의 수렴하지 않으며, $\rho = 0.2$ 로 증발이 많으면, 증발은 매 반복마다 행해지므로 페로몬이 지수적으로 감소하여, 알고리즘이 조기 수렴하는 경향을 갖는다. $\rho = 0.01$ 일 때 $\rho = 0.2$ 때보다 시간은 더 소요되지만 최단경로로 수렴하였다.
(4) α 값이 크면 대체로 좋지 않는 결과를 보였다. 이는 초기의 임의 변동에 영향을 크게 받기 때문이다. α 가 1에 가까울 때 좋은 결과를 보였다.
(5) S-ACO 성능은 파라미터 α 와 ρ 에 민감하였다. α 와 ρ 가 크면 지역 최적으로 조기 수렴하는 경향을 갖는다. α 가 클수록 페로몬 양이 많은 호들을 택할 확률이 높아지고, ρ 가 클수록 과거 탐색 기억을 잃어 최근에 탐색한 호들을 집중 탐색하게 된다.
(6) 개미 수가 많을수록 계산시간은 더 소요되지만 알고리즘의 수렴성은 더 좋아졌다.

S-ACO는 실제 개미의 이동 경로에 관한 실험에 인공적인 요소(예로 인공개미의 단기기억에 의한 확정적 후진 경로, 경로 상의 루프 제거 등)를 결합하여 알고리즘화한 것이다. 그럼에도 불구하고 S-ACO 알고리즘은 복잡도가 높은 문제에서는 안정적이지 못하고 파라미터에 민감하였다. 즉, S-ACO 알고리즘은 최적화기법으로서 한계가 있음을 알 수 있다. 이에 여러 연구자들은 다양한 형태의 ACO 구조와 구성요소를 제안하게 된다.

17.4 ACO 알고리즘의 기본 구조와 요소

Dorigo & Di Caro(1999a, 1999b)는 S-ACO와는 다른 요소를 포함한 ACO 알고리즘을 제안하였다. 이는 ACO의 기본 알고리즘이 되며 그 구조는 [그림 17-3]과 같다. ACO은 일종의 메타휴리스틱으로 복잡한 조합최적화문제에서 좋은 해를 찾기 위하여 개미군체의 먹이 찾기 과정을 모방한 확률적 탐색기법이다.

```
ACO metaheuristic
Initialize pheromone trail
while (termination condition not met) do
    Construct_Ants_Solutions
    Update_Pheromone
    Daemon_Action      % optional
end
```

그림 17-3 ACO 메타휴리스틱의 구조

ACO 알고리즘은 메타휴리스틱으로 초기에 ACO 메타휴리스틱이라 불렀다. 기본 구조는 페로몬 자극을 초기화한다. 그리고 개미들을 이동시켜 해를 구하고, 이 해에 기초하여 페로몬 자극을 갱신한다. 필요에 따라 특정 전략을 사용하여 해를 개선한다. 이 과정을 종료 조건이 만족할 때까지 반복한다.

ACO 메타휴리스틱은 S-ACO보다 다루는 문제에 종속되는 더 많은 정보를 사용한다. 사용하는 정보로는 좀 더 나은 다음 이동을 위한 휴리스틱 정보 또는 찾은 현재 해를 개선할 수 있는 휴리스틱 기법 등이다. 이러한 특정 문제에 적합한 정보의 사용은 알고리즘의 성능을 높일 수 있으나 메타휴리스틱으로서 보다 많은 인위적 정보 또는 파라미터의 사용은 개미들의 상호작용과 적응 과정에서 나타나는 창발을 저해할 수 있다. ACO 알고리즘은 인공개미의 먹이 찾기 과정에 나타나는 자기조직화 개념과 특정 문제가 갖는 구체적인 휴리스틱 정보를 결합한 일종의 잡종(hybrid) 알고리즘으로 이는 이 알고리즘의 장점이자 약점이다.

이제 ACO 알고리즘의 기본 구성 요소인 전이확률을 이용한 해 구축과 페로몬 자극 갱신, 그리고 선택적으로 사용하는 중앙 전략(daemon action)에 대해 알아보자.

1) 해 구축

ACO 알고리즘을 적용하기 위해서는 먼저 문제가 유한개의 마디(nodes)와 이를 연결하는 호(arcs)로 구성된 그래프로 표현해야 한다. ACO 알고리즘을 이용하여 조합최적화 문제를 해결한다는 것은 다루는 문제를 표현한 그래프 상에서 문제의 목적과 제약을 충족하는 해를 찾는 것을 의미한다.

ACO 알고리즘은 여러 개미가 즉, 개미 군체가 협동하며 해들을 탐색한다. 각 개미는 그래프의 시작 마디에서 출발하여 호와 마디를 지나면서 해를 만들어 간다. 개미의 현 마디 i 에서 이동 가능 마디가 복수일 때 이중에서 다음 이동 마디 j 의 선택에는 두 정보가 이용된다. 하나는 마디 i 에서 마디 j 로의 이동에 관한 과거 모든 개미의 탐색 경험을 페로몬 양으로 나타낸 '페로몬 자국', τ_{ij} 이다. 다른 하나는 다루는 문제에 내재된 마디 i 에서 마디 j 로의 이동에 관한 사전(事前) 효과로 이를 '휴리스틱 값(heuristic value)', η_{ij} 이라 부른다. 이를 '휴리스틱 정보(heuristic information)'라 부르기도 한다. 이 휴리스틱 정보의 사용에 주목해야 한다. 이 정보는 다루는 문제에 따라 적절히 구해야 한다. 이는 S-ACO에서는 전혀 고려되지 않았다.

페로몬 자국만을 이용한 전이확률은 식 (17.2)와 같이 표현할 수 있다. 이를 식 (17.7)과 같이 변형하여 휴리스틱 정보를 고려한다.

$$p_{ij}^{k}(t)=\begin{cases}\dfrac{\tau_{ij}^{\alpha}(t)\eta_{ij}^{\beta}(t)}{\sum_{u\in N_i^k(t)}\tau_{iu}^{\alpha}(t)\eta_{iu}^{\beta}(t)} & \text{if } j\in N_i^k(t)\\ 0 & \text{if } j\notin N_i^k(t)\end{cases} \tag{17.7}$$

다시 설명하면, 다음 마디의 선택은 페로몬 자국과 휴리스틱 정보에 의해 확률적으로 이루어진다. 페로몬 자국은 모든 개미의 과거 탐색 과정에 관한 장기기억을 페로몬으로 나타낸 것이고, 휴리스틱 정보는 다루는 문제와 그 목적에 유망한 사전 정보이다. 사전 정보는 문제에 주어진 자료나 이를 이용하여 구한 값(예로 상한 또는 하한)이다.

조합최적화 문제에서 해를 구할 때 제약을 만족하면서 목적에 적합한 객체(변수)를 하나씩 연속적으로 선택하는 방법을 취할 수 있다. 예로 외판원 문제에서는 다음에 방문할 도시, 할당문제에서는 다음에 할당할 객체, 일정계획에서는 기계에 할당할 다음 작업이다. 어떤 기준에 의해 선택할까? ACO는 이러한 상황의 문제를 그래프로 표현하고 하나의 호 또는 마디를 전이확률에 의해 차례로 찾아 나가는 방법으로 볼 수 있다.

식 (17.7)에서 N_i^k 는 개미 k 가 마디 i 에서 이동 가능한 마디의 집합을 나타낸다. 이 이동가능 마디는 다루는 문제의 제약을 고려하여 적절히 설정되어야 한다. 예로, 외판원 문제에서는 방문하지 않은 도시의 집합으로, 할당문제에서는 미할당 객체 중에서 제약(용량 제약 등)을 만족하는 객체로, 일정계획문제에서는 미할당되고 해당 기계에서 가공 가능한 작업 등이다. 이때 이 집합의 크기가 크면 타부서치에서와 같이 좋은 후보목록(candidate list)을 만들어 그 크기를 축소할 수 있다.

2) 페로몬 자국 갱신

페로몬 자국 갱신은 식 (17.3)과 (17.5)와 같이 페로몬 증발과 추가로 이루어진다. 페로몬 증발은 모든 호(또는 마디)를 대상으로 하고 페로몬 추가는 일반적으로 개미들이 통과한 경로를 대상으로 한다. 페로몬 갱신은 해 공간의 탐색에서 지금까지 찾은 해, 특히 좋은 해의 이용(exploitation)과 탐색하지 않은 영역 또는 상대적으로 덜 탐색한 영역의 탐사(exploration)와 관련된다. 좋은 경로에 상대적으로 많은 페로몬 양을 추가하면 탐색의 이용이 강조되나 조기에 부분최적으로 수렴하기 쉽고, 페로몬 추가량이 너무 적으면 해 공간의 탐사는 강화되나 임의 탐색과 비슷하게 된다. 페로몬 증발이 많이 되면 최근에 탐색한 좋은 해의 탐색이 강조되고, 증발이 너무 적으면 탐색에서 과거와 현재 정보(과거와 현재에 찾은 좋은 해)의 중요도 차가 적어진다. 해의 탐사와 이용의 조화를 위한 여러 페로몬 갱신 방법이 제안되었다. 이에 대해서는 다음 장에서 자세히 다룰 것이다.

지금까지의 그래프 표현에서 페로몬은 호 (i, j) 에 자국을 남기는 것으로 즉, τ_{ij} 로 표현하였다. 그러나 문제가 호보다는 마디와 관련되면 마디 i 의 페로몬 양으로 τ_i 로 표현한다. 예로, 외판원문제에서 도시 i 방문 후 바로 도시 j 방문의 경우 페로몬 τ_{ij} 로 나타낸다. 또한 n 개의 설비를 n 개의 위치에 할당하는 이차할당문제도 설비 i 를 위치 j 에 할당하는 만족도를 나타내는 페로몬 데이터 구조는 2차원배열 (τ_{ij}) 로 한다. 한편, 여러 자원의 제약이 있는 배낭문제인 다차원배낭문제(multidimensional knapsack problems: MKP)에서는 후보 객체 i 와 관련된 페로몬 요소는 1차원배열 (τ_i) 의 데이터 구조를 갖는다. 이 페로몬 데이터는 페로몬 갱신과 전이확률의 계산에 사용된다. 다차원배낭문제와 같이 부분 집합을 구하는 집합 덮기(set covering) 문제에도 페로몬 정보는 1차원 배열 (τ_i) 이 흔히 사용된다.

3) 중앙 전략

중앙 전략(daemon action)은 각 개미 개체가 행하는 전략이 아니고 전체적으로 행하는 전략이다. 알고리즘에서 중앙 전략은 선택적이다. 중앙 전략의 예로, 다루는 문제에 적합한 지역최적화 전략이나 알고리즘 수행 과정에서 특정 정보를 수집하여 페로몬 갱신에 사용하는 방법 등이다.

지역최적화 전략의 예로, 외판원문제에서 개미의 이동에 의해 해를 구한 후, 이 해에서 두 도시(마디)를 교환하는 방법으로 지역최적해를 찾아 페로몬을 부가하는 전략이다. 또한 특정 목적을 위해 전체 관점에서 정보를 수집하여 이용하는 것이다. 예로 알고리즘 반복 과정에서 페로몬을 추가할 호나 마디의 선택에 관한 정보를 모을 수 있다. 또한 경로상에 페로몬 양의 상한과 하한을 두는 전략을 사용할 수 있다.

ACO 알고리즘의 성능 향상을 위하여 해 구축과 페로몬 갱신 방법, 그리고 선택 사항으로 중앙 전략에 관한 여러 연구가 이루어졌다. 그 결과, 여러 형태의 ACO 알고리즘이 제시되었다. 이에 대해서는 제18장과 제20장에서 다룬다.

제18장

기본 ACO 알고리즘

이 장에서는 기본적인 개미군체최적화(ACO) 알고리즘에 대해 살펴본다. 이를 위해 1절에서는 최초의 ACO 알고리즘인 개미시스템(ant system: AS)을 소개하고, 2절에서는 이를 변형한 여러 형태의 개미시스템으로 엘리티스트 AS, 순위기반 AS, 최대-최소 AS를 소개하고, 3절에서는 개미군체시스템(ant colony system: ACS)을 다룬다. 제4절에서는 ACO 알고리즘에서 탐색의 강화와 다양화를 다루고, 끝으로 개미시스템과 개미군체시스템에서 사용되는 파라미터에 관해 설명한다.

18.1 개미시스템

개미시스템(AS)은 1992년 Dorigo에 의해 제안된 최초의 ACO 알고리즘이다(Dorigo, 1992). AS의 기본 구조는 [그림 18-1]과 같다.

AS 알고리즘은 크게 '해 구축'과 '페로몬 자국 갱신'의 두 과정으로 이루어진다. 해 구축 과정은 17.4절에서 다룬 해 구축 과정과 동일하며, 전이확률도 식 (17.7)과 같다. 이를 다시 식 (18.1)로 나타낸다.

AS 알고리즘에서 반복 t 에서 개미 k 가 마디 i 에서 이웃 마디 j 로의 전이확률은 아래와 같다.

$$p_{ij}^k(t) = \begin{cases} \dfrac{\tau_{ij}^{\alpha}(t)\eta_{ij}^{\beta}(t)}{\sum_{u \in N_i^k(t)} \tau_{iu}^{\alpha}(t)\eta_{iu}^{\beta}(t)} & \text{if } j \in N_i^k(t) \\ 0 & \text{if } j \notin N_i^k(t) \end{cases} \tag{18.1}$$

여기서 τ_{ij} 는 호(i, j) 의 페로몬 농도를 나타내며, 이는 마디 i 에서 마디 j 로의 이동에 대한 만족도를 의미한다. 이는 호(i, j) 가 모든 개미의 과거 이동에서 얼마나 유익했는가를 페로몬으로 나타

```
The ant system
Initialize pheromone trail
while (termination condition not met) do
    Construct solutions via the random proportional rule
    Update pheromone
end
```

그림 18-1 AS의 기본 구조

낸 것으로 해석할 수 있다. η_{ij} 는 제17장에서 언급했듯이 다루는 문제에 주어진 사전 정보를 이용하여 계산된 마디 i 에서 마디 j 로의 이동에 대한 휴리스틱 정보이다. 예로 최단경로문제에서는 $\eta_{ij} = 1/d_{ij}$ 로 둘 수 있다. 여기서 d_{ij} 는 마디 i 와 마디 j 간의 거리이다.

α 와 β 는 각각 페로몬 자극과 휴리스틱 정보의 상대적 중요도를 나타내는 파라미터이다. AS에서 이들 두 파라미터는 균형을 이루어야 한다. $\alpha = 0$ 이면 과거 이동 정보가 무시되고 휴리스틱 정보에 의해서만 탐색되어, 확률적 greedy 알고리즘과 유사하게 된다. $\beta = 0$ 이면 페로몬 양에 기초하여 이동하는 ACO로 S-ACO와 같게 된다. 이 경우 일반적으로 좋지 않은 결과를 보인다. 특히, $\beta = 0$ 이고 $\alpha > 1$ 이면 정체가 빠르게 일어나는 경향이 있다. 정체란 모든 개미가 하나의 경로를 따르는 현상으로, 조기 정체는 넓은 해 공간을 탐사하지 못한 상태에서 가장 높은 페로몬 농도를 갖는 경로를 빠르게 이용할 때 일어난다. 이들 파라미터 값에 대해서는 이 장의 5절에서 다룬다.

식 (18.1)에서 $N_i^k(t)$ 는 반복 t 에서 개미 k 가 마디 i 에서 이동 가능한 이웃 마디(가능해)의 집합을 나타낸다. 이 집합은 마디 i 와 직접 연결된 마디 중에서 다루는 문제의 '제약을 만족'하는 마디의 집합으로 제한할 수 있다. 예로, 외판원문제(TSP)에서 가능 이웃 마디는 개미 k 가 지금까지 방문하지 않은 마디이다. 이를 위하여 '타부목록'(tabu list)을 사용할 수 있다. 타부목록은 과거 행동을 기억하여 이동을 금지하는 속성의 목록이다. 타부목록에 있는 마디는 N_i^k 에 속하지 않도록 한다. 예로 각 개미에 대해 이미 방문한 마디를 구성 요소로 하는 타부목록을 만들어 이 마디를 다시 통과하지 않도록 하는 것이다. 일반적으로 해결하려는 문제의 특성에 적합한 타부목록을 만들어 이동을 제한할 수 있다. 따라서 앞으로 다룰 S-ACO 알고리즘에서 '루프 제거' 과정은 고려하지 않아도 된다.

다음은 페로몬 자극 갱신 과정을 보자. 식 (18.2)(이는 제 17장에서 식 (17.3)과 같음)와 같이 그래프의 모든 호에서 페로몬을 증발시킨 후,

$$\tau_{ij}(t) \leftarrow (1-\rho)\tau_{ij}(t) \tag{18.2}$$

각 개미가 지나온 경로 상에 있는 호에 페로몬 양 $\Delta\tau_{ij}^k(t)$를 추가한다. 이는 식 (17.5)와 같고 이 수식 번호를 식 (18.3)로 둔다.

$$\tau_{ij}(t+1) = \tau_{ij}(t) + \sum_{k=1}^{m}\Delta\tau_{ij}^k(t), \ \ \forall\ (i,j) \in A \tag{18.3}$$

식 (18.3)에서 $\Delta\tau_{ij}{}^k(t)$를 구하는 방법에 따라 ant-cycle AS, ant-density AS, ant-quantity AS가 있다. 이들 식에서 Q는 양의 상수이고, $x^k(t)$는 시간 단계(반복) t에서 개미 k가 찾은 경로(해)이고, 이는 경로 상의 호 집합으로 표현된다. $f(x^k(t))$는 경로 $x^k(t)$의 길이이고 이는 해의 품질과 관련된다.

1) ant-cycle AS

$$\Delta\tau_{ij}{}^k(t) = \begin{cases} Q/f(x^k(t)), & \text{if } (i,j) \in x^k(t) \\ 0, & \text{otherwise} \end{cases} \tag{18.4}$$

경로에 축적하는 페로몬 양은 각 개미가 찾은 경로 길이에 반비례한다. 최대화문제이면 $\Delta\tau_{ij}{}^k(t) = Qf(x^k(t))$이 된다.

2) ant-density AS

$$\Delta\tau_{ij}{}^k(t) = \begin{cases} Q, & \text{if } (i,j) \in x^k(t) \\ 0, & \text{otherwise} \end{cases} \tag{18.5}$$

이 방법은 각 개미가 찾은 경로 길이와는 무관하게 호(i,j)를 통과하는 개미 수에 비례하여 페로몬 양을 부가한다.

3) ant-quantity AS

$$\Delta\tau_{ij}{}^k(t) = \begin{cases} Q/d_{ij}, & \text{if } (i,j) \in x^k(t) \\ 0, & \text{otherwise} \end{cases} \tag{18.6}$$

이 경우는 단지 지역정보 d_{ij}만을 이용하여 페로몬 양을 부가한다.

Dorigo는 외판원 문제와 이차할당문제에 위 세 가지 페로몬 추가 방법을 적용하였다. 실험결과, Ant-cycle AS가 가장 좋았다. 이는 해 품질에 대한 정보를 직접적으로 이용한 데 기인한 것이다. 성능이 좋지 않은 ant-density AS와 ant-quantity AS는 거의 이용되지 않고 있다. AS 알고리즘에서 페로몬 추가는 ant-cycle AS 방법을 따른다.

끝으로, 페로몬 자극 초기화에 대해 알아보자. 각 호의 초기 페로몬 양이 너무 적으면 초기에 생성한 경로로 조기에 경로가 편향될 수 있고, 너무 많으면 페로몬 증발에 의해 적정 페로몬 양으로 감소할 때까지 기다려야 하므로 많은 연산이 진행된 후에야 개미들이 쌓은 페로몬 양에 의해 탐색을 시작할 수 있게 된다. Dorigo는 외판원문제에 AS를 적용할 때, 각 호에 부가하는 초기 페로몬 양은 1회 연산에서 모든 개미들이 추가하는 페로몬 양의 평균보다 약간 많을 때 좋은 결과를 얻는다고 보고하였다. 모든 호(i, j)에 초기 페로몬 양은 $\tau_{ij}(0) = \tau_0 = m / f(x_h)$ 으로 둔다. 여기서 m 은 개미의 수이고, $f(x_h)$은 휴리스틱에 의해 얻은 경로(약간은 좋은 경로) x_h의 길이이다. 이때 최단경로문제에서 휴리스틱은 이동 가능한 호들 중 가장 짧은 호를 반복해서 연결한 경로를 사용할 수 있다.

개미시스템의 절차를 단계별로 나타내면 아래와 같다.

■ AS의 절차

단계 1: (초기화)

단계 1.1: 파라미터 $\alpha, \beta, \rho, m, Q, \tau_0$을 초기화한다.

단계 1.2: $t = 0, \tau_{ij}(0) = \tau_0, \forall(i, j) \in A$로 두고, m개의 모든 개미를 시작점에 둔다.

단계 2: (해 구축과 해 품질 계산) 각 개미 $k = 1,2,..., m$에 대해 단계 2.1부터 단계 2.5를 수행한다.

단계 2.1: $x^k(t) = \phi$로 둔다.

단계 2.2: 마디i에서 이동할 다음 마디 $j(\in N_i^k(t))$를 식 (18.1)을 이용하여 선택한다.

단계 2.3: 선택한 이동 호(i, j)를 경로 $x^k(t)$에 추가한다. 즉, $x^k(t) \leftarrow x^k(t) \cup (i, j)$로 둔다. 로 두고, $N_i^k(t)$를 갱신한다.

단계 2.4: 개미k가 완전 경로(해)를 찾을 때까지, 즉 목적지에 도달할 때까지 단계 2.2와 단계 2.3을 반복 수행한다.

단계 2.5: $x^k(t)$의 해 품질$f(x^k(t))$를 계산한다.

단계 3: (페로몬 자극 갱신)

단계 3.1: (페로몬 증발) 식 (18.2)와 같이 모든 호에서 페로몬을 증발시킨다.

단계 3.2: 식 (18.3)과 식 (18.4)에 의해 모든 호의 $\tau_{ij}(t+1)$을 구한다.

단계 4: (종료 조건) 종료 조건을 만족하면 끝낸다. 그렇지 않으면 $t \leftarrow t+1$로 두고, 모든 개미

또한 시작점에 두고 단계 2로 간다.

18.2 개미시스템의 변형

개미시스템(AS)은 TSP 문제에서 고무적인 결과를 보였으나 기존의 다른 메타휴리스틱과는 경쟁이 되지 못하였다. ACO 알고리즘의 성능향상을 위하여 여러 페로몬 추가 방식이 소개되었다. AS에서 페로몬 추가는 각 개미가 찾은 경로상에 각각의 해 품질에 따라 페로몬을 추가하는 방식을 사용한다. 페로몬 추가는 전이확률을 변화시켜 이동에 영향을 준다. 다시 말해 해 공간의 탐사와 이용에 영향을 준다. 페로몬 추가 방법에 따라 엘리티스트 AS, 순위기반 AS, 최대-최소 AS 알고리즘이 제안되었다. 이를 차례로 소개한다.

18.2.1 엘리티스트 AS

Dorigo(1992)는 페로몬 추가 방법에 엘리티스트 전략을 도입하였다. 이를 엘리티스트(elitist) AS(EAS)라 부른다. 착상은 현재까지 찾은 가장 좋은 경로(해)(global-best solution: '전역최선해'로 부름)에 속한 호들의 탐색을 강화하는 것이다. 이를 위해 식 (18.3)에 의한 페로몬 추가 이외에 전역최선해 상에 있는 호에 식 (18.7)과 같이 페로몬 양 $e\Delta\tau_{ij}^{gb}$ 을 추가한다. 경로 $x^{gb}(t)$ 는 반복t 까지의 전역최선해이고, $f(x^{gb}(t))$ 는 그 경로 길이이다. 전역최선해 경로 상에 있는 각 호 $(i,j)\in x^{gb}(t)$ 에 대해서 페로몬 추가는 아래와 같이 이루어진다.

$$\tau_{ij}(t+1)=\tau_{ij}(t)+\sum_{k=1}^{m}\Delta\tau_{ij}^{k}(t)+e\Delta\tau_{ij}^{gb} \tag{18.7}$$

여기서 $\Delta\tau_{ij}{}^{k}(t)=1/f(x^{k}(t))$ 을 사용할 수 있고, $\Delta\tau_{ij}^{gb}$ 는 아래와 같이

$$\Delta\tau_{ij}^{gb}=\begin{cases}1/f(x^{gb}(t)), & \text{if } (i,j)\in x^{gb}(t)\\ 0, & \text{otherwise}\end{cases}$$

을 사용할 수 있고, e 는 전역최선해에 대한 가중치 파라미터이다.

이 전략은 모든 개미에게 전역최선해에 속한 호를 포함한 해를 생산하도록 유도한다. EAS는 AS가 더 적은 연산으로 더 좋은 경로를 찾을 수 있다(Dorigo, 1992). 이 전략은 제17장에서 다룬 ACO 메타휴리스틱에서 중앙 전략(daemon action)의 한 예이다.

18.2.2 순위 기반 AS

Bullnheimer *et al.*(1999)은 AS의 개선을 위해 순위 기반 AS(rank-based AS: RAS)를 제안하였다. RAS에서는 페로몬 추가는 현재의 반복에서 찾은 $(w-1)$ 개의 가장 좋은 경로와 전역최선해 경로 상에 있는 호에 대해서만 순위에 따라 페로몬 양을 추가한다. RAS는 식 (18.2)와 같이 모든 호에서 페로몬을 증발 시킨 후에 페로몬 추가를 아래와 같이 행한다.

$$\tau_{ij}(t+1) = \tau_{ij}(t) + \sum_{r=1}^{w-1}(w-r)\Delta\tau_{ij}^{r}(t) + w\Delta\tau_{ij}^{gb}(t) \tag{18.8}$$

여기서 $\Delta\tau_{ij}{}^{r}(t)$ 은 순위 r 에 해당하는 경로(해) 상에 있는 각 호에 대해 $\Delta\tau_{ij}{}^{r}(t) = 1/f(x^{r}(t))$ 을 사용할 수 있고, $\Delta\tau_{ij}{}^{gb}(t)$ 는 전역최선해 $x^{gb}(t)$ 상에 있는 각 호 (i,j) 에 대해서 $\Delta\tau_{ij}{}^{gb}(t) = 1/f(x^{gb}(t))$ 을 사용할 수 있다.

이는 순위가 높은 경로 일수록 가중치를 더 주어 더 많은 페로몬이 추가되도록 한다. 순위가 높은 경로와 전역최선해 경로는 페로몬 추가량이 많아 다음 반복에서 이들 경로에 있는 호를 포함한 경로를 생성할 가능성이 높아진다. Bullnhermer *et al.*(1999)은 RAS가 EAS보다 성능이 약간 더 좋고 AS보다는 상당히 좋다고 보고하였다. RAS에서 경로(해) 구축을 위한 전이 확률은 식 (18.1)을 사용한다.

18.2.3 최대-최소 AS

앞에서 다룬 EAS와 RAS에서는 지난 반복에서 찾은 최선해 주위의 탐색을 강화하는 전략을 사용하였다. 그러나 이러한 최선해의 강한 이용은 탐색이 조기에 정체되는 문제를 야기시킨다. ACO 알고리즘이 좋은 성능을 얻기 위해서는 탐색에서 찾은 최선해의 이용을 개선하고 조기 정체를 피할 수 있어야 한다. 이를 고려하여 개발된 알고리즘이 최대-최소 개미시스템(Max-Min AS: MMAS)이다(Stűtzle & Hoos, 1997; Stűtzle & Hoos, 2000).

MMAS는 AS와 비교하여 아래와 같은 차이가 있다.

첫째, 매 반복 후 단지 한 개미의 경로 상에만 페로몬을 추가한다. 이 경로는 반복최선해나 전역최선해의 경로이다. 여기서 반복최선해는 현재의 반복에서 얻은 가장 좋은 해를 나타낸다.

둘째, 탐색이 정체되는 것을 피하기 위하여, 각 호의 페로몬 양은 상한 $\tau_{\max}$ 과 하한 $\tau_{\min}$ 의 범위 $[\tau_{\min}, \tau_{\max}]$ 로 제한한다.

셋째, 알고리즘 초기에 더 넓은 해공간의 탐사를 위하여, 각 호의 초기 페로몬 양을 $\tau_{\max}$ 로 둔다.

이들 특징을 구체적으로 보자.

1) 페로몬 갱신 방법의 수정

MMAS에서 페로몬 자극 갱신은 반복 후 단지 전역최선해나 반복최선해에 해당하는 경로에 대해서만 행한다. 페로몬 자극 갱신은 모든 호에서 페로몬을 증발시킨 후(식 (18.2) 사용) 최선해의 경로에 대해 다음과 같이 페로몬을 추가한다.

$$\tau_{ij}(t+1) = \tau_{ij}(t) + \Delta\tau_{ij}^{best}(t), \ \ \forall(i,j) \in x^{gb}(t) \ \text{ 또는 } \ \forall(i,j) \in x^{ib}(t) \tag{18.9}$$

여기서 $\Delta\tau_{ij}^{best} = 1/f(x^{best}(t))$ 이고 $f(x^{best}(t))$ 는 반복 t 까지의 전역최선해 $x^{gb}(t)$ 또는 반복 t 에서의 반복최선해 $x^{ib}(t)$ 의 함수 값이다. 다음 절에서 다룰 개미군체시스템에서는 단지 전역최선해만을 사용하는 데 반해, MMAS에서는 반복최선해의 사용에 더 중점을 두고 있다.

MMAS에서 페로몬 갱신은 주로 이들 두 최선해를 혼합하여 사용한다. 전역최선해의 경로에만 페로몬을 추가하면 이용이 너무 강조되어 지역최적에 조기 정체될 수 있다. 이용을 완화하고 탐사를 강화하기 위하여 반복최선해의 경로를 사용한다. 페로몬 갱신의 혼합전략으로 반복최선해를 기본으로 사용하고, 일정 주기 마다 전역최선해를 사용할 수 있다. 규모가 큰 외판원문제와 이차할당문제에서는 초기에 반복최선해를 주로 사용하고 탐색이 진행되면 점차로 전역최선해의 사용 빈도를 증가시키는 전략이 좋은 결과를 보였다(Stűtzle & Hoos, 2000). 또한 작은 크기(도시 수가 200개까지)의 외판원문제에서는 반복최선해 만을 사용하는 것이 더 좋은 결과를 보였다(Stűtzle, 1999).

2) 각 호의 페로몬 양에 상한과 하한을 둠

페로몬 갱신에서 특정 최선해 경로가 반복 선택되면 조기에 정체가 발생할 수 있다. 이러한 조기 정체를 피하기 위하여 각 호의 페로몬 양에 하한 $\tau_{\min}$ 과 상한 $\tau_{\max}$ 을 두어 그 양을 제한하는 것이다. 어떤 호의 페로몬 양이 상한 $\tau_{\max}$ 을 넘으면 $\tau_{\max}$ 로 두고, 하한 $\tau_{\min}$ 보다 적어지면 이를 $\tau_{\min}$ 로 둔다. 이 같은 호의 페로몬 양의 제한은 개미가 마디 i 에서 마디 j 의 선택 확률을 범위 $[p_{\min}, p_{\max}]$ 로 제한하는 효과를 갖는다. 페로몬 양의 상한은 특정 경로로 빠르게 수렴되는 것을 완화시켜 주고, 하한은 각 이동 가능 마디의 선택 확률을 0보다 크게 하여 해 공간의 탐사를 촉진시켜 준다.

MMAS에서 어떤 호의 페로몬 상한은 $1/(\rho f(x^*))$ 에 수렴한다(제19장의 [기초 정리 19.1] 참조). 여기서 ρ 는 증발률이고, $f(x^*)$ 는 이론적 최적해의 경로길이다. 여기서 $f(x^*)$ 는 전역최선해의 경로 길이 $f(x^{gb}(t))$ 을 사용할 수 있다. 즉, 각 호의 페로몬 상한은 매 반복에서

$$\tau_{\max}(t) = \frac{1}{\rho f(x^{gb}(t))} \tag{18.10}$$

로 둘 수 있다. 전역최선해가 발견될 때마다 $\tau_{\max}$ 값이 갱신된다. 즉, 반복에 따라 $\tau_{\max}(t)$ 의 값을 변화시킨다.

페로몬 양의 하한은

$$\tau_{\min}(t) = \frac{\tau_{\max}(t)(1-\sqrt[n]{\hat{p}})}{(avg-1)\sqrt[n]{\hat{p}}} \tag{18.11}$$

로 제시되었다(Stűtzle & Hoos, 2000). 여기서 n 은 이동 수, 즉 의사 결정의 수로 흔히 그래프의 마디 수(TSP의 경우)가 된다. *avg*는 각 마디에서 이동 마디를 선택할 때 이동 가능 마디 수의 평균이다. TSP에서는 $avg = n/2$ 로 둘 수 있다. $\hat{p}$ 는 일종의 파라미터로, 적용에서 적절한 값으로 $\hat{p} = 0.05$ (Dorigo & Stützle, 2004; Pellegrini *et al.*, 2006)를 사용하거나, $\hat{p} = 0.005$ (Stűtzle & Hoos, 2000)가 사용되었다. 정체를 막는 데는 페로몬 양의 하한 $\tau_{\min}$ 이 상한 $\tau_{\max}$ 보다 더 큰 역할을 하는 것으로 알려져 있다(Stűtzle, 1999). 또한 상한 $\tau_{\max}$ 은 다음에 다루는 재초기화에 사용된다.

3) 페로몬 양의 초기화와 재초기화

알고리즘을 시작할 때 각 호의 초기 페로몬 양을 상한 $\tau_{\max}$ 추정치 값으로 둔다. 이러한 초기화 방법은 낮은 증발률(예로, $\rho = 0.02$)과 함께 결합되어, 호 간의 페로몬 양의 상대적 차이가 서서히 나도록 한다. 탐색 초기에는 탐색의 이용보다는 탐사에 중점을 둔다. 따라서 MMAS는 다른 AS 알고리즘에 비해 긴 시간의 탐사 국면을 갖는다. 호 간에 페로몬 농도의 차이가 발생하면 탐사국면에서 이용국면으로 진입하게 된다. 이용국면에서는 전역최선해나 반복최선해의 이웃에 대한 탐색을 강화하게 된다.

또한 정체가 발생하거나 주어진 반복 회수 동안 해의 개선이 없으면 모든 호의 초기 페로몬 양을 $\tau_{\max}$ 로 재초기화한다. 이 같은 재초기화를 통해 탐사력을 증가시킨다.

4) 페로몬 자극의 평활화와 지역 탐색 기법 추가

앞에서 다룬 세 전략 이외에 MMAS의 성능을 높이기 위하여 '페로몬 자극 평활화' 전략이 사용된다. 이 전략은 MMAS가 수렴하거나 거의 수렴할 때, 이를 피하고 탐사력을 높이기 위하여 사용된다. 모든 호에 대해 페로몬 농도를 아래와 같이 변환하여 호 간의 페로몬 농도의 차이를 줄인다.

$$\tau_{ij}^{*}(t) = \tau_{ij}(t) + \delta(\tau_{\max}(t) - \tau_{ij}(t)), \quad 0 < \delta < 1 \tag{18.12}$$

여기서 $\tau_{ij}(t)$ 와 $\tau_{ij}^{*}(t)$ 는 각각 평활화하기 전과 후의 페로몬 양이다. 이 전략의 착상은 낮은 페로몬 농도를 갖는 호의 선택 확률을 높여 탐사를 촉진시키는 것이다. δ 가 1에 가까우면 재초기화와 같은 효과를 갖고, δ 가 0에 가까우면 이 전략을 사용하지 않는 것과 같게 된다.

또한, MMAS의 성능을 향상시키기 위하여 경로구축 과정에서 적용 문제에 적합한 지역탐색 기법을 추가로 사용할 수 있다(Stützle, 1999).

MMAS 알고리즘의 절차는 아래와 같다.

■ MMAS의 절차

단계 1: (초기화)

단계 1.1: 파라미터 $\alpha, \beta, \delta, \rho, \hat{p}, \tau_{\min}, \tau_{\max}, m$ 을 초기화한다.

단계 1.2: $t=0,\ \tau_{\max}(0)=\tau_{\max},\ \tau_{\min}(0)=\tau_{\min}$ 로 두고, $\tau_{ij}(0)=\tau_{\max}(0),\ \forall(i,j)\in A$ 로 두고,
$x^{ib}(t)=x^{gb}(t)=\phi,\ \ f(x^{ib}(t))=f(x^{gb}(t))=\infty$ 로 둔다.
m 개의 모든 개미를 시작점에 둔다.

단계 2: (정체 검사 및 페로몬 자국 평활화) 알고리즘이 수렴하거나 거의 수렴하면, 즉 정체가 일어 나면, 식 (18.12)을 이용하여 모든 호의 페로몬 농도를 다시 계산한다.

단계 3: (해 구축과 해 품질 계산) 각 개미 $k=1,2,\ldots,m$ 에 대해 단계 3.1부터 단계 3.5를 수행한다.

단계 3.1: $x^k(t)=\phi$ 로 둔다.

단계 3.2: 식 (18.1)을 이용하여 이동할 다음 마디 j 를 선택한다.

단계 3.3: 선택한 이동 호(i,j) 를 경로 $x^k(t)$ 에 추가한다. 즉, $x^k(t)\leftarrow x^k(t)\cup(i,j)$ 로 둔다.

단계 3.4: 개미k 가 완전 경로(해)를 찾을 때까지, 즉 목적지에 도달할 때까지 단계 3.2와 단계 3.3을 반복 수행한다.

단계 3.5: $x^k(t)$ 의 해 품질 $f(x^k(t))$ 를 계산한다.

단계 4: (반복최선해 찾기와 전역최선해 갱신) 반복최선해 $x^{ib}(t)$ 와 $f(x^{ib}(t))$ 을 구하고, 전역최선해 $x^{gb}(t)$ 와 $f(x^{gb}(t))$ 를 갱신한다.

단계 5: (페로몬 자국 갱신)

단계 5.1: (페로몬 증발) 식 (18.2)와 같이 모든 호에서 페로몬을 증발시킨다.

단계 5.2: 반복t 가 반복최선해 또는 전역최선해 페로몬 갱신인지를 판단하여, 식 (18.9)를 이용하여 $\tau_{ij}(t+1)$ 을 구한다.

단계 6: (페로몬 한계 조사) 모든 호의 $\tau_{ij}(t+1)$ 가 범위 $[\tau_{\min}(t), \tau_{\max}(t)]$ 에 있도록 조정한다. 즉,

$$\tau_{ij}(t+1)=\begin{cases}\tau_{\min}(t), & \text{if} \quad \tau_{ij}(t+1)<\tau_{\min}(t)\\ \tau_{ij}(t+1), & \text{if} \quad \tau_{\min}(t)\le\tau_{ij}(t+1)\le\tau_{\max}(t)\\ \tau_{\max}(t), & \text{if} \quad \tau_{ij}(t+1)>\tau_{\max}(t)\end{cases}$$

로 한다.

단계 7: $t\leftarrow t+1$ 로 둔다. 그리고 $\tau_{\max}(t)$ 와 $\tau_{\min}(t)$ 를 각각 식 (18.10)과 식 (18.11)에 의해 갱신한다.

단계 8: (종료 조건) 종료 조건을 만족하면 끝낸다. 그렇지 않으면 모든 개미를 시작점에 두고 단계 2로 간다.

해는 $x^{gb}(t)$ 가 된다. 페로몬 자극 평활화 전략을 사용하지 않으면 단계 2를 무시한다.

MMAS는 가장 많이 사용되는 ACO 알고리즘 중 하나이다. 따라서 이를 확장한 여러 연구가 이루어졌다. 한 예로 다음 절에 다루는 개미군체시스템에서 사용하는 이동 호(마디) 선택 방법(아래 식 (18.13) 이용)을 MMAS에 접목하는 것이다. MMAS는 다음 절에서 다룰 개미군체시스템과 함께 ACO 알고리즘의 기본 틀로 널리 사용되고 있다. 관련 파라미터는 5절에서 다룬다.

18.3 개미군체시스템

지금까지 변형된 여러 AS 알고리즘을 다루었다. 이 절에서는 AS와 다른 메커니즘을 도입한 개미군체시스템(ant colony system: ACS)을 다룬다. ACS가 AS와 비교하여 크게 다른 점은 다음과 같다(Dorigo & Gambardella, 1997a,b).

첫째, ACS는 AS보다 개미의 탐색 경험을 보다 강하게 이용(exploitation)하는 적극적인 행동 선택 규칙을 사용한다.

둘째, ACS에서 페로몬 추가는 단지 현재까지 찾은 가장 좋은 해, 즉 전역최선해 경로 상에 있는 호에 대해서만 행한다.

셋째, ACS에서는 개미의 이동에 호(i,j) 가 이용되면, 즉시 호(i,j) 에서 페로몬을 감소(증발)시킨다. 이는 탐사(exploration)를 촉진한다.

이러한 특징에 대해 좀 더 알아보자.

1) 해 구축

ACS에서 개미 k가 마디 i에서 마디 j로의 이동 규칙은 식 (18.13)에 기초한다. 이 규칙을 의사(擬似) 임의 비례 규칙(pseudo-random proportional rule)이라 부른다.

$$j = \begin{cases} \arg \max_{u \in N_i^k(t)} \{\tau_{iu}(t)\eta_{iu}^{\beta}(t)\}, & \text{if } q \le q_0 \\ s, & \text{otherwise} \end{cases} \tag{18.13}$$

여기서 q는 범위 [0,1]의 난수이고, $q_0(0 \le q_0 \le 1)$는 파라미터이다. $s \in N_i^k(t)$는 식 (18.1)에서 $\alpha = 1$인 확률 즉,

$$p_{is}^k(t) = \frac{\tau_{is}(t)\eta_{is}^{\beta}(t)}{\sum_{u \in N_i^k(t)} \tau_{iu}(t)\eta_{iu}^{\beta}(t)}, \quad s \in N_i^k(t) \tag{18.14}$$

에 의해 선택한 마디이다. 개미는 확률 q_0로 학습한 페로몬 자국과 휴리스틱 정보에 의해 가장 가능성이 높은 이동을 확정적으로 행하고(개미는 학습한 지식을 이용하고), 확률 $(1-q_0)$로 식 (18.14)에 기초하여 확률적으로 이동할 마디를 탐색한다. q_0값에 의해 이용과 탐사를 조정할 수 있다. q_0 값은 문제에 따라 달라지며, 외판원문제 실험에서는 $q_0 = 0.9$일 때 좋은 결과를 보이는 것으로 알려져 있다.

2) 전역 페로몬 자국 갱신

ACS에서는 매 반복 후 전역최선해 상의 호에 대해서만 식 (18.15) 같이 페로몬를 갱신한다.

$$\tau_{ij}(t+1) = (1-\rho)\tau_{ij}(t) + \rho\Delta\tau_{ij}^{gb}(t), \qquad \forall(i,j) \in x^{gb}(t) \tag{18.15}$$

여기서 $\Delta\tau_{ij}^{gb}(t)$는 전역최선해 $x^{gb}(t)$에 있는 모든 호(i,j)에 대해 $\Delta\tau_{ij}^{gb}(t) = 1/f(x^{gb}(t))$로 둘 수 있다.

ACS에서 페로몬 갱신은 AS와는 다르게 페로몬 증발과 추가가 식 (18.15)와 같이 동시에 이루어진다. 그리고 모든 호에 대해 행하지 않고 전역최선해 경로 상에 있는 호에 대해서만 행한다. AS에서 ρ는 증발률을 나타내는 데, ACS에서는 식 (17.3)와 (17.5)와는 달리 식 (18.15)에서 알 수 있듯이 부가되는 페로몬 양, $\Delta\tau_{ij}^{gb}(t)$은 요소 ρ에 의해 할인된다. ACS에서 전역최선해 경로상에 있는 호의 페로몬 양은 과거의 페로몬 양과 추가되는 페로몬 양의 가중치 평균으로 갱신된다.

Dorigo & Gambardella(1997a, 1997b)는 초기 실험에서 페로몬 갱신에 반복최선해를 고려하였다.

실험 결과, 작은 크기의 TSP에서는 전역최선해 사용과 반복최선해 사용에 대한 성능 차이가 미미하였으나, 크기가 큰 TSP에서는 전역최선해 사용이 월등히 좋은 결과를 보였다. 따라서 ACS의 페로몬 갱신에는 흔히 전역최선해만이 사용된다.

3) 지역 페로몬 자극 갱신

앞의 전역 페로몬 자극 갱신 이외에, ACS에서는 각 개미들이 경로를 만드는 과정에서 호를 통과하면 바로 그 호에 대해 식 (18.16)와 같이 페로몬을 감소시킨다.

$$\tau_{ij}(t) = (1-\xi)\tau_{ij}(t) + \xi\tau_0 \tag{18.16}$$

여기서 ξ $(0<\xi<1)$ 와 τ_0 은 파라미터이다. τ_0 는 모든 호의 초기 페로몬 값으로 작은 상수이다. 외판원문제의 적용에서는 $\xi = 0.1$ 와 $\tau_0 = 1/(nf(x_h))$ 일 때 좋은 결과를 보였다(Dorigo & Gambardella, 1997b). 여기서 n은 도시 수이고, x_h 는 휴리스틱 해이다. 휴리스틱 해는 가장 가까운 이웃 마디로의 이동에 의해 얻은 경로를 사용할 수 있다. 여기서 주목할 점은 초기 페로몬 농도를 MMAS에서는 높게 두나, ACS에서는 낮게 둔다는 것이다.

이 지역 페로몬 갱신 규칙은 호가 이용되면 바로 그 호의 페로몬 양을 감소시키므로 뒤 따르는 개미들에게 이 호에 대한 선호를 약화시킨다. 이는 아직 방문하지 않은 호의 탐사를 증가시켜 정체가 일어나는 것을 억제하는 효과를 가져온다.

4) 그 외의 ACS 특성

ACS에서는 후보목록을 사용하고 있다. 다음 이동이 가능한 마디의 집합 N_i^k 의 크기가 큰 경우, 이를 유망한 한정된 마디로 축소시킨 후보목록을 사용한다. 후보목록은 흔히 휴리스틱 기법을 이용한다. TSP의 경우, 이동 가능한 이웃 마디간의 거리가 짧은 순으로 나열하여 이 중에서 한정된 수의 짧은 마디로 후보목록을 구성할 수 있다. TSP에서 이러한 후보목록을 이용하면 ACO 알고리즘의 해 품질과 계산 속도를 높일 수 있다(Dorigo & Stützle, 2004).

ACS도 MMAS처럼 각 호의 페로몬 양은 한계를 갖는다. MMAS에서는 한계가 $[\tau_{\min}, \tau_{\max}]$ 로 명시적이지만 ACS에서는 내재되어 있다. ACS는 초기 페로몬 양을 τ_0 로 두고, 식 (18.15)과 식 (18.16)에 의해 페로몬 양은 항상 τ_0 이상이다. 또한 페로몬 자극의 상한은 $1/f(x^{gb})$ 보다 크지 않다. 이는 제19장의 [기초 정리 19.1]의 증명 과정에 식 (18.15)를 사용하면 유도할 수 있다. 따라서 ACS에는 각 호의 페로몬 양의 범위는 $\tau_0 \le \tau_{ij} \le 1/f(x^{gb}),\ \ \forall(i,j)$ 이 된다. 이는 탐색을 다양화하는 동시에 조기 수렴을 억제한다.

또한 ACS는 식 (18.13)에 의한 해 구축으로 전역최선해 주위의 탐색을 강화하는 한편 지역 페로몬 자극 갱신으로 탐색의 다양화도 유도한다. ACS는 비교적 좋은 성능을 보임으로써 앞에서 다룬 MMAS와 함께 널리 사용되고 있다.

ACS 알고리즘의 절차를 단계로 나타내면 아래와 같다.

■ ACS의 절차

단계 1: (초기화) $t=0$ 로 두고, 파라미터 $\beta, \rho, \xi, \tau_0, m$ 을 초기화한다. $\tau_{ij}(0)=\tau_0$, $\forall(i,j)\in A$ 로 둔다. m 개의 모든 개미를 시작점에 둔다.

단계 2: (해 구축, 지역 페로몬 갱신, 해 품질 계산) 각 개미 $k=1,2,\ldots,m$ 에 대해 단계 2.1부터 단계 2.6을 반복 수행한다.

단계 2.1: $x^k(t)=\phi$ 로 둔다.

단계 2.2: (이동) 이동할 다음 마디 j 를 후보 목록에서 식 (18.13)과 식 (18.14)를 이용하여 선택한다.

단계 2.3: 선택한 이동 호 (i,j) 를 경로 $x^k(t)$ 에 추가한다. 즉, $x^k(t)\leftarrow x^k(t)\cup(i,j)$ 로 둔다.

단계 2.4: (지역 페로몬 갱신) 식 (18.16)을 이용하여 이동한 호 (i,j) 의 페로몬 자극을 갱신한다.

단계 2.5: 개미 k 가 완전 경로(해)를 찾을 때까지, 즉 목적지에 도달할 때까지 단계 2.2부터 단계 2.4를 반복 수행한다.

단계 2.6: (해 품질 계산) $x^k(t)$ 의 해 품질 $f(x^k(t))$ 를 계산한다.

단계 3: (전역최선해 갱신) 반복 t 까지의 전역최선해 $x^{gb}(t)$ 와 $f(x^{gb}(t))$ 를 갱신한다.

단계 4: (전역 페로몬 갱신) 경로 $x^{gb}(t)$ 상에 있는 각 호 $(i,j)\in x^{gb}(t)$ 에 대해 식 (18.15)를 이용하여 페로몬을 증발시키고 추가하여 $\tau_{ij}(t+1)$ 을 구한다.

단계 5: (종료 조건) 종료 조건을 만족하면 끝낸다. 이때 구하는 해는 $x^{gb}(t)$ 이다. 그렇지 않으면, 모든 개미를 시작점에 배치하고 $t\leftarrow t+1$ 로 두고 단계 2로 간다.

5) ACS와 Ant-Q

ACS는 Gambardella & Dorigo(1995)가 제안한 Ant-Q 알고리즘에 기초하고 있다. Ant-Q의 기본 개념과 절차는 ACS와 같다. 다만 페로몬 갱신이 약간 다를 뿐이다. Ant-Q는 Q-learning(Watkins, 1989)을 모방한 것으로 Ant-Q 값은 페로몬 양에 해당한다. 편의상 Ant-Q 값을 페로몬 양으로 부르기로 한다.

전역 페로몬 갱신은

$$\tau_{ij}(t+1)=(1-\rho)\tau_{ij}(t)+\rho\{\Delta\tau_{ij}^{b}(t)+\gamma\max_{u\in N_j^k}\tau_{ju}(t)\},\quad \forall(i,j)\in x^{b}(t) \tag{18.17}$$

로 된다. 여기서 ρ 와 γ 는 파라미터이고, j 는 상태 i 에서 이동한 다음 상태이고 u 는 상태 j 에서 이동하는 행동을 나타낸다. $\gamma\max_{u\in N_j^k}\{\tau_{ju}\}$ 는 Q-learning 알고리즘에서 채용한 것이다. $\Delta\tau_{ij}^{b}(t)$ 는 반복 t 에서 전역 또는 반복최선해를 사용한다. 반복최선해를 사용하면 γ 에 덜 민감하고 전역최선해를 사용하면 좋은 해에 더 빠르게 도달한다(Gambardella & Dorigo, 1995).

지역 페로몬 갱신은 식 (18.17)에서 $\Delta\tau_{ij}^{b}(t)=0$ 로 두고 행한다. ACS와 비교하여 Ant-Q에서는 $\tau_0=\gamma\max_{u\in N_j^k}\{\tau_{ju}\}$ 이다. ACS에서 작은 상수 값의 τ_0 를 사용하면 Ant-Q와 성능이 거의 같고 파라미터 γ 을 줄일 수 있다.

Ant-Q에서 전이규칙(행동선택규칙)은 식 (18.13)을 변형한

$$j=\begin{cases}\arg\max_{u\in N_i^k}\{[\tau_{iu}]^{\alpha}[\eta_{iu}]^{\beta}\}, & \text{if } q\le q_0\\ s, & \text{otherwise}\end{cases} \tag{18.18}$$

이 사용되기도 한다. 여기서 τ_{iu} 는 페로몬 양으로 이를 Ant-Q 값이라 부르기도 한다. η_{iu} 는 휴리스틱 값이다. α 와 β 는 각기 이들 두 값에 대한 가중치 파라미터이다. s는 확률 변수로 그 값의 선택은 다음 세 방법이 제안되었다: s는 (1) $N_i^k(t)$ 에서 임의로 선택, (2) 식 (18.1)에 의해 선택, (3) 식 (18.18)에서 $q_0=0$ 로 두고 식 (18.1)에 의해 선택하는 방법이다. Ant-Q는 초기 ACO 개발단계에서 제안 되었으나 현재는 ACS로 대체되어 거의 사용되지 않고 있다.

18.4 탐색의 강화와 다양화

일반적으로 메타휴리스틱이 효과적으로 작동하기 위해서는 해공간의 탐색 강화(intensification)와 탐색 다양화(diversification)가 균형을 이루어야 한다. 탐색 강화는 지금까지의 탐색 경험 즉, 지금까지 찾은 해를 이용(exploitation)하는 것으로 좋은 해 주위의 탐색에 치중하는 것을 의미한다. 탐색 다양화는 지금까지 탐색하지 않았거나 상대적으로 덜 탐색한 영역의 탐사(exploration)를 의미한다. 탐색 강화가 너무 강조되면 지역 탐색에 치중하여 부분최적에 조기 수렴하게 된다. 이는 정체를 가져온다. 한편 탐사에 치중하면 임의 탐색과 유사하게 된다.

앞에서 여러 ACO 알고리즘을 설명하면서 탐색의 강화와 다양성에 대해 부분적으로 설명하였다. 이에 대해 좀 더 알아보자.

1) ACO 알고리즘에서 탐색의 강화

ACO에서 페로몬 부가는 간접적으로 탐색을 강화하는 방법이다. 또한 ACS처럼 지금까지 찾은 가장 좋은 해에만 페로몬을 추가하면 이에 속한 호들은 다음 해에 포함될 확률이 높아져 이 해 주위의 탐색을 강화하게 된다.

탐색 강화는 두 파라미터 α와 ρ에 의해 주로 통제된다. 페로몬 인자의 가중치 α가 증가하면, 더 많은 페로몬을 갖는 구성 요소를 선택할 확률이 높아 이들 구성 요소 주위의 탐색이 강화된다. α=0은 과거의 경험을 전혀 이용하지 않는 것이다. 증발률 ρ가 증가하면, 과거의 페로몬 보다 최근에 부가된 페로몬이 더 강조되어 최근에 발견된 해 주위의 탐색이 강화되게 된다. α와 ρ를 증가시켜 탐색을 강화하면 흔히 좋은 해에 빠르게 수렴한다. 그러나 이들 해는 부분최적일 수 있다. β는 휴리스틱 정보의 영향력을 결정한다. α와 β를 적절히 조절하여 탐색의 강화와 다양화를 조절할 수 있다. β는 초기에 특정 값으로 시작하여 0으로 점차 감소시키면 좋은 결과를 보인다고 Merkle *et al.*(2002)은 보고하였다. $\beta = 0$ 인 경우, 즉 휴리스틱 정보를 사용하지 않는 경우, 페로몬 갱신은 초기에는 임의성을 갖다가 점차 특정 경로를 따르게 된다. 즉, 초기는 탐색이 다양화되나 점차 약화되어 이용이 강조된다. 이용이 강조되면 정체를 가져온다.

또한 엘리티스트 AS에서 전역최선해에 페로몬 추가, 순위기반 AS에서 상위 r개의 해에 대해 차등적인 페로몬 추가는 이들 해 주위의 탐색을 강화시킨다. 그리고 최대-최소 AS에서 반복최선해 또는 전역최선해의 경로에만 페로몬을 추가하는 것 또한 같은 역할을 한다. 개미군체시스템(ACS)에서는 q_0의 확률로 페로몬과 휴리스틱 인자의 곱을 최대로 하는 구성 요소를 선택한다. 따라서 q_0가 클수록 탐색이 강화된다.

2) ACO 알고리즘에서 탐색의 다양화

탐색의 강화는 부분 최적에 조기 수렴되는, 즉 조기에 정체되는 결과를 초래할 수 있다. ACO에서 탐색의 다양화는 페로몬과 휴리스틱 인자에 종속되는 전이확률에 의한다. 어떤 구성 요소로 이동할 확률이 0이 되지 않도록 함으로써 탐색의 다양화를 유도한다. 0보다 큰 페로몬 하한 $\tau_{\min} > 0$을 사용하면 최적해에 수렴한다(제19장의 수렴정리 참조). 그러나 수렴하는 데 아주 많은 반복을 할 수 있다.

ACS에서 매 이동마다 행하는 지역 페로몬 갱신은 이동 후의 페로몬을 감소 시켜 다음에 이어 오는 개미의 탐색 다양화에 기여한다. 최대-최소 AS에서 페로몬 양의 하한 $\tau_{\min}$은 탐색을 다양화하여 해공간의 탐사를 촉진하고, 상한 $\tau_{\max}$은 페로몬의 지나친 누적에 의해 부분최적에 조기 수렴하는 것을 완화시켜준다. 또한 초기 페로몬 양을 상한 $\tau_{\max}$로 두고 낮은 증발률(예로, $\rho = 0.02$) 의 사용은 초기 탐사에 시간은 소요되나 초기 탐색을 다양화한다.

18.5 파라미터 설정

앞 절에서 언급했듯이 알고리즘의 성능 향상을 위해서는 탐색의 강화와 다양화가 균형을 이루어야 한다. 이를 위해서 알고리즘에서 사용되는 파라미터가 적절히 설정되어야 한다. 적정 파라미터 값은 일반적으로 다루는 문제와 구현하는 알고리즘의 메커니즘에 종속된다. 따라서 이론보다는 실험에 의해 얻어진다. Dorigo & Stützle(2004)에 의해 제시된 하나의 파라미터 조합을 보면 <표 18-1>과 같다. 이들 값은 앞에서 다룬 ACO 알고리즘에 TSP 문제를 사용한 실험에서 얻은 좋은 결과를 보인 것이다. 이들 파라미터의 조합은 다른 문제의 적용에 참고할 수 있다.

<표 18-1>에서 m 은 개미의 수이고, n 은 TSP에서 도시(마디)의 수이다. $\tau_0 = \tau_{ij}(0)$, $\forall(i, j) \in A$ 로 모든 호의 초기 페로몬 양이다. C^h 는 휴리스틱 방법으로 얻은 경로 길이이다. TSP에서는 각 마디에서 가장 가까운 이웃 마디로 이동하여 얻은 경로 길이이다.

또한 알고리즘에 따라 요구되는 파라미터의 추천 값은 다음과 같다. RAS에서 페로몬을 추가하는 경로(개미)의 수는 $w = 6$ 이다. MMAS에서 $\tau_{\max} = 1/\rho f(x^{gb})$, $\tau_{\min} = \tau_{\max}(1-\sqrt[n]{0.05})/((avg-1)\sqrt[n]{0.05})$ 이다. 여기서 $f(x^{gb})$ 은 전역최선해이고, avg는 경로를 구축할 때 한 개미가 각 단계에서 선택할 수 있는 마디 수의 평균이다. ACS에서 $\xi = 0.1$, $q_0 = 0.9$ 가 흔히 사용된다.

표 18-1 ACO 알고리즘의 파라미터 설정

알고리즘	α	β	ρ	m	τ_0
AS	1	2에서 5	0.5	n	m/C^h
EAS	1	2에서 5	0.5	n	$(n+m)/\rho C^h$
RAS	1	2에서 5	0.1	n	$0.5r(r-1)/\rho C^h$
MMAS	1	2에서 5	0.02	n	$1/\rho C^h$
ACS	1	2에서 5	0.1	n	$1/nC^h$

18.5.1 후보목록 크기

해 구축에서 현 마디에서 이동 가능한 다음 마디의 집합 N_i^k 의 크기가 아주 클 수 있다. 이 경우 타부서치처럼 이동가능 마디를 제한하는 후보목록을 사용할 수 있다. 이 후보목록은 현재의 부분해에서 모든 가능 이동을 유망한 이동으로 축소하여 구성한다. 유망한 이동 집단은 휴리스틱 정보에 의해 구할 수 있다. 후보 목록의 크기가 너무 작으면 탐사 능력이 약화되고, 너무 크면 계산시간 단축의 효과가 약화된다.

알고리즘을 진행하면서 후보목록의 크기를 변화시킬 수 있다. 이 경우, 알고리즘 초기에는 그 크기를 크게 하여 해 공간을 넓게 탐사하고 알고리즘 후반부에는 점차 줄여 찾은 좋은 해들을 이용하여 더 좋은 해를 탐색한다. 또한 목록의 후보해는 알고리즘 초기에는 휴리스틱 정보를 이용하여 선정하고, 알고리즘이 진행되면 페로몬 농도에 가중치를 두어 선정할 수 있다.

제19장

ACO 알고리즘의 수렴

ACO 알고리즘은 일종의 확률적 탐색 기법이다. 이론적으로 ACO 알고리즘의 최적해로의 수렴성과 수렴 속도는 매우 흥미로운 과제이다. 이 장에서는 어떤 유형의 ACO 알고리즘이 최적해로 수렴하는지에 대해 알아본다. 그리고 최적해에 수렴할 때 각 호의 페로몬양의 변화에 대해 알아본다. 이 장의 내용은 Gutjahr(2000), Stützle & Dorigo(2002), Dorigo & Stützle(2004), Dorigo & Blum(2005)을 참고하였다.

19.1 서론

다루는 문제는 그래프로 표현된 최소화를 목적으로 하는 조합최적화문제로 두자. 해는 여러 마디를 나열한 순서(또는 호로 표현된 경로)로 표현된다고 하자.

Stützle & Dorigo(2002)는 성능이 상대적으로 좋은 최대-최소 AS와 개미군체시스템의 수렴성을 보이기 위하여 알고리즘의 특성을 다음과 같이 두었다.

첫째, 개미 k가 마디 i에서 이웃 마디 j로 전이될 확률은 다음과 같이 둔다.

$$p_{ij}^k(t) = \begin{cases} \dfrac{\tau_{ij}^\alpha(t)}{\sum_{u \in N_i^k} \tau_{iu}^\alpha(t)} & \text{if } j \in N_i^k \\ 0 & \text{if } j \notin N_i^k \end{cases} \tag{19.1}$$

이 알고리즘에서 휴리스틱 정보 η_{ij}은 무시한다. 즉, 식 (18.1)에서 $\beta = 0$ 이다.

둘째, 페로몬 증발은 매 반복마다 행하여지며,

셋째, 페로몬 갱신은 지금까지의 최선해, 즉 전역 최선해(global-best solution), x^{gb} 에 속한 호에 대해서만 행한다.

넷째, 각 호의 페로몬 양에 하한을 $\tau_{\min} > 0$ 로 둔다. 그리고 해가 x 일 때 페로몬 부가량 $g(x)$ 는 최소화 문제의 목적함수 $f(x)$ 에 대해 비증가 함수로 둔다. 즉, $f(x_1) > f(x_2) \Rightarrow g(x_1) \leq g(x_2) < \infty$, $\forall x_1, x_2 \in S, x_1 \neq x_2$ 이다. S 는 해 집합이다. $g(x)$ 를 '품질 함수(quality function)'라 부른다. $\tau_{\min}$ 은 파라미터이고, $\tau_{\min} < g(x^*)$ 로 가정한다. 여기서 x^* 는 최적해를 나타낸다. $\tau_{\min}$ 은 휴리스틱 해 x_h 를 이용하여 $\tau_{\min} = g(x_h)/2$ 로 둘 수 있다.

둘째부터 넷째까지의 내용을 의사(pseudo) 코드로 나타내면 아래와 같다.

PHEROMONE UPDATE

$\forall(i, j)$: $\tau_{ij} \leftarrow (1-\rho)\tau_{ij}$

IF $f(x(t)) < f(x^{gb})$, then $x^{gb} \leftarrow x(t)$

$\forall(i, j) \in x^{gb}$: $\tau_{ij} \leftarrow \tau_{ij} + g(x^{gb})$

$\forall(i, j)$: $\tau_{ij} \leftarrow \max(\tau_{\min}, \tau_{ij})$

여기서 $\rho\,(0 < \rho < 1)$ 인 파라미터이고, $0 < g(x) < \infty$ 이다. 초기화는 가능해 x 를 생성하여 $x^{gb} = x$ 로 두고, 모든 호에 $\tau_{ij} = \tau_0$, $\tau_{\min} \leq \tau_0 < \infty$ 로 둔다. τ_0 는 초기 페로몬 양으로 파라미터이다. 예로, $\tau_0 = \tau_{\min} = g(x_h)/2$ 로 둘 수 있다. 이렇게 정의한 알고리즘을 $\text{ACO}_{gb,\tau_{\min}}$ 로 나타내자.

19.2 수렴성

1) $\text{ACO}_{gb,\tau_{\min}}$ 의 수렴

이 절에서는 $\text{ACO}_{gb,\tau_{\min}}$ 의 수렴성을 다룬다(Stützle & Dorigo, 2002). $\text{ACO}_{gb,\tau_{\min}}$ 의 수렴 특성을 요약하면 다음과 같다. 반복t 를 충분히 많이 하면 반복t 이내에 적어도 한 번의 최적해를 찾을 확률, $P^*(t)$ 는 $P^*(t) \geq 1-\varepsilon$ (ε 은 작은 상수)이고, $t \rightarrow \infty$ 이면 $P^*(t) = 1$ 이 된다. 다음은 최적해를 처음 발견한 이후의 성질로, 최적해 발견 후 유한의 반복t_0 이후, 최적해 상에 있는 호들의 페로몬은 다른 호들의 페로몬보다 많아진다. 또한, 최적해를 찾은 이후, 어떤 개미k 가 궁극적으로 최적해를 찾을 확률을 보인다.

먼저 페로몬 갱신의 결과로 페로몬 양의 최대치가 발산하지 않고 상한 $\tau_{\max}$ 가 존재함을 보인다.

기초 정리 19.1 | 어떤 τ_{ij} 에 대해서도

$$\lim_{t\to\infty} \tau_{ij}(t) \le \tau_{\max} = g(x^*)/\rho \tag{19.2}$$

이 성립한다.

[증명] 1회 반복 후, 호 (i, j) 에 최대로 추가될 수 있는 페로몬 양은 $g(x^*)$이다. 1절의 PHEROMONE UPDATE로부터 반복 1에서 최대 가능 페로몬 양은 $(1-\rho)\tau_0 + g(x^*)$ 이고, 반복 2에서는 반복 1의 양을 증발시키고 최대로 추가하면 $(1-\rho)^2\tau_0 + (1-\rho)g(x^*) + g(x^*)$ 이 된다. 이를 반복하면, 반복 t 에는

$$\tau_{ij}^{\max}(t) = (1-\rho)^t \tau_0 + \sum_{k=1}^{t} (1-\rho)^{t-k} g(x^*) \tag{19.3}$$

가 된다. $0 < \rho < 1$ 이므로 식 (19.3)의 우변은 $t \to \infty$ 이면 점근적으로

$$\tau_{\max} = g(x^*)/\rho \tag{19.4}$$

에 수렴한다. □

기초 정리 19.2 | 최적해 x^* 가 발견되면, x^* 상에 있는 모든 호 $(i, j) \in x^*$의 페로몬 양 $\tau_{ij}^*(t)$ 는 단조 증가한다. 또한

$$\forall (i, j) \in x^* : \lim_{t\to\infty} \tau_{ij}^*(t) = \tau_{\max} = g(x^*)/\rho \tag{19.5}$$

이다.

[증명] 이 정리의 증명은 기본적으로 [기초 정리 19.1]의 증명과 같다. 이 증명은 x^* 상에 있는 모든 호 $(i, j) \in x^*$ 에 한정된 것이 다를 뿐이다. 식 (19.3)의 τ_0 대신 $\tau_{ij}^*(t^*)$ 이 된다. 여기서 t^* 는 처음 최적해가 발견된 반복이다. □

[기초 정리 19.2]는 최적해가 발견되면, 최적해 상에 있는 호의 페로몬은 $\tau_{\max} = g(x^*)/\rho$ 에 수렴함을 말한다.

이제 다음 정리를 보자.

정리 19.1 | $P^*(t)$ 는 처음 t 반복 이내에 적어도 한번 최적해를 찾을 확률로 두자. 그러면 임의의 작은 $\varepsilon > 0$ 과 충분히 큰 t 에 대해,

$$P^*(t) \geq 1-\varepsilon \tag{19.6}$$

이 성립하고,

$$\lim_{t\to\infty} P^*(t) = 1 \tag{19.7}$$

이 된다.

[증명] 각 호의 페로몬 최소량은 $\tau_{\min}$ 이고 최대량은 [기초 정리 19.1]에 의해 수렴하는 $\tau_{\max}$ 이 존재하므로, 어떤 부분 해에 대해 식 (19.1)에서 어떤 가능 마디의 선택 확률 $p_{\min}$ 은 다음과 같은 하한 $\hat{p}_{\min}$ 을 갖는다.

$$p_{\min} \geq \hat{p}_{\min} = \frac{\tau_{\min}^{\alpha}}{(N_G-1)\tau_{\max}^{\alpha}+\tau_{\min}^{\alpha}} \tag{19.8}$$

여기서 N_G는 마디의 총 수이다. 어떤 해 x는, 이 해에는 최적해 x^*도 포함되어, 확률 $\hat{p} \geq \hat{p}_{\min}^{n_{\max}} > 0$ 로 생성될 수 있다. $n_{\max}$는 해의 최대 길이(해에 포함된 호의 최대 수)이다. 어떤 개미도 최적해를 발견할 수 있다. $P^*(t)$의 하한, $\hat{P}^*(t)$ 은 반복t 동안 적어도 한번 최적해를 발견하면 되므로

$$\hat{P}^*(t) = 1-(1-\hat{p})^t$$

가 된다. 이로부터 충분히 큰 t를 선택하면 $(1-\varepsilon)$ 보다 큰 확률을 얻을 수 있고, $\lim_{t\to\infty}\hat{P}^*(t)=1$ 이 된다. □

[정리 19.1]은 $\text{ACO}_{gb,\tau_{\min}}$ 는 최적해를 찾는 것을 보장한다는 의미이다. 즉, 모든 호에 일정량 이상의 페로몬(페로몬 하한)이 있고, 전역최선해에 대해 페로몬 자국 갱신을 하는 ACO 알고리즘은 최적해에 수렴함을 의미한다.

최적해가 발견된 후, 반복을 계속하면 최적해에 속한 호와 그렇지 않은 호의 페로몬 양은 어떻게 변화하는가? 이에 대해 [정리 19.2]를 보자.

정리 19.2 | 최적해가 최초로 발견된 반복을 t^*로 두자. 그러면

$$\tau_{ij}(t) > \tau_{kl}(t),\ \forall(i,j)\in x^*,\ \forall(k,l)\notin x^*, \text{and } \forall\ t > t^*+t_0 = t^*+\lceil(1-\rho)/\rho\rceil$$

인 t_0가 존재한다.

[증명] 최초 최적해 발견 후, t_0의 반복이 지나면, 즉 $t > t^* + t_0$ 이면, 최적해 상에 있는 호의 페로몬은 다른 가능해 상의 호들보다 그 양이 많아진다. 이는 전역최적해에 대해서만 페로몬을 추가하므로, x^* 상의 호는 페로몬 양이 증가하고 다른 호는 매 반복의 페로몬 증발 ρ 때문에 하한 $\tau_{\min}$에 도달할 때까지 감소한다.

전이 기간의 길이, t_0의 한계를 구해보자. 이를 위하여 최적해 발견의 반복, t^*에서 페로몬 양이 최악인 경우로 $\tau^*_{ij}(t^*) = \tau_{\min}$, $\forall(i,j) \in x^*$와 $\tau_{kl}(t^*) = \tau_{\max}$, $\forall(k,l) \notin x^*$로 두자. 반복 $t^* + t'$에서, $\forall(i,j) \in x^*$에 대해

$$\tau^*_{ij}(t^* + t') = (1-\rho)^{t'} \tau_{\min} + \sum_{i=0}^{t'-1} (1-\rho)^i g(x^*) > t'(1-\rho)^{t'-1} g(x^*)$$

이고, 반복 $t^* + t'$에서, t' 동안 호 $(k,l) \notin x^*$에 페로몬은 추가 되지 않고 증발만 하므로

$$\tau_{kl}(t^* + t') = \max\{\tau_{\min}, (1-\rho)^{t'} \tau_{\max}\} \tag{19.9}$$

이 된다. 이 정리의 목적에 비추어 보면 관심은 최대량 $\tau_{kl}(t^* + t') = (1-\rho)^{t'} \tau_{\max}$ 이다. 그러면

$$t'(1-\rho)^{t'-1} g(x^*) > (1-\rho)^{t'} \tau_{\max} \tag{19.10}$$

일 때, $\tau^*_{ij}(t^* + t') > \tau_{kl}(t^* + t')$이 된다. 이는 식 (19.10)과 식 (19.5)로부터

$$t' > \left\lceil \frac{\tau_{\max}(1-\rho)}{g(x^*)} \right\rceil = \left\lceil \frac{(1-\rho)}{\rho} \right\rceil \equiv t_0$$

이 된다. □

여기서 $\lceil x \rceil$는 x보다 크거나 같은 가장 작은 정수이다.

[정리 19.2]는 일단 최적해가 발견되면 최적해 상에 있는 호들의 페로몬 양은 다른 호들의 페로몬 양보다 많게 됨을 의미한다. 또한 이 정리로부터 최적해를 찾은 후, 어떤 개미가 반복 $t > t^* + t_0$에서 가장 많은 페로몬 양을 갖는 호를 매 반복에서 확정적으로 선택하면 최적 경로를 찾을 수 있음을 알 수 있다.

일단 최적해가 발견되면 어떤 개미가 확률적 탐색으로 최적경로를 찾을 확률은 어떻게 될까? 이를 위해 먼저 최적해가 발견된 후 반복을 계속하면 최적해에 속하지 않은 호들의 페로몬 양은 어떻게 되는가에 대해 알아보자.

기초 정리 19.3 최적해가 발견되면, 호 $(k,l) \notin x^*$ 은

$$\lim_{t\to\infty} \tau_{kl}(t) = \tau_{\min}$$

이다.

[증명] 최적해를 찾은 후 이에 속하지 않는 호는 페로몬을 받지 못하므로 이들 호의 페로몬 양은 감소한다. [정리 19.2]의 증명에서와 같이 최적해 발견 시 호 $(k,l) \notin x^*$ 가 최대의 페로몬 양 $\tau_{\max}$ 를 가진다면, 최적해 발견 후 t' 경과 후, 즉 반복 $t^* + t'$ 의 페로몬 양은 식 (19.9)과 같이 된다. 그러므로 $t \to \infty$ 이면 식 (19.9)의 우변은 $\max(\tau_{\min}, 0)$ 이 되어, $\tau_{kl}(t) \to \tau_{\min}$ 가 된다. □

다음은 최적해 발견 후 반복이 얼마나 진행되면 최적해에 속하지 않는 호들의 페로몬 양이 $\tau_{\min}$ 가 되는가에 대해 알아보자.

기초 정리 19.4 t^* 는 최적해 x^* 가 최초로 발견된 반복이고, $t_0 = \lceil (\ln\tau_{\min} - \ln\tau_{\max}) / \ln(1-\rho) \rceil$ 일 때, 반복 $t > t^* + t_0$ 에서 다음이 성립한다.

$$\tau_{kl}(t) = \tau_{\min},\ \forall (k,l) \notin x^*$$

[증명] 호 $(k,l) \notin x^*$ 에서 최적해 발견에서 t' 반복 후 페로몬 양은 식 (19.9)와 같다. t_0 는 $(1-\rho)^{t_0}\tau_{\max} \le \tau_{\min}$ 을 만족하는 첫 번째 반복이다. 이로부터 쉽게 $t_0 = \lceil (\ln\tau_{\min} - \ln\tau_{\max}) / \ln(1-\rho) \rceil$ 이 됨을 보일 수 있다. □

이제 최적해가 발견되면 각 개미가 최적해를 구축할 확률이 어느 이상이 됨을, 즉 하한을 가짐을 보인다.

정리 19.3 t^* 는 최적해 x^* 가 최초로 발견된 반복이고, $P^k(x^*, t)$, $t > t^*$ 는 개미 k 가 반복 t 에서 최적해를 구축할 확률로 두자. 그러면

$$\lim_{t\to\infty} P^k(x^*, t) \ge 1 - \hat{\varepsilon}(\tau_{\min}, \tau_{\max})$$

이 성립한다. 여기서 $\hat{\varepsilon}$ 는 $\tau_{\min}$ 과 $\tau_{\max}$ 의 함수이다.

[증명] 개미 k 는 마디 i 에 있고 호 $(i,j) \in x^*$ 로 두자. N_i^k 에서 마디 j 를 선택할 확률을 $P_{ij}^*(t)$ 로 두자. 이 확률의 하한 $\hat{P}_{ij}^*(t)$ 은

$$\hat{P}^*_{ij}(t) = \frac{(\tau^*_{ij}(t))^\alpha}{(\tau^*_{ij}(t))^\alpha + \sum_{(i,k)\notin x^*}(\tau_{ik}(t))^\alpha}$$

이 된다. [기초 정리 19.2]와 [기초 정리 19.3]으로부터

$$\hat{P}^*_{ij} = \lim_{t\to\infty}\hat{P}^*_{ij}(t) = \frac{\lim_{t\to\infty}(\tau^*_{ij}(t))^\alpha}{\lim_{t\to\infty}[(\tau^*_{ij}(t))^\alpha + \sum_{(i,k)\notin x^*}(\tau_{ik}(t))^\alpha]} = \frac{\tau^\alpha_{\max}}{\tau^\alpha_{\max} + (N_G - 1)\tau^\alpha_{\min}} \tag{19.11}$$

이 되고, 여기서 N_G는 전체 마디의 수이다. 그러므로 $P^k(x^*,t)$의 하한은 $(\hat{P}^*_{ij})^{n_{\max}}$이다. 여기서 $n_{\max}$는 해의 최대 길이이다. $\hat{\varepsilon} = 1-(\hat{P}^*_{ij})^{n_{\max}}$로 두면 이 정리가 증명된다. □

2) $\mathrm{ACO}_{gb,\tau_{\min}(t)}$의 수렴

Dorigo & Stützle(2004)은 앞에서 다룬 $\mathrm{ACO}_{gb,\tau_{\min}}$을 확장하여 $\mathrm{ACO}_{gb,\tau_{\min}(t)}$에서의 수렴성을 보였다. $\mathrm{ACO}_{gb,\tau_{\min}(t)}$는 단지 반복$t$에 따라 $\tau_{\min}$값의 변화를 허용한다는 점만 $\mathrm{ACO}_{gb,\tau_{\min}}$와 다르다. $\tau_{\min}(t)$는 호의 페로몬 하한이 반복t에 종속됨을 의미한다. [정리 19.1]과 같이 $\mathrm{ACO}_{gb,\tau_{\min}(t)}$ 알고리즘도 $\tau_{\min}$이 반복 과정에서 아주 느리게 0으로 감소하면 최적해를 찾을 확률이 1에 수렴함을 보인다.

정리 19.4 | $\mathrm{ACO}_{gb,\tau_{\min}(t)}$에서 페로몬 자극의 하한을

$$\forall\, t \ge 1:\quad \tau_{\min}(t) = \frac{d}{\ln(t+1)},\quad \text{여기서 } d\text{는 상수}$$

로 두고, $P^*(t)$는 처음 t 반복 이내에 적어도 한번 최적해를 찾을 확률로 두자. 그러면

$$\lim_{t\to\infty} P^*(t) = 1$$

이다.

[증명] 이 증명은 Dorigo & Stützle(2004), p. 131-132 참조할 수 있다. □

[정리 19.4]는 $\tau_{\min}$이 반복과정에서 로그의 속도(logarithmic speed)보다 더 느리게 0으로 감소하면 최적해를 찾을 확률이 1에 수렴함을 보이고 있다. 그러나 $\tau_{\min}$이 지수적으로 빠르게 감소하면 이 정리는 성립되지 않는다. 실제 적용에서는 지수적 감소가 흔히 사용된다.

[정리 19.4]는 [정리 19.1]과 함께 최적해를 찾는 데 필요한 반복t의 횟수에 대해서는 전혀 언급

하지 않고 있다. 천문학적인 횟수로 반복될 수 있다. 이와 유사한 한계는 시뮬레이티드 어닐링의 수렴에서도 볼 수 있다.

$\mathrm{ACO}_{gb,\tau_{\min}}$ 에 대한 [기초 정리 19.3]과 유사하게, $\mathrm{ACO}_{gb,\tau_{\min}(t)}$ 에서 최적해가 발견되면 최적해 상에 있지 않는 호의 페로몬 양은 반복이 계속되면 0에 수렴하게 된다. 이를 보인다.

기초 정리 19.5 | $\mathrm{ACO}_{gb,\tau_{\min}(t)}$ 에서 최적해를 찾으면, 호 $(k,l) \notin x^*$ 은

$$\lim_{t\to\infty} \tau_{kl}(t) = 0$$

이다.

[증명] [기초정리 19.3]의 증명과 유사하게, $t = t^* + t'$ 로 두면 $\tau_{kl}(t) = \max\{\tau_{\min}(t), (1-\rho)^{t'}\tau_{kl}(t^*)\}$, $(k,l) \notin x^*$ 이 된다. 여기서 t^* 는 최적해 x^* 가 최초 발견된 반복이다. $\lim_{t\to\infty} \tau_{\min}(t) = \lim_{t\to\infty} d/\ln(t+1) = 0$ 이 되고, $\lim_{t\to\infty} (1-\rho)^{t-t^*}\tau_{kl}(t^*) = 0$ 이 된다. 그러므로 $\lim_{t\to\infty} \tau_{kl}(t) = 0$ 이다. □

다음은 $\mathrm{ACO}_{gb,\tau_{\min}(t)}$ 가 반복이 계속되면 연속적으로 최적해를 생산하는 상태에 도달할 수 있느냐에 관심을 가져보자. 이를 위해 $\mathrm{ACO}_{gb,\tau_{\min}(t)}$ 에서 최적해가 발견되면 임의의 다른 개미도 최적해를 찾을 확률이 1에 수렴함을 보인다. 이는 [정리 19.3]과 비교해 볼 수 있다.

정리 19.5 | $\mathrm{ACO}_{gb,\tau_{\min}(t)}$ 에서 t^* 는 최적해 x^* 를 찾은 반복이고, $P^k(x^*,t)$, $t > t^*$ 는 개미 k 가 반복 t 에서 최적해를 구축할 확률로 두자. 그러면

$$\lim_{t\to\infty} P^k(x^*,t) = 1$$

이다.

[증명] 개미 k 는 마디 i 에 있고 호 $(i,j) \in x^*$ 라 하자. N_i^k 에서 최적해 상에 있는 마디 j 를 선택할 확률을 $P_{ij}^*(t)$ 로 두자. 이 확률의 하한 $\hat{P}_{ij}^*(t)$ 은

$$\hat{P}_{ij}^*(t) = \frac{(\tau_{ij}^*(t))^\alpha}{(\tau_{ij}^*(t))^\alpha + \sum_{(i,k)\notin x^*} (\tau_{ik}(t))^\alpha}$$

이 된다. [기초 정리 19.2]와 [기초 정리 19.5]로 부터

$$\hat{P}_{ij}^* = \lim_{t\to\infty} \hat{P}_{ij}^*(t) = \frac{\lim_{t\to\infty}(\tau_{ij}^*(t))^\alpha}{\lim_{t\to\infty}(\tau_{ij}^*(t))^\alpha + \sum_{(i,k)\notin x^*} \lim_{t\to\infty}(\tau_{ik}(t))^\alpha} = \frac{\tau_{\max}^\alpha}{\tau_{\max}^\alpha + \sum_{(i,k)\notin x^*} 0^\alpha} = 1.$$

$t \to \infty$ 일 때, 임의의 개미는 다음 마디를 최적해 상에 있는 마디로 바르게 선택할 확률이 1이므로,

최적해를 구축할 확률이 1이다. □

[정리 19.5]는 $\tau_{\min}(t)$ 이 반복과정에서 로그(logarithmic)보다 더 느리게 0으로 감소시키면 모든 개미들은 반복해서 최적해를 확률 1로 찾는다는 것을 의미한다. 이는 [정리 19.3]에서 고정된 $\tau_{\min}$ 을 가지면 모든 개미가 최적해를 구축할 확률이 $1-\hat{\varepsilon}(\tau_{\min}, \tau_{\max})$ 이상이라는 것과 대조된다. 이러한 결과는 $\text{ACO}_{gb,\tau_{\min}(t)}$ 에서는 $\lim_{t\to\infty} \tau_{kl}(t) = 0$, $\forall(k,l) \notin x^*$ 이고([기초 정리 19.5]에 의해), $\text{ACO}_{gb,\tau_{\min}}$ 에서는 $\tau_{kl}(t) = \tau_{\min}$, $\forall(k,l) \notin x^*$ 이기([기초 정리 19.4]에 의해) 때문이다. [정리 19.5]은 [정리 19.3]과 함께 모든 개미가 최적해를 구축하는 데 요구되는 반복 t 의 횟수에 대해서는 언급하고 있지 않음에 유의하자. 최적해에 이르는 반복 횟수는 아주 커질 수 있다.

3) ACO 알고리즘과 수렴성

$\text{ACO}_{gb,\tau_{\min}}$ 은 [정리 19.1]에 의해 반복을 충분히 하면 높은 확률로 최적해를 찾을 수 있다. $\text{ACO}_{gb,\tau_{\min}}$ 의 정의에서 언급한 네 조건 중에서 셋째 조건, 즉 전역 최선해 x^{gb} 에 속한 호에 대해서만 페로몬을 갱신한다는 조건을 완화한 알고리즘을 $\text{ACO}_{\tau_{\min}}$ 로 두자. 그러면 $\text{ACO}_{gb,\tau_{\min}}$ 은 $\text{ACO}_{\tau_{\min}}$ 의 특수한 경우에 해당한다. [정리 19.1]은 $\text{ACO}_{\tau_{\min}}$ 에 속한 어떤 알고리즘에서도 성립한다. 이는 [정리 19.1]의 증명 과정에서 확인할 수 있다. $\text{ACO}_{\tau_{\min}}$ 에 속한 알고리즘으로는 최대-최소 개미시스템(Max-Min ant system: MMAS)과 개미군체시스템(ant colony system: ACS)이 있다(Stützle & Dorigo, 2002). 이들 MMAS와 ACS는 외판원문제(TSP)와 같은 여러 벤치마크 문제에서 AS와 그 변형 알고리즘보다 우수한 성능을 보였다(Dorigo & Stützle, 2004).

그러나 앞에서 다룬 개미시스템(AS)과 이를 변형한 엘리티스트 AS와 순위 기반 AS는 $\text{ACO}_{\tau_{\min}}$ 에 속하지 않는다. 이들 알고리즘은 페로몬 양의 하한이 없다. 그리고 [정리 19.4]에서 부과된 페로몬의 감소 속도 보다 더 빠르게 페로몬 양이 0에 도달할 수 있다.

한편, Badr & Fahmy(2004)은 ant-cycle AS, ant-density AS, ant-quantity AS의 수렴성을 증명하였다. 이 연구는 탄생-소멸 과정(birth-death process)을 이용하여 AS 알고리즘이 하나의 안정 분포(stable distribution)에 도달함을 증명하였다. 이는 AS 알고리즘이 확률 1로 수렴함을 나타낸다.

여러 ACO 알고리즘에서 전이확률에 휴리스틱 정보 η 를 이용한다. $\text{ACO}_{gb,\tau_{\min}}$ 과 $\text{ACO}_{gb,\tau_{\min}(t)}$ 에서의 식 (19.1) 대신 아래와 같은 식 (18.1)

$$p_{ij}^k(t) = \begin{cases} \dfrac{\tau_{ij}^{\alpha}(t)\eta_{ij}^{\beta}(t)}{\sum_{u\in N_i^k(t)} \tau_{iu}^{\alpha}(t)\eta_{iu}^{\beta}(t)} & \text{if } j \in N_i^k(t) \\ 0 & \text{if } j \notin N_i^k(t) \end{cases}$$

을 사용하는 경우를 보자. [정리 19.1]에서 [정리 19.5]의 모든 정리는 $0<\eta_{ij}<\infty,\ \forall(i,j)\in A$ 이고 $\beta<\infty$ 이면 이 휴리스틱 정보에 영향을 받지 않는다. 사전에 이용 가능한 정보로 주어질 수 있는 휴리스틱 값 η은 사실 하한과 상한을, 즉 범위 $[\eta_{\min},\eta_{\max}]$, $0<\eta_{\min}<\eta_{\max}<\infty$ 에 있다고 가정할 수 있다. 이 정보 η는 단지 [정리 19.1]과 [정리 19.4]에서 $p_{\min}$ 의 하한, [정리 19.3]과 [정리 19.5]에서 $P_{ij}^{*}(t)$ 의 하한을 변화시킨다. [정리 19.2]에는 영향을 주지 않는다. 따라서 이 경우에도 이들 수렴 증명이 성립한다.

ACO에 부가적으로 지역탐색을 이용하는 경우를 보자. 지역탐색은 개미가 찾은 해를 국부적으로 변화시켜 개선시키는 전략이다. 지역탐색으로 개선된 해를 찾아 페로몬을 갱신할 수 있다. 이러한 지역탐색의 사용은 $\mathrm{ACO}_{gb,\tau_{\min}}$ 와 $\mathrm{ACO}_{gb,\tau_{\min}(t)}$ 의 수렴 특성에 영향을 주지 않는다. 이들 수렴 증명은 단지 해가 구성되는 방법에 영향을 받지 지역탐색의 여부에는 영향을 받지 않는다.

이 장에서 다룬 ACO 알고리즘의 수렴성의 의미를 정리하면 다음과 같다.

첫째, $\mathrm{ACO}_{gb,\tau_{\min}}$ 유형의 알고리즘은 최적해를 찾을 수 있다. 한편 $\mathrm{ACO}_{gb,\tau_{\min}(t)}$ 의 알고리즘은 $\tau_{\min}$ 을 아주 천천히 0으로 감소시키면 최적해를 찾을 수 있다. 그러나 앞에서 다룬 대부분의 알고리즘처럼 페로몬 양에 하한이 없고 일정한 증발률을 가지면 페로몬 양은 지수적으로 빠르게 감소하여 이 정리가 성립하지 않는다.

둘째, 앞에서 다룬 수렴 정리에서 최적해에 도달하는 데 필요한 계산시간에 대해서는 전혀 언급하지 않고 있다. 천문학적인 계산 시간이 소요될 수 있다. 이는 시뮬레이티드 어닐링의 수렴 정리에서와 유사하다.

셋째, $\mathrm{ACO}_{gb,\tau_{\min}(t)}$ 에서 페로몬 하한을 아주 서서히 줄이면, 모든 개미가 반복해서 최적경로를 구성하는 상태로 수렴하게 되고, 최적경로상에 있지 않은 호의 페로몬 양은 결국 0에 도달하게 된다.

제20장

여러 형태의 ACO 알고리즘

초기 ACO 알고리즘으로 개미시스템과 개미군체시스템에 대하여 다루었다. 이들 ACO 알고리즘 이외에 적용 목적과 적용 문제에 따라 여러 형태의 알고리즘이 개발되었다. 이 장에서는 페로몬 양을 정규화하는 초입방체 구조, 분지한계법을 이용하여 휴리스틱 정보를 구하고 이를 이용하는 ACO, 각 반복에서 얻은 최선해 집단을 운용하는 집단 기반 ACO, 이진수 ACO, 연속 최적화문제를 다룰 수 있는 연속 ACO, 여러 군체를 운영하는 복수 개미군체 알고리즘, 그리고 다목적 ACO와 잡종 ACO를 다룬다.

20.1 초입방체 구조

ACO에서 페로몬 양은 목적함수 값에 기초하여 부과되고, 이는 전이확률에 영향을 미친다. 이 절에서는 각 호의 페로몬 양을 범위 [0, 1]로 재조정하는 '초입방체 구조(hyper-cube framework: HCF)'를 소개한다(Blum & Dorigo, 2004; Dorigo & Blum, 2005). 여기서 제안되는 페로몬 갱신 규칙은 여러 형태의 ACO알고리즘에서도 사용할 수 있다.

사용되는 기호를 먼저 정의한다. 함수 $g(x)$는 최소화의 목적 함수 $f(x)$에 대해 $f(x_1) > f(x_2) \Rightarrow g(x_1) \le g(x_2) < \infty,\ \ \forall\, x_1, x_2 \in S,\ x_1 \ne x_2$ 인 함수이고, S는 가능해 집합이다. 함수 $g(x)$를 '품질 함수(quality function)'라 부른다.

먼저 초입방체 구조(HCF)를 갖는 페로몬 갱신 규칙을 다루고, 다음은 MMAS와 ACS 알고리즘에 이 규칙의 적용에 대해 알아본다. HCF를 위한 페로몬 갱신 규칙은 다음과 같다.

$$\tau_{ij}(t+1) = (1-\rho)\tau_{ij}(t) + \rho\sum_{k=1}^{m}\Delta\tau_{ij}^{k}(t), \quad \forall\ (i,j) \in A \tag{20.1}$$

여기서

$$\Delta\tau_{ij}^{k}(t)=\begin{cases}\dfrac{g(x^{k}(t))}{\sum_{h=1}^{m}g(x^{h}(t))}, & \text{반복}t\text{에서 개미}k\text{가 호 }(i,j)\text{를 사용하면}\\ 0, & \text{그렇지 않으면}\end{cases}$$

AS에서 사용되는 갱신 규칙과 이 규칙과의 차이는 추가 페로몬 양에 ρ를 곱하는 것과 이 추가되는 페로몬 양을 정규화(normalization)한다는 것이다.

해 x는 n개의 결정변수로 이루어져 있고 각 변수는 이진수 $\{0, 1\}$라 하자. 그러면 해 x는 이진수 $\{0,1\}$의 n차원 벡터로 표현할 수 있고, 해는 n차원 초입방체(hyper-cube)의 꼭지점이 된다. 그러므로 가능해 집합 S는 n차원 초입방체의 꼭지점의 집합(또는 부분 집합)이 된다. 이 가능해 집합 S의 볼록껍질(convex hull)을 $\tilde{S}$로 두자. 볼록껍질 $\tilde{S}$는 $S=\{x^1,x^2,\ldots,x^r\}$일 때 $x^1,x^2,\ldots,x^r$의 모든 볼록조합(convex combination)의 집합이다. 예로, [그림 20-1](a)를 보자. 가능해 집합 S가 세 벡터 (0,0,0), (1,1,0), (0,1,1)이면, 볼록껍질 $\tilde{S}$는 [그림 20-1](a)에서 회색 부분이 된다.

초입방체 구조에서 페로몬 갱신을 기하학적으로 해석하여 보자. 이를 위해 식 (20.1)을

$$\vec{\tau}(t+1)=(1-\rho)\vec{\tau}(t)+\rho\vec{v}(t) \tag{20.2}$$

의 벡터로 표현할 수 있다. 여기서 $\vec{v}$는 이진수 해 벡터 $\vec{x}$의 볼록조합으로

$$\vec{v}(t)=\sum_{\vec{x}\in S(t)}\gamma_x\vec{x}, \qquad \vec{x}\in B^{\mathrm{n}} \tag{20.3}$$

이고, B^{n}은 n차원 2진수 벡터 집합이며

$$\gamma_x=\frac{g(x)}{\sum_{x'\in S(t)}g(x')} \tag{20.4}$$

이다. $\sum_{x\in S(t)}\gamma_x=1,\ 0\le\gamma_x\le1,\ x\in S(t)$이고, $S(t)$는 반복 t에서 찾은 해 집합이다. $\vec{v}$는 해집합 $S(t)$의 볼록껍질에 있는 벡터가 된다. $\vec{v}$는 이진수 해 벡터($\vec{x}$)의 가중치 평균이 된다. 해 x의 품질 $g(x)$가 클 수록 벡터 $\vec{v}$에 더 큰 영향을 준다. 식 (20.2)는

$$\vec{\tau}(t+1)=\vec{\tau}(t)+\rho(\vec{v}(t)-\vec{\tau}(t)) \tag{20.5}$$

로 표현할 수 있다. 식 (20.5)는 HCF의 적용이 현재의 페로몬 벡터 $\vec{\tau}(t)$가 $\vec{v}(t)$를 향한 이동을 결정함을 보인다. 이 설명을 돕기 위해 [그림 20-1](b)를 보자. 반복t에서 두 개미는 두 해 (0,0,0)과 (0,1,1)을 생성했다 하자. 벡터 $\vec{v}$는 두 해 벡터의 가중치 평균이다. $\vec{v}$가 해 (0,0,0)에 가깝게 위치

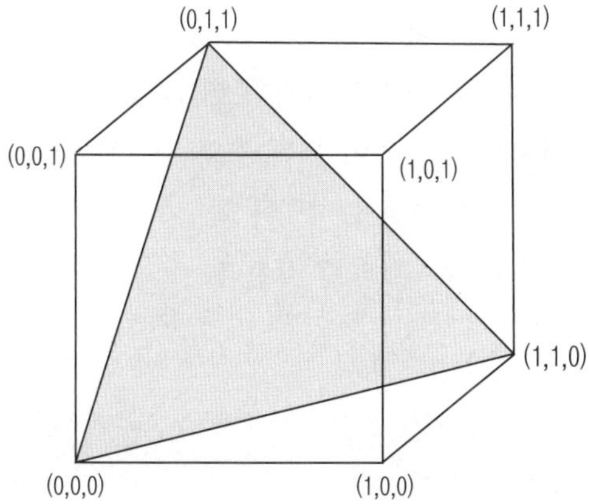

(a) 이진수 벡터의 볼록껍질

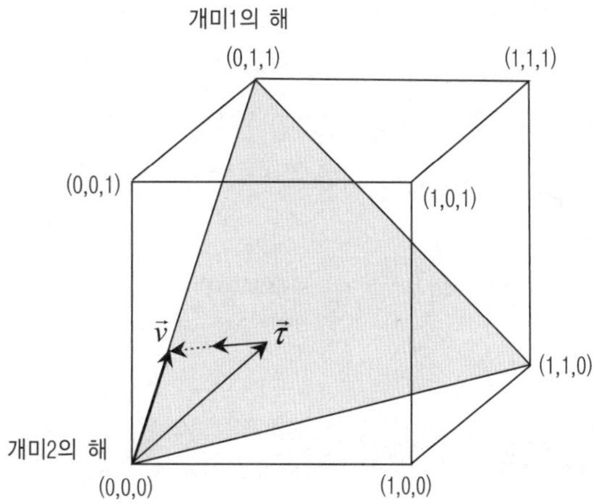

(b) HCF에서 페로몬 갱신 예

그림 20-1 HCF를 이용한 페로몬 갱신

함은 해 (0,0,0)이 더 좋은 해 품질을 갖는다는 것을 의미한다. $\vec{\tau}$ 는 HCF의 페로몬 갱신 규칙, 식 (20.1)의 결과로 $\vec{v}$ 를 향하여 이동된다. 이때 이동 크기는 파라미터 ρ 에 의해 결정된다. ρ 가 0에 가까우면 페로몬 양이 거의 갱신되지 않고, $\rho=1$ 이면 페로몬 양은 $\vec{v}$ 가 된다.

초기 페로몬 벡터 $\vec{\tau}(0)$ 가 해 집합 S 의 볼록껍질에 있으면 페로몬 벡터는 해 집합 S 의 볼록껍질에 존재한다. 따라서 각 호의 페로몬 양은 범위 [0,1]에 있다. 이는 HCF를 이용하면 다루는 문제에 상관없이 페로몬 값의 초공간(hyperspace)은 $|C|$ 차원의 입방체가 됨을 의미한다.

HCF의 페로몬 갱신 규칙은 표준 AS 외에도 최대-최소 AS와 개미군체시스템에도 쉽게 적용될 있다. 이 두 알고리즘은 단지 하나의 해에 대해서만 페로몬 갱신을 한다. MMAS에서는 반복 t 에서 반복최선해 $x^{ib}(t)$ 또는 전역최선해 $x^{gb}(t)$ 에 대해서, ACS 알고리즘에서는 전역최선해 $x^{gb}(t)$ 에 대해서만 행한다. 이 갱신 해를 $x^{best}(t)$ 로 표현하자. 식 (20.2)부터 식 (20.5)에서, HCF에서 MMAS와 ACS의 두 알고리즘 모두의 페로몬 갱신 규칙은

$$\vec{\tau}(t+1)=\vec{\tau}(t)+\rho(\vec{x}^{best}(t)-\vec{\tau}(t)) \tag{20.6}$$

이 된다. 그러므로 $\vec{\tau}(t)$ 는 갱신 해 $\vec{x}^{best}(t)$ 을 향하여 이동한다.

이 HCF의 강점은 ACO 알고리즘의 강건성(robustness)을 높인다는 것이다(Blum & Dorigo, 2004). 이는 HCF가 목적함수 값을 자동으로 조정(scaling)하는 데서 기인한다. 예로 목적함수 값이 범위 [0,1]과 범위 [0,1000]에 있는 경우를 보자. 그리고 품질 함수 $g(x)=1/f(x)$ 로 두자. 그러면 표준

ACO에서는 목적함수 값이 범위 [0, 1]에 있을 때 페로몬 양의 증가가 범위 [0, 1000]에 있을 때보다 상당히 많다. 따라서 고정된 초기 페로몬 양에 대해 목적함수 값이 범위 [0, 1]에 있는 경우는 조기 정체될 가능성이 높다. 물론, 문제에 따라 초기 페로몬 양을 적절히 주면 되나 이는 노력이 요구된다. HCF에서는 다루는 문제에 상관없이, 즉 $g(x)$ 에 상관없이 모든 호의 페로몬 양이 범위 [0, 1]로 정규화되고, 초기 페로몬 양은 이동 가능한 마디의 페로몬 합이 1이 되도록 균등 배분하여 줄 수 있다. 이는 초기 페로몬 양의 파라미터를 하나 줄이는 효과를 갖는다.

20.2 ANTS

Maniezzo(1999)는 해 구축 과정에 나무탐색기법(tree search technique)의 사용을 제안하였으며, 이 알고리즘을 ANTS(approximate nondeterministic tree search)라 부른다. ANTS는 ACO와 분지한계법(branch-and-bound method)을 결합한 알고리즘으로 볼 수 있다. ANTS에서는 휴리스틱 정보를 구하는 데 분지한계법을 사용한다. 해를 구해가는 과정에서 현재의 부분해, 마디 i 까지의 이동 경로와 호 (i, j) 를 포함한 완전해의 하한(최대화문제에서는 상한)을 구하여 이를 휴리스틱 정보로 사용한다. 또한 이러한 하한은 현재까지 찾은 최선해보다 더 큰 하한을 갖는 부분해에 대한 확장을 제거하는 데 사용된다.

ANTS는 (1) 수리계획법을 이용하여 하한을 구하고 이를 휴리스틱 정보로 사용한다는 특징 외에도, (2) 전이확률 계산 방법과 (3) 페로몬 갱신 규칙이 AS와 다르다. 이에 대해 알아보자.

1) 하한의 이용

개미가 시작점에서 마디 i 까지 이동하여 다음 이동 마디를 선택한다고 하자. ANTS에서는 시작점에서 마디 i 까지 얻은 부분해에 호 (i, j) 를 포함시킨 완전해의 하한을 구하여 이를 휴리스틱 값 η_{ij} 를 계산하는 데 사용한다. 또한 하한의 사용은 전역최선해보다 좋지 않은 이동을 미리 제거할 수 있다는 장점이 있다. 그러나 매 이동마다 하한을 구해야 하므로 강한 하한을 적절한 계산시간 내에 효율적으로 구할 수 있어야 한다는 한계를 갖는다. ANTS는 QAP와 같이 부분해가 구성하는 완전해의 하한을 비교적 쉽게 구할 수 있는 문제에서 효율적이다(Maniezzo & Colorni, 1999; Maniezzo & Carbonaro, 2000).

2) 전이확률

ANTS에서는 다음과 같은 전이확률을 사용한다.

$$p_{ij}^k(t) = \frac{\xi\tau_{ij}(t) + (1-\xi)\eta_{ij}(t)}{\sum_{l \in N_i^k(t)} (\xi\tau_{il}(t) + (1-\xi)\eta_{il}(t))}, \quad \text{if } j \in N_i^k(t) \tag{20.7}$$

여기서 ξ $(0 < \xi < 1)$ 는 파라미터이다. 이 식은 파리미터가 하나이고, 전이확률은 페로몬 자극과 휴리스틱 정보의 곱이 아니라 더하기 형태이다. 여기서 η_{ij} 는 앞에서 언급한 현 단계의 부분해가 만드는 완전해의 목적함수 값의 하한이 사용된다.

3) 페로몬 갱신

페로몬 갱신은 모든 개미가 경로를 완전히 구축한 후에 행한다. ANTS에서는 페로몬을 명시적으로 증발시키지 않는다. 페로몬 갱신 식은

$$\tau_{ij}(t+1) = \tau_{ij}(t) + \sum_{k=1}^{m} \Delta\tau_{ij}^k(t), \quad \forall (i,j) \in A \tag{20.8}$$

이다. 여기서 m 은 개미의 수이고, $\Delta\tau_{ij}^k(t)$ 는 다음과 계산된다.

$$\Delta\tau_{ij}^k(t) = \begin{cases} \omega\left(1 - \dfrac{f(x^k(t)) - LB}{\overline{f}(t) - LB}\right), & \text{if } (i,j) \in x^k(t) \\ 0, & \text{otherwise} \end{cases} \tag{20.9}$$

여기서 ω는 파라미터이고, LB는 알고리즘을 시작할 때 계산된 최적해의 하한이다. 즉 $LB \le f(x^*)$ 이다. x^* 는 최적해이다. $\overline{f}(t)$ 는 반복 t 에서 가장 최근에 생성된 r 개 해의 이동평균이다. r 은 파라미터이다. [그림 20-2]는 $\Delta\tau$ 의 하한을 $-\omega$ 로 둔 선형 동적 스케일링의 한 예를 도식한 것이다 (Maniezzo, 1999). 개미의 현재해가 이동평균보다 나쁘면 그 개미가 사용한 호의 페로몬 양은 감소되고, 좋으면 증가된다.

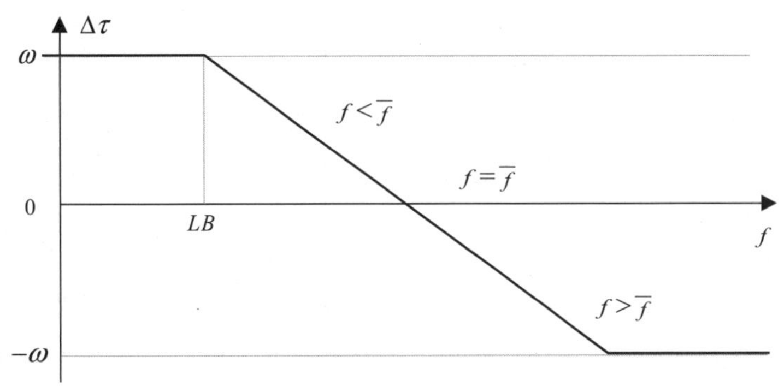

그림 20-2 선형 동적 스케일링

이 페로몬 갱신 방법은 탐색 정체를 회피하는 데 중점을 두고 있다. 현재해는 최근에 생산된 해들의 이동 평균에 의해 평가된다. 이러한 동적 스케일링의 사용은 탐색 초반에는 좋은 해 주위의 집중 탐색을 막고, 후반에는 작은 성과 차이도 변별할 수 있게 한다.

ANTS의 절차를 정리하면 다음과 같다. 여기서 모든 호의 초기 페로몬 양 τ_0은 임의의 작은 양수로 둔다.

■ ANTS의 절차

단계 1: (초기화) (1) $t=0$로 두고, 파라미터 $\xi, \omega, r, \tau_0, m$을 초기화하고, $\tau_{ij}(0)=\tau_0$, $\forall(i,j)\in A$로 둔다.

(2) 문제의 하한 LB를 계산한다.

(3) m개의 모든 개미를 시작점에 둔다.

단계 2: (휴리스틱 정보, 해 구축, 해 품질 계산) 각 개미 $k=1,2,...,m$에 대해 단계 2.1부터 단계 2.6을 수행한다.

단계 2.1: $x^k(t)=\phi$로 둔다.

단계 2.2: (휴리스틱 값 계산) $\eta_{ij}, j\in N_i^k(t)$를 계산한다. η_{ij}는 부분해에 호(i,j)를 포함한 완전해의 목적함수 값 하한을 이용하여 구한다.

단계 2.3: 식 (20.7)에 의해 다음 이동 호(i,q)를 구한다.

단계 2.4: 선택한 이동 호(i,q)를 경로 $x^k(t)$에 추가한다. $i\leftarrow q$로 두고, $N_i^k(t)$를 갱신한다.

단계 2.5: 개미k가 완전해를 찾을 때까지 단계 2.2부터 단계 2.4를 반복 수행한다.

단계 2.6: (해 품질 계산) $x^k(t)$의 해 품질 $f(x^k(t))$를 계산한다.

단계 3: (전역최선해 갱신) 전역최선해 $x^{gb}(t)$와 $f(x^{gb}(t))$를 갱신한다.

단계 4: (페로몬 갱신)

단계 4.1: 구한 해가 r개 이상이면 이동 평균을 계산한다.

단계 4.2: 식 (20.8)와 식 (20.9)에 의해 모든 호의 페로몬을 갱신하여 $\tau_{ij}(t+1)$을 구한다.

단계 5: (종료 조건) 종료 조건을 만족하면 끝낸다. 이때 구하는 해는 $x^{gb}(t)$이다. 그렇지 않으면, 모든 개미를 시작점에 배치하고, $t\leftarrow t+1$로 두고 단계 2로 간다.

ANTS 이외에, 분지한계법의 개념이 사용된 ACO 알고리즘으로 Beam-ACO가 있다(Blum, 2005, 2008). Beam-ACO는 ACO에 Beam 탐색(beam search: BS) 기법을 결합한 기법이다. Beam 탐색은 분지한계법의 개념이 사용된 나무 탐색기법으로 분지에 의해 부분해를 확장한다. BS는 탐색 나무에서 매 반복에서 최대 b_w개의 부분해를 유지하고(이를 beam이라 부름), 각 부분해에서는 최대

f_w 개의 방향으로 탐색을 확장한다. 그러면 최대 $b_w \cdot f_w$ 개의 부분해가 생성된다. 이 중에서 완성해는 완성해 집합에 보관하고 나머지 부분해는 부분해 집합에 보관한다. 새로운 beam은 이 부분해 집합에서 하한에 기초하여 가장 좋은 b_w 개의 부분해를 선택하여 유지한다. 여기서 하한은 완성해를 만드는 과정 또는 완성해 중에서 가장 작은 완성해의 목적함수 값이 사용되고, 부분해의 확장은 발견적 기법이나 탐욕적(greedy) 방법이 사용된다. BS에서는 하한이 낮은 순으로 확정적으로 부분해를 확장해가는 데 반해, Beam ACO에서는 이를 확률적 BS로 변환하여 사용한다.

20.3 집단 기반 ACO

집단 기반 ACO(population based ACO: PB-ACO)는 반복에서 얻은 일정 수의 최선해 집단을 보관소에 저장하여 이를 바탕으로 페로몬 갱신을 행하는 알고리즘이다(Guntsch & Middendorf, 2003; Scheuermann *et al*., 2004). 이 알고리즘은 매 반복에서 얻은 최선해 정보만을 페로몬 갱신에 이용한다. 이들 반복최선해를 일정 크기 r 의 보관소에 저장한다. 그리고 이 보관소의 크기를 일정하게 유지한다.

초기 보관소는 비어 있다. r 번째 반복까지 매 반복에서 발견한 반복최선해를 보관소에 저장한다. 그러면 r 회의 반복 후에는 보관소가 가득 차게 된다. 그 이후의 반복에서 얻은 최선해에 대해 보관소 크기 r 을 유지하는 방법에 대해 알아보자.

(1) **나이 전략:** 가장 오래된 최선해를 제거하고 새로운 해를 보관하는 전략.
(2) **품질 전략:** r 반복 이후 반복에서 얻은 최선해가 보관소의 가장 나쁜 해보다 좋으면 이 해와 대체하고 그렇지 않으면 보관소는 변하지 않는 전략. 이 전략은 보관소에 같은 해가 여러 개 존재할 가능성이 높다.
(3) **확률 전략:** r 반복 이후 보관소와 새로운 최선해, $(r+1)$개 중에서 제거될 하나의 해를 확률바퀴 선택 방법에 의해 구하는 전략이다. 최소화 문제의 확률바퀴 선택이 된다.
(4) **혼합 전략:** 나이전략과 확률 전략을 혼합하여 사용하는 전략.

이와 같이 보관소를 유지하면서 페로몬 갱신은 다음과 같이 한다.

보관소에 해 x 가 저장될 때마다 이 해에 속한 호(또는 마디)에 일정량 Δ 의 페로몬을 추가한다. 즉,

$$\tau_{ij} \leftarrow \tau_{ij} + \Delta, \qquad \forall\, (i,j) \in x \tag{20.10}$$

이다. 또한 페로몬 증발은 보관소에서 하나의 해, $\bar{x}$ 가 제거될 때 이 해에 속한 호(또는 마디)에 대해서만 행한다. 이때 페로몬 증발양은 추가량과 같게 준다. 즉,

$$\tau_{ij} \leftarrow \tau_{ij} - \Delta, \qquad \forall\ (i,j) \in \bar{x} \tag{20.11}$$

이다. 이와 같은 페로몬 갱신 전략은 집단에 있는 해에 의해 페로몬 행렬의 값을 쉽게 계산할 수 있다. 호 (i,j) 의 페로몬 농도 τ_{ij} 은 초기 페로몬 양이 τ_0 이고, 집단에 있는 해들에서 호 (i,j) 를 포함한 해가 $q(\le r)$개 이면

$$\tau_{ij} \leftarrow \tau_0 + q\Delta \tag{20.12}$$

이 된다. 이 알고리즘에서는 페로몬 양의 상한 $\tau_{\max}$ 을 사용한다. $\tau_{\max}$, τ_0, 집단의 크기(r) 에 의해 적정 Δ 의 값, 예로 $\Delta = (\tau_{\max} - \tau_0)/r$ 을 사용한다.

이동 마디 선택은 ACS에서의 규칙을 사용한다. 보관소 크기 유지 전략으로는 실험을 통해 나이 전략과 혼합 전략이 좋은 것으로 보고되었다(Guntsch & Middendorf, 2003). 특히, 동적 최적화 문제, 예로 TSP 문제에서 시간에 따라 도시가 새로이 추가되거나 제거 되는 경우와 같이 문제가 시간에 따라 변화되는 경우에는 품질전략이 좋지 않았다. 품질전략은 일종의 엘리티스트 전략이다. 이 전략은 해공간의 탐사를 저해할 수 있다.

20.4 이진수 ACO 알고리즘

해 구조가 0과 1로 이루어진 이진수 ACO(Binary-ACO) 알고리즘이 Kong & Tian(2006)에 의해 제안되었다. Binary-ACO는 $\{0,1\}$정수계획의 최적화 문제에 적용 가능하다. 또한 실수를 이진수로 표현하여 연속최적화에 적용할 수 있다.

20.4.1 해 구축

n 개의 변수, $x_i \in \{0,1\}$, $i = 1,2,\ldots,n$ 로 이루어진 최적화 문제라 하자. Binary-ACO에서 그래프 구성은 [그림 20-3]과 같이 한다. 매 반복에서 n_a 개의 인공개미는 이 그래프 상에서 마디 1부터 $n+1$ 까지 모든 마디를 차례로 지나감으로써 해를 만든다. 각 마디 i 에서 개미는 마디 $i+1$ 로 가기 위하여 윗길 $i0$ 또는 아랫길 $i1$ 을 선택한다. 윗길 $i0$ 의 선택은 $x_i = 0$, 아랫길 $i1$ 의 선택은 $x_i = 1$ 을 의미한다. 반복 t 에서 경로의 선택확률은 다음과 같이 호의 페로몬 값에 종속된다.

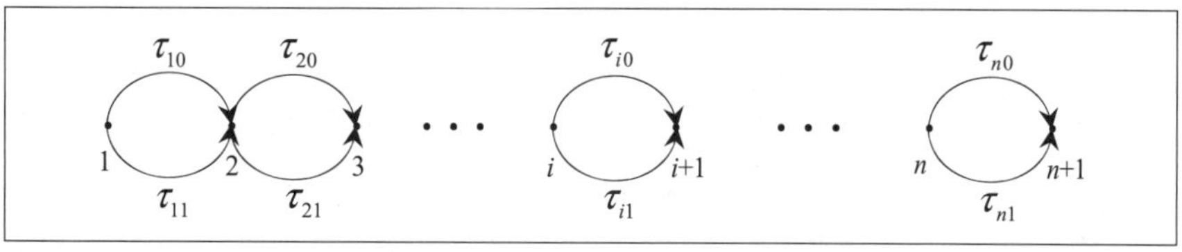

그림 20-3 Binary-ACO의 그래프

$$p_{is}(t) = \tau_{is}(t), \qquad i = 1, \ldots, n, \;\; s \in \{0,1\} \tag{20.13}$$

개미들에 의해서 구성된 해는 제약이 있는 이진수 최적화 문제에서는 비가능해가 될 수 있다. 이 경우에는 가능해로 바꾸는 보수가 필요하다.

20.4.2 페로몬 갱신

페로몬 갱신은 각 반복에서 모든 개미가 경로를 찾으면, 이 경로를 평가하여 현 반복의 최선해를 구하고, 전역최선해를 갱신한다. 페로몬 갱신은 이 후 행한다. Binary-ACO는 모든 호의 초기 페로몬 값을 $\tau_{is}(0) = 0.5$ 로 준다. 페로몬 갱신 규칙은 다음과 같다. 이는 초입방체구조(HCF)에서와 같다.

$$\tau_{is}(t+1) = (1-\rho)\tau_{is}(t) + \rho \sum_{x \in S_{upd} | is \in x} w_x \tag{20.14}$$

여기서 S_{upd} 는 페로몬을 추가하는 해의 집합이고, w_x 는 각 해 $x \in S_{upd}$ 에 대한 가중치를 나타낸다. 이 가중치는 $0 \le w_x \le 1$ 과 $\sum_{x \in S_{upd}} w_x = 1$ 이다. ρ 는 증발률이고, 초기에는 $\rho = \rho_0$ 로 두고, 재초기화할 때마다 $\rho \leftarrow 0.9\rho$ 로 감소시킨다. 페로몬 갱신 과정을 좀 더 구체적으로 알아보자.

이러한 페로몬 갱신은 어떤 반복 t 에서 호 (i, s)의 페로몬 양은

$$0 < \tau_{is}(t) < 1 \tag{20.15}$$

가 성립하고, 그 호의 선택확률은 $\tau_{is}(t)$ 가 된다(Kong & Tian, 2006).

식 (20.14)에서 S_{upd} 는 전역최선해 x^{gb}, 반복최선해 x^{ib}, 재시작 최선해 x^{rb} 의 세 개의 해를 요소로 하는 집합으로 둔다. 여기서 재시작 최선해는 가장 최근의 시작 이후 찾은 가장 좋은 해이다. 이 세 해의 가중치 w_x 는 다음의 수렴계수(convergence factor) cf 에 따라 다른 조합으로 준다.

$$cf = \frac{\sum_{i=1}^{n} |\tau_{i0} - \tau_{i1}|}{n} \tag{20.16}$$

표 20-1 Binary-ACO에서 페로몬 갱신 전략

	$cf < cf_1$	$cf \in [cf_1, cf_2]$	$cf \in [cf_2, cf_3]$	$cf \in [cf_3, cf_4]$	$cf \in [cf_4, cf_5]$
w_{ib}	1	2/3	1/3	0	0
w_{rb}	0	1/3	2/3	1	0
w_{gb}	0	0	0	0	1

초기 페로몬 값은 모든 호에 $\tau_{is}(0) = 0.5$ 로 주므로 $cf = 0$ 이 되고 해가 수렴해 가면 $|\tau_{i0} - \tau_{i1}| \to 1$ 이 되어 $cf \to 1$ 이 된다. 전역최선해 x^{gb}, 반복최선해 x^{ib}, 재시작 최선해 x^{rb} 에 대한 각각의 가중치를 w_{gb}, w_{ib}, w_{rb} 로 두자. cf_i, $i = 1,2,...,5$ 는 범위 [0,1]에 있는 문턱 파라미터이다. 이 cf_i 에 따라 <표 20-1>과 식 (20.14)를 이용하여 페로몬을 갱신한다.

Binary-ACO에서 $cf > cf_5$ 이면 페로몬을 재초기화한다. 재초기화는 x^{gb} 에 따라 다음과 같이 한다.

$$\tau_{is} = \begin{cases} \tau_H & \text{if } is \in x^{gb} \\ \tau_L & \text{otherwise} \end{cases} \tag{20.17}$$

여기서 τ_L, τ_H 은 $0 < \tau_L < \tau_H < 1$ 과 $\tau_L + \tau_H = 1$ 을 만족하는 파라미터이다. 이러한 재초기화에 의한 재시작은 완전히 새로운 임의 시작 보다는 과거 해 탐색의 경험에 기반을 둔 것이다.

이 페로몬 갱신 과정을 설명하면 다음과 같다. 시작은 모든 호에 페로몬 값을 $\tau_{is}(0) = 0.5$ 로 둔다. 식 (20.13)에 의해 모든 개미의 경로를 구하여, 이를 평가하여 반복최선해, 재시작 최선해, 전역최선해를 갱신한다. 재시작을 한번도 하지 않았으면 재시작 최선해와 전역최선해가 같다. 그리고 cf 를 계산한다. 설명을 위해 재초기화하고 다시 시작하였다 하자. 이때 초기 페로몬은 식 (20.17)과 같이 둔다. 각 반복에서 구한 해를 평가하여, 반복최선해, 재시작 최선해, 전역최선해를 구하고 cf 를 계산한다. $cf < cf_1$ 이면 반복최선해의 경로에 가중치 1로 페로몬을 갱신한다. 점차 cf 가 커져서 범위 $[cf_1, cf_2]$ 에 있으면 반복최선해와 재시작 최선해에 따른 호에 각각 가중치 2/3과 1/3로 페로몬을 갱신한다. cf 가 범위 $[cf_2, cf_3]$ 에 있으면 가중치를 각각 1/3과 2/3을 준다. 이는 수렴하지 않는 상태에서는 반복 가중치를 사용하여 탐사력을 높이고, 점점 수렴 해가면 재시작 최선해를 사용하여 좋은 해 주위를 더 탐색하도록 한다. 그리고 cf 가 범위 $[cf_3, cf_4]$ 에 있으면 재시작 최선해의 경로에 가중치 1을 둔다. 이는 새로이 시작하여 찾은 가장 좋은 해 주위를 집중 탐색하는 것을 의미한다. cf 가 더 증가하여 $[cf_4, cf_5]$ 에 있으면 알고리즘을 시작하여 현재까지 찾은 전역최선해에 가중치 1을 주어 탐색한다. 이는 알고리즘 시작부터 지금까지 찾은 최선해 주위

의 탐색에 중점을 준다. 이 전역최선해는 재시작 최선해와 상당히 다를 수 있다. 이 경우에는 cf 가 낮아진다. 그렇지 않고 cf 가 계속 증가하여 cf_5 보다 커지면 페로몬을 새로이 초기화한다.

20.4.3 적용

1) 다차원배낭문제

아래와 같은 다차원배낭문제(MKP)를 보자.

$$\begin{aligned} \text{Max.} \quad & \sum_{j=1}^{n} p_j x_j \\ \text{s. t.} \quad & \sum_{j=1}^{n} r_{ij} x_j \le b_i, \qquad i = 1,\dots,m \\ & x_j \in \{0,1\}, \;\; j = 1,\dots,n \end{aligned} \tag{20.18}$$

■ **보수**: Binary-ACO에서 개미가 생성한 해를 가능해로 보수하는 것이 필요하다. 가능해 보수 방법은 Chu & Beasley(1998)가 제안한 의사효용비율(pseudo-utility ratio)를 사용한다. 이를 설명하기 위하여 MKP를 아래와 같이 완화시킨다.

$$\begin{aligned} \text{Max.} \quad & \sum_{j=1}^{n} p_j x_j \\ \text{s. t.} \quad & \sum_{j=1}^{n} \Big(\sum_{i=1}^{m} w_i r_{ij}\Big) x_j \le \sum_{i=1}^{m} w_i b_i \\ & x_j \in \{0,1\}, j = 1,\dots,n \end{aligned} \tag{20.19}$$

여기서 $\mathbf{w} = (w_1,\dots,w_m)$ 는 양의 가중치 벡터이다. 이 $\mathbf{w}$ 는 원 MKP에서 정수 조건을 완화하여 푼 쌍대문제의 해, 즉 w_i 는 i 번째 제약식의 그림자 비용(shadow price)으로 얻는다. 아래와 같이 의사효용비율을 정의한다.

$$u_j = \frac{p_j}{\sum_{i=1}^{m} w_i r_{ij}}$$

이 u_j 를 이용하여 보수는 두 단계로 이루어진다. 첫 단계는 비가능해이면 u_j 를 오름 차순으로 정렬하여 차례로 가능해가 될 때까지 비트 1을 0으로 바꾼다. 둘째 단계는 역의 순서로, 즉 u_j 의 내림 차순으로 가능해가 유지되는 한 차례로 비트 0을 1로 바꾼다.

- **지역 탐색**: x^{ib}와 x^{gb}에 대해 지역탐색을 행한다. 한 방법으로 이들 각 최선해에 대해 4개의 비트를 선택하여 0은 1로 1은 0으로 바꾼다. 해가 개선되면 갱신하고 이를 반복한다. 매 반복에서 $10n$번 이를 행한다. 여기서 n은 변수의 수이다.
- **파라미터**: 파라미터 값으로 $n_a = 20$, $\tau_H = 0.55$, $\rho_0 = 0.3$, $cf_i = [0.3,\ 0.5,\ 0.7,\ 0.9,\ 0.95]$을 사용할 수 있다.

실험결과, Binary-ACO는 MKP에서 좋은 결과를 보였다(Kong & Tian, 2006).

2) 함수 최적화 문제

$$\begin{aligned} &\text{Min. } f(y), \qquad y = [y_1, \ldots, y_v] \\ &\text{s.t.} \quad a_j \le y_j \le b_j,\ \ j = 1, \ldots, v \end{aligned} \tag{20.20}$$

Binary-ACO에서 각 실수 변수 y_j를 이진수 $[x_{j1}, \ldots, x_{jd_j}]$로 바꾼다. 이때 d_j는 변수 y_j에 요구되는 정확도에 따라 결정한다.

- **지역 탐색**: 반복최선해 x^{ib}와 전역최선해 x^{gb}에 대해 지역탐색을 행하여 해를 개선한다. 이를 위하여 단순하게 각 비트에 대해 0은 1로 1은 0으로 바꾸어 해의 개선 여부를 확인하여 방법을 사용할 수 있다. 해가 개선 되면 갱신하고 다음 비트의 0과 1 바꾸기를 계속하고, 그렇지 않으면 원래의 해를 가지고 다음 비트의 0과 1 바꾸기를 계속한다.
- **파라미터**: 파라미터 값으로 $n_a = 20$, $\tau_H = 0.65$, $\rho_0 = 0.3$, $cf_i = [0.2, 0.3, 0.4, 0.5, 0.9]$을 사용할 수 있다.

20.5 연속 ACO 알고리즘

ACO 알고리즘은 원래 이산변수를 갖는 조합최적화문제를 풀기 위하여 개발되었다. 조합최적화는 해 요소의 최적 조합과 순열을 찾는 문제이다. 예로 외판원문제, 할당문제, 일정계획, 차량경로문제, 시간표작성문제 등이다. ACO 알고리즘을 연속변수를 갖는 연속최적화문제에 적용하려 할 때 주된 과제는 그래프 탐색문제로의 변환이다. 가장 간단한 방법은 실수를 요구하는 정확도에 따라 이진수로 변환하여 20.4절에 다룬 이진수 ACO 알고리즘으로 이용하는 것이다. 그러나 변수가 많아지고 정확도가 요구되면 이진수의 차원이 커져 알고리즘의 효율이 떨어진다.

다음은 Mathur *et al.*(2000)과 Rajesh *et al.*(2001)이 제안한 연속 ACO 알고리즘을 보자. 이들 연

구에서는 해 공간을 n_r 개의 영역(region)으로 분할하여 전역탐색과 지역탐색 국면을 반복하여 행한다. 전역탐색은 좋지 않은 해가 있는 영역 주위를 탐사하는 역할을 하고, 지역탐색은 좋은 해의 주위를 집중 탐색하는 역할을 한다. 전역탐색은 유전알고리즘 기법에 기반을 두고 있고, 지역탐색은 ACO의 개념을 이용하고 있다. 이 알고리즘은 ACO에서 유전알고리즘을 차용했다기 보다는 오히려 유전알고리즘에서 ACO 기법을 차용했다고 볼 수 있다.

The continuous ant colony optimization algorithm

Create n_r regions;
Evaluate fitness, $f(\mathbf{x}_i)$, of each region;
$\tau_i(0)=1, \quad i=1,2,\ldots,n_r$;
repeat
  {Global Search}
    Sort regions in the descending order of fitness;
    Identify the n_g weakest regions; {Ratio of n_g to n_l is 0.8:0.2}
    Send 90% of n_g global ants for crossover and mutation;
    Send 10% of n_g global ants for trail diffusion;
    Evaluate fitness, $f(\mathbf{x}_i)$, of all the regions;
    Update pheromone and age of n_g weak regions;
  {Local Search}
    Send n_l ants to probabilistically chosen good regions using Eq. (20.21);
    for *each local ant* **do**
      Search a solution and evaluate its fitness;
      if *region with improved fitness is found* **then**
        Move ant to better region;
        Update pheromone;
        Set the direction of next iteration to the same as that of this iteration;
      else
        Increase age of region;
        Choose new random direction for next iteration;
      end
  {Pheromone Evaporation}
      Evaporate all pheromone;
  end
until *stopping condition is true*;
Return region $\mathbf{x}_i$ with the best fitness as solution;

그림 20-4 연속 ACO 알고리즘

전체 개미에서 약 80%는 전역탐색을, 약 20%는 지역탐색을 담당한다. 연속탐색공간에서 하나의 영역은 한 점을 나타낸다. 한 점(해)을 영역이라 부르는 이유는 이 해의 주위를 탐색하기 때문이다. $\mathbf{x}_i$ 가 영역 i 를 나타내면, $x_{ij} \sim U(x_{\min,j}, x_{\max,j})$ 이다. 여기서 x_{ij} 는 영역 i 의 차원 j 의 값이고, $x_{\min,j}$ 와 $x_{\max,j}$ 는 차원 j 에서 해의 최솟값과 최댓값이다. n_r 개의 영역을 초기화하고 목적함수 $f(\mathbf{x}_i)$ 에 의해 적응도를 평가한다. 모든 영역의 초기 페로몬 값은 1로 둔다. 이 연속 ACO 알고리즘의 절차는 [그림 20-4]와 같다(Engelbrecht, 2005, p. 420).

1) 전역탐색

전역탐색은 탐색공간 전체를 탐색한다. n_r 개의 해(점)를 적응도에 따라 내림차순으로 정렬하여 가장 나쁜 n_g 개(예로 n_r 의 80%)의 해를 확정적으로 선택한다. 이들 해를 이용하여 n_g 개의 영역을 탐색한다. 이들 영역의 탐색은 유전알고리즘을 이용한다. 선택된 해 중에서 대부분(예로 n_g 의 90%)는 교차와 돌연변이의 유전연산을 행하고 나머지 일부(예로 n_g 의 10%)는 자국 확산(trail diffusion)을 행한다. 이들 연산자는 7.1.2절의 실수 표현의 유전연산자를 사용할 수 있다. 예로 교차는 이산재결합교차 중에서 하나를 선택할 수 있고, 돌연변이는 불균등돌연변이를 사용할 수 있다(Mathur *et al.*, 2000; Rajesh *et al.*, 2001). 탐색 영역의 확산을 위한 자국 확산은 산술교차를 사용한다. 산술교차는 두 해 $\mathbf{x}$, $\mathbf{y}$ 의 볼록 조합(convex combination)에 의해 두 자손 $\mathbf{p}$ 와 $\mathbf{q}$ 를 생산하는 연산자이다.

이와 같은 전역탐색에 의해 새로운 해의 탐색이 끝나면 새로 생성된 해의 적응도를 평가한다. 이들 각 점에 페로몬을 부가한다. 각 점의 '나이(age)'를 갱신한다. 초기 나이는 0으로 두고 반복에서 해가 개선되지 않으면 나이를 1씩 증가 시킨다. 나이가 많다는 것은 해가 잘 개선되지 못함을 의미한다.

2) 지역탐색

지역탐색은 모든 개미가 발견한 해 중에서 일부(전체 개미의 약 20%) 좋은 해를 확률적으로 선택하여 이들 해 주위를 집중 탐색하는 국면이다. 지역탐색할 해는 페로몬 농도에 의해 확률적으로 다음과 같이 선택한다.

$$p_i(t) = \frac{\tau_i(t)}{\sum_k \tau_k(t)} \tag{20.21}$$

여기서 $\tau_i(t)$ 는 반복 t 에서 영역 i 의 페로몬 농도이다. 이렇게 선택된 해는 주위 탐색을 위해 짧은 이동을 행한다. 위치 $\mathbf{x}_i$ 에서 새로운 위치 $\mathbf{x}_i'$ 로 이동은

$$\mathbf{x}_i' = \mathbf{x}_i + \Delta\mathbf{x}_i \qquad (20.22)$$

로 표현할 수 있다. 지역탐색에서 보폭(변화량) 크기(step size) $\Delta\mathbf{x}_i$ 는 작게 둔다. 이 보폭 크기는 '나이(age)'의 함수로 표현된다. 이 개념은 알고리즘에서 중요하게 작용한다. 이 보폭 크기는 탐색 반경을 의미한다. 탐색 반경은 나이가 0일 때 최대로 그리고 최대 나이에서 최소 반경을 갖도록 설계한다. 나이와 탐색 반경을 선형 또는 비선형의 관계로 설계할 수 있다. 예로 선형관계로

$$\mathbf{x}_i \text{ 의 보폭 크기} = c_i - m_i a_i$$

을 사용할 수 있다. 여기서 c_i 와 m_i 는 사용자 정의 파라미터이고, a_i 는 영역 i 의 나이이다.

새로운 위치 $\mathbf{x}_i'$ 를 구하면 그 적응도를 평가한다. $\mathbf{x}_i'$ 의 적응도가 $\mathbf{x}_i$ 의 그것보다 더 높으면 위치를 $\mathbf{x}_i'$ 로 바꾼다. 그리고 영역 i 의 페로몬 농도 τ_i 는 적응도에 따라 높인다. $\mathbf{x}_i'$ 가 $\mathbf{x}_i$ 보다 적응도가 더 낮으면 위치와 페로몬 농도에 변함이 없고 나이는 1을 증가시킨다.

지역탐색에서 해의 탐색 방향은 직전 반복에서 해가 개선되면 직전 반복과 같은 방향을 갖고, 직전 반복에서 해가 개선되지 않으면 임의로 방향을 선택한다.

1회 반복에서 전역탐색과 지역탐색이 끝나면 모든 영역(해)에서 페로몬을 증발시킨다. 이와 같은 전역탐색, 지역탐색, 페로몬 증발을 종료조건이 만족될 때까지 반복한다.

Mathur *et al.*(2000)과 Rajesh *et al.*(2001)이 사용한 연속 ACO 알고리즘의 특징을 정리하면 다음과 같다.

(1) 여러 개체(여기서는 개미)를 운영하는 알고리즘으로, 해 공간의 탐사력을 높이기 위한 전역탐색 개체와 좋은 해 주위를 집중 탐색하는 지역탐색 개체로 나누어 운영한다. 이 알고리즘은 매 반복에서 탐사와 이용을 담당하는 개체를 분리하여 운영하는 알고리즘의 틀로 사용될 수 있다.

(2) 이 알고리즘은 유전알고리즘에 의해 해 공간의 탐사를 강화하고, ACO 알고리즘에 의해 좋은 해의 이용을 강화한다. 이 알고리즘은 ACO 알고리즘에 유전알고리즘을 접목시켰다기 보다는, 유전알고리즘에 ACO 알고리즘을 접목시켰다고 볼 수 있다.

(3) 지역탐색할 개체를 선택하는 데 과거에 탐색한 정보(페로몬)를 이용하고, 또한 과거 탐색 정보에 따른 나이(age)를 도입하여 지역탐색의 반경을 조정한다.

Socha & Blum(2007)과 Socha & Dorigo(2008)는 연속 ACO를 위한 새로운 접근방법을 제안하였다. 이들은 연속확률분포를 따르는 전이확률을 이용하고, 집단 기반 ACO(PB-ACO)를 기본 틀로

사용하고 있다.

20.6 복수 개미군체 알고리즘

이 절에서는 복수의 개미군체를 운영하는 ACO 알고리즘을 다룬다(Gambardella *et al.*, 1999; Middendorf *et al.*, 2002; Ellabib *et al.*, 2007). 여러 프로세서가 병렬로 운영되는 병렬처리시스템에서 병렬로 개미군체 알고리즘을 구현하면 계산시간을 줄일 수 있다. 또한 여러 군체를 사용함으로써 해 탐색을 다양화하여 정체를 완화하고 지역최적에 빠지는 것을 줄일 수 있다. 이 절에서는 복수 프로세서를 사용하는 병렬 ACO 알고리즘의 구현 보다는 후자의 목적, 즉 군체간의 상호작용을 통해 효율적으로 탐색할 수 있는 순차적인 알고리즘에 중점을 둔다.

복수 개미군체 알고리즘은 진화알고리즘에서 여러 집단을 운영하는 섬 모델과 유사하다. 섬 모형은 집단을 몇 개의 부분집단으로 나누고, 이들 부분집단을 각기 독립적으로 일정 반복 동안 진화시킨 후, 특정 반복(이주 반복)에서 부분집단 간에 교류(이주)가 이루어진다. 이와 같은 과정을 종료조건이 만족될 때까지 반복한다.

복수 개미군체 알고리즘에서 모든 군체는 같은 해 표현 그래프를 사용하지만, 각 군체는 자신의 페로몬 행렬을 가지고 다른 군체와 독립적으로 해를 찾는다. 해 탐색에서 일정 수의 반복 간격마다 군체 간에 정보교환을 행한다. 정보교환을 통해 다른 군체가 찾은 좋은 해를 공유하고, 좋은 해를 이용한다. 이는 각 군체의 페로몬 갱신에 교환된 해가 참여함을 나타낸다. 그리고 군체 마다 서로 다른 ACO 알고리즘을 사용할 수 있다. 이는 복수 개미군체 알고리즘이 갖는 하나의 강점이다.

복수 개미군체 알고리즘의 절차는 다음과 같다.

■ 복수 개미군체 알고리즘의 절차

단계 1: (초기화)

단계 1.1: 군체 수, 군체 크기, 정보교환 주기를 정한다.

단계 1.2: 파라미터와 각 군체의 페로몬 행렬 값을 초기화하고, $t=0$ 으로 둔다.

단계 2: (각 군체의 해 탐색) 각 군체에 대해 다음을 행한다.

단계 2.1: (해 구축) 반복t에서 각 개미에 대해 해 구축, 해 평가를 행한다.

단계 2.2: (최선해 갱신) 반복최선해를 구하고, 전역최선해를 갱신한다.

단계 2.3: (페로몬 갱신) 페로몬 자국을 갱신한다.

단계 3: (군체간 정보교환에 의해 페로몬 갱신) 반복t가 정보교환 주기이면 군체 간에 정보교환을 행한다. 이는 군체 간 정보교환에 의해 얻은 정보(해)에 기초하여 각 군체의 페론몬을 갱신한다.

단계 4: (종료 조건) 종료 조건을 만족하면 끝낸다. 그렇지 않으면 $t \leftarrow t+1$ 로 두고 단계 2로 간다.

단계 1에서 군체 별로 각각의 페로몬 행렬을 둔다. 단계 2는 하나의 프로세서로 순차적으로 수행된다고 본다. 물론 병렬 처리시스템을 사용하여 군체마다 각기 다른 프로세서에서 병렬로 수행할 수 있다. 군체 단위로 ACO 알고리즘, 예로 AS, MMAS, ACS 등의 알고리즘을 적용하는 1회 반복(iteration) 단계이다. 단계 3은 복수 군체 알고리즘이 갖는 특징으로, 정보교환 주기만큼의 반복을 행한 후 군체간에 정보교환을 하고, 이로부터 획득한 좋은 해를 이용하여 각 군체의 페로몬을 갱신하는 단계이다. 이는

$$\tau_{ij} \leftarrow \tau_{ij} + \lambda \Delta \tau_{ij}^{nc}, \ \forall (i,j) \in \text{이웃 군체에서 이동한 해의 경로}$$

로 표현할 수 있다. $\Delta \tau_{ij}^{nc}$ 은 이웃군체에서 이동한 해의 품질에 비례한 페로몬 양을 나타낸다. λ 는 범위 (0,1)의 파라미터이다.

복수 군체 알고리즘에서 군체 간의 정보교환은 중요하다. 어떤 군체와 어떤 정보를 어떻게 교환할 것인가이다. 이는 커뮤니케이션 구조와 관련된다. 이 구조로는 [그림 20-5]와 같이 링(ring) 구조, 별(완전연결) 구조, 초입방체(hypercube) 구조 등을 고려할 수 있다.

아래와 같이 여러 형태의 교환전략이 제안되었다(Middendorf *et al.*, 2002; Chu *et al.* 2004; Elabib *et al.*, 2007).

(1) 전역최선해 교환전략: 모든 군체에서 찾은 현재까지의 최선해를 다른 모든 군체에 보낸다([그림 20-5](a) 참조). 이 해가 각 군체의 지역 최선해가 되고 이를 사용하여 페로몬을 갱신한다.
(2) 각 지역최선해 교환전략: 각 군체에서 가장 좋은 해를 다룬 모든 군체로 보낸다. 즉 별 이웃구조([그림 20-5](b) 참조)로 다른 모든 군체의 지역최선해를 사용하여 페로몬을 갱신한다.
(3) 지역최선해 순환교환전략: 군체의 커뮤니케이션 구조를 유방향 링 이웃구조로 두고([그림 20-5](c) 참조), 각 군체는 자신의 최선해를 연결된 바로 이웃 군체로 보낸다. 교환 후 각 군체에서 가장 좋은 해를 사용하여 페로몬을 갱신한다.
(4) 이웃 지역최선해 교환전략: 무방향 링 이웃구조([그림 20-5](d) 참조)에서 인접한 두 이웃 군체에서 지역 최선해를 받아, 각 군체의 지역 최선해를 갱신하고 이를 사용하여 페로몬을 갱신한다. 또한 초입방체 이웃구조([그림 20-5](e) 참조)를 사용하여 인접한 이웃 군체의 반복최선해를 받는 전략을 사용할 수 있다.

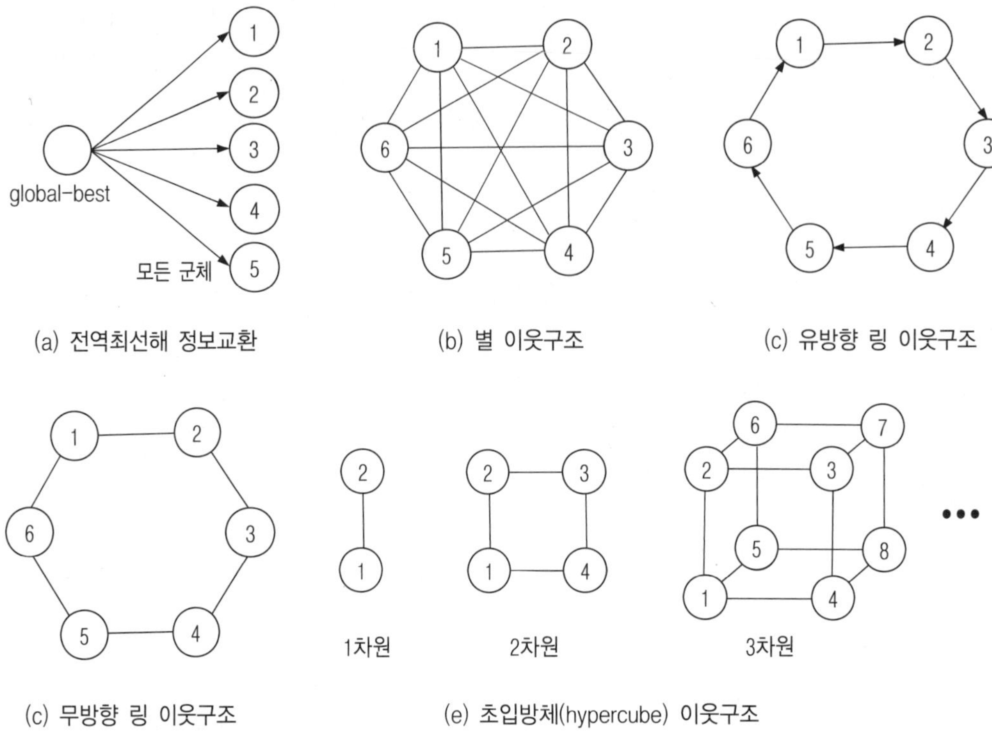

그림 20-5 복수 군체의 커뮤니케이션 구조

(5) **복수 이주자의 순환 교환전략**: (3)의 유방향 링 이웃구조([그림 20-5](c) 참조)에서 자신의 가장 좋은 r 개의 개체와 인접 이웃 군체에서 가장 좋은 r 개의 개체, 즉 $2r$ 개의 개체에서 가장 좋은 r 개의 개체를 사용하여 페로몬을 갱신한다.

(6) **혼합 교환전략**: 앞에서 다룬 전략들을 함께 사용하는 전략이다. 예로, 전역최선해 교환전략과 지역최선해 순환교환전략의 혼합이다.

Chu *et al.*(2004)은 외판원 문제에서 링 이웃구조에 의한 교환전략 또는 전역최선해 교환과 지역최선해 순환의 혼합 전략이 좋은 성능을 보인다고 보고하였다. Elabib *et al.*(2007)은 외판원문제와 차량경로문제를 사용하여 정보교환전략을 비교분석하였다. 그 결과, 정보교환은 탐색의 다양성에 상당한 영향을 주고, 별 이웃구조가 상대적으로 좋은 성능을 보였다. 그리고 정보교환 간격이 너무 짧으면 하나의 군체를 운용하는 것과 유사해 지고, 너무 길면 정보 교환 없이 복수의 군체를 운영하는 것과 같아진다.

20.7 다목적 ACO

다목적을 위한 타부서치(4.5절), 진화알고리즘(11장), 입자군집최적화(16.2절)에 대해 다루었다. 이 절에서는 이들 다목적 의사결정과 같은 환경에서 문제 해결을 위한 다목적 ACO(multiple objective ACO: MOACO) 알고리즘을 다룬다.

ACO를 이용하여 잘 분포된 근사 파레토 최적해를 찾는 여러 형태의 MOACO 알고리즘이 제안되었다(Angus & Woodward, 2009). 이들 기법들은 (1) 군체의 수: 하나 또는 (흔히 목적함수의 개수의) 복수 군체, (2) 페로몬 행렬의 수: 한 개 또는 각 목적별 군체로 복수 개, (3) 해 구축 과정, (4) 해 평가 방법, (5) 페로몬 갱신 방법, (6) 파레토 최적해의 저장과 운용 방법 등의 요소에 의해 특징 지울 수 있다.

이들 특징적 요소에 대해 좀 더 알아보자.

각 목적에 가중치를 주어 단일 목적으로 변환하여 단일 군체에 하나의 페로몬 행렬을 사용한다. 이 방법은 한 가중치에 하나의 파레토 최적해만을 찾을 수 있으며, 파레토 경계가 오목(concave) 형태인 경우 이들 파레토 해를 찾을 수 없다는 단점을 갖는다(García-Martínez *et al.*, 2007).

다음은 목적의 수만큼 군체를 두어 목적별로 군체를 운용하는 방법이다. 이 경우 복수 군체 ACO를 기본 틀로 사용할 수 있다. 그리고 군체 별로 페로몬 행렬을 사용하고, 각 목적별로 휴리스틱 값을 유도하여 전이 확률에 이용할 수 있다.

이와 같이 여러 MOACO 알고리즘에서 복수의 군체와 복수의 페로몬 행렬을 사용한다. 이는 MOEA에서 일반적으로 하나의 집단을 운영하는 것과 대조적이다. 진화알고리즘에서 개체는 진화의 정보(과거 탐색의 정보)를 가지고 있다. 개체에서 각 목적의 값을 평가할 수 있다. 이에 반해 ACO에서 과거 탐색의 정보는 페로몬 자국의 농도에 있다. 각 호(마디)의 페로몬 양은 페로몬 행렬로 표현된다. 페로몬 행렬은 개미 단위 보다는 군체 단위로 정보를 가지고 있다. 단일 페로몬 행렬로는 각 목적에 대한 정보를 파악할 수 없어 목적별 페로몬 행렬이 자주 이용된다. 복수 군체에 복수 페로몬 행렬을 운용하면 각 목적의 극점 주위의 해를 찾는 경향이 있다. 이를 극복하기 위하여 이들 해를 결합하여 중간 지점에 있는 해를 찾는 방법 또는 페로몬 갱신에 이들 해를 고려하는 방법 등이 제안되고 있다.

다목적 문제에서 해 구축에는 어떤 방법이 사용되는가? 복수의 페로몬 행렬을 이용할 수 있다. 그리고 각 목적별로 특정 가중치를 부여할 수 있다. 전이규칙은 각 목적에 대한 페로몬 값과 가중치, 그리고 휴리스틱 정보를 여러 형태로 결합하여 만들 수 있다. 또한 목적의 가중치를 변화시켜 파레토 경계의 영역을 이동시킬 수 있다. 개미들 각각에 특정 가중치를 주어 여러 파레토 영역의 탐색을 시도할 수 있다. 그러나 사전에 적정 가중치를 알 수는 없다.

해 평가는 MOEA에서와 같이 흔히 파레토 최적해 또는 비지배되는 해의 관점에서 평가한다. 특별한 경우, 각 목적에 대해 평가(복수 페로몬 행렬 운용의 경우) 또는 목적들의 가중치 합으로 평가(단일 페로몬 행렬 운용의 경우)하기도 한다.

페로몬 갱신은 단일 페로몬 행렬을 사용하는 경우는 단일 목적의 페로몬 갱신과 유사하게 행할 수 있다. 단일 목적에서 현재까지의 최선해는 다목적 문제에서는 현재 비지배되는 해의 집합에 해당한다. 예로, ACS에 기반을 둔 MOACO이면 이 집합에 있는 모든 해의 호에 대해 전역 페로몬 갱신을 행하는 것이다. 복수 페로몬 행렬에서는 현 반복에서 얻은 새로운 해들을 하나의 페로몬 행렬의 갱신에만 사용하거나, 몇몇 또는 모든 페로몬 행렬의 갱신에 사용할 수 있다.

끝으로 MOACO에서도 현재까지 찾은 비지배된 해를 보관소에 저장하고 갱신하는 전략을 사용한다. 보관소 운영은 크게 두 경우로 나누어 볼 수 있다. 하나는 보관소를 단순히 지금까지 얻은 비지배된 해를 보관하는 '명예의 전당'과 같이 사용하는 것이다. 다른 하나는 보관소에 있는 비지배된 해를 해 구축에 이용하는 방법이다. 즉, 보관소에 있는 비지배된 해를 페로몬 정보와 연계하여 해를 새로이 구축하는 데 이용하고, 새로이 구한 해들로 보관소를 갱신하고, 이 정보를 다시 페로몬 갱신에 이용하여 비지배된 해를 탐색하는 방법이다.

이해를 돕기 위하여 Doerner *et al.*(2004) 제안한 파레토 ACO (Pareto-ACO)를 보자. 이 알고리즘은 ACS을 기본 틀로 하고 있다. 단, 전역 페로몬 갱신에서 각 목적별로 최선해와 차선해를 이용한다는 점이 다르다. Pareto-ACO에서는 목적 $r\ (=1,2,\ldots,R)$ 의 페로몬 행렬 τ^r 을 운영하고, 각 개미는 매 반복에서 목적의 가중치 $p=(p_1,p_2,\ldots,p_R)$ 를 임의로 주고, 이를 이용하여 페로몬 자극과 휴리스틱 정보를 결합하여 아래와 같은 전이 규칙을 사용하고 있다.

$$j=\begin{cases}\arg\ \max_{u\in N_i}\ \{[\sum_{r=1}^{R} p_r.\tau_{iu}^r]^\alpha.\eta_{iu}^\beta\}, & \text{if } q\le q_0\\ s, & \text{otherwise}\end{cases} \tag{20.23}$$

여기서 q 는 범위 [0,1]의 난수이고, $q_0\ (0\le q_0\le 1)$ 는 파라미터이다. $q\le q_0$ 이면 다음 이동 마디는 식 (20.23)에 의해 확정적으로 정해지고, $q>q_0$ 이면 다음 이동 마디 $s\in N_i$ 는 식 (20.24)과 같이 확률적으로 구한다.

$$p_{is}=\frac{[\sum_{r=1}^{R} p_r.\tau_{is}^r]^\alpha.\eta_{is}^\beta}{\sum_{u\in N_i}[\sum_{r=1}^{R} p_r.\tau_{iu}^r]^\alpha.\eta_{iu}^\beta},\quad s\in N_i \tag{20.24}$$

ACS에서와 같이 개미의 각 이동 마다 지역 페로몬 갱신을 한다. 각 목적 r 에 대해 페로몬 행렬 $\tau^r, r=1,2,\cdots,R$ 을 식 (20.25)과 같이 갱신한다.

$$\tau_{ij}^r = (1-\rho)\tau_{ij}^r + \rho\tau_0 \tag{20.25}$$

전역 페로몬 갱신은 모든 개미가 해를 구축한 후에 이루어진다. 각 목적에 대한 페로몬 행렬은 아래와 같이 갱신된다.

$$\tau_{ij}^r = (1-\rho)\tau_{ij}^r + \rho\,\Delta\tau_{ij}^r \tag{20.26}$$

여기서 $\Delta\tau_{ij}^r$ 은 목적 r 에 대해 호 (i,j) 가 (i) 최선해 상에 있으면 10, (ii) 차선해 상에만 있으면 5, (iii) 그 외는 0으로 둔다. 이때 호 (i,j) 가 목적 r 에 대해 최선해와 차선해에 모두 포함되어 있으면 해당 페로몬 행렬 τ^r 에서 $\Delta\tau_{ij}^r$ 는 15가 된다. 반복에서 발견된 비지배된 해는 외부 보관소에 저장한다.

해의 다양화를 위해 MOEA에서는 적소 개념이 사용되는 데, MOACO에서는 이를 위한 직접적인 전략은 사용하지 않고 있다. ACO의 해 구축에서 확률적 이동은 다양한 해를 유도하는 데 기여한다. 또한 목적 간의 절충 메커니즘이 MOEA에서는 목적함수 공간에서 이루어지는 데 반해, MOACO에서는 해(결정변수) 공간에서 이루어진다.

20.8 잡종 ACO

ACO 알고리즘은 본디 다른 기법 또는 알고리즘과 결합된 형태를 지닌다. 전이확률은 다루는 문제가 갖는 휴리스틱 정보 η_{ij} 의 함수이다. 이 휴리스틱 정보는 다른 기법 또는 수리계획법에 의해 구해진다. 예로 2절에서 다룬 ANTS와 Beam-ACO에서는 분지한계법이 사용된다. 또한 선택적이지만 매 반복에서 구한 해를 개선시키기 위하여 지역탐색을 수행하기도 한다.

해의 품질을 높이기 위하여 다른 메타휴리스틱과 결합된 잡종(hybrid) ACO 알고리즘에 대한 여러 연구가 이루어졌다. 먼저 타부서치(TS)와 결합된 ACO 알고리즘을 보자. TS의 기억 개념은 다음 이동가능 마디의 집합 N_i^k 를 정의하는 데 사용된다. 또한 해공간의 탐사력을 증진시키기 위하여 전이확률에 TS의 장기기억을 이용한다(Kaji, 2001; Karaboga *et al*., 2004). 장기기억을 이용하여 사전 방문이 많은 마디로의 이동이 억제되도록 전이확률을 조정한다.

진화알고리즘과 결합된 잡종 ACO 알고리즘을 보자. 앞에서 다룬 연속 ACO 알고리즘에서 전역

탐색에는 진화알고리즘을 사용하고 지역탐색에는 ACO 알고리즘을 사용하고 있다. 이 경우, 두 알고리즘은 역할을 달리하면서 결합된다. 또한 유전알고리즘 기반의 ACO 알고리즘에서 교차에 의해 새로운 자손을 생산할 때 ACO의 전이확률을 이용한다(White & Yen, 2004). 이 GA 기반 ACO 알고리즘에서 전이확률을 이용하기 위해서는 페로몬 자국 갱신이 필요하다. 이 외에 퍼지시스템 기반의 ACO 알고리즘(Luić & Teodorović 2002), 면역시스템 기반의 ACO 알고리즘(Lee *et al.*, 2002) 등이 제안되었다.

제21장

ACO의 적용

ACO 알고리즘은 조합최적화문제를 위한 메타휴리스틱이다. 대표적인 조합최적화문제로는 순서문제, 할당문제, 분할문제, 부분집합문제가 포함된다. ACO 초기에 알고리즘을 분석하고 시험하는 데 주로 외판원문제(TSP)가 이용되었다. TSP는 대표적인 순서문제이고 차량경로문제와 일정계획문제도 이에 속한다. 순서문제는 특정 목적과 제약 아래서 최적의 순서를 결정하는 문제이다. 할당문제는 2차 할당문제와 같이 제약을 만족하면서 최적의 할당을 찾는 문제이고, 분할문제는 그래프 색칠하기, 상자 물건 넣기(bin packing) 등과 같이 특정 목적에 따라 전체를 부분으로 나누는 문제이다. 또한 부분집합문제는 다차원배낭문제, 최소 Steiner tree 문제와 같이 전체 집합에서 제약을 만족하면서 목적을 최적화하는 부분집합을 구하는 문제이다.

적용을 위해 ACO 알고리즘을 설계할 때 아래와 같은 작업 준비가 필요하다(Dorigo & Stűtzle, 2004, p.218).

(1) 개미가 해를 만들어 갈 수 있도록 문제를 그래프 또는 요소와 전이의 집합 형태로 표현한다.

(2) 페로몬 자국 τ_{ij} (또는 τ_i)의 의미를 정의한다. 이는 흔히 쉬운 작업이 아니다. 이를 위해 적용 문제에 대한 통찰력이 요구된다. 알고리즘 구현에서 이 단계가 매우 중요하다.

(3) 휴리스틱 정보 η_{ij} 를 적절히 정의한다. 즉, 해 구축 과정에서 개미가 취하는 의사결정에 대한 휴리스틱 선호를 적절히 정의한다. 부분해의 마디 또는 호의 '이웃'에서 의사결정에 유익한 휴리스틱 정보를 추출 또는 유도해야 한다. 특히 지역탐색을 사용하지 않는 경우 휴리스틱 정보는 알고리즘 성능에 결정적이다.

(4) 가능하면 효율적인 지역탐색알고리즘을 사용한다. 특히 NP-hard 조합최적화문제에 적용할 때 지역탐색기법을 사용하면 흔히 좋은 성능을 보인다.

(5) 앞의 요소들을 고려하여 적절한 ACO 알고리즘을 선택한다.

(6) 알고리즘을 실행하는 데 필요한 파라미터 값을 조율한다. 파라미터 값은 비슷한 유형의 문제

나 다른 여러 문제의 적용에서 좋은 결과의 값을 참고한다.

메타휴리스틱은 일반적으로 기본 구조만을 제공한다. 위에서 기술한 내용도 기본적인 지침들을 담고 있다. 위의 요소 중 특히 앞의 4가지가 중요하다. 다루는 문제에 적절한 이들 요소의 선택과 설계는 해의 품질에 있어서 결정적이다.

이 장에서는 특정 문제에 적합한 ACO 알고리즘의 설계에 중점을 두지 않고 단지 ACO 알고리즘이 다양한 조합최적화문제에 어떻게 적용될 수 있는 지를 보여주는 데 초점을 둔다. 이를 위해 대표적인 조합 최적화 문제를 들고, 각 문제 별로 그래프 표현, 페로몬 자극과 휴리스틱 정보의 정의, 제약 만족, 해 구축, 지역탐색 방법에 대해 알아본다. 페로몬 갱신은 ACO에서 주 요소이다. 그러나 이는 ACO 알고리즘에 따라 그 전략이 다르므로 여기서는 다루지 않는다.

21.1 외판원 문제

외판원문제는 외판원이 본사를 출발하여 $(n-1)$개의 도시를 단 한 번씩 방문하고 본사로 돌아오는 최단 경로를 찾는 문제이다.

(1) **그래프 표현**: 모든 마디가 완전히 연결된 그래프로 표현된다. 그래프에서 마디는 도시를 호는 도시간 연결을 나타낸다. 각 호는 마디 i와 마디 j 간의 거리 d_{ij}를 가중치로 갖는다.

(2) **제약**: 모든 도시를 한 번씩만 방문한다. 중복이나 누락된 도시가 있으면 안 된다. 이 제약은 지금까지 방문하지 않은 마디 중에서 다음 이동 마디를 선택하면 된다. 즉, N_i^k을 아직 방문하지 않은 도시의 집합으로 둔다.

(3) **페로몬 자극과 휴리스틱 정보**: 페로몬 자극 τ_{ij}는 도시 i 방문 직후 도시 j를 방문하는 만족도(desirability)로 정의한다. 이와는 다른 정의로 τ_{ij}를 j번째 방문에 도시 i를 방문하는 만족도로 정의할 수 있으나, 이 경우 알고리즘 성능이 좋지 않다. 휴리스틱 정보 η_{ij}로 도시 i와 도시 j 간의 거리에 반비례 한 값, $\eta_{ij} = 1/d_{ij}$를 흔히 사용한다.

(4) **해 구축**: 각 개미는 초기에 임의의 시작점에 두고 각 이동 단계에서 아직 방문하지 않은 마디 집합 N_i^k 중에서 전이 규칙에 의해 한 마디를 선택하여 현재의 부분해에 추가한다. 이 과정을 모든 마디를 방문할 때까지 반복한다. 이 전이규칙은 페로몬 값 τ_{ij}과 휴리스틱 값 η_{ij}의 함수로 표현된다.

(5) **지역 탐색**: 매 반복에서 찾은 최선해의 지역 탐색을 위한 기법으로 순서문제를 위한 휴리스틱인 2-optimal(이를 줄여서 2-opt로 표기함), 3-opt 등을 사용할 수 있다. 지역 탐색을 통해

해가 개선되면 개선된 해를 반복 최선해로 사용한다. 2-opt 보다는 3-opt가 더 좋은 성능을 보여 흔히 이를 사용한다.

21.2 차량경로문제

차량경로문제(vehicle routing problem: VRP)는 차량운영비용(또는 차량운행거리)이 최소가 되는 차량경로를 찾는 문제이다. 이와 관련하여 다양한 형태의 경로문제가 있다. 여기서는 비교적 단순한 차량경로문제의 적용 예를 보인다(Bullnheimer *et al.*, 1999). 차량은 모두 동일 크기의 용량이며 차고(depot)는 하나이다. n 명의 고객(n 개의 도시에)에게 물건을 배달하는 데 소요되는 총 운행시간(거리)을 최소로 하는 경로를 찾고자 한다. 여기서 (a) 각 고객에게 배달은 한대의 차로 한번에 이루어지며, (b) 모든 차량의 출발점과 종착점은 차고(depot)이다. (c) 각 차량은 적재 용량 제약과 총 운행거리의 한계 제약이 있다.

(1) **그래프 표현**: 모든 마디가 완전히 연결된 그래프이다. n 개의 마디는 고객을 그리고 하나의 마디는 차고를 나타낸다. 마디를 연결하는 호의 길이는 두 고객간 또는 차고와 고객과의 거리를 나타낸다.

(2) **제약**: 앞의 문제에서 설명한 (a)～(c)이다. 이동가능집합 N_i^k 을 아직 방문하지 않은 고객 중에서 차량용량과 거리가 제약 (c)를 모두 만족하는 고객의 집합이다.

(3) **페로몬 자극과 휴리스틱 정보**: 외판원 문제와 유사하게 페로몬 자극 τ_{ij} 는 고객i 이후 바로 고객j 를 방문하는 만족도로 표현할 수 있다. 휴리스틱 정보 η_{ij} 로는 외판원문제처럼 고객i 와 고객j 간의 거리에 반비례 한 값, $\eta_{ij} = 1/d_{ij}$ 를 사용할 수 있다. 여기서 d_{ij} 는 고객i 와 고객j 간 거리이다. 이와는 달리 휴리스틱 정보로 차량경로문제의 특성을 이용하여 [그림 21-1](a)와 (b)에 나타낸 절약(savings)을 이용할 수 있다. 이 그림에서 차고는 고객(지점) 0이다. 휴리스틱 정보로 $\eta_{ij} = s_{ij}$ 이 사용되었다. 여기서 절약 $s_{ij} = d_{i0} + d_{0j} - d_{ij}$ 이다. 또한 Bullnheimer *et al.*(1999)은 Paessens(1988)이 제시한 파라미터 절약 $\eta_{ij} = d_{i0} + d_{0j} - gd_{ij} + f|d_{i0} - d_{0j}| = s_{ij} - (g-1)d_{ij} + f|d_{i0} - d_{0j}|$ 을 사용하였다. f 와 g 는 파라미터로 모두 2로 두었다. η_{ij} 는 s_{ij} 가 크면 커지고 두 고객 간의 거리(d_{ij})가 멀면 감소한다. 그리고 $|d_{i0} - d_{0j}|$ 가 크면 η_{ij} 가 커져 중복되지 않는 경로를 유도한다. 이외에 여러 휴리스틱 정보를 이용할 수 있을 것이다.

(4) **해 구축**: 각 개미는 모든 도시를 방문할 때까지 전이 규칙에 의해 방문할 도시를 선택한다. 차량 용량이나 총 운행 거리 제약을 만족하는 경로를 더 이상 선택할 수 없으면, 차고로 돌

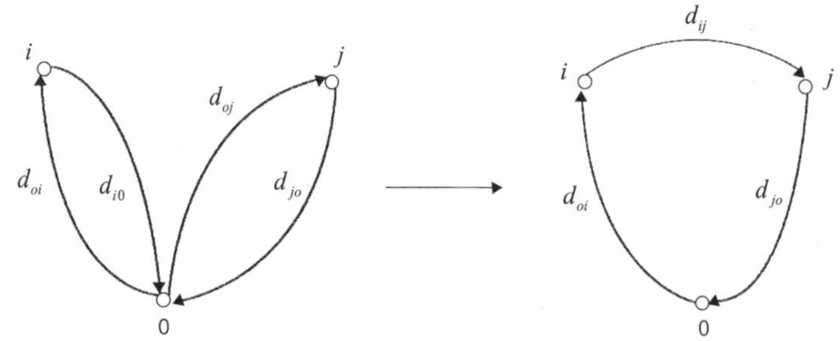

(a) $D_1 = d_{oi} + d_{io} + d_{oj} + d_{jo}$ (b) $D_2 = d_{oi} + d_{ij} + d_{jo}$

그림 21-1 절약: $s_{ij} = D_1 - D_2 = d_{io} + d_{oj} - d_{ij}$

아와 새로운 출발을 한다. 여기서 전이규칙은 앞에서 언급한 페로몬 자국과 휴리스틱 정보를 이용한다.

(5) **지역 탐색**: 외판원문제에서 사용한 방법(예로 2-opt, 3-opt)을 사용할 수 있다.

21.3 단일 기계 Job 일정계획

단일기계에서 n 개의 작업(job)을 수행할 때 총 납기지연을 최소로 하는 작업 순서를 결정하는 일정계획문제를 보자. 작업 j 의 작업시간과 납기일은 각각 p_j 와 d_j 이다. 작업 j 의 납기지연시간은 $T_j = \max\{0, c_j - d_j\}$ 이다. 여기서 c_j 는 작업 j 의 완료시간이다.

(1) **그래프 표현**: 그래프에서 마디는 작업을 호는 작업의 연결을 나타낸다. 모든 마디가 상호 간에 직접 연결된 그래프이다.

(2) **제약**: 모든 작업이 중복이나 누락 없이 수행되어야 한다. 이동가능 집합 N_i^k 을 아직 순서가 결정되지 않은 작업의 집합이 된다.

(3) **페로몬 자국과 휴리스틱 정보**: 페로몬 자국 τ_{ij} 는 일정계획에서 i 번째 작업으로 작업 j 를 선택하는 만족도로 정의할 수 있다. 이 정의는 외판원문제에서와 다름에 유의하자. 외판원문제는 이웃하는 도시의 정보가 유익하고, 일정계획문제에서는 작업 순서나 위치의 정보가 유익함에서 비롯되었다.

휴리스틱 정보 η_{ij} 는 일정계획에서 사용하는 할당규칙을 사용할 수 있다. 가장 빠른 납기일 기준으로 $\eta_{ij} = 1/d_j$ 를 사용할 수 있다. 또한 개선된 납기일 개념을 사용하여

$\eta_{ij} = 1/\max\{T + p_j,\ d_j\}$ 을 사용할 수 있다. 여기서 T 는 이미 순서가 결정된 작업들의 작업 시간의 합이다.

(4) **해 구축:** 각 개미는 전이규칙에 의해 가능해 집합 N_i^k 에서 첫 번째 (첫 위치) 행할 작업을 선택한다. 그리고 같은 방법으로 두 번째 행할 작업을 선택한다. 모든 작업의 순서가 결정될 때까지 이를 반복한다. 전이규칙과 페로몬 갱신 방법은 채용하는 알고리즘에 따라 달라진다.

(5) **지역 탐색:** 지역 탐색으로는 교환 또는 삽입 방법을 사용할 수 있다. 교환 방법이 좋은 결과를 보인다. 작업 수가 아주 많지 않으면 모든 쌍의 교환을 행할 수도 있다.

21.4 이차할당문제

n 개의 설비를 n 개의 위치에 할당하는 이차할당문제(quadratic assignment problem: QAP)를 보자. 목적함수는

$$Min.\ f(\pi) = \sum_{i=1}^{n}\sum_{j=1}^{n} b_{ij} a_{\pi_i \pi_j}$$

로 표현할 수 있다. 여기서 a_{ij} 는 위치 i 와 위치 j 간의 거리이고, π_i 는 설비 i 의 위치이고, b_{ij} 는 설비 i 와 설비 j 간의 흐름양이다.

(1) **그래프 표현:** n개의 설비를 나타내는 마디의 부분집합과 n개의 위치를 나타내는 마디의 부분집합이 이분할(bipartite)되고, 설비를 나타낸 각 마디는 위치를 나타낸 n개의 모든 마디와 연결된 그래프다. 이분할 네트워크는 마디들이 두 부분집합으로 분할되고, 어떤 호도 같은 부분집합의 호와 연결되지 않는 네트워크이다.

(2) **제약:** QAP의 제약은 각 설비는 하나의 위치에 할당하고, 각 위치에는 단지 한 설비만 할당하는 것이다. 미 할당된 설비와 미 할당된 위치 간에 쌍을 이루어 연결하면 제약을 만족하는 가능해가 된다.

(3) **페로몬 자극과 휴리스틱 정보:** 페로몬 자극 τ_{ij} 는 설비 i 를 위치 j 에 할당하는 만족도를 나타내는 것으로 정의한다. 휴리스틱 정보로 특정 위치에서 다른 모든 위치와의 거리를 사용할 수 있다. 휴리스틱 정보로, $\eta_j = 1/d_j$ 을 사용할 수 있다. 여기서 d_j 는 위치 j 와 모든 다른 위치와의 거리 합을 나타낸다. 또한 휴리스틱 정보로 Maniezzo(1999)가 제시한 부분해의 완성해 하한을 구하여 이를 사용할 수 있다.

(4) **해 구축:** 해를 구하는 과정은 두 단계로 나누어지는 데, 첫 단계는 할당할 설비의 선택이고

다음 단계는 이 선택된 설비의 할당 위치를 결정하는 것이다. 이를 모든 설비가 할당될 때까지 반복한다. 설비 선택은 임의로 하거나 다른 설비와의 흐름양이 많은 순서로 할 수 있다. 즉 f_i가 설비i와 다른 모든 설비간의 흐름양의 합일 때, 이 값을 내림차순으로 정렬하여 차례로 선택할 수 있다. 미할당 설비 중에서 설비를 선택하면 이 설비의 위치 선정은 미할당된 위치 중에서 페로몬 자극(τ_{ij})과 휴리스틱 값(η_j)에 기초한 전이확률에 의해 선정한다.

(5) **지역 탐색**: 지역 탐색의 한 방법은 두 설비 위치의 상호 교환을 반복 수행하는 것이다.

21.5 다차원배낭문제

배낭문제는 용량제한이 있는 배낭에 담은 객체의 가치가 최대가 되도록 객체를 선택하는 문제다. 하나의 자원 제약이 아니고 여러 자원의 제약이 있는 배낭문제를 다차원배낭문제라 부른다. 객체$i(=1,2,...,n)$의 가치는 b_i이고, 자원$j(=1,2,...,m)$의 가용량은 a_j로 두자. 그리고 r_{ij}는 객체i의 자원 j의 요구량이다. y_i는 객체i가 배낭에 넣어지면 1, 그렇지 않으면 0인 결정변수이다.

수리모형은 아래와 같이 표현된다.

$$Max.\ f(y)=\sum_{i=1}^{n} b_i y_i$$

$$s.t.\ \sum_{i=1}^{n} r_{ij} y_i \le a_j,\quad j=1,2,...,m$$

$$y_i \in \{0,\ 1\},\qquad i=1,2,...,n$$

(1) **그래프 표현**: 마디가 객체를 나타내고 모든 마디는 완전히 연결되어 있다. 해는 n개의 객체 집합의 부분집합이다.

(2) **제약**: m종류의 자원 제약이 있고, 객체는 나눌 수 없다.

(3) **페로몬 자극과 휴리스틱 정보**: 페로몬 자극은 단지 마디와 관련된 1차원 페로몬 데이터 τ_i로 표현된다. τ_i는 현재의 부분해에 할당되지 않는 객체i를 더하는 만족도를 나타낸다. 휴리스틱 정보는 가치가 높고 자원이 적게 소요되는 객체를 선호하도록 구성할 수 있다. 하나의 방법은 객체i에 소요되는 평균 자원량 $\overline{r_i}=\sum_{j=1}^{m} r_{ij}/m$을 계산하여, $\eta_i=b_i/\overline{r_i}$로 줄 수 있다. 이는 각 자원의 사용비율에 대한 정보를 포함하고 있지 않다는 단점이 있다. 따라서 남아 있는 각 자원량에 대한 비율을 고려하여 휴리스틱 정보를 구성할 수 있다. $\tilde{r}_i=(1/m)\sum_{j=1}^{m} r_{ij}/v_j$로 둔다. v_j는 자원 j가 지금까지의 부분해 x에서 사용되고 남은 자원량, $v_j=a_j-\sum_{i\in x} r_{ij}$이다.

이와 같이 하여 휴리스틱 값을 $\tilde{\eta}_i = b_i / \tilde{r}_i$로 줄 수 있다.

(4) **해 구축**: 각 개미는 반복적으로 페로몬 자극과 휴리스틱 값에 의한 전이확률에 의해 선택 가능한 객체 중에서 하나씩 선택하여 더한다. 선택 가능한 객체는 객체 집합에서 아직 선택되지 않았고 모든 자원 제약을 만족하는 객체들이다. 개미는 선택 가능한 객체가 없으면 해 구성을 종료한다.

(5) 다차원배낭문제는 가용한 객체의 집합에서 다루는 문제에 적합한 최적의 부분집합을 찾는 문제(subset problem)에 속한다. 대표적인 부분집합문제로는 집합 덮기(set covering) 문제가 있다. 이 집합 덮기는 m개의 지역이 있고, 각 객체는 특정 몇 개의 지역을 덮을 수 있을 때, m개의 전 지역을 덮는 데 필요한 최소의 객체를 구하는 문제이다. 이 문제의 페로몬 자극도 1차원 τ_i로 표현할 수 있고, τ_i는 부분해에 객체i를 더하는 만족도를 나타낸다. 휴리스틱 정보는 객체i가 더해 질 때 새로이 추가되는 지역 수로 나타낼 수 있다.

21.6 조립라인밸런싱

조립라인밸런싱은 조립생산라인에서 작업의 선행 제약 등 부과된 제약을 어기지 않고 특정의 목적을 최적화하기 위하여, 작업장에 작업을 할당하는 문제이다. 이때 목적으로는 주어진 사이클 타임 아래서 작업장 수의 최소화 또는 작업장 수가 고정된 상황에서 사이클 타임의 최소화가 흔히 사용된다. 여기서는 사이클 타임이 주어지고 작업장 수를 최소화하는 문제를 보자. 이 경우 흔히 다음의 절차를 따른다.

단계 1: 새로운 작업장을 열고,

단계 2: 작업선행제약, 사이클 타임 제약, 위치 제약 등 주어진 제약을 만족하는 할당가능 작업집합을 구한다. 이 집합이 공집합이면 단계 4로 간다.

단계 3: 할당가능 작업집합에서 하나의 작업을 선택하여 작업장에 할당한다. 그리고 단계 2로 간다.

단계 4: 모든 작업이 할당되었으면 끝낸다. 그렇지 않으면 단계 1로 간다.

위 절차의 단계 3의 할당가능 작업집합에서 작업을 선택할 때 ACO 알고리즘이 사용된다.

(1) **그래프 표현**: 작업의 선행다이어그램을 사용한다.

(2) **제약**: 작업의 선행 제약, 사이클타임 제약, 위치 제약 등 여러 제약이 있을 수 있다. 이동가능 집합은 할당가능 작업집합이다.

(3) **페로몬 자극과 휴리스틱 정보**: 페로몬 자극 τ_{ij} 를 정의하는 두 방법을 소개한다. 하나는 τ_{ij} 를 작업 i 직후에 작업 j 를 수행하는 만족도(Vilarinho & Simaria, 2006)로, 다른 하나는 τ_{ij} 를 작업장 i 에 작업 j 를 할당하는 만족도(Bautista & Pereira; 2002, 2007)로 정의하는 것이다. 휴리스틱 정보는 조립라인에 사용되는 작업할당 우선순위 규칙을 사용할 수 있다. 대표적인 규칙으로는 최장 작업시간, 최대 후행 작업 수, 최대 직후행 작업 수, 순위위치 가중치(ranked positional weight), 최소 여유시간 등이 있다. 휴리스틱 값은 할당가능 작업집합의 작업 j 에 대해 우선순위 규칙에 의해 η_j 를 범위 [0, 1]로 정규화하여 사용한다.

Bautista & Pereira(2007)는 전이확률로 다음 두 가지를 사용하였다. 하나는 작업장 k 에 할당 가능한 작업의 집합 N_k 에서 작업 j 를 선택할 확률을

$$p_{kj} = \frac{[\tau_{kj}]^{\alpha}[\eta_j]^{\beta}}{\sum_{i\in N_k}[\tau_{ij}]^{\alpha}[\eta_i]^{\beta}}, \quad \forall j \in N_k$$

로 한다. 다른 하나는 전이확률을 구할 때 작업들이 현재의 작업장 이전에 할당되는 페로몬 양을 고려한다. 이는 아래와 같다.

$$p_{kj} = \frac{\left(\sum_{h=1}^{k}\tau_{hj}\right)^{\alpha}[\eta_j]^{\beta}}{\sum_{i\in N_k}\left(\sum_{h=1}^{k}\tau_{hi}\right)^{\alpha}[\eta_i]^{\beta}}$$

Vilarinho & Simaria(2006)는 τ_{ij} 를 작업 i 직후에 작업 j 를 수행할 가능성으로 정의하고 ACS에서 사용하는 전이확률의 변형을 사용하였다.

(4) **해 구축**: 각 개미는 새로운 작업장을 열고, 선행작업 제약, 사이클타임 제약, 위치 제약 등 주어진 제약을 만족하는 할당가능 작업집합을 구한다. 할당가능 작업집합에서 앞에서 다룬 전이 확률을 이용하여 하나의 작업을 선택하여 작업장에 할당한다. 할당가능 작업집합이 공집합이면 새로운 작업장을 연다, 모든 작업이 할당될 때까지 이를 반복한다.

(5) **지역 탐색**: 제약을 어기지 않는 조건아래서 다른 작업장으로의 작업 이동 방법 및 작업장간 작업 교환 방법으로 지역 최적화를 할 수 있다.

21.7 상자 채우기 문제

상자 채우기(bin-packing) 문제는 일정한 용량 W를 갖는 상자에 n개의 물건을 넣을 때 가능한 적은 수의 상자를 사용하여 물건을 넣는 문제이다. 여기서 물건 i 의 무게는 w_i 이다. 이는 각 상자에 들어갈 물건을 그룹으로 나누는 그룹핑문제(grouping problem)이다. 그래프 색칠하기문제, 동일크기 파일만들기문제 등이 그룹핑문제에 속한다.

(1) **그래프 표현**: 모든 마디는 연결되어 있고, 마디는 물건과 상자를 나타낸다. 사전에 필요한 상자의 수는 모르기 때문에 상한으로 물건의 수만큼 둘 수 있다. 물건 $i\,(=1,2,\ldots,n)$ 와 상자를 나타내는 마디에는 각각 무게 w_i 와 용량 W를 파라미터로 둔다.

(2) **제약**: 모든 물건을 상자에 넣어야 하고, 이때 각 상자의 용량을 초과하여 넣을 수 없다.

(3) **페로몬 자극과 휴리스틱 정보**: 그룹문제의 페로몬 자극 τ_{ij} 는 두 물건, 물건 i 와 물건 j 가 같은 상자에 넣는 만족도로 정의할 수 있다. 무게가 동일한 물건이 여러 개이면 이를 하나로 묶어 표현하면 간결하고 효과적으로 다룰 수 있다(Levine and Ducatelle, 2004). FFD(first-fit decreasing) 규칙에서 무거운 것부터 할당하듯이, 무게를 휴리스틱 값(정보)으로 $\eta_j = w_j$ 사용할 수 있다.

(4) **해 구축**: 각 개미는 새로운 빈 상자를 열고, 넣을 수 있는 물건의 집합을 구한다. 이들 집합에서 앞에서 다룬 페로몬 자극과 휴리스틱 정보를 이용한 전이 확률에 의해 하나의 물건을 선택하여 상자에 넣는다. 넣을 수 있는 물건이 없으면 새로운 빈 상자를 연다, 모든 물건을 넣을 때까지 이를 반복한다.

Levine and Ducatelle(2004)이 사용한 전이확률은 다음과 같다. 개미 k 가 물건 j 를 현재의 상자 b 에 넣을 확률은

$$p_{jb}^k = \begin{cases} \dfrac{\tau_j[\eta_j]^\beta}{\sum_{h\in N_b^k}(\tau_h[\eta_h]^\beta)}, & \text{if } j\in N_b^k \\ 0, & \text{otherwise} \end{cases}$$

이다. 여기서 가능 이웃 N_b^k 는 개미 k 가 상사 b 에 넣을 수 있는 물건의 집합이고, τ_j 는 아래와 같다.

$$\tau_j = \begin{cases} \dfrac{\sum_{i\in b}\tau_{ij}}{|b|}, & \text{if } b \neq \varnothing \\ 1, & \text{otherwise} \end{cases}$$

즉, τ_j 는 더해지는 물건 j 와 이미 상자 b 에 할당된 물건의 페로몬 양의 평균이다. 현 상자 b 에 물건이 하나도 없으면 $\tau_j = 1$ 로 둔다.

(5) **지역 탐색**: Levine and Ducatelle(2004)은 여유가 많은 상자 순으로 r (파라미터 임)개의 상자에서 모든 물건을 꺼내어 이를 기존의 상자에 재배치하는 방법을 사용하였다. 자세한 절차는 이들 연구를 참고하기 바란다.

ACO 알고리즘은 지금까지 다룬 조합최적화문제 이 외에도 공학 및 자연과학의 여러 분야에서 제기되는 최적화문제에 적용되고 있다.

제6부

그 외의 집단 기반 메타휴리스틱스

제22장 차분진화

제23장 벌군체최적화

제24장 화음탐색

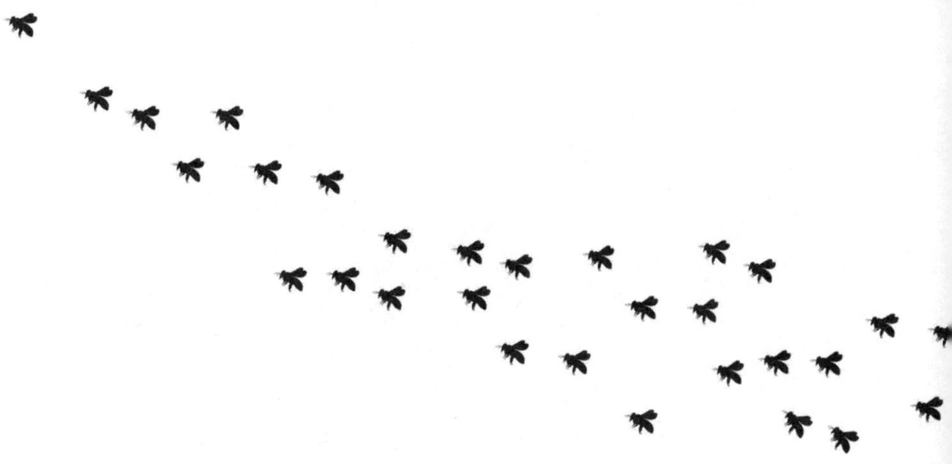

제22장

차분진화

이 장에서는 Storn & Price(1995)가 제안한 차분진화를 다룬다. 차분진화에서는 해 집합(집단)에 있는 해 중에서 복수 개의 해를 임의로 추출하여 이들 해들의 차에 의해 새로운 해를 생성하고 이를 집단에 있는 해와 비교하는 생존 전략을 취한다. 먼저 차분진화의 개요와 주요 요소 및 특징을 살펴본다. 그리고 차분진화에 사용되는 탐색전략과 제어 파라미터, 그리고 그 적용에 대해 알아본다.

22.1 서론

차분진화(differential evolution: DE)는 1995년 Storn과 Price에 의해 제안된 메타휴리스틱 기법이다. 이 기법은 개체(해) 집단(population)을 운영하는 진화알고리즘의 일종으로 연속최적화(continuous optimization) 문제에 아주 효율적인 기법으로 알려져 있다(Storn, *et al.*, 2005; Feoktistov, 2006).

차분진화의 기본 착상은 집단에서 임의로 두 개체를 선택하여 이들 개체의 차이(difference)를 이용하여 새로운 개체를 생산하고, 이 개체를 집단에 있는 개체와 비교하여 더 좋은 개체를 집단에 생존시킨다는 것이다. 여기서 집단에서 비교하는 개체를 목표개체(target individual)라 부르고, 이와 비교하기 위하여 집단에 있는 개체를 이용하여 생산된 개체를 시험개체(trial individual)라 부른다. 집단에 있는 각 개체(각 목표개체)에 대해 대응하는 시험개체를 각기 만들어 이들 두 개체 중에서 우수 개체가 다음 세대의 목표개체가 된다. 이와 같이 집단을 갱신하고 새로운 세대로 진화한다(Storn, *et al.*, 2005).

차분진화의 핵심은 새로운 개체, 즉 시험개체를 생산하는 방법이다. 시험개체는 집단에 있는 두 개체(해 벡터)의 차이(difference)를 기본으로 하여 생산된다. 따라서 이름도 차분진화로 명명되었다. 시험개체는 개체들의 차이를 이용한 돌연변이 연산에 바탕을 두고 있다.

차분진화는 개념에서 9.1절에서 다룬 초기의 진화전략(evolution strategy)과 유사하다. 초기 진화전략에서는 한 부모 개체를 돌연변이시켜 만든 하나의 자손 개체와 이 부모 개체의 적응도를 비교하여 더 높은 개체를 다음 세대에 생존시키고 이 개체가 부모가 된다. 이는 차분진화에서 집단에 있는 각 목표개체와 돌연변이와 교차로 생산된 각 시험개체를 비교하여 선택하는 것과 유사하다. 단지 돌연변이 연산에서 차분진화는 두 해 벡터의 차이에 바탕을 두고, 진화전략은 해 벡터의 표준편차에 기초한다. 초기 진화전략은 한 개체를 운용한 데 반해 차분진화는 집단을 운용한다.

또한 차분진화와 유전알고리즘을 비교하여 보자. 유전알고리즘에서는 적응도에 의해 선택된 집단에서 임의로 두 부모 개체를 추출하여, 이들 두 개체를 유전 연산하여 두 자손 개체를 생산하여 다음 세대로 진화하는 데 반해, 차분진화에서는 집단에서 차례로 한 부모 개체(목표개체)를 선택하고, 다른 한 개체(시험개체)는 목표개체와 집단에 있는 다른 개체들을 이용하여(차분돌연변이와 교차를 통해) 생산한다. 그리고 이들 두 개체(목표개체와 시험개체) 중에서 높은 적응도를 갖는 개체를 다음 세대에 생존시킨다.

집단을 운용하는 메타휴리스틱의 기본 개념은 집단의 다양성, 즉 개체들의 차이에서 일어나는 집단 지능(collective intelligence)과 관련된다. 개체들은 개별적이면서도 상호 연관되어 진화한다. 자연에서는 서로 다른 다양한 개체들의 통합이 일어난다. 이러한 다양성과 통합성은 생존에 유리한 진화를 돕는 것으로 알려져 있다. 차분진화도 이러한 개념에 바탕을 두고 있다(Feoktistov, 2006). 특히 임의성이 강한 돌연변이에 의한 진화에 중점을 두고 있다.

차분진화는 연속최적화 문제에는 매우 효율적이나, 조합최적화 문제에서는 그 효율성과 적합성이 입증되지 않고 있다.

22.2 차분진화의 개요

이 절에서는 차분진화의 기본 개념과 절차에 대해 설명한다(Storn, *et al.*, 2005; Feoktistov, 2006). 집단에 Np 개의 개체가 있고, 이 개체를 차원 D의 실수 벡터 $\mathbf{x}$로 표현하자. 그러면 세대t에서 개체i를 벡터

$$\mathbf{x}_{i,t}\ ,\quad i=1,2,...,Np\ ,\ t=1,2,\ ...,\ t_{\max}$$

로 나타내고, $\mathbf{x}_{i,t}$ 의 차원 j 의 원소를 다음과 같이 표현한다.

$$\mathbf{x}_{i,t} = (x_{i,j,t}),\ j = 1,2,...,D$$

초기화를 위하여 Np 개의 개체를 임의로 생성한다. 즉, 차원 j 의 상한과 하한이 각각 U_j 와 L_j 이면 범위 $(L_j,\ U_j)$ 의 일양분포에서 임의로 생성한다. 이는 범위 (0,1)의 난수 *rand* (0,1)를 발생하여 식 (22.1)과 같이 생성할 수 있다.

$$x_{i,j,1} = rand_j(0,1)(U_j - L_j) + L_j,\ \ i = 1,2,...,N_p,\ \ j = 1,2,...,D \tag{22.1}$$

이 장에서 해 벡터와 개체라는 용어는 같은 의미로 사용된다.

1) 돌연변이

초기 집단의 개체가 만들어 지면, 차분진화는 Np 개의 시험개체, 즉 시험벡터(trial vectors)를 만든다. 시험벡터를 만들어 집단에 있는 하나의 벡터와 비교하여 우수한 개체를 다음 세대에 생존시킨다. 시험벡터와 비교하는 벡터를 첨자 i 인 $\mathbf{x}_{i,t}$ 로 두자. 이 벡터 $\mathbf{x}_{i,t}$ 를 '목표벡터(target vector)'라 부른다. 차분진화의 성공은 시험벡터를 어떻게 만드느냐는 달려 있다.

세대 t 에서 집단에 있는 각 목표벡터 $\mathbf{x}_{i,t}$ 에 대응하는 시험개체 $\mathbf{v}_{i,t}$ 를 만든다. 각 시험벡터를 만들기 위하여 먼저 '차분돌연변이(differential mutation)'를 행한다. 이 돌연변이를 만드는 여러 전략이 제시되었다. 먼저 기본 형태에 대해 알아보자. 돌연변이 개체는 집단에서 임의로 두 개의 벡터(개체)를 선택하여 그 두 벡터의 축척된 차(scaled difference)를 집단에서 임의로 선택한 제3의 벡터에 더하여 만든다. 이와 같이 돌연변이된 시험벡터 $\mathbf{v}_{i,t}$ 는 아래와 같다.

$$\mathbf{v}_{i,t} = \mathbf{x}_{r3,t} + F \cdot (\mathbf{x}_{r1,t} - \mathbf{x}_{r2,t}) \tag{22.2}$$

여기서 F는 '축척계수'(scale factor)이고 파라미터이며, 1보다 클 수 있으나 대부분 범위 (0,1)에서 효율적이다. F는 해의 이동 길이를 조정한다. 이 역할에 대해서는 다음 절에서 좀 더 자세히 다룬다.

식 (22.2)에서 더하는 제3의 벡터, 첨자 $r3$ 인 벡터 $\mathbf{x}_{r3,t}$ 를 '기저벡터(base vector)'라 부른다. 이 벡터를 선택하는 여러 방법이 있으나 흔히 집단에서 임의로 선택한다. '차벡터(difference vector)', $\mathbf{x}_{r1,t} - \mathbf{x}_{r2,t}$ 의 첨자 $r1$ 과 $r2$ 도 집단에서 임의로 선택한다. 이때 이들 네 벡터는 모두 다르게, 즉 $i \neq r1 \neq r2 \neq r3$ 이 되도록 선택한다. [그림 22-1]은 하나의 차분돌연변이를 도식한 것이다. 이 그림에서 알 수 있듯이 차분돌연변이는 임의의 기저벡터 $\mathbf{x}_{r3,t}$ 를 기준점으로 한다. 탐색할 위치는 이 기준점에 축적된 차벡터 $F \cdot (\mathbf{x}_{r1,t} - \mathbf{x}_{r2,t})$ 를 더한 위치가 된다. 이때 차벡터는 집단에 있는 임의 두 벡터의 차이므로 집단이 다양하면 다양한 방향과 길이를 갖는다.

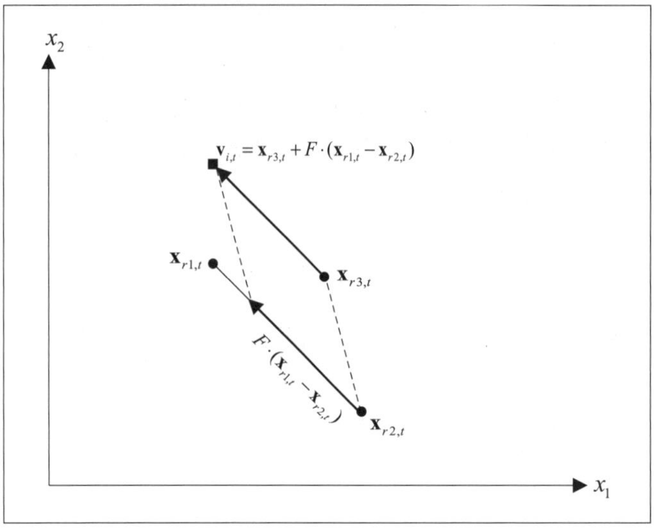

그림 22-1 차분돌연변이

차분돌연변이의 이해를 돕기 위하여 7.1.2절에서 다룬 유전알고리즘의 단체교차(simplex crossover)나 발견적교차(heuristic crossover)와 비교하여 보자. 단체교차는 k (>2)개의 벡터(개체)에서 가장 나쁜 벡터($\mathbf{w}$)를 구한다. 그리고 가장 나쁜 벡터를 제외하고, 나머지 $(k-1)$ 개 벡터의 무게 중심 $\mathbf{c}$를 아래와 같이 구한다.

$$\mathbf{c} = \sum_{\mathbf{x}_i \in \Im - \mathbf{w}} \mathbf{x}_i \,/\, (k-1)$$

자손 벡터 $\mathbf{y}$는

$$\mathbf{y} = \mathbf{c} + (\mathbf{c} - \mathbf{w})$$

로 구한다. 즉, 중심 $\mathbf{c}$에 대한 가장 나쁜 벡터 $\mathbf{w}$의 반사점 $\mathbf{y}$는 자손 벡터가 되고, $\mathbf{w}$는 집단에서 제거된다.

발견적교차는 두 부모의 적응도를 계산하여 이를 이용한다. 두 부모 벡터 $\mathbf{x}$와 $\mathbf{y}$에서 $\mathbf{x}$가 $\mathbf{y}$보다 적응도가 높을 때 하나의 자손 벡터 $\mathbf{z}$를 아래와 같이 생산한다.

$$\mathbf{z} = \mathbf{x} + r(\mathbf{x} - \mathbf{y})$$

여기서 r은 0과 1사이의 난수이다.

단체교차와 발견적교차는 모두 한 벡터에 축척된 벡터차를 더하여 새로운 해를 생성한다는 점에서 차분돌연변이 방법과 유사하다. 이들 두 교차 방법은 차분돌연변이의 특수한 형태로 볼 수 있다.

차분진화에서 차분돌연변이는 일반적으로 임의의 벡터 $\mathbf{x}_{r3,t}$ 에 임의로 선택한 두 벡터, $\mathbf{x}_{r1,t}$ 와 $\mathbf{x}_{r2,t}$ 의 축척된 벡터 차, $F \cdot (\mathbf{x}_{r1,t} - \mathbf{x}_{r2,t})$ 만큼을 섭동시켜 생성한다.

축척 F 에 의해 지역 탐색 또는 전역 탐색의 강도를 조정할 수 있다. 축척된 차 벡터는 임의로 선택된 두 벡터의 차를 축적한 것이므로 거의 중복되지 않으면서 상당히 짧거나 긴 길이를 갖는 벡터가 여럿 존재할 수 있다. 두 벡터 차가 작으면 지역 탐색이 강화되고, 긴 길이를 가지면 지역 최적을 벗어날 확률이 높아지고 탐사가 강화된다.

2) 교차

차분돌연변이를 보완하기 위하여, 차분진화에서 교차 연산을 채용한다. 유전알고리즘의 실수 표현의 이산재결합(discrete recombination)교차(7.1.2절 참고)를 사용한다. 이산재결합교차는 자손 벡터의 각 원소 값을 두 부모 벡터의 동일 위치에 있는 원소 중에서 상속받는 유전 연산자이다. 즉, 자손의 유전자는 부모 염색체의 동좌(同坐)에 있는 두 유전자 중 하나를 상속받는다.

차분진화에서는 두 부모 역할로 차분돌연변이된 벡터 $\mathbf{v}_{i,t}$ 와 목표벡터 $\mathbf{x}_{i,t}$ 를 이용하고, 이를 식 (22.3)과 같이 $j=1, 2, \ldots, D$ 에 대해 이산재결합시켜 하나의 새로운 시험(자손)벡터 $\mathbf{u}_{i,t}$, i=1,2,...,Np 를 만든다.

$$\mathbf{u}_{i,t} = (u_{i,j,t}) = \begin{cases} v_{i,j,t}, & \text{만약 } rand_j(0,1) \le Cr \text{ 또는 } j = j_{rand} \text{ 이면} \\ x_{i,j,t}, & \text{그렇지 않으면} \end{cases} \tag{22.3}$$

여기서 $Cr \in [0,1]$ 은 파라미터로 교차 확률을 나타내고, $rand_j(0,1)$ 는 범위 (0,1)의 일양분포의 난수이다. 이 교차를 도식하면 [그림 22-2]와 같다. Cr 은 자손 개체의 원소(유전자)를 돌연변이의 동일 위치에 있는 원소가 선택될 확률을 나타낸다. 이 확률은 교차 과정에 사용되어 '교차율'이라 부른다. 그런데 이 확률 Cr 은 자손 벡터의 생산을 위해 목표벡터의 인자가 돌연변이 벡터의 인자로 변경될 확률로 돌연변이율(mutation rate)로 볼 수 있다. Cr 에 대해서는 4절에서 좀 더 다룬다. j_{rand} 는 범위 [1, D]에 있는 임의의 정수를 나타낸다. 식 (22.3)에서 $j = j_{rand}$ 조건은 교차에 의해 생산된 시험벡터 $\mathbf{u}_{i,t}$ 가 목표벡터와 일치하는 것을 막기 위하여 적어도 한 원소는 차분돌연변이에서 상속받는다는 의미이다. [그림 22-2]에서 목표벡터 $\mathbf{x}_{i,t}$ 와 차분돌연변이된 벡터 $\mathbf{v}_{i,t}$ 일 때 교차에 에 의해 시험벡터가 될 후보 벡터는 세 벡터로 $\mathbf{u}_{i,t}(=\mathbf{v}_{i,t})$, $\mathbf{u}'_{i,t}$, $\mathbf{u}''_{i,t}$ 가 된다.

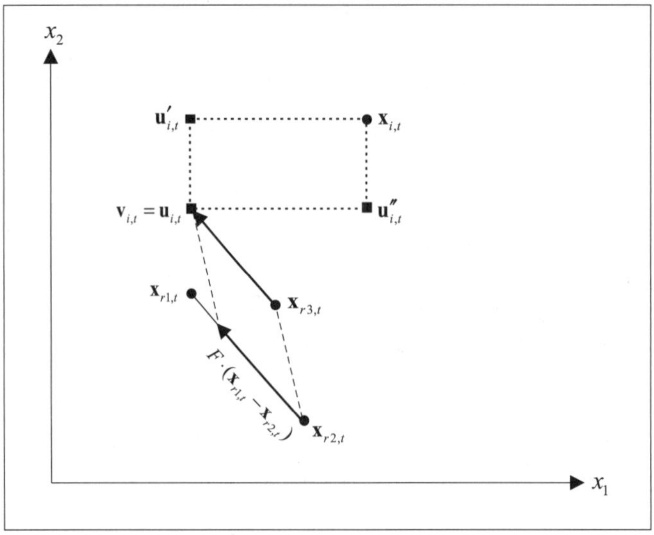

그림 22-2 교차에 의해 시험벡터가 될 수 있는 세 후보벡터: $\mathbf{u}_{i,t}(=\mathbf{v}_{i,t})$, $\mathbf{u}'_{i,t}$, $\mathbf{u}''_{i,t}$

3) 선택

돌연변이와 교차를 통해 시험벡터 $\mathbf{u}_{i,t}$ 가 생산되면 이를 해당 목표벡터 $\mathbf{x}_{i,t}$ 와 비교하여 적응도가 높은 벡터를 다음 세대를 위한 개체로 선택(selection)한다. 최소화 문제이면 다음 세대의 개체 $\mathbf{x}_{i,t+1}$, $i = 1, 2, ..., Np$ 를 아래와 같이 선택한다.

$$\mathbf{x}_{i,t+1} = \begin{cases} \mathbf{u}_{i,t} & \text{만약 } f(\mathbf{u}_{i,t}) \le f(\mathbf{x}_{i,t}) \text{ 이면} \\ \mathbf{x}_{i,t} & \text{그렇지 않으면} \end{cases} \tag{22.4}$$

선택은 각 목표벡터와 이를 교차시켜 생산한 시험벡터와의 쌍 비교에 의해 이루어 진다. 이는 차분진화가 다른 진화알고리즘보다 재결합과 선택이 더 단단하게 결합되어 있음을 의미한다. 이 선택은 일종의 엘리티스트(elitist) 전략으로 현재까지 찾은 가장 좋은 개체는 집단에 항상 생존하게 된다.

이렇게 새로운 세대의 집단이 만들어 지면, 돌연변이, 교차, 선택의 과정을 종료조건을 만족할 때까지 반복한다. 종료조건으로는 최대 세대 수 $t_{\max}$, 해가 개선되지 않는 세대 수 등을 사용할 수 있다.

차분진화의 과정을 단계별로 나타내면 다음과 같다.

■ 차분진화의 절차

단계 1: (초기화)

단계 1.1: 제어 파라미터 F, Cr, Np 를 설정하고, 벡터 차원 D, 상한과 하한 U_j 와 $L_j, \forall j$ 의 값을 준다. 그리고 $t \leftarrow 1$ 로 둔다.

단계 1.2: 초기 집단의 개체를 식 (22.1)에 의해 생산하고 목적함수 값을 평가한다. 그리고 초기 최선해를 구한다.

단계 2: (시험벡터 생산) $i = 1, 2, \ldots, Np$ 에 대해 각각 단계 2.1부터 단계 2.3을 반복한다.

단계 2.1: $r1, r2, r3$ 를 임의로 발생한다. 단, $i \neq r1 \neq r2 \neq r3$ 이다. 그리고 범위 [1, D]에서 임의의 정수, j_{rand} 를 생성한다.

단계 2.2: 돌연변이 식 (22.2)에 의해 차분돌연변이 $\mathbf{v}_{i,t}$ 를 생산한다.

단계 2.3: 교차 식 (22.3)에 의해 새로운 시험벡터 $\mathbf{u}_{i,t}$ 를 생산한다.

단계 3: (평가와 선택)

단계 3.1: $\mathbf{u}_{i,t}$, $i = 1, 2, \ldots, Np$ 의 목적함수 값을 평가한다.

단계 3.2: 식 (22.4)에 의해 $\mathbf{x}_{i,t+1}$, $i = 1, 2, \ldots, Np$ 를 구하여 다음 세대의 집단을 구성한다. 그리고 최선해를 갱신한다.

단계 4: (종료 조건) 종료 조건을 만족하면 끝내고, 그렇지 않으면 $t \leftarrow t+1$ 로 두고 단계 2로 간다.

이 절차에서는 세대t와 세대t+1의 두 개의 집단 배열을 갖고 세대별로 진화한다. 이러한 절차는 각 개체를 독립적으로 다룰 수 있고, 개체를 동시에 병렬 처리할 수 있다. 이와는 달리 목표벡터가 순차적으로 진화하여 집단을 변화시키는 절차를 사용할 수 있다. 이 경우는 하나의 집단이 운영된다. 목표벡터1이 돌연변이, 교차, 선택을 거쳐 집단에 있는 목표벡터1을 갱신하고, 같은 방법으로 목표벡터 $2, 3, \ldots, Np$ 을 차례로 집단에서 갱신된다. 이러한 두 집단 운영과 한 집단 운영을 비교하면, 전자는 후자에 비해 집단의 다양성이 우수하고, 후자는 좋은 해의 이용이 우월하다는 강점이 있다. 이는 유전알고리즘에서 세대별 진화와 안정상태 진화와의 개념 차이와 유사하다.

4) 차분진화의 특성

차분진화와 유전알고리즘을 비교하여 보자. 집단을 운영하는 알고리즘에서 집단의 다양성은 성능에 크게 영향을 미친다. 유전알고리즘은 선택(selection)에서 흔히 중복이 허용되어 집단에 같은 개체가 존재할 확률이 높다. 그러나 차분진화에서는 시험개체를 생성하는 데 임의성이 강하여 동일한 개체가 생산될 확률이 아주 낮다. 따라서 집단에 동일 개체가 존재할 가능성이 매우 낮다.

시험개체를 만드는 데 여러 방법을 사용할 수 있다. 시험개체는 진화알고리즘에서 자손 개체에 해당하고, 이를 생산하는 방법은 해 공간의 탐색 전략으로 볼 수 있다. 식 (22.2)에서 기저벡터의 선택 방법, 벡터 차이를 구하는 방법(어떤 벡터 또는 몇 개의 벡터를 이용할 것인가), 그리고 파라미터 F 값의 설정 등에 따라 다양한 탐색 전략을 사용할 수 있다. 이들 전략에 대해서는 다음 절에서 다룬다.

차분진화의 또 다른 특징은 교차에 있다(Feoktistov, 2006). 진화알고리즘에서 교차는 돌연변이 전에 집단에 있는 두 개체의 유전자를 상속받는 것이다. 차분진화에서는 여러 개체를 이용하여 돌연변이를 먼저 시킨 후 이 돌연변이된 개체와 목표개체가 교차한다. 또한 차분진화의 선택은 (1+1)-ES (evolution strategy)의 선택과 유사한다. 차분진화의 선택은 재결합과 밀접하게 관련되어 있고 지금까지 찾은 최선해가 항상 유지된다.

차분진화의 장점으로 아래의 효율성, 유연성, 기본성을 들 수 있다(Feoktistov, 2006, p.31).

(1) 효율성(efficiency) : 시험개체, 즉 새로운 개체를 아주 효율적으로 발생시킨다. 현재 개체의 돌연변이를 이용하지 않는다. 집단의 다양성과 선택 압력의 조화가 비교적 용이하다.

(2) 유연성(flexibility): 차분진화는 적용의 유연성이 높고 변형이 용이하다. 진화과정에서 차분돌연변이, 교차, 선택의 각 진화 요소들을 요소별로 쉽게 분리시켜 사용할 수 있다.

(3) 기본성(fundamentality): 차분돌연변이와 교차를 각기 변경하고 조합하면, 다양한 형태의 연산을 유도할 수 있다. 더욱이 차분돌연변이에는 미분의 개념이 내재되어 있어 이를 연속 최적화의 일반적인 연산자로 개작하여 사용할 수 있다.

22.3 탐색 전략

차분진화에서 해 공간의 탐색과 관련하여 가장 중요한 전략은 시험벡터의 생산 방법이다. 특히 차분돌연변이의 생산 전략이다. 앞에서 다룬 식 (22.2)를 보자.

$$\mathbf{v}_{i,t} = \mathbf{x}_{r3,t} + F \cdot (\mathbf{x}_{r1,t} - \mathbf{x}_{r2,t})$$

앞에서 설명했듯이, $\mathbf{x}_{r3,t}$ 은 기준점인 기저벡터이고, $(\mathbf{x}_{r1,t} - \mathbf{x}_{r2,t})$ 는 두 벡터의 차벡터이다. 이 차벡터는 방향과 길이를 나타낸다. 기준점에 이 차벡터를 적용한다. 이 세 벡터는 임의로 집단에서 추출한 벡터이다. 따라서 식 (22.2)와 같이 이들 조합에 의한 시험벡터는 해 공간의 탐색에서 임의성이 강하다고 볼 수 있다. 다른 탐색 방법으로, 집단에 있는 해의 목적함수 값을 이용하여 해 공간을 탐색하는 것이다. 해의 목적함수 값에 기초하여 가장 좋은 해 주위를 강도 높게 탐색하거나, 탐색 방향을 유도(gradient를 이용하는 것과 유사하게)하는 것이다. 이는 앞에서 언급한 발견적교차나 단체교차의 개념과 유사하다.

차분돌연변이를 구하는 여러 전략이 제안되었다. 이를 설명하기 위하여 다음과 같은 기호를 사용한다. 여기서는 세대 t 의 첨자는 생략한다.

$\mathbf{x}_{r1}, \mathbf{x}_{r2}, \mathbf{x}_{r3}, \ldots$: 집단에서 임의로 추출한 벡터(개체). 첨자 $r1$, $r2$, $r3$, ... 는 임의 추출을 나타냄

$\mathbf{x}_{targ}$: 목표(target) 벡터

$\mathbf{x}_{best}$: 지금까지 찾은 가장 좋은 해

$\boldsymbol{\delta}$: 차벡터

$\boldsymbol{\beta}$: 기저벡터

식 (22.2)의 차분돌연변이 공식을 아래와 같이 간략히 쓸 수 있다.

$$\mathbf{v} = \boldsymbol{\beta} + F \cdot \boldsymbol{\delta} \tag{22.5}$$

해 공간의 탐색은 $\boldsymbol{\beta}$와 $\boldsymbol{\delta}$에 달려 있다. 기저벡터, 즉 기준점인 $\boldsymbol{\beta}$를 임의로 또는 특정 위치로 둘 것인가? 기준점에서의 탐색 방향을 나타내는 $\boldsymbol{\delta}$를 임의로 또는 좋은 해가 있는 방향으로 둘 것인가? 이와 관련된 전략을 다음 네 그룹으로 분류할 수 있다(Feoktistov, 2006).

(1) RAND 전략: 집단에서 임의로 추출한 벡터를 사용하여 차분돌연변이를 생산하는 전략. 이때 사용하는 벡터들의 목적함수 값 정보는 이용하지 않음.

(2) RAND/DIR 전략: 집단에서 임의로 추출한 벡터를 사용하는 데, 차벡터 $\boldsymbol{\delta}$에 목적함수 값의 정보를 이용하는 전략.

(3) RAND/BEST 전략: 차벡터 $\boldsymbol{\delta}$는 임의로 추출한 벡터를 사용하고, 기저벡터 $\boldsymbol{\beta}$는 지금까지 찾은 가장 좋은 해를 사용하는 전략.

(4) RAND/BEST/DIR 전략: 임의로 추출한 해 벡터의 목적함수 값과 찾은 가장 좋은 해를 모두 이용하는 전략. RAND/DIR 전략과 RAND/BEST 전략을 혼합한 전략.

시험벡터를 만들 때 목적함수 값에 관한 정보를 도입하면 지금까지 발견한 좋은 해의 '이용'을 강화하여 해의 수렴을 촉진시킨다. 하지만 이러한 정보의 이용은 해 공간의 '탐사' 능력을 약화시켜 복잡한 문제의 해결에는 비효율적일 수 있다. 적용문제의 목적함수 및 제약 등에 따라 전략의 성능은 다르게 나타난다.

이들 탐색 전략에 대해 좀 더 구체적으로 알아보자.

1) RAND 전략

시험벡터(차분돌연변이)를 만드는 데 목적함수 값에 대한 정보 없이 집단에서 중복 없이 임의로 개체(해 벡터)를 추출하여 사용하는 전략을 보자.

(1) RAND1 전략: 집단에서 임의로 추출한 1개의 개체와 목표개체를 이용하여 식 (22.6)과 같이 차분돌연변이를 생성한다.

$$\mathbf{v} = \mathbf{x}_{r1} + F \cdot (\mathbf{x}_{r1} - \mathbf{x}_{t\arg}) \tag{22.6}$$

(2) RAND2 전략: 집단에서 임의로 2개의 개체를 추출하여 이를 이용하여 식 (22.7)과 같이 차분돌연변이를 생성한다.

$$\mathbf{v} = \mathbf{x}_{r1} + F \cdot (\mathbf{x}_{r1} - \mathbf{x}_{r2}) \tag{22.7}$$

(3) RAND3 전략: 집단에서 기저벡터 용으로 하나의 개체를, 차벡터 용으로 2개의 벡터를 임의로 추출하여 차분돌연변이를 만드는 전략이다. 이 전략은 차분돌연변이를 만드는 대표적인 방법으로 식 (22.8)과 같다. 이 식은 식 (22.2)와 같은 식이다.

$$\mathbf{v} = \mathbf{x}_{r3} + F \cdot (\mathbf{x}_{r1} - \mathbf{x}_{r2}) \tag{22.8}$$

(4) RAND4 전략: 이 전략은 임의로 $\mathbf{x}_{r1}, \mathbf{x}_{r2}, \mathbf{x}_{r3}, \mathbf{x}_{r4}$ 를 집단에서 추출하여 식 (22.9)와 같이 차분돌연변이를 생성한다.

$$\mathbf{v} = \mathbf{x}_{r2} + (F/2) \cdot (\mathbf{x}_{r2} - \mathbf{x}_{r1} + \mathbf{x}_{r4} - \mathbf{x}_{r3}) \tag{22.9}$$

차벡터는 임의로 두 개의 차벡터 $(\mathbf{x}_{r2} - \mathbf{x}_{r1})$, $(\mathbf{x}_{r4} - \mathbf{x}_{r3})$ 를 만들어 이들의 합벡터 $(\mathbf{x}_{r2} - \mathbf{x}_{r1} + \mathbf{x}_{r4} - \mathbf{x}_{r3})$ 로 나타낸다. $(\mathbf{x}_{r2} - \mathbf{x}_{r1} + \mathbf{x}_{r4} - \mathbf{x}_{r3}) = 2\{(\mathbf{x}_{r2} + \mathbf{x}_{r4})/2 - (\mathbf{x}_{r1} + \mathbf{x}_{r3})/2\}$ 로 되어 차벡터는 두 벡터의 무게 중심의 차로 나타내면, 식 (22.9)에서 축척 요소가 반으로 표현된다. 기저벡터는 이들 네 벡터 중에서 임의로 선택하여 사용할 수 있다. 여기서는 $\mathbf{x}_{r2}$ 로 두었다.

이들 네 전략을 도식하면 [그림 22-3]과 같다.

이들 전략 외에 임의 추출 벡터를 5개 이상 사용할 수도 있다. 차분돌연변이를 만드는 데 사용한 벡터 수 k는 해의 다양성과 관련된다. k가 클수록 해 공간의 탐사가 강화되나 아주 크면 다양성이 과도하게 커져 수렴 속도가 낮아진다. 한편 k가 작으면 탐사가 느슨해진다.

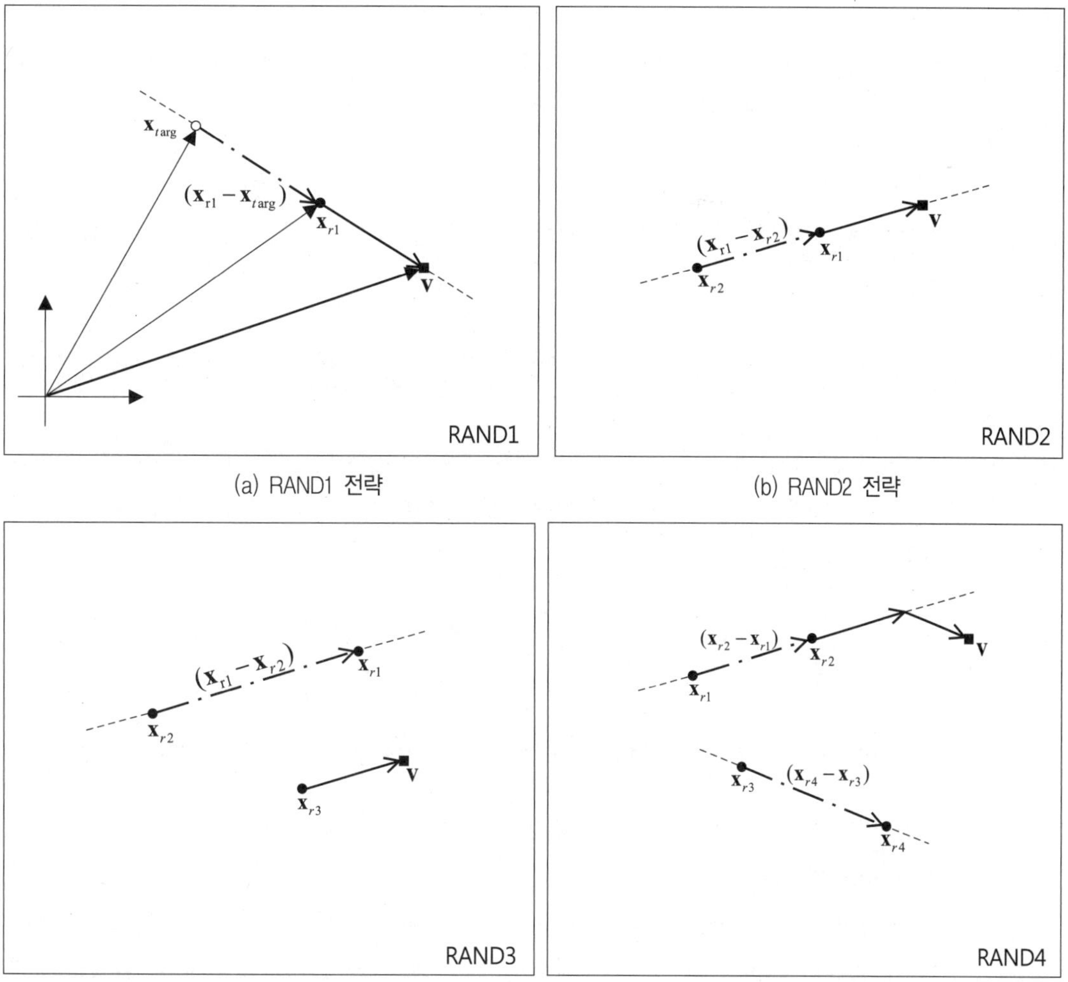

(a) RAND1 전략 (b) RAND2 전략

(c) RAND3 전략 (d) RAND4 전략

그림 22-3 RAND 탐색 전략

식 (22.6)~(22.9)에서 각 개체 $\mathbf{x}_{r1}, \mathbf{x}_{r2}, \mathbf{x}_{r3}, \mathbf{x}_{r4}$ 대신 집단에 있는 서로 다른 여러 개의 개체로 이루어진 집합(벡터 집합)의 무게 중심을 사용할 수 있다. 참고로 k개 벡터의 무게 중심 $\mathbf{c}$는 $\mathbf{c} = \sum_{i=1}^{k} \mathbf{x}_i / k$ 이다.

2) RAND/DIR 전략

집단에서 임의로 추출한 개체(벡터)를 사용하되 탐색의 기준점과 방향을 정할 때 그들의 목적함수 값에 대한 정보를 이용하는 것이다. 탐색의 기준점이 되는 기저벡터는 돌연변이에 이용하는 개체 중에서 목적함수 값이 가장 좋은 개체로 한다. 이는 이들 개체 중에서 가장 좋은 해가 있는 영역의 주위를 임의 탐색함을 의미한다. 그리고 임의 추출한 해들의 적응도(목적함수 값)를 비교하여 좋은 개체가 있는 방향으로 탐색하는 전략이다. 이는 좋은 해의 방향으로 탐색하는 기울기(gradient) 방법의 모방으로 볼 수 있다.

(1) RAND1/DIR1 전략: 임의 추출한 1개의 개체와 목표개체를 이용하여 좋은 개체를 기저벡터로 하고 좋은 개체의 방향으로 탐색한다. 이이 전략에 의한 차분돌연변이는 식 (22.10)과 같이 표현된다.

$$\mathbf{v} = \begin{cases} \mathbf{x}_{r1} + F \cdot (\mathbf{x}_{r1} - \mathbf{x}_{t\arg}) & \text{if } f(\mathbf{x}_{r1}) < f(\mathbf{x}_{t\arg}) \\ \mathbf{x}_{t\arg} + F \cdot (\mathbf{x}_{t\arg} - \mathbf{x}_{r1}) & \text{otherwise} \end{cases} \tag{22.10}$$

(2) RAND2/DIR1 전략: 임의로 추출한 2개의 개체 중에서 좋은 개체를 기저벡터로 하고 좋은 개체에서 나쁜 개체를 뺀, 즉 나쁜 개체 벡터에서 좋은 개체 벡터 방향으로 탐색하는 전략이다. 이 전략에 의한 차분돌연변이는 식 (22.11)과 같이 된다.

$$\mathbf{v} = \begin{cases} \mathbf{x}_{r1} + F \cdot (\mathbf{x}_{r1} - \mathbf{x}_{r2}) & \text{if } f(\mathbf{x}_{r1}) < f(\mathbf{x}_{r2}) \\ \mathbf{x}_{r2} + F \cdot (\mathbf{x}_{r2} - \mathbf{x}_{r1}) & \text{otherwise} \end{cases} \tag{22.11}$$

RAND1/DIR1과 RAND2/DIR1 전략은 유전알고리즘에서 발견적교차와 같다.

(3) RAND3/DIR2 전략: 이 전략은 임의 추출한 3개의 개체와 두 개의 임의 방향을 사용한다. 임의로 추출한 세 벡터 $\mathbf{x}_{r1}, \mathbf{x}_{r2}, \mathbf{x}_{r3}$ 에서 목적함수 값이 가장 좋은 벡터를 $\mathbf{y}_1$, 다음 좋은 벡터를 $\mathbf{y}_2$, 가장 안 좋은 벡터를 $\mathbf{y}_3$ 라 하자. 이 전략의 차분돌연변이는 식 (22.12)와 같다. 탐색의 기준점인 기저벡터는 세 벡터 중에서 가장 좋은 $\mathbf{y}_1$ 으로 둔다. 그리고 차벡터는 두 개의 차벡터 $(\mathbf{y}_1 - \mathbf{y}_2)$, $(\mathbf{y}_1 - \mathbf{y}_3)$ 에 의해 $(\mathbf{y}_1 - \mathbf{y}_2) + (\mathbf{y}_1 - \mathbf{y}_3)$ 로 나타낸다. 이는 $(2\mathbf{y}_1 - \mathbf{y}_2 - \mathbf{y}_3)$ $= 2\{\mathbf{y}_1 - (\mathbf{y}_2 + \mathbf{y}_3)/2\}$ 로 된다. 차벡터를 벡터 $\mathbf{y}_1$ 에서 $\mathbf{y}_2$ 와 $\mathbf{y}_3$ 의 무게 중심 $(\mathbf{y}_2 + \mathbf{y}_3)/2$ 을 뺀 벡터로 두면, 아래 식에서 축척 계수가 반으로 준다. 기준점에서 탐색의 방향과 길이를 두 개의 차벡터를 이용하면 하나의 차벡터를 이용하는 것보다 더 다양한 탐색을 할 수 있다.

$$\mathbf{v} = \mathbf{y}_1 + (F/2) \cdot (2\mathbf{y}_1 - \mathbf{y}_2 - \mathbf{y}_3) \tag{22.12}$$

(4) RAND4/DIR2 전략: 임의로 추출한 네 개의 벡터 $\mathbf{x}_{r1}, \mathbf{x}_{r2}, \mathbf{x}_{r3}, \mathbf{x}_{r4}$ 에서 이들 벡터를 목적함수 값이 $f(\mathbf{y}_1) \le f(\mathbf{y}_2)$ 이고 $f(\mathbf{y}_3) \le f(\mathbf{y}_4)$ 인 네 벡터 $\mathbf{y}_1, \mathbf{y}_2, \mathbf{y}_3, \mathbf{y}_4$ 로 두자. 그러면 차분돌연변이는 식 (22.13)과 같이 된다.

$$\mathbf{v} = \mathbf{y}_1 + (F/2) \cdot (\mathbf{y}_1 - \mathbf{y}_2 + \mathbf{y}_3 - \mathbf{y}_4) \tag{22.13}$$

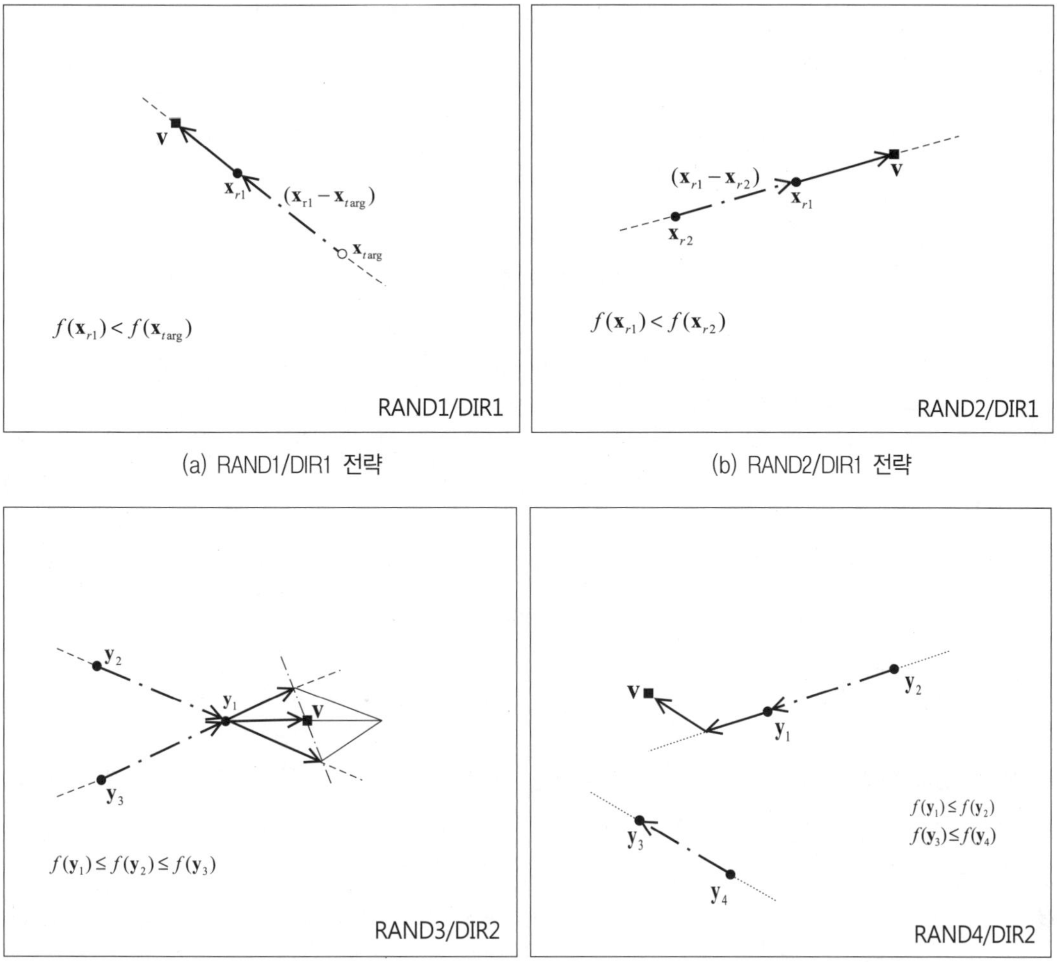

(a) RAND1/DIR1 전략 (b) RAND2/DIR1 전략

(c) RAND3/DIR2 전략 (d) RAND4/DIR2 전략

그림 22-4 RAND/DIR 탐색 전략

차벡터는 $(\mathbf{y}_1+\mathbf{y}_3)/2$ 와 $(\mathbf{y}_2+\mathbf{y}_4)/2$ 의 차로 나타낸다. 여기서 식의 단순화를 위해 기저벡터를 $(\mathbf{y}_1+\mathbf{y}_3)/2$ 로 두지 않고 $\mathbf{y}_1$ 로 두었다.

이들 네 전략을 기하학적으로 설명하면 [그림 22-4]와 같다(Feoktistov, 2006).

3) RAND/BEST 전략

이 전략에서 차벡터 $\boldsymbol{\delta}$ 는 집단에서 임의로 추출한 벡터로 구성하고 기저벡터는 지금까지 찾은 가장 좋은 해(현재 집단에서 가장 좋은 해) $\mathbf{x}_{best}$ 를 사용한다. 이 전략은 가장 좋은 해 주위를 임의 탐색하는 것이다. 따라서 이 전략은 지역탐색(local search)에 적절하다. 임의로 추출한 벡터의 수에 따라 아래와 같이 분류할 수 있다.

(1) RAND1/BEST 전략: 집단에서 임의로 추출한 1개의 개체와 목표개체, 그리고 $\mathbf{x}_{best}$ 를 이용하여 아래와 같이 차분돌연변이를 생성한다.

$$\mathbf{v} = \mathbf{x}_{best} + F \cdot (\mathbf{x}_{r1} - \mathbf{x}_{targ}) \tag{22.14}$$

(2) RAND2/BEST 전략: 집단에서 임의 추출한 2개의 개체와 $\mathbf{x}_{best}$ 를 이를 이용하여 아래와 같이 차분돌연변이를 생성한다.

$$\mathbf{v} = \mathbf{x}_{best} + F \cdot (\mathbf{x}_{r1} - \mathbf{x}_{r2}) \tag{22.15}$$

(3) RAND3/BEST 전략: 집단에서 임의 추출한 3개의 벡터, 목표벡터, 그리고 $\mathbf{x}_{best}$ 를 이용하여 차분돌연변이를 만드는 전략이다.

$$\mathbf{v} = \mathbf{x}_{best} + F/2 \cdot (\mathbf{x}_{r1} - \mathbf{x}_{targ} + \mathbf{x}_{r3} - \mathbf{x}_{r2}) \tag{22.16}$$

(4) RAND4/BEST 전략: 이 전략은 임의로 $\mathbf{x}_{r1,}$ $\mathbf{x}_{r2,}$ $\mathbf{x}_{r3,}$ $\mathbf{x}_{r4}$ 를 집단에서 추출하여 아래 식과 같이 차분돌연변이를 생성한다.

$$\mathbf{v} = \mathbf{x}_{best} + (F/2) \cdot (\mathbf{x}_{r1} - \mathbf{x}_{r2} + \mathbf{x}_{r3} - \mathbf{x}_{r4}) \tag{22.17}$$

4) RAND/BEST/DIR 전략

이 전략은 RAND/DIR와 RAND/BEST 전략을 조합한 전략이다. 최선해 주위의 지역 탐색과 기울기 감소를 동시에 진행하는 전략이다. 몇 가지 예를 보자.

(1) RAND1/BEST/DIR1 전략

아래 시험벡터는 임의 추출 벡터가 1개이고, 최선해를 기저벡터로 사용하며, 목적함수 값을 이용한 1개의 차벡터로 표현된다.

$$\mathbf{v} = \mathbf{x}_{best} + (F/2) \cdot (\mathbf{x}_{best} + \mathbf{x}_{r1} - 2\mathbf{x}_{targ}) \tag{22.18}$$

여기서 차벡터는 $(\mathbf{x}_{best} + \mathbf{x}_{r1})/2 - \mathbf{x}_{targ}$ 로 볼 수 있다.

(2) RAND1/BEST/DIR2 전략

이 전략의 시험벡터의 예는 다음과 같다.

$$\mathbf{v} = \mathbf{x}_{best} + (F/2)\cdot(2\mathbf{x}_{best} - \mathbf{x}_{r1} - \mathbf{x}_{targ}) \tag{22.19}$$

여기서 차벡터는 $(\mathbf{x}_{best} - (\mathbf{x}_{targ} + \mathbf{x}_{r1})/2)$ 로 그리고 목적함수 값을 이용한 DIR은 $\{(\mathbf{x}_{best} - \mathbf{x}_{r1}) + (\mathbf{x}_{best} - \mathbf{x}_{targ})\}/2$ 로 본다.

5) RAND2/BEST/DIR3 전략

식 (22.20)의 시험벡터는 임의 추출 벡터가 2개이고, 가장 좋은 해를 기저벡터로 사용하며 차벡터가 목적함수 값의 정보를 이용한 세 개의 차벡터의 조합으로 구성된다.

$$\mathbf{v} = \mathbf{x}_{best} + (F/3)\cdot(3\mathbf{x}_{best} - \mathbf{x}_{r1} - \mathbf{x}_{r2} - \mathbf{x}_{targ}) \tag{22.20}$$

이 외의 다양한 탐색 전략이 있을 수 있다. 모든 문제에 항상 가장 좋은 결과를 유도하는 탐색 전략은 존재하지 않는다. 적용 문제에 따라 적절한 전략을 선택해야 한다. 따라서 다루는 문제의 특성을 파악하여 탐사의 임의성에 기반을 둔 탐색 공간의 탐사 능력과 찾은 좋은 해의 이용 능력을 문제에 적합하도록 적절히 조화시키는 노력이 필요하다.

일반적으로, 문제의 차원(dimensionality)이 커지면 임의로 추출한 개체의 수를 증가시키는 전략이 바람직하다. 또한 함수가 복잡해 질수록 더욱 더 임의 전략(RAND)의 사용이 요구된다.

22.4 제어 파라미터

차분진화에서 제어 파라미터는 축척계수 F, 교차율 Cr, 집단 크기 Np 이다. 차분진화에서 이들 파라미터의 영향을 차례로 알아보자.

1) 축척계수

돌연변이로 시험벡터를 만드는 데 식 (22.2)와 같이 차벡터에 축척계수 F 를 곱하여 기저벡터에 더한다. 축척계수는 차벡터의 길이를 조정한다. F 는 해공간의 탐사에 영향을 크게 준다. F 의 흔히 범위 (0, 1)로 주어진다. 상한이 1보다 클 수 있으나 1보다 큰 경우 그 성능이 좋지 않은 것으로 알려져 있다. F 값이 너무 작으면 집단의 다양성이 약화되어 조기에 수렴할 수 있고, 너무 크면 탐색의 속도가 아주 느려질 수 있다. 흔히 $F < 0.4$ 는 유용하지 못한 것으로 보고 되고 있다(Storn, *et al.* 2005, p.78). 집단에서 임의로 선택한 두 벡터의 차벡터는 자체가 분포를 이루기 때문에 F 는 절대적 보폭 크기(step size)가 아니라 단지 상대적인 보폭 크기에 영향을 준다. 따라서 F 는 흔히 일정한 값을 사용한다. 그러나 집단의 크기가 작거나 정체될 때, 고정된 F 값 대신에 범위 (0,1)의 확률변수로 변경하면 집단의 다양성을 좀 더 높일 수 있다.

2) 교차율

식 (22.3)과 같이 차분진화의 교차에서는 두 부모 중에서 한 부모는 차분돌연변이 벡터를, 다른 부모는 목표벡터를 사용한다. 이들 두 부모가 이산 재결합 교차를 사용하여 한 자손(목표개체 비교할 시험개체를 생산)을 생산한다. 자손의 각 원소는 두 부모의 동일 위치에 있는 원소 값 중에서 하나를 상속받는 데 차분돌연변이 개체에서는 확률 Cr 로, 목표개체에서는 확률 $(1-Cr)$ 로 상속받는다. 여기서 교차율 Cr 은 목표벡터의 원소가 차분 시험벡터의 원소로 변경될 확률로 유전알고리즘의 돌연변이율과 개념이 유사하다. Cr 의 값이 클수록 차분돌연변이 개체의 원소가 상속될 확률이 커져 목표벡터와 보다 다른 시험벡터를 생성하게 된다. 이는 집단의 다양성을 제고시킨다.

유전알고리즘에서 균등 돌연변이율로 흔히 $1/D$ 이 사용된다. 이는 한 벡터에서 평균 한 원소가 돌연변이 됨을 의미한다. 차분진화에서 목적함수가 분리가능(separable)하거나 단봉(unimodal)인 경우 $Cr \approx 1/D$ 이 좋은 결과를 보인다. 그러나 목적함수가 분리 가능하지 않고 상호 연관된 함수로 이루어진 경우, Cr 을 크게 하여 집단의 다양성을 높이는 것이 바람직하다. Storn & Price(1997)는 여러 다양한 최적화 문제를 테스트한 결과, 좋은 성능을 보인 Cr 은 $0 \le Cr \le 0.2$ 이거나 $0.9 \le Cr \le 1.0$ 로 양분됨을 보였다.

3) 집단 크기

차분진화에서 집단 크기 Np 는 중요한 요소이다. 그 크기가 너무 작으면 충분한 탐사가 이루어지지 않고 조기에 정체될 수 있다. 반면에 Np 가 너무 크면 개체의 평가 횟수가 많아 계산시간이 많이 소요되고, 수렴이 늦어지고 결과를 초래한다. 또한 Np 와 F 는 상호 관련된다. Np 가 크면 F 는 작아도 된다. 즉, 집단의 개체 수가 많으면 탐색 공간에 해가 더 밀집하게 되어 기저벡터의 이동 길이를 작게 해도 된다. 실제 적용에서 집단크기는 차원의 10배, 즉 $Np = 10 \cdot D$ 가 흔히 사용된다.

22.5 적용

차분진화는 연속최적화문제에 아주 효율적인 기법 중 하나이다. 흔히 이러한 최적화문제에는 여러 제약을 수반한다. 메타휴리스틱의 강점 중 하나가 목적함수의 변경과 제약 조건의 추가에 유연하다는 것이다. 차분진화도 이러한 강점을 갖는다.

제약이 있는 연속최적화 문제에 차분진화 적용을 보자. 생성된 개체(해)는 제약을 만족하는 가능 개체이거나 만족하지 않은 비가능 개체이다. 비가능 개체가 생성될 때 이를 어떻게 처리하고 평가하느냐가 문제이다. 이를 다루는 방법은 앞에서 다룬 메타휴리스틱에서 채용한 방법을 그대로 채용할 수 있다.

진화알고리즘 또는 입자군집최적화에서 제약을 다루는 방법들을 그대로 채용할 수 있다. 진화알고리즘에서는 12.2절에서, 입자군집최적화에서는 15.1절에서 다루고 있다. 주요 방법으로는 비가능해 버리기, 비가능해를 가능해로 수리, 벌금부과, Deb의 방법 등이다. 특히 차분진화에서 선택은 두 개체의 적응도 비교에 의해 이루어 지므로 Deb의 방법이 효과적일 것으로 보인다. 선택 방법은 다음과 같다.

(1) 두 개체가 모두 가능해이면, 목적함수 값이 좋은 개체를 선택하고,
(2) 하나는 가능해이고 다른 하나는 비가능해이면, 가능해 개체를 선택하며,
(3) 두 개체가 모두 비가능해이면, 제약 위반이 적은 개체를 선택한다.

이러한 평가 및 선택 방법은 벌금을 위한 파라미터가 필요하지 않으며, 단순하다. 특히 집단에 있는 비가능 개체는 탐색공간이 복잡한 경우 탐색의 효율을 높이는 데 기여할 수 있다.

실제 문제에 차분진화를 적용할 때 참고할 수 있는 정보를 정리하면 다음과 같다(Feoktistov, 2006, p.171).

(1) **탐색 전략**: 목적함수의 특징을 알 수 있다면 이를 이용한다. 목적함수가 유사 볼록함수(quasi convex function)이면 개체들의 목적함수 값을 이용하는 DIR 전략을 이용하고, 복잡한 함수이면 임의 전략(RAND)을 사용한다. 일반적으로는 RAND3 또는 RAND2/BEST의 전략이 추천된다.
(2) **집단 크기**: 집단 크기 Np 가 너무 작으면 조기 정체되거나 지역 최적에 빠지게 되고, 너무 크면 계산 시간이 많이 소요되고 수렴이 늦게 된다. 추천 값은 $Np = 10D$ 이다.
(3) **축척계수**: 축척 계수 $F \in (0,1]$ 이거나 1 보다 큰 값을 가질 수 있다. F 가 커지면 집단의 다양성의 증가한다. 추천 값은 $F = 0.85$ 이다.

(4) **교차율**: 교차율 $Cr \in (0,1)$ 은 탐색 과정에서 다양성을 추가한다. 적정 Cr 값을 설정하는 데 목적함수의 정보를 이용할 수 있다. 목적함수가 분리 가능하거나 대칭이면 $Cr \approx 1/D$ 이 좋다. 그러나 목적함수가 상호 연관된 함수로 이루어진 경우, Cr 을 크게 하여 집단의 다양성을 높이는 것이 바람직하다. Storn & Price(1997)는 적용 문제에 따라 적정 Cr 값이 $0 \le Cr \le 0.2$ 이거나 $0.9 \le Cr \le 1.0$ 로 양분됨을 보였다. 함수의 특성을 파악하기 어려운 경우 추천 값은 $Cr = 0.5$ 이다.

제23장

벌군체최적화

이 책의 제5부에서 5장에 걸쳐서 개미들이 화학적 의사소통을 통해 먹이를 효율적으로 찾는 과정을 모방한 개미군체최적화 알고리즘을 다루었다. 꿀벌도 개미와 함께 대표적인 사회적 곤충이다. 꿀벌들이 먹이를 찾는 과정에서 동료 벌들과 물리적으로 의사소통하는 과정을 모방한 여러 메타휴리스틱 기법이 제안되었다. 먼저 벌들의 의사소통 메커니즘에 대해 살펴본다. 그리고 여러 벌군체시스템의 메타휴리스틱 기법 중에서 대표적인 벌군체최적화(bee colony optimization: BCO) 알고리즘과 인공벌군체(artificial bee colony: ABC) 알고리즘에 대해 개념과 절차 및 적용을 다룬다.

23.1 벌 군체

벌은 인류의 출현보다 훨씬 이전인 1억 2,500만년전 말벌에서 진화해 포식자 위치에서 꽃에서 꽃꿀과 꽃가루를 모으는 채집자로 진화해 왔다(마크 윈스턴, 2016). 벌은 현재 20,000종 이상이며 하나의 벌통에서 보통 6~8만 마리가 하나의 군체를 이루며 생활한다.

벌은 개미처럼 집단행동을 하는 대표적인 사회적 곤충(social insect)이다. 벌 군체(bee colony)는 여왕벌, 일벌, 수벌, 새끼 벌로 이루어진다. 군체에는 한 마리의 여왕벌이 있지만 이 여왕벌은 군체의 활동을 통제하지 않는다. 여왕벌의 임무는 단지 알을 낳는 일이다. 하나의 여왕벌이 한 여름 동안 낳는 알은 15만개 정도이며 2~3년 사는 동안 약 50만 마리를 낳는다. 이 알들은 제각각 성장하여 세 가지 배역, 여왕벌, 일벌, 수벌 가운데 하나를 맡는다. 여왕벌의 난소 근처에 있는 액낭에 보관된 정자로 수정되면 암컷으로 자라게 된다. 이 가운데 특별히 영양분(로얄 젤리)을 많이 제공받으면 여왕벌이 된다. 다른 암컷은 일벌이 된다.

알이 수정되지 않으면 수벌이 된다. 수벌은 일을 하지 않지만 맡은 단 하나의 임무는 처녀 여왕벌과 짝짓기를 하는 일이다. 수벌은 매년 늦가을 짝짓기 철이 지나고 가을이 되면 집단 밖으로 내몰려 죽음을 맞고 다음 해 봄에는 새로운 수벌들로 대체된다.

일벌은 암벌이지만 알을 생산하지 않는다. 그들은 추울 때는 4~9개월 생존하며 한 벌통(군체)에 3만마리 정도 된다. 더운 여름에는 약 6개월 정도 살며 8만 마리에 이른다. 일벌들은 짧은 생애 동안 7~10가지 또는 그 이상의 작업을 한 작업씩 차례로 수행한다. 맨 먼저 하는 일은 벌집을 청소하는 일이다. 청소일로 며칠이 지나면 음식을 만들어 애벌레에게 먹여 주는 일을 한다. 10~15일이 지나면 채집해온 꽃꿀을 인수 받아 비축하거나 방에 꽃가루를 다져 넣는 작업을 한다. 다음은 밀랍을 분비하여 벌집의 방들을 규격에 맞추어 정확히 만들어 낸다. 이 일을 20일쯤 한 후에는 둥지 입구에서 보초를 서며 침입자를 경계한다. 다음은 마지막 임무로 식량 채집을 한다. 이를 위해 재빨리 바깥 환경에서 방향을 잡는 법을 배우고 꽃으로 오가는 길을 찾아서 꽃꿀과 꽃가루를 능숙하게 모아온다. 일벌이 수행하는 일의 가지 수도 눈길을 끌지만, 일을 차례대로 바꿔가며 맡는 특성도 주목할 만하다. 일벌들은 한 기간에 단지 한 가지 일을 맡아 수행한 후 다음 임무를 맡는다.

23.2 꿀벌의 의사소통

꿀벌은 사회적 곤충 중에서 아주 뛰어난 의사소통 체계를 가지고 있다. 일벌이 자신이 찾은 풍부한 먹이의 근원지에 관한 정보를 동료 벌(같은 벌집에 사는 벌)에게 알려줄 수 있다. 또한 새로 이사할 둥지를 찾을 때 정찰 벌은 자신이 발견한 장소에 관한 정보를 교환한다(토마스 실리, 2010).

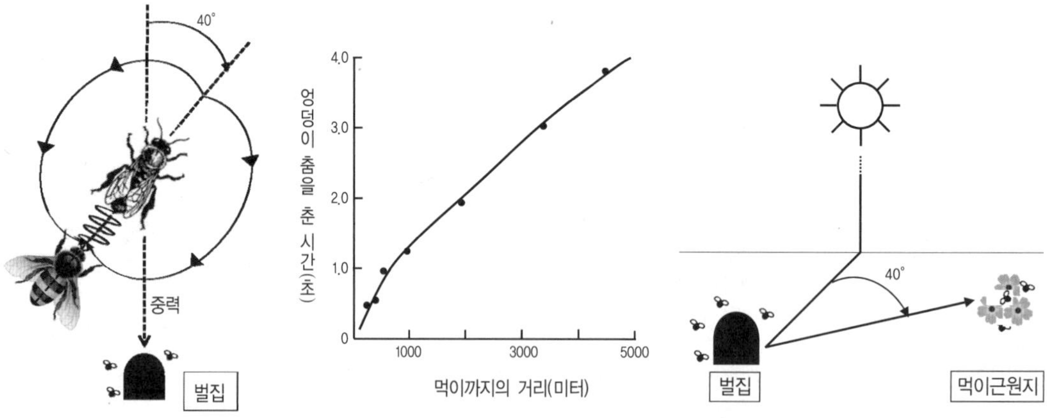

(a) 8자춤 (b) 8자춤 시간과 먹이까지의 거리 (c) 먹이 근원지의 방향과 거리

그림 23-1 벌들의 의사소통

벌들의 의사소통 체계의 가장 중요한 특성은 칼 폰 프리쉬(Karl von Frisch)에 의해 확인되어 왔다. 이 공로는 폰 프리쉬는 1973년 노벨 생리의학상을 받았다. 그가 발견한 것은 일벌이 동료 벌에게 먹이가 풍부한 곳의 방향과 거리를 알려주기 위해 춤을 춘다는 사실이다. 먹이를 찾아 나선 벌은 꽃꿀과 꽃가루를 발견하면 흥분한 채로 돌아와 동료 벌 들이 볼 수 있도록 벌통 앞에서 격렬하게 8자춤(waggle dance)을 춘다. 폰 프리쉬는 노벨상을 타기 전 30년 전부터 이 사실을 알고 있었다.

8자춤을 설명하면 이렇다. 먹이 근원지를 발견한 벌이 벌집으로 돌아와 채집한 꽃꿀을 벌집에 놓아두고, 벌집의 수직 벽 앞으로 나와 몸을 좌우로 흔들며 벌집 주위에 있는 동료 벌에게 춤을 추어 보인다. 이 과정에서 꿀벌은 앞으로 엉덩이춤을 추며 나아가다가 한쪽 방향으로 반원을 그리며 돌고, 다시 앞으로 엉덩이춤을 추며 직진하다가 반대 방향으로 반원을 그리면서 도는 행동을 반복하며 8자를 그린다([그림 23-1] 참조).

8자춤의 핵심 정보는 꿀벌이 반원을 돌기 전 몸을 좌우로 흔들며 직진하는 '엉덩이춤'에 담겨있다. 프리슈 교수가 밝혀낸 것은 이 엉덩이춤으로 먹이 근원지(밀원)의 거리와 방향을 동료에게 알려 준다는 것이다.

엉덩이춤이 지속되는 시간은 먹이 근원지까지의 거리와 비례하였다. 꿀벌의 엉덩이춤 1초는 현재 지점에서 밀원이 약 1km 떨어진 곳에 있음을 나타냈다. 또한 엉덩이춤의 방향으로 동료 벌에게 먹이 근원지의 방향을 정확히 알려준다는 것이다. 이를 위하여 벌은 중력의 방향을 이용한다. 먹이 근원지가 태양이 있는 쪽이어서 모집된 벌들이 태양이 있는 쪽으로 날아가야 한다면, 8자춤의 직선 부분(엉덩이춤을 추는 부분)은 바로 위로 향하게 하고, 먹이 근원지가 태양의 반대 방향이면, 춤의 직선 부분을 바로 아래로 향하게 한다. 또한 모집된 벌들이 태양에서 오른쪽으로 80도 방향으로 날아가야 한다면, 춤의 직선 부분은 수직에서 오른쪽으로 80도를 가리키게 될 것이다. 예를 들어, 꿀벌이 수직으로 매달린 벌집 표면에서(세로축에서) 오른쪽 40도 방향으로 1.5초간 엉덩이춤을 추며 전진했다면 이는 벌집에서 태양을 바라보고 우측 40도 방향 약 1.5km 거리에 꽃꿀이 있다는 신호다. 끝으로 춤으로 먹이 근원지의 방향과 거리에 대한 의사소통뿐 아니라 춤추는 동안의 흥분도로 먹이 근원지의 풍부함의 정도를 나타낸다([그림 23-1] 참조).

다음은 벌들의 새 집터(둥지) 찾기를 보자. 늦봄과 초여름은 꿀벌들의 이사철이다. 구성원이 늘어나 벌집이 비좁아지면 일벌의 3분의 2에 이르는 수만 마리가 옛 여왕벌과 함께 떨어져나가 새 보금자리를 꾸린다. 꿀벌 집단의 생존이 걸린 이 프로젝트는 철저히 직접민주주의 방식으로 이뤄진다(토마스 실리, 2010).

새로 이사 갈 집터(둥지)를 찾을 때는 일벌 수십 마리가 정찰대가 되어 기존 벌집 주변의 5km 이내의 전 지역을 뒤진다. 이렇게 집터 후보지를 10여 개 찾아낸 뒤 정보를 교환한다. 이때 엉덩이춤과 반원 돌기가 결합된 꿀벌 특유의 8자 춤을 열렬히 춤으로써 자신이 발견한 집터의 방향과 거리, 그리고 우수성을 알린다. 집터가 좋을수록 춤의 순환횟수는 늘어난다. 지지를 호소하는 일종의 유세다. 지지자들은 집터 후보지를 평가한 뒤 더 많은 지지자들을 끌어온다. 이런 식으로 열띤 토론이 이뤄지고, 훌륭한 집터 후보지에 대한 지지자는 꾸준히 늘어나는 반면 열등한 장소에 대한 지지자는 결국 사라진다.

23.3 벌군체최적화 알고리즘

사회적 곤충은 여러 복잡한 작업을 해내는 능력을 가졌다. 대표적인 예가 벌들의 먹이 찾기이다. 이 과정을 간략히 보자. 벌통 주위에서 놀고 있는 일벌은 꽃꿀(먹이)을 발견하고 이를 수집하여 벌집으로 돌아온 동료 벌을 따라 꽃꿀 근원지로 따라 갈 것인지를 결정한다. 이는 벌집 앞에서 먹이 근원지를 찾은 벌들의 8자춤에 영향을 받는다. 꽃꿀을 얻으려 벌집을 떠나기로 하면, 춤추는 하나의 벌을 따라 꽃꿀 근원지로 간다. 근원지에서 꽃꿀을 따서 벌집으로 돌아와 저장고에 두고 나온다. 벌집을 나온 이 벌은 다음 세 행동 중 하나를 할 수 있다. (1) 자신의 먹이 근원지를 버리고, 춤추는 장소로 가서 춤추는 다른 벌 중에서 하나를 따라 그 벌이 찾은 먹이 근원지로 따라 가기(추종자(follower) 되기), (2) 동료 벌은 모집하지 않고 자신만 자신의 먹이 근원지로 혼자 가기, 아니면 (3) 8자춤을 추어 동료 벌을 모집하여 자신이 찾은 먹이 근원지로 함께 가는 것(모집자(recruiter) 되기)이다. 이는 확률적으로 선택된다(Teodorović, 2009).

2000년 초반부터 이러한 벌들의 집단행동에서 영감을 받은 여러 메타휴리스틱 기법(bee system, bee colony optimization(BCO), artificial bee colony(ABC) algorithm, bees algorithm, marriage in honeybees optimization(MHO)이 개발되었다. 이들 기법은 일종의 군집지능 알고리즘으로 확률적인 집단기법 메타휴리스틱스이다. 이 책에서는 벌의 군집지능을 모방한 이들 알고리즘 중에서 BCO 알고리즘과 ABC 알고리즘만을 다룬다. BCO 알고리즘은 벌의 집단행동을 모방한 최초의 알고리즘이고, ABC 알고리즘은 이들 알고리즘 중에서 가장 널리 사용되고 있는 기법이다. 먼저 이 절에서 BCO를 다루고 다음 절에서 ABC 알고리즘을 다룬다.

23.3.1 BCO 알고리즘의 절차

Lučić & Teodorović(2001, 2002)는 벌의 집단 지능의 원리를 조합최적화문제를 푸는 데 사용하였다. 이들이 개발한 기법을 벌군체최적화(BCO)라 부른다. 이 기법은 조합최적화문제에서 해 공간을 탐색하는 데 해 구성원소의 공집합에서 시작하여 단계별로 부분해(partial solution)에 해의 원소를 추가하여 완전해(complete solution)를 구축해 가는 접근 방법에 기반을 두고 있다. 완전해를 구축할 때 흔히 적용 문제에 적합한 특정 휴리스틱이 사용된다. 이러한 방법을 해 구축 접근(constructive approach)이라 부른다. 해 구축 방법은 우리가 앞에서 다룬 완전해를 현재해로 하여 이웃의 완전해를 탐색하여 해를 개선시키는 방법과 대비된다. 이러한 이웃탐색 메타휴리스틱으로는 시뮬레이티드 어닐링, 타부서치, 반복지역탐색 등이 있다. 이러한 방법을 해 개선 접근(improving approach)이라 한다.

BCO는 인공 벌 집단을 운영하고, 각 벌은 집단의 다른 벌들과 협동하면서 하나의 해를 생산해 나간다. 이 알고리즘은 두 국면으로 이루어 졌다: 전방 패스(forward pass)와 후방 패스(backward pass). 각 전방 패스에서 각 인공 벌은 탐색 공간을 탐사한다. (여기서는 조합최적해문제의 부분해에 해의 원소를 더해가면서 완전해를 찾아 가는 과정을 의미한다. BCO는 해 구축접근에 기초하고 있음을 상기하자.) 한번의 전방 패스는 미리 정해진 횟수의 이동을 한다. (이러한 전방 패스를 통해 부분해에 일정 수의 원소를 더하여 새로운 부분해를 얻는다. 이러한 과정을 거쳐 궁극적으로는 새로운 완전해를 구축하는 것이다.) 새로운 먹이 근원지(새로운 부분해)를 얻은 후, 다시 벌집으로 돌아와 제2국면, 후방 패스를 시작한다.

꽃꿀을 딴 후 벌집으로 돌아와 후방 패스를 시작하는 데 이 패스에서는 모든 벌들은 정보를 공유한다. 자연에서 벌들은 먹이 근원지에 대한 거리, 방향, 풍성함 등의 정보를 엉덩이춤을 통해 의사소통한다. 자연에서 먹이 근원지와 꽃꿀의 품질은 알고리즘에서는 부분해(또는 완전해)와 목적함수 값(해 품질)에 각각 해당한다. BCO 알고리즘에서는 인공 벌들이 해와 해의 품질을 공유한다. 후방 패스 동안, 모든 인공 벌은 행동을 다음 세 가지 중에서 어떤 확률로 결정한다. (1) 얻은 부분해(먹이 근원지)를 버리고, 다른 벌이 찾은 부분해 중의 한 부분해에서 탐색 시작하기, (2) 동료 벌의 모집 없이 자신이 찾은 부분해로 돌아가 이 부분해를 확장하여 탐색 계속하기, (3) 찾은 부분해로 돌아가 탐색을 계속하기 전에 춤을 추어 동료 벌을 모집하기이다. 알고리즘 구현을 위해서는 벌들이 이러한 결정을 하는 방법을 문제에 따라 적절히 기술해야 한다.

이렇게 후방 패스를 통해 앞으로 탐색을 계속할 부분해와 더 이상 탐색을 하지 않을 해를, 그리고 모집을 통해 어떤 부분해를 확장하여 더 심도 있게 탐색할 것인가를 결정한다. 후방 패스에 의해 각 벌의 탐색 지점(탐색을 시작하는 먹이 근원지)이 정해지면 전방 패스로 돌아가 지금까지의 탐색 기억과 휴리스틱 정보를 이용하여 해의 탐색 이동을 결정하면서 정해진 이동 횟수만큼 부분해를 확장해 나간다. 이와 같이 전방 패스와 후방 패스를 일정 횟수 동안 반복한다. 집단의 크기와 문제의 복잡도에 따라 다르겠으나 각 벌이 완전해를 몇 번 구할 수 있도록 반복을 할 수 있을 것이다.

BCO 알고리즘의 의사코드는 아래와 같다. 아래서 NC 는 일회의 전방 패스에서 이동의 수이다.

단계 1: (초기화) 모든 벌의 해 집합은 공집합이다.

단계 2: 집단에 있는 각 개미에 대해 '전방 패스'를 행한다.

단계 2.1: $k=1$ 로 둔다.// 한 전방 패스에서 해 구축을 위한 이동의 수 계산//

단계 2.2: 모든 가능한 이동을 '평가'한다.

단계 2.3: 평가에 기초하여 확률적으로 이동을 선택한다.

단계 2.4: $k=k+1$ 로 둔다. $k \le NC$ 이면 단계 2.2로 간다.

단계 3: 집단의 모든 벌은 벌집으로 되돌아 온다.// 후방 패스 시작//

단계 4: 모든 벌이 구한 해(부분해)의 목적함수를 평가한다.

단계 5: 모든 벌에 대해 아래 행동을 결정한다.

단계 5.1: 자신이 찾은 먹이 근원지(부분해)를 버리고, 다른 벌이 찾은 먹이 근원지를 택하는 추종자가 될 것인지, 아니면 자신이 찾은 부분해를 확장하여 계속 탐색해 나갈지를 결정한다. 추종자가 되면 단계 6으로 간다. (해가 좋을수록 계속 탐색할 확률을 높게 갖는다)

단계 5.2: 자신이 찾은 부분해(먹이 근원지)를 확장하여 탐색을 계속하기 전에, 춤을 추어 둥지에 있는 다른 벌을 모집하여(모집자가 되어) 자신의 부분해부터 해를 탐색할 것인지, 아니면 모집하지 않고 홀로 탐색할 것인지를 결정한다.

단계 6: 각 추종자는 따라갈 모집자를 선택한다. 즉, 각 추종자는 다른 먹이 근원지를(부분해)를 선택한다. 이때 모집자의 부분해를 평가하여 좋은 부분해가 선택될 확률이 높도록 한다. 예로 확률바퀴선택을 사용할 수 있다.

단계 7: 종료조건을 만족하면 끝내고, 그렇지 않으면 단계 2로 간다.

위 절차에서 적용 문제에 따라 정의해 주어야 할 사항이 많다. 단계 2의 전방 패스에서 일회의 전방 패스에서 이동하는 횟수(NC)를 결정해야 한다. 예로 도시가 200개인 외판원문제에서 $NC=5$ 로 두면 1회 부분해를 탐색할 때 현재의 부분경로에 도시 5개를 확장하여 탐색하게 된다. 즉, 1회 전방 패스에서 도시 5개의 순서, 2회에서는 10개의 도시 순서, 3회에서는 도시 15개의 순서로 부분해가 확장되어 간다. 단계 2.2와 단계 2.3은 현 상태에서 다음 이동에 대해 평가하고 전이확률을 구하는 단계이다. 이는 개미군체최적화에서 처럼 과거와 현재 벌들의 탐색 내력과 휴리스틱 정보를 이용하여 평가하고, 이 평가에 기초한 확률적 선택, 예로 확률바퀴선택을 사용할 수 있을 것이다.

후진패스의 단계 5.1에서 먹이 근원지를 버리고 추종자가 될 것인지 아니면 계속해서 먹이 근원지(부분해)부터 탐색을 확장해 나갈 것인지는 어떻게 결정하는가? 이는 흔히 부분해를 평가하여 해가 좋을수록 현 부분해를 버리지 않고 확장해 탐색할 확률을 높게 둔다.

그리고 단계 5.2에서 동료 벌을 모집하지 않을 확률 p^* 은 아주 낮게 $p^* << 1$ 로 흔히 둔다. 춤을 추며 동료 벌을 모집할 확률 $(1-p^*)$ 은 크게 둔다. 자신의 먹이 근원지(부분해)를 버리는 벌은 춤추는 장소로 가서 다른 벌을 따라간다. 단계 6에서 추종할 벌을 어떻게 선택할 것인가? 이 경우 좋은 부분해가 선택할 확률을 당연히 높게 둔다. Lučić & Teodorović (2002)는 외판원문제의 경우, 부분해의 경로 길이를 정규화하고, 그 부분해를 따르는 모집자의 수를 정규화하여, 경로 길이가 짧고, 그 경로를 갖는 모집자(춤추는 벌)의 수가 많을수록, 그 경로(부분해)를 선택할 확률을 높게 두었다.

BCO에서는 전방 패스와 후방 패스를 일정 횟수 동안 반복한다. 종료조건은 각 벌이 완전해를 일정 횟수 구할 수 있는 반복 횟수를 사용할 수 있다.

23.3.2 BCO 알고리즘의 특성

BCO는 벌들의 협동(cooperation)에 기초하고 있다. 인공 벌들은 협동을 통해 홀로는 이룰 수 없는 목표를 달성하고, 알고리즘의 효율을 높인다. BCO에서는 후방 패스에서 먹이 근원지의 평가, 정보 교환, 모집 과정을 통해 해 공간을 효율적으로 탐색한다. 빈약한 먹이 근원지는 버리고, 풍부한 꽃꿀 근원지는 다른 벌을 모집하여 함께 간다. 이는 알고리즘에서 해 공간에서 유망하지 않는 지역은 더 이상 탐색하지 않고, 유망한 지역은 탐색을 강화하는 전략의 개념으로 사용된다. BCO 알고리즘은 좋지 않는 부분해를 버리는 것(BCO 절차의 단계 5.1 참조)은 확률적 분지 전략으로 볼 수 있다. 추종자들이 좋은 탐색점에서 탐색을 계속 확장해 나가는 것(BCO 절차의 단계 5.2 참조)은 beam search에서 좋은 부분해를 확장하여 탐색을 계속해 나가는 개념과 유사하다.

BCO 알고리즘에서 탐색의 이용과 탐사에 관해 보자. BCO 알고리즘의 핵심은 후방 패스 국면에 있다. 이 국면에서 나쁜 해는 버리고, 좋은 해는 추종자를 갖게 된다. 좋지 않은 먹이 근원지(나쁜 해)를 버리는 확률을 높게 하면 탐사가 약화되고, 그 반대는 이용이 약화된다. 단계 6에서 해의 품질에 따라 추종자를 갖는 것은 좋은 해의 이용을 의미한다. 좋은 해에 추종자를 많게 할수록 이용이 강화되고 탐사가 약화된다. 따라서 후방 패스에서 적절한 방법을 사용하여 탐색의 이용과 탐사가 조화를 이루도록 해야 한다. 또한 전방 패스에서도 이동에서 탐색 기억과 휴리스틱 정보를 적절히 사용하여 이용과 탐사가 조화를 이루도록 해야 한다.

BCO 알고리즘은 지금까지 주로 해 구축 접근에 사용되었으며, 외판원 문제(Lučić & Teodorović, 2002)와 job shop 문제(Chong, *et al.,* 2006) 등에 BCO 알고리즘이 적용되었다(Teodorović, 2009).

23.4 인공벌군체 알고리즘

인공벌군체(ABC) 알고리즘은 Karaboga(2005)에 의해 제안되었다. 이후 ABC 알고리즘은 개선되어(Karaboga & Basturk, 2007; Karaboga *et al.*, 2007), 연속최적화와 이산최적화의 다양한 문제에 적용되고 있으며, 벌의 집단 행동을 모방한 알고리즘 중에서 가장 많이 사용되고 있는 기법이다(Karaboga *et al.*, 2014). ABC 알고리즘에서 벌군체는 세 그룹의 벌로 구성된다. 이 그룹은 (꽃)꿀 채집 벌(employed bees), 방관자 벌(onlooker bees), 정찰 벌(scout bees)이다. 꿀 채집자는 꽃꿀 채집을 위해 먹이 근원지(밀원)로 날아가는 벌이고, 방관자는 꿀 채집자가 찾은 먹이 근원지를 선택하기 위하여 벌들이 춤추는 벌집 앞의 무대에서 기다리는 벌이며, 정찰 벌은 임의로 먹이 근원지를 탐색하는 벌이다. 꿀 채집자는 자신이 발견한 밀원으로 같이 갈 벌을 모집하므로 BCO에서 모집자(recruiter)와 같고, 방관자 벌은 BCO에서 추종자(follower)와 같다.

ABC 알고리즘에서는 흔히 군체의 반은 꿀 채집 벌로 나머지 반은 방관자 벌로 구성한다. 각 먹이 근원지에는 단지 하나의 꿀 채집자가 담당한다. 따라서 꿀 채집자의 수와 같은 수의 다른 먹이 근원지(해)가 있다. 어떤 먹이 근원지가 고갈되면 이 먹이 근원지를 맡은 꿀 채집 벌은 한시적으로 정찰벌이 되어 임의의 먹이 근원지를 찾고, 다시 꿀 채집 벌이 된다고 본다.

23.4.1 ABC 알고리즘의 구조

앞에서 다룬 BCO 알고리즘이 해의 구축형(constructive type) 알고리즘이다. ABC 알고리즘은 이와는 달리 시뮬레이티드 어닐링이나 타부서치와 같이 완전해의 이웃을 탐색하여 해를 개선하는(improving type) 기법이다. ABC 알고리즘의 일반적 구조는 [그림 23-2]와 같다. 주요 단계로 각 반복은 세 국면으로 구성된다. 꿀 채집 벌 국면, 방관자 벌 국면, 정찰 벌 국면이다. 이들 국면에 대해 좀 더 알아보자

이들 세 국면에 앞서 초기화 국면에서는 각 꿀 채집 벌은 자신의 먹이 근원지(해)를 임의로 생성하고, 제어 파라미터 값을 결정한다.

꿀 채집 벌 국면에서 인공 꿀 채집자는 다음과 같은 행동을 한다. 각 인공 채집자는 기억에 있는 자신의 먹이 근원지(현재해) 이웃에서 다른 먹이 근원지(이웃해)를 찾는다. 그리고 그들은 찾은 먹이 근원지의 꽃꿀 양(이웃해의 목적함수 값)을 평가한다. 새로이 찾은 먹이 근원지(후보 이웃해)의 꽃꿀의 양이 현 먹이 근원지의 그것보다 풍부하면 현재의 먹이 근원지를 새로운 먹이 근원지로 갱신한다(현재해를 갱신한다).

The structure of the ABC algorithm
Initialization Phase
REPEAT
  Employed Becs Phase
  Onlooker Bees Phase
  Scout Bees Phase
UNTIL (requirements are met)

그림 23-2 ABC 알고리즘의 구조

방관자 벌 국면은 다음과 같이 행한다. 인공 방관자 벌들은 꿀 채집 벌들이 제공한 먹이 근원지의 꽃꿀 양의 정보에 의해 확률적으로 그들이 좇아갈 먹이 근원지를 선택한다. 이를 위해 꽃꿀 양(적응도)에 기초한 확률적 선택 방법을, 예로 확률바퀴선택을 사용할 수 있다. 방관자 벌은 꿀 채집 벌들이 제공한 먹이 근원지 중에서 확률적으로 하나의 먹이 근원지를 선택한 후, 이 이웃에 있는 새로운 먹이 근원지를 찾고, 이 먹이 근원지의 적응도를 구한다. 꿀 채집 벌 국면에서와 같이, 이 적응도를 현재의 먹이 근원지의 적응도와 비교하여 더 좋으면, 이를 현재의 먹이 근원지로 둔다.

이제 정찰 벌 국면을 보자. 각 꿀 채집 벌은 자신의 현재해(먹이 근원지)가 주어진 횟수 동안 개선이 없으면(꽃 꿀이 고갈되면), 그 해를 버리고 정찰 벌이 된다. 그리고 이 정찰 벌은 임의로 새로운 먹이 근원지(새로운 해)를 탐색한다. 임의 탐색한 새로운 해를 현재해로 두고 다시 꿀 채집 벌이 된다. 현재해의 최대 탐색 횟수는 반복 횟수 또는 그 해로부터 생성된 후보해 수 등을 사용할 수 있다. 또한 정찰 벌의 수는 흔히 1회 반복에서 최대 한 마리로 둔다.

끝으로 종료조건은 흔히 메타휴리스틱에서 사용하는 최대 반복 횟수, 최대 컴퓨터 계산소요시간, 해가 개선되지 않는 최대 반복 수 등을 사용할 수 있을 것이다.

이들 세 국면은 해 공간의 탐색에서 어떤 역할을 하는 지 살펴보자. 꿀 채집 벌 국면은 이들 벌 수 만큼의 현재해에서 각기 더 좋은 하나의 이웃해를 탐색하는 국면이다. 이는 여러 초기해로 지역탐색(local search)을 찾는 알고리즘과 비교하여 보면 이해에 도움이 될 것이다. 방관자 벌 국면에서는 여러 현재해를 평가하여 적응도에 따라 방관자 벌들이 현재해에 배분되어 이들 이웃을 탐색한다. 이 국면에서는 좋은 해의 이웃 탐색을 강화하는, 즉 좋은 해의 이용을 강화한다. 그리고 정찰 벌 국면은 새로운 해 영역을 탐색하는, 즉 해 공간의 탐사를 촉진하는 역할을 한다. 자연에서의 벌군체와 인공의 벌군체와의 유사점을 <표 23-1>과 같이 요약할 수 있다.

표 23-1 자연에서 벌군체와 인공의 벌군체와의 유사점

자연에서 벌군체	인공의 벌군체
먹이 근원지	해
꽃꿀의 품질	목적함수의 값
꿀 채집 벌	지역(이웃) 탐색
방관자 벌	탐색의 이용
정찰 벌	탐색의 탐사

23.4.2 함수 최적화에 적용

변수가 D 차원의 원소로 구성되고, 목적 함수 $g(\mathbf{x})$ 와 제약이 있는 함수 최적화문제를 보자. 이를 위한 ABC 알고리즘을 단계별로 설명하면 아래와 같다(Karaboga & Basturk, 2007). 이 알고리즘의 설명에서 각 단계에서 고려할 사항에 대해서도 부연한다. 여기서 흔히 군체의 반을 꿀 채집 벌(Ns 개)로 나머지 반은 방관자 벌로 둔다.

단계 1: (초기화) 해 벡터의 차원이 D 이고 Ns 개의 해 벡터, $\mathbf{x}_i, i=1,2,\dots,Ns$ 를 임의로 생성한다. Ns 개의 해 벡터는 각기 먹이 근원지가 되고 Ns 개의 꿀 채집 벌은 각기 서로 다른 하나의 먹이 근원지 $\mathbf{x}_i$ 를 담당한다. 이 초기 먹이 근원지는 식 (23.1)과 같이 임의로 생산할 수 있다.

$$x_{ij} = x_{\min j} + rand[0,1] \cdot (x_{\max j} - x_{\min j}) \quad \text{for } j=1,2,\dots,D, \quad i=1,2,\dots,Ns \tag{23.1}$$

여기서 $x_{\max j}$ 과 $x_{\min j}$ 는 각기 차원 j 의 최댓값과 최솟값을 나타낸다. 이렇게 생산된 해의 가능성(feasibility)을 검사하고, 이 해(먹이 근원지)를 평가한다. 이때 비가능이면 평가 값에 벌금을 부과하는 방법을 사용할 수 있다.

단계 2: (꿀 채집 벌 국면)

단계 2.1: (후보 먹이 근원지 탐색) 각 꿀 채집 벌 i (=1, 2, ..., Ns)는 현 먹이 근원지의 이웃을 탐색하여 후보 먹이 근원지(이웃 후보해) $\mathbf{v}_i$ 를 구한다.

$$v_{ij} = x_{ij} + \phi_{ij}(x_{ij} - x_{kj}) \tag{23.2}$$

여기서 $k \in \{1,2,\dots,Ns\}$ 와 $j \in \{1,2,\dots,D\}$ 의 첨자를 임의로 선택한다. 다만, $k \neq i$ 이고, ϕ_{ij} 는 U[-1,1] 분포의 난수이다. 식 (23.2)는 현 먹이 근원지 x_{ij} 의 임의의 이웃을 생산한다. 식 (23.2)에 의해 생성된 v_{ij} 가 한계($x_{\max j}$ 또는 $x_{\min j}$)를 넘으면 이를

조정하여 한계로 둔다. 변수의 변화율에 따라 첨자 k 와 j 를 임의로 선택하여 변수의 원소를 변환시키는 이러한 작업을 몇 회 반복 수행한다. 즉 현재해 x_{ij} 를 인접 변환(perturb)시킨다. 이러한 인접 변환 이외에 임의로 하나의 특정 k를 선정하여 식 (23.2)에서 $(x_{ij} - x_{kj}), j = 1, 2, ..., Ns$ 로 방향을 그리고 난수로 길이를 변환하여 인접 변환시킬 수 있다. 이러한 이웃 근접 변환 방법은 제22장에서 다룬 차분진화에서 시험벡터를 만드는 방법과 유사하다. (후보 먹이 근원지, 즉 이웃 후보해는 적용 문제에 따라 적절히 생산한다.)

단계 2.2: (먹이 근원지 갱신) 후보 먹이 근원지를 찾은 후, 꽃꿀 양(목적함수 값)을 평가하여 탐욕적 선택을 한다. 즉, 현재의 먹이 근원지와 새로 발견한 후보 먹이 근원지 중에서 꽃꿀 양이 더 많은 근원지를 현재의 먹이 근원지로 선택한다. 즉, 인공 꿀 채집 벌은 후보 근원지의 먹이가 현재 근원지 보다 더 풍부하면 이 후보 근원지로 이동하고, 그렇지 않으면 현재의 먹이 근원지에서 먹이를 계속 채집한다.

단계 3: (방관자 벌 국면)

단계 3.1: (먹이 근원지 선택) 꿀 채집 벌들은 벌집 앞 무대에서 춤을 추며 방관자 벌들을 모집하여 함께 자신의 먹이 근원지로 가기를 원한다. 이들은 춤으로 자신이 발견한 꽃꿀 근원지의 방향과 거리, 풍성함을 표현한다. ABC 알고리즘에서는 방관자 벌들은 이들 꿀 채집 벌들의 춤을 보고(모집자를 보고) 어느 모집자를 따라 갈 것인가를 확률적으로 결정한다. 이 결정은 근원지(해)의 꽃꿀 양(적응도 값)에 기초하여 평가한다. 방관자 벌이 찾은 먹이 근원지 i 를 선택할 확률 p_i 는 먹이 근원지의 적응도 $fit_i, i = 1, 2, ..., Ns$ 에 의해 아래와 같은 확률바퀴선택이 한 방법일 수 있다.

$$p_i = \frac{fit_i}{\sum_{k=1}^{Ns} fit_k}$$

이 선택 방법에 따라 해 공간의 다양성과 탐색 강화를 달리할 수 있다. Karaboga (2005)는

$$p_i = 0.9\,fit_{\min} / fit_i + 0.1$$

을 사용하였다. 이는 적응도가 아주 낮은 먹이 근원지도 최소한 10%이상의 선택확률을 갖게 하여 탐색의 다양화를 유도하고 있다.

단계 3.2: (후보해 생성과 현재해 갱신)

선택된 먹이 근원지에서 식 (23.2)에 의해 후보 근원지를 생성하고, 이를 평가한다. 꿀 채집 벌 국면에서와 같이 선택된 먹이 근원지와 후보 근원지 중에서 더 좋은 먹이 근원지를 (해당 꿀 채집 벌의) 현재해로 갱신한다.

단계 4: (정찰 벌 국면)

알고리즘에서 먹이 근원지로 표현되는 해가 미리 정한 최대 탐색 횟수 동안 개선이 없으면, 이 먹이 근원지를 버리고 이 근원지를 담당한 꿀 채집 벌은 한시적으로 정찰 벌이 된다. 이 정찰 벌은 새로운 먹이 근원지를 식 (23.1)과 같이 임의로 생성하여 자신의 근원지로 둔다. 그리고 다시 꿀 채집 벌이 된다.

ABC 알고리즘에서 한 먹이 근원지의 최대 탐색 횟수와 정찰 벌의 최대 수는 파라미터이다. 최대 탐색 횟수는 반복(iterations) 수 또는 이웃 후보해(candidate solutions) 생성 수 등으로 둘 수 있고, 정찰 벌의 수는 흔히 각 반복에서 많아야 한 마리로 둔다.

단계 5: (종료 조건) 종료 조건을 만족하면 끝내고, 지금까지 발견한 가장 좋은 해를 보고한다. 그렇지 않으면 단계 2로 간다.

ABC 알고리즘의 해 탐색 과정은 다음과 같이 요약될 수 있다. *Ns* 개의 해 집단을 운영하면서 각 해의 이웃해를 탐색하여(단계 2.1과 단계 3.2에서) 더 좋은 이웃해를 찾으면 이 해로 이동(단계 2.2와 단계 3.2)하면서 해 공간을 탐색해 간다. 이때 각 해의 이웃 후보해의 생성 수는 해의 품질에 따라 결정된다(단계 3.1에서). 이웃 후보해의 수는 한 마리의 꿀 채집 벌과 이 벌을 따르는 방관자 벌의 수와 같다. 해가 지역 최적에서 벗어나지 못하면, 탐색 점을 임의로 선택하여 탐색을 재 시작함으로써 이를 극복한다(단계 4에서). 재 시작점은 정찰 벌에 의해 이루어진다.

이 알고리즘을 설계할 때 고려할 사항을 알아보자. (1) 초기해는 군집이 다양성을 갖도록 적용 문제에 따라 적절하게 생성한다. 이때 어려운 비선형문제나 조합최적화 문제의 경우 비가능해도 해 집단에 허용할 수 있을 것이다. (2) 이웃 후보 먹이 근원지, 즉 이웃 후보해를 어떻게 생성(단계 2.1과 단계 3.2에서)할 것인가? 이는 이웃 구조와 관련된 문제로 알고리즘의 성능에 크게 영향을 미친다. 타 메타휴리스틱에서와 같이 문제의 해가 갖는 특성을 잘 파악하여 이웃을 정의해야 한다. (3) 방관자 벌의 먹이 근원지 선택(단계 3.1에서) 방법을 설계할 때, 탐색 공간의 탐사와 좋은 해의 이용 사이의 균형을 고려한다. (4) 위 기법에서는 해의 이동(단계 2.2와 단계 3.2에서)은 개선이 있는 경우로 한정하고 있어 지역 최적에 쉽게 빠질 수 있다. 이를 정찰 벌에 의한 새로운 해 영역의 탐사(단계 4에서)로 극복하고 있다. 지역 최적을 벗어나는 전략을 고려할 수 있다. 해의 이동과 지역 최적을 벗어나는 전략을 설계할 때, 탐색의 강화와 다양화가 조화를 이루도록 해야한다. (5) 벌 군체의 수, 한 먹이 근원지의 최대 탐색 횟수, 각 반복에서 정찰 벌의 최대 수와 같은 파라미터 값은 적용 문제의 특성과 이 알고리즘의 메카니즘을 잘 파악한 후 구체적인 값은 실험을 통해 결정한다.

ABC 알고리즘은 여러 분야의 연속최적화문제와 조합최적화문제에 적용되고 있다. 산업공학, 기계공학, 전자공학, 전기/전자공학, 토목공학, 소프트웨어 공학에서 최적화 문제와 신경망, 영상처리, 데이터마이닝 등의 분야에 광범위하게 적용되고 있다(Karaboga, 2014).

제24장

화음탐색

음악 협연에서 다양한 악기들이 화음(harmony)을 맞추는 과정을 모방한 메타휴리스틱이 Geem *et al.*(2001)에 의해 제안되었다. 대안이 되는 몇몇 화음들이 (기억에) 있고 이들 화음을 바탕으로 하면서 최고의 화음을 찾기 위해 각 악기의 음을 조율해 간다. 이는 알고리즘에서는 복수의 해를 이용하여 해 공간을 탐색해가는 과정과 유사하다. 이 장에서는 먼저 가장 기본적인 화음탐색 알고리즘의 개념, 절차, 주요 구성 요소를 살펴본다. 그리고 화음탐색의 성능 향상을 위한 여러 방법과 함께, 탐색의 다양화와 강화에 대해 알아보고, 끝으로 그 적용을 다룬다.

24.1 기본 화음탐색 알고리즘

화음탐색(harmony search: HS)은 음악에서 즉흥연주(improvisation)를 위하여 화음을 맞추는 과정을 모방한 메타휴리스틱으로 Geem *et al.*(2001)에 의해 제안되었다. 여러 연주자들은 좋은 연주를 위하여 그들 악기의 음 높이(pitch)를 변화시키면서 가장 좋은 화음(harmony)을 찾는다. 이 과정은 해를 이루는 여러 결정변수(악기들)에서 그 값(음 높이)들을 변화시켜 가면서 최적해(가장 좋은 화음)를 찾는 최적화 과정과 유사하게 볼 수 있다.

화음탐색은 즉흥연주 과정에서 가장 좋은 화음을 이루는 악기들의 음 높이를 찾는 과정을 모방한 메타휴리스틱이다. 이 기법은 최근에 행한 좋은 화음을 기억하고, 즉 과거 탐색한 해들을 기억하고 이들 집단을 이용한다.

화음탐색 알고리즘의 개괄적인 절차는 다음과 같다.

단계 1: 다루는 문제를 정의하고 화음탐색 파라미터를 초기화한다.
단계 2: 화음기억(harmony memory: HM)을 초기화한다.

단계 3: 새로운 하나의 화음을 만든다.

단계 4: 화음기억을 갱신한다.

단계 5: 종료조건을 만족하면 끝낸다. 그렇지 않으면 단계 3으로 간다.

이들 단계의 설명을 통해 화음탐색 알고리즘의 개념과 구조를 설명한다.

24.1.1 초기화

1) 문제 정의와 화음탐색 파라미터 초기화

단계 1에서 먼저 최적화 문제를 정의한다. 설명을 위해

$$\text{Min. (or Max.)} \; f(\mathbf{x}) \; \text{subject to} \; LB_i \le x_i \le UB_i, \; i=1, 2, \ldots , N$$

로 둔다. 여기서 $\mathbf{x}=(x_1, x_2, \ldots, x_N)$ 이고 LB_i 와 UB_i 는 각각 결정변수 x_i, $i=1,2,\ldots,N$ 의 하한과 상한이다. 각 변수 x_i 가 연속 변수 또는 이산 변수일 수 있다. 악기 i 의 음 높이는 결정변수 x_i 에 대응된다. N 개의 악기, 즉 N 개의 결정변수가 있다.

이 단계에서 파라미터를 설정하는 데, 주요 파라미터는 다음과 같다.

(1) 화음기억 크기(harmony memory size: *HMS*): 과거에 발견한 좋은 화음들을 기억한다. 기억하는 화음의 수를 화음기억 크기, *HMS*라 부른다. 여기서 화음기억(harmony memory: HM)은 아래와 같이 저장된 *HMS*개의 해 벡터(화음)로 나타낸다. HM에서 $x_i^j, j=1,2,\ldots,HMS$, $i=1,2,\ldots,N$ 는 화음 j 에서 악기 i 의 음 높이를 나타낸다.

$$\text{HM}=\begin{bmatrix} x_1^1 & x_2^1 & \cdots & x_N^1 \\ x_1^2 & x_2^2 & \cdots & x_N^2 \\ \vdots & \vdots & \vdots & \vdots \\ x_1^{HMS} & x_2^{HMS} & \cdots & x_N^{HMS} \end{bmatrix}$$

(2) 화음기억 수락률(harmony memory considering rate: *HMCR*): 단계 3에서 화음을 생성할 때 화음기억에 있는 값(음 높이) 중에서 선택할 확률이다.

(3) 음 높이 조정률(pitch adjusting rate: *PAR*): 단계 3에서 화음을 생성할 때 기억하는 화음의 음 높이를 조정할 확률이다.

(4) 종료조건: 종료조건으로는 생성한 총 화음 수(number of improvisation: *NI*)가 흔히 사용된다. 이들 파라미터의 값을 설정한다.

2) 화음기억 초기화

단계 2에서 화음기억 크기(*HMS*)만큼의 해 벡터를 가능해 영역에서 임의로 발생한다. 각 결정변수 $x_i, i=1,2,...,N$ 의 하한과 상한의 균등분포에서 임의로 *HMS* 횟수만큼 발생한다. 그리하여 화음기억(HM) 행렬을 구성한다. *HMS*개의 개체(화음)로 구성된 집단을 운용한다.

24.1.2 새로운 화음 생성

단계 3은 화음탐색의 핵심 단계로 새로운 화음을 생성하는 단계이다. 이는 해 공간의 탐색 방법과 관련된다. 새로운 화음 벡터(새로운 해)를 $\mathbf{x}' = (x_1', x_2', ..., x_N')$ 로 두자. 이 새로운 화음 벡터의 각 원소는 다음 세 방법으로 생성한다. (1) 화음기억의 고려, (2) 음 높이 조정, 그리고 (3) 임의 선택이다.

'화음기억의 고려' 생성 방법은 새로운 화음 벡터의 각 원소는 확률 *HMCR*로 화음기억에 있는 해당 원소 중에서 하나를 임의로 선택하여 생성하는 방법이다. 그리고 확률 (1 − *HMCR*)로는 주어진 해 영역에서 임의로 생성한다. 이를 '임의 선택'이라 부른다. 새 화음의 첫 번째 원소 x_1' 의 값은 확률 *HMCR*로 HM 행렬에서 첫째 열 $\{x_1^1, x_1^2, ..., x_1^{HMS}\}$ 의 원소 중에서 임의로 하나의 원소를 선택하여 사용한다. 그리고 확률 (1 − *HMCR*)로는 가능해 영역, 즉 범위 $[LB_1, UB_1]$ 에서 '임의 선택'하여 사용한다. 나머지 $x_2', x_3', ..., x_N'$ 의 원소에 대해서도 같은 방법으로 생성한다. 즉, $i=1,2,...,N$ 에 대해 아래와 같이 행한다.

$$x_i' \leftarrow \begin{cases} x_i' \in \{x_i^1, x_i^2, ..., x_i^{HMS}\} & \text{if } q \le HMCR \\ r \sim U[LB_i, UB_i] & \text{otherwise} \end{cases}$$

여기서 q 는 U(0,1)의 난수 이다. 이와 같은 '화음기억의 고려'에 의한 화음 생성은 확률 *HMCR*로 과거에 발견한 좋은 화음들에 있는 한 원소의 사용을 고려한다는 의미이다. 이는 과거 기억 또는 경험 정보를 다음 탐색에 이용하는 것이다. '화음기억의 고려'의 화음 생성은 진화알고리즘에서 두 부모보다 많은 여러 부모(HMS명)를 사용하는 이산재결합교차와 유사하다.

확률 *HMCR*로 화음기억에서 선택된 음에 대해, 음 높이를 확률 *PAR*로 조정하고, 확률 (1 − *PAR*)로 조정하지 않는다. 따라서 실제로 음 높이가 조정될 확률은 *HMCR*PAR*이 된다.

x_i'가 '화음기억 고려'가 되고 '음높이 조정'이 되면 아래와 같이 이루어진다.

$$x_i' \leftarrow x_i' + r \times bw, \quad r \sim U(-1,1)$$

여기서 r 은 범위 (-1,1)의 균등분포에서 발생한 난수이고, *bw*는 음 높이의 변동폭(bandwidth)

```
For each i∈[1,N] Do
  If U(0,1) ≤ HMCR Then/* memory consideration*/
    x'_i ← x^j_i , where j ~ U(1,2,...,HMS)
    If U(0,1) ≤PAR Then /* pitch adjustment*/
      x'_i ← x'_i + r×bw, where r ~ U(−1,1)
    End If
  Else/* random selection*/
    x'_i ← LB_i + rand×(UB_i − LB_i) where rand ~ U(0,1)
  End If
End For
```

그림 24-1 새로운 화음 생성 과정

이다. 음 높이는 x_i' 보다 최대 *bw*만큼 높아지거나 낮아질 수 있다. *bw* 값이 작으면 '음 높이 조정'은 해의 근접 변환 또는 미세 조정(fine-tuning)으로 볼 수 있다. 그러나 *bw* 값이 크면 현재해와는 멀리 떨어질 가능성이 높아진다.

단계 3을 의사(擬似)코드로 나타내면 [그림 24-1]과 같다. *HMCR*과 *PAR*은 탐색의 강화와 다양화를 제어하는 파라미터이다. 탐색의 강화와 다양화가 균형을 이룰 수 있도록 이들 파라미터 값을 결정해야 한다. 흔히 *HMCR*은 0.7～0.95의 값이, *PAR*은 0.1～0.5의 값이 사용된다. 이들 파라미터의 역할에 대해서는 다음 절에서 좀 더 다룬다.

24.1.3 화음기억 갱신

단계 4에서는 화음기억 HM, 즉 해 벡터 행렬을 갱신한다. 새로이 생성된 화음 $\mathbf{x}' = (x_1', x_2', \ldots, x_N')$가 HM에서 가장 나쁜 화음보다 더 좋으면, HM에 있는 가장 나쁜 화음과 대체한다. 이는 확정적 선택을 사용하는 것이다. 따라서 지금까지 발견한 가장 좋은 *HMS*개의 해는 항상 HM에 존재한다.

끝으로 단계5에서 종료조건을 검사한다. 종료조건을 만족하면 끝내고 그렇지 않으면 단계3으로 간다. 종료조건으로는 흔히 생성된 총 화음(잠재해)의 수가 사용된다.

24.2 화음탐색의 변형

1) *PAR*과 *bw*, *HMCR*의 동적 변화

화음탐색에서 파라미터 *PAR*과 *bw*는 성능에 상당히 영향을 주는 것으로 알려져 있다. Mahdavi *et al.*(2007)은 *PAR*과 *bw*를 새로운 화음 생성 수(진화알고리즘에서 '세대'와 유사함) t 에 따라 동적으로 부여하는 방법을 제안하였다. 이를 개선된 화음탐색(improved HS: IHS)이라 명명하였다.

$$PAR(t) = PAR_{min} + (PAR_{max} - PAR_{min}) \times \frac{t}{NI}$$

여기서 $PAR(t)$는 화음 생성 수가 t 일 때의 음 높이 조정률이고, PAR_{min}과 PAR_{max}은 각각 최소와 최대 *PAR*이고, *NI*는 종료 조건 기준으로 사용하는 최대 화음 생성 수이다. 이는 *PAR*은 초기에 PAR_{min}로 두고 알고리즘이 진행되면서 PAR_{max}까지 점차 증가시킨다.

또한 *bw*도 아래와 같이 동적으로 변화시킨다.

$$bw(t) = bw_{\max} \times \exp(A), \quad \text{여기서} \quad A = \ln\left(\frac{bw_{\min}}{bw_{\max}}\right) \times \frac{t}{NI}$$

이다. $bw_{\max}$ 과 $bw_{\min}$ 은 각각 bw 의 최대치와 최소치이다. 이 방법은 초기에는 $bw_{\max}$ 로 두고 점차 $bw_{\min}$ 까지 감소시켜 나간다.

이러한 $PAR(t)$과 $bw(t)$의 사용은 탐색 초기에는 지역탐색보다는 전역탐색에 중점을 두고 세대가 진행됨에 따라 그 비중을 지역 탐색으로 옮겨 감을 의미한다. Mahdavi *et al.*(2007)은 $PAR(t)$과 $bw(t)$을 사용한 IHS가 다양한 문제에서 HS보다 좋은 성능을 보인다고 보고하였다.

한편, Wang & Li(2012)는 *HMCR*도 알고리즘 초기에는 탐사를 위해 낮게 하고 후반에는 이용을 강조하기 위해 아래와 같은 동적 전략을 제시하였다.

$$HMCR(t) = HMCR_{\min} + (HMCR_{\max} - HMCR_{\min}) \times \frac{t}{NI}$$

여기서 $HMCR_{\min}$ 과 $HMCR_{\max}$ 은 각각 최소와 최대 $HMCR$ 이다.

성능 비교를 위해 실험에서 사용된 파라미터 값을 보자. Mahdavi *et al.*(2007)는 여러 형태의 제약이 있는 비선형최적화문제에의 적용에서 문제에 따라 HMS = 4~8, $HMCR$ = 0.95, PAR_{min} = 0.35~0.45, PAR_{max} = 0.99, $bw_{\min}$ = 1e-6 ~ 5.0e-4, $bw_{\max}$ = 0.05 ~ 20, NI = 3000~300,000의 값을 사용하였다. Wang & Li(2012)은 실험에서 $HMCR_{\min}$ = 0.8, $HMCR_{\max}$ =1.0, PAR_{min} = 0.1, PAR_{max} = 0.9의 값을 사용하였다.

24.3 화음탐색에서 다양화와 강화

화음탐색에서 탐색 공간의 탐사와 과거에 찾은 좋은 해의 이용은 어떻게 이루어 지는가? 또한 전역탐색을 위한 탐색의 다양화와 지역탐색을 위한 탐색의 강화가 어떻게 이루어 지는가? 화음탐색에서도 알고리즘의 성능을 높이기 위해서는 탐사(또는 다양화)와 이용(또는 강화)이 적절히 균형을 이루어야 한다.

화음탐색의 특성은 새로운 화음 생성의 세 방법(화음기억의 고려, 음높이 조정, 임의 선택)과 이와 관련된 파라미터에 의해 주로 결정된다. 해공간의 탐사 또는 탐색의 다양화는 주로 '임의 선택'과 '음 높이 조정'에 의해 제어된다. 해 공간에서 해를 임의로 생성하는 '임의 선택'은 새로운 해 공간의 탐사에 기여한다. 또한 '음 높이 조정'은 기존에 테스트한 화음 중에서 음의 높이를 조정하는 것이다. 이러한 조정은 기존에 HM에 있는 음과는 다른 음을 생성하므로 해 공간을 탐색하는 역할을 한다. 이때 변동폭 *bw*가 크면 기존의 해로부터 멀리 떨어진 해를 생성할 가능성이 높아져 해 공간의 탐사에 기여하게 된다. 그러나 *bw*가 좁으면 기존의 좋은 화음 주위를 탐색하게 되어 탐색의 '다양화'보다는 지역탐색을 '강화'하는 역할을 한다.

이제 지역탐색의 강화 또는 좋은 해의 이용을 촉진하는 인자에 대해 알아보자. 새로운 화음을 생성할 때 '화음기억을 고려'한다. 즉 과거에 발견한 좋은 해(화음)들의 요소를 주어진 일정 확률로 사용한다. 이 확률이 화음기억 수락률(*HMCR*)이다. 이와 같이 HS에서 해를 생성할 때 과거에 발견한 좋은 해(화음)를 기억하고, 일정 확률(*HMCR*)로 이를 이용하여 해를 탐색하는 것이다. 높은 *HMCR*의 사용은 과거에 발견한 좋은 해를 선택하여 상속할 확률을 높게 한다는 의미이다. 이 경우 좋은 해의 이용은 강화되나 화음기억의 다양성 상실로 인해 조기 수렴하여 지역최적에 빠질 수 있다. *HMCR*이 너무 낮으면 탐사는 강화되나 해의 수렴이 느려지게 된다. 앞에서 언급했듯이 흔히 $HMCR = 0.7 \sim 0.95$의 값이 사용된다. 물론 차원이 낮은 문제에서는 이보다 낮은 값이 사용될 수 있다. 또한 이미 언급했듯이 '음 높이 조정'도 지역탐색의 '강화'에 기여할 수 있다.

HS는 화음의 집단(화음기억)을 이용한다. HS에서 화음기억을 고려한 생성과 우수 화음 보존의 확정적 선택은 집단의 다양성을 약화시킬 수 있다. 이를 극복하기 위하여 이웃 유전알고리즘에서 사용되는 이웃 구조와 이웃 진화의 개념을 HS에 결합하여 사용할 것을 제안한다. 또한 화음 집단을 병렬로 처리할 수 있다. HS에 적절한 병렬 알고리즘의 과정을 접합시킬 수 있다.

24.4 화음탐색의 적용

화음탐색(HS)은 연속최적화 문제에서 효율적으로 작동할 뿐 아니라 유한개의 이산 값을 갖는 특정 이산최적화 문제에서도 잘 작동하는 것으로 알려져 있다(Geem *et al.*, 2001; Manjarres *et al.*, 2013).

HS를 제약이 있는 최적화문제에 적용할 때, 새로운 해 생성과정(단계3)에서 비가능해가 생산되면 이를 버리지 않고 목적함수에 벌금을 부과한 적응도(fitness)를 계산하여 사용할 수 있다. 그리고 단계 4에서 화음기억에 있는 화음들과 비교한다, 따라서 화음기억(HM)에는 비가능해가 존재할 수 있다.

HS는 해 생성 개념이 단순하여 다른 휴리스틱 기법과 결합되어 사용하기가 용이하다. Omran & Mahdavi(2008)은 '음 높이 조정'에 입자군집최적화(PSO)에서의 '전역최선위치(global-best position)'를 사용하였다. HS에 쉽게 지역탐색을 결합시킬 수 있다. Fesanghary *et al.*(2008)은 단계 4에서 화음기억을 갱신하기 전에 새로운 해에 대해 특정 확률로 지역탐색을 실시한 후, 화음기억을 갱신하는 방법을 사용하였다. Wang *et al.*(2010)은 흐름생산 일정계획에서 새로이 생산된 해를 지역 탐색시켜 개선하였다. Wang & Li(2012)는 신뢰성 최적화 문제에서 두 집단을 운영하면서 한 집단에는 화음탐색을 다른 집단에는 차분진화(DE)를 사용하여 진화시켰다. 그리고 상호 관련된 두 집단의 운영을 위해 공진화알고리즘을 사용하였다.

일정계획이나 외판원문제와 같은 순서문제에 HS를 사용할 때는 순서로 해석할 수 있는 특별한 연산자나 운용이 요구된다(Wang *et al.*, 2010). 이는 화음(해) 벡터가 연속된 또는 유한개의 실수 값으로 생성되기 때문이다. HS에서는 유전알고리즘에서와 같이 순서문제에 아주 자연스러운 순열 표현을 사용하는 데는 제약이 따른다.

화음탐색은 여러 분야에서 최적화 문제 해결에 적용되고 있다. 공학분야에서는 물 분배 계획(Geem, 2006), 구조설계(Lee, 2005), 열교환기 설계(Fesanghary *et al.*, 2009)의 최적화와 함께 무선망 관리, 레이더 코드 설계, 통신 장비의 유지 보수 관리 등과 관련된 통신분야의 여러 최적화 문제에도 적용되고 있다. 또한, 로봇 제어에 신경망과 함께 HS가 적용되었으며, 전력과 에너지 분야, 방사선 치료 계획 등의 의료분야에도 적용되고 있다(Manjarres *et al.*, 2013).

참고문헌

김여근(2011). *진화알고리즘.* 전남대학교출판부.

김여근, 김선진, 김재윤, 곽재승(1999). 혼합모델 U라인의 작업할당과 투입순서를 위한 공진화알고리즘. *대한산업공학회지,* **25**, 411-420.

김여근, 김재윤(2002). 경쟁 공진화알고리즘에서 경쟁전략들의 비교 분석. *대한산업공학회지,* **28**(1), 87-98.

김여근, 배상윤, 이덕성(1995). Job shop 일정계획을 위한 타부 서치. *대한산업공학회지,* **21**(3), 409-428.

김여근, 윤복식, 이상복(1997). *메타 휴리스틱.* 영지문화사.

김여근, 현철주(1996). 준비시간이 있는 혼합모델 조립라인의 제품투입순서 결정: 타부 서치 기법 적용. *경영과학,* **13**(1), 13-27.

김재윤, 김여근, 신태호(2000). 공생 진화알고리즘에서의 공생자 선택전략 분석. *한국경영과학회지,* **25**, 67-80.

마크 윈스턴(2016), *사라진 벌들의 경고* 전광철, 권영신 역, 홍익출판사.

문병로(2008). *쉽게 배우는 유전알고리즘 : 진화적 접근법.* 한빛미디어(주).

미첼 월드롭(1996). *카오스에서 인공생명으로.* 김기식, 박영규 옮김, 범양사 출판부.

스티븐 레비(1995). *인공생명.* 김동광/과학세대 옮김, 사민서각.

신경석, 김여근(2007). 다목적 최적화를 위한 공생 진화알고리즘. *한국경영과학회지,* **32**(1), 77-91.

윤복식(2011). 자연현상을 모방한 메타휴리스틱. *한국경영과학회/대한산업공학회 춘계공동학술대회 논문집.*

윤복식, 송낙운(1995). 개선된 시뮬레이티드 어닐링 기법에 의한 디지털 필터 설계의 고찰. *한국정보처리학회,* **2**(1), 106-118.

윤복식, 조계연(1996). Simulated annealing의 가속화와 ATM망에서의 가상경로 설정에의 적용. *한국경영과학회지,* **21**(2), 125-140.

토마스 실리(2012), *꿀벌의 민주주의.* 하임수 역, 에코리브르.

피터밀러(2010). *스마트 스웜* (The smart swarm). 이한음 옮김, 김영사.

한국생물과학협회(1998). *생물학사전.* 아카데미서적.

현철주, 김여근(1996). 혼합모델 조립라인의 다목적 투입순서 문제를 위한 유전알고리즘. *대한산업공학회지,* **22**(4), 533-549.

Aarts, E. and Korst, J. (1989). *Simulated annealing and Boltzmann machines*, John Wiley & Sons, New York.

Aarts, E.H.L. and Van Laarhoven, P.J.M. (1987). Simulated annealing: A pedestrian review of the theory and some applications. in: P.A. Devijer and J. Kittler, *Pattern Recognition, Theory and Application*, Springer Verlag, Berlin.

Ahuja, R.K., Ergun, O., Orlin, J.B. and Punnen, A.P. (2002). A survey of very large scale neighborhood search techniques. *Discrete Applied Mathematics*, **123**, 75-102.

Alam, S., Dobbie, G., Koh, Y.S., Riddle, P. and Rehman, S.U. (2014). Research on particle swarm optimization based clustering: A systematic review of literature and techniques. *Swarm and Evolutionary Computation*, **17**, 1-13.

Ali, M.M., Torn, A. and Viitanen, S. (2002). A direct search variant of the simulated annealing algorithm for optimization involving continuous variables. *Computers and Operations Research*, **29**, 87-102.

Angus, D. and Woodward, C. (2009). Multiple objective ant colony optimization. *Swarm Intelligence*, **3**, 69-85.

Aouchiche, M., Bonnefoy, J.M., Fidahoussen, A., Caporossi, G., Hansen, P., Hiesse, L., Lacher′e, J. and Monhait, A. (2006). Variable neighborhood search for extremal graphs 14. The auto-graphiX 2 system. In: Liberti, L., Maculan, N. (eds.) *Global Optimization: From Theory to Implementation*, 281-309. Springer, Berlin.

Atashpaz-Gargari, E. and Lucas, C. (2007). Imperialist competitive algorithm: An algorithm for optimization inspired by imperialistic competition. *Proceedings of IEEE Congress on Evolutionary Computation*, pp.4661-4667.

Axelrod, R. (1987). The Genetic algorithm for the prisoner dilemma problem. *Genetic Algorithms and Simulated Annealing*, Morgan Kaufmann Publishers, 32-41.

Bäck, T. (1995). Evolution strategies: An alternative evolutionary algorithm. *European Conf. on Artificial Evolution*. pp.1-20.

Bäck, T., Hoffmeister, F. and Schwefel, H.P. (1991). A survey of evolution strategies. *4th ICGA*, pp.2-9.

Badr, A. and Fahmy, A. (2004). A proof of convergence for ant algorithms. *Information Sciences*, **160**, 267-279.

Baluja, S. (1993). Structure and performance of fine-grained parallelism in genetic search. *Proc. of the 5th Int. Conf. on Genetic Algorithms*, pp.155-162.

Banks, A., Vincent, J. and Anyakoha, C. (2008). A review of particle swarm optimization. Part II: hybridisation, combinatorial, multicriteria and constrained optimization, and indicative applications. *Natural Computing*, **7**, 109-124

Baum, E.B. (1986). Iterated descent: A better algorithm for local search in combinatorial optimization problems. Technical Report, Caltech, Pasadena, CA.

Bautista, J. and Pereira. J. (2002). Ant algorithms for assembly line balancing. ANTS 2002, *LNCS* 2463, 65-75.

Bautista, J. and Pereira. J. (2007). Ant algorithms for a time and space constrained assembly line balancing problem. *European Journal of Operational Research,* **177**, 2016-2032.

Baxter, J. (1981). Local optima avoidance in depot location. *J. Oper. Res. Soc.,* **32**, 815-819.

Baykasoglu, A. and Dereli, T. (2008). Two-sided assembly line balancing using an ant-colony-based heuristic, *Int. J. Advan. Manu. Tech.*, **36**(5), 582-588.

Baykasoğlu, A., Qwen, S. and Gindy, N. (1999). A taboo search based approach to find Pareto optimal set in multiple objective optimization. *Engineering optimization*, **31**(6), 731-748.

Bean, J.C. (1994). Genetic algorithms and random keys for sequencing and optimization. *ORSA Journal on Computing*, **6**, 154-160.

Beasley, D., Bull, D.R., and Martin, R.R. (1993). A sequential niche technique for multimodal function optimization, *Evolutionary Computation*, **1**(2), 101-125.

Beheshti, Z. and Shamsuddin, S. M. H. (2013). A review of population-based meta-heuristic algorithms. *Int. J. Adv. Soft Comput. Appl.*, **5**(1). 1-35.

Birattari, M., Paquete, L., Stutzle, T. and Varrentrapp, K. (2001). Classification of metaheuristics and design of experiments for the analysis of components. *Technical Report, AIDA-01-05.*

Blackwell, T. M. (2005). Particle swarms and population diversity. *Soft Computing*, **9**(11), 793-802.

Blum, C. (2005). Beam-ACO-hybridizing ant colony optimization with beam search: An application to open shop scheduling. *Computers & Operations Research*, **32**(6), 1565-1591.

Blum, C. (2008). Beam-ACO for simple assembly line balancing. *INFORMS J. Computing,* **20**(4), 618-627.

Blum, C. and Dorigo, M. (2004). The hyper-cube framework for ant colony optimization, *IEEE Transactions on Systems, Man, and Cybernetics –Part B*, **34**(2), 1161-1172.

Brits, R., Engelbrecht, A. P. and van den Bergh, F. (2002). A niching particle swarm optimizer. *Proc. of the 4th Asia-Pacific Conference on Simulated Evolution and Learning* 2002 (SEAL 2002), pp.692-696.

Bull, L. (1997). Evolutionary computing in multi-agent environments: partners. *Proc. of the 7th Int. Conf. on Genetic Algorithms*, pp.370-377.

Bull, L. and Fogarty, T.C. (1995). Artificial symbiogenesis. *Artificial Life*, **2**, 269-292.

Bullnheimer, B., Hartl R. F. and Strauss C. (1999). An improved ant system algorithm for the vehicle routing problem. *Annals of Operations Research*, **89**, 319-328.

Bullnheimer, B., Kotsis, G., and Strauss, C. (1999). A new rank-based version of the ant system: A computational study. *Central European Journal for operations Research and Economics*, **7**(1), 25-38.

Cagnina, L., Esquivel, S. and Coello, C (2006). A particle swarm optimizer for constrained numerical optimization. In: Parallel problem solving from nature-PPSN IX, pp. 910-919.

Caporossi, G. and Hansen, P. (2000). Variable neighborhood search for extremal graphs 1. The Auto-GraphiX system. *Discrete Math.*, **212**, 29-44.

Caporossi, G. and Hansen, P. (2004) Variable neighborhood search for extremal graphs 5. Three ways to automate finding conjectures. *Discrete Math.*, **276**, 81-94.

Chan, K.C. and Tansri, H. (1994). A study of genetic crossover operations on the facilities layout problem. *Computers & Industrial Engineering,* **26**, 537-550.

Chen, S., Luk, B.L. (1999). Adaptive simulated annealing for optimization in signal processing applications. *Signal Process,* **79**, 117-128.

Chong, C.S. and Low, M.Y.H., Sivakumar, A.I., Gay, K.L. (2006). A Bee colony optimization algorithm to job shop scheduling simulation. *Proc. of the 2006 Winter Simulation Conference*, pp.1954-1961.

Chu, P. and Beasley, J. (1998). A genetic algorithm for the multidimensional knapsack problem. *Journal of Heuristics*, **4**(1), 63-86.

Chu, S.C., Roddick, J.F. and Pan, J.S. (2004). Ant colony system with communication strategies. *Information Sciences*, **167**, 63-76.

Clerc, M. and Kennedy, J. (2002). The particle swarm-explosion, stability and convergence in a multidimensional complex space. *IEEE Transactions on Evolutionary Computation,* **6**(1), 58-73.

Coello, C.A., Lamont, G.B. and Van Veldhuizen. D.A. (2007). *Evolutionary Algorithms for Solving Multi-Objective Problems.* 2nd ed., Springer.

Coello, C.A., Pulido, T.G. and Lechuga, M.S. (2004). Handling multiple objectives with particle swarm optimization. *IEEE Transactions on Evolutionary Computation*, **8**(3), 256-279.

Colorni, A., Dorigo, M. and Maniezzo, V. (1991). Distributed optimization by ant colonies. *Proc. of ECAL91-European Conference on Artificial Life*, Elsevier Publishing: pp.134-142.

Costa, D. and Hertz, A. (1997). Ants can colour graphs. *Journal of the Operational Research Society*, **48**, 295-305.

Crainic, T.G., Toulouse, M. and Gendreau, M. (1997). Toward a taxonomy of parallel tabu search heuristics. *INFORMS Journal of Computing*, **9**(1), 61-72.

Dar-El, E.M. and Navidi, A. (1981). A mixed-model sequencing application. *International Journal of Production Research*, **19**, 69-84.

Das, S., Konar, A., and Chakraborty, U. K. (2005). Improving particle swarm optimization with differentially perturbed velocity. *Proc. of the 2005 Conf. on Genetic and Evolutionary Computation*, ACM Press, pp.177-184.

Davis, L. (1985). Applying adaptive algorithms to epistatic domains. *Proc. of the 9th Int. Joint Conf. on Artificial Intelligence*, pp.162-164.

Davis, L. (1991). *Handbook of Genetic Algorithms*. Van Nostrand Reinhold, New York.

De Jong, K. A. (1975). *An analysis of the behavior of a class of genetic adaptive systems*. Doctoral dissertation, University of Michigan.

Deb, K. (2000). An efficient constraint handling method for genetic algorithms. *Computer Methods in Applied Mechanics and Engineering*, **186**, 311-338.

Deb, K. (2001). *Multi-objective Optimization using Evolutionary Algorithms*. John Wiley & Sons, Chichester, England.

Deb, K., Pratap, A., Agarwal, S. and Meyarivan, T. (2002). A fast and elitist multiobjective genetic algorithm: NSGA-II. *IEEE Transactions on Evolutionary Computation*, **6**(2), 182-197.

Deb, K., Thiele, L., Laumanns, M. and Zitzler, E. (2001). Scalable test problems for evolutionary multi-objective optimization. TIK-Report No.112, Computer engineering and networks laboratory (TIK), Swiss Federal Institute of Technology (ETH) Zurich.

del Valle,Y., Venayagamoorthy, G. K. Mohagheghi, S., Hernandez, J-C., and Harley, R. G. (2008). Particle swarm optimization: Basic concepts, variants and applications in power systems. *IEEE Transactions on Evolutionary Computation*, **12**(2), 171-195.

Deneubourg, J-L, Aron, S. and Goss, S. (1990). The self-organizing exploratory pattern of the Argentine ant. *J. of Insect Behavior*, **3**, 159-168.

Doerner, K., Gutjahr, W.J., Hartl, R.F., Strauss, C. and Stummer, C. (2004). Pareto ant colony optimization:

A metaheuristic approach to multiobjective portfolio selection. *Annals of Operations Research*, **131**(1), 79-99.

Dorigo, M. (1992). *Optimization, Learning and Natural Algorithms* [in Italian]. PhD These, Departimento di Elettornica, Politecnico di Milano, Milan.

Dorigo, M. and Blum, C. (2005). Ant colony optimization theory: A survey. *Theoretical Computer Science*, **344**, 243-278.

Dorigo, M. and Di Caro G. (1999a). The ant colony optimization: A new meta-heuristic. *Proc. of the IEEE Congress on Evolutionary Computation*, **2**, pp.1470-1477.

Dorigo, M. and Di Caro G. (1999b). The ant colony optimization meta-heuristic. In D. Corne *et al.* Editors, *New Ideas in Optimization*, pp.11-32, McGraw-Hill.

Dorigo, M. and Gambardella, L. M. (1997a). Ant colonies for traveling salesman problem. *BioSystems*, **43**(2), 73-81.

Dorigo, M. and Gambardella, L. M. (1997b). Ant colony system: A cooperative learning approach to the traveling salesman problem. *IEEE Transactions on Evolutionary Computation*, **1**(1), 53-66.

Dorigo, M. and Maniezzo, V. (1993). Parallel genetic algorithm: Introduction and overview of current research. In Joachim Stender Editors, *Parallel Genetic Algorithms: Theory and Applications*, IOS Press, 5-42.

Dorigo, M. and Stűtzle, T. (2001). An experimental study of the simple ant colony optimization algorithm. *Proc. of 2001 WSES Int. Conf. on Evolutionary Computation (EC'01)*, pp.253-258.

Dorigo, M. and Stűtzle, T. (2004). *Ant Colony Optimization.* MIT press.

Dorigo, M., Colorni A. and Maniezzo V. (1991). Positive Feedback as a Search Strategy. *Technical Report TR91-016*, Politecnico di Milano.

Dréo, J., Siarry, P., Pétrowski A. and Tallard, E. (2010). *Metaheuristics for hard optimization.* Springer-Verlag.

Duech, G. and Scheuer, T. (1990). Threshold accepting: A general purpose optimization algorithm appearing superior to simulated annealing. *Journal of Computational Physics*, **90**, 161-175.

Dueck, G. (1993). New optimization heuristics: The great deluge algorithm and the record-to-record travel. *Journal of Computational Physics*, **104**(1), 86-92.

Eberhart, R.C. and Kennedy, J. (1995). A new optimizer using particle swarm theory. *Proc. of the 6th Int. Symp. on micromachine and human science*, 39-43.

Eberhart, R.C. and Shi, Y. (2000). Comparing inertia weights and constriction factors in particle swarm optimization. *Proc. of the IEEE Congress on Evolutionary Computation*, **1**, 84-88.

El-Gallad, A.I., El-Hawary, M.E., Sallam, A.A. and Kalas, A. (2002). Enhancing the particle swarm optimization via proper parameters setting. In *Canadian Conference on Electrical and Computer Engineering*, 792-797.

Ellabib, I., Calamai, P. and Basir, O. (2007). Exchange strategies for multiple ant colony system. *Information Sciences*, **177**, 1248-1264.

Engelbrecht, A.P. (2005). *Fundaments of Computational Swarm Intelligence.* John Wiley & Sons, England.

Falkenauer, E. (1994). A new representation and operators for genetic algorithm applied to grouping problems. *Evolutionary Computation*, **2**(2), 123-144.

Falkenauer, E. (1995). Solving equal piles with the grouping genetic algorithm. *Proc. of the 6th Int. Conf.*

on Genetic Algorithms, Morgan Kaufmann, pp.492-497.

Feoktistov, V. (2006). *Differential Evolution. In Search of Solutions.* Springer.

Fesanghary, M., Damangir, E. and Soleimani, I. (2008). Hybridizing harmony search algorithm with sequential quadratic programming for engineering optimization problems. *Comput. Methods Appl. Mech. Eng.,* **197**, 3080-3091.

Fesanghary, M., Damangir, E. and Soleimani, I. (2009). Design optimization of shell and tube heat exchangers using global sensitivity analysis and harmony search algorithm. *Appl. Therm. Eng.*, **29**(5), 1026-1031.

Fogel, D.B. (1991). *System Identification through Simulated Evolution: A Machine Learning Approach to Modeling.* Needham, MA: Ginn Press.

Fogel, D.B. (1993). Evolving behaviors in the iterated prisoner's dilemma. *Evolutionary Computation*, **1**(1), 77-97.

Fogel, D.B. (2000). *Evolutionary Computation: Toward a New Philosophy of Machine Intelligence.* 2nd ed., IEEE Press, New York.

Fogel, D.B., Fogel, L.J. and Atmar, J.W. (1991). Meta-evolutionary programming. *Proc.* In: Chen, R.R editor. *25th Asilomar Conf. on Signals, Systems and Computers*, Maple Press, San Jose, CA, pp.540-545.

Fogel, L.J., Angeline, P.J. and Fogel, D.B. (1995). An evolutionary programming approach to self-adaptation on finite state machine. *Proc. of the 4th Annual Conf. on Evolutionary Programming*, pp.355-365.

Fogel, L.J., Owens A. J. and Walsh, M. J. (1966). *Artificial Intelligence through Simulated Evolution.* John Wiley, Chichester, UK.

Gambardella, L., Taillard, E. and Agozzi, G. (1999). MACS-VRPTW: a multiple ant colony system for vehicle routing problems with time windows. in: D. Corne, M. Dorigo, F. Glover (Eds.*), New Ideas in Optimization, Advances Topics in Computer Science*, McGraw-Hill, London, pp.63-76.

Gambardella, L.M. and Dorigo, M. (1995). Ant-Q: A reinforcement learning approach to the travelling salesman problem. *Proc. of the 12th Int. Conf. on Machine Learning* (ML-95), pp.252-260, Palo Alto, CA, Morgan Kaufmann.

Gambardella, L.M., Taillard, E.D., and Dorigo, M. (1999). Ant colony for the quadratic assignment problem. *Journal of the Operational Research Society*, **50**(2), 167-176.

Garcia-Gonzalo, E. and Fernandez-Martinez, J. L. (2012). A brief historical review of particle swarm optimization (PSO). *J. of Bioinformatics and Intelligent Control*, **1**, 3-16.

García-Martínez, C., Cordòn, O. and Herrera F. (2007). A taxonomy and an empirical analysis of multiple objective ant colony optimization algorithms for the bi-criteria TSP. *European Journal of Operational Research*, **180**, 116-148.

Geem, Z., Kim, J. and Loganathan, G. (2001). A new heuristic optimization algorithm: harmony search. *Simulation*, **76** (2), 60-68.

Geem, Z.W. (2006). Optimal cost design of water distribution networks using harmony search. *Eng. Optim.*, **38**, 259-280.

Geman, S. & Geman, D. (1984). Stochastic relaxation, Gibbs distribution, and the Bayesian restoration of image. *IEEE Tansaction on Pattern Recognition and Machine Intelligence*, v.PAMI-6, 721-741.

Gen, M and Cheng, R. (2000). *Genetic Algorithms & Engineering Optimization.* John Wiley & Sons.

Gendreau, M., Potvin, J.-Y. editors (2010). *Handbook of metaheuristics*. Springer.

Gidas, B. (1985). Non-stationary Markov chains and convergence of the annealing algorithms. *J. Statistical Phys.*, **39**, 73-131.

Glover, F. (1986). Future paths for integer programming and links to artificial intelligence. *Computers and Operations Research*, **13**(5), 533-549.

Glover, F. (1989). Tabu search - Part I. *ORSA Journal on Computing*, **1**(3), 190-206.

Glover, F. (1990). Tabu search - Part II. *ORSA Journal on Computing*, **2**(1), 4-32.

Glover, F. (1996). Ejection chains, reference structures and alternating path methods for the traveling salesman problem. *Discrete Applied Mathematics 65*, 223-253.

Glover, F. and Laguna, M. (1993). Tabu search, modern heuristic techniques for combinatorial problems. C. Reeves (ed.). *Blackwell Scientific Publishing*, Oxford, 70-141.

Glover, F. and Laguna, M. (1997). *Tabu search*. Kluwer, Boston.

Goldberg, D.E. (1989a). *Genetic Algorithms in Search, Optimization & Machine Learning*. Addison-Wesley, Reading, MA.

Goldberg, D.E. and Lingle, R. (1985). Alleles, loci and the TSP. *Proc. of the 1st Int. Conf. on Genetic Algorithms*, Lawrence Erlbaum Associates, Hillsdale, NJ, pp.154-159.

Guntsch, M. and Middendorf, M. (2003). Applying population based ACO to dynamic optimization problems. *Proceedings of 3rd Int. workshop ANTS*, pp.111-122

Gutjahr, W.J. (2000). A Graph-based ant system and its convergence. *Future Generation Computer Systems*, **16**(8), 878-888.

Hansen, M. P. (1997). Tabu search for multiobjective optimization: MOTS. In *Proc. 13th Int. Conf. on Mutiple Criteria Decision Making (DCMD'97).*

Hansen, P., Mladenovi´c, N. and Moreno P´erez, J.A. (2008a). Variable neighborhood search. *Eur. J. Oper. Res.*, **191**, 593-595.

Hansen, P., Mladenovi´c, N. and Moreno P´erez, J.A. (2008b). Variable neighborhood search: methods and applications. *4OR, A Quarterly J. Oper. Res.*, **6**(4), 319-360.

Hansen, P., Mladenovi´c, N., Brimberg, J. and Perez J.A.M. (2010). Variable neighborhood search. In *Handbook of metaheuristics*, 2nd, Springer, pp.61-86.

He, Q. and Wang, L. (2007). A hybrid particle swarm optimization with a feasibility-based rule for constrained optimization. *Appl Math Comput*, **186**, 1407-1422

Heng, J., Wu, Q. and Song W. (2007). An improved particle swarm algorithm for solving nonlinear constrained optimization problems. In: IEEE, 2007, 112-117.

Heppner, F. and Grenander, U. (1990). A Stochastic nonlinear model for coordinated bird flocks. *The Ubiquity of Chaos*, AAAS Publications.

Hillis, D.W. (1990). Co-evolving parasites improve simulated evolution as an optimization procedure. *Physica D*, **42**, 228-234.

Hoffmeister, F. and Bäck, T. (1990). Genetic algorithms and evolution strategies: similarities and differences. Technical Report, No.365, Department of Computer Science, University of Dortmund.

Holland, J.H. (1975). *Adaptation in Natural and Artificial Systems*. University of Michigan Press, Ann Arbor.

Holland, J.H. (1976). Studies of the spontaneous emergence of self-replicating systems using cellular automata and formal grammars. In: Lindenmayer, A. and Rozenberg, G.A. editors. *Automata, Languages, Development*, North-Holland, pp.385-404.

Holland, J.H. (1980). Adaptive algorithms for discovering and using general patterns in growing knowledge-bases. *International Journal of Policy Analysis and Information Systems*, **4**, 245-268.

Hu, X. and Eberhart, R. (2002). Solving constrained nonlinear optimization problems with particle swarm optimization. In *Proc. 6th World Multiconference on Systemics, Cybernetics and Informatics (SCI 2002)*.

Huang, M.D., Romeo, F. and Sangiovanni-Vincentelli, A.L. (1986). An efficient general cooling schedule for simulated annealing. *Proc. of IEEE Int. Conf. on Computer-Aided Design*, Santa Clara, pp.381-384.

Hubscher, R. and Glover, F. (1994). Applying tabu Search with influential diversification to multiprocessor scheduling. *Computers and Operations Research*, **21**(8), 877-884.

Husband, P. and Mill, F. (1991). Simulated co-evolution as the mechanism for emergent planning and scheduling. *Proc. of the 4th Int. Conf. on Genetic Algorithms*, pp.264-270.

Hyun, C.H., Kim, Y.H. and Kim, Y.K. (1998). A genetic algorithm for multiple objective sequencing problems in mixed model assembly. *Computers & Operations Research,* **25**, 657-690.

Iredi, S., Merkle, D. and Middendorf, M. (2001). Bi-criterion optimization with multi-colony ant algorithms. in: Proc. First International Conference on Evolutionary Multi-criterion Optimization (EMO'01), Lecture Notes in Computer Science 1993, 359-372.

Jiang, M., Luo, Y. P. and Yang, S.Y. (2007). Particle swarm optimization: stochastic trajectory analysis and parameter selection. In: Chan, F.T.S. and Tiwari, M.K. editors. *Swarm Intelligence: Focus on Ant and Particle Swarm Optimization*, I-TECH Education and Publishing, Vienna, Austria, 179-198.

Johnson, D.S, Aragon, C.R., Mcgeoch, L.A. and Schevon, C. (1989). Optimization by simulated annealing: an experimental evaluation: Part I. graph partitioning. *Operations Research*, **37**, 865-892.

Johnson, D.S, Aragon, C.R., Mcgeoch, L.A. and Schevon, C. (1991). Optimization by simulated annealing: an experimental evaluation: Part II. graph-coloring and number partitioning. *Operations Research*, **39**, 378-406.

Jordehi, A. R. (2015). A review on constraint handling strategies in particle swarm Optimization. *Neural Comput & Applic.* DOI 10.1007/s00521-014-1808-5.

Juillé, H. (1995). Evolution of non-deterministic incremental algorithms as a new approach for search in state spaces. *Proc. of the 6th Int. Conf. on Genetic Algorithms*, pp.351-358.

Juillé, H. and Pollack, J.B. (1998). Coevolutionay learning: A case study. *Proc. of the 15th Int. Conf. on Machine Learning*, pp.251-259.

Kaji, T. (2001). Approach by ant tabu agents for traveling salesman problem. In *Proceedings of the IEEE International Conference on Systems, Man, and Cybernetics*, volume 5, pages 3429-3434, October 2001.

Karaboga, D. (2005). An idea based on honey bee swarm for numerical optimization (Technical Report-Tr06, October, 2005), Erciyes University, Department of Computer Engineering, Kayseri, Turkey.

Karaboga, D. and Basturk, B. (2007). A powerful and efficient algorithm for numerical function optimization: artificial bee colony (ABC) algorithm. *J. Global. Optim.*, **39**, 459-471.

Karaboga, D., Akay, B. and Ozturk, C. (2007). Artificial bee colony (ABC) optimization algorithm for training feed-forward neural networks. LNCS (LNAI), vol. 4617, pp.318-329. Springer.

Karaboga, D., Gorkemli, B., Ozturk, C. and Karaboga, N. (2014). A comprehensive survey: artificial bee colony (ABC) algorithm and applications. *Artificial Intelligence Review*, **42**(1), 21-57.

Karaboga, N., Kalinli, A. and Karaboga, D. (2004). Designing digital IIR filters using ant colony Optimization algorithm. *Engineering Applications of Artificial Intelligence*, **17**, 301-309.

Kassabalidis, I.N., El-Shurkakwi, M.A., Marks, R.J., Moulin, L.S. and Alves da Silva, A.P. (2002). Dynamic security border identification using enhanced particle swarm optimization. *IEEE Transactions on Power Systems*, **16**(3), 723-729.

Kauffman, S.A. (1993). *The Origins of Order: Self-organization and selection in evolution*. Oxford University Press.

Kauffman, S.A. and Johnsen, S (1991). Coevolution to the edge of chaos: Coupled fitness landscape, poised states and coevolutionary avalanches. *J. Theor. Biol.*, **149**, 467-505.

Kelly, J.P., Laguna, M. and Glover, F. (1994). A study on diversification strategies for the quadratic assignment problem. *Computers and Operations Research*, **22**(8), 885-893.

Kennedy, J. (1997). The particle swarm: Social adaptation of knowledge. *Proc. of the IEEE Int. Conf. on Evolutionary Computation*, 303-308.

Kennedy, J. (2003). Bare Bones particle swarms. In *Proc. of IEEE Swarm Intelligence Symposium*, pp.80-87.

Kennedy, J. and Eberhart, R.C. (1995). Particle swarm optimization. *Proc. of IEEE Int. Joint Conf. on Neural Networks*, IEEE Press, pp.1942-1948.

Kennedy, J. and Eberhart, R.C. (2001). *Swarm Intelligence.* Morgan Kaufmann.

Kennedy, J. and Mendes, R. (2002). Population structure and particle performance. *Proceedings of the IEEE Congress on Evolutionary Computation*, IEEE Press, 1671-1676.

Khare, A. and Rangnekar, S. (2013). A review of particle swarm optimization and its applications in Solar Photovoltaic system. *Applied Soft Computing*, **13**, 2997-3006.

Khuri, S., Schütz, M. and Heitkötter, J. (1995). Evolutionary heuristics for the bin packing problem. *Proc. of Artificial Neural Nets and Genetic Algorithms*, pp.285-288.

Kim, J.Y. and Kim, Y.K. (2005). Multileveled symbiotic evolutionary algorithm: Application to FMS loading problems. *Applied Intelligence*, **22**(3), 233-249.

Kim, J.Y., Kim Y. and Kim, Y.K. (2001). An endosymbiotic evolutionary algorithm for optimization. *Applied Intelligence*, **15**, 117-130.

Kim, Y.K., Hyun, C.J. and Kim, Y. (1996). Sequencing in mixed model assembly lines: A genetic algorithm approach. *Computers & Operations Research*, **23**, 1131-1145.

Kim, Y.K., Kim, J.Y. and Kim, Y. (2000a). A coevolutionary algorithm for balancing and sequencing in mixed model assembly lines. *Applied Intelligence*, **13**, 247-258.

Kim, Y.K., Kim, J.Y. and Kim, Y. (2004). A tournament-based competitive coevolutionary algorithm. *Applied Intelligence*, **20**(3), 267-280.

Kim, Y.K., Kim, J.Y. and Kim, Y. (2006). An endosymbiotic evolutionary algorithm for the integration of balancing and sequencing in mixed-model U-lines. *European Journal of Operational Research*, **168**(3), 838-852.

Kim, Y.K., Kim, J.Y. and Shin, K.S. (2007). An asymmetric multileveled symbiotic evolutionary algorithm for integrated FMS scheduling. *Journal of Intelligent Manufacturing*, **18**(6), 631-645.

Kim, Y.K., Kim, S.J. and Kim, J.Y. (2000b). Balancing and sequencing mixed-model U-lines with a coevolutionary algorithm. *Production Planning & Control*, **11**, 754-764.

Kim, Y.K., Kim, Y. and Kim, J.Y. (2000c). An endosymbiotic approach to multiple sub-problem optimization. *Proc. of 2nd Asia-Pacific Conf. on Genetic Algorithms and Applications*, pp.290-299.

Kim, Y.K., Kim, Y. J. and Kim, Y. (1996). Genetic algorithms for assembly line balancing with various objectives. *Computers and Industrial Engineering*, **30**, 397-409.

Kim, Y.K., Park, K. and Ko, J. (2003). A symbiotic evolutionary algorithm for the integration of process planning and job shop scheduling. *Computers & Operations Research*, **30**(8), 1151-1171.

Kim, Y.K., Song, W.S. and Kim, J.H. (2009). A mathematical model and a genetic algorithm for two-sided assembly line balancing, *Computers & Operations Research*, **36**(3), 853-869.

Kirkpatrick, S., Gelatt Jr., C.D. and Vecchi, M.P. (1983). Optimization by simulated annealing. *Science*, **220**, 671-680

Knowles, J.D. and Corne, D.W. (2000). Approximating the nondominated front using the Pareto archived evolution strategy. *Evolutionary Computation*, **8**(2), 149-172.

Kong, M. and Tian, P. (2006). Introducing a binary ant colony optimization. *Ant Colony Optimization and Swarm Intelligence, 5th International workshop*, ANTS 2006, LNCS 4150, pp.444-451.

Konstantinos, S., Parsopoulos, K.E. and Vrahatis, M.N. (2004). On the computation of all global minimizers through particle swarm optimization. *IEEE Transactions on Evolutionary Computation*, **8**(3), 211-224.

Koulamas, C., Anthony, S. R. and Jaen, R. (1994). A survey of simulated annealing application to operations-research problems. *OMEGA International Journal of Management*, **22**, 41-56.

Koza, J.R. (1992). *Genetic Programming: On the Programming of Computers by Means of Natural Selection.* The MIT Press: Massachusetts.

Koza, J.R. (1994). *Genetic Programming II: Automatic Discovery of Reusable Programs.* The MIT Press: Massachusetts.

Krink, T., Vesterstrom, J. and Riget, J. (2002). Particle swarm optimization with spatial particle extension. *Proc. of the 2002 Congress on Evolutionary Computation, CEC2002*, vol. 2, IEEE, pp.1474-1479.

Krohlin, R.A. and dos Santos Coelho L. (2006). Coevolutionary particle swarm optimization using Gaussian distribution for solving constrained optimization problems. *IEEE Trans. Syst. Man Cybern. B Cybern.*, **36**, 1407-1416.

Kursawe, F. (1991). A variant of evolution strategies for vector optimization. *Parallel Problem Solving from Nature*, Springer-Verlag, 193-197.

Laskari, E.C., Parsopoulos, K.E. and Vrahatis, M.N. (2001). Particle swarm optimization for integer programming. *Proc. of the IEEE Congress on Evolutionary Computation*, 1582-1587.

Lee, K. and Geem, Z. (2005). A new meta-heuristic algorithm for continuous engineering optimization: harmony search theory and practice. *Computer Methods in Applied Mechanics and Engineering*, **194**, 3902-3933.

Lee, K.S., Geem, Z. W. and Lee, S. H. (2005). The harmony search heuristic for discrete structural optimization. *Eng. Optim.*, **37**, 663-684.

Lee, Z-J., Lee, C-Y. and Su, F. (2002). An immunity-based ant colony optimization algorithm for solving weapon-target assignment problem. *Applied Soft Computing*, **2**(1), 39-47.

Levine, J.M. and Ducatelle, F. (2004). Ant colony optimization and local search for bin-packing and cutting stock problems. *J. of Oper. Res. Soc.*, **55**(7). 705-716.

Li, X. (2004). Adaptively choosing neighbourhood bests using species in a particle swarm optimizer for multimodal function optimization. *Genetic and Evolutionary Computation*-GECCO 2004, LNCS 3102, pp.105-116.

Li, X., Tian, P. and Kong, M. (2005). A novel particle swarm optimization for constrained optimization problems. In: AI 2005: advances in artificial intelligence, pp.1305-1310.

Liang, J. and Suganthan, P. (2006). Dynamic multi-swarm particle swarm optimizer with a novel constraint-handling mechanism. In: 2006 *IEEE Congress on Evolutionary Computation*, pp 9-16

Lourenco, H.R.L., Martin, O.C. and Stützle, T. (2010). Iterative local search: Framework and Application. In Editors Gendreau M. and Potvin, M., *Handbook of metaheuristics*, 2nd, Springer, 363-397.

Lu, H. and Chen, W. (2006). Dynamic-objective particle swarm optimization for constrained optimization problems. *J. Comb. Optim.*, **12**, 409-419.

Lu, H. and Chen, W. (2008). Self-adaptive velocity particle swarm optimization for solving constrained optimization problems. *J. Global. Optim.,* **41**, 427-445.

Lučić, P. and Teodorović, D. (2001). Bee system: modeling combinatorial optimization transportation engineering problems by swarm intelligence. In: Preprints of the TRISTAN IV Triennial Symposium on Transportation Analysis, pp.441-445.

Luić, P. and Teodorović, D. (2002). Transportation modeling: An artificial life approach. In *Proceedings of Fourteenth IEEE International Conference on Tools with Artificial Intelligence*, 216-223.

Lundy, M. and Mees, A. (1986). Convergence of an annealing algorithm. *Mathematical Programming*, **34**, 111-124.

Magoulas, G. D., Vrahatis, M. N. and Androulakis, G. S. (1997). On the alleviation of local minima in backpropagation. *Nonlinear Anal. Theory Meth. Appl.*, **30**(7), 4545-4550.

Mahdavi, M., Fesanghary, M. and Damangir, E. (2007). An improved harmony search algorithm for solving optimization problems. *Applied Mathematics and Computation*, **188**, 1567-1579.

Maher, M.L. and Poon. J. (1996). Modeling design exploration as co-evolution. *Microcomputers in Civil Engineering*, **11**(3), 195-209.

Manderick, B. and Spiessens, P. (1989). Fine-grained parallel genetic algorithms. *Proc. 3rd Int. Conf. on Genetic Algorithms,* pp.428-433.

Maniezzo, V. (1999). Exact and approximate nondeterministic tree-search procedures for the quadratic assignment problem. *INFORMS Journal of Computing*, **11**(4), 358-369.

Maniezzo, V. and Carbonaro, A. (2000). An ANTS heuristic for the frequency assignment problem. *Future Generation Computer Systems*, **19**(8), 927-935.

Maniezzo, V. and Colorni, A. (1999). The ant system applied to the quadratic assignment problem. *IEEE*

Transactions on Data and Knowledge Engineering, **11**(5), 769-778.

Manjarres, D., Landa-Torres, I., Gil-Lopez, S., DelSer, J., Bilbao, M.N., Salcedo-Sanz, S. and Geem, Z.W. (2013). A survey on applications of the harmony search algorithm. *Engineering Applications of Artificial Intelligence*, **26**, 1818-1831.

Margulis, L. (1970). *Origin of Eukaryotic Cells.* Yale University Press, New Haven.

Margulis, L. (1981). *Symbiosis in Cell Evolution.* W.H. Freeman, San Francisco.

Martin, O. and Otto, S.W. (1996). Combining simulated annealing with local search heuristics. *Ann. Oper. Res.*, **63**, 57-75.

Martin, O., Otto, S.W. and Felten, E.W. (1991). Large-step Markov chains for the traveling salesman problem. *Complex Syst.*, **5**(3), 299-326.

Martin, O., Otto, S.W. and Felten, E.W. (1992). Large-step Markov chains for the TSP incorporating local search heuristics. *Oper. Res. Lett.*, **11**, 219-224.

Mathur, M., Karale, S. B., Priye, S., Jayaraman, V. K. and Kulkarni, B. D. (2000). Ant colony approach to continuous function optimization. *Ind. Eng. Chem. Res.*, **39**, 3814-3822.

Merkle, D., Middendorf, M. and Schmeck, H. (2002). Ant colony optimization for resource-constrained project scheduling. *IEEE Transactions on Evolutionary Computation*, **6**(4), 333-346.

Merkle, L.D. and Lamont, G.B. (1993). Comparison of parallel messy genetic algorithm data distribution strategies. *Proc. of the 5th Int. Conf. on Genetic Algorithms*, pp.191-198.

Metropolis, N., Rosenbluth, A., Rosenbluth, M., Teller, A. and Teller, E. (1953). Equation of state calculations by fast computing machines. *J. of Chem. Physics*, **21**, 1087-1092.

Michalewicz, Z. (1996). *Genetic Algorithms + Data Structures = Evolution Programs.* 3rd ed., Springer-Verlag.

Michalewicz, Z. and Fogel, D. (2000). *How to Solve It: Modern heuristics.* Springer-Verlag, Berlin.

Michalewicz, Z. and Janikow, C. (1992). GENOCOP: A genetic algorithm for numerical optimization problems with linear constraints. *Accepted for Publication, Communications of the ACM.*

Middendorf, M., Reischle, F. and Schmeck, H. (2002). Multi colony ant algorithms. *Journal of Heuristics*, Special Issue on Parallel Metaheuristics, **8**(3), 305-320.

Millonas, M. (1994). Swarms, phase transitions, and collective intelligence. In: Langton, C.G., editor. *Artificial Life III*, Addison Wesley, pp.417-445.

Mladenovi´c, N. and Hansen, P. (1997). Variable neighborhood search. *Comp. Oper. Res.*, **24**, 1097-1100.

Moriarty, D.E. and Miikkulainen, R. (1998). Forming neural networks through efficient and adaptive coevolution. *Evolutionary Computation*, **5**, 373-399.

Mostaghim, S. and Teich, J. (2003). The role of ε-dominance in multi-objective particle swarm optimization methods. *Proceedings of the IEEE World Congress on Evolutionary Computation*, 1764-1771.

Oliver, I M., Smith, D.J. and Holland, J.R.C. (1987). A study of permutation crossover operators on the traveling salesman problem. *Proc. of the 2nd Int. Conf. on Genetic Algorithms*, Lawrence Erlbaum Associates, Hillsdale, NJ, pp.224-230.

Olsson, B. (1996). Optimization using a host-parasite model with variable-size distributed populations. *IEEE 3rd Int. Conf. on Evolutionary Computation*, pp.295-299.

Omran, M.G.H. and Mahdavi, M. (2008). Global-best harmony search, *Applied Mathematics and Computation*, **198**, 643-656.

Ozcan, E. and Mohan, C. K. (1999). Particle swarm optimization: Particles surfing the waves. *Proceedings of the 1999 Congress on Evolutionary Computation*, 1939-1944.

Paessens, H. (1988). The savings algorithm for the vehicle routing problem. *European Journal of Operations Research,* **34**, 336-344.

Paredis, J. (1995). Coevolutionary computation. *Artificial Life*, **2**, 355-375.

Paredis, J. (1999). Coevolution, memory and balance. *Proc. of the 16th Int. Joint Conf. on Artificial Intelligence*, pp.1212-1217.

Parsopoulos, K.E. and Vrahatis, M.N. (2001c). Modification of the particle swarm optimizer for locating all the global minima. In *Proc. of the Int. Conf. on Artificial Neural Networks and Genetic Algorithms*, 324-327.

Parsopoulos, K.E. and Vrahatis, M.N. (2002). Particle swarm optimization method for constrained optimization problems. *Intelligent technologies-theory and applications*, ISO press, pp.214-220.

Parsopoulos, K.E., Plagianakos, V.P., Magoulas, G.D. and Vrahatis, M.N. (2001a). Objective function "Stretching" to alleviate convergence to local minima. *Nonlinera Analysis, Theory, Methods and Applications*, **47**(5), 3419-3424.

Parsopoulos, K.E., Plagianakos, V.P., Magoulas, G.D. and Vrahatis, M.N. (2001b). Stretching technique for obtaining global minimizers through particle swarm optimization. *In Proc. of the IEEE Workshop on Particle Swarm Optimization*, pp.22-29.

Pellegrini, P., Favaretto, D. and Moretti, E. (2006). On max-min ant system's parameters. *Ant Colony Optimization and Swarm Intelligence, 5th International workshop*, ANTS 2006, LNCS 4150, pp.203-214.

Petty, C.B., Leuze, M.R. and Grefenstette, J.J. (1987). A parallel genetic algorithm. *Proc. 2nd Int. Conf. on Genetic Algorithms*, pp.155-161.

Poon, J. and Maher, M.L. (1996). Emergent behavior in co-evolutionary design. *Artificial Intelligence in Design AID'96*, 703-722.

Potter, M.A. (1997). *The design and analysis of a computational model of cooperative coevolution.* Ph.D. dissertation, George Mason University.

Potter, M.A. and De Jong, K.A. (1994). A cooperative coevolutionary approach to function optimization. *Proc. of the 3rd Conf. on Parallel Problem Solving from Nature*, pp.249-257.

Potter, M.A., De Jong, K.A. and Grefenstette, J.J. (1995). A coevolutionary approach to learning sequential decision rules. *Proc. of the 6th Int. Conf. on Genetic Algorithms*, pp.366-372.

Powell, D. and Skolnick, M.M. (1993). Using genetic algorithms in engineering design optimization with non-linear constraints. *Proc. of the 5th Int. Conf. on Genetic Algorithms*, pp.424-430.

Rajesh, J., Gupta, K., Kusumakar, H.S., Jayaraman, V.K. and Kulkarni, B.D. (2001). Dynamic optimization of chemical processes using ant colony framework. *Computers and Chemistry*, **25**, 583-595.

Rana, S, Jasola, S. and Kumar, R. (2011). A review on particle swarm optimization algorithms and their applications to data clustering. *Artif. Intell. Rev.*, **35**, 211-222.

Rashedi, E., Nezamabadi, S. and Saryazdi, S. (2009). GSA: a gravitational search algorithm. *Information*

Sciences, **179**(13), pp.2232- 2248.

Ray, T. and Liew, K. (2001). A swarm with an effective information sharing mechanism for unconstrained and constrained single objective optimisation problems. In: IEEE, 2001, **71**, pp 75-80.

Rechenberg, I. (1965). Cybernetic solution path of an experiment problem. *Ministry of Aviation, Royal Aircraft Establishment*, (U.K. translation).

Rechenberg, I. (1973). *Evolutionstrategie: Optimierung Technischer Systeme Nach Prinzipien Der biologischen Dvolution.* Frommann-Hozboog Verlag, Stuttgart.

Reyes-Sierra, M. and Coello, C.A.C. (2006). Multi-objective particle swarm optimizers: A survey of the state-of-the-art. *International Journal of Computational Intelligence Research.* **2**(3), 287-308.

Reynolds, C.W. (1987). Flocks, herds and schools: a distributed behavioral model. *Computer Graphics*, **21**(4), 25-34.

Rochat, Y. and Taillard, E. (1995). Probabilistic diversification and intensification in local search for vehicle routing. *Journal of Heuristics*, **1**, 147-167.

Rosin, C.D. (1997). *Coevolutionary search among adversaries*. Ph.D. dissertation, University of California, San Diego.

Rosin, C.D. and Belew, R.K. (1997). New methods for competitive coevolution. *Evolutionary Computation*, **5**, 1-29.

Saab, Y.G. and Rao, V.B. (1991). Combinatorial optimization by stochastic evolution. *IEEE Trans. Computer-Aided Design*, **10**, 525-535.

Salman, A., Ahmad, I. and Al-Madani, S. (2002). Particle swarm optimization for task assignment problem. *Microprocessors and Microsystems*, **26**, 363-371.

Saravanan, N. and Fogel, D. B. (1994). Learning strategy parameter in evolutionary programming: An empirical study. *Proc. of the 3rd Annual Conf. on Evolutionary Programming*, San Diego, CA, pp.269-280.

Schaffer, J.D., Caruana, R.A., Eshelman, L.J. and Das, R. (1988). A study of control parameters affecting online performance of genetic algorithms for function optimization. *Proc. of the 3rd Int. Conf. on Genetic Algorithms*, pp.51-60.

Scheuermann, B., Sob, K., Guntsch, M., Middendorf, M., Diessel, O. ElGindy, H. and Schmeck, H. (2004). FPGA implementation of population-based ant colony optimization. *Applied Soft Computing*, **4**, 303-322.

Schleuter, M.G. (1989). ASPARGOS an asynchronous parallel genetic optimization strategy. *Proc. of the 3rd Int. Conf. on Genetic Algorithms,* pp.422-427.

Schoofs, L. and Naudts, B. (2002). Swarm intelligence on the binary constraint satisfaction problem. In *Proc. of the IEEE Congress on Evolutionary Computation*, **2**, pp.1444-1449, IEEE Press.

Schwefel, H. P. (1965). *Kyberneticsche Evolution als Strategie der Experimentellen Forschung in der Stromungstechnik*, Diploma thesis, Technical University of Berlin.

Schwefel, H. P. (1981). *Numerical Optimization of Computer Models.* Chichester, U.K: John Wiley.

Settles, M. and Soule, T. (2005). Breeding swarms: A GA/PSO hybrid. *Proc. of the 2005 Conf. on Genetic and Evolutionary Computation*, vol. 1, ACM Press, pp.161-168.

Shi, Y. and Eberhart, R. (1998). Parameter selection in particle swarm optimization. *Proc. of the 7th Annual*

Conf. on Evolutionary Programming, 591-601.

Shin, K.S., Kim, J.H. and Kim, Y.K. (2009). A two-leveled multi-objective symbiotic evolutionary algorithm for the hub and spoke location problem. *Journal of Advanced Transportation*, **43**(4), 391-411.

Shin, K.S., Park, J-O. and Kim, Y.K. (2011). Multi-objective FMS process planning with various flexibilities using a symbiotic evolutionary algorithm. *Computers & Operations Research*, **38**(3), 702-712.

Skorin-Kapov, J. (1990). Tabu search applied to the quadratic assignment problem. *ORSA Journal of Computing*, **2**(1), 33-45.

Skorin-Kapov, J. (1994). Extensions of a tabu search adaptation to the quadratic assignment problem. *Computers and Operations Research*, **21**(8), 855-865.

Socha, K. and Blum, C. (2007). An ant colony optimization algorithm for continuous optimization: application to feed-forward neural network training. *Neural Comput & Applic*, **16,** 235-247.

Socha, K. and Dorigo, M. (2008). Ant colony optimization for continuous domains. *European Journal of Operational Research*, **185**, 1155-1173.

Sondergeld, L. and Voss, S. (1996). A star-shaped diversification approach in tabu search, I.H. Osman and J.P. Kelly (eds.). *Meta-Heuristics: Theory and Applications*, 489-502.

Souse, T., Silver, A. and Neves A. (2004). Particle swarm based data mining algorithms for classification tasks. *Parallel Computing*, **30**(5-6), 767-783.

Spiessens, P. and Manderick, B. (1991). A massively parallel genetic algorithm: Implementation and first analysis. *Proc. of the 4th Int. Conf. on Genetic Algorithms*, pp.279-286.

Starkweather, T., McDaniel, S., Mathias, K., Whitley, C. and Whitley, D. (1991). A comparison of genetic sequencing operators. *Proc. of the 4th Int. Conf. on Genetic Algorithms*, Morgan Kaufmann Publishers, Los Altos, CA, pp.69-76.

Storn, R. and Price, K. (1995). Differential evolution - A simple and efficient adaptive scheme for global optimization for continuous space. Technical report TR95-012, Int. Computer Science Institute, Berkeley, California.

Storn, R. and Price, K. (1997). Differential evolution - A simple and efficient adaptive scheme for global optimization over continuous space. *Journal of Global Optimization*, **11**, 341-359.

Storn, R., Price, K. and Lampinen, J. A. (2005). *Differential Evolution. A practical Approach to Global Optimization*, Springer.

Stűtzle, T and Hoos, H.H. (1997). The Max-Min ant system and local search for the travelling salesman problem. *Proc. of the 1997 IEEE Int. Conf. on Evolutionary Computation* (ICEC'97), Piscataway, NJ, pp.309-314.

Stűtzle, T and Hoos, H.H. (2000). Max-Min ant system. *Future Generation Computer Systems*, **16**(8), 889-914.

Stützle, T. (1998). Parallelization strategies for ant colony optimization. *Parallel Problem Solving from Nature –PPSN V*, LNCS, vol. 1498. Berlin: Springer-Verlag, pp.722-731.

Stűtzle, T. (1999). *Local search algorithms for combinatorial problems: Analysis, Improvements, and new applications*. vol. 220 of dissertation in AI, ISBN 978-1-58603-119-0, Germany.

Stützle, T. and Dorigo, M. (2002). A short convergence proof for a class of ant colony optimization algorithms. *IEEE Transactions on Evolutionary Computation*, **6**(4), 358-365.

Sun, C.L., Zeng, J.C., and Pan, J.S. (2009). An improved particle swarm optimization with feasibility-based rules for constrained optimization problems. In: Next-generation applied intelligence, pp. 202-211.

Syswerda, G. (1989). Uniform crossover in genetic algorithms. *Proc. of the 3rd Int. Conf. on Genetic Algorithms*, Morgan Kaufmann Publishers, Los Altos, CA, pp.2-9.

Syswerda, G. (1991a). A study of reproduction in generational and steady-state genetic algorithms. *Foundations of Genetic Algorithms*, San Mateo, CA, 94-101.

Syswerda, G. (1991b). Schedule optimization using genetic algorithms. in *Handbook of Genetic Algorithms.* Van Nostrand Reinhold, New York, pp.332-349.

Talbi, E.-G. (2009). *Metaheuristics: From design to implementation.* John Wiley & Sons.

Tanese, R. (1989a). Distributed genetic algorithm. *Proc. of the 3rd Int. Conf. on Genetic Algorithms*, pp.432-439.

Tanese. R. (1989b). Parallel genetic algorithm for hypercube. *Proc. of the 3rd Int. Conf. on Genetic Algorithms,* pp.177-183.

Teodorović, D. (2009). Bee colony optimization (BCO). C.P. Lim *et al.* (Eds.): *Innovations in Swarm Intelligence*, SCI 248, 39-60, Springer-Verlag.

Thomopoulos, N.T. (1967). Line balancing-sequencing for mixed-model assembly. *Management Science*, **14**, 59-75.

Tian, P., Ma, J., Zhang, D.M. (1999). Application of the simulated annealing algorithm to the combinatorial optimisation problem with permutation property. An investigation of generation mechanism. *Eur. J. Oper. Res.* **118**, 81-94.

Toda, M., Kubo, R. and Saito, N. (1983). *Statistical Physics*. Springer Verlag, Berlin.

Trelea, I.C. (2003). The particle swarm optimization algorithm: Convergence analysis and parameter selection. *Information Processing Letters*, **85**(6), 317-325.

Tsubakitani, S. and Evans, J. (1998). Optimizing tabu list size for the traveling salesman problem. *Computers & Operations Research*, **25**(2), 91-97.

Van den Bergh, F. and Engelbrecht, A.P. (2006). A study of particle swarm optimization particle trajectories. *Information Sciences*, **176**, 937-971.

Venter, G. and Sobieszczanski-Sobieski, J. (2003). Particle swarm optimization. *Journal for AIAA*, **41**(8), 1583-1589.

Vilarinho, P. M. and Simaria, A. S. (2006). ANTBAL: an ant colony optimization algorithm for balancing mixed-model assembly lines with parallel workstations. *Int. J. of Production Research*, **44**(2), 291-303.

Voudouris. C. (1998). Guided local search: An illustrative example in function optimization. *BT Technology Journal*, **16**(3), 46-50.

Voudouris. C., Tsang, E.P.K. and Alsheddy, A. (2010). Guided local search. In editors Gendreau M. and Potvin, M., *Handbook of metaheuristics*, 2nd, Springer, 321-361.

Wang, K-P, Huang, L., Zhou, C-G, and Pang, W. (2003). Particle swarm optimization for travelling salesman problem. In *Proc. of Int. Conf. on Machine Learning and Cybernetics*, pp.1583-1585.

Wang, L. and Li, L.P. (2012). A coevolutionary differential evolution with harmony search for reliabilityredundancy optimization. *Expert Syst. Appl.* **39**(5), 5271-5278.

Wang, L., Pan, Q.K. and Tasgetiren, M.F. (2010). Minimizing the total flow time in a flow shop with blocking by using hybrid harmony search algorithms. *Expert Syst. Appl.* **37**(12), 7929-7936.

Watkins, C.J.C.H. (1989). *Learning with delayed rewards. PhD dissertation*, Psychology Department, University of Cambridge, England.

Whitley, D., Starkwether, T. and. Fuquay, D.A. (1989). Scheduling problems and traveling salesman: The genetic edge recombination operator. *Proc. of the 3rd Int. Conf. on Genetic Algorithms*, Morgan Kaufmann Publishers, Los Altos, CA, pp.133-140.

Yang, X.S. and Deb, S. (2009). Cuckoo search via Lévy flights. *World Congress on Nature & Biologically Inspired Computing*. IEEE Publications. pp.210-214.

Yang, X.S. (2008). Nature-Inspired Metaheuristic Algorithms. Luniver Press.

Yang, X.S. (2009). Music-inspired harmony search algorithm: Theory and applications (Editor Z.W. Geem). *Studies in Computational Intelligence*, Springer, Berlin, **191**, 1-14.

Yang, Y. Wu, J. Sun. X. Wu, J. and Zheng, C. (2013). A niched Pareto tabu search for multi-objective optimal design of groundwater remediation systems. *Journal of Hydrology*, **490**, 56-73.

Yao, X. and Liu Y. (1997). Fast evolution strategies. *Evolutionary Programming VI: The 6th Int. Conf., EP97,* Indianapolis, Indiana, USA, pp.151-161.

Yao, X. and Liu, Y. (1996). Fast evolutionary programming. *Proc. of the 5th Annual Conf. on Evolutionary Programming (EP'96)*, San Diego, CA, MIT Press, pp.451-460.

Yoshida, H., Kawata, K., Fukuyama, Y., Takayama, S. and Nakanishi, Y. (2000). A particle swarm optimization for reactive power and voltage control considering voltage security assessment. *IEEE Trans. Power Syst.* **15**(4), 1232-1239.

Zavala, A., Aguirre, A. and Diharce, E. (2009). Continuous constrained optimization with dynamic tolerance using the COPSO algorithm. In: Constraint-handling in evolutionary optimization, pp 1-23.

Zavala, A., Aguirre, A., Diharce, E. and Botello, S. (2007). COPSO: Constrained Optimization via PSO Algorithm. Technical Report of the Computer Sciences Department, Centro de Investigaci´on en Matem´aticas, Guanajuato, Mexico,

Zhang, C., Shao, H. and Li, Y. (2000). Particle swarm optimization for evolving artificial neural network. *Proc. of the 39th IEEE Conf. on systems, man, and cybernetics*, 2487-2490.

Zhang, W., Liu, Y. and Clerc, M. (2003). An adaptive PSO algorithm for reactive power optimization. *Proc. 6th Int. Conf. Advances in Power System Control, Operation and Management*, pp.302-307.

Zitzler, E. (1999). *Evolutionary algorithms for multiobjective optimization: Methods and applications.* Dissertation, Swiss Federal Institute of Technology (ETH), Zurich, Switzerland.

Zitzler, E. and Thiele, L. (1998). An evolutionary algorithm for multiobjective optimization: The strength Pareto approach, Technical Report 43, Computer Engineering and Communication Networks Lab (TIK), Swiss Federal Institute of Technology (ETH), Zurich, Switzerland.

Zitzler, E. and Thiele, L. (1999). Multiobjective evolutionary algorithms: A comparative case study and the strength Pareto approach. *IEEE Transactions on Evolutionary Computation*, **3**(4), 257-271.

Zitzler, E., Deb, K. and Thiele, L. (2000). Comparison of multiobjective evolutionary algorithms: Empirical results. *Evolutionary Computation,* **8**(2), 173-195.

Zitzler, E., Laumanns, M. and Thiele, L. (2001). SPEA2: Improving the strength Pareto evolutionary algorithm. Technical Report 103, Computer Engineering and Networks Laboratory (TIK), Swiss Federal Institute of Technology (ETH) Zurich, Gloriastrasse 35, CH-8092 Zurich, Switzerland.

Zitzler, E., Laumanns, M. and Thiele, L. (2002). SPEA2: Improving the strength Pareto evolutionary algorithm. In: K. Giannakoglou, D. Tsahalis, J. Periaux, P. Papailou and T. Fogarty editors. *EUROGEN 2001, Evolutionary Methods for Design, Optimization and Control with Applications to Industrial Problems*, Athens, Greece, pp.95-100.

찾아보기

1/5 성공 규칙 (1/5 success rule) __183

2차원 배열 이웃 구조 __170

3차원 격자 구조 __283

8자춤 __435

ACO 메타휴리스틱 __348
ACO 알고리즘의 수렴 __371
$ACO_{gb,\tau_{\min}}$ 의 수렴 __372
$ACO_{gb,\tau_{\min}(t)}$ 의 수렴 __377
ant-cycle AS __355
ant-density AS __355
Ant-Q 알고리즘 __365
ant-quantity AS __355
ANTS __384

BCO 알고리즘 __436
Beam 탐색 __80, 386
Beam-ACO __386
bin packing __411

Celluar 유전알고리즘 __168
coarse grained 모델 __168

Deb의 방법 __265, 311

Equal piles __268, 270

Fine grained 모델 __168

Goldberg의 순위 __237

Job shop 문제 __439
Job 일정계획 __406

Large-step 마코프체인(large-step Markov chains) __95
LISP __188

Multimodal __21
Multimodal PSO __323
Multimodal 최적화 __240
Multimodal 함수 __164, 323

Nim 게임문제 __219
NK 모델 __209
NKC 모델 __209
NSGA-II __243

Powell & Skolnick의 방법 __264

Random keys representation__151
Record-to-record travel 알고리즘 __50

SPEA2 __243
Stigmergy __339
Stretched PSO __315

Threshold accepting(TA) 알고리즘 __49

(1+1)-ES __180
(μ,λ)-ES __182
(μ+1)-ES __182
(μ+λ)-ES __182
(μ+λ)-생존자 전략 __247

ㄱ

가변이웃탐색(variable neighborhood search: VNS) __100
가속계수(acceleration coefficient) __278, 289
가우스 돌연변이(Gauss mutation) __137
간접 의사소통 __339
강화(intensification) __23, 67, 83, 366, 450
개미군체시스템(ant colony system) __362
개미시스템(ant system) __353
개인유도위치(personal guide position) __331
개인최선위치(personal best position) __276
게임문제 __225
경계 돌연변이(boundary mutation) __135
경로 재연결(path relinking) __87
경사법(descent method)__58
경쟁 공진화알고리즘(competitive coevolutionary algorithm) __197, 215
경쟁전략(competition strategy) __220
공간성(spatiality) __175
공생 진화알고리즘(symbiotic evolutionary algorithm) __198
공생자(symbiont) __253
공진화알고리즘(coevolutionary algorithm) __197
관성가중치(inertia weight) __292
관성가중치모형(inertia weight model) __293
관성속도(inertia velocity) __279
교차(crossover) __115
교환(swap) __145
교환 이동(swap move)__61
구조교차(structural crossover)__147
군집(群集) 지능(swarm intelligence) __275
굴절 기법(deflection technique) __325
균등 돌연변이(uniform mutation) __135
균등교차(uniform crossover) __133
그래프 색칠하기(graph coloring)__270, 411
그룹번호표현(group-number representation) __146
그룹인자(one gene for one group) 표현 __149
그룹핑문제(grouping problem) __268
근접 변환(perturbation) __41
근접성 원리(the proximity principle) __277
기저벡터(base vector) __417
꿀 채집 벌(employed bees) __440
끌개(attractor) __281

ㄴ

난류(turbulence)__333
내공생(endosymbiosis) __203
내공생 진화(endosymbiotic evolution) __203, 254
내공생 진화알고리즘(endosymbiotic evolutionary algorithm) __203
내공생적 연합(endosymbiotic association) __204
냉각스케줄(cooling scheduling) __44

ㄷ

다목적 0-1 배낭문제 __258
다목적 ACO(multiple objective ACO) __399
다목적 PSO(multiple objective PSO) __331
다목적 공생 진화알고리즘(multiple objective symbiotic evolutionary algorithm) __253
다목적 유전알고리즘(multiple objective genetic algorithm: MOGA) __234, 236
다목적 진화알고리즘(multiple objective evolutionary algorithm: MOEA) __231
다목적 타부서치(multiple objective tabu search: MOTS) __90
다양성(diversity) __118
다양한 반응의 원리(the principle of diverse response) __277
다양화(diversification) __23, 67, 83, 84, 314, 367,450
다차원배낭문제(multidimensional knapsack problem) __350, 391, 408
단기기억(short-term memory) __58
단순 PSO 시스템(simple PSO system) __284
단일해 기반 메타휴리스틱스(single-solution based metaheuristics) __25, 30
단체교차(simplex crossover) __134

돌연변이(mutation) __115
동요(動搖) 계수(turbulence factor) __315
동일크기 파일 만들기 문제(equal piles problem) __270, 411
동적 갱신(dynamic update) __29
둥지 이웃(nested neighborhood) __104

ㄹ

링 구조(ring structure) __283

ㅁ

마스터 목록(master list) __79
메타휴리스틱스(metaheuristics) __20
메트로폴리스 기준(metropolis criterion) __40
메트로폴리스 알고리즘 __40
모집자(recruiter) __436
목적함수 펼치기(objective function stretching) __315
목표개체(target individual) __415
목표벡터(target vector) __417
몫짓기(sharing) __238
몫짓기 함수(sharing function) __238
밀집 모델(crowding model) __164
밀집거리(crowding distance) __247
밀집도(crowded degree) __91

ㅂ

반복경사법(iterated descent method) __95
반복지역탐색(iterated local search: ILS) __95
발견적교차(heuristic crossover) __135
방관자 벌(onlooker bees) __440
배분적응도(shared fitness) __238, 240
버리기 전략(reject strategy) __32, 262, 309
번식군집(breeding swarms) 모형__314
벌 군체(bee colony) __433
벌군체최적화(bee colony optimization) __436
벌금 부과 __32, 263, 310, 324
벌금전략(penalizing strategy) __32
벌금함수(penalty function) __263
벡터평가 유전알고리즘(vector evaluated GA) __236
별 구조(star structure) __283
병렬 유전알고리즘(parallel GA) __167
병렬 타부서치(parallel tabu search) __92
보수전략(repairing strategy) __32, 262, 310
보존전략(preserving strategy) __34
복수 개미군체(multiple ant colony) 알고리즘 __396
볼록껍질(convex hull) __382
볼록조합(convex combination) __382
부분군집(subswarm) __329
부분사상교차(partially mapped crossover) __140
불균등 돌연변이(non-uniform crossover) __136
블록선택(block selection) __156
비선형계획(nonlinear programming) __261
비지배된 해(nondominated solution) __234
비지배분류 유전알고리즘(nondominated sorting GA) __240
빈도기반기억(frequency-based memory) __58
빌딩블록 가설(building block hypothesis) __127
빌딩블록(building block) __127

ㅅ

사인곡선 파도(sinusoidal waves) __286
사회모델(social model) __276
사회요소(social component) __279
사회적 곤충(social insect) __433
사회적 행동(social behavior) __276
삭제 이동(drop move) __63
산술교차(arithmetic crossover) __134
삽입(insertion) __61, 62, 145
상자 채우기(bin-packing) 문제 __146, 271, 411
선택(selection) __115, 118, 154
선택 압력(selection pressure) __154
섬 모델(island model) __168
속도 제한(velocity clamping) __291
속성(attribute) __58
수락 기준(acceptance criterion) __99
수락확률(acceptance probability) __43
수레바퀴 구조 __283

수렴(convergence) __256, 371
수정 유전알고리즘 __161
수축계수(constriction coefficient) __294
수축모형(constriction model) __294
순서교차(order crossover) __138
순서기반교차(order-based crossover) __138
순서문제(sequencing problem) __267
순열표현(permutation representation) __137
순위(rank) __157
순위 기반 AS(rank-based AS) __358
순환교차(cycle crossover) __140
스키마 정리(schema theorem) __123
스트링(string) __116
시그마 절단(sigma truncation) __157
시그모이드 함수(sigmoid function) __317
시뮬레이티드 어닐링(simulated annealing: SA) __39
시험개체(trial individual) __415
시험벡터(trial vectors) __417
신경망(neural network)__217
실수표현(floating point encoding) __133
쌍행렬(bimatrix game) __152

ㅇ

안정상태(steady state) 유전알고리즘 __163
안정성 원리(the principle of stability) __277
안정점(stable point) __296
엘리트 후보목록(elite candidate list) __79
엘리티스트 AS __357
엘리티스트 전략 __164
엘리티즘(elitism) __254
역순(inversion) __61, 62, 145
연속(continuous) ACO 알고리즘 __392
연속 여과 전략(successive filter strategy) __80
연속 펼침 후보목록 전략sequential fan candidate list strategy) __79
열망 플러스전략(aspiration plus strategy) __78
열망수준(aspiration level) __60, 67
염색체(chromosome) __116
완전 연결형 이웃 구조 __170
외판원문제(traveling salesman problem: TSP) __108, 268, 319, 404, 439
원 적응도(raw fitness) __192
원형 이웃 구조 __170
위치기반교차(position-based crossover) __139
유도지역탐색(guided local search: GLS) __105
유전알고리즘(genetic algorithm: GA) __113
유전연산자(genetic operators) __119
유전자형(genotype) __116
유전프로그래밍(genetic programming) __188
음 높이 조정률(pitch adjusting rate) __446
의사소통(communication) __434
이동(move) __57
이산 PSO(discrete PSO) __319
이산재결합교차(discrete recombination crossover) __133
이용(exploitation) __23, 25, 83
이웃(neighborhood) __21, 61, 100
이웃 구조(neighborhood structure) __170
이웃 모델(neighborhood model) __168, 174
이웃 유전알고리즘(neighborhood GA) __165
이웃공생 진화알고리즘(neighborhood symbiotic EA) __200
이웃최선위치(neighborhood best position) __276
이원 연산자(binary operator)__144
이점교차(two-point crossover) __132
이주 모델(migration model) __168
이주 주기(migration interval) __172
이주 파라미터(migration parameter) __172
이주 개체(migration individual) __172
이주율(migration rate) __172
이진수 ACO 알고리즘 __388
이진수 PSO(binary PSO) __317
이진수 스트링 커버링(binary string covering) 문제 __209, 212
이진수표현(binary presentation) __132
이차할당문제(quadratic assignment problem) __407
인공벌군체(artificial bee colony)알고리즘 __440
인접 교환(adjacent swap) 이동 __61, 62

인접인자재결합(edge recombination)교차 __142
인지요소(cognitive component) __279
일반확률선택(stochastic universal selection) __154
일원 연산자(unary operator) __144
일점교차(one-point crossover) __120, 132
일정계획(scheduling) __268
일차 변환(linear scaling) __157
입자 궤적(particle trajectory) __284, 299
입자군집최적화(particle swarm optimization: PSO) __275
입자의 진동 중심 __281

ㅈ

잔여확률선택(remainder stochastic sampling with replacement) __155
잡종(hybrid) __26
잡종 ACO __401
장기기억(long-term memory) __58, 84
재생산 스키마 성장식(reproductive schema growth equation) __126
적소(niche) __165
적소 수(niche count) __91, 240
적소-순위(niche-rank) 유전알고리즘 __242
적소파레토(niched Pareto) 유전알고리즘 __238
적응 갱신(adaptive update) __29
적응도(fitness) __115
적응성 원리(the principle of adaptability) __277
전략적 진동(strategic oscillation) __86
전방 패스(forward pass) __437
전역유도위치(global guide position) __332
전역최선 PSO(global best PSO) __281
전위(displacement) __145
전이확률(transition probability) __343, 349
전진(forward) __342
전진경로(forward path) __343
절단선택(truncation selection) __156
점근 수렴(asymptotic convergence) __42
정규 적응도(normalized fitness) __192
정규화(normalizing) __158
정렬망문제(sorting network problem) __218
정의길이(defining length) __123
정찰 벌(scout bees) __440
제약 다루기 __32, 262, 309
제약최적화문제 __108
조립라인밸런싱(assembly line balancing) __409
조정(tuning) __29
조정 적응도(adjusted fitness) __192
종 기반 PSO(species-based PSO) __328
종료조건 __67, 290
죄수의 딜레마 게임(prisoner's dilemma game) __152
준안정 상태(meta-stable state) __39
중간교차(intermediate crossover) __134, 182
중기기억(intermediate-term memory) __83
중앙 전략(daemon action) __350
지수 순위(exponential rank) __158
지역최선위치(local best position)__278
진화속도(evolutionary speed) __224, 225
진화적 무기경쟁(evolutionary arms race) __215, 226
진화전략(evolutionary strategy: ES) __180
진화프로그래밍(evolutionary programming: EP) __185
집단 기반 ACO(population based ACO) __387
집단 기반 메타휴리스틱스 __25
집단의 다양성(population diversity) __28, 115
집합 덮기(set covering) __350

ㅊ

차량경로문제(vehicle routing problem) __405
차벡터(difference vector) __417
차분돌연변이(differential mutation) __417
차분진화(differential evolution) __415
차수(order) __123
체인 지역최적화법(chained local optimization) __95
초입방체 구조(hyper-cube framework) __381
최근기반기억(recency-based memory) __58
최대-최소 AS __358
최적화기법(optimization technique) __19, 22
추가 이동(add move) __63

추가/삭제 이동(add/drop move) __64
추방 기법(repulsion technique) __327
추종자(followers) __438
축척계수(scale factor) __417, 429, 431

ㅋ

캡슐화(encapsulation) __194

ㅌ

타부기간(tabu tenure) __65
타부목록(tabu list) __60, 65
타부목록 크기(tabu list size) __60, 65
타부서치(tabu search: TS) __57
타부속성((tabu attribute) __60, 65, 66
타부이동(tabu move) __58
탐사(exploration) __23, 25, 115, 350, 439
탐색 전략(search strategy) __422, 431
토너먼트선택(tournament selection) __155
토러스(torus) 형태의 2차원 구조 __283
특성 집합(a set of features) __105

ㅍ

파라미터 설정 __368
파레토 유전알고리즘(Pareto GA) __236
파레토 최적해(Pareto optimal solution) __234
페로몬 갱신(pheromone update) __344
페로몬 증발(pheromone evaporation) __344
페로몬 자국(pheromone trail) __339
페로몬 추가(pheromone deposit) __345
편집(editing) __194
평형점(equilibrium point) __296
폭발(explosion) __286
표준 PSO 모형 __293
표현형(phenotype) __116
품질 원리(the quality principle) __277

ㅎ

할당문제(assignment problem) __108
해 개선 접근(improving approach) __437
해 구축 접근(constructive approach) __437
해독전략(decoding strategy) __33
해밍거리(hamming distance) __31
해-테스트 문제(solution-test problem) __224
협조 공진화알고리즘(cooperative coevolutionary algorithm) __197
화음기억(harmony memory) __445
화음기억 갱신(harmony memory update) __448
화음기억 수락률(harmony memory considering rate) __446
화음기억 크기(harmony memory size) __446
화음탐색(harmony search) __445
확률 진화(Stochastic Evolution) __50
확률바퀴선택(roulette wheel selection) __118, 154
확률적 타부서치(probabilistic tabu search) __88
후방 패스(backward pass) __437
후보목록전략(candidate list strategy) __61, 78
후진경로(backward path) __344
휴리스틱 값(heuristic value) __349
휴리스틱 정보(heuristic information) __349
휴리스틱(heuristic) __20

저자 소개

김여근 / 전남대학교 산업공학과 교수로 재직하고 있다. 광주제일고등학교를 졸업하고, 서울대학교 산업공학과에서 학사, 서울대학교 대학원 산업공학과에서 석사와 박사 학위를 취득하였다. 1992년 North Carolina 주립대학에서 1년간 방문교수로 있었다. 대한산업공학회의 이사, 감사, 부회장을, 한국경영과학회의 감사, 부회장을, 한국의사결정학회의 이사를 역임하였다. 저자의 주요 관심분야는 조합최적화, 진화알고리즘, 메타휴리스틱스이고, 적용분야는 생산시스템의 공정계획과 일정계획, 조립라인의 운영, 물류시스템의 최적화 등이다.

저자는 Computers & Operations Research, European Journal of Operational Research, Applied Intelligence, Computers & Industrial Engineering, Production Planning & Control, Journal of Heuristics, Journal of Advanced Transportation, Journal of Intelligent Manufacturing, 대한산업공학회지, 한국경영과학회지, 산업공학, 경영과학 등의 국내외 전문학술지에 70여편의 논문을 발표하였다. 이들 논문은 현재까지 SCOPUS 기준 1,100여회 (Google 학술검색 기준 1,800여회) 인용되었다. 학술서적 『진화알고리즘』(전남대학교출판부, 2011)을 저술하여 2012년 대한민국학술원 우수학술도서로 선정되었다. 공저로는 『메타휴리스틱』(영지문화사, 1997)과 『경영과학 실무활용』(교우사, 2004)이 있다. 대한산업공학회에서 백암논문상(1994년)과 정헌학술대상(2010년)을 수상하였다.

메타휴리스틱스
METAHEURISTICS

인 쇄 | 2017년 1월 10일
발 행 | 2017년 1월 17일

저 자 | 김여근
발행인 | 정병석
발행처 | 전남대학교출판부

등록 | 1981. 5. 21. 제53호
주소 | 61186 광주광역시 북구 용봉로 77
전화 | (062) 530-0571~2 마케팅 530-0573
팩스 | (062) 530-0579
홈페이지 | http://www.cnup.co.kr
이메일 | cnup0571@hanmail.net

값 33,000원

ISBN 978-89-6849-367-6 (93530)

이 도서의 국립중앙도서관 출판예정도서목록(CIP)은 서지정보유통지원시스템 홈페이지(http://seoji.nl.go.kr)와 국가자료공동목록시스템(http://www.nl.go.kr/kolisnet)에서 이용하실 수 있습니다.
(CIP제어번호 : CIP2017000608)